BARFUSS HIMMEL

INS REICH?

Martin Luther und die Bettelorden in Erfurt

Textband und Katalog zur Ausstellung
im Stadtmuseum Erfurt 2017

Herausgegeben im Auftrag
der Landeshauptstadt Erfurt, Stadtverwaltung,
von Karl Heinemeyer und Anselm Hartinger

Sandstein Verlag · Dresden

INHALT

GEISTLICHES LEBEN IM STÄDTISCHEN UMFELD ZWISCHEN VERHARREN UND REFORM

STATT REFORM REFORMATION – DIE BETTELORDEN UND DIE EINFÜHRUNG DER LUTHERISCHEN LEHRE IN ERFURT

MITTEN IN DER STADT – BAUGESCHICHTE UND AUSSTATTUNG DER ERFURTER BETTELORDENSKLÖSTER

ANHANG

GRUSSWORT

»Aller Mönche Orden, Fasten, Beten, [...] Regel und ganzes Leben, welcher Stand doch im Papsttum für den allerheiligsten gehalten ward, sind eitel fleischliches Werk«, zog der große Reformator Martin Luther in seinen späten Lebensjahren Bilanz. Er kannte das Ordensleben genau, war er doch in frühen Jahren in den Augustinerorden eingetreten und hatte einige Jahre im Ordenskloster Erfurt verbracht. Eben diese Jahre frommer Exerzitien waren es, die den jungen Mönch zu der Erkenntnis führten, dass Erlösung nur aus Gnade allein – sola gratia – und nicht durch große Mühen und gute Werke zu bekommen war. Wer also Luther und seine Lehre verstehen will, kommt an dessen prägender Erfurter Zeit nicht vorbei.

Deshalb freue ich mich, dass die Stadt es unternommen hat, mit der aus meinem Kulturetat geförderten Sonderausstellung »Barfuß ins Himmelreich? Martin Luther und die Bettelorden in Erfurt« der Ordenszeit des Reformers nachzuspüren. Dabei erfahren die Besucherinnen und Besucher auch viel Wissenswertes über die Bedeutung der Bettelorden in der damaligen Ständegesellschaft – beispielsweise für die schulische und universitäre Bildung oder das Sozialwesen. Die Ausstellung kann dafür auf mehrere authentische Stätten Bezug nehmen: Augustinerkloster und Klosterkirche, in den zurückliegenden Jahren auch mit Bundesmitteln aufwändig saniert, gehören heute zu den eindrucksvollsten Lutherstätten in Deutschland. Sie versprechen anregende Einblicke in die Lebenswelt des werdenden Reformators.

Monika Grütters

Prof. Monika Grütters MdB
Staatsministerin bei der Bundeskanzlerin

Abb. 1 Siegel von Heinrich, Guardian des Barfüßerkonvents in Frankfurt, 1276 (Kat.-Nr. III.5)

GELEITWORT

Im Jahr 1510 verließ Martin Luther endgültig Erfurt. Fast zehn Jahre war diese Stadt an der Gera seine Heimat gewesen. Georgenburse, Universität, Augustinerkloster: Seine Erfurter Jahre haben den Jugendlichen stark geprägt. Stotternheim: Aus dem jungen, sich auf eine Karriere als Juristen vorbereitenden Studenten war ein Mönch und Theologe geworden. Als Augustiner-Eremit lag eine aussichtsreiche Laufbahn vor ihm. Seine Ordensoberen, insbesondere sein Beichtvater Johann von Staupitz, hatten keine Zweifel, dass er einmal Spitzenfunktionen in der Ordensleitung einnehmen würde. Damals war noch nicht absehbar, dass es jener, um einen gnädigen Gott ringende Mönch sein sollte, der wenige Jahre später durch seinen Thesenanschlag die epochale Umwälzung einleiten sollte, an deren Spitze er bis zu seinem Tod stand, die Reformation.

Abb. 2 Luther predigt von der Kanzel, Willem Linnig der Jüngere (1842–1890), Gemälde, um 1880

Gelegt war das reformatorische Fundament für den humanistisch gebildeten Bibelwissenschaftler im »Rom des Nordens«: In Erfurt steht, bildhaft gesprochen, die Wiege der Reformation. Hier ist Luther als Student, dann als Mönch und Priester zum Mann gereift, hier hat er das geistige und geistliche Rüstzeug erhalten, das er in den Auseinandersetzungen seiner Wittenberger Jahre so dringend brauchte. Die Erfurter Universität war der Ort, wo er Anschluss an den zeitgenössischen wissenschaftlichen Diskurs fand, wo sein scharfer Geist und sein analytisches Denken geschult wurden.

Dass Luther Augustiner-Eremit, also ein Bettelmönch wurde, kam nicht von ungefähr. Die Bettelorden galten nicht nur als Orte gebildeter Frömmigkeit, ihren Konventen eilte auch der Ruf großer Regeltreue und Strenge voraus. Es waren die Bettelorden, die sich ganz entscheidend für eine Erneuerung des geistlichen Lebens einsetzten und in diesem Sinn wirkten. Wie an vielen anderen Orten, so prägten die Bettelorden auch in Erfurt durch ihre großen, in ihrer Architektur sich streng zurücknehmenden Klosterkirchen als geistliche und intellektuelle Zentren seit Jahrhunderten das Bild der Stadt und das städtische Leben. Diese Bettelordens-Wurzeln für das Wachsen und Werden der lutherischen Reformation kenntlich gemacht zu haben, ist das Verdienst dieser Ausstellung. Ich wünsche ihr viele neugierige und wissbegierige Besucherinnen und Besucher.

Dr. Thomas A. Seidel
Der Reformationsbeauftragte
der Thüringer Landesregierung

GRUSSWORT

Das Jahr 2017 ist ein Festjahr. Geehrt wird mit Martin Luther nicht nur ein Mann, der Kirche und Gesellschaft bis in die Gegenwart tiefgreifend und nachhaltig veränderte. Gefeiert wird der Beginn der Reformation, die bis heute als ein epochemachender Einschnitt und Umwälzungsprozess wahrgenommen wird. Dass es Luther war, der an der Spitze dieser Bewegung stand, ist fraglos das Ergebnis glücklicher Umstände und Zufälle. Dass er aber dazu in der Lage war, diese von vielen Schultern getragene kirchliche und gesellschaftliche Erneuerung anzuführen, ist kein Zufall.

Das geistige und geistliche Rüstzeug dafür empfing Luther in Erfurt. Als Student der Universität und Mönch im Augustiner-Eremitenkloster fand er hier für knapp zehn Jahre seinen Lebensmittelpunkt. Diese ganz entscheidende Rolle, die Erfurt somit bereits im Leben Luthers spielte, bleibt ihr auch im Luther-Jahr 2017 erhalten.

Die Landeshauptstadt Thüringens ist in diesem Jahr Anziehungspunkt für tausende Besucher, die den Anfängen der Reformation nachspüren. Dieses Interesse ist ein hervorragender Anlass, um ausgehend von Luthers einstigen Wirkungsstätten im Rahmen einer Ausstellung nicht nur Luthers Erfurter Lebensjahre in den Blick zu nehmen. Vielmehr wurde der Blick auf die geistlichen Gemeinschaften gelenkt, die sowohl Luthers Leben veränderten als auch die Stadt Erfurt über Jahrhunderte hinweg prägten. Ein Beleg dafür sind die großen und eindrucksvollen Kirchen der Bettelorden, die auch heute noch an vielen Orten in der Stadt zu finden sind.

Im Namen der Sparkasse Mittelthüringen wünsche ich Ihnen viel Freude bei Ihrer Reise auf den Spuren der Bettelorden in unserer schönen Stadt.

Dieter Bauhaus
Vorstandsvorsitzender
der Sparkasse Mittelthüringen

Epiſtel odder unter-
richt von den heyligen / an die
kirch zu Erffurdt ynn
gott verſamlet.

D. Martin.
Luther.
Eccleſiaſtes
zu Wittemberg.

Abb. 3 Martin Luther, Epistel oder Unterricht von den Heiligen / an die Kirche zu Erfurt in Gott versammelt, Druck, Straßburg 1522

GRUSSWORT

Erfurt ist auch Lutherstadt – eine Aussage, die nicht einschränkt, sondern Pluralität als Qualität erkennt. Die Menschen hier, aber auch jene, die die Stadt besuchen, verbinden mit ihr vielfältige und starke historische Prägungen. Selbst Luther sagte einmal, sie sei am rechten Ort.

Die Stadt entwickelte sich auf ihrem mittelalterlichen Grundriss und verfügt heute über einen der besterhaltenen Stadtkerne Deutschlands. In ihm lässt sich lesen. Erfurt ist die ehemalige Handelsstadt an der Via Regia, die direkt über die Krämerbrücke führte, heute gleichermaßen Touristenmagnet wie Symbol des Siedlungskernes an der namenbestimmenden Furt. Erfurt ist aber auch Domstadt und verweist auf die lange und prägende Geschichte des Bistums, sie ist eine wichtige Festungsstadt mit zwei teilweise erhaltenen Zitadellen, sie erzählt kurmainzische und preußische Geschichte, obwohl sie immer der zentrale Ort Thüringens war. In ihren Mauern – regelrecht eingemauert und wieder freigelegt – haben sich spektakuläre bauliche Zeugnisse jüdischen Lebens erhalten, mit denen wir heute den Welterbetitel der UNESCO anstreben.

Erfurt ist ein wichtiger Standort des Erwerbsgartenbaus, den heute das Deutsche Gartenbaumuseum aufarbeitet, und bleibt schließlich über die ehemalige Firma Topf & Söhne eng mit dem nationalsozialistischen Terror verbunden, indem Verbrennungsöfen für deutsche Konzentrationslager in Erfurt entwickelt und hergestellt wurden.

Luther ist – eingebettet in diese starken und teils ambivalenten Erzählstränge, die sich erweitern ließen – eine wichtige Figur der Stadtgeschichte. Als Student in die Stadt gekommen, begab er sich hier durch den Eintritt ins Augustinerkloster auf einen Weg, der ihn zum wortmächtigen Kritiker der kirchlichen und klösterlichen Zustände seiner Zeit werden ließ. Zu Recht wird Erfurt daher als »Pflanzstätte der Reformation« bezeichnet und trägt heute neben vielen anderen Lutherstädten den Titel »Reformationsstadt Europas«. Dennoch werden andere Orte viel stärker mit Luthers Wirken assoziiert: die Wartburg etwa, wo Luther das Neue Testament übersetzte, oder Wittenberg, der Ort des Thesenanschlags. Das ist kein Makel, im Gegenteil, denn Erfurt lässt sich – wie gezeigt – nicht nur auf den »Nenner« Luther bringen.

Dass Erfurt diesen frühen Luther im Gipfeljahr der Reformationsdekade museal verhandelt und dabei auf die Rolle der Bettelorden eingeht, liegt inhaltlich wie baulich nahe: Nicht nur das Augustinerkloster ist ein authentischer Lutherort, auch weiteres Erbe der hiesigen Bettelorden ist vorhanden und wird in die Ausstellungsinszenierung eingebunden. Damit arbeitet die Stadt mit ihren Stärken: dem baulichen Erbe, das zum Sprechen gebracht wird. Dieses arrondiert die Kernausstellung im Stadtmuseum, das wichtige Quellen, Objekte und Forschungsergebnisse präsentiert, die mit diesem Begleitband vertieft und über die Ausstellung hinaus vermittelt werden sollen.

Erfurt leistet im Reigen der deutschen Lutherausstellungen einen besonderen und bleibenden Beitrag, dem ich große Resonanz wünsche. Ich danke allen, die diese Ausstellung ermöglicht und realisiert haben.

Tamara Thierbach
Bürgermeisterin
der Landeshauptstadt Erfurt

Abb. 4 Tafelgemälde mit Darstellung des hl. Bernadin von Siena (Kat.-Nr. IV.1)

VORWORT DER HERAUSGEBER

Was hat die im Jahr 2017 allenthalben feierlich begangene Reformation mit dem Armutsideal der Bettelmönche zu tun? Wie konnten ausgerechnet aus den Reihen besonders strenggläubiger und regelkonformer Klosterinsassen einerseits die wortgewaltigsten Vertreter der von Luther skandalisierten Ablasspraxis und andererseits die entschiedensten Protagonisten der neuen werkkritischen Lehre werden? Was machte die mendikantischen Ordensgemeinschaften des 13. Jahrhunderts für weite Teile gerade der städtischen Bevölkerung attraktiv, und wie gestaltete sich das Verhältnis von öffentlich bettelnden und predigenden Mönchen zum städtischen Pfarrklerus und zum erzbischöflichen Stadtherrn? Und was wurde aus den Anliegen, Baulichkeiten und Strukturen der stadtbildprägenden Bettelorden in Gefolge der Reformation?

Dies sind Fragen, die ins Herz der spätmittelalterlichen Lebensweise und Frömmigkeitspraxis führen und zugleich Themen, die sich besonders gut am Beispiel der großen Universitätsstadt Erfurts mit ihrer ausdifferenzierten geistlichen Topographie stellen und untersuchen lassen.

Denn kaum ein Lebensabschnitt Martin Luthers war so prägend und wegweisend wie seine Erfurter Jahre als Universitätsstudent, Novize und angehender Augustinermönch zwischen 1501 und 1511. Zugleich ist kaum ein Aspekt der Biographie und des geistigen Werdeganges des späteren Reformators in seiner zeitlichen Abfolge und örtlichen Situierung so umstritten wie die von intensiven Bildungserfahrungen und schweren Lebenskrisen geprägte Erfurter Zeit. Allein dies unter einem nicht allein theologischen, sondern zugleich institutions- wie stadtgeschichtlichen Fokus mit kunsthistorischen Weiterungen zu befragen und darzustellen, macht den Reiz unseres Unterfangens wesentlich aus.Die Bedeutung der Bettelorden für die spätmittelalterliche thüringische Metropole Erfurt zu untersuchen, ist zudem eine gleichermaßen herausfordernde wie schwierige Aufgabe, der sich dieser in Zusammenarbeit mit Fachkollegen aus der gesamten Region erstellte Band ebenfalls erstmals im Zusammenhang stellt.

Ausgehend vom Ausstellungsprojekt »Barfuß ins Himmelreich? Martin Luther und die Bettelorden in Erfurt« galt es dabei, Forschungserträge aus dem Bereich der sakralen Baugeschichte und reformatorischen Kontroverstheologie mit der Spurensuche in Erfurter und auswärtigen Archiven so zu verbinden, daß neben einem hochkarätigen Objektbestand auch eine in vielerlei Hinsicht neue Forschungsbasis erreicht werden konnte. Viele Bereiche der mendikantischen Präsenz in Erfurt – von der Verflechtung mit der Universität und den geistlichen und politischen Machtstrukturen der Stadt über die Zeugnisse der reichen Stiftungspraxis in den Bettelordenskirchen bis hin zum Terminieren der Mönche in der gesamten Region – werden dabei erstmals in ihrer realen Bedeutung und Komplexität greifbar. Es entfaltet sich ein spannendes Tableau der Interaktion zwischen Bettelmönchen und Stadtgesellschaft, das bis zur Reformation mehr als 300 Jahre umfasste und dessen Erbe weit über die sukzessiven Klosteraufhebungen des 16. Jahrhunderts hinausreicht. Zugleich konnten – etwa mit Blick auf den bisher unterrepräsentierten Orden der Marienknechte/Serviten oder hinsichtlich der personellen Zusammensetzung der Konvente – wichtige Forschungsdesiderate identifiziert werden, deren Bearbeitung für die kommenden Jahre noch lohnende Erträge verspricht.

In diesem Sinne beschreitet der Band allenthalben Neuland, wobei es der Anbindung an eine öffentlich geförderte Publikumsausstellung entsprach, die katalogartige Beschreibung der kostbaren Objekte jeweils so mit den wissenschaftlichen Aufsätzen und Essays zu verknüpfen, daß ein spannendes Panorama einer vergangenen Lebenswelt mit überraschend aktuellen Bezügen entsteht und lebendige Kulturgeschichte über die Ausstellungspräsentation hinaus als Schnittmenge von musealer Vermittlung und universitärer Forschung erlebbar wird.

Der Band wird eingeleitet von Erläuterungen zur Ausstellungskonzeption und ihrer Umsetzung sowie von Überblicken zu Formen des Glaubens in einer merkantilen Umwelt, zu den in Erfurt vertretenen Bettelorden im Rahmen des Klosterwesens und zur Stadt selbst im Spätmittelalter; sie beleuchten insgesamt den Hintergrund des Gesamtthemas. Der Gliederung der Ausstellung entsprechen die folgenden Abschnitte; in ihnen werden die jeweiligen Exponat-Beschreibungen von hinführenden und zusammenfassenden Essays eingeleitet. Gemäß dem Anlass der Ausstellung geht es zunächst um den frühen Erfurter Abschnitt im Leben Martin Luthers, sodann um die hiesigen Bettelorden im 13. und 14. Jahrhundert und ihre Einflüsse auf die Stadt. Es folgen die Ausprägungen des geistlichen Lebens im Erfurt des 14. und frühen 15. Jahrhunderts am Vorband der Reformation. Die Haltung der Erfurter Bettelorden zu Luthers neuer Lehre schlägt den Bogen zum Anfang des Bandes zurück, und die bedeutenden Bauten und Ausstattungen der Erfurter Bettelordensklöster beschließen ihn.

Zu danken ist allen Förderern und Zuwendungsgebern ebenso wie sämtlichen Leihgebern und Rechteinhabern, die die Ausstellung in freundlicher und unkomplizierter Weise unterstützten. Kooperationspartner wie das Augustinerkloster, die Fachhochschule Erfurt und die Predigergemeinde haben zum Erfolg des Projektes wesentlich beigetragen. Dank gebührt allen beteiligten Autoren für ihre Originalbeiträge; zudem danken wir allen an der Vorbereitung und Drucklegung des Bandes beteiligten Kolleginnen und Kollegen der Stadtverwaltung Erfurt, vor allem Gudrun Noll-Reinhardt, Corina Worm und Dirk Urban sowie dem Sandstein Verlag. Herzlich gedankt sei zudem Frank Stewing sowie Elisabeth Fabry, Michelle Funck, Luise Hartung, Maria Lämmerhirt und Julia Rinker für die redaktionelle Mitarbeit. Es bleibt uns, dem Band mit seinem stadthistorisch und kulturgeschichtlich so bedeutsamen Thema über die Reformationsdekade hinaus viele interessierte und wissbegierige Leserinnen und Leser zu wünschen.

Erfurt, im Sommer 2017

Karl Heinemeyer Anselm Hartinger

MARTIN LUTHER UND DIE BETTELORDEN IN ERFURT

Eine Ausstellung

Mit dem über Jahrhunderte hinweg prägenden und noch heute im Stadtraum sichtbaren Erbe der Bettelorden sowie der Studienzeit und dem Klostereintritt Martin Luthers begegnen sich in Erfurt zwei für das späte Mittelalter und den Übergang zur Neuzeit höchst bedeutsame Traditionen. Dieses Zusammentreffen einer vielfältig in die Stadtgesellschaft hineinwirkenden Ordenstätigkeit mit dem persönlichen Werdegang ihres wichtigsten Protagonisten macht ganz wesentlich die Bedeutung Erfurts für die Reformationsgeschichte aus. Beide Traditionsschichten am authentischen Ort zusammenzuführen und sie dabei als noch immer relevante Gegenwartsfragen zur Diskussion zu stellen, ist das Anliegen der Ausstellung »Barfuß ins Himmelreich? Martin Luther und die Bettelorden in Erfurt«. Ihre Zielstellungen und Hintergründe werden in den folgenden Essays und Aufsätzen reflektiert – von den historischen Grundlagen und Begrifflichkeiten über die konzeptionelle Zuspitzung und szenographische Umsetzung bis hin zur medial aufbereiteten Geschichtsvermittlung.

VOM REGELGEHORSAM ZUR VERANTWORTETEN FREIHEIT: LUTHER UND DIE BETTELMÖNCHE IM REFORMATIONSJAHR IN ERFURT AUSSTELLEN. EINE PROBLEMSKIZZE

Anselm Hartinger

Voraussetzungen

Am Anfang stand eine einfache Frage: Was kann eine Stadt wie Erfurt in der kulturpolitischen Situation und Museumslandschaft des Jahres 2017, in der es absehbar landauf, landab »luthern« würde und eine Reformationsausstellung auf die andere zu folgen schien, noch an wirklich originären und substantiellen Beiträgen einbringen? Was machte Erfurt für Luther aus, das Wittenberg, Eisleben, Worms oder die Wartburg ihm nicht waren und das all diese Städte und Stätten auch heute so nicht glaubhaft darstellen können?

Anders gefragt: Was kann geschichtsinteressierte Menschen, Reformationstouristen oder selbst weitgehend »unvorbelastete« Museumsbesucher heute noch am gleichermaßen berühmten wie umstrittenen und wohl ebenso weitbekannten wie in der Tiefe seines Werkes ungelesenen Reformator interessieren, was über den sprichwörtlichen Wurf mit dem Tintenfass oder auch den legendenüberwucherten Thesenanschlag hinausgeht? Und was kann uns seit Jahren mit dem Themenkomplex »Reformation und Stadt« beschäftigte Museumsleute und Historiker heute noch an Luther interessieren?

Hinsichtlich des Ausstellungsstandortes Erfurt und seines unmittelbaren Lutherbezuges lässt sich die Antwort relativ leicht geben – natürlich muss es um den Universitätsstudenten Martin Luther gehen, der Erfurt erlebte und dem wir in Erfurt begegnen sollten. Zugleich ist es jedoch der Mönch, genauer gesagt: der Bettelmönch, von dem hier zu reden ist. Denn wie auch immer man das – von Luther selbst nicht gerade zeitnah und sonderlich genau beschriebene – Geschehen rund um den legendenhaften Blitzschlag in Stotternheim und das damit verbundene Gelübde bewerten will: der Bruch mit seinem bisherigen Leben, seiner Karriereplanung und seiner Familie, der Eintritt ins Kloster der Augustiner-Eremiten mit den nachfolgenden Jahren als Novize und angehender Mönch waren die schicksalhafte Wende in Luthers Leben. Und zugleich handelte es sich dabei um eine zentrale Station auf einem im Einzelnen noch immer umstrittenen inneren und äußeren Weg, der ihn von der Fokussierung auf die Erfüllung, ja: Übererfüllung äußerlicher Regeln und Werke über eine Periode des frustrierenden Verzweifelns am eigenen Ungenügen in Gottes Augen hin zur Erkenntnis eines im Bibelwort offenbarten gnädigen Heilands und zum leidenschaftlichen Plädoyer für eine von allem Leistungsdenken befreite Glaubensgemeinschaft führte.

Mit dem Hinweis auf die besondere Identität der Augustiner-Eremiten als Mendikantengemeinschaft jenes Typs, der sich in den ersten Jahrzehnten des 13. Jahrhunderts zunächst in Italien und Südfrankreich herausbildete und für den der bekehrte Patriziersohn Franz von Assisi als idealtypische Figur eines charismatischen Gemeinschaftsstifters dienen kann, öffnet sich zugleich ein Fenster in die mentale Vorgeschichte der Reformationszeit wie in ein bedeutendes, bisher jedoch kaum im Zusammenhang betrachtetes und gebührend gewürdigtes Kapitel der Erfurter Stadthistorie. Haben doch die Bettelorden der Franziskaner, Dominikaner und Augustiner-Eremiten, denen sich noch die weniger bekannten Marienknechte (Serviten) zugesellten,[1] im Erfurter Stadtraum ein reichhaltiges und in dieser Dichte seltenes Erbe hinterlassen. Das trotz vielfacher Umgestaltungen und zwischenzeitlicher Umnutzungen im Kernbestand erhaltene und heute u. a. als Kirche, Tagungsstätte und historische Bibliothek dienende Augustinerkloster, die als Perle der Frühgotik in Thüringen zurecht berühmte Predigerkirche sowie die trotz ihres teilweisen Ruinenstatus noch immer beeindruckende und mit einem intakten Hohen Chor von imposanter Schönheit gesegnete Barfüßerkirche stehen dabei augenscheinlich für die einzigartige Rolle, die die Erfurter Bettelordensniederlassungen mit ihren zahlenmäßig großen Konventen, ihren weithin ausstrahlenden Studienzentren und Termineibezirken sowie ihren vielfältigen Verflechtungen mit der lokalen Bevölkerung und Ratsobrigkeit einschließlich externer Gewalten wie Erzbischof, Ordensprovinzen und Papst für gut drei Jahrhunderte spielten. Dabei waren die Mendikantengemeinschaften nicht nur – insbesondere in einer so volkreichen und geistlich geprägten Stadt wie Erfurt – ein wichtiges Segment der spätmittelalterlichen Stadtgesellschaft, sondern sie waren auch Teil einer von der Observanz des 15. Jahrhunderts wieder auf die Ursprünge zurückgeführten geistlichen Reformbewegung. Zugleich wurden sie zunehmend zur Zielscheibe mancher biblisch begründeten Reichtums- und Romkritik und damit zur negativen Projektionsfläche einer auf Arbeit und Aufstieg statt auf Armut und Askese gegründeten neuen Ethik. Diese verdichtete sich um und nach 1500 zu einer gärenden Unruhe, die ein zentraler Teil der Vorgeschichte der Reformation wurde. Erfurt nach 1500 war – etwa in Gestalt der den Bettelorden zugewandten Stiftungen sowie mit Blick auf die »Dunkelmänner«-Kontroverse – zugleich eine Stadt der blühenden Jenseitsvorsorge wie ein Ort des jungen universitären Humanismus. Es war eine von Überschuldung gepeinigte und zwischen Mainzer Erzstuhl als geistlichem und weltlichem Stadtherrn und Kursachsen ringsum förmlich eingezwängte Kommune voller »frommer Bürger«[2] – und genau dies war das Lebensumfeld des jungen Luther in Stadt, Universität und Kloster.

Diese Aspekte zusammenzuführen, entsprach dem erklärten Ziel und der besonderen Chance unseres Projektes. Es will zugleich einen Beitrag zur Lebensgeschichte Martin Luthers wie zur Tradition der Mendikantenorden anhand ihrer Erfurter Niederlassungen leisten. Damit verschob sich der Fokus von der ereignisbetonten Reformationsgeschichte einerseits hin zu den langen Linien der im Spannungsfeld städtischer Interessen stehenden Ordenstradition und andererseits zum inneren Drama eines Menschen, der im Kloster seinen Weg zu Gott suchte und dabei auf eine Bahn geriet, die ihn in nur anderthalb Jahrzehnten vom Novizen und zelotischen Mönch über den Ordensprofessor und Amtsträger der sächsischen-thüringischen Observanzkongregation bis zum scharfen Kritiker der Mönchsgelübde und zum Vertreter einer neu gedeuteten »ehelichen Keuschheit« werden ließ. Nicht gerade wenig Stoff für eine einzige Ausstellung!

Doch kommt noch eine weitere Dimension hinzu, die über das Reformatorenleben und die Stadtgeschichte hinausweist. Allen Verwässerungen und Kompromissen zum Trotz blieb das auf freiwillige Armut, Christusnachfolge und offensive Mission gerichtete Lebensideal der Bettelorden in allen Jahrhunderten ein verstörendes Skandalon und uneingelöstes Versprechen. Es verwickelte nicht nur Mönche, Stadtbewohner, Klerus und Obrigkeiten immer wieder in Kontroversen und Denkprozesse, sondern wirft noch heute Fragen auf, die Aspekte der Wohlstandskritik, Sozialpolitik und Nachhaltigkeit, aber auch des religiösen Fanatismus und der Möglichkeiten und Grenzen des Toleranzgebotes berühren. Diese Schnittmengen und Aktualitätsfenster galt es ebenfalls für das Projekt zu nutzen. Hieran in der Ausstellung und im Begleitprogramm anzuknüpfen, gehörte deshalb zu den auslösenden Ideen hinter dem Projekt, seiner Bildsprache und seiner Außendarstellung.

Prämissen und Leitplanken

In den Vorüberlegungen zum Konzept und seiner Weiterentwicklung waren folgende Prämissen maßgebend, die uns in der weiteren Arbeit als Leitplanken dienten:

1.

Das mit guten Gründen in einem Stadtgeschichtlichen Museum angesiedelte Projekt sollte keinesfalls eine reine Kunstausstellung werden und auch nicht primär von kunsthistorischen Befunden oder Thesenbildungen ausgehen. Dies bedeutete, Bilder und sonstige Artefakte in erster Linie als sprechende Quellen zu sehen und sie weniger als auratische Schaustücke zu inszenieren. Ihre Auswahl und Kommentierung mussten sich damit aus ihrem einstigen Nutzungskontext oder ihrer thematischen Aussagekraft ergeben. Dies konnte auch bedeuten, dass es nicht in jedem Fall notwendig war, durch Restaurierung und Präsentation einen artistischen Idealzustand wiederherzustellen. Gewisse Gebrauchsspuren waren daher – natürlich im Rahmen konservatorischer Vertretbarkeit – für uns nicht nur hinnehmbar, sondern sogar willkommen.

2.

Es sollte keine klassische Dokumentenausstellung werden, die sich leicht zu einem im Raum verteilten Katalog verfestigen kann – keine leichte und vielleicht gar eine unlösbare Aufgabe für ein Thema, das zentral mit Urkundenüberlieferung, Buchgelehrsamkeit und Pamphletistik zu tun hat, und bei dem die Suche nach dreidimensionalen Objekten in vielen Teilbereichen durchaus aufwendig war. Immerhin schien damit aber ein Anspruch gesetzt, jedes Schriftstück einer intensiven Prüfung auf Verwendbarkeit und Aussagekraft zu unterziehen und immer wieder nach Möglichkeiten für nonverbale Aussageformen sowie visuelle oder haptische Vermittlungsformen zu setzen, wo immer das irgend möglich war.

3.

Dies bedeutete auch, ganz auf Verständlichkeit zu setzen und die Ausstellung und ihre Texte zwar nach besten Möglichkeiten fachlich rückzubinden, dabei jedoch unbedingt auf Lesbarkeit und Plausibilität auch für Laien zu achten. Mit nennenswertem Vorwissen oder der Kenntnis von Fachtermini war dabei nicht zu rechnen; vielmehr galt es, durch spannend aufbereitete Informationen und eine stringente Handlungsführung das Interesse der Besucher zu wecken und es der komplexen und nicht immer eingängigen Thematik zum Trotz möglichst über die gesamte Ausstellung zu erhalten.

4.

Als essentiell für das Gelingen erschien ein striktes Primat des Konzeptes. Gerade Reformationsgeschichte lässt sich bekanntlich sehr verschieden schreiben, wobei man sowohl von theologischen als auch von kulturanthropologischen oder mentalitätsgeschichtlichen Fragestellungen ausgehen sowie reichs- und kommunalpolitische, ökonomische oder biographische Kontexte in den Vordergrund stellen kann. Unsere Entscheidung fiel mit Blick auf den genannten doppelten Anlass relativ früh: Es ging uns im Kern um das innere Drama eines Gottsuchers und seinen als Kristallisation der Erfahrung einer ganzen Generation herausgearbeiteten Weg über das observante Bettelmönchtum hin zu einem neuen Verständnis des Verhältnisses von Gott und Menschen. Dies aber sollte nicht in einem idealtypischen Epochenrahmen angesiedelt sein, sondern vor dem Hintergrund eines facettenreichen und über Jahrhunderte eingespielten Spektrums an Interaktionen zwischen Stadtgesellschaften und Bettelorden in Erfurt entfaltet werden. Sämtliche Abteilungen und Objekte mussten sich vor diesem doppelten Bezugsrahmen legitimieren; ein »Erfurt um 1500« ließ sich damit ebenso wenig rechtfertigen wie ein Projekt zur habituellen Genese des Protestantismus oder eine Ausstellung ausschließlich zur Erfurter Klosterzeit Luthers respektive zu den Frömmigkeitsformen der spätmittelalterlichen Religiosität. Nur in der flexiblen Verknüpfung konnten sich all diese Aspekte zu jenem zugleich kompletten und unvollkommenen wie ausgewogenen und berührenden Bild ergänzen, das wir anstrebten.

5.

Da Museen nur als Orte eines fachlich inspirierten, grundsätzlich öffentlichen und dabei dezidiert kritischen Diskurses über Geschichte, Gegenwartsgesellschaft und Zukunft sinnvoll denkbar sind, halten wir es generell für unerlässlich, in unseren Ausstellungen Stellung zu beziehen[3] und uns den Mut zu thesenhaften Aussagen nicht ausreden zu lassen. Dabei erschweren es die wissenschaftliche Korrektheit und die sich gerade im Bereich der Reformationsgeschichte stetig verbreiternde Forschung zunehmend, überhaupt noch eindeutige Aussagen zu treffen und entsprechende Positionen öffentlich zu beziehen. So sehr nun aber diese wissenschaftliche Pluralität Museen dabei geholfen hat, ihre früher manchmal recht holzschnittartige Darstellung samt tendenzbelasteter Sinnstiftungsversuche und unhinterfragter Didaktiken zu über-

Abb. 5 Martin Luther, Auslegung des 117. Psalms (Kat.-Nr. V.23)

winden, so sehr müssen wir im Interesse unserer Besucher und jenes aktualitätsbezogenen Diskurses, den wir uns mit und zwischen ihnen wünschen, daran festhalten, dass Ausstellungen sich nicht hinter der mit der Zufälligkeit der Quellenüberlieferung zusammenhängenden Begrenztheit an gesicherten Informationen sowie der faktischen Unbeweisbarkeit nahezu jeder daran anknüpfenden These verstecken können. Museen können und müssen Thesen hinterfragen und eher noch mehr kontroverse Sichten zur Diskussion stellen. Doch müssen sie dafür zunächst einmal Handlungsstränge anbieten und sich im besten Sinne positionieren, wenn sie denn in diesem Sinne etwas auslösen und anstiften wollen. Denn das erstrebenswerte Gegenteil von ideologisch motivierter Sinnstiftung läge nicht in hyperkritischer Korrektheit und Ausgewogenheit, sondern in der Konzeption engagierter und transparent zugespitzter Angebote, die begeistern, aber auch verstören und zum mündigen Umgang mit Wissen und Geschichte einladen. Daher war es für unsere Ausstellung nicht in erster Linie ausschlaggebend, ob Martin Luther diese oder jene aus seinen späteren Schriften und Haltungen erkennbare Einsicht noch in seiner Erfurter Klosterzelle, bereits in Wittenberg oder gar auf einer Visitationsreise durch die Augustiner-Klöster seiner Observanzkongregation gewann. Wichtig ist, dass sie sich klar aus seinem in Erfurt begonnenen Mönchsein und den entsprechenden Erfahrungen ergibt und darstellen lässt. Auch musste nicht für jedes der drei Erfurter Mendikantenklöster ein bis ins Letzte durchdeklinierter spezieller Tagesablauf herausgearbeitet werden. Vielmehr kam es – bei Anerkennung gewisser ordens- oder konventseigener Besonderheiten – darauf an, den typischen Erfahrungshorizont eines Bettelmönchs nach 1500 erlebbar zu machen und die für die Orden charakteristischen Anliegen und Probleme deutlich werden zu lassen. In diesem Sinne bekennt sich unsere Ausstellung zu einer These, die Martin Luthers sicherlich nicht auf ein einziges Schlüsseldatum reduzierbare reformatorische Wende in einen relativ engen Zusammenhang mit einem Weg bringt, der ihn vom Studentenleben in das Mendikantenkloster hinein, durch dessen Gelübde und Werke hindurch und am Ende erst geistig und dann auch real aus seinen Mauern wieder herausführte. Diese These stellen wir zur Diskussion – mit aller kritischen Selbstbefragung, jedoch auch mit allen uns zu Gebote stehenden gestalterischen und didaktischen Mitteln.

6.

Klar war auch, dass eine reine Geschichtsausstellung ohne Anschluss an aktuelle Diskurse nicht das Ziel eines solchen Projektes sein konnte. Nur wenn es uns gelingt, hinter den 500 Jahre alten Ereignissen und Kontroversen solche Fragestellungen aufzuspüren, die auch uns Heutige etwas angehen, werden wir sowohl dem auf Mission und Einstellungswandel ihrer Mitmenschen gerichteten Impetus der Bettelmönche als auch dem leidenschaftlichen Predigen Luthers gerecht. Und nur dann haben wir auch eine Chance, dass all deren Anstöße und Fragen nicht in aufwendig gesicherten gläsernen Sarkophagen und hinter den Einbänden schwer lesbarer und oft noch schwerer zu verstehender Folianten begraben bleiben, sondern dass wir sie für unsere Gegenwart neu aufwerfen und stellen. Denn vor allem daran hängt unserer festen Überzeugung nach die Relevanz eines solchen Projektes ebenso wie die von Geschichtsmuseen überhaupt.

Konsequenzen für die Umsetzung

1.

Aus der doppelten Beziehung auf die über drei Jahrhunderte hinweg im Stadtraum präsenten Orden und den innerlich bewegten Lebensweg eines vom Studenten zum Mönch gewordenen Menschen ergab sich zwingend eine Zweiteilung des inhaltlichen und gestalterischen Ansatzes. Es musste darum gehen, einerseits ein stabiles Element zu finden, das gewissermaßen die »lange Dauer« des Daseinsmodells und Beziehungsgeflechtes der Bettelorden verkörpert und in das ein von außen kommender Mensch wie Luther dann konkret in Erfurt eintreten konnte. Andererseits war es notwendig, dieses seiner Natur nach kurzzeitige, dafür aber ereignisbetontere biographische Element ebenfalls in plausibler Weise zur Geltung zu bringen.

2.

Für den stabilen Rahmen, den unsere Gestalter mit guten Gründen als »Netz« und »Gitter« deuteten, stellen die vorhandenen Räume des Stadtmuseums ein grundsätzlich geeignetes Gehäuse dar. Dabei war zunächst dem Verhältnis von Stadt und Orden genügend Platz einzuräumen – der Museumsraum selbst sollte für die Besucher zur begehbaren Stadt werden. Dafür wurden für die Franziskaner, Dominikaner und Augustiner-Eremiten drei »Konvents-Inseln« gebildet, die frei im Raum verortet wurden und die als »feste Burgen« die ambivalente Stellung der Mendikantenklöster als auch rechtlich exemte ummauerte Enklaven inmitten der Stadt verkörpern sollten. Die nominell zahllosen Weisen der Interaktion zwischen Orden und Stadtbevölkerung wurden hingegen auf wiederkehrende Aspekte und Handlungsmuster hin typisiert und als sogenannte »Begegnungszonen« zusammengefasst: Universität; Sichtbarkeit im Stadtraum; Einbindung in die städtische Kirchenpolitik; Ökonomie; Predigt und Seelsorge; Totenkult und Stiftungen. Dabei konnte in den beiden großen Räumen des Erdgeschosses vielfach Bezug auf die vorhandene Raumthematik sowie auf Teile der musealen Einrichtung genommen werden. So wurden die »Konvents-Inseln« und die mit der Stadtpolitik und Universität befassten Begegnungszonen in der sog. Mittelhalle platziert, die sich in ihrer Dauerausstellung ohnehin mit der Ratsherrschaft befasst. Die Südhalle hingegen konnte organisch das Thema Seelenheil und Totenkult beherbergen, da sie bereits mit dem Thema »Stadt als geistliche Gemeinschaft« belegt ist.
Zur Darstellung des Klosterlebens empfahl sich die große Kellertonne – und zwar nicht, weil sie entgegen ihrer profanen Nutzungsgeschichte als sakraler Raum inszeniert werden sollte, sondern weil das längliche und etwas drückende Gewölbe die geschlossene Welt des Religiosentums unterstreicht und dieser Raum dann nicht nur inhaltlich, sondern auch von der Abfolge und Dimension her als Zentrum der Ausstellung fungieren kann. Hingegen erwies sich für die von Kontroversen und wechselnden Frontstellungen gekennzeichnete Abteilung »Ablass und Krise« die eher unübersichtliche Raumflucht der mittleren Kellertonne als geeignetes Setting, während der von der Objektzahl überschaubaren »Nachgeschichte« die bereits auf dem Rückweg nach oben befindliche kleine Kellertonne zupass kam. (Abb. 5)

3.

Für das dynamischere personengeschichtliche Element musste hingegen ein neuer und weniger auf die bisherige Raumbelegung abgestellter Zugang gefunden werden. Dafür wurden zum einen Frageplakate entwickelt, die von Luthers Sinnsuche und seiner Kritik an der Kirche seiner Zeit ausgehen und die nebenher auch noch anschlussfähig für aktuelle Diskurse sind (»Macht Geld selig?«). Zum anderen empfahl sich die Konzeption sogenannter »Lutherpunkte«, die die Fragestellung der betreffenden Themenabteilung jeweils aus Luthers Perspektive aufgreifen und dabei möglichst seiner zugehörigen Lebenssituation gerecht werden. Dabei ergab sich eine überraschend organische Koinzidenz, die das übergreifende Raumthema und den »Screenshot auf Luthers Lebensfilm« nahezu deckungsgleich werden ließ:

RAUMTHEMA	LUTHERBEZUG
Bettelorden im Erfurter Stadtraum	Luther als Student, der sich darin orientiert
Bettelorden und städtisches Seelenheil	Luther als Gottsucher und Christusflüchtling, der wie seine Umwelt in Sorge um sein Seelenheil ist
Altes und Neues Mönchtum	Luther in der Abwägung über seinen klösterlichen Weg[4]
Das Kloster und seine Werke	Luther als eifriger Bettelmönch
Ablasskrise und Spaltung	Luther als kämpferischer Reformator
Nachgeschichte der Konvente	Luther als Mensch und Mann, der aus dem Kloster herausgeht

Mit dieser Abfolge verdichtet sich das in den beiden ersten Räumen noch eher passive »Mitlaufen« Luthers zu einer immer engeren Überlagerung mit den Ordensthemen. So ist Luther in der zentralen Abteilung des »Klosters« bereits nahezu physisch präsent, bevor er – vom Thema der Observanz und ihrer von ihm mitgeprägten Strukturen vorbereitet – in den Räumen 4 und 5 den Verlauf der Dinge immer stärker bestimmt und sich das Verhältnis von »stabilem Rahmen« und »einzelner Person« damit gewissermassen umkehrt. Zu Beginn tritt Luther als anonymer Student in ein traditionsfestes Setting ein, um am Ende als berühmte Person daraus hervorzugehen, die eine völlig veränderte und in mancher Hinsicht auch verwüstete Struktur zurücklässt – gerade in Bezug auf die Erfurter Bettelorden und ihre in Pfarrkirchen und städtische Schulen verwandelten Konvente. Diese Verdichtung der Thematiken bringt nicht zuletzt ein erwünschtes Element der Beschleunigung in die Ausstellung, was zweifelsohne der Zeiterfahrung auch vieler Erfurter zwischen 1505 und 1530 entsprach.

4.

Unverzichtbar für das Funktionieren dieser sowohl hinsichtlich der Geschichte der Konvente als auch Martin Luthers plausiblen Abfolge ist eine stringente Wegführung im Museum. Nur wenn der Besucher diesen Weg durch den Stadtraum und mit Luther in das Kloster hinein und wieder heraus selbst zurücklegen kann, wird er die in der Ausstellung vertretene These verstehen und als Deutungsvorschlag in Erwägung ziehen können. Deshalb kam es keinesfalls in Frage, eine konventionelle Ausstellungsbelegung mit mehr oder schlauchartigen Räumen und modular-unverbindlicher Themenbelegung vorzusehen. Es war vielmehr von Beginn an ein Axiom unserer Planung, den im rückwärtigen Bereich des Museums bereits angelegten, bisher jedoch nicht für die Öffentlichkeit genutzten Rundweg über zwei miteinander verbundene Treppen einzubeziehen und die Besucher damit zu nötigen, tatsächlich einen etwas mühseligen Ab- und Aufstieg zu vollziehen und die »Klosterpforte« aktiv zu durchschreiten. Dieses für die Ausstellungswirkung essentielle Element wurde über den gesamten Zeitraum der Vorbereitungen hinweg allen logistischen und Kostenproblemen zum Trotz verteidigt, und es war zugleich ein Hauptargument dagegen, auf andere und – zumindest auf den ersten Blick – wegen ihrer Ausstattung und Voraussetzungen bequemer »bespielbare« Museumsräume der Stadt auszuweichen.

Verstehen durch Miterleben: Der Weg ist das (Vermittlungs-)Ziel

1.

Aus den inhaltlichen Schwerpunkten ergab sich eine klare Haltung, was die Lesart und Darstellung der Reformation in unserer Ausstellung betrifft. Es wäre sicher möglich gewesen, das Mendikantentum primär in seiner merkantilen Heilsökonomie zu beleuchten und dieses Ideal dann Stück für Stück zu dekonstruieren. Und wir haben uns auch in der Form des medial animierten »Jenseitsspiels« am Komplementärstandort Barfüßerkirche intensiv mit diesen Fragestellungen auseinandergesetzt. – gerade die Ablasskontroverse bietet dafür Anknüpfungspunkte.[5] Doch zeigt eine tiefere Beschäftigung mit Luthers geistiger und theologischer Entwicklung, dass die Auseinandersetzung mit dem Ablasshandel Teil einer viel weiter reichenden Neuorientierung war, die nicht nur auf einzelne Missbräuche oder die übertriebene Kommerzialisierung der Seelsorge abzielte, sondern die Möglichkeit, das Heil durch Leistung und Werke zu erwerben, grundsätzlich in Frage stellte. Und genau hier fand sich das Bindeglied zwischen Luthers persönlicher Entwicklung und der Traditionsschicht der Bettelorden und damit das Verbindungstück, das die Themenblöcke unserer Ausstellung belastbar verknüpfen kann. Uns interessiert daher – im bewussten Unterschied zu anders ausgerichteten Projekten in Wittenberg, Eisenach, Mühlhausen oder Berlin – die Reformation primär als inneres Geschehen. Wir stellen einen als Substrat der Erfahrung einer ganzen Generation gedachten Menschen in den Mittelpunkt, der auf der Suche nach einem erstrebten Ideal einerseits mit sich selbst immer strenger, andererseits aber auch unglücklicher wird, und der darum auch mit Hilfe seiner Bibelstudien nach und nach begreift, dass er diesen Rahmen zerbrechen muss, um nicht länger nur sich selbst im Spiegel zu begegnen, sondern um tatsächlich die Zusage seines gnädigen Gottes annehmen zu können – eine Erkenntnis, die ihn dann auch dazu führte, seinen Glauben nicht mehr in der Sonderform des Klosters, sondern in der und für die Welt leben zu können. Es geht also weniger um die Frage, was die Reformation insgesamt für die Welt oder das Reich bedeuten mag, sondern worum es Luther im Innersten ging, was einen zum Mönch gewordenen Gottsucher wie ihn antrieb, und wo die Berührungspunkte und wo die Dissenslinien zwischen dem observanten Mendikantentum und dem reformatorischen Zugriff auf Welt und Glauben liegen. Eine solche Entwicklungslinie herauszuarbeiten, ist nicht leicht, weil sie nicht immer und in jedem Schritt quellenmäßig so belegbar ist, wie man sich das vielleicht wünschen würde. Ja, diese These ist durchaus kühn und damit auch angreifbar. Aber sie kann sich auf gewichtige Argumente und Einsichten stützen, und sie wird hoffentlich keinen unserer Besucher unberührt lassen, der sich mit uns auf diesen Weg begibt. Dabei können wir auf die Erfahrung setzen, dass personenbezogene Identifikation in Vermittlungskontexten in der Regel besser funktioniert als jede abstrakte Themenentfaltung.

2.

Wenn wir aber neben den Verflechtungen von Stadt und Bettelorden, die praktisch als eine Art übergroßer »Prolog« dienen, im Kern ein in dieser Weise zunächst einmal inneres und erst später nach außen wirksam gewordenes Geschehen verhandeln wollen, dann lässt sich dies nicht in der üblichen Weise entlang von Dokumenten und sichtbaren Ereignissen erzählen. Vielmehr muss diese innere Entwicklung als echtes seelisches Drama für die Besucher erlebbar werden. Das verlangt neben der plausiblen Wegführung auch eine Vergegenwärtigung dessen, was die Unterwerfung unter ein strenges Ideal der regulierten Lebensführung und der Klostergelübde einschließlich der sexuellen Enthaltsamkeit eigentlich meint. Ebenso galt es, herauszuarbeiten, was es im Gegenzug bedeutete, diese heilige Bindung aufzukündigen und in aller Konsequenz als Mann und Mitbürger zurück in die Welt zu gehen. Für all diese Zusammenhänge brauchte es in der Ausstellung Bilder und zudem Stationen, an denen Besucher damit auf elementare Weise umgehen und sich in die Handlung einbringen können. Und wenn es schon darum geht, hinter dem vergilbten Papier die hitzigen Debatten und das stark auf Verletzung und Verdammung gerichtete gegenseitige »Einprügeln« der Reformationsprotagonisten lebendig werden zu lassen, dann können es auch mal handfeste Boxhandschuhe sein, die dort diese Funktion erfüllen.

3.

Zugleich war es uns wichtig, den geistigen Prozess der Reformation nicht als singuläre Leistung ohne Vorgeschichte zu verklären, sondern ihn in ein Modell periodischer Bemühungen um eine Erneuerung des Glaubens sowie einer christusförmigeren Lebensweise und (Sozial-)Ordnung einzuordnen, wie es die ganze christliche Geschichte als Unterströmung durchzog und ganz besonders das Spätmittelalter prägte. Und hier kam eben nicht zufällig der mit der Entstehung der Mendikantenorden des 13. Jahrhunderts verbundene religiöse Umschwung ins Spiel. Deshalb war es so wichtig, neben der Präsenz der Bettelorden im Stadtraum auch deren auf aktive Mission und das Prestige der freiwilligen Armut gerichteten Neuansatz zu erläutern – und zwar gerade im Gegensatz zum benediktinischen Religiosentum älteren Typs. Dieses für die Reform- und Observanzdiskurse essentielle Narrativ von beklagenswertem Verfall und zu erstrebender Rückkehr zur Gründungsstrenge sollte als ein Leitmotiv der mönchischen Lebensweise generell erkennbar werden, in das auch Luther als Angehöriger einer von Reformdebatten gespaltenen Ordensprovinz und eines ebenso zerrissenen Erfurter Konvents hineingeriet. Wir betreiben insofern zugleich Aufklärung, wie wir historische Gerechtigkeit zu üben suchen, wenn wir das Lebensideal der Mendikanten als permanenten Widerspruch mit der Wirklichkeit zeigen, der zugleich von Heroismus und Heuchelei wie von Glauben und Gier gezeichnet war. Damit soll deutlich werden, wie sehr die vielfach von (Bettel-)Mönchen vorangetriebene Reformation ebenso wie die katholische Reform des späteren 16. Jahrhunderts auf diesem Habitus der Observanz ruhte. Doch soll mit der ganzen nötigen Trennschärfe auch nachvollzogen werden können, wo sich die Reformation genau von diesem Denkansatz löste und zu einer sozial zwar überwiegend konservativ ausgerichteten, spirituell jedoch grundstürzenden Befreiungstheologie neuen Typs wurde. Es ist unser erklärtes Ziel, dass die Ausstellung genau dies besser zu verstehen und gerechter zu würdigen hilft. Und das wäre dann auch im Reigen der Reformationsprojekte des Jahres 2017 ein nachhaltiger Gewinn.

Luthers Theologie und die Tradition der Bettelorden in Erfurt. Thesen und Kernaussagen der Ausstellung

- Die Bettelorden spielten eine wichtige Rolle in der Entwicklung der spätmittelalterlichen Metropole Erfurt, ihrer kirchlichen Topographie und der Universität. Ihre noch immer das Stadtbild prägenden baulichen Zeugnisse und überlieferten Kunstschätze stehen beispielhaft für eine reiche und wechselhafte historische Tradition.
- Die Bettelorden waren personell und strukturell aufs engste mit der Erfurter Stadtgesellschaft verbunden. Das Spannungsgeflecht von Stadtherr, Rat, Weltklerus, Bruderschaften und Stadtbevölkerung war von einem intensiven Austausch und der wechselseitigen Erfüllung spiritueller, ökonomischer und institutioneller Bedürfnisse geprägt.
- Die Ausbreitung und Ansiedlung der Bettelorden entsprach mit der radikalen Hinwendung zur Armut und zu einem Ideal der gelebten Christusnachfolge einem massiven Bruch mit den bisherigen klösterlichen Leitbildern sowie den tradierten kirchlichen Strukturen, was sich für breite Bevölkerungsschichten als hochattraktiv erwies, die neuen Orden jedoch auch in Konkurrenz zum Pfarr- und Stiftsklerus sowie untereinander treten ließ.
- Trotz gewisser Akzentverschiebungen zeichneten sich alle Mendikantenorden durch ein mehr oder weniger strenges Armutsideal, das Leitbild des steten Unterwegsseins, eine auf Predigt, Mission und Seelsorge ausgerichtete öffentliche Tätigkeit sowie entsprechend abgestufte Bildungsgrundsätze aus.
- Die Geschichte der Erfurter Bettelorden ist durch eine andauernde Spannung zwischen den Gründungsidealen und der lebensweltlichen Realität gekennzeichnet – Regel und Welt stehen bei den Mendikanten in einem grundsätzlich heiklen, von den Orden jedoch unverdrossen ausgetragenen Konfliktverhältnis. Das Armutsideal vor allem der Franziskaner war mit den reichen Spenden der Bürgerschaft und den mit dem Unterhalt großer Konvente einhergehenden Notwendigkeiten nur mühsam in Einklang zu bringen. Interne Spaltungen und Sonderkongregationen sowie Bemühungen um eine Rückkehr zur strengen Regelbeachtung begleiten daher die gesamte Geschichte der Mendikanten und ihrer Gründungen. Zugleich gab es in den Klöstern einen facettenreichen Alltag, der über die normativen Texte hinaus vor allem durch archäologische Zeugnisse erschlossen werden kann.
- Geschichte und Theologie der Bettelorden sind mit einem Konzept der stufenweisen Heilsökonomie und des stellvertretenden Gnadenerwerbs verbunden, das zwar aus seelsorgerlichen Wurzeln erwuchs, aber vor allem im späteren 15. Jahrhundert mit dem entgrenzten Ablasshandel zu einer massiven Monetarisierung des Glaubens führte und die sichtbare Kirche mancherorts an den Rand eines spirituellen Warenhauses führte. Sowohl die zunehmend plakative Propaganda dieser Heilsangebote wie auch der innerkirchliche Zweifel daran sind eng mit den Bettelorden verknüpft – selbst Luthers Ablassprotest 1517 wurde zunächst als »Mönchsgezänk« rivalisierender Orden wahrgenommen.
- Martin Luthers Klostereintritt 1505 entsprach einer von brennender Sorge um das eigene Heil motivierten Lebenswende, in der sich gleichwohl die spirituelle Ernsthaftigkeit und Sinnsuche einer ganzen Epoche widerspiegelt. Mit der Entscheidung für das Leben eines Augustiner-Eremiten trat Luther in ein von strengen Regeln und unauflöslichen Gelübden geprägtes Milieu ein, das seine geistige, psychosoziale und theologische Entwicklung in einzigartiger Weise formte.
- Obwohl Luther die spirituellen Praktiken des Klosters in ungewöhnlicher Weise ernst nahm, erlebte er sie zunehmend als vergebliche und ihn peinigende Versuche, den Forderungen des von ihm mit dem Schreckbild des strafenden Richters identifizierten Christus zu genügen und vor Gott Gerechtigkeit und Seelenfriede zu finden. Gerade weil Luther das Konzept des observanten Bettelmönchs bis zum Exzess auslebte, gelangte er aus der Klosterzelle heraus zu einer vollständigen Umwertung der ihm zugrundeliegenden Ideale und Annahmen. Dabei konnte er sich auf Traditionen eines bibel- und gnadenzentrierten Studiums (Augustinus) stützen, die ihm in Gestalt ordensinterner Überlieferungen und Förderer (namentlich Johann von Staupitz) begegneten und die er zunehmend der scholastischen Universitätstheologie und klösterlichen Erbauungsliteratur entgegenstellte. Seine Erkenntnis der durch die Erlösungstat Christi geschenkten und im Bibelwort verkündigten passiven Gnade als Grund allen gerechten Seins und aller guten Werke führte ihn nicht nur zu einer radikalen Ablehnung jedweder religiösen Leistungsethik. Sie motivierte ihn auch zu einer Abrechnung mit dem Mönchtum insgesamt; dessen Selbstwahrnehmung als eines vor Gott besonders hervorgehobenen Standes und dessen Vertrauen auf äußerliche Werke und Gelübde sowie auf eine vom Dienst am Nächsten abgewandte Selbstheiligung verwarf er seit den 1520er Jahren als widernatürliche Hybris, unchristlichen Egoismus und letztlich Gottes Schöpfungsplan nicht entsprechende Sonderexistenz.
- Diesen Weg vom Konvertiten und überzeugten Mendikanten sowie Ordensfunktionär zum Reformator hat Luther in Erfurt noch nicht bis zum Ende beschritten. Doch erlebte er hier als Novize, angehender Mönch und Priester seine prägenden Klostererfahrungen und wegweisenden Krisen. Zudem konnte er als Student und später als Mönch im volkreichen Ordenszentrum Erfurt die Interaktion von Stadtgesellschaft, Universität und Bettelorden in besonders lebendiger Weise und von beiden Perspektiven aus erleben.
- Die von zahlreichen Generationskollegen und Mitbrüdern Luthers aufgegriffene Abrechnung mit dem Konzept und der Lebensweise der Bettelorden führte auch in Erfurt zur Spaltung der Konvente und zu einem heftigen Pamphletstreit zwischen langjährigen Klosterkameraden. Aus Mönchen wurden vielfach wieder Mitbürger, Männer, Familienväter und Pfarrer; der trotz des um 1530 in Erfurt eingetretenen Patts der Konfessionen auf lange Sicht nicht aufzuhaltende Prozess der Auflösung der Bettelordensklöster und der Verwandlung ihrer Gotteshäuser in Pfarrkirchen stützte sich auf vorreformatorische Ansätze eines städtischen Kirchenregiments gegenüber den Bettelorden. Zugleich wurde es erforderlich, das Verbot des Bettels und den Wegfall des Klostergutes und der Stiftungen durch neue Konzepte eines städtisch-obrigkeitlich verfassten Armenwesens zu kompensieren.
- Die Themen und Objekte der Ausstellung mögen vor allem historischen Erläuterungs- sowie kunsthistorischen Schauwert besitzen – die damit verknüpften Fragestellungen rund um echte und gesuchte Armut, erfüllenden Lebenssinn, Zusammenhalt einer Stadtgesellschaft und innere und äußere Gerechtigkeit sind jedoch ebenso wie die Möglichkeiten und Grenzen von Toleranz, Konformismus und Fundamentalismus sowie das Verhältnis von Ideal und Welt oder auch von Regel und Freiheit von teils bestürzender Aktualität. Dies zu vermitteln und im Reformationsjahr sichtbar zu machen, ist ein zentrales Anliegen der Ausstellung und ihres Begleitprogramms.

Anmerkungen

1 Die in der archivalischen Überlieferung und aufgrund des Fehlens jeglicher baulicher Hinterlassenschaft deutlich schwieriger greifbaren Serviten konnten aufgrund des generell schlechteren Forschungsstandes im Konzept dieser Ausstellung über einzelne Zeugnisse hinaus keine zentrale Rolle spielen. Hier zeigte sich der Bedarf nach weiteren archivalischen Forschungen, die gegebenenfalls künftigen Annäherungen und Ausstellungsprojekten vorangehen müssten. ▪ **2** Viel verdankt diese Ausstellung den grundlegenden Arbeiten von Ulman Weiß (Erfurt). ▪ **3** Ich beziehe mich hierbei auf ein Referat des früheren Präsidenten des Deutschen Museumsbundes, Dr. Volker Rodekamp, auf der Herbsttagung der Fachgruppe Geschichtsmuseen des Deutschen Museumsverbandes (DMB) in Leipzig 2015. ▪ **4** Da der Besucher hier selbst in die Wahlperspektive Luthers schlüpft und es an dieser Stelle auch mehr um eine Grundinformation über die unterschiedlichen Konzepte der Klosterreligiosen und Mendikanten geht, musste keine eigene Lutherstation errichtet werden. ▪ **5** Ich danke ausdrücklich Hardy Eidam für spannende und konzeptschärfende Diskussionen besonders um diese in der Tat entscheidende Frage. Siehe dazu auch seinen Beitrag in diesem Band.

ZEITLOSE THEMEN, AKTUELL BEFRAGT

EIN GESPRÄCH MIT DER GESTALTERIN VALENTINE KOPPENHÖFER ÜBER DAS AUSSTELLUNGSKONZEPT

Gesprächsführung: Anselm Hartinger

Was macht das Thema »Luther und die Bettelorden in Erfurt« für Sie als Gestaltungsbüro attraktiv?

Grundsätzlich beeindruckend finde ich, dass Erfurt, im Gegensatz zu vielen anderen Städten, die im Luther-Jahr Ausstellungen präsentieren, eine reiche Anzahl gut erhaltener Originalschauplätze nutzen kann, an denen Luther eine prägende Zeit seines Lebens verbracht hat. Man spaziert durch dieselben Hallen wie der junge Luther vor 500 Jahren. Meine erste intensivere Begegnung mit Erfurt hatte ich 1998, als ich für das Atelier Brückner das Gartenbaumuseum konzipierte und regelmäßig im Augustinerkloster übernachten durfte – dort, wo auch Martin Luther lebte und wirkte.

Die homogene und gut erhaltene Erfurter Altstadt mit ihren prachtvollen historischen Gebäuden ist immer wieder ein Erlebnis. Das Ausstellungskonzept geht thematisch explizit auf die reiche Vergangenheit der Stadt ein. Wir fanden es dabei besonders spannend, mit einer modernen Ausstellungssprache und zusätzlichen Stationen im Stadtraum eine enge Verbindung zur Gegenwart herzustellen. Der faszinierendste Aspekt des Ausstellungsinhaltes war für uns die Aktualität von Luthers Fragen nach der Sinnhaftigkeit des Daseins, die auch heute noch für jeden einzelnen eine große Relevanz haben.

Worin liegen Berührungspunkte zu Ihren bisherigen Arbeiten, was war die neue Herausforderung?

Nach der Ausstellung zum Schweizer Reformator Niklaus Manuel im Bernischen Historischen Museum, die im Oktober 2016 eröffnete, ist dies unser zweites Projekt, das sich mit der Zeit der Frührenaissance beschäftigt. Wir haben schon eine Vielzahl von historischen Ausstellungen realisiert, die sich beispielsweise auf die Antike, den Barock oder die Geschichte der Gartenkunst beziehen, sind also keineswegs auf eine bestimmte Epoche spezialisiert. Eine Herausforderung stellten in Erfurt die Exponate dar, insbesondere die vielen historischen Schriften, deren Bedeutung für einen Laien nicht unmittelbar zu entschlüsseln ist. Je weniger selbsterklärend die Objekte sind, desto mehr muss die Ausstellungsgestaltung dies kompensieren, damit das Gesamterlebnis für die Besucher spannend bleibt.

Eine Frage zum Handwerk: Was muss geschehen, damit aus einem Konzept eine Szenografie im Raum wird?

Zunächst einmal sind die Räumlichkeiten, in denen eine Ausstellung stattfindet, für die Gestaltung enorm wichtig. Oft dürfen wir Konzepte in sehr schönen historischen Räumen entwickeln, die einen ganz individuellen Charakter und somit einen großen Einfluss auf den Gesamteindruck der Ausstellung haben. Die Räume sprechen ihre eigene Sprache und erzählen uns, was sie an Eingriffen vertragen und wo wir uns zurückhalten müssen. Das Spannende an dieser Ausstellung sind die sehr dominanten, prächtigen historischen Räume des ehemaligen Wohn- und Geschäftshauses der Spätrenaissance, deren besondere Ausstrahlung wir in die Gestaltung mit einbezogen haben. Das Erdgeschoss mit seinen herrschaftlichen Raumhöhen und dekorativen, architektonischen Elementen bildet einen krassen Gegensatz zum Kellergeschoss, das aus schlichten Gewölberäumen besteht. Somit hatten wir sehr gegensätzliche Ausgangslagen, in die wir behutsam hineinarbeiten mussten. (Abb. 6)

Wie darf man sich die Entwicklung des inhaltlichen Konzeptes konkret vorstellen?

Es ist ein langer Prozess, der auf vielen internen Diskussionen und intensiven Dialogen mit den Kuratoren und Mitarbeitern des Museums beruht. Im Fall »Martin Luther und die Bettelorden« galt es, Raumbilder zu finden, die komplexe Inhalte unmittelbar lebendig machen. Jeder unserer Ausstellungsentwürfe wird individuell konzipiert. Daraus resultiert eine Gestaltungssprache, die sich auf jedes Thema und jede Situation neu einlässt. Wir haben keinen bestimmten Entwurfsstil, der sich wiederholt, und verwenden kein Konzept mehrfach. Es gibt jedoch einen roten Faden bei unseren Entwürfen: Angeregt durch meine jahrelange Erfahrung als Bühnenbildnerin am Theater und in der Oper sind unsere Konzepte oft ausgesprochen szenografisch gedacht. Schon durch das Raumerlebnis spüren die Besucher, in welcher Themenwelt sie sich befinden, ohne zuvor einen Text lesen zu müssen.

Unterstützt werden die Rauminszenierungen von einer effektvoll eingesetzten Lichtregie, wobei uns ebenfalls meine Theatererfahrungen zugute kommen. Anders als beim Theater jedoch, wo der Zuschauer im-

Abb. 6 Ausstellungsdetail Südhalle des Stadtmuseums Erfurt

Abb. 7 Ausstellungsdetail Mittelhalle des Stadtmuseums Erfurt

mer eine gewisse Distanz zur Bühne hat, läuft hier der Besucher quasi mitten durchs Bühnenbild. Gleichzeitig inspirieren uns die poetischen Qualitäten der eingesetzten Materialien und tragen zu einer Schärfung des gestalterischen Konzeptes bei. Im Fall der Bettelmönche verwenden wir ein Material aus einem ganz anderen Kontext und lassen dieses durch eine neu übersetzte Sinnhaftigkeit in einem anderen Licht erscheinen. Für uns spielt eine moderne, zeitgemäße Gestaltung, eine große Rolle, denn wir wollen gezielt auch ein jüngeres Publikum – dort liegt die Zukunft der Museen! – ansprechen, durch die gestalterische Sprache den Besuchern die Aktualität des Themas vor Augen führen und verdeutlichen, dass sie sich nicht in einer rückwärtsgewandten Historienschau befinden.

Wie tragfähig und umsetzbar waren die inhaltlichen Aussagen für Sie? Was hat Sie fasziniert, woran haben Sie sich gerieben?

Die konzeptuelle Verschränkung der Biographie Martin Luthers mit den heute immer noch sehr relevanten Fragestellungen hat uns gleich fasziniert: Wie und wofür möchte man leben und was benötigt man zum inneren und äußeren Glück? Allerdings gibt es naturgemäß auch Themen, die sehr abstrakt und nicht einfach darzustellen sind, wie zum Beispiel eine bildlich-emotionale Entsprechung für das Thema »Gelübde im Kloster« zu finden. Auch der Ansatz des chronologischen Rundgangs mit Martin Luther durch Erfurt hat uns überzeugt, weil er eine gute Grundlage bildet, eine gestalterische Idee zu entwickeln. Der Ausstellungsparcours ist für die Besucher sicherlich spannender und nachvollziehbarer, wenn man ihn aus dem Blickwinkel einer bedeutenden Persönlichkeit erzählt. Die vielen hier sichtbar gemachten Zusammenhänge erzeugen ein großes Gesamtbild des jungen Luther. Es war sehr interessant zu erfahren, wie die Bettelorden »funktioniert« haben, wie die damalige Gesellschaft aussah, welche Rolle die Stadt Erfurt spielte und wie dies alles Luthers Handeln und Denken beeinflusst hat. An der einen oder anderen Stelle wäre vielleicht auch eine kritischere Auseinandersetzung mit Luther denkbar gewesen, vor allem, was seine späten antisemitischen Schriften angeht. Auch wenn sie in einen späteren Lebensabschnitt gehören und im Kontext der historischen Verhältnisse betrachtet werden müssen, bleiben sie ein Teil seines Nachlasses.

Wie haben Sie Ihre zentralen Gestaltungselemente gefunden? Was wollen Sie mit ihnen sagen?

Ein Entwurf entwickelt sich bei uns in einem Team aus Architekten, Bühnenbildnern und Grafikern. Es ist ein Zusammenspiel verschiedener Disziplinen, aber auch von Gefühl und Verstand. Verschiedene Ansätze werden in unseren gemeinsamen Gesprächen prüfend hinterfragt, verworfen oder verfeinert, bis sich ein erstes Bild herauskristallisiert. Wir sahen farbige Gitterstrukturen, die einerseits als Sinnbild für das bunte Netzwerk einer Stadt und ihrer unterschiedlichen Orte stehen. Andererseits erinnern die Gitterelemente an ein Gefängnis; an klar vorgegebene Strukturen mit wenig Freiheit, die kaum Platz für Individualität bieten. Wir wollten zeigen, wie Luther am Anfang in eine Stadt kommt und versucht, seinen eigenen Weg in diesem starren Gebilde tradierter Konventionen zu finden. Die Ausstellungsarchitektur besteht aus einem modularen kubischen System mit einer Gitterstruktur aus Draht (Abb. 7). Diese bunten, filigranen Elemente lassen Dahinterliegendes durchscheinen und bilden keinen massiven Einbau in die Räume. Die Leichtigkeit und Transparenz der Architektur spiegelt nicht zuletzt die transzendenten Aspekte des Themas. Mit der Entscheidung für eine moderne Formensprache setzen wir auf einen bewussten, aber sensiblen Kontrast zur historischen Architektur des Stadtmuseums. Das Gitter ist transparent, offen, durchsichtig und bunt – wie Erfurt im Mittelalter –, aber gleichzeitig auch strukturiert und starr wie die religiösen Regeln in dieser Zeit. Im Laufe der Ausstellung nimmt das Gitter verschiedene Gestalt an: Durchgänge, Barrikaden, Wände, durch die Luther hindurch geht. Die Gitterstruktur steht auch für Wandel und Umbruch: Alte Strukturen werden aufgelöst und auf ihre wesentlichen Bestandteile reduziert, bis nur noch das Grundskelett, die Kernaussage übrig ist, was sich auch auf den Protestantismus übertragen lässt.

Abb. 8 Installation Treppenhaus des Stadtmuseums Erfurt

Was erleben die Besucher konkret im Ausstellungsrundgang?

Im Erdgeschoss repräsentieren einzelne Inseln die Bettelordensklöster, die in einem großen Gesamtrahmen von Gitterelementen, ähnlich einer Stadtmauer, eingebettet sind. Diese treten in Dialog mit öffentlichen Einrichtungen der Stadt, wie beispielsweise der Universität, Orten des Handels, der Seelsorge etc., die ebenfalls aus den bunten Gitterkuben bestehen. Durch ein modernes Treppenhaus gelangen die Besucher ins Kellergeschoss (Abb. 8). Das Treppenhaus fanden wir nicht sehr ansprechend, daher haben wir aus der Not eine Tugend gemacht. Es wird ganz abgedunkelt, und mit einer Blitzinstallation aus einer kräftigen Lichtquelle erhält es ganz neue Qualitäten. Diese Installation ist eine Anspielung auf die Legende, nach der Martin Luther, nachdem er einen Blitzschlag überlebt hatte, ins Erfurter Augustinerkloster eintrat.

Die luftige, freizügige Struktur der vorigen Räume verdichtet sich im ersten Raum des Kellergeschosses, der das Leben im Kloster thematisiert, zum engen Labyrinth. Dort gibt es kein Entrinnen. Gitterwände, Spiegel und Wandscheiben überhöhen die räumliche Enge. Am Ende bleibt nur ein vorgegebener Weg für die Besucher mit einigen Sackgassen, ähnlich den Klosterregeln, die mit strengen Anordnungen den Alltag der Mönche vorschrieben. Im nächsten Raum, inhaltlich markiert durch Krise und Spaltung der Kirche, löst sich die Gitterstruktur in Fragmente auf, die sich dynamisch im Raum verteilen. Die Ordnung gerät ins Wanken (Abb. 9).

Der letzte Ausstellungsraum geht spielerisch an die Fragestellung heran, wie aus Mönchen Menschen werden, die sich wieder in das gesellschaftliche Leben integrieren. Eine Gegenüberstellung von Männer- und Frauenbildnissen verdeutlicht dies. Zusätzlich haben wir noch eine zweite Ebene in die Räume eingeführt. Die Luther-Ebene taucht in allen Räumen immer wieder in Form von farbigen Plakaten auf, die aktuelle Fragestellungen mit historischen Zitaten verknüpfen, und kulminiert in kleinen, stark farbigen Installationen im Raum, die eine geistige oder körperliche Beschäftigung Luthers für heutige Besucher neu interpretieren.

Abb. 9 Installation im Keller des Stadtmuseums Erfurt

Wie ist Ihr Zugang zur Erschließung des Stadtraumes?

Das Besondere dieser Ausstellung ist das Verknüpfen von Luthers Originalschauplätzen mit dem didaktischen Teil im Stadtmuseum. Man kann sich nur die Außenstationen – Augustinerkloster, Barfüßerkirche etc. – oder die Ausstellung oder im Idealfall beides anschauen. Wir wünschen uns, dass das Interesse der Ausstellungsbesucher schon im Stadtraum an den Stationen geweckt wird und sie Lust auf mehr Geschichte bekommen und so den Weg in die Hauptausstellung finden. Die Farbwahl in der Ausstellung wie an den Außenstationen ist kräftig und modern, damit ein Wiedererkennungswert auch im Stadtraum entsteht. Die Farben haben eine komplementäre Wirkung, beispielsweise zu den historischen Steinfassaden, und entwickeln damit auch aus der Entfernung eine große Sichtbarkeit. Die in der Hauptausstellung verwendete Gitterstruktur ist auch an den Außenstationen wieder eingesetzt, auch dadurch erhöht sich die Vernetzung. Ein weiterer Wiedererkennungswert ist das Motiv des Plakates: »Shoefiti« (über Leinen oder Leitungen geworfene Schuhe), das an den einzelnen Stationen im Stadtraum auch immer wieder auftaucht. Es erzählt von einem modernen, urbanen Mythos, der viele Themengebiete der Ausstellung aufgreift: Loslassen, ins Himmelreich Gehen, Gemeinschaft, Angst, Gewalt, Gehorsam, aber auch Stadtleben, Aufbegehren – anders Sein. (Taf. 1)

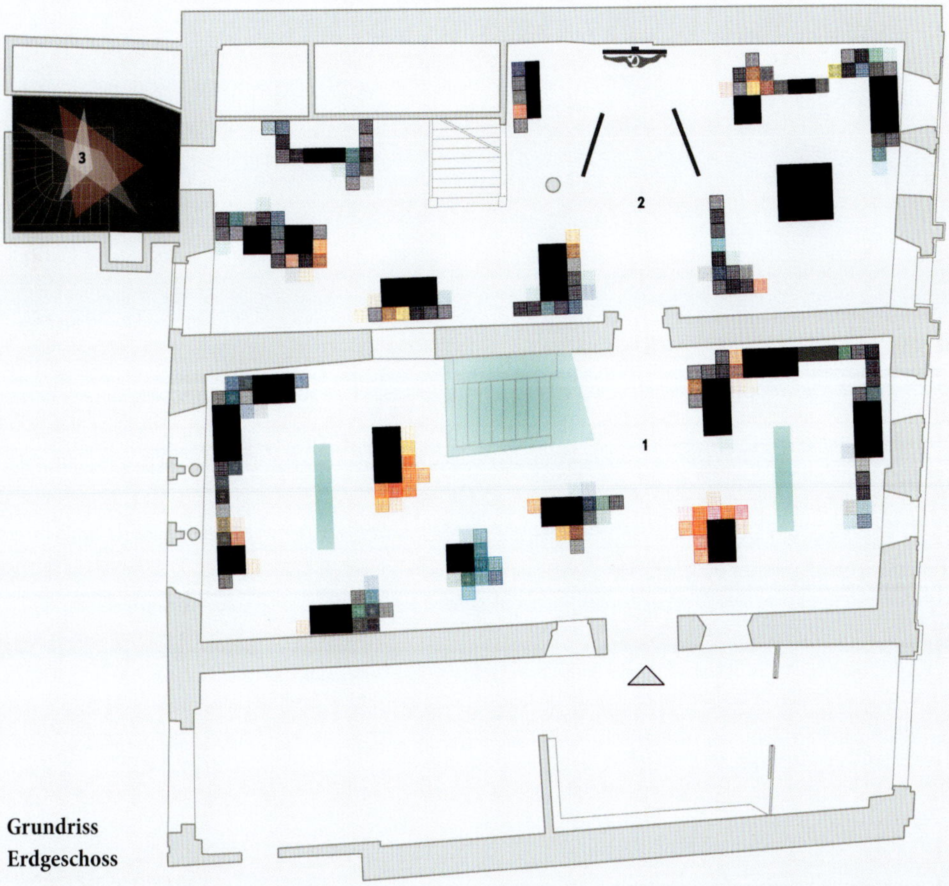

Grundriss Erdgeschoss

Legende

1 Stadtgesellschaft und Bettelorden
Politik, Kirchenregiment, Universität und Wirtschaft

2 Stadtgesellschaft und Bettelorden
Predigt, Seelsorge und Totenkult

3 Geistesblitz
Die Entscheidung ins Kloster zu gehen

4 Leben im Kloster
Gelübde, Studium, Heilige, Alltag und Observanz

5 Krise und Spaltung
Ablasshandel, Kritikvon Innen, Spaltung und Kontroverse

6 Nach der Revolution
Folgen und Spuren ins Heute

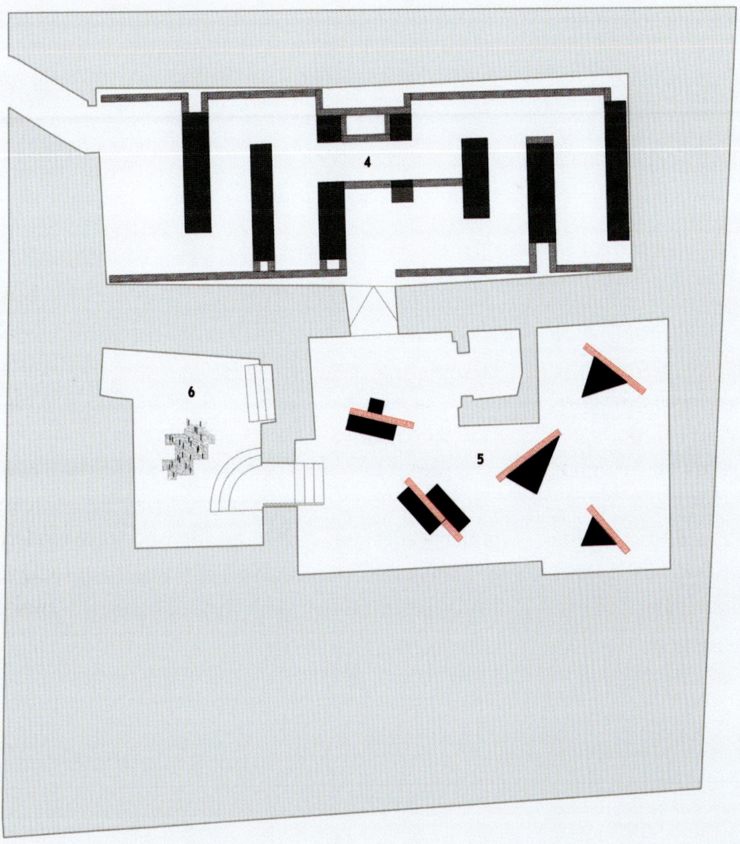

Grundriss Kellergeschoss

Taf. 1 Planungsentwurf Ausstellungsgestaltung und Themenzuordnung Erdgeschoss und Keller des Stadtmuseums Erfurt

DAS GROSSE SPIEL VON HÖLLENQUAL UND SEELENHEIL IN DER BARFÜSSERKIRCHE

Hardy Eidam

Gegen Ende des 15. Jahrhunderts hat sich in den europäischen Städten eine Gesellschaft gleichberechtigter Privilegierter herausgebildet. Infolge der inzwischen verbreiteten Geldwirtschaft sind die Gemeinwesen sozial stark gegliedert, denn in allen großen Kommunen lebt eine erhebliche Zahl von Armen, um die man sich mit Almosen und Legaten kümmern muss. Das Verlangen nach Sicherheit in einem Wirtschaftsverband, der seinen unmittelbaren Lebensbedarf nicht mehr selbst produziert, stützt sich auf neue Formen von Geselligkeit und Solidarität, von Familie, Stand, Zunft und Viertel.[1] Trotz der so entstehenden Pluralität der Lebensentwürfe wächst eine »geistige Verwandtschaft« zwischen den verschiedenen sozialen Gruppen, welche die überkommene, bis dato allgemein anerkannte Ordnung erschüttert. Das geschieht einerseits durch religiöse Bewegungen und die humanistisch gesinnten Intellektuellen der Universitäten weltanschaulich, andererseits durch den nicht mehr ohne ausgeklügelte Rechenverfahren auskommenden Handel und Wucher ökonomisch. Eine Schlüsselfunktion nimmt dabei die Gruppe der Kaufleute und Händler ein. Innerhalb der zunehmenden Komplexität der Wirtschaftsbeziehungen entsteht zwangsläufig eine Ambivalenz, in der Alt und Neu wie Heilig und Profan nebeneinander ausgehalten werden müssen, ohne dass das Individuum gezwungen ist, die daraus resultierenden Widersprüche permanent aufzulösen: Das alte magische Bewusstsein[2] eines traditionellen bäuerlichen Gemeinwesens findet seine städtische Fortsetzung in einem Denken, das Rechnen und Glauben miteinander vereinbart, ohne sie zu identifizieren. Eine solche Mentalität hat ihre Strukturbedingungen in einer Art der Öffentlichkeit, die Politik, Geschäft und kirchliche Feier gleichberechtigt neben die von der Leichtfertigkeit und Begeisterung der unteren Schichten getragenen Feste an den zahlreichen Feiertagen stellt. Dabei sind Mentalitäten als Matrices zu fassen, die das Gefühl in seine erkenn- und benennbaren Bahnen lenken. Sie umschreiben kognitive, ethische und affektive Dispositionen, die dazu führen, dass sich heidnische Vorstellungen und die Furcht vor den Gefahren der Natur mit Geboten, Verboten und Geschichten aus dem christlichen Fundus verquicken.[3]

Allerdings sind die Vorstellungen des Klerus von diesseitiger, und das heißt bis dato körperlicher Arbeit, mit der beständig um sich greifenden und mit neuen mathematischen Methoden berechenbaren Verzinsung des Geldes durch die Wechsler und Wucherer nur schwierig mit dem biblischen Ideal in Einklang zu bringen. Der Wucherer handelt gegen den Plan des Schöpfers, und deshalb sind ihm die ewigen Höllenqualen gewiss. Er wird von der kirchlichen Propaganda zum »Zeitdieb« gestempelt: »Die Wucherer sündigen gegen die Natur, indem sie aus Geld Geld erzeugen wollen [...]. Obendrein sind die Wucherer Diebe, denn sie verleihen Zeit, die ihnen nicht gehört, und mit einem fremden Gut gegen den Willen des Besitzers zu handeln, ist Diebstahl. Und da sie außerdem mit nichts anderem als mit erwartetem Geld, das bedeutet mit Zeit, handeln, treiben sie mit Tagen und Nächten Handel. Der Tag aber ist die Zeit der Helligkeit und die Nacht die Zeit der friedvollen Ruhe. Also handeln sie mit Licht und friedvoller Ruhe. So wäre es nicht gerecht, wenn sie das ewige Licht und den ewigen Frieden erlangten.«[4] Unter den sich verfeinernden Bedingungen einer entwickelten Stadtkultur geht das strikt antagonistische Modell von Gut und Böse und einem Jenseits ohne Hoffnungen nicht mehr auf. Lockert sich das Zinsverbot bereits seit dem 13. Jahrhundert spürbar und geraten zunehmend nur noch die extremen Wucherzinsen in den klerikalen Fokus, wird die oft als unerträglich empfundene vereinfachende Gegenüberstellung von Himmel und Hölle durch sublimere Vorstellungen ergänzt. Zentrale Bedeutung gewinnt dabei das Fegefeuer in der christlichen Alltagspraxis.[5]

Bisher wurde den Gläubigen des christlichen Abendlandes eine festgefügte Jenseitsvorstellung vermittelt – es ist die eines Weltgerichtes. Die Nuancen in diesen Vorstellungen nach Matthäus oder Johannes sind marginal – aber vorhanden. So erreichen auch bei Johannes die »Halbguten« die Auferstehung und das Himmelreich. Dazu bedarf es allerdings eines Richters. Die »Guten« schaffen es ohne Umweg in den Himmel. Erst mit der Festigung der Fegefeuerlehre, die biblisch nicht verifizierbar ist, ändern sich die Jenseitsvorstellungen grundlegend und die »Jenseits-Topographie« wird komplexer: Nach dem Tod findet das individuelle Gericht – das Partikulargericht – statt. Hier wird entschieden, wer direkt in den Himmel kommt, wer in die Hölle muss oder wer zur Läuterung ins Fegefeuer darf. Dabei muss – was aus heutiger Sicht schwierig ist – verstanden werden, dass die »armen Seelen« im Fegefeuer die gleichen Qualen erleiden wie die Verdammten in der Hölle – aber sie dürfen hoffnungsfroh sein! Denn wenn sie genügend Buße geleistet haben, werden sie in den Himmel aufsteigen. Da sich die Fegefeuerlehre mit der des Weltgerichts überlagert, entsteht sozusagen »Gegenverkehr«: Durch das Partikulargericht gelangen alle Seelen ein erstes Mal in den Himmel, bis zur Läuterung in das Fegefeuer oder in die Hölle. Am Jüngsten Tag müssen sie zur Erde zurückkehren, um sich mit dem auferstandenen Fleisch zu vereinen. Nun richtet Christus die Menschen zum zweiten Mal und schickt sie für immer dorthin zurück, wo sie eben hergekommen sind, d. h. in den Himmel oder in die Hölle.

Abb. 10 Erfurter Groschen, 1468

Abb. 11 Erfurter Groschen, 1525

Genau hier hat sich ein fundamentaler Bedeutungswandel in den Jenseitsvorstellungen vollzogen: Der Verstorbene kann sich absolut sicher sein – kommt er ins Fegefeuer, wird er in das Paradies eingehen. Somit ist die Entscheidung bereits gefällt, wenn er eintritt: Er wird von seinen Qualen erlöst werden. Aber die »Neuerung« besteht darin, dass die Dauer und die Intensität der höllischen Exerzitien, die er über sich ergehen lassen muss, nicht mehr ausschließlich von der Menge der im Augenblick des Todes noch nicht gebüßten Sünden abhängt, sondern auch von der Liebe und Fürsorge seiner Bluts- und Berufsverwandten. Sie können Dauer und Verbleib im Fegefeuer durch Gebete und Opfergaben verringern. Innerhalb dieses komplexen Gebildes von Glaubensvorstellungen setzt nun ein umfassendes System von Fürbitten, frommen Stiftungen, Steueraushebungen, Bezinsungen (Wachszins) ein, denn all dies lindert die Pein und verkürzt die Strafzeit. Es erscheint wie ein schelmisches Augenzwinkern, dass damit aus dem auf harter Konkurrenz fußenden urbanen Wirtschaftsraum zwangsläufig ein tiefes, individualisierbares Verantwortungsgefühl für den Nächsten erwächst. Der klaffende Widerspruch zwischen frühkapitalistischen Wirtschaftsformen und christlicher Religion scheint vorerst gelöst. Völlig falsch wäre es aber anzunehmen, dass sich das Bewusstsein der Menschen in kühles, bürgerlich-rationales Denken verwandelt hat. Es bleibt immer noch primär religiöses Bewusstsein. Das zeigt sich unter anderem daran, dass die immer intensivere Wohlfahrt der Lebenden der städtischen Geldzirkulation erhebliche Mengen durch fromme Stiftungen entzieht. Dem Klerus bleibt nichts anderes übrig, als sich den neuen Bedürfnissen anzupassen und in erster Linie dem gesteigerten Selbstwertgefühl erfolgreicher Händler, Kaufleute und Handwerksmeister Rechnung zu tragen. Das heißt, dass er für die persönlichen und ganz privaten, letztlich für zunehmend individualisierte religiöse Bedürfnisse neuartige Glaubensformen zulassen muss. Diese zielen zwar eindeutig auf Gottes- und Nächstenliebe ab, betonen aber andererseits den städtischen Individualismus bei gleichzeitigem Zurückdrängen der Kirche und der Sakramente. Der städtische Alltag mit seinen quantifizierenden Regeln tut dazu ein Übriges. Augenfällig wird eine starke Zunahme der Devotion. Sie äußert sich in der Kumulation von Messen und Gebeten, von Andachtsübungen, der Vervielfachung der Feiertage und dem Bemühen, möglichst vieler Heiliger gleichzeitig bei Fürbitte und Schutz teilhaftig zu werden.

Luthers Generation lebt in dem Glauben, sich das Seelenheil sowohl durch religiöse Leistung als auch durch weltlichen Fleiß erkaufen zu können. Der dabei zelebrierte Eifer ist aber nichts anderes als ein Ausfluss von »kaufmännischer Mentalität«, und seine augenfälligste Form ist letztlich der blühende Ablass- und Reliquienhandel. In den zum Teil hart geführten Auseinandersetzungen zwischen Bürgerschaft, Klerus und den alten und neuen Orden entwickelt sich die urbane Wirklichkeit einer utilitaristischen »sakralen Gemeinschaft«, die weithin merkantil geprägte Glaubensformen entwickelt, an denen sich die Fundamentalkritik Luthers verankern wird.

Um die komplizierte Ausgangslage im Gefüge des spätmittelalterlichen Welt- und Wertebildes museumsdidaktisch zu veranschaulichen und im wirklichen Sinne des Wortes begreifbar zu machen, welche Entwicklungslinien zu Reformation, Kirchenspaltung und letztlich zur Grundlegung der Moderne führen, wurde schließlich die Idee eines interaktiven, begehbaren Spieles entwickelt. Es entstand eine speziell gefertigte »App« für Android-Smartphones mit Kamera, QR-Code-Reader, den obligatorischen Mediaplayern und entsprechend angeschlossenen Kopfhörern. Das Besondere dabei ist, dass dazu im Langhaus der Barfüßerkirche acht reale Spielstationen und eine Finalstation entstehen. Sie generieren den Erlebniskern und einmaligen Mehrwert des Spiels, denn die Hälfte dieser Stationen und die Finalstation sind baulich so ausgeführt, dass sie durch die Spieler betretbar sind und das individuelle, sinnliche mit dem multimedialen Erleben verknüpfen. Die vier weiteren Stationen sind dann als einfach gestaltete Wegmarken im Langhaus der Barfüßerkirche zu finden, an denen die jeweiligen QR-Codes angebracht sind. Es gilt, diese Codes zu entdecken. Das dafür notwendige vollständige Durchschreiten und gleichzeitige Erleben der Architektur einer der beeindruckendsten deutschen Bettelordenskirchen ist ein wesentlicher Teil des Spielerlebnisses. Das Spiel kann, logischerweise bis auf die Finalstation, nichtlinear gespielt werden, d.h. es gibt keinen Zwangsweg. Der Spieler wird unter Kopfhörern von einem Erzähler und einer sich je nach Spielsituation verändernden eindrucksvollen Geräuschkulisse begleitet, die ihn jeweils nach dem Scannen der Wegmarken erwartet.

Zu Beginn darf der Spieler zunächst eine der zur Verfügung stehenden Figuren wählen. Zur Auswahl stehen fünf idealtypische Protagonisten der spätmittelalterlichen städtischen Gesellschaft: Geistlicher, Student, Bettler, Waidhändler und ein Tuchmacher.

Der fundamentale Unterschied zu herkömmlichen Spielen wie beispielsweise Monopoly besteht darin, dass es – wie im »wahren Leben« – keine gleichen Startbedingungen gibt: Jeder Spieler erhält entsprechend seiner gewählten sozialen Stellung einen bestimmten Betrag an Vermögen – Barschaft/Grundbesitz.

Das Ziel des Spiels ist es nun, so unbeschadet wie möglich das Seelenheil für sich und seine Angehörigen zu erreichen, um spätestens am Tag des Jüngsten Gerichts mit seiner Seele in den Himmel emporsteigen zu können. Zielstrebigkeit ist willkommen und Ereignisfelder können nur einmal betreten werden. Sie sind dann sozusagen abgeräumt. Das sollte den Reiz am schnellen Vorankommen (Karriere) erhöhen. Aber das allein wäre zu schlicht, denn das Herzstück des Spiels ist das Einfühlen in moralisches Handeln in den Wertmaßstäben des ausgehenden Mittelalters. Deshalb ist das erlangte – also das erspielte – Seelenheil entscheidend! Hier kommen nun »Seelen-Credits« zum Einsatz. Diese »Credits« gibt es immer dann, wenn der Spieler auf ein Ereignisfeld trifft und er zu Aktionen und moralischen Entscheidungen gezwungen ist. Doch hält das Spiel hier seinen wichtigsten Effekt und ein Augenzwinkern bereit: Seelen-Credit ist nicht gleich Seelen-Credit! Auf jedem einzelnen Credit ist ein symbolisches Gewicht verzeichnet – sozusagen sein Wert. Dieses Gewicht steigert sich im Spielverlauf mit jeder Entscheidung. Der wahre Wert ist dem Spieler aber nicht bekannt, erst am Ende des Spiels offenbart sich das »Gewicht«. Denn abgerechnet wird wie im wahren Leben zum Schluss. Jetzt wird, wie in den spätmittelalterlichen Jenseitsvorstellungen angelegt, die Seele gewogen und nur die leichten dürfen aufsteigen. Die »leichteste Seele« ist der Sieger – ihr gehört das Himmelreich!

Das im Verlauf des Spiels nicht bekannte Gewicht der Credits führt den Spieler mitten hinein in das städtische spätmittelalterliche Religionsverständnis, das schließlich zu Recht von Luther kritisiert wird. Eine fromme Stiftung und zwei gekaufte Ablässe sind möglicherweise kein direkter Weg zum Seelenheil. Die didaktische Ebene des Spiels wirkt hier unmittelbar in den Entscheidungshorizont. Interessant ist dabei, dass der Protagonist mit konkreten historischen Situationen konfrontiert wird. Üblicherweise kommen bei derartigen Spielen phantasievolle Konstruktionen zur Anwendung. Hier orientiert man sich jedoch streng am gelebten spätmittelalterlichen Alltag. Stets auf konkreten, chronikalisch verbürgten Situationen fußend, entwickelt sich die Handlung für die Spielfigur an realen Orten und verbürgten Ereignissen.[6]

Folgende Wegmarken und Spielsituationen etablieren sich frei im Langhaus der Barfüßerkirche. Das Spielerlebnis generiert sich vorrangig virtuell und interaktiv am mobilen Gerät:

a) Die Kirche – Prozession und Streit
b) Der Wenigemarkt – Brotbänke und Hungersnöte
c) Der Fischmarkt – Glücksspiel ist (nicht) verboten!
d) Der Esstisch – Gebote zur Fastenzeit

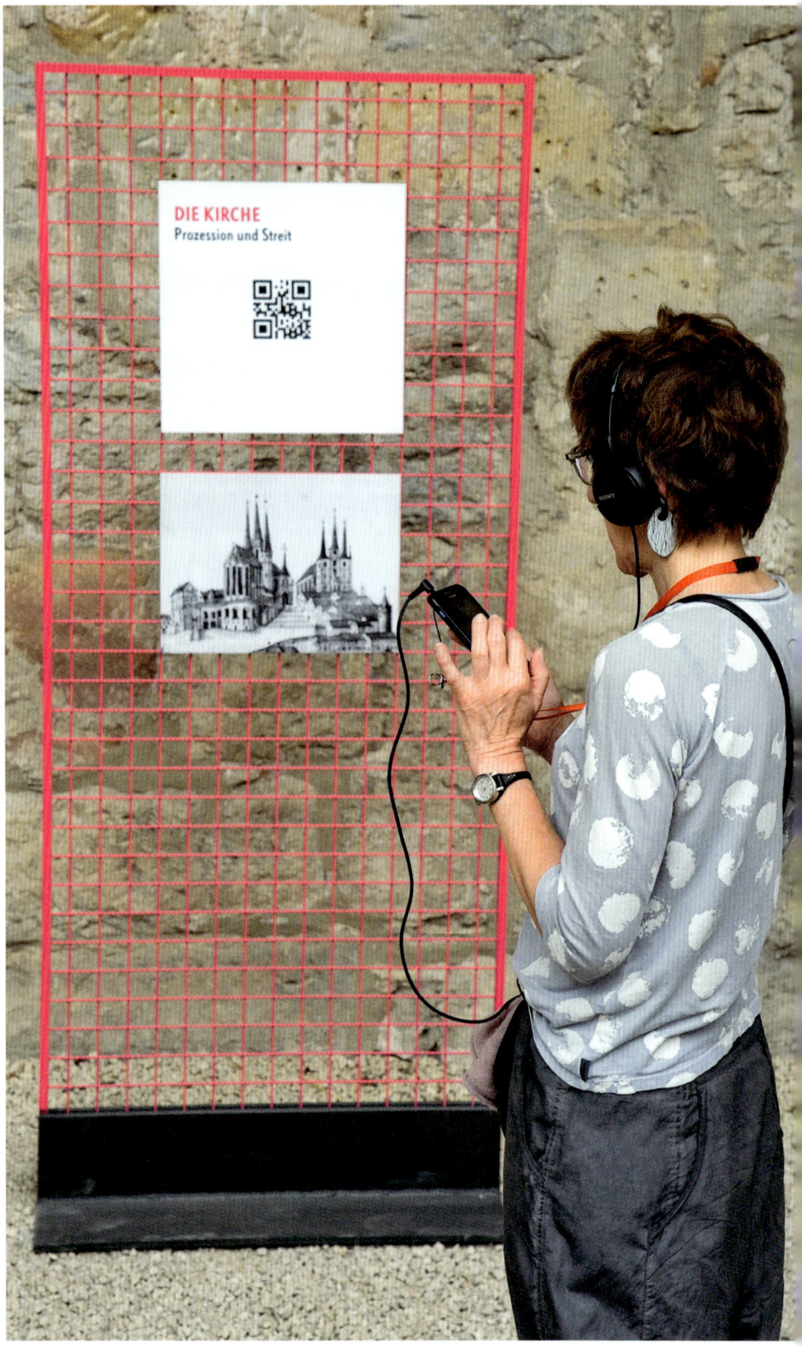

Abb. 12 Impression Jenseitsspiel im Langhaus der Barfüßerruine Erfurt mit Stationstafel und QR-Code

Für vier weitere Stationen werden reale Räume geschaffen, die sich an der Gestaltungsidee der Kernausstellung im Stadtmuseum orientieren. Es handelt sich hierbei um ganz einfache, durch zwei bis vier Personen begehbare Räume im Langhaus der Kirche; sie werden von einer über die Wandflächen laufenden reproduzierten historischen Grafik dominiert, die den zu bespielenden Ort bzw. die Spielsituation zeigt. Dazu kommen noch einige simple, aber wirkungsvolle Dekorationselemente, die in der folgenden Auflistung benannt werden sowie in drei Fällen die Etablierung einer besonderen sensorischer Wahrnehmung – dem Geruch.

a) Im Badehaus – Grafik, Kernseifengeruch, hölzerner Badezuber, Bürsten etc.
b) Der Rabenhügel (Hinrichtungsstätte) – Grafik, Seile, Ketten, Textilreste etc.
c) Die Taverne – Grafik, ein grober Holztisch und eine Sitzbank, Geschirr, Geruch nach verschüttetem Wein und Bier
d) In den Straßen und Häusern (Feuersbrunst) – Grafik, flackernde Lichter, Brandgeruch

Die sich modifizierende, eindrucksvolle Geräuschkulisse kommt ebenso wie bei den vier Wegmarken-Stationen ausschließlich über die Kopfhörer. Alle Spielsituationen und zu lösenden Aufgaben – z. B. Würfelspiel in der Station »Taverne« –werden dann in der App auf dem Mobiltelefon gespielt. Eine Ausnahme stellt die Finalstation dar. Sie ist ebenfalls baulich ausgeführt und Quintessenz und didaktischer Anker des Spiels. Hier werden die an allen acht Stationen erworbenen »Seelen-Credits« aus dem Mobiltelefon ausgelesen und bewertet. Der Spieler erfährt nun die Konsequenzen seines Handelns aus den vorangegangenen Spielsituationen entsprechend seiner gewählten Spielfigur. Abschließend fällt die Entscheidung: Himmel, Hölle oder Fegefeuer! Auf der Basis der zuvor ermittelten Informationen wird ein Wiege-Ergebnis auf einer »Seelenwaage« simuliert. Der Spieler betritt dazu einen geschlossenen, spärlich beleuchteten Raum, an dessen anderem Ende er drei Türen sieht. Über Kopfhörer erhält er die Weisung, auf die sich unmittelbar vor ihm befindliche Waage zu treten. So werden ihm mit der entsprechenden akustischen Untermalung sein Spielergebnis verkündet und die Konsequenzen erläutert. Danach öffnet sich eine der drei Türen vor ihm, und er muss in den Raum dahinter eintreten, also in Himmel, Hölle oder Fegefeuer, was mit Sicherheit nicht immer ein Vergnügen wird.

Nachdem er sich dort einen Moment aufhalten musste, kann er das Spiel verlassen und nach draußen ins Freie, in das Langhaus der Kirche treten. Spieler, die ins »Fegefeuer« müssen, verlassen das Spiel selbstverständlich nur über den »Himmel«. Immerhin brauchen sie nicht bis zum Jüngsten Gericht zu warten, denn »seit wann gilt es bei Gott und dem Papst für fromm, einem Gottlosen und Feinde [Gottes] die Erlösung einer frommen und von Gott geliebten Seele um des Geldes willen zu gestatten, diese fromme und geliebte Seele aber nicht um ihrer Not willen aus Liebe umsonst zu erlösen?«[7]

Nachfolgend als Beispiel die dritte Station des Spiels: Der Rabenhügel

Die Haupthinrichtungsstätte von Erfurt war in erhöhter Position auf einem Hügel vor dem Krämpfertor der Rabenstein. Er wird schon 1289 erwähnt. Wurde eine Todesstrafe vollzogen, waren die Erfurter aufgerufen, dem Spektakel beizuwohnen, denn die Öffentlichkeit einer Hinrichtung stand für deren Rechtmäßigkeit. Außerdem war der Richtplatz nicht nur Stätte der Urteilsvollstreckung, sondern hier wurde Prävention ebenso wie Abschreckung gegenüber potentiellen Straftätern betrieben. Wichtigster Akteur war der Scharfrichter, dessen Vollstreckung der Todesstrafe als göttlicher Auftrag galt.

Geistlicher – Student – Bettler – Waidhändler – Tuchmacher:
Endlich war ein Dieb von Kirchengeräten gefasst und zum Tod auf dem Rad verurteilt worden. Als der Delinquent an der Richtstätte ankam, *da legte ihn der Hencker nieder, so hatte der arme mensch einen guten blauwen Rock an, den wolt ihm der Hencker ausziehen,* [...,] *vnd den rock ausgezogen, wolte er ihm das wammeß auch aus thun, vnd thet es auch. Da ward das volck vnwillig auf den Hencker* [...], der zu allererst nur daran dachte, seinen Verdienst mit der Kleidung des Verurteilten aufzubessern; aus: Wellendorf, Chronik, S. 193 z.J. 1511.

Hilfst du mit, den Straftäter zu befreien?

Als Geistlicher lasse ich Gottes Wille geschehen und greife selbstverständlich nicht ein!
0 Credits

Ich fordere mit meiner kirchlichen Autorität Ruhe ein und sorge für einen einigermaßen würdevollen Strafverlauf.
+3 Credits

Als Student ist mir jede Rauferei willkommen. Vielleicht kann ich im Handgemenge noch etwas absahnen.
– 4 Credits +1 Gulden

Als Bettler: Im Handgemenge gelingt es mir, einige Kleidungsstücke an mich zu bringen und unbemerkt zu verschwinden.
– 4 Credits +3 Groschen

Als Waidhändler: Was für ein schreckliches Ereignis. Ich stehe auf Seiten des für Ruhe sorgenden Geistlichen und beende den Tumult.
+3 Credits

Das ist ja ein Heidenspektakel. So eine Hinrichtung bietet immer wieder beste Unterhaltung, denke ich mir von meinem sicheren Platz aus.
– 5 Credits

Du bist angewidert vom Tumult und verlässt den Ort, auch weil der Henker seinen Auftrag nicht ordnungsgemäß versieht. Das wirst Du in der nächsten Ratsversammlung auf die Tagesordnung bringen.
+ 3 Credits

Als Tuchmacher: Als stadtbekannter Handwerker schließe ich mich dem Geistlichen an und beende das unwürdige Schauspiel!
+ 3 Credits

Das ist ja ein Heidenspektakel. So eine Hinrichtung bietet immer wieder beste Unterhaltung, denke ich mir von meinem sicheren Platz aus.
– 5 Credits

Anmerkungen

1 Vgl. Le Goff, Mehrdeutige Geschichte, S. 30 f. ▪ **2** Der Glaube an Christus verbindet sich mit Traditionen und Vorstellungen, die auf einer »ursprünglicheren Schicht« des Kollektivbewusstseins liegen. Diese »Schicht« kann man in Anlehnung an Marcel Mauss »magisches Bewusstsein« nennen. Vgl. Mauss, Soziologie 1, S. 45 – 123; Kapitel I – III seines »Entwurfs einer allgemeinen Theorie der Magie«. ▪ **3** So ist z. B. das Pfingstfest einerseits christliches Symbolfest. Für die Bauern ist es aber auch ein rauschhaftes Fruchtbarkeitsfest, ein Fest der Hoffnung auf Überfluss. Handwerker wiederum genießen die arbeitsfreie Zeit. Für die Kaufleute ist es eine harte, aber gewinnversprechende Marktwoche. ▪ **4** Tabula exemplorum, S. 139. ▪ **5** Ausführlich dazu bei Le Goff, Fegefeuer, der die geradezu katalytische Bedeutung dieser »Erfindung« ausführlich darstellt. ▪ **6** Vgl. unten als Beispiel die dritte Station des Spiels. ▪ **7** Martin Luther: WA 1, S. 626.

DIE BETTELORDEN UND ERFURT

Karl Heinemeyer

Als am 31. Oktober 1517 Martin Luther in Wittenberg mit seinem sogenannten Thesenanschlag an die Tür der Schlosskirche den Anstoß zur Reformation gab, gehörten die Klöster der Bettelorden schon für nahezu dreihundert Jahre zu den geistlichen Körperschaften in Erfurt. Luther selbst hatte hier 1505 mit dem Eintritt in das Kloster der Augustiner-Eremiten seinen geistlichen Anfang genommen, bevor er 1511 endgültig nach Wittenberg gewechselt war. Sein Erfurter Kloster war damals eine von vier Niederlassungen der Bettelorden in der thüringischen Metropole.

Die Bettelorden bilden eine spezielle Form geistlicher Gemeinschaften. Um ihre Besonderheiten zu erkennen, empfiehlt es sich, besonders ihre Anfänge vor dem Hintergrund des Klosterwesens als solchem zu betrachten. Dabei können die weiblichen Zweige unberücksichtigt bleiben, weil die Bettelorden in Erfurt nur Männerklöster unterhielten. Außerdem ist ein Blick auf die Stadt zu werfen, in der die Konvente seit dem frühen 13. Jahrhundert heimisch wurden, um so den Rahmen für ihre weitere Erfurter Geschichte zu skizzieren.

Kloster, Stift, Orden

Wie in anderen Religionen auch wandten sich im Christentum von jeher Menschen von der Welt ab, um ihr Leben in Askese, im Verzicht auf alle persönlichen Genüsse und, soweit irgend möglich, auf alles Diesseitige allein dem Gottesdienst und der Nachfolge Christi zu widmen. Allein oder in der älteren Zeit auch mit einigen Gefährten lebten sie als Eremiten (Einsiedler) und bald auch in größeren Gemeinschaften, den Klöstern (von lateinisch *claustrum,* der abgeschlossene Raum). Aus der Notwendigkeit, das Zusammenleben der Insassen zu regulieren, entstanden früh eine Reihe von Regeln, so auch die *regula Benedicti,* benannt nach Benedikt von Nursia; er errichtete sie um 530 für sein Kloster Montecassino in Mittelitalien (Abb. 13).

Die Benediktsregel setzte sich allgemein durch und wurde seit dem frühen 9. Jahrhundert im Frankenreich verbindlich für alle Männer- und Frauenklöster. Sie ordnet das Leben des einzelnen Klosterinsassen wie das des Klosters insgesamt. Hinzu treten in den einzelnen Klöstern *consuetudines,* Gewohnheiten, die gleichsam als Ausführungsbestimmungen die mehr allgemeinen Vorschriften der Regel für das einzelne Kloster oder eine Gruppe von ihnen konkretisieren. Jeder Mönch verpflichtet sich beim Eintritt durch seine Profess, sein Gelübde: 1. zur *conversio morum,* der vollständigen Änderung der Lebensweise, bestehend in Keuschheit und persönlicher Armut, während alles zum Leben Nötige dem Einzelnen von der Klostergemeinschaft gestellt wird; 2. zum Gehorsam gegenüber den göttlichen Geboten, der Regel und dem Abt als seinem Oberen; 3. zur *stabilitas loci,* dem lebenslangen Verweilen im Kloster. Jedes Kloster ist eine rechtlich selbständige Einheit, die auch als wirtschaftlicher Organismus alles zum Leben der Mönche wie zum Betrieb des Klosters Notwendige selbst erzeugt. Ausgestattet mit Grundbesitz und anderen nutzbaren Rechten, wurden die Klöster zugleich zu Wirtschaftsbetrieben und als Stätten des Studiums und der Wissenschaft zu geistig-kulturellen Mittelpunkten des Landes.

Gegen Ende des 11. Jahrhunderts entwickelten die Zisterzienser auf der Grundlage der Benediktsregel, die wieder im ursprünglichen Sinne gelebt werden sollte, eine neue monastische Verfassungsform. Zwar blieben auch ihre Klöster selbständige Einrichtungen, doch wurden sie in einem zentral geführten Großverband zusammengefasst. Im frühen 12. Jahrhundert erkannte die Kirche diesen Großverband der Zisterzienserklöster als selbständige Gruppierung an und nannte sie nun einen »Orden« (von lateinisch *ordo,* Stand). Bald wurden die Benediktinerklöster, um sie von den Zisterziensern abzuheben, ebenfalls als Orden zusammengefasst. Seither werden in der katholischen Kirche unter Orden solche Verbände verstanden, in denen geistliche Gemeinschaften dauerhaft organisiert sind.

Neben dem Kloster setzte sich als zweite geistliche Lebensform seit dem frühen 9. Jahrhundert das Stift durch. Hervorgegangen aus dem Miteinander zahlreicher Geistlicher an großen, besonders Bischofskirchen, lebten seine Angehörigen, die Kanoniker oder Chorherren, ebenfalls in klosterähnlicher Gemeinschaft. Ihre Grundlage war die 816 für die Kanoniker des Frankenreichs vorgeschriebene Aachener Regel. Nach ihr legen die Kanoniker keine Mönchsgelübde ab, so dass sie insbesondere über persönliches Eigentum verfügen können. Wie die Klöster waren die Kanonikerstifte zugleich geistige Zentren und selbständige Wirtschaftsbetriebe.

Reformströmungen führten auch bei den Stiften im frühen 12. Jahrhundert zu neuen Gruppierungen. Ihre Grundlage bildete die auf Augustin zurückgeführte Regel, auch hier jeweils ergänzt durch *consuetudines,* Gewohnheiten, oder Statuten; sie verlangten nun auch für die ihnen folgenden Regularkanoniker die persönliche Armut. Die so entstandenen Augustiner-Chorherren und die Prämonstratenser, um die wichtigsten zu nennen, wurden gleichfalls als Orden anerkannt. Die Angehörigen von solchen Stiften aber, die an der überkommenen Kanonikerregel festhielten, galten künftig als Säkularkanoniker.

Abb. 13 Der hl. Benedikt übergibt die Regel (Kat.-Nr. III.2)

Die Bettelorden

Die skizzierten geistlichen Gemeinschaften waren in der agrarisch und vom Adel geprägten Welt des frühen und hohen Mittelalters entstanden. Seit dem ausgehenden 11. Jahrhundert aber veränderten sich die Verhältnisse: Die Bevölkerung wuchs zusehends an, die Wirtschaft entwickelte sich, vor allem durch den jetzt weit ausgreifenden Fernhandel, die Stadt als neue verdichtete Lebensform mit vielen Menschen auf beschränktem Raum verbreitete sich, mit dem Bürger und Kaufmann entstand eine neue Bevölkerungsschicht mit zunehmendem Wohlstand.

Vor allem im Bürgertum der Städte entwickelte sich das Bedürfnis nach angemessener religiöser Versorgung, ebenso die Suche nach religiöser Gemeinschaft, die beide den neuen Lebensformen entsprechen sollten. Zugleich bildete sich vor allem in Südfrankreich im Laufe des 12. Jahrhunderts als Gegensatz zu wachsendem Wohlstand und wirtschaftlichem Erfolg eine neue Buß- und Armutsbewegung mit dem Ziel der unmittelbaren Nachfolge Christi. Laienprediger und wandernde Kleriker mit oft großem Zulauf wurden zunehmend von der Kirche als ernsthafte Bedrohung ihrer überkommenen Struktur und Stellung gesehen, die von ihnen verbreiteten, häufig von der amtlichen kirchlichen Lehre abweichenden Ansichten und eigenwilligen Auslegungen der Evangelien als Ketzerei betrachtet.

Vor diesem Hintergrund entstanden seit dem frühen 13. Jahrhundert mit den sogenannten Bettel- oder Mendikantenorden (von lateinisch *mendicare,* betteln) neue geistliche Gemeinschaften. Sie unterschieden sich erheblich von den bisherigen Klöstern und Stiften. Von ihnen seien nachfolgend jene fünf vorgestellt, die in Erfurt vertreten waren.

Abb. 14 Blick über den Breitstrom zum Predigerkloster, Zeichnung, 1830

Die Dominikaner (Prediger)

Der älteste der neuen Orden sind die Prediger, der *Ordo Fratrum Praedicatorum* (Orden der Predigerbrüder, OP). In ihrem zweiten, erst im 15. Jahrhundert aufgekommenen Namen Dominikaner bewahren sie die Erinnerung an ihren Gründer Dominikus von Guzmán aus Kastilien. Zunächst Kanoniker im regulierten Domstift zu Osma, sammelte er ab 1205 zusammen mit seinem Bischof erste Erfahrungen in der Predigt bei der ketzerischen Bevölkerung Südfrankreichs und erarbeitete mit ihm ein Konzept zur apostolischen Predigt in Armut im Sinne der Evangelien.

Auf dieser Grundlage begründete Dominikus 1215 in Toulouse mit ersten Gefährten eine Gemeinschaft mit dem Auftrag des dortigen Bischofs zur Predigt, um die Bevölkerung des Bistums wieder zur römischen Kirche zurückzuführen. Mit der Augustinus-Regel als Grundlage und ergänzenden Konstitutionen formte Dominikus die Kanoniker-Gemeinschaft schrittweise bis 1220 zu einem zentral geführten Orden um. Schon 1216 erkannte ihn Papst Honorius III. an, gab ihm seinen offiziellen Namen und erteilte ihm einen allgemeinen Predigtauftrag über alle Bistums- und Ländergrenzen hinweg für die gesamte Christenheit; jeder Angehörige hat sich als Prediger zu betätigen und, soweit er die Priesterweihe besitzt, auch die Beichte abzunehmen. Die absolute Besitzlosigkeit wird grundsätzlich vorgeschrieben, den Unterhalt sollen Almosen und Spenden bei der Seelsorge und das Betteln sichern. Um eine qualitätvolle Predigt und Seelsorge zu gewährleisten, verpflichtete Dominikus alle Angehörigen zum Studium der Theologie. Dazu entsandte er sogleich zu den damals führenden Universitäten Paris und Bologna Gruppen von Brüdern als erste Niederlassungen, auch um Studenten und Professoren für den Orden zu gewinnen.

Nach Dominikus Tod († 1221) folgte ihm als zweiter Ordensmeister der Deutsche Jordan von Sachsen. Unter ihm beauftragte Papst Gregor IX. den Predigerorden 1231/32 mit der Inquisition in Deutschland, Frankreich und darüber hinaus; dies trug den Predigern im Volksmund den wenig schmeichelhaften Beinamen »Hunde des Herrn« *(domini canes)* ein. Zu den Eigenheiten des Ordens gehörte zudem die schon von Dominikus eingeleitete und dauerhafte unmittelbare Unterstellung unter den Papst in Rom. Schon 1217 begann die Ausbreitung des Ordens, der bereits 1221 rd. 25 und am Ende des 13. Jahrhunderts 534 Konvente in Europa umfasste.

Geleitet wird der Predigerorden von einem Ordensmeister *(magister generalis)* und dem Generalkapitel. Als Zwischeninstanz wurden schon 1221 großräumige Provinzen gebildet, geleitet von einem Provinzial *(prior provincialis)* und Provinzialkapiteln. Zu ihren Aufgaben gehörte die Organisation des Studiums der Brüder; dazu wurden Provinzialstudien eingerichtet, deren bedeutendste Generalstudium *(studium generale)* hießen. Von der einen deutschen Provinz *(Teutonia)* wurden 1303 die nord- und mitteldeutschen Konvente, darunter auch der Erfurter, abgetrennt und in der neuen Provinz *Saxonia* vereint.

Die Angehörigen der einzelnen Niederlassung bilden den Konvent, geleitet vom Prior, den das Konventskapitel wählt. Jeder Konvent besitzt zur ständigen Unterweisung der Brüder einen Lehrer *(lector)*, den ein Studienleiter *(magister studiorum)* unterstützt. Dem Konvent ist ein bestimmtes Arbeitsgebiet für die Seelsorge und ebenso für das Sammeln von Almosen und Spenden zugeteilt; es kann in Unterbezirke *(termini)* mit jeweils einem Terminierhaus gegliedert sein.

Neben der Verbindung von Kanonikertum und apostolischer Nachfolge Jesu mit völliger Besitzlosigkeit sowohl des Einzelnen wie der Niederlassung, entstand mit dem Predigerorden als Neuerung im Klosterwesen erstmalig ein reiner, ortsunabhängiger Personalverband. Jeder Einzelne wird bei seinem Eintritt nicht wie bei den älteren Orden Angehöriger eines bestimmten Klosters oder Stifts und erst dadurch des Ordens, sondern nun Angehöriger des Ordens unmittelbar. Dies verleiht ihm Beweglichkeit und ermöglicht, ihn bei Bedarf dort einzusetzen, wo er gebraucht wird, und sichert zugleich die Einheit aller Ordensangehörigen. Bemerkenswert ist auch, dass die Ämter nicht wie bei den älteren Orden lebenslang vergeben werden, sondern nur für eine begrenzte Zeit. Ebenfalls anders als bisher werden Niederlassungen der Prediger grundsätzlich nur in Städten errichtet, zunächst in den großen und bedeutenden. Insoweit verlässt der Einzelne beim Eintritt in den Orden nicht mehr die Welt, sondern wirkt nun in ihr für die Ziele seines Ordens. Der allgemeine Auftrag zur Predigt, verbunden mit der Abnahme der Beichte und auch dem Begräbnisrecht brachte die Prediger gleichsam automatisch in Konkurrenz zu den örtlichen Pfarrern. Schon wegen der Spenden und Gebühren für geistliche Verrichtungen, die einen nicht geringen Teil der Einkünfte der regulären Pfarrkirchen ausmachten, kam es nicht selten zu erheblichen Auseinandersetzungen der Prediger mit dem örtlichen Pfarrklerus.

Die Neuerungen des Predigerordens wurden weitgehend zum Vorbild für die anderen Mendikantenorden; deshalb brauchen sie im Folgenden nicht im Einzelnen wiederholt zu werden. Das gilt auch für das Verhältnis der Bettelordensklöster zu den regulären Pfarreien. Bemerkt sei noch, dass die Mendikanten, die wie die Prediger der Augustinus-Regel als Lebensgrundlage folgen, nach klassischer Einteilung den Kanonikern zuzurechnen wären; doch werden sie dem üblichen Sprachgebrauch folgend hier als Mönche, ihre Niederlassungen als Klöster bezeichnet.

Die Franziskaner (Minderbrüder, Minoriten, Barfüßer)

Fast gleichzeitig mit dem Predigerorden entstand in Mittelitalien als zweiter großer Bettelorden der *Ordo Fratrum Minorum* (Orden der Minderen Brüder, OFM). Schon in ihrem Namen drücken seine Mitglieder ihren Gegensatz zu den »Großen«, den Wichtigen aus – sowohl allgemein als sicherlich auch in der Kirche zu den etablierten Orden. Wegen ihres Verzichts auf festes Schuhwerk wurden die Minderbrüder verbreitet auch »Barfüßer« genannt. Auch bei ihnen erinnert ihr anderer Name an den Gründer, Franziskus von Assisi.

Der 1180/81 geborene Sohn des wohlhabenden Tuchhändlers Bernardone in Assisi war zwar auf den Namen Giovanni (Johannes) getauft, wurde aber von seinem Vater Francesco (kleiner Franzose) genannt, und dieser Name blieb ihm auf die Dauer. Zunächst war er auf dem Wege zum aristokratischen Leben, um aus dem Bürgertum zum Ritter aufzusteigen, doch erlebte er nach Teilnahme am Krieg seiner Heimatstadt gegen Perugia (1202) und Gefangenschaft mit schwerer Krankheit in den folgenden Jahren seine Bekehrung. Er bekannte sich zum Leben allein nach den Evangelien, in strenger Armut, um gänzlich frei zu sein für die Nachfolge Christi, in Demut und Dienst am Nächsten, zumal in der Pflege von Leprosen (Aussätzigen). Bald mahnte er als Wanderprediger seine Mitmenschen zur Umkehr und Buße und wurde vom Vater in einem öffentlichen Prozess enterbt.

Schnell schlossen sich andere Laien und Kleriker Franziskus an, und für seine junge Bruderschaft erwirkte er schon 1210 von Papst Innozenz III. mündlich die Bestätigung ihres am Evangelium orientierten gemeinsamen Lebens. Sie wurden beraten und gefördert von Hugolin von Ostia, dem späteren Papst Gregor IX. als ihrem vom Papst bestellten Generalprotektor. Nach der Anerkennung als Orden 1219 genehmigte Papst Honorius III. 1223 die inzwischen entworfene Regel. Dem Orden als Personalverband gehören weiterhin Kleriker und Laien gleichberechtigt an; sie geloben beim Eintritt Armut, Keuschheit und Gehorsam; festgelegt sind ebenso die dauerhafte Bindung an den Papst und dessen Auftrag zur Predigt. Mit dem zunehmenden Eintritt von Geistlichen wurde der Orden gleichsam klerikalisiert, so dass auch Studium und universitäre Lehre wichtig wurden.

Auf einer Reise nach Ägypten und in den Orient, um friedlich in den Kreuzzug einzugreifen, hatte sich Franziskus ein schweres Augenleiden zugezogen, so dass er auf die Leitung seines Ordens verzichtete und fast erblindet 1226 starb. In seinem Testament verpflichtet er seine Anhänger erneut auf seine fundamentalen Forderungen und die Regel von 1223.

Die Annahme von Geld oder von Gütern, die man gegen Geld an Dritte veräußern kann, hatte Franziskus verboten, um die vollkommene Besitzlosigkeit des Einzelnen wie der Gemeinschaft zu erreichen. Doch schon vier Jahre nach seinem Tod wurde 1230 die Annahme von Geld als Almosen und die Nutzung der damit erworbenen Gegenstände gestattet, wenn deren Eigentum beim Spender bleibt. 1245 dann übertrug Papst Innozenz IV. das Eigentumsrecht an Immobilien und Mobilien, die von den Minderbrüdern genutzt werden, auf den Hl. Stuhl, wenn es der Spender nicht sich selbst vorbehalten hat. Nunmehr konnte der Orden unmittelbar Schenkungen aller Art annehmen und bald auch selbst verwalten und nutzen, ohne gegen das vom Stifter aufgestellte Armutsgebot zu verstoßen.

Außergewöhnlich war das früh einsetzende schnelle Wachstum der Kommunität; schon 1221 nahmen über 3000 Brüder am Kapitel teil. Bereits Franziskus selbst sandte Brüder in andere Städte und ins Ausland, um auch dort in seinem Sinne zu wirken; bei seinem Tod hatte der Orden in vielen Ländern Fuß gefasst. Die notwendige Gliederung wird ebenfalls territorial und zugleich hierarchisch entwickelt: Die oberste

Abb. 15 Erfurter Barfüßerkirche von Südosten, Nikolaus Christian Heinrich Dornheim (1772–1830), Zeichnung, Anfang 19. Jahrhundert

Leitung liegt beim Generalkapitel, gebildet von den Provinzialministern, und beim Generalminister. Die großräumigen Ordensprovinzen werden jeweils von einem Minister (Diener) und einem Provinzialkapitel geleitet. Untereinheiten der Provinzen bilden die Kustodien mit Kustoden (Wächtern) an der Spitze. Der einzelnen Niederlassung steht ein Guardian (Aufseher) vor.

Schon in der Frühzeit begannen innerhalb des Ordens Auseinandersetzungen um die rechte Befolgung des Testaments des Gründers und die zeitgemäße Weiterentwicklung. Daraus ging insbesondere die Observanzbewegung hervor, die im 15. Jahrhundert zu einer eigenen Organisation innerhalb des Minoritenordens führte.

Die Augustiner-Eremiten

Der dritte große Bettelorden wurde nicht wie Prediger und Minderbrüder durch eine Stifterpersönlichkeit begründet. Vielmehr veranlasste Papst Innozenz IV. gemäß Kanon 13 des IV. Laterankonzils (1215), durch den das Klosterwesen allgemein geordnet und reformiert werden sollte, 1244 den Zusammenschluss zahlreicher Eremiten-Gruppen vornehmlich in der Toscana. Der neue Orden nahm die Regel Augustins als Grundlage an und nannte sich *Ordo (Fratrum) Eremitarum S. Augustini* (Orden der Eremiten des hl. Augustins, OESA, heute OSA). Ihm wurden 1256 unter Papst Alexander IV. weitere Eremiten-Gruppierungen aus Mittel- und Norditalien zur *Magna Unio* (Großen Union) angeschlossen. Diese mehr oder weniger zwangsweise Vereinigung der vorher eremitisch lebenden Gruppen mit dem Ziel eines Bettelordens führte zu erheblichen Spannungen.

Die Gliederung wurde nach dem Vorbild des Predigerordens errichtet mit einem Generalkapitel und Generalprior an der Spitze, mit Provinzen, Provinzialkapitel und Provinzialprior sowie im einzelnen Konvent mit einem Prior und dem Kapitel.

Auch bei den Augustiner-Eremiten wurde die Seelsorge zu ihrer eigentlichen Aufgabe, so dass auch dieser Orden bald klerikalisiert und für die Ausbildung seiner Angehörigen ein eigenes Studiensystem entwickelt wurden. Seit 1244 und 1289 sind alle Angehörigen der bischöflichen Jurisdiktion entzogen. In der zweiten Hälfte des 14. Jahrhunderts setzte eine weitgreifende innere Erneuerungsbewegung ein, die zu Reformkongregationen im Orden führte. Der seit 1419 bestehenden thüringisch-sächsischen Provinz gehörte auch der Erfurter Konvent an.

Abb. 16 Erfurter Augustinerkirche von Nordosten, Franz Kuchenbuch (1812 – 1896), Gemälde, 1848

Die Sackbrüder

Nur wenige Jahrzehnte bestand der Orden der *Fratres de Poenitentia Jesu Christi* (Brüder von der Buße für Jesus Christus), seine Angehörigen wurden gewöhnlich *fratres saccati* (Sackbrüder) genannt. Er wurde kurz vor 1250 in Südfrankreich in Hyères (bei Marseille) von dem provenzalischen Adligen Raymund Attanulfi gegründet, nachdem ihm und einem Gefährten nach dem Noviziat die Aufnahme bei den Minderbrüdern verweigert worden war. Ziel des Gründers war die kompromisslose Befolgung des Armutsideals von Franziskus in einer eigenen Lebensform. Bald schlossen sich weitere gebildete Laien an, und die Gemeinschaft breitete sich rasch zunächst in Südfrankreich aus, ab etwa 1260 auch zum Rhein und weiter nach Schwaben und Thüringen. Sie übernahmen die Augustinus-Regel und weitgehend die Konstitutionen der Prediger. Auch bei den Sackbrüdern traten Predigt und Seelsorge samt Studium in den Vordergrund, so dass sie in Konkurrenz vor allem zu Minderbrüdern und Predigern gerieten. 1255 bestätigte Papst Alexander IV. sie als Kanonikerorden. Als jedoch 1274 das II. Konzil von Lyon in der Nachfolge des IV. Laterankonzils (1215) zur Reformierung des Ordenswesens zahlreiche Gemeinschaften aufhob, waren davon auch die Sackbrüder betroffen.

Die Serviten (Marienknechte)

Den Mendikanten zugerechnet wird auch der *Ordo Servorum Beatae Mariae Virginis* (Orden der Knechte der hl. Jungfrau Maria, OSM). Er entstand im 13. Jahrhundert in Florenz, nach der eigenen Tradition 1233, vielleicht erst um 1240/45, als sich sieben geachtete Florentiner Patrizier, die der religiösen Marien-Bruderschaft angehörten, auf dem benachbarten Monte Seriano als Eremitenkonvent niederließen. In der Folgezeit nahmen sie die Augustinus-Regel samt Konstitutionen an, die ihnen Papst Innozenz IV. bestätigte. Die päpstlichen Privilegien zu Predigt und Verkündigung (1256 und 1263) führten auch bei den Serviten zur Klerikalisierung; Askese und Armut näherten sie den Bettelorden an. Nach vorübergehender Auflösung (1276) in Folge des II. Konzils von Lyon gelang durch eine neue, eigene Satzung der Neuanfang, den die Päpste Nikolaus IV. 1290 und endgültig Benedikt XI. 1304 bestätigten.

Ihre Gliederung formten die Serviten nach dem Vorbild der Prediger mit Generalprior und Generalkapitel an der Spitze, Provinzialprior und Provinzialkapitel und dem einzelnen Konvent mit Prior und Kapitel. Die Ausbreitung begann noch im 13. Jahrhundert, ging nur langsam voran und führte die Serviten auch zu echter Mission bis nach Indien. Im 15. Jahrhundert errichteten sie neben Bologna auch in Erfurt ein zentrales Studium.

Erfurt im Spätmittelalter

Inmitten des überaus fruchtbaren Thüringer Beckens gelegen und ausgezeichnet durch die Kreuzung von seit ältester Zeit benutzter Fernstraßen von West nach Ost und von Nord nach Süd, war Erfurt von jeher der zentrale Ort Thüringens. Der zunächst königliche Platz gehörte schon seit der Mitte des 8. Jahrhunderts geistlich zur Diözese des Erzbischofs von Mainz. Um die Jahrtausendwende war dieser auch der weltliche Herr der Stadt geworden. Seither bildete Erfurt für die Erzbischöfe in ihrer weit ausgedehnten Erzdiözese den zweitwichtigsten Platz nächst ihrer Metropole im Südwesten am Rhein.

Durch seine günstige Verkehrslage besaß Erfurt seit langem einen herausragenden Fernhandelsmarkt mit weitgespannten Handelsbeziehungen. Seit dem 11. Jahrhundert hatte die Stadt einen großen wirtschaftlichen Aufstieg genommen. Ihre Wirtschaftskraft verstärkte sich weiter, als vor der Mitte des 13. Jahrhunderts in großem Umfang die Verarbeitung und der Handel mit Waid einsetzten; für das Färbermittel bestand großer Bedarf vor allem bei den aufstrebenden Tuchmanufakturen im Westen bis nach Flandern ebenso wie nach Osten bis Polen. Die Kaufleute und Waidproduzenten machten einen beträchtlichen Teil der Bürgerschaft aus, neben den zahlreichen Handwerkern mit ganz unterschiedlichen Gewerken. Zu den Bewohnern gehörte außerdem zahlreiches Hilfspersonal, das nicht zuletzt in der Waidproduktion gebraucht wurde. Gegen Ende des 15. Jahrhunderts zählte Erfurt mit knapp unter 20 000 Einwohnern zu den rd. 25 Großstädten im Reich. Die Stadt und ihre Bürger zeichneten sich im Spätmittelalter nicht zuletzt durch zunehmenden Wohlstand aus. Seit dem 13. Jahrhundert erwarb die bedeutende Stadt so wie zahlreiche Reichsstädte zudem in ihrer Umgebung ein eigenes ausgedehntes Territorium.

Seit dem 12. Jahrhundert entwickelte sich wie allenthalben in den Städten auch in Erfurt die bürgerliche Selbstverwaltung mit dem Rat und den Ratsmeistern an der Spitze und mit der städtischen Gerichtsbarkeit. Trotz nicht weniger, immer wieder in den folgenden Jahrhunderten aufbrechender Auseinandersetzungen mit dem Stadtherrn und zunehmenden Selbständigkeitsbestrebungen änderte sich letztlich nichts an der Zugehörigkeit Erfurts zum Mainzer Erzstift. Neben der Selbstverwaltung der Bürgerschaft unterhielt der Erzbischof hier eine eigene Verwaltung für die mainzischen Besitzungen in Thüringen.

Auf geistlichem Felde zeichnete sich Erfurt durch eine ungewöhnlich große Zahl von Klöstern, Stiften und Kirchen aus. Schon um 1200 bestanden hier nicht weniger als acht Klöster und Stifte, um 1500 waren es mit den vier Bettelordensklöstern insgesamt sogar 15. Ihre vornehmsten waren zum einen das 1060 auf dem Petersberg gegründete Benediktinerkloster und zum anderen die dicht auf dem Domberg beieinander liegenden Kollegiatstifte St. Marien und St. Severi. Seit der Regionalisierung der geistlichen Verwaltung des Erzbistums Mainz zu Beginn des 12. Jahrhunderts leiteten zudem die Pröpste des Marienstifts und des Severistiftes als Archidiakone zwei ausgedehnte Archidiakonate in Thüringen; zudem waren etwa die Pröpste von St. Marien immer wieder zugleich Kanoniker in bedeutenden Stiften in Mainz. Weiter gestärkt wurde die zentrale Rolle Erfurts in der Diözesanverwaltung für den Nordosten des Erzbistums durch die Einrichtung des erzbischöflichen Generalgerichts für Thüringen im Jahre 1310 und durch den Umstand, dass seit dem 14. Jahrhundert hier meist ein Weihbischof seinen Sitz hatte.

Nachdem zunächst die Marienkirche auf dem Domberg die einzige Pfarrkirche für Erfurt gewesen war, vermehrte sich seit dem 11. Jahrhundert die Zahl der Kirchen beträchtlich, so dass 1182 die Stadt in mehrere Pfarreien eingeteilt wurde. In der Folgezeit kamen noch weitere hinzu, bis es um 1400 insgesamt 22 Pfarreien gab; damit überragte Erfurt die meisten, wenn nicht alle anderen deutschen Städte.

Seit dem 12. Jahrhundert wurden zahlreiche der neuen Kirchen von wohlhabenden Bürgern aus ihrem Vermögen errichtet und ausgestattet, so wie auch die städtischen Hospitäler. Vor allem hieran, aber auch an der beträchtlichen Zahl von Klöstern und Stiften wird deutlich, wie stark um 1200, vor der Ankunft der ersten Bettelmönche, in dieser großen, bevölkerungsreichen und lebendigen Stadt bei den Bewohnern das Bedürfnis nach geistlicher Betreuung und religiöser Versorgung ausgeprägt war. Vor diesem Hintergrund erreichten in den zwanziger Jahren des 13. Jahrhunderts zuerst die Franziskaner Erfurt und bald darauf die Prediger; in der zweiten Jahrhunderthälfte kamen die Augustiner-Eremiten und zu Beginn des 14. Jahrhunderts die Serviten, nachdem vorübergehend auch die Sackbrüder hier gewesen waren. Vor allem die Franziskaner und Prediger wurden von der Bürgerschaft offensichtlich willkommen geheißen und unterstützt. Doch auch die Augustiner-Eremiten konnten sich nach anfänglichen Schwierigkeiten dauerhaft niederlassen, ebenso die Serviten als letzter Bettelorden. Alle vier Klöster bestanden bis zur Reformation.

Bald schon brachten die Bettelorden der Stadt zusätzlich Ruhm und Ehre ein, nicht zuletzt auf theologischem und philosophischem Felde durch die ordensinternen Studienmöglichkeiten, die sie hier entwickelten wie das Studium Generale der Augustiner-Eremiten. Sie traten neben die vorhandenen Schulen der Stifte St. Marien, St. Severi und des Reglerstiftes sowie bald des Schottenklosters. Schon im 13. Jahrhundert bot Erfurt gute Studienmöglichkeiten, und sein Ruf als Stätte umfassender Ausbildung zog verstärkt auch auswärtige Schüler an – um 1280 studierten angeblich 1000 Scholaren an den Stiftsschulen. So sah man sich 1282 veranlasst, für die Stiftsschulen und die Schulen des Peters-

und des Schottenklosters eine gemeinsame Schulordnung zu erlassen. Der so entstandene Schulverbund ebnete im Laufe des 14. Jahrhunderts als »Erfurter Generalstudium« den Weg zur Universität, deren Gründung vonseiten der Stadt betrieben wurde. Sie konnte nach einem ersten, vergeblichen Anlauf von 1379 schließlich 1392 ihren Lehrbetrieb aufnehmen. In den folgenden Jahren gelang es, die ordensinternen Studien der ansässigen Bettelordensklöster mit der Universität zu verknüpfen, und künftig gehörten regelmäßig auch Mendikanten zu ihren renommierten Professoren. Die Universität war es dann auch, die im Jahre 1501 Martin Luther zum Studium zunächst der Jurisprudenz nach Erfurt führte.

Literatur

Berger, Bettelorden. Berger, Bettelorden Mainz. Bretschneider, Predigt. Christ, Erfurt. Elm, Sackbrüder. Feld, Fanziskus. Frank, Mönchtum. Frank, Orden. Frank, Serviten. Gramsch, Erfurt. Holtz, Erfurt. Kleineidam, Universitas 1. Lorenz, Studium generale. Mägdefrau/Langer, Entfaltung. Patze, Erfurt. Pilvousek, Erfurt. Pötscher, Servitenorden. Stievermann, Heilsverlangen. Vones-Liebenstein, Serviten. Wolf, Erfurt.

STADTLUFT VERÄNDERT

Martin Luther und seine Erfurter Studien- und Klosterzeit

Im Frühjahr 1501 verließ Martin Luther sein Elternhaus und kam mit dem Ziel nach Erfurt, Jurist zu werden. Hier ließ er sich in die Hochschulmatrikel einschreiben. Er wurde Student und begann an der Erfurter Artistenfakultät mit seinem Studium. In den folgenden vier Jahren absolvierte er erfolgreich die vorgeschriebenen Lehrveranstaltungen in Grammatik, Rhetorik, Logik, Mathematik und Philosophie. Im Januar 1505 wurde Luther zum Magister artium promoviert. Nun konnte das angestrebte, vom Vater gewünschte Rechtsstudium beginnen. Doch es kam anders. Gegen den Willen des Vaters gab Luther das Jurastudium auf. Er trat, ausgelöst durch Zweifel über seinen weiteren Lebensweg, als Suchender in den Erfurter Konvent der Augustin-Eremiten ein. Aus dem angehenden Juristen, den eine glänzende weltliche Karriere erwartete, wurde ein Mönch. Als Angehöriger eines Bettelordens hatte er sich für eine geistliche Laufbahn entschieden. Mit dem in Erfurt aufgenommenen Studium der Theologie beschritt er den eingeschlagenen Weg konsequent weiter. Der entscheidende Schritt war damit getan, der Luther wenige Jahre später zum Reformator werden ließ. Aus dem jungen Mann, der 1501 Erfurt betrat, wurde der von 1510 an ununterbrochen in Wittenberg wirkende Theologe, der an den Grundfesten der Kirche seiner Zeit rütteln, sie nachhaltig verändern sollte.

DIE STUDIENZEIT MARTIN LUTHERS BIS ZUM KLOSTEREINTRITT

Antje Bauer

Im April 1501 kommt der siebzehnjährige Martin Luther nach Erfurt, um sich an der hiesigen Universität zum Studium einzuschreiben. Die 1379 privilegierte, d.h. vom Papst genehmigte Universität Erfurt war eine der ältesten Universitäten des Heiligen Römischen Reiches deutscher Nation. 1392 nahm sie den Studienbetrieb auf. Sie muss, jedenfalls bis zum Beginn des 16. Jahrhunderts, eine sehr beliebte Bildungsstätte von ausgezeichnetem Ruf gewesen sein. Etwa 30 000 Studenten aus vielen Teilen des großen deutschen Reiches waren bis dahin nach Erfurt gekommen, um gerade hier zu studieren. Mehr Studenten hatte bis zu diesem Zeitpunkt nur die Universität Wien zählen können. Für Martin Luther aus Mansfeld und seine Eltern war es deshalb vielleicht eine leichte Entscheidung, die nächstgelegene Universität Erfurt für sein Studium auszuwählen. Zur Vorbereitung des Universitätsbesuchs hatte Martin Luther nicht nur die städtische Schule seines Heimatortes besucht, sondern außerdem weiterführende Schulen in Magdeburg und Eisenach. In diesen beiden Schulen hatte er vor allem die lateinische Sprache in Wort und Schrift gelernt – eine Voraussetzung für ein Universitätsstudium.

Die Stadt, in die er zum Studium kam, Erfurt, war nicht die erste große Stadt, die er sah. Das war Magdeburg gewesen. Deshalb war er möglicherweise nicht ganz so erstaunt über die größte Metropole Thüringens: ein großer Ort mit zwei beeindruckenden Stadtmauerringen; etwa 20 000 Einwohner, darunter hunderte Studenten von überall her; eine Kreuzung von Handelsstraßen, auf denen ständig Betrieb war; Märkte und Messen, die am Schnittpunkt dieser Verkehrsachsen stattfanden; Handwerk und Gewerbe aller Art; städtisches Leben und ein vielfältiges geistliches Leben in zahllosen Pfarrkirchen, Klöstern, Stiften, Bruderschaften und anderen Organisationsformen. Diese Präsenz des geistlichen Lebens konnte man schon im Stadtbild sehen – schier unzählige Kirchtürme bestimmten die Stadtsilhouette und gaben der Stadt, vor allem wenn man sie aus der Ferne betrachtete, ein unverwech selbares Bild. Politisch war die Stadt Erfurt auf dem Höhepunkt ihrer Entwicklung angelangt. Eigentlich hatte sie diesen Höhepunkt unmittelbar vor 1501 bereits überschritten. Bis dahin hatte sie alles erreicht, vor allem eine relative Unabhängigkeit vom mittelalterlichen Stadtherrn, dem Erzbischof und Kurfürsten von Mainz. Diese Unabhängigkeit hatte man genutzt, um das politische Territorium der Stadt zu vergrößern. Zur Stadt gehörte nun also auch ein großes Landgebiet. Erfurt begann schon weit vor den Stadtmauern. Verteidigte Außenposten, Wachtürme, Burgen markierten die Grenzen des Erfurter Landes. In den achtiger Jahren des 15. Jahrhunderts aber kann Erfurt seine Position zwischen den großen Machtkonkurrenten in Thüringen nicht mehr halten. Es wird zu politischen Zugeständnissen gezwungen, muss enorme Schutzgeldzahlungen leisten und muss sich für einen eventuellen Verteidigungsfall rüsten. Als Martin Luther in die Stadt kommt, sind die Stadtkassen schon fast leer. Davon weiß er natürlich nichts.

Er schrieb sich Ostern 1501, von Eisenach kommend, zum Sommersemester als *Martinus Ludher ex Mansfeldt* in die Matrikel der Erfurter Universität ein.[1] Das heißt, sein Name wurde eingetragen als einer von den 145 Studenten, die mit ihm gemeinsam in diesem Frühjahr das Studium begannen. Der Eintrag diente nicht zuletzt dem Nachweis, dass Martin Luther die fälligen Einschreibgebühren gezahlt hatte. Und dieser Eintrag ist für ihn, wie für die meisten anderen Studenten seiner Zeit, der erste schriftliche Beleg aus seinem Leben. Seine Mitstudenten kamen vor allem aus Thüringen und aus Norddeutschland, aber auch aus Sachsen, Hessen, Franken und Böhmen. Am weitesten gereist war der Kommilitone aus Salzburg.[2]

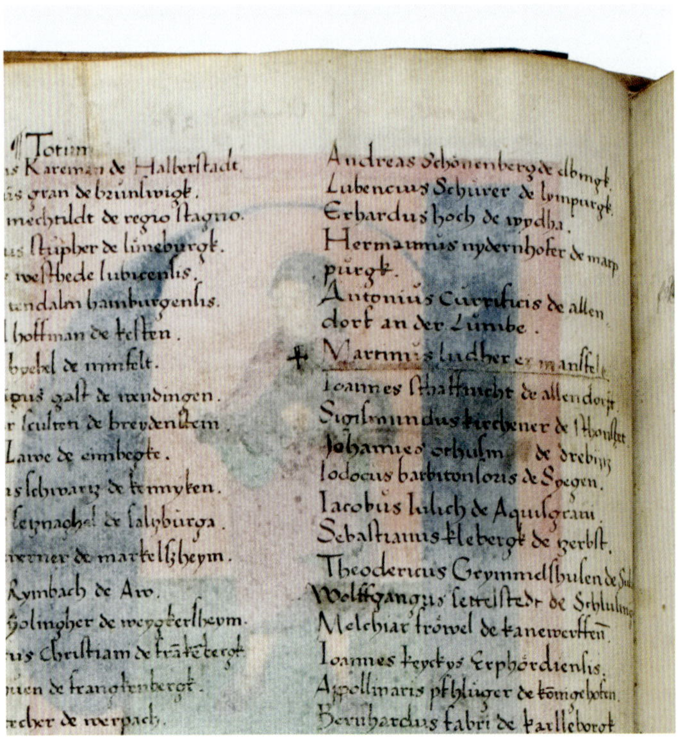

Abb. 17 Immatrikulation Martin Luthers in der Erfurter Matrikel (Kat.-Nr. II.2)

Unterricht und Lehrplan an der Artistenfakultät im Spätmittelalter

Vorbild für die Organisation des Lehrbetriebes an den Artistenfakultäten der spätmittelalterlichen deutschen Hochschulen war die Pariser Universität. Hier hatte sich zu Beginn des 13. Jahrhunderts ein tiefgreifender Wandel vollzogen. In den Mittelpunkt rückte die *philosophia*, die aristotelische Philosophie. Entscheidend wirkte sich das auf die Lehrinhalte und den Fächerkanon aus. Ergebnis war ein Lehrplan, der mit der klassischen Aufteilung der Fächer nach dem Schema der *septem artes liberales*, den sieben freien Künste nur noch entfernt Gemeinsamkeiten hatte. An die sieben freien Künste erinnerte die Bezeichnung der Lehreinrichtung als *facultas artium*, als Artistenfakultät. Die sieben freien Künste bilden den Fächerkanon des Elementarunterrichtes in der Antike ab. Ihre Zahl wurde im 5. Jahrhundert auf sieben festgeschrieben. Das System der sieben freien Künste umfasste zwei Gruppen, das *Trivium* mit Grammatik, Rhetorik und Dialektik, d. i. der sprachlich-literarischen Zweig, und darauf aufbauend das *Quadrivium*, d. i. der wissenschaftliche Zweig mit Arithmetik, Geometrie, Musik und Astronomie. Diesem Kanon folgte der dem Studium der Theologie vorangestellte Elementarunterricht bis in das frühe 13. Jahrhundert. Um 1200 zerbrach dieses System. Das Schulwesen bzw. der Wissenschaftsbetrieb erfuhr durch das in mehreren Wellen erfolgende Eindringen des Aristotelismus sowie des Neoplatonismus einen tiefgreifenden Wandel.

Mit sich brachte dieser Wandel im mittelalterlichen Wissenschaftsbetrieb, der ganz auf die Durchdringung der aristotelischen Werke abgestellt wurde, neue Modelle zur Struktur des Wissens. Damit stellte sich auch die Frage nach einer Klassifizierung der Wissenschaften. Sie lief auf eine Verbindung der Schemata hinaus, nach denen Aristoteles bzw. Platon eine Einteilung der Philosophie vorgenommen hatten, in die das System der sieben freien Künste integriert wurde. Auf Grundlage dieser Klassifizierung bildeten sich fünf Hauptfächer heraus: Logik, Metaphysik, Naturphilosophie, Moralphilosophie und Mathematik. Ergänzend kamen als Ein- bzw. Hinführung Grammatik und Rhetorik hinzu. Die Vermittlung des Lehrstoffes erfolgte in *lectiones*, in Vorlesungen. Eingeübt und angewendet wurde er in *exercitia* und *disputationes*, Übungen sowie Redeakten, in denen der Studierende sein Können unter Beweis zu stellen hatte. Festgeschrieben war der Fächerkanon in Form der *libri ordinariae legendi*, der verpflichtend zu behandelnden Bücher. Er blieb bis zur Studienzeit Martin Luthers nahezu unverändert. Grundlage bildeten die Fakultätsstatuten von 1449. Die Ausbildung selbst erfolgte in zwei aufeinander aufbauenden, in den Lehrinhalten fachübergreifend aufeinander abgestimmten Kursen. Der erste schloss mit der Promotion zum *baccalarius artium*, zum Bakkalar, ab, der zweite mit der zum *magister artium*, zum Magister. Vorgesehen war eine Mindesstudiendauer von jeweils vier Semestern. Sie wurde nicht selten unterschritten. FJS

Abb. 18 Beginn der Expositio super logicam novam Aristotelis (Kat.-Nr. II.5)

Auf Wunsch seines Vaters kam Martin Luther wohl mit dem Ziel nach Erfurt, hier Jura zu studieren. Dies war einer von drei möglichen Fachstudiengängen, die man im 16. Jahrhundert an Universitäten studieren konnte. Die beiden anderen waren Theologie und Medizin. Bevor er jedoch Student an der Juristischen Fakultät werden durfte, musste er nach geltender Studienordnung das vorbereitende Studium der sieben freien Künste, der *septem artes liberales,* an der Artistenfakultät absolvieren. Es war verpflichtend für alle und dem »eigentlichen« Studium vorgeschaltet, aber es blieb für die meisten auch das einzige Studienfach, das sie belegten.

Zunächst erst einmal bezog Martin Luther ein Zimmer in einer Burse, wahrscheinlich in der Georgenburse in der heutigen Augustinerstraße, denn für einen Studenten war es vorgeschrieben, in einem Colleg oder in einer Burse der Universität zu wohnen und sich den geltenden Lebens- und Arbeitsregeln in diesem Haus unterzuordnen.

Dann begann das Studium der sieben freien Künste. Sieben freie Künste? Dieser Lehrgang aus sprachwissenschaftlichen und naturwissenschaftlichen Fächern, aus Philosophie und wissenschaftlichen Erkenntnismethoden stammte bereits aus der Antike und hatte den

Voraussetzung für die Promotion zum *baccalarius artium*

Vorlesungen

- in Grammatik
  - die *Ars minor* des Aelius Donatus (1 Monat) als elementare Einführung, daneben
  - Teil 2 des *Doctrinale puerorum* des Alexander de Villa Dei (1 Monat) und
  - Teil 2 der *Institutiones grammaticae* des Priscinianus Caesariensis (1 Monat)
- in Logik
  - als Hinführung die *Summulae logicales* des Petrus Hispanus (3 Monate),
  - die *Logica vetus* (4 Monate) mit der *Isagoge* des Porphyrius als Einführung in das aristotelische Organon sowie als Teile desselben mit den *Categoriae* und *De interpretatione* des Aristoteles sowie
  - die *Logica nova* mit der *Analytica priora* (4 Monate), der *Analytica posteriora* (4 Monate) und *De sophisticis elenchis* (2 Monate) des Aristoteles als weitere Teile des Organons, ferner
- in Naturphilosophie
  - die *Physica* des Aristoteles (8 Monate) und
  - *De anima* des Aristoteles (3 Monate),
- in Mathematik
  - die *Sphaera mundi* (1½ Monate) des Johannes de Sacrobosco sowie
- in Rhetorik
  - der *Laborinthus* (2 Monate) des Eberhard Bremensis.

Übungen und Redeakte

Parallel dazu mussten Teile des Lehrstoffes in Form von sechs Übungen vertieft werden. Auf dem Lehrplan standen die aristotelischen Logik und die Naturphilosophie des Aristotelis. Obligatorisch war zudem die Teilnahme an drei ordentlichen und drei außerordentlichen Disputationen. FJS

Voraussetzung für die Promotion zum *magister artium*

Vorlesungen

- in Logik
  - die *Topica* (4 Monate) des Aristoteles als vorletzter Teil des *Organons*,
- in Naturphilosophie von Aristoteles die Werke
  - *De caelo et mundo* (4 Monate),
  - *De generatione et corruptione* (2 Monate) und die
  - *Meteora* (4 Monate) sowie von dessen
  - kleineren naturphilosophische Schriften (*parva naturalia*) *De sensu et sensato*, *De memoria et reminiscentia* und *De sompno et vigilia* (3 Monate),
- in Moralphilosophie die
  - *Ethica Nicomachea* (8 Monate) von Aristoteles, die
  - *Politica* (6 Monate) als das wichtigste staatsphilosophische Werk des Aristoteles sowie die Aristoteles zugeschriebene, jedoch nicht von ihm verfasste
  - *Oeconomia* (1 Monat),
- in Mathematik die
  - *Musica* (1 Monat) und die
  - *Arithmetica* (1 Monat) des Johannes de Muris, die
  - *Elementa* (6 Monate) des Euclides, die
  - von Johannes Peckham zusammengestellte *Perspectiva communis* (3 Monate) und die
  - oft anonym tradierte, mutmaßlich von Johannes Campanus verfaßte *Theorica planetarum* (1½ Monate) sowie
- in Metaphysik die
  - *Metaphysica* (6 Monate) des Aristoteles.

Übungen und Redeakte

Vertiefend mussten Übungen zur Logik, zur Naturphilosophie und zur Moralphilosophie des Aristoteles besucht werden. Nachzuweisen war zuletzt die Teilnahme an 30 Disputationen, bei denen sich der angehende sich 15 Mal als Proponent beteiligt haben musste. FJS

Anspruch, den Studierenden mit Bildung, aber auch mit der Fähigkeit zum Bildungserwerb, mit Methoden des Denkens zu versehen. Klassisch umfasste der Studiengang der sieben freien Künste zwei Teile. Zunächst das *Trivium*, zu dem drei, auf die Kenntnis und Beherrschung der lateinischen Sprache und Literatur orientierte, Fächer gehörten: Grammatik, Rhetorik und Logik bzw. Dialektik. Die richtige Beherrschung der lateinischen Sprache, die kunstvolle Beherrschung dieser Sprache für alle Zwecke und die logisch richtige Verwendung von Sprache wurden gelehrt. Auch der Gebrauch der (Sprach-)Logik, um mittels Denken und Sprache zu wahren Erkenntnissen zu kommen, war ein großes Thema. In öffentlichen Disputationen konnte man die Universitätsgelehrten diskutieren hören und die Kunst der geistigen Auseinandersetzung erlernen. Anschließend, aber im ersten Teil schon beginnend, widmete man sich im *Quadrivium* vier naturwissenschaftlichen Fächern, der Arithmetik, der Geometrie, der Astronomie und der Musik, die auf Grund ihrer fast mathematischen Regeln als Naturwissenschaft betrachtet wurde. Luther, der die Musik liebte, lernte hier die Grundlagen der Musiktheorie und vermochte anschließend zu komponieren. Von ihm stammen Lieder, die der Reformation Schwung gaben und die bis heute gern gesungen werden.

Das Studium der *artes liberales* um 1500 in Erfurt war wie überall geprägt von christlicher Weltanschauung, obwohl antike Philosophie gelehrt wurde. Es war auch geprägt von verschiedenen wissenschaftlichen Lehrmeinungen, vor allem von zwei verschiedenen Denkweisen, zwei Betrachtungsweisen der Welt und der Dinge – einer älteren und einer jüngeren. Der Inhalt des heftigen wissenschaftlichen Streits, ob Begriffe Teil der Wirklichkeit sind oder nur Ergebnis geistiger Abstraktion sein können, mag uns heute seltsam erscheinen. Aber die Position, die man in dieser Auseinandersetzung bezog, wirkte sich wie eine Weltanschauung auf das gesamte Denken der Gelehrten aus. Für die geistige Haltung eines Studenten, je nachdem welche Hochschule er besuchte und welche Lehrmeinung er erfuhr, konnte das große Bedeutung haben. In Erfurt war man von der Richtigkeit der zweiten, der jüngeren, der freieren, der moderneren Denkmethode überzeugt, der sogenannten *via moderna*, und lehrte sie. Martin Luther nahm sie in sich auf.

In allerkürzester Frist, nach drei Semestern, stellte sich Martin Luther der ersten Prüfung, dem Baccalaureus-Examen nach dem *Trivium*, das er im September 1502 erfolgreich bestand.[3] Etwa ein Drittel

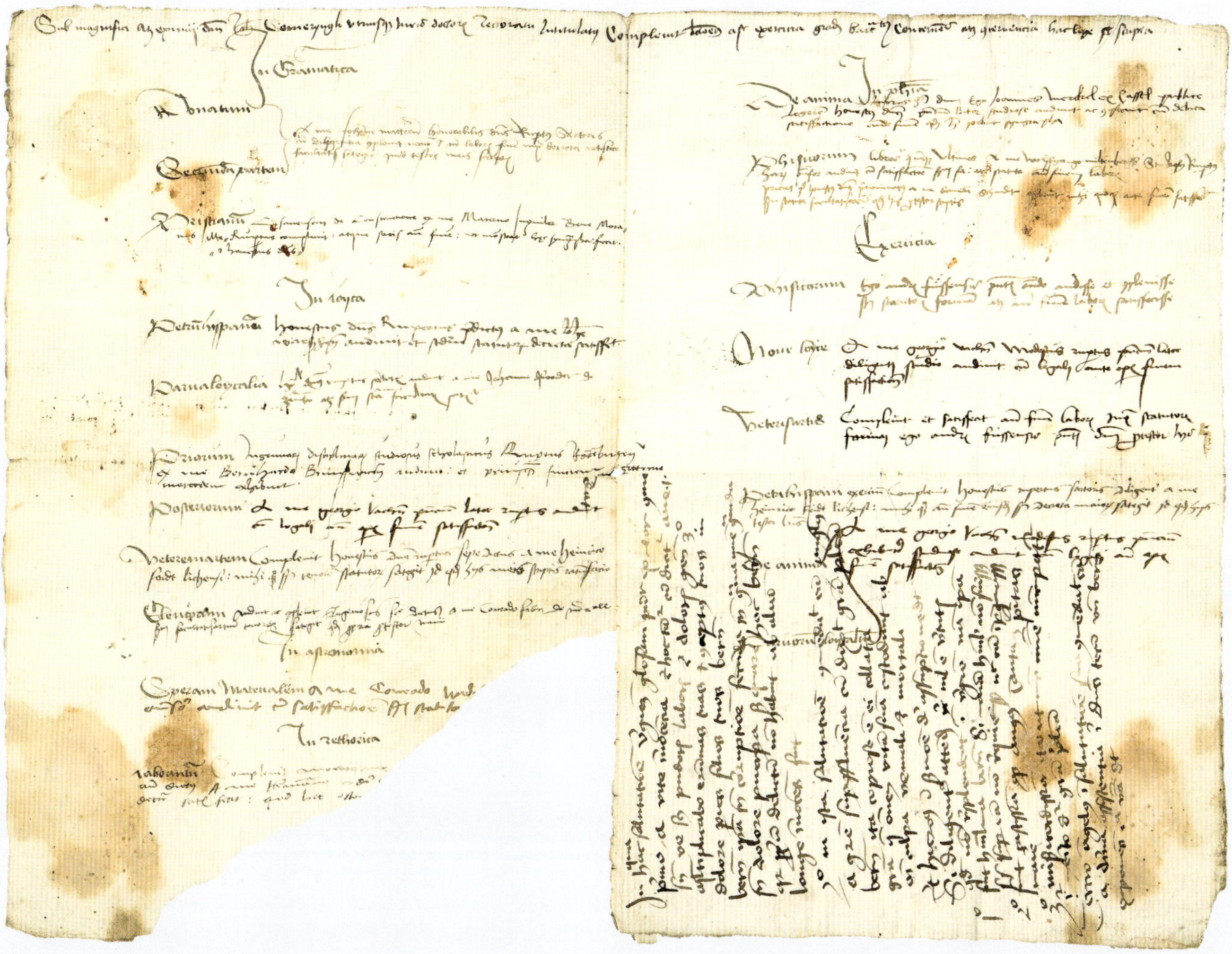

Abb. 19 Studienschein des Rupert Sartor für die Zulassung zum Bakkalariatsexamen (Kat.-Nr. II.3)

aller immatrikulierten Studenten erreichten dieses Ziel. Damit hatte Luther einen ersten akademischen Grad erworben, der ihm erlaubte, das Studium zum Magister fortzusetzen, und der ihn gleichzeitig in den Stand des universitären Lehrkörpers der Artistenfakultät erhob. Fortan gehörte zu seinen Pflichten nicht allein das eigene Lernen, sondern auch das universitäre Lehren.

Im Januar 1505 meldete sich Martin Luther für die unmittelbar bevorstehende Magister-Prüfung an der Artistenfakultät an. Es ist überliefert, dass er sie als zweitbester von 17 zu Prüfenden ablegte. Als Bestätigung dessen wurde sein Name als *magister Martinus Luder ex Mansfeldt* in der entsprechenden Matrikel der Artistenfakultät[4] vermerkt. Weniger als fünf Prozent aller immatrikulierten Studenten wurden in der Regel zum Magister promoviert.

Wenn Martin Luther im Sommersemester 1505, nunmehr 21 Jahre alt, auch zunächst dem Willen des Vaters entsprach und mit dem Jurastudium begann, so sollte sich dennoch sehr bald eine Veränderung ergeben. Am 17. Juli 1505 bat er an der Pforte des Augustinerklosters um Aufnahme. Auf den ersten Blick scheint es ein spontaner Entschluss, ein kurz zuvor abgelegtes Gelübde gewesen zu sein, was ihn dorthin führte. Hatte er doch, auch in der Nähe von Erfurt bei Stotternheim, am 2. Juli 1505 ein fürchterliches Gewitter erleben müssen, währenddessen er angstvolle Gebete zur Heiligen der Bergleute sprach: »Hilf, heilige Anna, ich will ein Mönch werden!«. Wahrscheinlicher ist jedoch, dass ihn die Überlegung, in den geistlichen Stand einzutreten, bereits länger umtrieb und durch dieses Erlebnis eine Entscheidung gefunden hatte.

Literatur

Kleineidam, Universitas 2. Springer, Luther als Student.

Anmerkungen

1 Intitulation Martin Luthers in die Studentenmatrikel der Artistenfakultät der Universität Erfurt: StadtA Erfurt, 1-1/X B XIII-46 Bd. 2 (1498 – 1600), Bi. 22v. ▪ **2** AUE 2, S. 218 – 221. ▪ **3** Bakkalarenreg., S. 273 Nr. 30. ▪ **4** Registrum baccalariorum et magistrorum de facultate arcium universitatis studii Erffordensis: StadtA Erfurt, 1-1/X B XIII-46 Bd. 6, Bl. 178.

MÖNCH UND THEOLOGIESTUDENT
MARTIN LUTHERS ERFURTER KLOSTERZEIT

Andreas Lindner

Unter den Gründen, die Martin Luther 1505 bewogen, sich bei seinem Klostereintritt für den Konvent der Erfurter Augustiner-Eremiten zu entscheiden, wird immer wieder die intellektuelle Attraktivität dieses Klosters mitbedacht.[1] Als theologische Studienstätte beherbergte es das Generalstudium der Thüringisch-Sächsischen Provinz der Augustiner-Eremiten. Inwieweit tatsächlich bereits ein Studieninteresse für Luther eine Rolle spielte, lässt sich heute nicht mehr entscheiden. Einerseits trieb ihn ein Erlebnis ins Kloster, das er vor allem mit dem Heil seiner Seele verknüpfte. Andererseits lagen zwischen dem Gewitter von Stotternheim mitsamt seiner darin ausgebrochenen Lebenskrise und dem Eintritt ins Kloster 15 Tage, in denen er vieles überdenken konnte, was damit in Zusammenhang stand, auch die Frage, welcher unter den Erfurter Konventen am geeignetsten für ihn sein könnte.

Unmittelbar nach dem Klostereintritt war ein Theologiestudium natürlich kein Thema für ihn. Er hatte sein einjähriges Noviziat zu absolvieren und sich danach durch die verschiedenen Weihestufen auf seinen priesterlichen Dienst vorzubereiten, der damals noch nicht mit dem Studium der Theologie verknüpft war. Dessen Antritt stand, wie alles im Leben eines Mönchs, nicht in seiner Verfügung. Wie der Orden ihn zum Priester bestimmt hatte, so bestimmte er ihn danach auch zum Studium der Theologie. Konkret bedurfte es dazu des Votums durch den Prior. In Luthers Fall war das 1507 wahrscheinlich derselbe Mann, vor dem er seine Profess abgelegt hatte, Winand von Diedenhofen; was aber nicht ganz sicher ist, da für den Zeitraum 1506 bis 1515 Quellen zum Amt des Priors im Erfurter Konvent fehlen. Die endgültige Fassung der Ordenskonstitutionen, verabschiedet vom Regensburger Generalkapitel 1290, hielt die Verantwortlichen in den Konventen an, die dafür geeigneten Brüder zum Studium zu bestimmen. Sie sollten Latein auf studierfähigem Niveau – d. h. man musste es sprechen und verstehen können – sowie die Aristotelische Logik beherrschen. Bei Luther stand diese Eignung außer Frage, da er als Magister der Freien Künste die erforderliche Grundqualifikation für ein Theologiestudium nicht mehr erwerben musste, sondern bereits mitbrachte.

Ziel des Studiums war es, dem Orden geeignete Prediger und Seelsorger zu gewinnen. Im Netz der Klöster, das sich mit dem rasanten Wachstum von 80 Konventen der Augustiner-Eremiten im 13. Jahrhundert über Deutschland gelegt hatte, gab es eine zweite Ebene von Häusern mit der herausgehobenen Funktion als Standorte von Partikularstudien und Generalstudien. Die Partikularstudien ersetzten das universitäre Studium der Freien Künste, schufen also die sprachliche, logische und rhetorische Grundvoraussetzung für die Aufnahme eines weiteren Studiums der Philosophie und dann der Theologie an einem Generalstudium. Die Mutter aller Studienstätten der Augustiner-Eremiten war seit 1274 in Verbindung mit der dortigen Universität ihr Pariser Konvent. Ihn musste zunächst das gesamte Gründungspersonal der weiteren Studienstätten durchlaufen haben. Seit 1285 besetzte der Orden in Person des Magisters Aegidius Romanus eine der theologischen Professuren an der Universität. Aegidius Romanus (um 1243 – 1316), 1292 Ordensgeneral und 1295 Erzbischof von Bourges, verkörperte, abgesehen natürlich von der grundlegenden Bedeutung des Ordenspatrons Augustinus, die Lehrautorität im Orden. In Paris studiert und gelehrt zu haben, hatte eine besondere Aura, und nach dem Vorbild von Paris entwickelten die Augustiner-Eremiten ihre Generalstudien. Eine besondere Brückenfunktion in den deutschen Sprachraum hinein hatten die rheinischen Konvente von Straßburg und Köln mit ihren Generalstudien; in der zweiten Hälfte des 15. Jahrhunderts spielten, jeweils befördert durch Universitätsgründungen, Heidelberg und Tübingen eine wesentliche Rolle. Jede Ordensprovinz sollte ein bis zwei dieser Ausbildungsstätten besitzen. In der Sächsisch-Thüringischen Provinz waren das Magdeburg und Erfurt, wobei Magdeburg an Bedeutung hinter Erfurt zurücktrat. Hier zeigte sich, dass die Kooperation mit einer vor Ort befindlichen Universität das erfolgreichere Modell war.

Luthers Studiengang möglichst konkret darzustellen, ist schwierig, denn er fand in Erfurt nur fragmentarisch statt. Bereits nach einem Jahr wurde er zum Wintersemester 1508 nach Wittenberg abgeordnet, einem Standort, an dem die Symbiose des Generalstudiums der Augustiner-Eremiten mit einer Universität 1502 gleich Bestandteil des Gründungskonzepts war. Nachdem er im Sommer 1509 zurückgekehrt war, nahm ihn zunehmend der innere Konflikt des Ordens zwischen reformorientierten Observanten und Konventualen in Beschlag, was schließlich zu seiner Romreise führte.

Die Welt, in die Luther mit seinem Studium nun eintrat, lässt sich jedoch beschreiben. Die Theologie des späten Mittelalters war in zwei große Lager gespalten – die Realisten und die Nominalisten. Das Problem, das sie nicht erfunden hatten, weil es aus der antiken Philosophie überkommen war, das sie aber zu dem zentralen Streit des Mittelalters werden ließen, wird »Universalienstreit« genannt. Unter Universalien verstand man Allgemeinbegriffe. Das können übergeordnete Sammelbegriffe wie Mensch, Farbe oder Blume sein, aber auch Thüringer, Blau oder Rose, denn die Thüringer lassen sich je nach Region, Blau nach

Abb. 20 Zeitgenössische Darstellung Martin Luthers als Mönch (Kat.-Nr. II.8)

AETHERNA IPSE SVAE MENTIS SIMVLACHRA LVTHERVS
EXPRIMIT· AT VVLTVS CERA LVCAE OCCIDVOS

Die Ausbildung der Theologen an den spätmittelalterlichen Hochschulen und den Ordensstudien der Augustin-Ereremiten

UNIVERSITÄT	ORDENSSTUDIEN
1. Grundlagenstudium	
Artististefakultät	**Partikularstudium des Ordens**
Grammatik, Rethorik, Logik, Naturphilosophie und Mathematik (2 Jahre)	Grammatik, Einführung in die Logik
baccalaureus artium	keine Graduierung
▼	▼
	Partikular- oder Generalstudium des Ordens
Logik, Mathematik, Moral- und Naturphilosophie sowie Metaphysik (2 Jahre)	Logik und Mathematik
magister artium	*cursor*
(Dauer: 4 Jahre)	(Dauer: 4 Jahre)
2. Studium der Theologie	
Theologische Fakultät	**Generalstudium des Ordens**
theologisches Grundlagenstudium (5 Jahre)	theologisches Grundlagenstudium
baccalaureus theologiae	keine Graduierug
▼	▼
kursorische Vorlesung über die Bibel (2 Jahre) als *biblicus*	Bibelstudium
▼	▼
kursorische Vorlesung über die Sentenzen des Petrus Lombardus (2 Jahre, verkürzt 1 Jahr) als *sententiarus*, nach Abschluss des zweiten Buches *baccalaureus theologiae formatus*	Studium der Sentenzen
▼	▼
theologisches Aufbaustudium (2 Jahre)	
licentiatus theologiae	keine Graduierung
feierliche Promotion (innerhalb von einem Jahr)	
doctor theologiae bzw. *magister*	*lector* (Lehrbefähigung)
(Dauer: 11 bzw. 12 Jahre)	(Dauer: mindestens 5 Jahre)

Die theologischen Graduierungen der im Erfurter Konvent am Generalstudiums studierenden Ordensangehörigen wurden meist an der Erfurter Universität abgelegt. AL/FJS

seiner Art und Rosen nach ihrer Sorte weiter ausdifferenzieren. Während die Realisten davon ausgingen, dass diesen Allgemeinbegriffen eine reale Existenz außerhalb des Denkens zukam, auch wenn man sie deshalb nicht anfassen konnte, waren die Nominalisten davon überzeugt, dass diese Begriffe schlicht eine Übereinkunft des menschlichen Denkens darstellten, um die einzig reale Welt der Einzelphänomene zu durchdringen und zu ordnen. Da zunächst vom Frühen Mittelalter her der Realismus an den Universitäten dominiert hatte und der Nominalismus erst mit dem theologischen Wirken des Franziskaners Wilhelm von Ockham (um 1285 – um 1349) zum Durchbruch in die Fläche des akademischen Lehrbetriebs ansetzte, sprach man beim Realismus auch vom »Alten Weg« *(via antiqua)* und beim Nominalismus vom »Neuen Weg« *(via moderna)*.

Das Ganze war nicht etwa eine Diskussion zwischen weltfremden Gelehrten, sondern hatte sehr konkrete Auswirkungen auf das Verständnis der Gesellschaft und die Deutung der Welt. Was bedeutete es, wenn die Nominalisten Recht hatten, für das christliche Verständnis Gottes als in einer trinitarischen Weise existierend? War diese real oder nur ein denkerisches Hilfskonstrukt, um Gottes Wirken zu erfassen? Oder was bedeutete es konkret für die seelsorgerliche Praxis, wenn Menschen nicht mehr damit getröstet werden konnten, dass Gott seine Gnade als eine reale Substanz in sie eingießen konnte? Umgekehrt war es in nominalistischer Weise einfacher, sich in der Eucharistie die Wandlung der Elemente von Brot und Wein in Leib und Blut Christi zu erklären, als es der Realismus tun konnte. Innerhalb beider Positionen gab es wiederum verschieden stark abgestufte Varianten des, modern gesprochen, Zusammenspiels von Realität und Virtualität unserer Weltwahrnehmung. Die Universität Erfurt gehörte um 1500 ebenso zum nominalistischen Lager, zum »Neuen Weg«, wie auch der Orden der Augustiner-Eremiten.

Wie schon beim Studium der Freien Künste hatte Luther wieder ein klares Studienschema zu durchlaufen, nämlich das seines Generalstudiums, das eine Parallelstruktur zum Studium am der Theologischen Fakultät der Universität darstellte. Obwohl beide Systeme parallel strukturiert sind, verlaufen sie zeitlich nicht synchron. Der reine Studiengang des Mönchs ist kürzer. Das hing damit zusammen, dass jeder akademische Grad gleichzeitig eine Stufe wissenschaftlicher Qualifikation wie auch moralischer Bewährung darstellte. Da die Mönche im Stande permanent beaufsichtigter besonderer Bewährung lebten, konnten sie das Studium in kürzerer Zeit absolvieren. Die Verzahnung beider Modelle bestand in der Personalunion der Lehrenden. Die Professoren an den Generalstudien lehrten zugleich Theologie an der Fakultät, vorausgesetzt, sie hatten ihren theologischen Doktorgrad auch an einer Fakultät und nicht nur ordensintern als Lektor erworben. So hatte der Regens, der leitende Lehrer des Erfurter Generalstudiums und damit auch Luthers, Johann Nathin (um 1448 – 1529), 1493 den theologischen Doktorgrad an der Erfurter Fakultät erlangt, und auch Luther promovierte 1512 an der Theologischen Fakultät in Wittenberg zum Doktor der Theologie. An einem Generalstudium gab es mindestens zwei Lektoren: den *lector principalis* oder *magister regens* und damit Leiter des Studiums, zuständig für die biblisch-theologischen Vorlesungen, und ihm nachgeordnet den *lector secundarius*, zuständig für die philosophischen und die Sentenzenvorlesungen.

Man darf sich dieses Studium allerdings nicht im Rahmen irgendeiner zur Studierstubengemütlichkeit mutierten Mönchszelle vorstellen. Es war im Gegenteil härter als das der Weltkleriker. Denn zum einen teilten die Ordensangehörigen mit diesen den verschränkten Anspruch von Studium und Lehre. Während sie selbst noch studierten, mussten sie als *baccalaureus biblicus* ihre nachfolgenden Kommilitonen schon grundlegend in dic biblischen Texte einführen und als *sententiarius* und dann *formatus* den Sentenzenkommentar des Petrus Lombardus (um 1095 – 1160), das große vierteilige Grundlagenlehrbuch der mittelalterlichen Theologie, im Wortsinn vorlesen und kommentieren. Hinzu kamen theologische Disputationen, die besucht werden mussten. Diese waren das praktische Feld der Einübung des dialektischen Denkens von These, Gegenthese und den daraus abzuleitenden Schlussfolgerungen, das methodisch das gesamte Studium durchzog. Andererseits galt es, das siebenmalige tägliche Stundengebet zu beachten, das den Lebensrhythmus im Kloster bestimmte und von dem die studierenden Mönche nur teilweise befreit waren. Das betraf besonders das erste und das letzte Gebet des Tages, Matutin (3 Uhr) und Komplet (21 Uhr), sowie das Mittagsgebet, die Sext (12 Uhr). Dabei wurde erwartet, dass die Brüder die Gebetszeiten nicht völlig ausfallen ließen, sondern sie in verkürzter Form da absolvierten, wo sie gerade waren. D. h., sie waren nur von der Anwesenheitspflicht im Chor entbunden. Im Bemühen, seine Lehrverpflichtungen und seine geistlichen Pflichten unter einen Hut zu bringen, kam Luther an seine Grenzen. 1516 schreibt er aus Wittenberg an Johannes Lang angesichts all seiner Verpflichtungen: »Selten habe ich die Zeit, meine Horen (Stundengebete) ordentlich zu feiern, neben den mir eignen Anfechtungen mit Fleisch, Welt und Teufel«,[2] und selbstironisch resümiert er: »Sieh, was für ein müßiger Mensch ich bin.«[3] Diese Grundkonstellation bestand schon in seiner Erfurter Studienzeit und hat zu einer legendarischen Überhöhung im Luther-Gemäldezyklus des Erfurter Rathauses geführt, wo sie zu einer Selbstgeißelung umgedeutet und eben ins Augustinerkloster verlegt wird.

Der Inhalt des Studiums kann, was Luther persönlich betrifft, im Großen ziemlich genau, im Detail aber nur sehr unbestimmt angegeben werden. Den großen Rahmen bildeten vier Blöcke: die Schriften des Aristoteles, vor allem zur Logik und zur Metaphysik (Philosophie), die Bibel, die Schriften Augustins und der Sentenzenkommentar des Petrus Lombardus.

Luther studierte das Wintersemester 1507/08 und das Sommersemester 1508 im Erfurter Generalstudium. Zum Wintersemester 1508/09 wurde er von seinem Ordensprovinzial Johann Johann von Staupitz (um 1465 – 1524) nach Wittenberg versetzt, um hier in der Artistischen Fakultät Philosophie und Ethik zu lehren, wozu er als Magister Artium qualifiziert war. Zugleich setzte er sein in Erfurt begonnenes einführendes Studium der Bibel fort und erwarb im März 1509 den Grad des *baccalaureus biblicus*. Damit kam auch die Verpflichtung, einführende Kurse in Theologie zu halten, auf ihn zu. Ebenso plötzlich wie er von Erfurt nach Wittenberg versetzt worden war, wurde er im Herbst 1509 nach Erfurt zurückversetzt. Das brachte nicht mehr ausräumbare Probleme für seinen weiteren Studiengang mit sich. Noch in Wittenberg hatte er sich für den Grad des *baccalaureus sententiarius* qualifiziert und damit nun Vorlesungen über die ersten beiden Bücher des Sentenzenkommentars des Petrus Lombardus zu halten. Der Einstieg in diese jeweils nächsthöhere Verpflichtung erfolgte eigentlich über eine feierliche Antrittsvorlesung, die er aber schon nicht mehr in Wittenberg halten konnte. Er setzte dann sein verschränktes Studium ab dem Wintersemester 1509/10 am Erfurter Generalstudium fort. Aufgrund handschriftlicher Randbemerkungen Luthers in auf uns gekommenen Exemplaren lässt sich zumindest teilweise sagen, was er lehrte und welche Werke er studierte. Die Sentenzenvorlesung musste er jetzt in Erfurt halten. Die »Vier Bücher Sententiae« gliedern sich in die Themen Gotteslehre, Schöpfung einschließlich des Menschen und seiner Sünde, Christologie und Sakramente, indem sie dazu vor allem Zitate aus den Kirchenvätern zusammenstellen. Da man das Werk nicht einfach zum Studium kaufen konnte, wurde es tatsächlich von den Lehrenden wörtlich vorgelesen und im Sinne der Theologie der eigenen Ordenstradition für die Studenten kommentiert. Seine Kenntnis war wiederum nötig, um die Bibel im Sinne der kirchlichen Lehre verstehen und auslegen zu können. Dazu kam die Literatur der ordensinternen sowie der dem Nominalismus zuneigenden Tradition, die wiederum dem Verständnis der Bibel sowie der Auslegung Augustins wie des Lombarden diente. Für den Orden ist hier als zweiter großer Lehrer neben dem schon erwähnten wissenschaftlichen Gründervater Aegidius Romanus noch Gregor von Rimini (1300 – 1358), seit 1357 Ordensgeneral, mit seinem Sentenzenkommentar zu erwähnen. Die wichtigsten positiv rezipierten Autoritäten außerhalb des Ordens waren der französische Konzilstheologe und Bischof Peter von Ailly (1350 – 1420) und der Tübinger Theologieprofessor Gabriel Biel (1415 – 1495) mit ihren Sentenzenkommentaren von 1490 bzw. 1495.[4] Diese wiederum bezogen sich stark auf zwei Leitfiguren der Theologie vom Anfang des 14. Jahrhunderts zurück, auf die Franziskaner Johannes Duns Scotus (1266 – 1308) und Wilhelm von

Ockham (um 1285 – um 1349), den wesentlichen Vordenker des Nominalismus. Natürlich studierte Luther auch den Theologen des Mittelalters schlechthin, den Dominikaner Thomas von Aquin (1225 – 1274). Mit Randbemerkungen Luthers aus seiner Studienzeit sind auch drei Schriften des Ordenspatrons Augustin auf uns gekommen, die »Kleinen Werke« *(Opuscula)*, »Über die Bürgerschaft Gottes« *(De civitate Dei)*, eine epochale Weltdeutung angesichts des untergehenden Imperium Romanum aus christlicher Sicht, und »Über die Trinität« *(De Trinitate)*.

Angesichts mancher großer Autoritäten aus den Reihen der Dominikaner und Franziskaner, war es umso wichtiger, in der theologischen Tradition des eigenen Ordens zu Hause zu sein. Diese war und ist in der Erfurter Augustinerkirche gleichsam mit Händen zu greifen. Ein ganzes Fenster lässt das Leben und Wirken des Kirchenvaters Augustinus lebendig werden, den Jordan von Sachsen als »unseren Lehrer« *(praeceptor noster)* bezeichnet.[5] Heinrich von Friemar der Jüngere (um 1284 – 1354) schaut immer noch in ernster Konzentration von seinem Grabstein unweit des Altars an der nördlichen Chorwand. Er hatte 1321 seinen Magister in Paris erworben, einen Sentenzenkommentar verfasst, war spätestenes seit 1339 als Lector Principalis in Magdeburg und von 1342 bis 1350 in demselben Amt bei den Augustiner-Eremiten im St. Thomas-Kloster zu Prag tätig gewesen, bevor er seine vier letzten Lebensjahre im Erfurter Konvent verbrachte und hier lehrte. Den Jüngeren nannte man ihn, um ihn von Heinrich Friemar dem Älteren (um 1245 – 1340) zu unterscheiden, der mit dem Dreifachen einer durchschnittlichen Lebensspanne im Mittelalter der Gründervater des Erfurter Generalstudiums im Jahre 1318 war. Auch er hatte ab 1299 in Paris studiert und als *beatus*, als Seliger, ein dauerhaftes Gedächtnis in seinem Konvent. Zu den Zeitgenossen seines langen Wirkens gehörte noch Jordan von Sachsen (um 1300 – um 1380). Von 1317 bis 1322 hatte er in Bologna und Paris studiert und kam von da bis 1331 als Lektor an das Erfurter Generalstudium. Er verfasste mit seinem »Buch vom Leben der Brüder« *(Liber Vitasfratrum)* 1357 eine Art Kommentar zu den Ordenskonstitutionen von 1290. Sie waren das maßgebliche Handbuch für die Lebenspraxis der Brüder. Der erste Teil schildert den Charakter des Mönchtums und die Entstehung des Augustiner-Ordens, die anderen drei beschäftigen sich mit dem Wesen augustinischen Mönchslebens, seinen Anforderungen und Umständen und der Spiritualität, in die sie eingebettet sind.

Die Bestattung in der Nähe des Altars bedeutete, gemeinsam mit den lebenden Brüdern im Chor dem täglich hier in der morgendlichen Konventsmesse vollzogenen eucharistischen Opfer und damit der Gegenwart Gottes nahe zu sein. In diesem Sinne am privilegiertesten und mit der interessantesten Geschichte versehen ist der Grabstein des Johannes Zachariae († 1428), zentral und unmittelbar vor dem Podest der Altarmensa gelegen. Wahrscheinlich im Zuge der Universitätsgründung von Oxford nach Erfurt gekommen, wirkte er ab 1392 als Lector Secundarius am Generalstudium des Klosters. Als solcher hatte er Vorlesungen über den Sentenzenkommentar des Lombarden, Philosophie und Logik zu halten. 1394 bis 1399 ging er zum Studium der Theologie und des Kanonischen Rechts nach Bologna und kehrte im Sommer 1400 als Professor der Theologie nach Erfurt zurück. Zugleich wurde er Magister Regens am Generalstudium des Klosters. Am Konstanzer Konzil nahm er als Vertreter des Ordens teil, ist hier sicher aber erst nach der Verbrennung von Jan Hus ab Herbst 1415 bezeugt. Von 1419 bis 1427 war er Provinzial der sächsisch-thüringischen Augustinerprovinz, die damals noch das gesamte Deutschland nördlich des Mains von Friesland bis Preußen umfasste. In der Überlieferung des Ordens verband sich seine Biographie vor allem mit dem Schicksal des tschechischen Reformators Hus. Er galt als der Überwinder des böhmischen Ketzers,[6] als *Hussomastix*, der dafür mit einer päpstlichen Auszeichnung, der goldenen Rose, geehrt worden sei. Im Kerker habe er Hus in der Disputation über die Bibelstelle »Ich selbst bin der Herr über die Hirten« (Ez 34,10) überwunden. Allerdings hatte diese Stelle einen fälschlichen, weiterführenden Zusatz: »nicht das Volk«. Zachariae habe ihn Hus in dessen eigener Handbibel aus seiner Herberge präsentiert, während Hus diesen Wortlaut im Original bestritt. Die Forschung nimmt jedoch heute an, dass hinsichtlich der Überführung von Hus als Ketzer eine Verwechslung Zachariaes mit dem dafür von Ulrich Richental in seiner großen Konzilschronik benannten Pariser Theologen Johannes d'Acheri vorliegt.[7] Das war aber nicht Luthers Kenntnisstand, der selbst die Geschichte um die strittige Bibelstelle kannte und diese später in seiner Schrift »Von den neuen Eckischen Bullen und Lügen« vom September 1520 referierte.[8] Es ist nicht auszuschließen, dass der Novize Martin Luder 1506 exakt auf Zachariaes Grabstein lag, als er im Chor der Kirche seine Profess ablegte. Nicht mehr vorhanden ist das Grab Johannes Bauers von Dorsten (um 1420 – 1481).[9] Nach seiner Promotion zum Magister Artium trat er 1458 in den Erfurter Konvent ein. 1465 Doktor der Theologie, wurde er 1471 Professor an der Universität.

Die Erfurter Augustiner-Eremiten konnten aus einer großen und vollen Lehrtradition an ihrem Generalstudium schöpfen.[10] Diese vergegenwärtigte sich in jedem Stundengebet und wurde in die Hörsäle mitgenommen. Dort verkörperte sich ihre Gegenwart für Luther in dem bereits erwähnten Regens Johann Nathin. Wie schon Dorsten fehlte ihm allerdings der Horizont eines Studiums jenseits des Rheins oder der Alpen. Und wie dieser trat er nach seinem Magister Artium 1472 in den Erfurter Konvent ein. Nach zwischenzeitlichen Wechseln an die Universitäten Tübingen und Heidelberg promovierte er 1493 in Erfurt zum Doktor der Theologie. Nathin lehrte zugleich an der Universität und am Generalstudium.

Je nachdem, ob man mit der traditionellen Sichtweise Luthers Romreise für Oktober 1510 bis Februar 1511 oder nach der neuen These des Marburger Kirchenhistorikers Hans Schneider für Oktober 1511 bis Februar 1512 ansetzt,[11] wäre Luther noch zwei Semester oder vier Semester zugleich Student und Lehrender in Erfurt gewesen. Je nach Frequenz hätte er die Vorlesung über die Sentenzen des Lombardus auf jeden Fall schaffen können – bei täglicher Lesung in einem Jahr, bei drei

Abb. 21 Titelblatt der Sententia des Petrus Lombardus mit Zusätzen von Johannes Nathin (Kat.-Nr. II.9)

[illegible] Ad usum pr[illegible]

1

Comment[us] text[us]

Textus Sententiarum

Magister in hoc suo labore mentem audientium et legentium gratiarum actiones non comprehensiones licet in aliquibus locis declinaverit ab opinionibus modernorum et magis probabilius posuerit. Precipue in sedecim locis. Nam in primo libro tria sunt. Primum quod charitas que est amor dei et proximi non est quid creatum sed increatum dis. 17. Secundo quod hec nomina trinus et trinitas non dicunt positionem sed privationem dis. 24. Tertium quod deus sit semper scire cuncta que aliquando scivit dis. XL et ult. — S. Bonaventura in 4° sent. ... dicto pr[illegible]

2° In secundo libro sunt tria dicta. Primum est quod in angelis beatis precessit meritum deinde substantialis premii dis. 5 et 11. Secundum quod in merito substantialis premii proficiunt angeli usque ad iudicium dis. 11. Tertium quod nihil ibi transeat in veritatem humane nature nec per generationem nec per nutrimentum dis. 30.

3 In tertio libro duo dicit quod anima exuta a corpore est persona dis. 5. Secundo quod Christus fuit homo in triduo mortis dis. 22.

In quarto autem libro dicit octo. Primum quod sacramenta legalia non iustificabant quamvis in fide et charitate fierent dis. 1 et sequenti. Secundum quod baptizati baptismo Iohannis ponentes spem in illo et habentes fidem trinitatis non erant baptizandi baptismo Christi dis. 2 et ibi considerandum. Tertium quod deus potuit dare homini potestatem baptizandi interius et etiam creandi dis. 5 et ult. Quartum quod heretici ab ecclesia precisi vel excommunicati non habent potestatem consecrandi dis. 13. Item quod nec episcopi simoniaci vel degradati habent potestatem ordinandi dis. 25. Quintum quod studii sciendi pro ut nominat habitum sit clavis dis. 19 in primo. Sextum quod sponsus alicuius sponse per verba de presenti quam ille cognovit ex illa copula bigamus iudicatur et ad sacros ordines procedere prohibetur dis. 27 et ult. Septimum quod cognoscens sororem uxoris legittime non potest postea uxori debitum reddere dis. 34 et de hiis. Octavum quod ille qui vivente uxore legittima contraxit cum alia et vult ab ea recedere si cogatur cum ea cohabitare per sententiam excusatur per obedientiam et timorem dis. 38.) ex quarto libro.

wöchentlichen Sitzungen entsprechend in zwei Jahren. Die ersten drei der vier Teile des Sentenzenbuchs sind mit Luthers Anmerkungen erhalten. Danach endete seine Erfurter Zeit.

Die Wirkungen seines Theologiestudiums dürften kaum zu überschätzen sein und hatten zwei Seiten. Zunächst beförderte der Nominalismus ockhamistischer Prägung die Differenzierung von Glauben und Denken, die in der klassischen scholastischen Arbeitsweise eine harmonische Einheit bildeten, in der der Glaube die erkennende Vernunft nur ergänzte. Gott wurde nun unter Betonung seiner Allmacht dem Zugriff menschlichen Denkens entzogen. Luther lehnte die dieser Harmonie dienende philosophische Kommentierung theologischer Aussagen – dafür stand vor allem die Verwendung der Schriften des Aristoteles – seit dem September 1517 öffentlich ab. Damals veröffentlichte er seine Thesen gegen die scholastische Theologie und schockierte damit seine ehemaligen philosophischen und theologischen Lehrer in Erfurt, allen voran Johann Nathin. Glaubensaussagen bekamen ein theologisch-argumentatives Eigenrecht, das sich in Luthers Anschauung von der Hl. Schrift, die sich selbst interpretiere, niederschlug. Ein exegetischer Purismus, der an Ockhams Forderung erinnert, etwas jeweils mit dem geringsten Aufwand an Argumenten zu erklären. »Nichts darf man ohne eigene Begründung annehmen, es sei denn es sei evident oder aufgrund von Erfahrung gewusst oder durch die Autorität der Heiligen Schrift gesichert.«[12]

Luther realisierte, dass die Vernunft nicht in der Lage war, Gott zu durchdringen. Dieser war nur aus der Hl. Schrift zu erkennen. Er hat das in seinen Tischreden in vielfältigen Bezügen ausgedrückt, so wenn er äußert: *Doctor Staupitz, der Augustiner Vicarius in Germanien, pflegte recht und wol zu sagen: Es wäre mißlich und fährlich, daß wir uns auf unsere eigenen Kräfte verließen, wenn wir gleich zumal heilig und die aller gelehrtesten wären, und die Sachen auf das Beste und Gewissest verstünden. Denn es kann wol kommen, daß wir auch in dem, so wir aufs aller Beste wissen und verstehen, gleichwol feilen* (fehlen) *und irren konnen nicht allein zu unserm eigen, sondern auch zu ander Leute großem, merklichen Schaden. Darum ist uns wol noth, daß wir in der h. Schrift und Gottes Wort mit höhestem Fleiß und aller Demuth studiren und daß wir auch mit ganzem Ernst beten, daß wir ja die Wahrheit des Evangelii nicht verlieren.*[13] Oder ganz radikal: *Als Doctor Luther von einem gefraget ward vom Wort des Glaubens, daß es wider die Vernunft und allgemeine Erfahrung wäre und die Kirche in der Welt am meisten vom Teufel geplagt und angefochten würde, so doch der Herr Christus spricht (Joh 16,33): »Seid getrost, ich habe die Welt uberwunden;« ist doch bei der Kirchen nichts anderes denn Traurigkeit, Creuz und Verfolgung. Darauf antwortete der Doctor und sprach: »Wisset ihr nicht, daß Alles in der heil. Schrift nach der Vernunft erlogen ist? Aber wir sollen gläuben, daß Gott wolle seine Macht und Kraft in Schwachheit beweisen und seine Weisheit auch in der höhesten Thorheit sehen lassen; aber selig ist der, so es gläubet!*[14]

Das konnte im lebensweltlich Konkreten prägnante Folgen haben. Im Kontext seiner visitatorischen Tätigkeit zum Aufbau einer Landeskirche in Kursachsen erzählt Johann Mathesius (1504–1565), einer seiner Freunde, Tischgenossen und frühen Biographen: *Doctor Luth. ließ sich auch selber / neben vil andern grossen leuten vom Adel vnd Gelerten / zu solchem heilsamen vnd Bischoflichen werk gebrauchen / vnd verhöret die armen beurlein im beten / vnd befragt sie im Catechismo fein seuberlich vnd mit gedult / vn(d) vnterrichtet sie / des ich von jm eine liebliche Historien gehöret / Denn da ein armes Sechsisch Beurlein / auff sein Sprach / den Kinderglauben sol auffsagen / vnd spricht: Ich glöve in Gat allmechteigen / fraget Doctor / was allmechteigen heisse / der gut Mann antwortet: Ick wes es nicht. / Ja, mein Mann / spricht Doctor / Ich vnd alle Gelerten wissens auch nicht / was Gottes krafft vnd allmachtigkeit ist / Glaub aber du in einfalt / das Gott dein lieber vnd trewer Vater ist / der will / kan vnd weis als der klügste Herr / dir / deim Weib vnd Kindern in allen nöten zu helffen.*[15]

Nicht nur in der Gotteserkenntnis, sondern auch in der Welterkenntnis ließ sich diese Grenze ziehen. Luther erfuhr schon knapp vier Jahre vor der Veröffentlichung aus erster Hand von Kopernikus‹ heliozentrischer These. Der Wittenberger Professor für Mathematik und Astronomie Georg Joachim Rethicus (1514–1574) verbrachte die Jahre von 1539 bis 1541 als Praktikant bei Kopernikus in Frauenburg und hielt die Wittenberger brieflich auf dem Laufenden. Luther kommentierte den vermeintlichen Aufgang eines neuen Bildes von der Welt am 4. Juni 1539 bei Tisch folgendermaßen: »Es kam zu einer Rede über einen gewissen neuen Astrologen, der behauptet, dass die Erde sich bewegt und nicht der Himmel, die Sonne und der Mond. Und wenn jemand in einer Kutsche oder einem Schiff bewegt würde, glaubt er, dass er ruht und dass die Erde und die Bäume bewegt werden. Aber es geht in diesen Zeiten so: Wer jetzt klug sein will, dem soll nichts genehm sein, was andere achten, er muss sich etwas Eigenes machen, wie jener tut, der die ganze Astrologie umdrehen will. Trotz jener Verwirrung glaube ich dennoch der Hl. Schrift, denn Josua hat befohlen, dass die Sonne stehen bleibt, nicht die Erde.«[16] Damit spielt Luther auf eine Geschichte aus dem biblischen Buch Josua an. Das aus Ägypten geflohene Volk Israel erobert unter der Führung Josuas das verheißene Land Kanaan. Dabei kommt es zu einer Schlacht mit dem Stamm der Amoriter. Josua lässt die Sonne und den Mond als Zeichen des Beistands Gottes im Kampf still stehen (Jos 10,12 f.). Luther, der sich zwischen zwei konträren Aussagen entscheiden muss, wählt den Glauben an die biblische Geschichte, weil ihm die These des Kopernikus allenfalls das Denken zu verwirren scheint.

Auf der anderen Seite beförderte die auf den Anschauungen Augustins basierende biblische Theologie im Orden für Luther grundsätzlich die Möglichkeit, diesen allmächtigen Gott, wenn man ihn nicht mit Duns Scotus und Ockham als einen undurchschaubaren und zu aller Willkür fähigen Gott denken wollte, als einen liebenden und barmherzigen Gott vorzustellen. Hier ist besonders an den Einfluss seines Mentors Johann von Staupitz und an den Umstand zu denken, dass das Theologiestudium im Rahmen seines Ordens sich nicht im Besuch von Vorlesungen erschöpfte, sondern in ein ganzheitliches Konzept eingliederte, wie es Jordan von Sachsen in seinem *Liber Vitasfratrum* beschrieb. Der Frankfurter Kirchenhistoriker Markus Wriedt hat dieses Konzept des Theologie- und Selbstverständnisses der Augustiner-Eremiten zutreffend als »affektiv«, als Gott im Gefühl, in der Emotion zugewandt, beschrieben. Dafür kann er sich auf den Vater ihrer Generalstudien beziehen, auf Aegidius Romanus: »,Die Theologie ist weder spekulativ noch praktisch, muss man vor allem sagen, sondern affektiv.‹ [...] Wenn der fromme Augustinermönch seine Zelle verlässt und das Katheder besteigt, bringt er seine affectiones mit sich [...].«[17] Im Falle des frommen Erfurter Ordensbruders und Theologiestudenten Martin Luder wurde daraus nicht weniger als eine epochale Zäsur der Kirchengeschichte.

Literatur

Brecht, Luther 1. Heinzmann, Philosophie. Kleineidam, Universitas 1 u. 2. Köstlin, Luther 1. Kunzelmann, Augustiner-Eremiten 1 u. 5. Leppin, Luther. Lohse, Luther. Schilling, Luther. Schneider, Luthers Reise. Stegmüller, Repertorium 1. Wriedt, Via Augustini. Zumkeller, Zachariae. Zumkeller, Studium generale.

Anmerkungen

1 Auch wenn die neuere Lutherforschung (Brecht, Luther 1; Leppin, Luther) keinen derart direkten Zusammenhang mehr vermutet wie die wissenschaftliche Lutherforschung in ihren Anfängen (Köstlin, Luther 1, S. 60; aber auch noch Lohse, Luther, S. 35) verweist jetzt wieder Heinz Schilling pointiert auf die Anschlussfähigkeit dieses Konvents an die damals moderne intellektuelle Strömung des Humanismus hin. Vgl. Schilling, Luther, S. 84 f. ▪ **2** WA Br 1, Nr. 28 S. 72 Z. 11 – 13: Raro mihi integrum tempus est horas persolvendi et celebrandi praeter proprias tentationes cum carne, mundo et Diabolo. ▪ **3** Ebd. Z. 13: Vide, quam sim otiosus homo. ▪ **4** Ab etwa 1480 setzte eine große Welle der Drucklegung von Sentenzenkommentaren und anderen theologischen Lehrbüchern ein, die bis dahin immer nur handschriftlich vervielfältigt zur Verfügung standen. Das erklärt den buchstäblichen Vorlesungscharakter mittelalterlicher Lehrveranstaltungen und die immense Bedeutung von Bibliotheken. Der Erfurter Konvent besaß vom Beginn seines Generalstudiums an eine eigene Bibliothek. Man war der Überzeugung, es gäbe keinen besseren und kostbareren Schatz als die aus dem sorgsamen Studium und der Mühe guter Brüder hervorgegangenen Bücher. Nichts war damit zu vergleichen. Ausdruck dieser Einstellung war die Errichtung eines eigenen Gebäudes für die Klosterbibliothek 1502 bis 1516. Im Gegensatz zu Ailly gehört Biel zu der Generation, deren Werke gleich in die Druckerpresse gehen konnten. ▪ **5** Jordan, Liber Vitasfratrum, S. 178 Z. 369 ▪ **6** Schiphower, Chronicon, S. 121 – 192. ▪ **7** Richental, Konzil, Bl. 56 v. ▪ **8** WA 6, S. 590 f.: Ich habe horen sagen von Andres Prolesz, unserm Vicario, [...], Das er zur zeyt in unserm einen Closter an der wand D. Johan. Zacharie, mit einer rosen auff den parret gemalet, angesehen und gesagt hab ›O we, ich wolt nit gern die roszen mit den ehren tragen‹, ist er darauff von einem tappern seiner gefragt, was das bedeut, hat er also gesagt: Da Johann Husz zu Costnitz hat offentlich disputirt, ist yhm von Johanne Zacharie der spruch Ezech. XXXiiiJ. ›Visitabo ego ipse pastores, et non populus meus‹, furgehalten, hat Johan. Husz vorneynt, es stund nit drynnen ›Et non populus meus‹, hat Johann Zacharie sich auff Husz eygen bibel beruffen, wilch er zuvor in Johann Husz herberg heymlich besehen het, und yhn doch nit warnet: da die ist kummen, ists alszo drynnen funden, und ob wol Johann Husz rieff, sie were falsch, andere bibel hetten nit alszo, den er het eine angefehr mit sich genommen, musts doch nit helffen, und alszo durch ein falsche bibel vordampt werden. Da wart dem Zacharie die roszen zu ehren geben, als einem ubirwinder des ketzersz Johannis Husz. Die besagte goldene Rose ist ebenfalls auf dem Grabstein an Zachariaes Magisterbarret zu erkennen. In einer Tischrede aus den dreißiger Jahren lokalisiert Luther die Episode um Proles im Augustinerkloster Gotha und nennt Staupitz als seinen Tradenten; vgl. WA Tr 5, Nr. 6420. Ebenso äußerte sich Luther 1537 im Nachwort zu Johann Agricolas deutscher Übersetzung von Luthers lateinischer Ausgabe der Briefe: Etliche Briefe Johannis Huß aus dem Gefängnis zu Konstanz an die Böhmen geschrieben. Hier wird deutlich, dass die Geschichte um Zachariae, Hus und die goldene Rose eine breite Tradition im Orden hatte. Vgl. WA 50, S. 36 f. ▪ **9** Kleineidam, Universitas 2, S. 277. ▪ **10** Die vorstehend gegebene Aufzählung ist dabei keineswegs vollständig. Vgl. Zumkeller, Studium generale. ▪ **11** Vgl. Schneider, Luthers Reise. ▪ **12** Heinzmann, Philosophie, S. 249. ▪ **13** WA Tr 6, Nr. 6537. ▪ **14** WA Tr 3, Nr. 2843b. ▪ **15** Mathesius, Historien, Bl. LXr – v. ▪ **16** WA Tr 4, Nr. 4638: De novo quodam astrologo fiebat mentio, qui probaret terram moveri et non coelum, solem et lunam, ac si quis in curru aut navi moveretur, putaret se quiescere et terram et arbores moveri. Aber es gehet jtzunder also: Wer do will klug sein, der sol ihme nichts lassen gefallen, das andere achten; er mus ihme etwas eigen machen, sicut ille facit, qui totam astrologiam invertere vult. Etiam illa confusa tamen ego credo sacrae scripturae, nam Iosua iussit solem stare, non terram. (Jos 10,12). ▪ **17** Wriedt, Via Augustini, S. 31. Das Aegidius Zitat: Theologia nec speculativa nec practica proprie dici debet: sed affectiva.

KATALOG

II.1

Ein prachtvolles Hoheitszeichen der alma mater Erfordensis

Zepter eines Zepterpaares des Rektors
Böhmen (Prager Parlerschule?) und/oder Thüringen?, vor 1447 (mit barocken Ergänzungen von 1694)

Silberblech, teilweise vergoldet. Länge: 108 cm ▪ Griffpartie oben und unten mit reich geschmückten barocken Ellipsoiden. Schaft mit barocken Wulstringen, einer Denkmedaille anlässlich des 300-jährigen Bestehens im Jahr 1692, gravierten Inschriften, die die Erneuerungen aus den Jahren 1694 und 1767 mitteilen sowie die Übereignung der Zepter an die Berliner Universität 1818. Als Bekrönung ein spätgotisches, zweigeschossiges Kapellchen mit Maßwerk ▪ Humboldt-Universität zu Berlin, ohne Inv. Nr.

Das Universitätszepter ist die Arbeit eines unbekannten Goldschmiedemeisters. Der Erfurter Professor Just Christoph Motschmann erklärte 1729, dass das Zepterpaar in der Werkstatt von Peter Parler und seinen Söhnen für die Prager Universität angefertigt worden sei und mit dem Auszug der deutschen Professoren und Studenten im Jahr 1409 nach Erfurt gelangte. Einen archivalischen Nachweis blieb er schuldig. Unverkennbar ist allerdings, dass die spätgotischen Verzierungen Parallelen zur Parlerischen Dombauhütte aufweisen. Die älteste Erwähnung datiert von 1447. In den Statuten von diesem Jahr ist festgelegt, dass der Rektor neben anderen Kleinodien *baculos*, Stäbe bzw. Zepter, zu verwahren hatte. Außer den Inschriften auf den Zeptern sind mehrere Rechnungen für Reparaturen und Verschönerungen überliefert. So wurden im Jahr 1520 neun Schneeberger Groschen und 1552 zwei Gulden ausgegeben. Im Jahr 1567 muss eine umfangreiche Erneuerung erfolgt sein, da Kosten in Höhe von 63 Talern und 21 Groschen anfielen. Die Belege sind nicht zuletzt ein Hinweis, dass Zepter als Hoheitszeichen und Ausdruck universitären Selbstverständnisses zu den unentbehrlichen Gegenständen an der Universität gehörten und entsprechend dem Zeitgeschmack auch künstlerisch überarbeitet wurden. Für ihren Gebrauch gab es genaue Vorschriften. Sie fanden ihren Einsatz bei feierlichen Prozessionen, bei der Rektoratsübergabe oder bei der Verleihung von akademischen Graden. So mussten beispielsweise Promovierte bei der Promotionsfeier die Zepter bei der Eidesleistung berühren. Nach der Schließung der Erfurter Universität wurde das Zepterpaar auf Weisung von König Friedrich Wilhelms III. von Preußen für 140 Reichstaler an die 1810 gegründete Friedrich-Wilhelm Universität Berlin, die heutige Humboldt-Universität, verkauft. GNR

Benl, Wissenschaftszentrum, S. 42–44. Motschmann, Erfordia Literata, S. 475. Patz, Sceptrum, S. 43 f.

II.2

Von nun an Angehöriger der Universität

Band 2 der Erfurter Hochschulmatrikel
Erfurt, 1498–1600 ▸ Abb. 17

Handschrift ▪ 334 Blatt. Pergament. 29,5 × 21,5 cm ▪ Erfurter Schweinsledereinband des 16. Jahrhunderts (1579) mit Blindpressung ▪ StadtA Erfurt, 1–1 / X B XIII-46.2.

Mit der Einschreibung in die Matrikel wurde offiziell die Aufnahme in die Universität vollzogen. Der Eingeschriebene gehörte damit dem Hochschulverband an, der eine rechtlich eigenständige und unabhängige Körperschaft darstellte. Aufnahme in die Matrikel fanden nicht nur Studierende und Lehrende. Wer Angehöriger der Hochschule werden konnte und wie die Immatrikulation zu erfolgen hatte, schrieben die Hochschulstatuten vor. Vor der Einschreibung in die Matrikel musste der sich Immatrikulierende dem Rektor den geforderten Eid geleistet und die Immatrikulationsgebühren entrichtet haben. Dabei war es nicht ungewöhnlich, dass nur ein Teil der Gebühr bezahlt wurde. Fällig wurde der ausstehende Teil jedoch, wollte der Immatrikulierte eine Graduierung erwerben. Die Führung der Matrikel war Aufgabe des amtierenden Rektors. Die während des laufenden Semesters geführten vorläufigen Listen wurden am Ende des Semesters in die Matrikel übertragen. Eine einheitliche Form konnte sich in Erfurt nicht durchsetzen. Im Sommersemester 1501, als Martin Luther immatrikuliert wurde, sind die Einträge im Anschluss an die hochstehende Personen entsprechend der Höhe der von ihnen entrichteten Gebühren angeordnet. Zu denen, die die Immatrikulationsgebühren in voller Höhe bezahlten, gehörte Martin Luther. Bemerkenswert ist die Ausstattung der Matrikel mit künstlerisch hochstehenden Miniaturen, Schmuckinitialen und reichem Rankenwerk Erfurter Illuminatoren, die im letzten Drittel des 15. Jahrhunderts üblich wurde. Ein herausragendes Beispiel ist das Semester, in dem Luther sein Studium begann. Rektor war der zur Führungsspitze der Erfurter Artistenfakultät gehörende Theologe Jodocus Trutfetter aus Eisenach. FJS

Benl, Erfurt zur Zeit Luthers, S. 78 f. AUE 1, S. 12–14.

II.1

II.3

Unabdingbar für die Zulassung zum Examen

Das Studienbuch des Erfurter Studenten Rupert Sartoris
Erfurt, 1497 – 1499 ► Abb. 19

Belegschein ▪ 1 Blatt. Papier. 22 × 32 cm ▪ BA Erfurt, ohne Signatur.

Wie die Studierenden im 21. Jahrhundert, so mussten auch die Studenten im Spätmittelalter Studienbücher führen. Das schrieben die Statuten der Hochschulen bzw. ihrer Fakultäten zwingend vor. Sie dienten als Nachweis, dass sie die zur Erlangung der einzelnen akademischen Graduierungen vorgeschriebenen Lehrveranstaltungen besucht und sie pünktlich die dafür fälligen Gebühren entrichtet hatten. Bei der Anmeldung zur Prüfung waren die Studienbücher vorzulegen. Meist in Form einfacher Zettel angelegt, haben sich nur sehr wenige Zeugnisse dieser Art erhalten. Mit der erfolgreichen Zulassung zum Examen hatten sie ihren Zweck erfüllt und gingen verloren. Meist ist ihre Überlieferung dem Zufall geschuldet. So verhält es sich auch im vorliegenden Fall. Im Anschluss an die Zulassung wurde das Studienbuch noch einmal als Schmierzettel verwendet, der dann in einem Buch verblieb. Ursprünglich gehörte es dem 1499 verstorbenen Juristen Konrad Stein aus Jena. Nach dessen Tod ging der Band in den Besitz der Büchersammlung am Erfurter Marienstift über. Erhalten hat sich das Studienbuch nur fragmentarisch. Doch lässt sich ermitteln, wer es führte. Es war der aus Hessen, Thüringen, Niedersachsen oder Bayern stammende Geistliche Rupert Sartoris, der im Anschluss an sein Studium an der Erfurter Artistenfakultät Theologie studierte und in Erfurt im Wintersemester 1507/08 das theologische Bakkalariat ablegte. Im Wintersemester 1501/02 hatte er zuvor den Grad eines Magisters erworben. Voraussetzung dafür war, dass er vorher erfolgreich das Bakkalariatsexamen bestanden hatte. Das war im Wintersemester 1499/1500 erfolgt. Um für das Examen zugelassen zu werden, musste Sartoris den Besuch der für die Graduierung obligatorischen Lehrveranstaltungen nachweisen. Das war in Form des vorliegenden Zettels erfolgt. Verzeichnet sind hier alle Vorlesungen, Übungen und Redeakte, die er, beginnend mit seiner Immatrikulation im Sommersemester 1497, bis zu seiner Anmeldung im Wintersemester 1499 absolviert hatte. Dazu gehörten Lehrveranstaltungen in Grammatik, Logik, Rhetorik sowie Mathematik und Naturphilosophie. Bemerkenswert ist, dass im Studienbuch des Sartoris die Dozenten selbst mit eigener Hand den Besuch der Vorlesungen und Übungen

Decanatus primus M. Materni
Pistoris de Ingwiler.
Ex. 101

Honoratissimum Magisterii nomen
commeriti sunt, eruditi et honesti viri
decem et septem numero. Censura
prima et centesima Magistro Materno
Pistorio de Ingwiler Argentine diocesis:
Artium decano: sacris imbuto litteris:
primique maximi gymnasii Collegio: Et
aliis philosophie [illegible] censoribus consen
tientibus: Thiaram vero Thelesphorianis
diebus [illegible]:
erat: intervallum Anno a natali christiano
millesimo quingentesimo quinto:
Jacobo de Liebenstein Archiepiscopo Maguntino
et principe Electore pridem designato
Mgr Lodowicus Londergut de Ram
M Martinus Luder ex Mansfeldt
M Ludowicus Christiani ex Franckefurt
M Joannes Reiber de Bockenheim
M Joannes Ducznisem de Hunten
M Nicolaus [illegible] Erphurdiae
M Jacobus Ryssel de Norinberga
M Georgius [illegible]
M Henricus [illegible]
[illegible] de sancto Egidio
[illegible] Religiosus [illegible]

M Martinus Henckel de Gottinge
M Georgius Somer herbipolensis
M Bruno Welcker de Ysenaco
M Mathias sartoris de Cappell
M Joannes Hoch de Mainsheim
M Martinus Uphelm de Deckendorff
Hieronimus Buntz de Wimpheim
non promotus: quia sub censura
pleureticus factus non multo post
nature concessit: doctus et pius. 17

Ex. 103
Decanatus domini [illegible] anno
millesimoquingentesimo
sexto dum dira [illegible]
clades que [illegible]
atrociter afflixit [illegible]
[illegible]
[illegible]
[illegible]
diti ac honesti viri
[illegible]
[illegible]
[illegible]
[illegible]
[illegible]
ad [illegible]
[illegible]
magisterii [illegible]
[illegible]
venerabilis viri dni
Johannis [illegible] de

testierten. In dieser Form ist das bislang einzigartig. Bei einer Reihe der Lehrer des Sartoris wird später auch Martin Luther Lehrveranstaltungen besucht haben. Hierzu gehört u. a. der zum Umfeld der Erfurter Humanisten zu rechnende, sich später jedoch von diesen distanzierende Theologe Maternus Pistoris aus Ingweiler. Als dieser im Wintersemester 1504/05 das Dekanat der Artistenfakultät bekleidete, bestand Luther erfolgreich sein Magisterexamen. FJS

Lorenz, Libri. Stewing, Belegzettel. Stewing, Scheinejagd, S. 53–66.

II.4

Nach bestandener Prüfung werden die Bakkalare und Magister in die Promotionslisten der Fakultät aufgenommen

Dekanatsbuch der Erfurter Artistenfakultät
Erfurt, 1449/50–1815

Handschrift ▪ 246 Blatt. Pergament. 30,5 × 21,5 cm ▪ Erfurter Schweinsledereinband aus der zweiten Hälfte des 16. Jahrhunderts mit Blindpressung ▪ Inhalt: 1. Bl. 3 r–8 v *Calendarium facultatis artium*. 2. Bl. 9 r–157 v *Registrum baccalariorum de facultate*. 3. Bl. 158 r–214 v *Registrum magistrorum de facultate artium*. 4. 215 v–216 r *Iuramenta*. 5. Bl. 216 v–238 v *Statuta facultatis artium de anno 1449*. 6. Bl. 239 r–244 r *Statuta facultatis artium de anno 1676*. ▪ StadtA Erfurt, 1–1/X B XIII-46.6.

Zu den Amtsaufgaben der amtierenden Dekane der Erfurter Artistenfakultät gehörte es, die angehenden bzw. frisch promovierten Bakkalare und Magister in eine Matrikel einzutragen. Bei den Magistern erfolgte das nach ihrer feierlichen Promotion, bei den Bakkalaren nach erfolgter Zulassung zum Examen oder im Anschluss an die bestandene Prüfung. Eingang fanden sie in der Reihenfolge der Examina in zwei getrennt geführten Verzeichnissen. Neben den hier promovierten stehen auch die nicht in Erfurt graduierten, hier rezipierten Bakkalare und Magister, die entsprechend dem Termin ihrer Promotion den einzelnen Examina zugeordnet wurden. Überliefert sind die beiden Register im Dekanatsbuch der Fakultät. Neben den Fakultätsstatuten von 1449 und von 1676 ist hier das spätmittelalterliche Kalendar der Fakultät enthalten. Über die Festtage der Fakultät hinaus sind ihm Angaben zum Lehrbetrieb und den Ferienzeiten zu entnehmen. Das Verzeichnis der Bakkalare setzt mit den im Sommersemester 1393 vorgenommenen Graduierungen 1392/92 ein, das der Magister hingegen erst mit dem Wintersemester 1397/98. Bis zu den Examina der frühen fünfziger Jahre des 15. Jahrhunderts sind die beiden Verzeichnisse nur abschriftlich erhalten. Das überlieferte Dekanatsbuch wurde erst um 1449/50 unmittelbar im Anschluss an die Revision der Fakultätsstatuten von 1449 angelegt, die bis dahin geführten Register nach heute verlorenen Vorlagen hierhin übertragen. Bis zur Auflösung der Hochschule war das Dekanatsbuch ohne Unterbrechung in Benutzung. So findet sich hier auch Martin Luthers Name. Er taucht gleich zwei Mal auf. Als Bakkalar steht er bei den im Herbst 1501 Graduierten, als Magister bei den im Wintersemester 1504/05 Promovierten. Parallel zur Hochschulmatrikel wurden auch die Verzeichnisse der Graduierten seit Ende des 15. Jahrhunderts mit Miniaturen, Schmuckinitialen sowie Rankenleisten aufwendig ausgestattet. Das war nicht nur dem Zeitgeist geschuldet. Es unterstreicht mit Nachdruck die Bedeutung, die dem Dekanatsbuch beigemessen wurde. FJS

Benl, Zeit Luthers, S. 79 f. Bakkalarenregister, S. XI–XIII.

II.5

Notwendig für die Prüfungsvorbereitungen

Artistische Sammelhandschrift
Erfurt, um 1430/50 ▸ Abb. 18

Handschrift ▪ 238 Blatt. Papier. 210 × 160 mm ▪ Zeitgenössischer Rindsledereinband mit sparsamer Blindpressung ▪ Inhalt: 1. Bl. 1 ra–84 v Heinrich Runen, *Expositio super logicam veterem Aristotelis*, 2. Bl. 87 ra–175 vb Heinrich Runen, *Expositio super logicam novam Aristotelis*. 3. Bl. 176ra–238vb Heinrich Runen, *Expositio super libros physicorum Aristotelis* ▪ BA Erfurt, Hs philol 3.

Die kleine und unscheinbare Sammelhandschrift entstand in den dreißiger und vierziger Jahren des 15. Jahrhunderts in Erfurt. Hier zirkulierte sie über Jahrzehnte an der Artistenfakultät. Wer die Handschrift zuerst besaß, ist unbekannt. Später erwarb den Kodex ein Johannes Erlebach für 22 neue Groschen. Als Studenten der Erfurter Universität ließen sich mit diesen Namen in den sechziger und siebziger Jahren des 15. Jahrhunderts drei Personen in die Hochschulmatrikel eintragen. Zusammengefasst sind in der Handschrift drei im Rahmen des Lehrbetriebes an der Erfurter Artistenfakultät entstandene Kommentierungen. Behandelt werden Teile der aristotelischen Logik sowie am Ende mit der *Physica* eines der naturphilosophischen Grundlagenwerke des Aristoteles. Gegenstand des ersten Kommentars ist die *Logica vetus*, zu der neben der als Einführung vorangestellten *Isagoge* des Porphyrius die um die scholastischen Postprädikamente erweiterten *Categoria* und *De interpretatione* gehören. Die *Logica nova* erläutert der zweite Kommentar. Sie setzt sich aus der *Analytica priore*, der *Analytica posteriorea* und *De sophisticis elenchis* zusammen. Verfasst wurden die drei Kommentare von Heinrich Runen. Der in Rostock ausgebildete und 1473 verstorbene Artist und Theologe lehrte seit Anfang der dreißiger Jahre des 15. Jahrhunderts in Erfurt. Hier gehörte er zu den einflussreichsten Vertretern der für Erfurt schulbildenden Richtung eines gemäßigten Nominalismus. Die von Runen erläuterten Werke des Aristoteles waren obligatorisch, sollte das Bakkalarium abgelegt werden. Daran hatte sich nichts geändert, als Martin Luther im Frühjahr 1501 sein Studium begann. Vergleichbare Sammelhandschriften wie die mit Runens Kommentierungen waren trotz jüngerer, zwischenzeitlich auch gedruckt vorliegender Lehrbücher zu Luthers Studienzeit noch vielfach in Gebrauch. Nicht selten wurden sie von Generation zu Generation weitergegeben. FJS

Kleineidam, Universitas 1, S. 418 Nr. 168a. des Solan, Réforme, S. 175–178. Markowski, Heinrich von Runen, S. 99 f. Markowski, Strömungen, S. 47 f. Stewing, Belegzettel, S. 82–86.

◂ II.4

Compendiū
totius logice breuissimis
figurulis expositū in schola Erphor-
diana p Bartholomeū de vsingen li
beralium studiorū interpretem ↄcin
natum. Nouellis scolastic̄ꝭ p funda-
mento dialectice captando editum.
atqꝫ formis calcographicis studiose
effigiatū denuoqꝫ reuisum ꝛ emēdatū

Ad Lectorem.
Plura sub exiguo logices documenta li-
Tpe qsqs aues edidicisse breui. (bello
Hoc lege q̊d mira breuitatꝫ laude reful-
Cōmenta exiguū pluria vicit op⁹ (gēs

Impresse in vrbe Erphordiana per
Mattheum maler. Anno. M. D. xvi

II.6

II.6

Unverzichtbar für das Studium der Logik an der Erfurter Artistenfakultät

Bartholomaeus Arnoldi aus Usingen:
Compendium totius logicae
Erfurt, Matthes Maler, 1516 (VD 16 A 3734)

Druck ▪ Teil eines Sammelbandes ▪ Signatur:
UB Erfurt, Dep. Erf. 13 – Ei. 8° 283d (2).

Seit Ende der neunziger Jahre des 15. Jahrhunderts erschien gedruckt eine Reihe von Lehrbüchern für den Lehrbetrieb an der Erfurter Artistenfakultät. Ihr Verfasser war neben Jodocus Trutfetter aus Eisenach der aus Usingen stammende Bartholomaeus Arnoldi. Im Unterschied zu Trutfetters weit ausgreifenden Abhandlungen beschränkten sich Arnoldis stark didaktisch überformte, bis hin zu ihrer drucktechnischen Umsetzung unmittelbar auf den Lehrbetrieb abgestellte Handbücher auf das Wesentliche. Ergänzend dazu erschienen noch Übungsbücher, die jedoch den in den Lehrbüchern gebotenen Stoff nicht vollständig abdecken. Gegenstand der Kompendien waren die zum Lehrpensum der angehenden Bakkalare gehörenden Lehrveranstaltungen in Grammatik, in Logik sowie in Naturphilosophie und Metaphysik. Gegenstand des *Compendium totius logicae* sind die Grundlagen der Logik bzw. Dialektik. Abgehandelt wird der umfangreiche Stoff in sieben aufeinander aufbauenden Abhandlungen. Die vorliegende, 1516 in Erfurt gedruckte Ausgabe bietet letztmalig die zweite, zuerst 1500 in Leipzig veröffentliche, wiederholt neu aufgelegte Fassung des Lehrbuches. Eine überarbeitete und erweiterte Ausgabe erschien 1517. Neben Trutfetter gehörte Arnoldi als Verfechter der für Erfurt charakteristischen Form eines gemäßigten Nominalismus seit den neunziger Jahren des 15. Jahrhundert zu den intellektuellen Köpfen der Erfurter Artistenfakultät. Der Erfurter Hochschule gehörte Arnoldi seit 1484 an. Im Sommersemester 1486 wurde er zum Bakkalar, im Wintersemester 1490/91 dann zum Magister promoviert. Aufnahme in den Fakultätsrat der Artistenfakultät, dem er bis zu seinem Eintritt in das Erfurter Augustin-Ereremitenkloster im Jahr 1512 angehörte, fand er im Wintersemester 1499/1500. Auf Arnoldis Rolle als Theologe und Wortführer der die Reformation ablehnenden Teil der Erfurter Geistlichkeit wird unten zurückzukommen sein. Während seines Studiums an der Erfurter Artistenfakultät zog Luther fraglos nicht nur Arnoldis Handbücher zu Rate. Zusammen mit seinen Kommilitonen hörte er Arnoldis Lehrveranstaltungen. TB/FJS

Kleineidam, Universitas 2, S. 298 – 301 Nr. 110. Lalla, Via Moderna, S. 273 – 391. Eckermann/Kipf, Arnoldi.

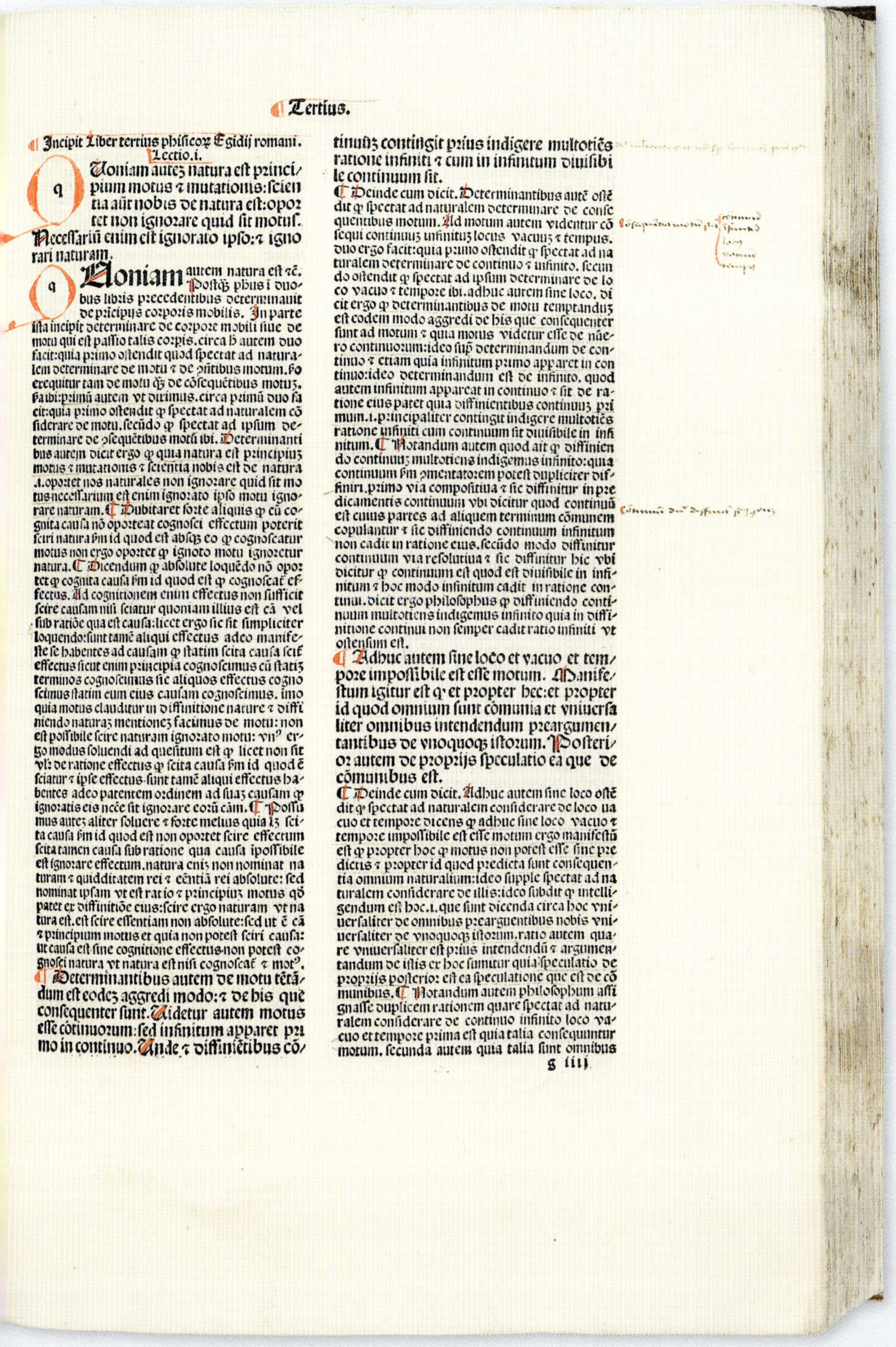

II.7

II.7

Distanzierte Aneignung der aristotelischen Philosophie

Aegidius Romanus: Commentaria in octo libros Physicorum Aristotelis
Padua, Hieronymus de Durantibus, 15. Oktober 1493 (GW 7197)

Druck ▪ Erfurter Rindsledereinband über Holz mit Blindpressung aus der Werkstatt des Buchbinders Nikolaus von Havelberg (EBDB w000072) ▪ Aus der älteren Büchersammlung der Erfurter Augustiner-Eremiten ▪ UB Erfurt, Dep. Erf. I. 4° 00428.

Zu den Büchern, die Martin Luther im Erfurter Augustiner-Eremitenkloster benutzt haben konnte, ist auch ein Exemplar der 1493 in Padua erschienen Ausgabe der von dem Augustiner-Eremiten Aegidius Romanus ausgearbeiteten Kommentierung der Physik des Aristoteles zu zählen. Das acht Bücher umfassende Werk des Aristoteles gehörte zum Lehrkanon der mittelalterlichen Artistenfakultät. Der aus Italien stammende Aegidius Romanus war Ordensgeneral der Augustiner-Eremiten und Erzbischof von Bourges. Er studierte an der Pariser Universität und gehörte hier zwischen 1269 und 1272 zum Schülerkreis des Thomas von Aquins. Für die Geschichte der Aristoteles-Rezeption im 13. Jahrhunderts spielt sein Kommentar zur Physik eine nicht unbedeutende Rolle. Der Kommentar entstand zwischen 1273 und 1275 in Paris. Für seine Betrachtungen benutze Aegidius den Kommentar des Thomas von Aquins, wobei er Thomas nicht immer folgt, sondern er sich auch nominalistischen Positionen annäherte. Der Kommentar entstand vor der Pariser Lehrverurteilung von 1277, die, ausgehend vom Standpunkt der zeitgenössischen Theologie, mit Nachdruck die Unzulänglichkeit des aristotelischen Erkenntnismodelles herausstellte. TB

Jeck, Aristoteles, S. 296 – 302, 314 – 323. Leppin, Folgen. Speer, Sapientia nostra.

II.8
Rebellischer Mönch

Luther als Mönch
Nach Lucas Cranach dem Älteren, Ende 16./ Anfang 17. Jahrhundert ▸ Abb. 20

Kupferstich ▪ Papier. 28,5 × 19,5 cm ▪ Erfurt, Stadtmuseum, Inv. Nr. 5650.

Martin Luther, der umstrittenste Theologe seiner Zeit, war gleichzeitig der am meisten porträtierte Mensch. Die große Zahl der Darstellungen, die zu seinen Lebzeiten in der Wittenberger Werkstatt des Lukas Cranach des Älteren und seines Sohnes entstanden, machten ihn berühmt und gaben der Reformationsbewegung ein Gesicht. Dabei schuf Cranach verschiedene Porträttypen, die seriell gefertigt und vermarktet wurden, Luther als Mönch, mit Doktorhut, als Junker Jörg, Doppelporträts, gealtert als Theologieprofessor, zuletzt das Totenbildnis. Die älteste Kupferstichdarstellung von 1520 hat allerdings nach Papieranalysen keine größere zeitgenössische Verbreitung gefunden, sondern erst Jahrzehnte nach Luthers Tod. Sie zeigt ein Brustbild Luthers im Halbprofil nach links, mit Tonsur und Augustinerkutte. Das markante, von mönchischer Askese gezeichnete Gesicht mit stark hervortretenden Wangenknochen, kleinen tiefliegenden Augen und fest zusammengepresstem Mund lässt Luther als eigenwilligen, selbstbewussten Augustinermönch sehr authentisch erscheinen. Die Physiognomie des hageren Kopfes drückt nichts Vermittelndes aus. Es ist der rebellische, kämpferische Mönch, von dem zeitgleich 1520 die großen Streitschriften *An den christlichen Adel deutscher Nation* und *Von der babylonischen Gefangenschaft der Kirche* erschienen. Vermutlich auf Betreiben des sächsischen Kurfürsten Friedrichs des Weisen schuf Cranach eine zweite Darstellung mit dem Mönch Luther. Bei diesem Bildnis steht er als Halbfigur mit aufgeschlagenem Buch vor einer halbrunden Nische. Seine Gesichtszüge sind weicher, der durchdringende Blick abgemildert. Diese veränderte Variante präsentiert einen Luther, der eine gerechte heilige Sache vertritt. GNR

Köpfe, der Lutherzeit, S. 110 f. Holsing, Gottesmann, S. 17 f.

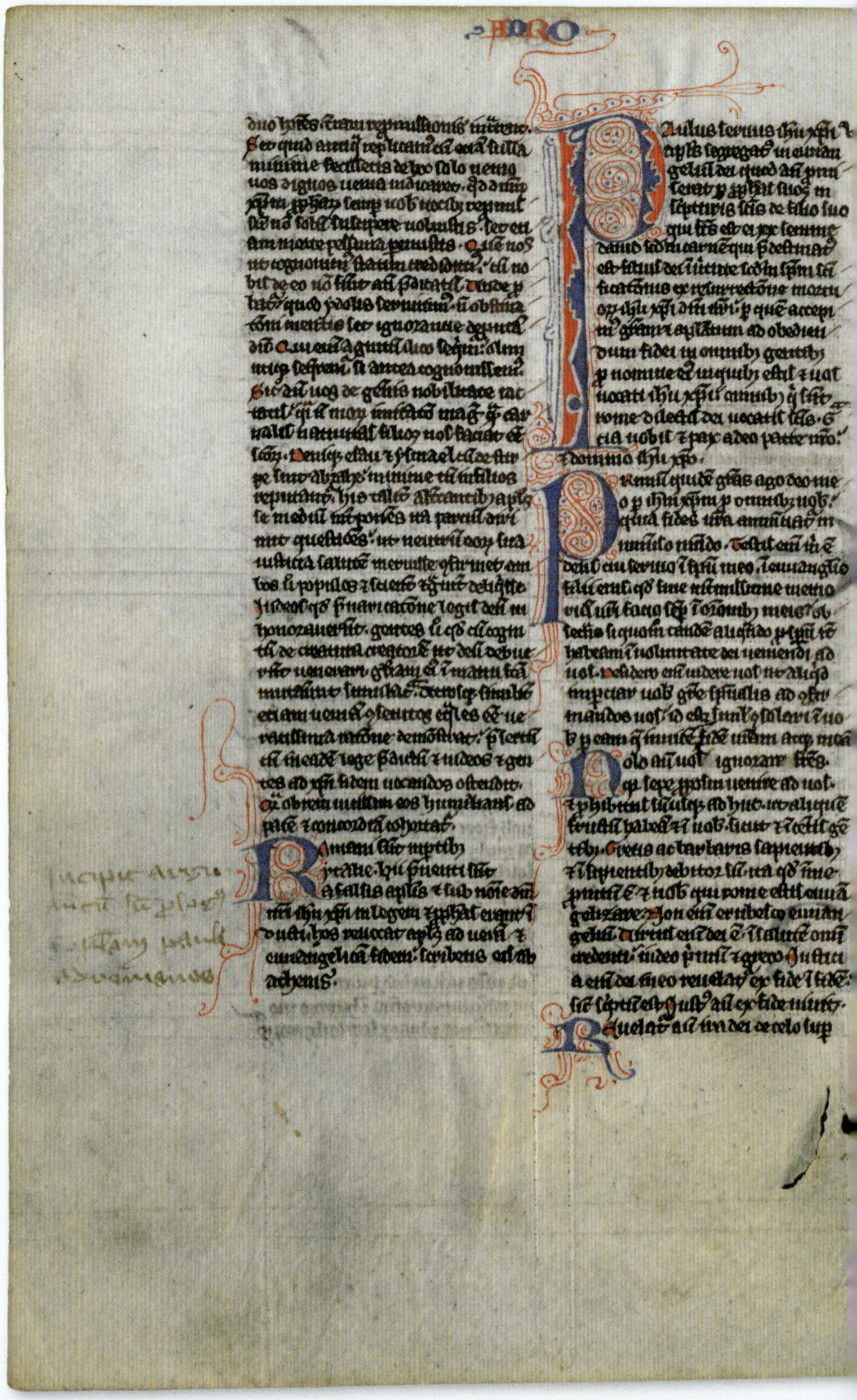

II.10

II.9

Die Sentenzen des Petrus Lombardus als Handexemplar von Johannes Nathin

Petrus Lombardus, Sententia
Basel, Nikolaus Kessler, 28.. Februar 1486
(ISTC ip00484000) ► Abb. 21

Druck ▪ Erfurter Rindsledereinband über Holz mit Blindpressung aus der Werkstatt des Benediktinerklosters St. Peter und Paul (EBDB w002367) ▪ Von Johannes Nathin erworben. Aus der älteren Büchersammlung der Erfurter Augustiner-Eremiten ▪ UB Erfurt, Dep. Erf. I. 4° 00071.

Jeder Student der Theologie hatte zunächst die Bibel und dann die *Sententia* des Petrus Lombardus, das Grundlagenwerk der scholastischen Dogmatik, zu hören und im Anschluss an sein Bakkalariat darüber kursorisch zu lesen. Hier bildete Martin Luther keine Ausnahme. Zu seinen Lehrern gehörte der Augustiner-Eremit Johannes Nathin aus Neuenkirchen. Nachdem Nathin im Wintersemester 1471/72 in Erfurt den Grad eines Magisters erlangt hatte, trat er hier in den Augustiner-Eremitenorden ein. Ende 1483 wechselte er nach Tübingen und begann dort ein Theologiestudium. Vom Sommer 1488 an studierte er in Heidelberg. Nach Erfurt kehrte Nathin 1489 zurück, um die Leitung des Ordensstudiums zu übernehmen. Parallel dazu setzte er sein Theologiestudium fort. Im Sommer 1493 wurde Nathin zum Lizentiaten und im Oktober 1493 zum Doktor der Theologie promoviert. Seit den neunziger Jahren des 15. Jahrhunderts gehörte Nathin, der 1529 verstarb, als Lehrstuhlinhaber zur Führungsspitze der Theologischen Fakultät der Erfurter Hochschule. Werke von Nathin sind nicht bekannt. Einblicke in seine Tübinger Studien- und/oder Erfurter Lehrtätigkeit gestattet jedoch eine Basler Inkunabel. Es ist ein Exemplar der Ende Februar 1486 von Nikolaus Kessler vollendeten Ausgabe der Sentenzen des Lombardus. Zwei z. T. ausgestrichene Einzeichnungen lassen den Schluss zu, dass Nathin der Band zunächst gehörte, dieser ihm dann nach seiner Rückkehr nach Erfurt zur Benutzung überlassen wurde. Daraus lässt sich ableiten, dass die Inkunabel längere Zeit im Gebrauch Nathins gewesen sein muss, die zahlreiche Randglossen zu den beiden ersten Büchern der *Sententia* des Lombardus mit großer Wahrscheinlichkeit auf Nathin selbst zurückgehen. Ende Januar 1486 begann Nathin in Tübingen mit seiner Vorlesung über die Sentenzen. Wohl zu diesem Zweck erwarb er den Band. Die ihm zuzuweisenden Anmerkungen werden wohl unmittelbar im Anschluss entstanden sein. TB/FJS

Burger, Tradition, S. 10. Kleineidam, Universitas, 2, S. 289 f. Nr. 96. Pilvousek, Askese, S. 48. Zumkeller, Johannes Nathin.

II.10

Die sogenannte Husbibel, eine Legende der Erfurter Augustin-Ereremiten

Bibelhandschrift
Frankreich, 13. Jahrhundert

Handschrift ▪ Pergament. 520 Blatt. 16,5 × 11,5 cm ▪ Moderner Ledereinband ▪ SB-PK Berlin, Ms. lat. oct. 305.

Die kleinformatige Bibelhandschrift entstand im 13. Jahrhundert. Seit der zweiten Hälfte des 15. Jahrhunderts war sie Teil der universitären Büchersammlung in Erfurt, die Aufstellung im Großen Kolleg gefunden hatte. Ein um 1496/97 angelegter Katalog der Sammlung verzeichnete sie als kleine, jedoch bemerkenswerte Bibelhandschrift auf Pergament und mit kleiner Schrift. Hier setzte im 16. Jahrhundert eine unbekannte Hand eine den in Erfurt lehrenden Augustiner-Eremiten Johannes Zachariae und den böhmischen Geistlichen Johannes Hus betreffende Nachricht hinzu. Demnach soll es sich um die Bibel handeln, mit deren Hilfe angeblich Zachariae in Konstanz Hus als Häretiker entlarvt habe. Danach hatte sich Zachariae heimlich vor seinem Zusammentreffen mit Hus in dessen Unterkunft davon überzeugt, dass der Bibeltext in dem von Hus benutzten Exemplar von der Vulgata abwich. Unter Verweis auf eine Textstelle im Propheten Ezechiel (Ez 34,10) überführte er dann öffentlich Hus der Häresie. Die Geschichte war Martin Luther seit seiner Erfurter Klosterzeit bekannt und wurde vom ihm 1537 nacherzählt. Doch erweist sich der Zusatz als unsinnig. Die Bibel besaßen, auch wenn sonst wenig über die Besitzgeschichte der Handschrift bekannt ist, weder Hus noch Zachariae. FJS

Kaufmann, Anfang, S. 58–60 Anm. 140 f. MBK 2, S. 181. Šmahel, Jan Hüs, S. 371.

DIE BETTELORDEN IN ERFURT

Ankunft, Entfaltung und Blüte

Die Bettelorden der Franziskaner, Dominikaner und Augustiner-Eremiten kamen bereits kurz nach ihrer Gründung im 13. Jahrhundert nach Erfurt und sie entwickelten sich rasch zu einem zentralen und bald unverzichtbaren Faktor der städtischen Sakraltopographie und Kirchenpolitik. Protegiert vom Papsttum und unterstützt von einflussreichen Fürsprechern aus der Bürgerschaft, konnten sie sich von ihren großen innerstädtischen Niederlassungen aus erfolgreich im Spannungsfeld von Ratsherrschaft, Pfarrklerus, erzbischöflichem Stadtherrn und überregionaler Ordenshierarchie behaupten und auf vielfältige Weise in die Stadtgesellschaft hineinwirken. Mit ihrer vom Leitbild der Armut und Christusnachfolge geprägten neuartigen Frömmigkeit sowie intellektuellen Präsenz und nahbaren Seelsorgepraxis veränderten sie dauerhaft das Verständnis von Theologie, Kirche und Rechtgläubigkeit in einer der großen Kommunen des spätmittelalterlichen Reiches.

DIE BETTELORDEN IN DER STADT

Jörg Seiler

Zum stadtsässig Werden der Bettelorden

Das Hochmittelalter brachte mit den Ritterorden und den Bettelorden (Mendikanten) zwei neue Ordensfamilien hervor, die unterschiedlicher nicht sein konnten. Während diese sich radikaler Armut verschrieben, suchten jene mit der Anhäufung von Besitz eine Infrastruktur zu schaffen, welche zur Umsetzung der Ordenszwecke (Spitalwesen und Kriegsdienst) benötigt wurde. Beide gaben auf je eigene Weise Antworten auf die geistlichen und gesellschaftlichen Herausforderungen und Anfragen ihrer Zeit. Und in beiden Ordensfamilien gelang es, Personengruppen kirchlich einzuholen, denen gegenüber die Kirche Gefahr lief, an Autorität und Überzeugungskraft zu verlieren: das Rittertum im einen, die nichtadlige Bürgerwelt im anderen Fall.[1] Die Niederlassungen der Bettelorden wurden hierbei zu jenen geistlichen Institutionen, welche sich den veränderten Seelsorgebedingungen, die aus der begonnenen und zunehmenden Verstädterung Europas erwachsen war, professionell stellten. Da sie hierbei nicht nur komplementär zur »ordentlichen« Seelsorge innerhalb einer Pfarrei hinzutraten, vielmehr sich zu dieser in Konkurrenz stellten, waren vielfältige Konflikte vorprogrammiert. Sie fanden ihren Niederschlag etwa im Pariser Mendikantenstreit oder bei den Diskussionen im Kontext des zweiten Konzils von Lyon (1274). Auch in der Sorge um das Seelenheil gab es einen Wettbewerb – und diesen nicht nur zwischen Weltklerus und Mendikanten, sondern auch zwischen den Mendikanten selbst. Die Popularität derselben in bürgerlichen Kreisen, ihre rasche Ausbreitung im 13. Jahrhundert und auch ihre gesamtkirchliche Bedeutung sind Hinweise auf den Erfolg und die Attraktivität dieser neuen Form apostolischen Lebens. Bereits zu Lebzeiten des hl. Franziskus, so die Forschungen von Luigi Pellegrini, besaßen von ca. 100 Niederlassungen der Minoriten 75 urbanen Charakter (Abb. 22). Franziskus selbst ging es nicht nur um apostolische Tätigkeit, die sich in den Ausführungen zur Predigt oder zur Mission unter den Sarazenen in seinem Regelwerk niederschlägt, zeitlebens blieb der eremitische Rückzug aus der Welt, und damit der Aspekt der Selbstheiligung in einem Leben der Buße, eine temporär auch gewählte Option. Die Entwicklung verlief anders – hin zu einem Leben in den Städten, im Dienst der Seelsorge und – v. a. bei den Franziskanern – im Dienst für die gesellschaftlich Randständigen. Die Bettelorden stellen daher eine »verstädterte Form des Mönchtums« dar, »dessen kontemplative Grundstruktur sie durch die Verankerung des Apostolats in Gottes- und Nächstenliebe vertieften«.[2] Es galt nicht mehr der Rückzug aus der Welt, sondern die Hinwendung zur Welt. Von daher nimmt es nicht Wunder, wenn der hl. Franziskus in der allegorischen Erzählung *Sacrum commercium* der personifizierten Armut auf ihr Begehren, das Kloster der Minderbrüder zu sehen, den sichtbaren Erdkreis zeigte und sagte: »Dies, Herrin, ist unser Kloster.«[3] Die Wertschätzung der Stadt als akzeptabler Lebensraum, der neue Seelsorgeformen nötig macht, ist angesichts der bis zur Schwelle zum 13. Jahrhundert vornehmlich kritischen theologischen Konnotation städtischen Lebens als *das* Spezifikum mendikantischer Weltwahrnehmung anzusehen.

Bereits das frühe Franziskanertum widerstand der Versuchung, die *vita apostolica* radikal von ihrer kontemplativen Seite her zu verstehen. Bonaventura, der fünfte Generalobere der Franziskaner, rechtfertigte 1260 in seinen *Determinationes quaestionum super regulam fratrum minorum* die Fokussierung auf die Stadt als üblichem Lebens- und Wirkungsraum der Brüder mit drei Argumenten, die so zusammen gefasst werden können: »Die Brüder seien nun bei ihrer geistlichen Hilfeleistung schneller [für die Gläubigen] verfügbar; die besondere Armutsform mache es notwendig, dass sie sich der besseren Versorgungssituation der Städte bedienten; schließlich böten auch die Städte den Niederlassungen der Brüder besseren Schutz gegenüber Übergriffen durch die böse Welt.«[4] Damit war die »Stadtsässig-Werdung« (Helmut G. Walther) der Franziskaner ideell gerechtfertigt, nachdem sie bereits 1250 von Papst Innozenz IV. genehmigt worden war. Beide, Stadt und Mendikantenniederlassung, profitierten gleichermaßen von dieser sich entwickelnden symbiotischen Beziehung beider Institutionen zueinander. Der Erfurter Kanoniker Nikolaus von Bibra konnte daher Anfang der achtziger Jahre des 13. Jahrhunderts festhalten, dass die enge Verbundenheit zu den Städten eine Eigentümlichkeit der Bettelorden sei.[5] Zugleich forderte er in seinem *Occultus Erfordensis*, so Thomas Ertl, die Bettelorden auf, »in den gegenwärtigen üblen Zeiten die moralische Führung der Christenheit in die Hand zu nehmen und die einzelnen geistlichen und weltlichen Stände, Gruppen und Würdenträger an ihre wahren Pflichten zu erinnern. Das wichtigste Hilfsmittel, dieses Ziel zu erreichen, war die Predigt, die sich von theologisch-exegetischen Themen, die keine Berührungspunkte mit den realen Sorgen und Lebensumstände der Menschen aufweisen, abwenden und aktuellen, didaktisch-verständlichen Themenbereichen zuwenden sollte.«[6]

Für alle bis spätestens Ende des 13. Jahrhunderts kirchlich endgültig anerkannten Bettelorden, die Franziskaner, Dominikaner, Augustiner-Eremiten, Serviten und Karmeliten, ergab sich die städtische Ver-

Abb. 22 Tafelgemälde mit Darstellung des hl. Franziskus sowie der Heiligen Cosmas, Damian und Blasius

ortung von ihren jeweiligen Betätigungsfeldern her. Die Dominikaner widmeten sich im päpstlichen Auftrag vornehmlich der Glaubenspredigt und der Lehrtätigkeit an Universitäten und an ordenseigenen Studien (Generalstudium). Diese Ordensstudien wurden ab der zweiten Hälfte des 13. Jahrhunderts von sämtlichen Bettelorden – in geringem Maß bei den Karmeliten und Serviten – übernommen.[7] In Universitätsstädten wie Erfurt konnten die dortigen Lehrer zuweilen auch eine Lehrtätigkeit an der Universität übernehmen; die Generalstudien wurden in die Universität inkorporiert. In Erfurt waren drei der fünf Ordinarien der Theologischen Fakultät mit Mitgliedern der Bettelordensgemeinschaften besetzt. Diese brachten ihrerseits bereits vor Beginn des universitären Lehrbetriebs im Jahre 1392 bedeutende Gelehrte hervor. Erinnert sei etwa an den Franziskaner Heinrich von Merseburg, der im Erfurter Konvent als Lektor tätig war. In diesem Konvent entstand auch um 1264 die *Cronica minor Minoritae Erphordensis*, eine im thüringischen Raum breit rezipierte Papst-Kaiser-Chronik, die in ihrer »überaus tendenziösen Darstellung interessante Einblicke in die Instrumentalisierung der Vergangenheit durch die franziskanische Ordensgeschichtsschreibung« ermöglicht.[8] Die Generalstudien der Dominikaner und Franziskaner in Erfurt waren zu Beginn des 16. Jahrhunderts verfallen, wohingegen jenes der Augustiner-Eremiten eine Blütezeit erlebte. Zu eigentlichen »Schulorden« entwickelten sich Mendikantenniederlassungen generell vornehmlich erst in der Frühen Neuzeit, und dann vor allem im Nordwesten des Alten Reiches. In katholischen Regionen übernahmen ab der zweiten Hälfte des 16. Jahrhunderts schwerpunktmäßig die Jesuiten diese Aufgabe.

Der besondere Erfolg der Bettelorden hing also von diesen Faktoren ab: Ihre Ansiedlung in den Städten korrespondierte unter ökonomischem Gesichtspunkt mit der frühkapitalistischen Ausdifferenzierung der städtischen Gesellschaft: Schaffung von Standesvertretungen in Form von Gilden und Zünfte; Übergang von Naturalwirtschaft zu Geldwirtschaft; Finanzkraft des Patriziats. Parallel hierzu verlief der rechtliche und kommunale Ausbau der Stadt. Die Koinzidenz zwischen Stadtentwicklung und der Ansiedlung von – in der Regel mehreren – Bettelorden in nahezu jeder größeren Stadt in Europa wurde durch Jacques Le Goff dahingehend interpretiert, dass das Vorhandensein von Bettelordensniederlassungen sogar zu *dem* Kriterium für den Prozess der Stadtwerdung angesehen werden müsse. Mittlerweile hat die Forschung diese pointierte These dahingehend relativiert, dass dies zumindest für Kathedralstädte zuträfe. Dennoch »können die Mendikantenkonvente als weltliche Erscheinungsform der religiösen Ideale ihrer Gründungsväter als ein städtisches Phänomen aufgefasst werden, denen entsprechend auch eine wichtige zentrale Rolle innerhalb der städtischen Siedlungen zukam«.[9] Zu Beginn des 14. Jahrhunderts war die Ansiedlungswelle von Mendikantenniederlassungen im Reich weitgehend abgeschlossen.

Seelsorge und Predigt in den Städten

Ganz offensichtlich war die Verbindung von Seelsorgearbeit und Ordensleben, noch dazu in radikaler Armut, gegenüber der hochmittelalterlichen Gesellschaft, den Theologen und den monastischen Orden begründungspflichtig. Der fünfte Generalminister der Dominikaner, Humbert von Romans, reflektierte den Wert der Predigt in den Städten in seinem Sermon *Ad laicos in civitatibus* folgendermaßen: »In den Städten leben mehr Menschen als an anderen Plätzen, und deshalb ist es nützlicher, dort zu predigen als woanders, gleichsam wie es besser ist, an viele Menschen Almosen zu verteilen als an wenige. Darüber hinaus trifft man dort auch auf vielerlei Sünden [...], und daher ist es verdienstvoller, dort zu predigen, weil eine größere Notwendigkeit besteht.«[10] Dieser »spirituelle Utilitarismus« (Giulia Barone) kennzeichnet grundsätzlich die Seelsorgetätigkeit der Mendikanten in Städten. Er traf auf veränderte Erwartungen und erhöhte Ansprüche von Laien bezüglich der Begleitung ihrer religiösen Bedürfnisse. Vom Weltklerus konnten diese nicht mehr ausreichend erfüllt werden. Diese Lücke füllten die Bettelorden aktiv aus. Amtskirchlich erhielten sie die hierfür benötigten Privilegien. So konnten Gläubige, die sich um die Förderung der Niederlassungen durch fromme Stiftungen verdient gemacht hatten, in Bettelordenskirchen bzw. -friedhöfen bestattet werden. Der vierte Teil *(portio canonica)* war jedoch an den eigentlich zuständigen Pfarrer abzuliefern. Es waren vor allem solche Stolgebühren, aber auch der Beichtpfennig, Mess-Stipendien und milde Opfergaben, die seitens der Träger der »ordentlichen« Seelsorge zur Kritik an den Vorrechten der Bettelorden führte. Denn diese wichtigen Einkünfte gingen den Pfarrern durch die Seelsorge der Ordensbrüder verloren. Hinzu trat der Vorwurf, dass sich die Mendikanten angesichts ihrer, modern gesprochen, Sterbebegleitung testamentarische Zuwendungen erschleichen würden. Die Beichterlaubnis (Bulle Papst Martins IV. *Ad fructus uberes*, 1281) trat ebenso wie die Sakramentenspendung generell hinzu. Allerdings blieb die verpflichtende Osterbeichte dem Ortspfarrer vorbehalten. Die Abnahme der Beichte hatte zudem durch speziell qualifizierte Ordenspriester zu geschehen (Papst Bonifaz VIII., Bulle *Super cathedram*, 1300). Ihren literarischen Niederschlag fand die Modifizierung der Beichtpraxis etwa in verschiedenen Werken des auch zeitweise im Erfurter Minoritenkonvent lehrenden Johannes von Erfurt, der wohl kurz vor 1281 die Streitfrage des Beichthörens durch Bettelordensmitglieder erörtert hatte (Abb. 23).

Wichtig wurde das Vorrecht, bei der Verhängung eines allgemeinen Interdikts (Gottesdienstverbot) in der Stadt weiterhin in geschlossenen

Abb. 23 Augustinus, De civitate dei, Seitenillustration, Holzschnitt, koloriert (Kat.-Nr. III.30)

Kirchen Gottesdienst abhalten zu dürfen. Wiederholt war dies in Erfurt eine geübte Praxis, die zu diversen Konflikten führte. Die Erlaubnis, tragbare Altäre zu verwenden, förderte die öffentliche Seelsorgetätigkeit. Hier, im öffentlichen Raum, war es jedoch vor allem die Predigt in der Volkssprache, mittels derer, sofern überhaupt quellenmäßig fassbar, Seelsorge ausgeübt wurde. Und schließlich ist auf die Betreuung von Bruderschaften hinzuweisen, um die sich die Bettelorden verdient gemacht haben. In ihnen verbanden sich die Bettelorden mit allen Schichten der mittelalterlichen Stadtgesellschaft, auch mit der städtischen Führungsriege.[11]

Die Mendikantenpredigt weist einige Besonderheiten auf: Sie »war personenzentriert und über die Grenzen der Diözesen und Pfarreien hinaus organisiert. Die Verbindung zur städtischen Bevölkerung war dadurch gegeben, dass die neuen Orden in ihrer ›forma vitae‹ der städtischen Lebenswelt ähnelten. Beispielsweise wurden die seelsorgerische Tätigkeit der Minoriten als ›Arbeit‹ (bzw. ›Beruf‹) begriffen und (Hand-)Arbeit, nicht zuletzt auch die Tätigkeit der Kaufleute, grundsätzlich theologisch positiv konnotiert. Durch die Parallelsetzung von bürgerlicher Arbeit mit sakralen Aufgaben wurde eine Verbundenheit zwischen Stadtbürgertum und Minoriten hergestellt, zumal gerade auch in der Anfangsphase der Orden zahlreiche Laien als Prediger tätig waren, die Distanz zwischen Klerus und Laien also faktisch aufgehoben war.«[12] Allerdings beendeten päpstliche Verbote bereits 1228/34 dieses vor allem im Franziskanertum verbreitete außergewöhnliche Experiment der Laienpredigt. Typisch für die Bettelorden war nicht nur die Volkspredigt, sie griffen vielmehr auch auf die bereits bekannte Form der Standespredigten zurück. Seit Ende des 13. und im 14. Jahrhundert bezeugen dann mendikantische Predigthandbücher die Vielfalt ihrer Predigttätigkeit. Diese Handbücher dienten der ordensinternen homiletischen Ausbildung und damit der Professionalisierung der Seelsorgetätigkeit, die über die gesamte zweite Hälfte des 13. Jahrhunderts in Frage gestellt blieb, wovon der Pariser Mendikantenstreit zeugt. Der Dominikaner Thomas von Aquin verteidigte um 1256 in seiner Apologie *Contra impugnantes Dei cultum et religionem* die pastorale Tätigkeit, sofern die Ordensbrüder bischöflich oder päpstlich beauftragt seien, notfalls auch gegen die Zustimmung des zuständigen Ortspfarrers. Wie heftig der Streit war, zeigt eine Passage, in welcher sich der Aquinate verpflichtet sah, die These zu widerlegen, dass der Papst mit entsprechenden Beauftragungen seine Kompetenz überschritten habe.

Methodisch griffen die Predigthandbücher auf Vorläufer zurück, wenn sie die Adressatenorientierung und eine differenzierende Praxis bei Standespredigten nahe legten. Bonaventura reflektiert in *Ars concionandi* zudem, dass der Prediger die eigenen radikalen Ideale den Zuhörenden nicht in einer solchen Strenge und Weise vor Augen stellen sollte, dass diese überfordert und dadurch abgeschreckt würden. Man kannte die städtischen Lebensgewohnheiten und die hieraus erwachsenen religiösen Bedürfnisse der Menschen, derer man sich in Predigt und seelsorglichem Handeln durch »abgestufte pädagogische Maßnahmen« (Jörg Oberste) annähern konnte. Eine Besonderheit von Bonaventuras Predigtlehre ist die Reflexion über die Wichtigkeit der einleitenden Schriftstelle. Hier entwarf er geradezu eine »Theorie des Predigtthemas« (Jörg Oberste).

Konvergenz von geistig-moralischer Stärkung und obrigkeitlichem Herrschaftsverständnis

Predigt und seelsorgliche Betreuung dienten nicht nur einem isolierten »geistlichen Bedürfnis« der Menschen. Sie griffen vielmehr auf dessen Lebenswirklichkeit ein und auf diese zu. Aufgabe von Seelsorgern war, einen Menschen im hiesigen Leben so zu begleiten, dass er nicht für das ewige verloren gehe. Hieraus entstand in den Klöstern und geistlichen Gemeinschaften ein Angebotssystem: Exklusive Gebetsleistungen, neben den üblich alltäglichen für »die Welt«, konnten erworben werden, um ein »Mehr« an Sicherheit in Hinsicht auf das ewige Heil zu erlangen. Zum Erwerb dieser geistlichen Güter konnten materielle Güter in Form von Besitzschenkungen bzw. der Übereignung von Einkünften investiert werden. Die materielle Gabe schuf eine ideelle Nähe, für die etwa die Mitgliedschaft in einer Bruderschaft stand. Nähe wurde in vormodernen Zeiten durchaus auch räumlich aufgefasst: Hiervon zeugt das Begehren, möglichst nahe im Umfeld der oder gar in den Kirchen geistlicher Gemeinschaften bestattet zu werden. Denn noch über den Tod hinaus galt diese Nähe als hilfreich. Die Heiligkeit des sakralen Raumes, sakraler Handlungen und idealerweise geistlich lebender Profis sollte selbst auf den Verstorbenen noch rückwirken. Bedeutender Stifter wurde durch Inschriften im Kirchenraum selbst gedacht. An der Förderung von Ordensgemeinschaften und der Verschiebung derselben von der einen auf die andere Ordensgemeinschaft kann man sehr gut ablesen, welchen geistlichen Gemeinschaften die Zeitgenossen eine besonders wirksame Kompetenz für die Unterstützung auf dem Weg, das Heil zu erlangen, zutrauten. Hierin wurden die Bettelorden im Hoch- und Spätmittelalter ernsthafte Konkurrenten für die etablierten, »alten« Orden.

Im engen Raum einer Stadt können wir bis in die Frühe Neuzeit davon ausgehen, dass auch die weltlichen Herrschaftsträger, im Falle einer Stadt also der Magistrat und der Rat der Stadt, sich ähnlich wie die Geistlichen und Ordensangehörigen gleichermaßen zuständig fühlten für »Nutz und Frommen« der Gemeinde, wozu auch eine sittliche und nach christlichen Maßstäben ausgerichtete Lebensweise der Bewohner der Stadt gehörte. Zu einem »rechtschaffenen« Leben, so die dominierende Wortbedeutung von »fromm« bis ins 14./15. Jahrhundert hinein, gehörte selbstverständlich auch die kirchlich-religiöse Praxis und deren die Person prägende individuelle Akzeptanz, auf die hin Seelsorgemaßnahmen zugriffen. Hier konvergieren geistliche Begleitung und obrigkeitliche Ordnungsvorstellungen (Abb. 24).

Auch ganz praktisch waren Stadt und geistliche Gemeinschaften miteinander verwoben. Bettelordensniederlassungen wurden etwa in allgemeine stadtherrliche Aufgaben eingebunden, sei es in der Betreuung von Armen und Kranken oder bei der Sicherung der öffentlichen Ordnung nach außen – Unterhalt von Wehranlagen oder Wassergräben, Brandschutz. Diese enge geistlich-weltliche Kooperation in Bereichen, die heute selbstverständlich getrennt sind, hatte ideelle, theologische Voraussetzungen: Obrigkeit und weltliche Herrschaftsausübung wurde bis zur Aufklärung als »christliche Obrigkeit« verstanden. Daneben besaß sie aber auch eine vielgestaltige Pragmatik: In die Bettelordensgemeinschaften fanden Angehörige der städtischen Bevölkerungsschichten Aufnahme. Bei den Franziskanern kamen auch, jedoch nicht nur, Personen sozial niedriger Schichten oder Handwerker unter, während bei den Augustinern und Dominikanern Söhne aus den städtischen Patrizierfamilien eintreten konnten. Gehobene bürgerliche Kreise konnten so in kirchliche Strukturen hinein gebunden werden. Darüber hinaus wurden über Drittordensgemeinschaften eine Verbundenheit mit den Idealen der Ordensgründer auch für Laien hergestellt, die weiterhin in ihrem Stand verblieben. Enge verwandtschaftliche Bezüge müssen gerade für die Mendikanten in den Städten immer mitbedacht werden. Personelle Verflechtung und Sicherstellung der materiellen Versorgung

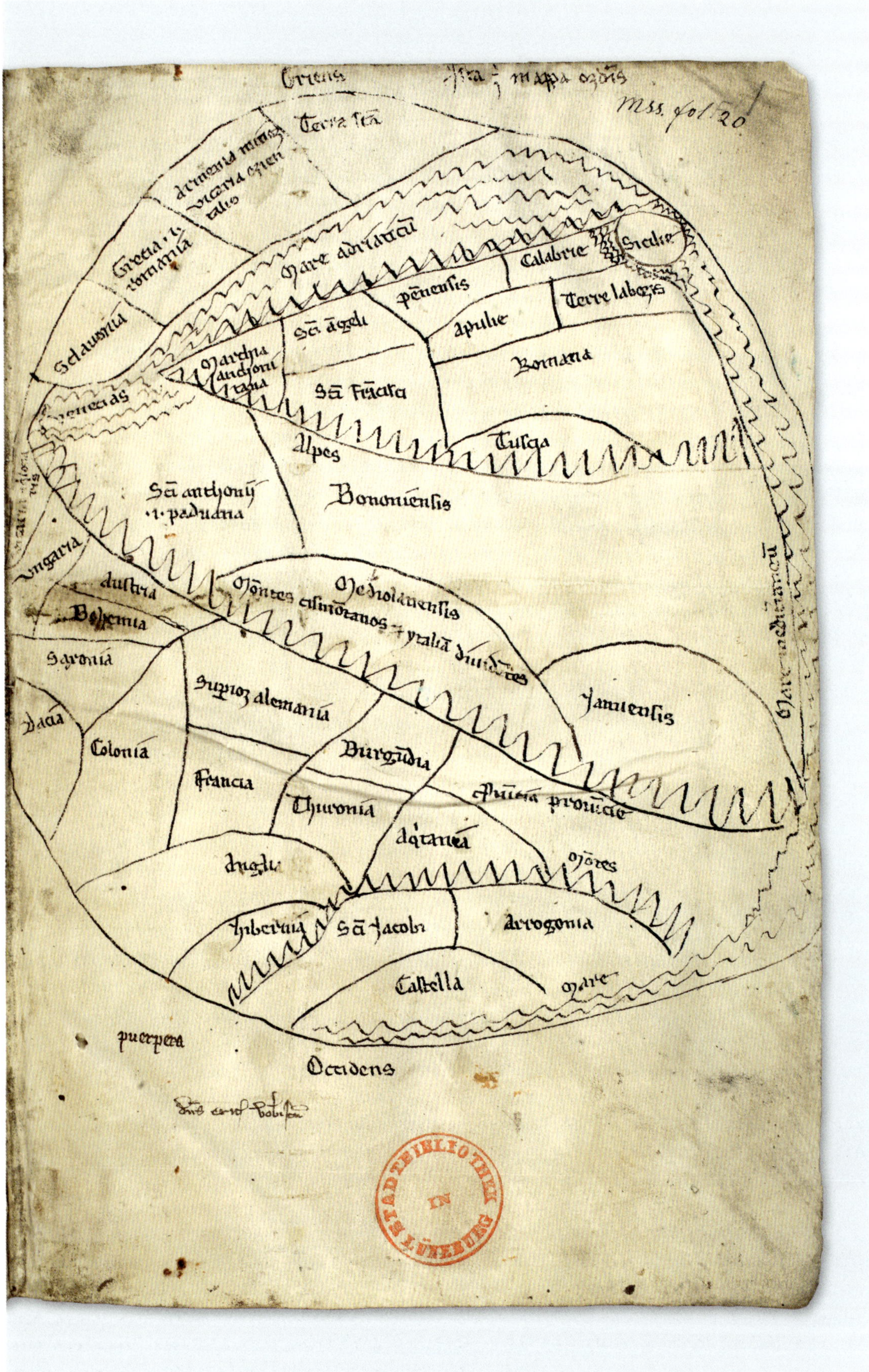

Abb. 24 Lüneburger Karte der franziskanischen Provinzen (Kat.-Nr. III.6)

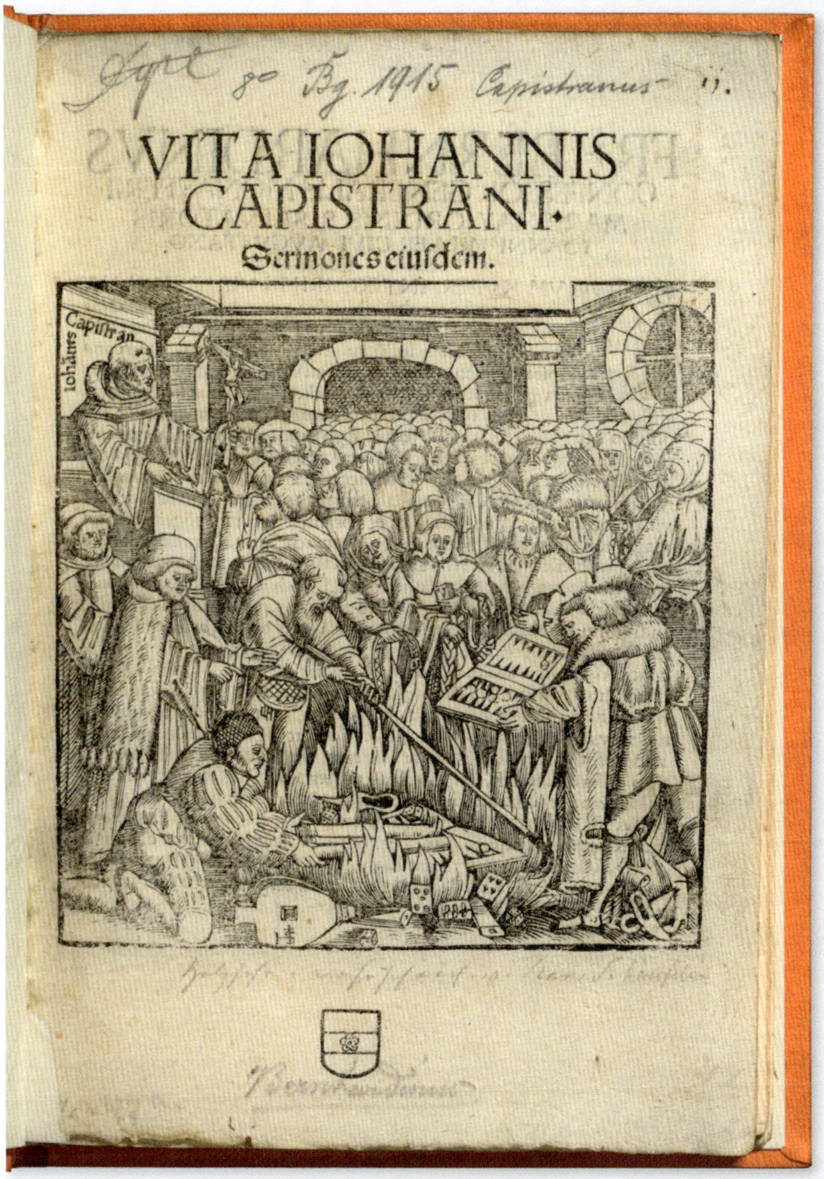

Abb. 25 Verbrennung von Spielkarten, Würfeln und anderen Luxusgütern, aus: Vita Johannis Capistrani – Sermones eiusdem, Titelholzschnitt, Augsburg 1519

gingen also Hand in Hand. »Die Mendikanten brauchten für ihre Arbeit und auch nach der Konstitution ihres Ordens die Hilfe von Bürgern der gastgebenden Stadt. Da die Klöster sich zum großen Teil aus Söhnen dieser das Kloster tragenden Schicht zusammensetzten, erschien diese Unterstützung in der Regel mehr als selbstverständlich.«[13] Dies alles sind Facetten zur Erklärung der Tatsache, dass das städtische Leben bei den Bettelordenstheologen grundsätzlich positiv bewertet wurde. Auch die Vikariestellen der Bettelordenskirchen wurden in der Regel mit bürgerlichen Söhnen besetzt bzw. es schlug sich hier die städtisch-bürgerliche Einflussnahme nieder.

Die Verbindung zwischen Stadt und Bettelorden drückt sich auch in der Bestallung von Prokuratoren aus, welche die Ordensgemeinschaft in weltlichen Belangen vertreten konnten. Hier ging es oftmals um Probleme, die sich aus Besitztiteln und -rechten ergaben. Während in früherer Zeit die Bettelorden selbst bei der Auswahl entsprechender Personen eigenständig agieren konnte, waren es seit dem 15. Jahrhundert städtische Gremien, die sich hierfür zuständig machten und dadurch erheblichen Einfluss auf die Gemeinschaft nehmen konnten. Die vom Rat der Stadt Erfurt den Klöstern verordneten Prokuratoren stammten jeweils aus der Mitte dieses Gremiums selbst. Über sie konnte auch ver-

Abb. 26 Kreuzgang des Augustinerklosters in Erfurt

sucht werden, geistliche Reformen in den Niederlassungen durchzuführen. Dies wird vor allem im 15. Jahrhundert bei der Förderung der Observanzbewegung gut greifbar. Der Ruf nach »Reform an Haupt und Gliedern« war damals laut geworden. Die Reform sollte den weltlichen wie den geistlichen Bereich gleichermaßen umfassen, wenn auch in unterschiedlichen Ausprägungen. Hiervon waren auch die Bettelorden betroffen. Es ging um eine erneuerte Beachtung (*observare,* bewahren, beachten) der Regel und der Ordensideale. »Ziele der Observanz waren der konstruktive Rückgriff auf die Ordensideale: Armut (kein Privateigentum), Askese, *vita communis* (gegen die *vita privata*) mit Betonung der Klausur und Festigung der Disziplin, Hebung der Studien und vorbildliche Feier der Liturgie sowie der in allen monastischen Gemeinschaften feststellbare Zug zur Innerlichkeit und zum Rückzug aus der Welt.«[14] Träger der Observanz waren nicht nur Ordensangehörige, sondern auch städtische Verwaltungsorgane und das städtische Patriziat. Ob sich eine Niederlassung der Observanz anschloss, die im Laufe der Zeit eine eigene Ordensstruktur ausbildete, hing in der Regel vom Zusammenwirken dieser beiden Seiten zusammen. Zuweilen wurde die Rückkehr zu einer strengeren Lebensform auch gegen den Willen der Ordensgemeinschaft durchgesetzt.

Die Verwaltung des Besitzes stellte zunächst für Bettelorden, die radikal arm leben wollten, ein Problem dar. Streng genommen sollten sie, dies trifft insbesondere für die Franziskaner zu, keine eigenen Besitztitel haben. Papst Gregor IX. ordnete in der Bulle *Quo elongati* (1230) die Besitzfrage dahingehend, dass Schenkungen entweder beim Stifter verblieben oder dieser den Besitz an die Stadt übergeben sollte, die die Nutzungsrechte treuhänderisch der Bettelordensgemeinschaft überließ. Diese erlangten also mittelbar Anteil an städtischem Eigentum.[15] Innozenz IV. legte 1245 mit der Bulle *Ordinem vestrum* fest, dass der Apostolische Stuhl nominell Inhaber der von Franziskanern genutzten Güter ist. Stiftungsgut sollte also nicht als Eigentum verstanden werden, vielmehr galt es als eine besondere Form des Almosens, nämlich als »beständige Almosen«, wie Bernd Neidiger für Basel nachwies,[16] bzw. als »institutionalisierter Bettel«.[17]

Die »nahezu symbiotische Beziehung zur Stadt und zum Bürgertum« werden auch dort sichtbar, wo Mendikanten und ihre Niederlassungen städtische Aufgaben übernahmen und dadurch den »Status von quasi öffentlich-kommunalen Einrichtungen« erlangten.[18] Sie konnten Gesandte des Rates oder städtische Geschichtsschreiber sein; in ihren räumlich großzügigen Kirchen inszenierte sich die städtische Öffentlichkeit zu offiziellen Anlässen: Ratssitzungen, Schlichtungsstätte bei Auseinandersetzungen, Verhandlungsraum, Gottesdienstort beim Amtsantritt kommunaler Funktionsträger; hier konnten Dokumente des Rates oder vermögender Bürger deponiert und sicher verwahrt werden. Und schließlich wurden die Anlagen zuweilen auch als Herberge für auswärtige Gesandte, hohe Geistliche oder Fürsten genutzt. All dies sicherte für die Bürger und den Magistrat eine »geistliche Überhöhung«[19] der städtischen Verfassungsorgane. »Betrachtet man das enge Verhältnis zwischen Mendikanten und Stadt sowie den Umstand, dass das Partnerschaftsverhältnis vom Ende des 14. Jahrhunderts an immer stärker in eine Integration der Orden in die Lebenswelt der Stadt und in eine Unterordnung unter die Kirchenherrschaft des Rats mündete, so kann man zugespitzt sagen, dass die Mendikantenklöster quasi-städtische Institutionen (Arno Herzig) und Stadtklöster (Rolf Kießling) waren.«[20] Vor allem seit dem 15. Jahrhundert verschob sich die gegenseitige Unterstützung von Stadt und Bettelorden zuungunsten der Bettelorden: »Die Räte betrachteten die Brüder und ihre Klöster als einen Teil ihrer Stadt. Die Förderung durch die Stadt führte an allen Orten zu dem Versuch, den Grad der Mitsprache im Kloster allmählich zu erhöhen. […] Die Unterstützung, die die Brüder der Stadt in ihrem Ringen um Selbstverantwortung und Selbstbestimmung gaben, mussten sie bezahlen mit einer zunehmenden Mitsprache der erstarkten Stadt im Kloster, die bis zur Abhängigkeit führen konnte. Zum Dank für ihre Hilfe wurden die Klöster als Teil der städtischen Kirche betrachtet.«[21]

Anmerkungen

1 Ertl, Pragmatische Visionäre, S. 265. ▪ **2** Frank, Bettelorden, Sp. 342. ▪ **3** Sickert, Klosterbrüder, S. 192. ▪ **4** Walther, Bettelordenskloster, S. 20. Zu den *Determinationes* Bonaventuras ausführlich Pellegrini, L'ordine francescano. ▪ **5** Nicolaus von Bibra, Occultus Erf., S. 236 f. V. 1527 – 1531: *Quamvis istorum sollertia magna virorum / Curet languores et pellat quosque dolores / Urbibus et villis, tamen est specialiter illis / Donum concessum, quod gippi pondere pressum / Aut incurvatum facta cruce dant relevatum:* […]. – »Obwohl das große Geschick dieser Männer / Krankheiten heilt und alle Schmerzen / aus den Städten und Dörfern vertreibt, ist ihnen doch speziell / die Gabe verliehen, dass sie einem, der von der Last eines Buckels bedrückt / oder gebeugt wird, Erleichterung verschaffen, indem sie nur ein Kreuz schlagen: […].« ▪ **6** Ertl, Religion, S. 112. ▪ **7** Zum Forschungsstand Kistenich, Bettelmönche 1, S. 8 – 27. ▪ **8** Ertl, Religion, S. 336. ▪ **9** Escher / Hirschmann, Urbane Zentren 1, S. 304. Vgl. auch ebd., S. 329. ▪ **10** Zitiert nach Ulpts, Stadt, S. 241. Zur Predigtlehre Humberts vgl. Oberste, Heiligkeit 1, S. 228 – 239. ▪ **11** Vgl. hierzu etwa die Ausführungen von Powell, Mendicants. Ebd., S. 565 – 569 zu Albertanus von Brescia. Albertanus spricht von einer geistlichen Erfrischung bzw. Erquickung *(spiritualis refectio)*, die mit den Minderbrüdern in Brescia gekommen sei. ▪ **12** Escher/Hirschmann, Urbane Zentren 1, S. 303. ▪ **13** Hecker, Bettelorden, S. 185. ▪ **14** Springer, Dominikaner, S. 15. ▪ **15** Ulpts, Stadt, S. 234. ▪ **16** Neidiger, Mendikanten. ▪ **17** Burkhardt, Armut, S. 304. ▪ **18** Ulpts, Stadt, S. 249. ▪ **19** Hecker, Bettelorden, S. 185. ▪ **20** Isenmann, Stadt, S. 638. ▪ **21** Hecker, Bettelorden, S. 186.

DIE ANSIEDLUNG DER BETTELORDEN IN ERFURT IM 13. UND FRÜHEN 14. JAHRHUNDERT

Karl Heinemeyer

Zwischen 1220 und 1310 errichteten nacheinander fünf Bettelorden in Erfurt ihre Niederlassungen. Von ihnen hatten vier dauerhaften Bestand, bis sie im Zuge der Reformation im 16. Jahrhundert aufgehoben wurden. In allen Fällen handelte es sich um Männerklöster.

Die Franziskaner (Barfüßer)

Als erste Bettelmönche kamen die Franziskaner nach Erfurt, hier allgemein als Barfüßer bekannt. Ihren Beginn berichtet ausführlich im Rahmen der Anfänge des Ordens in Deutschland der Italiener Jordanus von Giano in seinen Erinnerungen. Er verfasste sie zwar erst rd. 40 Jahre später (1262), auch sind seine Angaben oft recht vage und lassen sich gerade in ihren Einzelheiten vielfach mangels anderer Quellen auch nicht überprüfen oder präzisieren. Dennoch ist Jordans Chronik eine höchst wertvolle Quelle, gerade auch für Erfurt. Im Gegensatz dazu sind die späteren spärlichen Nachrichten über die Erfurter Anfänge der Minderbrüder widersprüchlich und teilweise offensichtlich nicht frei von Irrtümern; sogar die im Barfüßerkloster bis 1261 entstandene Chronik teilt dazu keine Einzelheiten mit, sondern erwähnt nur ganz summarisch seinen Anfang.[1] Hinzu kommt, dass das ältere Klosterarchiv verloren ist.

Franziskus von Assisi hatte schon 1217 erste Brüder nach Deutschland gesandt, um zu predigen, zu missionieren und neue Anhänger zu gewinnen. Doch war dieser erste Versuch gescheitert, nicht zuletzt wegen der mangelnden Sprachkenntnisse der Ausgesandten. Nach der päpstlichen Genehmigung als Orden begann 1221 die planmäßige Ausbreitung. Zunächst ging man in Bischofsstädte, darunter auch nach Mainz. Die Absicht war, vom jeweils zuständigen Bischof die Anerkennung der päpstlichen Privilegien und vor allem die Zustimmung zur Predigt in seiner Diözese zu erhalten, denn sie war die kirchenrechtliche Voraussetzung, um erfolgreich in dem jeweiligen Bistum wirken zu können. Wünschenswert und hilfreich war zudem eine Empfehlung des Bischofs an den Klerus und an die Bewohner seiner Diözese zur freundlichen Aufnahme und Unterstützung der Mendikanten. Solche Zustimmung und Empfehlung berichtet Jordan im Einzelnen für den Bischof von Hildesheim, doch verlautet nichts davon über Erzbischof Siegfried II. von Mainz. Freilich zeigen die Anfänge der Minoriten erst in Mainz und dann in Thüringen, dass der Erzbischof sie ohne jeden Zweifel in ähnlicher Weise unterstützt hat (Abb. 27).

Von der ersten Niederlassung in Mainz (1221) aus wurden die nächsten in den benachbarten Bischofsstädten Worms und Speyer errichtet (1221, 1222/23). Dann wandte man sich Sachsen zu, u. a. mit Hildesheim, Magdeburg und Halberstadt (1223). Weil sich das Wachstum in Sachsen gut entwickelte und der Provinzial für Deutschland Albert von Pisa auf der Reise »von Sachsen zum Rhein durch Thüringen ziehen werde«[2], entsandte er Ende Oktober 1224 den Mainzer Guardian Jordanus mit sieben Brüdern nach Thüringen. Ihr Auftrag war, dort »Häuser zu empfangen«, und Jordan sollte »die Brüder an geeigneten Orten ansiedeln«[3]. Sie begannen ihre thüringische Mission in Erfurt, denn diese Stadt im Zentrum des Landes war nach der Metropole Mainz die wichtigste Stadt des Bistums.

Den Priester Jordan begleiteten weitere vier Kleriker, die als Novizen weniger als ein Jahr dem Orden angehörten: der »Priester-Novize und Prediger« *(sacerdos novicius et predicator)* Hermann von Weißensee, ein Thüringer, Bruder Konrad von Würzburg, Diakon-Novize, Bruder Heinrich von Würzburg, Subdiakon-Novize, und Bruder Arnold, Kleriker-Novize, sowie die Laienbrüder Heinrich von Köln, Gernot von Worms und Konrad der Schwabe; ihnen folgten noch die Brüder Johann von Köln und Heinrich von Hildesheim.[4] Sie bildeten unter Jordans Leitung den Gründungskonvent des Erfurter Minoritenklosters.

Jordan und seine Mitbrüder brachen am 27. Oktober 1224 in Mainz auf und erreichten Erfurt nach 14 Tagen am Martinstag (11. November). Zwar werden auch die Jahre 1221 bis 1223 genannt,[5] doch setzt die Forschung den Beginn der Erfurter Niederlassung heute im Einklang mit Jordan auf 1224. Weil, wie Jordan weiter berichtet, der Winter keine Bauarbeiten zuließ, wurden sie »durch Entscheidung der Bürger« – sicherlich des Rates – »und einiger Kleriker auf dem Hof des Aussätzigen-Priesters außerhalb der Stadtmauer untergebracht, bis die Bürger etwas Besseres für die Brüder einrichten würden«.[6] Offensichtlich wandten sich die Minderbrüder, als sie in Erfurt ankamen, sogleich an den Stadtrat als das leitende Gremium der Bürgerschaft und baten um eine geeignete Unterkunft. Der Stadtrat und einige Geistliche, die er wohl hinzugezogen hatte, nahmen sie wohlwollend und hilfsbereit auf, gaben ihnen für den Anfang eine Bleibe im Osten außerhalb der Stadt vor dem Krämpfertor und stellten eine bessere Lösung in Aussicht.

Im folgenden Jahr 1225 veranlassten Pfarrer Heinrich von der Bartholomäuskirche am Anger, Gunther Vitztum und andere Bürger, dass die Minderbrüder die Hl.-Geist-Kirche beim Hospital vor dem Krämpfertor erhielten. Sie war seit dreißig Jahren verlassen, nachdem 1196 die Augustiner-Chorfrauen, die sie früher genutzt hatten, in das für sie errichtete Kloster Neuwerk im Südwesten der Stadt umgezogen waren. Beim Hl.-Geist-Hospital blieben die Minderbrüder für die nächsten sechs Jahre.[7]

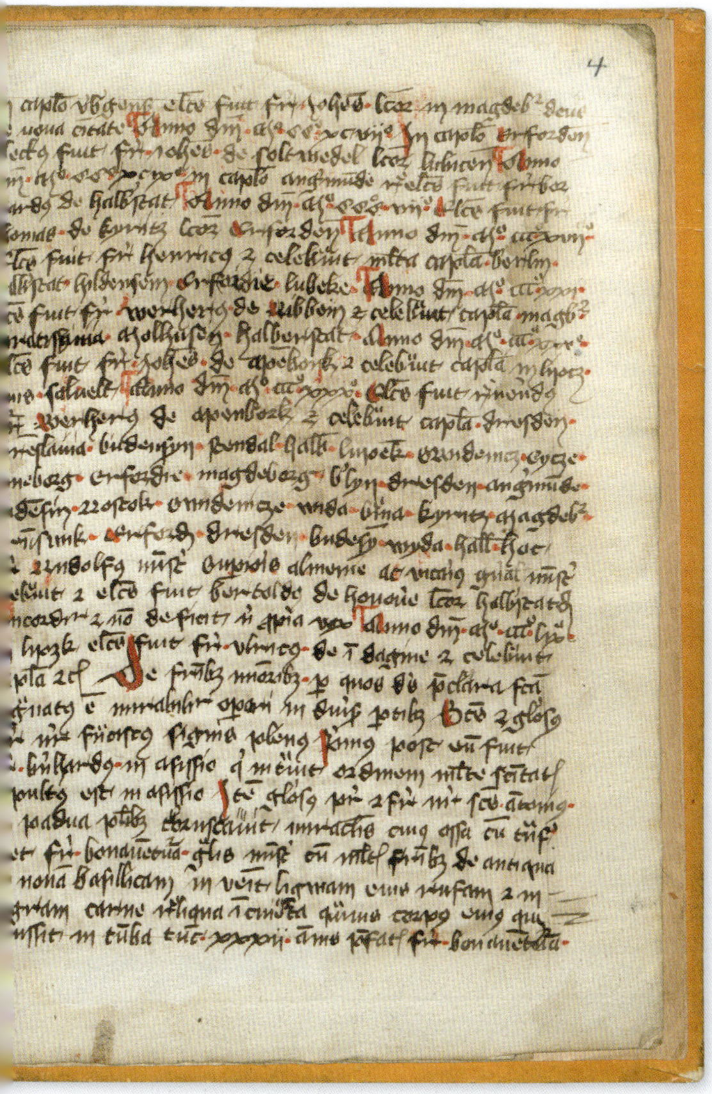

Abb. 27 Auszug aus der Karlsruher Handschrift der Chronik des Jordan von Giano (Kat.-Nr. III.7)

Bei Gunther Vitztum handelte es sich nicht, wie früher angenommen, um den Vitztum *(vicedominus)* als Leiter der Mainzer weltlichen Verwaltung in Erfurt; denn dieses Amt führte damals der erzbischöfliche Ministeriale Dietrich von Apolda. Vielmehr gehörte Gunther Vitztum zu einer der vornehmsten, im Rat vertretenen Erfurter Bürgerfamilien; ihr Beiname zeigt, dass sie früher das erzbischöfliche Amt inne gehabt hatte. Im Zusammenhang mit der Ansiedlung der Minderbrüder wird Gunther als einziger Bürger namentlich genannt; bei ihm dürfte es sich um ihren Prokurator gehandelt haben. Denn wie bei der Ansiedlung von Mendikanten in anderen Städten, hatte auch der Erfurter Stadtrat nach der Ankunft der Minderbrüder ihnen einen Prokurator bestellt. Seine Aufgabe war die eines Verbindungsmannes zwischen Stadt und Mendikanten; zugleich besorgte er die Wirtschaftsverwaltung und vertrat den Konvent in weltlichen Angelegenheiten.

Nach dem Bericht Jordans von Giano fragte ihn der Erfurter Prokurator, ob er wolle, dass man ihm eine Art Kloster baue. Jordan lehnte ab, weil er niemals im Orden Klöster gesehen habe und nicht wisse, was das sei. Er habe gesagt: »Baut uns nur ein Haus nahe am Wasser, damit wir zum Waschen unserer Füße hinabsteigen können.« Und so sei es geschehen.[8] Das daraufhin für sie erbaute Haus bezogen die Minderbrüder im Jahre 1231; es lag am südlichen Ufer des Breitstroms der Gera – unmittelbar gegenüber der zwei Jahre zuvor begonnenen Niederlassung der Prediger. In der Folgezeit errichteten sie an diesem Platz ihr Kloster in herkömmlicher Gestalt mit Kirche und Kreuzgang als Kern wie bei den älteren Orden. Das Areal soll ihnen nach heute verlorenen Nachrichten aus dem 14. und 15. Jahrhundert der erzbischöfliche Vitztum von Apolda bereit gestellt haben. Wiederum handelt es sich offenkundig um eine Verwechslung mit dem Prokurator Gunther Vitztum, zumal eben dieser nach Jordans Bericht ihr erstes Haus am Ufer der Gera errichtet hatte. Aufnahme und Ansiedlung der Franziskaner-Mönche in Erfurt erfolgten somit allein durch Rat und Bürgerschaft, also durch die Stadt.

Nach einer späteren Überlieferung des gegenüber am anderen Ufer der Gera gelegenen Predigerklosters soll dessen erster Propst Elger von Hohnstein die Minderbrüder bei der Ansiedlung unterstützt und sie auch als Seelsorger betreut haben.[9] Auch wenn sich dies nicht nachprüfen lässt, deutet es zumindest auf ein freundliches, nicht nur räumliches Nebeneinander der beiden ältesten Bettelorden in Erfurt hin.

Bereits 1225 sandte der Provinzial für Deutschland Albert von Pisa den Bruder Nikolaus nach Erfurt als Guardian der neuen Niederlassung, da Jordan zum Kustos der künftigen Konvente in Thüringen eingesetzt war.[10] Schon kurz nach ihrer Ankunft in Erfurt hatte Jordan gemäß seinem Auftrag begonnen, erste Abordnungen in andere thüringische Städte zu schicken, um die dortigen Verhältnisse zu erkunden. So konnten von Erfurt aus schnell weitere Niederlassungen der Minderbrüder errichtet werden: in Gotha schon Anfang Februar 1225, im Laufe des Jahres auch in Eisenach, Mühlhausen und Nordhausen.

Die Dominikaner (Prediger)

Nur knapp fünf Jahre nach den Minderbrüdern kamen auch die Prediger nach Erfurt, und zwar Mitte 1229 und nicht schon 1228, wie auch überliefert wird. Während die bis 1253 reichenden Annalen des Erfurter Predigerklosters[11] wie die anderen Erfurter Chroniken nur summarisch die Ankunft der ersten Mönche mitteilen, berichtet eine am Ende des 14. Jahrhunderts im Eisenacher Predigerkloster entstandene Quelle manche Einzelheit; auch wenn sie wegen ihrer vielen Legenden und Wunderberichte als wenig zuverlässig gilt, können die Nachrichten über den Erfurter Anfang einigen Aufschluss geben. Hinzu kommt neben anderen Urkunden aus der Frühzeit des Klosters ein Schreiben Erzbischof Siegfrieds II. von Mainz als gleichsam amtliches Zeugnis von seinem Beginn.

Begründet wurde das Erfurter Kloster von Elger von Hohnstein aus dem bei Nordhausen ansässigen Grafengeschlecht. Zunächst Kanoniker im Reichsstift Simon und Juda zu Goslar und im Domstift Magdeburg, war er 1226 zum Studium nach Paris gegangen, dort auf die Prediger getroffen und in den Orden eingetreten. Ihn sandte der zweite Ordensmeister Jordan von Sachsen mit mehreren Brüdern, von denen Marcold/Marolf, Daniel und Albert von Meißen namentlich genannt werden,[12] in seine Heimat Thüringen, um hier erste Niederlassungen einzurichten. Wie die Minderbrüder wandten auch sie sich zunächst in die wichtigste Stadt des Landes.

Ihren Weg nach Erfurt nahmen sie über Mainz. Dort erhielten sie am 24. Juni 1229 von Erzbischof Siegfried II. ein Schreiben an die Prälaten, den gesamten Klerus und sämtliche Bürger Erfurts:[13] Die Prediger seien besonders geeignet, ihn in seinem Hirtenamt über seine überaus große, ihm anvertraute Herde zu unterstützen. Deshalb habe die Mainzer Kirche beschlossen, dass die Prediger in Erfurt zu empfangen und dort unterzubringen seien, wo sie ihre Wohnung wünschten;[14] sie seien umso freudiger aufzunehmen, als sie versprechen, nicht nur den Klerikern und Laien in Erfurt, sondern in der »ganzen Provinz« nach Kräften zu dienen, jedoch niemandem in weltlichen und geistlichen Dingen zur Last fallen werden. Zugleich gestattet der Erzbischof, dass sie in ihrem Hof Gottesdienst feiern und ein Oratorium (Bethaus) errichten.[15]

Das Schreiben des Stadtherrn mit klaren Anweisungen an Stadt und Klerus in Erfurt bezeugt zum einen die Planmäßigkeit, mit der die Prediger sich ausbreiteten, zum anderen den besonderen Rückhalt, den sie von Anfang an beim Mainzer Erzbischof fanden. Ihre Erfurter Niederlassung sollte das Zentrum des Ordens für Thüringen werden – dies auch ein Hinweis auf die besondere Rolle der Stadt aus der Sicht des Erzbischofs.

Anders als die Minderbrüder wurden die Prediger sogleich innerhalb der Stadt aufgenommen, wie es der Erzbischof angeordnet hatte. Mit Ulrich Quadrans und Berenger, später mit Ulrich Lange erhielten auch sie Prokuratoren aus führenden Ratsfamilien.[16] Sehr bald »kauften« die Prediger einen Hof *(curia)* nahe der Paulskirche von dem Mainzer Vitztum auf dem Rusteberg (bei Heiligenstadt) und errichteten darauf ein erstes »bescheidenes Bethaus aus Holz«, vermutlich aus Fachwerk; für den Kauf wurden sie von »guten Menschen« unterstützt.[17] Bürger stellten den Bettelmönchen also die erforderlichen Geldmittel für den Erwerb des Hofes zur Verfügung. Damit hatten sie sich bereits am Platz ihres späteren Klosters am Nordufer des Breitstroms niedergelassen, und im September 1230 konnten die ersten provisorischen Konventsgebäude geweiht werden – noch bevor die Minderbrüder gegenüber ihr erstes Haus bezogen.

In der Folgezeit erhielten die Prediger von Bürgern und auswärtigen Adligen, so auch vom Grafen von Gleichen als dem erzbischöflichen Vogt für Erfurt, weitere Grundstücke, um das Klostergelände zu erweitern;[18] sie erwarben auf dem Tauschwege sogar eine öffentliche Straße, die ihr Gelände durchschnitt.[19] Zudem beeindruckten die Mönche die Einwohner der Stadt so sehr, dass sie regelmäßig mit Lebensmitteln versorgt wurden. Auch beim Bau ihrer Kirche fanden sie viel Unterstützung;[20] der erste Bau wurde 1238 geweiht.[21] (Taf. 2)

Neben der schnellen Einbindung der Prediger in die Stadt fällt ihre von Beginn an bestehende enge Verbindung zum Erzbischof von Mainz auf. Schon 1230 zog Erzbischof Siegfried II. zwei Tage vor seinem Tod in Erfurt mit *magister Marolfus* und *magister Bruno* zwei studierte Angehörige des Gründungskonvents als Zeugen für eine Schenkung heran.[22] Der Nachfolger Erzbischof Siegfried III. bestellte bereits Ende 1230, eineinhalb Jahre nach der Gründung des Klosters, den Bruder Daniel neben dem Propst des Marienstiftes und dem Pfarrer von Vippach zum Visitator des Klerus in den Propsteien – d.h. den Archidiakonaten – von St. Marien und von Jechaburg. Dabei zeichnete sich Daniel durch besondere Strenge aus: So habe er einigen Klerikern Leibesstrafen verhängt, anderen Amt und Pfründe genommen und wieder andere zum Verlassen des Bistums gezwungen; als auf die Appellation des suspendierten Pfarrers von Zimmern hin Papst Gregor IX. wegen seiner Unschuld seine Wiedereinsetzung verlangte, habe sich allein Daniel geweigert, dem nachzukommen.[23]

Der Erfurter Gründungskonvent wählte Elger von Hohnstein zu seinem ersten Prior. Doch 1236 wurde er Prior des Predigerklosters in Eisenach, das Landgraf Heinrich Raspe IV. von Thüringen in seiner Residenzstadt mit Erfurter Hilfe errichtete; gleichzeitig war er Beichtvater des Landgrafen. Zum Nachfolger Elgers wählten die Erfurter Brüder Heinrich von Frankenhausen. Unter ihm und den weiteren Prioren setzte sich die gute Entwicklung des Predigerklosters fort.

Die Augustiner-Eremiten

Die Augustiner-Eremiten kamen erst mehr als eine Generation nach Minderbrüdern und Predigern in der zweiten Hälfte des 13. Jahrhunderts nach Erfurt. Ihre dauerhafte Niederlassung gelang zudem erst im zweiten Anlauf, wobei vieles wegen fehlender Quellen im Dunkeln bleiben muss. Wiederum nennt die spätere Erfurter Chronistik unterschiedliche Daten, sogar solche aus dem 12. Jahrhundert. Doch ist die erste sichere Nachricht die Erlaubnis Erzbischof Werners von Mainz für Prior und Brüder des Ordens von 1266, sich in seiner Stadt Erfurt aufnehmen zu lassen und dort zu bleiben, ohne freilich in fremde Rechte einzugreifen, »so dass ihr auch nicht an fremde Ernten unüberlegt eure Sicheln legt«.[24] Woher die ersten Brüder kamen, etwa aus Mainz, wo sie seit 1260 vertreten waren, oder aus dem nahen Gotha, wo schon seit 1258 eine Niederlassung bestand, ist unbekannt. Auch erfahren wir nicht, ob sie 1266 sogleich nach der Genehmigung Erzbischof Werners oder erst einige Zeit später in Erfurt eintrafen; ebenso unbekannt ist, wo in der Stadt sie sich niederließen, und wir kennen auch keinen der ersten Brüder mit Namen.

Jedenfalls erwarben die Augustiner-Eremiten in der Stadt ein Grundstück *(area)* mit einem Haus und lebten hier zumindest für einige Zeit, so dass bereits damals ein erster Konvent bestand. Recht schnell gerieten sie aber in heftige Auseinandersetzungen mit einigen Bürgern um die Rechtmäßigkeit ihres Grunderwerbs. Auf die Klage der Brüder gegen einige Bürger und deren Gegenklage hin beauftragte Erzbischof Werner den Abt des Petersklosters sowie die Dekane des Marien- und des Severistifts, »mehrere gottesfürchtige und verständige Männer« hinzuziehen und »das Recht der Parteien und sämtliche Umstände des Geschäfts« sorgfältig zu untersuchen und das Ergebnis ihm »unter ihren Siegeln« mitzuteilen.[25] Wenn die Untersuchungskommission ermittelt, dass zweifelsfrei die Brüder an dem betreffenden Grundstück kein Recht haben, soll sie die Bürgerschaft im Namen des Erzbischofs bitten, die Brüder an einem anderen geeigneten Platz anzusiedeln, damit sie dort

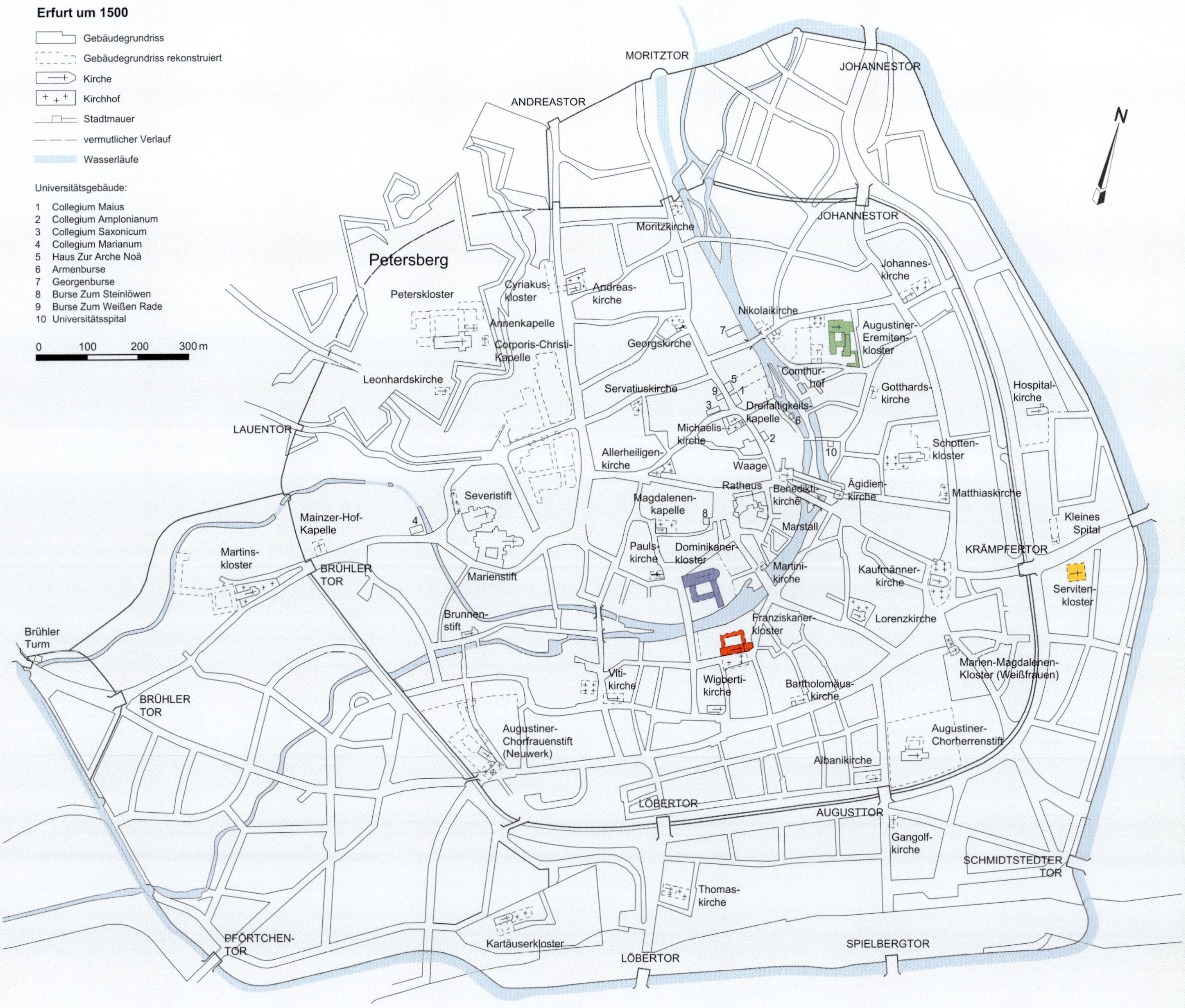

Taf. 2 Erfurt um 1500

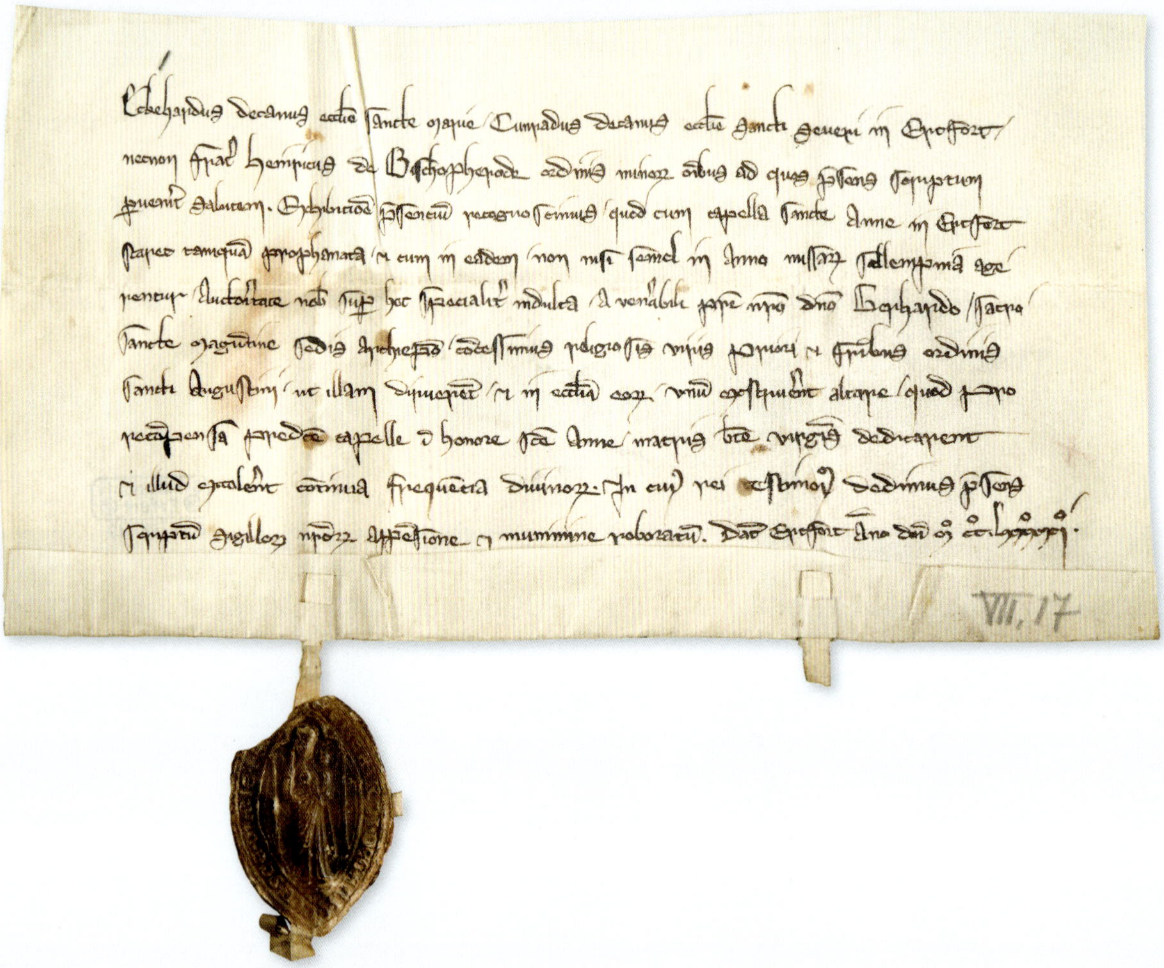

Abb. 28 Genehmigung für die Augustiner-Eremiten, die Annenkapelle abzureißen (Kat.-Nr. III.8)

bei ihnen Gott dienen können.[26] Der ohne Jahresangabe überlieferte Auftrag Erzbischof Werners erfolgte nach 1266 und vor 1273.[27] In diesem Jahr nämlich griffen Rat, Richter und Bürgerschaft zur Selbsthilfe, zerstörten das Haus der Brüder und verboten ihnen, in Erfurt zu wohnen,[28] vertrieben sie also aus der Stadt.

Hintergrund der Auseinandersetzungen war die in vielen Städten in dieser Zeit zu beobachtende Sorge, dass immer mehr Grund und Boden an die »tote Hand«, d.h. in kirchlichen Besitz überging. Denn geistliche Güter waren durch ihre Immunität grundsätzlich von den bürgerlichen Steuern und Lasten befreit, die in der Regel auf den Grundstücken ruhten. Wegen der wachsenden Zahl solcher befreiter Güter wurden die Lasten für die weiterhin Pflichtigen stetig größer. Auch war das harte Vorgehen der Erfurter gegen die Augustiner-Eremiten kein Einzelfall, denn deren Häuser wurden ebenso in Wien, Nürnberg und andernorts zerstört. In Erfurt führte es zu heftigem Streit mit dem Erzbischof als Stadtherrn, der 1266 den Brüdern ausdrücklich die Aufnahme in seiner Stadt genehmigt hatte.

Der Streit der Stadt mit dem Erzbischof wegen der Vertreibung der Augustiner-Eremiten wurde im folgenden Jahr 1274 beigelegt, und zwar, wie es scheint, mit einem Kompromiss. Schon 1271 hatte nämlich der Rat verfügt, dass jeder Bürger, der künftig ein erzbischöfliches Amt erwirbt, von seinem Grundbesitz weiterhin alle schuldigen Dienste und Abgaben leistet wie die anderen Bürger, ausgenommen blieben nur Wachdienst und Nachtwachen sowie die Befreiung vom städtischen Gericht.[29] Als nun der Erzbischof 1274 die Stadt wieder in seine Gunst aufnahm,[30] erklärte er an demselben Tag ihr gegenüber in einer zweiten Urkunde mit denselben Zeugen Folgendes: Bisher waren seine Beamten *(officiati)* als Angehörige seines geistlichen Stuhls von allen Leistungen befreit, die zugunsten seiner Stadt von ihren Bürgern zu erbringen sind.[31] Weil aber die Befestigung und andere dringende Aufgaben von der Stadt nicht mehr aus eigenen Mitteln erfüllt werden können,[32] erlaubt der Erzbischof nun, dass seine Erfurter Beamten als Bürger dieser Stadt ab sofort von ihrem sämtlichen Grundbesitz alle üblichen Pflichten und Leistungen genauso erbringen wie ihre Mitbürger;[33] nur außer-

Abb. 29 Seelgerätstiftung von 1362 zu Gunsten der Augustiner-Eremiten (Kat.-Nr. III.15)

ordentliche Steuern und Dienste solle man von ihnen nicht fordern, auch keinen Wachdienst oder Nachtwachen sowie für die Gerichtsbarkeit eine spezielle Regelung beachten. Die Genehmigung des Erzbischofs nimmt die Verfügung des Rates von 1271 bis in die Einzelheiten auf und setzt sie nun für alle erzbischöflichen Beamten in Erfurt in Kraft. Denn diese hatten sich bis dahin unter Berufung auf ihren geistlichen Herrn allen bürgerlichen Lasten entzogen. 1281 schließlich untersagte der Rat jede Übertragung von Immobilien an geistliche Personen und Anstalten.[34]

Auch wenn 1274 nur die erzbischöflichen Beamten erfasst wurden, während die geistlichen Einrichtungen mit ihren reichen Besitzungen weiter unbelastet blieben, war die Anordnung des Erzbischofs sicherlich aus der Sicht der Stadt ein Fortschritt. Nachdem der Rat schon drei Jahre zuvor entsprechend seinen Möglichkeiten wenigstens für die zukünftigen Beamten aus dem Kreis der Mitbürger dasselbe vorgeschrieben hatte, wurden nunmehr alle bereits tätigen Beamten einbezogen. Da der Erzbischof neben seinen städtischen Amtsträgern in Erfurt auch die zentrale Verwaltung der mainzischen Besitzungen in Thüringen unterhielt, dürfte er insoweit eine Anzahl Bürger beschäftigt haben. Ohne dass dies in den beiden gleichzeitig ausgefertigten Urkunden 1274 gesagt würde, musste sich die Stadt offensichtlich im Gegenzug für das Entgegenkommen des Erzbischofs verpflichten, die Augustiner-Eremiten wieder hereinzulassen. So beurkundete der Rat zwei Jahre später, 1276, sie in völliger Gunst und Gnade zum Bleiben aufgenommen zu haben.[35] (Abb. 28)

Nunmehr konnte der dauerhafte Aufbau des Klosters an seinem bekannten Standort im Norden der Stadt beginnen. Dazu sei, wie im 17. Jahrhundert in der Erfurter Chronistik berichtet wird, den Brüdern am Platz ihres Klosters die Pfarrkirche St. Philipp und Jakob überlassen worden, deren Gründung Erzbischof Adalbert I. von Mainz 1131 bestätigt habe.[36] Freilich erscheint diese Kirche – im Gegensatz zu den sehr zahlreichen anderen Pfarrkirchen der Stadt – weder in der urkundlichen noch in der chronikalischen Überlieferung des Mittelalters.[37] So muss es künftigen Untersuchungen vorbehalten bleiben zu ermitteln, ob es diese Philipps- und Jakobs-Kirche überhaupt jemals gegeben hat. Jedoch erhielten die Brüder sehr bald Grundstücke und andere Zuwendungen u. a. von Erfurter Bürgern zum Ausbau ihrer Niederlassung; hinzu kam die Gewährung von Ablässen, um die Errichtung der Klosterkirche und der Konventsgebäude zu befördern.[38] (Abb. 29)

Die Sackbrüder

Von ihren wenigen Häusern in Deutschland errichteten die Sackbrüder auch eines in Erfurt. Doch ist darüber nur sehr wenig bekannt; so wissen wir nicht einmal, wann oder woher sie kamen. Sie tauchen hier erstmals 1282 in den Quellen auf,[39] obwohl der Orden offiziell durch das Konzil von Lyon bereits 1274 aufgelöst worden war. Dabei war festgelegt worden, dass die Brüder entweder einem anderen Orden beitreten oder aber ihre Ordenszugehörigkeit beibehalten, ihre Häuser weiter bewohnen, doch auf Neugründungen und Neuaufnahmen verzichten. Diese zweite Möglichkeit spricht dafür, dass die Sackbrüder einige Zeit vor 1282, vermutlich schon vor 1274 in Erfurt ansässig geworden waren.

Sie bewohnten ein Haus vor dem Krämpfertor, das ihnen die Provisoren des innerstädtischen Hospitals überlassen hatten,[40] und nutzten die Kirche des Hl.-Geist-Hospitals. Es handelte sich zweifellos um dieselbe Bleibe vor dem Krämpfertor, die vor rd. 60 Jahren die Stadt den Minderbrüdern zugewiesen hatte. Am 9. März 1291 aber urkundete Erzbischof Gerhard II. von Mainz für die Zisterzinserinnen, die aus dem Kloster [Bad] Berka mit seiner Erlaubnis »in das Haus der Sackbrüder außerhalb der Erfurter Mauern« gekommen waren.[41] Fünf Wochen später am 13. April wurde in dem großen Stadtbrand auch »die Kirche der Sackbrüder« vor dem Krämpfertor, die inzwischen die Nonnen aus Berka erhalten hatten, mit Werkstätten und Höfen zerstört.[42] Die Sackbrüder hatten also spätestens Anfang März 1291 Erfurt wieder verlassen, zumindest ihre bisherige Bleibe aufgegeben. Über ihr weiteres Schicksal ist nichts bekannt.

Die Serviten (Marienknechte)

Als letzter Bettelorden kamen im ersten Jahrzehnt des 14. Jahrhunderts die Serviten nach Erfurt. Auch sie wurden beim Hl.-Geist-Hospital vor dem Krämpfertor untergebracht. Der Nonnenkonvent aus Berka, der seit 1291 hier lebte und inzwischen als Kloster »Mariengarten« *(Ortus sancte Marie)* bekannt war, wurde 1303 zur Martinskirche im Brühl (Martini extra) verlegt. Dabei wird erwähnt, dass die Nonnen bisher dort wohnten, wo einst die Minderbrüder begonnen hatten.[43]

Die Räumlichkeiten, die seit dem Auszug der Nonnen frei waren, wurden sechs Jahre später, 1309, den »Marienknechten« zugeeignet;[44] dies ist die erste Nachricht über die Anwesenheit der Serviten in Erfurt. Ihre Ankunft und sogar der vorherige Umzug der Nonnen werden um 1350 irrtümlich erst für 1310 berichtet.[45] Mit Sicherheit aber kamen die Serviten nicht vor 1303 nach Erfurt, und schon gar nicht zwischen 1282 und 1292, wie vermutet wurde. Der Umstand, dass ihnen die bisher von den Nonnen genutzten Räumlichkeiten als »Closter Platz« vom Propst des Nonnenkonvents zusammen mit dem Kantor des Severistifts übereignet wurden, könnte dafür sprechen, dass die Marienknechte schon bald nach dem Auszug der Nonnen, also einige Zeit vor 1309, nach Erfurt kamen. Auch wurden Propst und Kantor hier als Exekutoren und Kommissare Erzbischof Peters von Aspelt tätig; daraus ergibt sich, dass die Serviten mit Einverständnis des Erzbischofs in Erfurt angesiedelt wurden.

Die Ansiedlung der Serviten war erfolgreich. Sie blieben in Zukunft an dem ihnen zugewiesenen Standort vor dem Krämpfertor und entwickelten ihn zum »Servitenkloster«, wie es seither benannt wurde. Dieses jüngste Mendikantenkloster stand zwar stets ein wenig im Schatten der drei großen Konvente der Barfüßer, Prediger und Augustiner-Eremiten, gehörte dennoch künftig ebenfalls fest in den Kreis der Erfurter geistlichen Anstalten.

Fazit

In 85 Jahren kamen zwischen 1224 und 1309 Mendikanten aus insgesamt fünf unterschiedlichen Orden nach Erfurt. Dass die Sackbrüder sich nicht auf die Dauer halten konnten, lag an dem Umstand, dass ihr Orden schon vor ihrem Auftauchen in der Erfurter Überlieferung rechtlich gar nicht mehr bestand. Die vier anderen Klöster entwickelten sich gut und trugen in den nächsten Jahrhunderten nachhaltig zum geistlich-religiösen und zum geistigen Leben der Stadt sowie seit ihrer Gründung auch zur Entwicklung der Universität bei.

Die Vorgänge um die Ansiedlung der Bettelorden ermöglichen, insgesamt betrachtet, zudem neue Einblicke in die städtische Entwicklung Erfurts in dieser Zeit. Immer wieder zeigt sich bei den ankommenden Mendikanten der Stadtrat als leitendes Organ der kommunalen Selbstverwaltung maßgebend tätig. Selbst erst bald nach 1200 entstanden – er wird erstmals 1212 in den Quellen greifbar[46] –, sorgte der Rat für die erste Unterbringung der fremden Mönche. Dafür unterhielt er gleichsam eine Reserve vor dem Krämpfertor. Zwischendurch wurden dort auch Nonnen, die nach Erfurt umgesiedelt werden sollten, solange untergebracht, bis sie ihr neues Kloster beziehen konnten. Das Vorhalten einer solchen Unterkunfts-Reserve für fremde Mönche und Nonnen über mehr als ein Jahrhundert (1196 – 1309) war– wenn man so will – eine Maßnahme kommunaler Daseinsvorsorge. Über die Prokuratoren, die Beauftragten, die er nach den Minderbrüdern auch den anderen Mendikanten bestellte, sicherte der Rat seinen Einfluss auf die neuen Konvente und ermöglichte zugleich ihre gleichsam offizielle Einbindung in die städtische Gesellschaft.

Bemerkenswert sind die Standorte der beiden ersten Mendikantenklöster: Nicht wie in vielen anderen Städten am Rande, an der Stadtmauer wurden sie errichtet, sondern in der Mitte der ausgedehnten Großstadt an prominenter Stelle. Ihr unmittelbares Gegenüber beiderseits der Gera dürfte ziemlich einmalig sein – es war und ist bis heute eine Besonderheit des alten Erfurts. Schon vor 1220 bestanden hier das alte Benediktinerkloster auf dem Petersberg, auf dem Domberg die Kanonikerstifte St. Marien und St. Severi, östlich der Krämerbrücke das Schottenkloster, am Ostende des Angers die Magdalenerinnen, das Reglerstift in der heutigen Bahnhofstraße und das Neuwerkkloster ganz im Südwesten der Altstadt. Abgesehen vom Peterskloster, lagen die bisherigen Klöster und Stifte mehr oder weniger im Westen und Süden der

Stadt. Nun gab die nahezu gleichzeitige Ansiedlung der Minderbrüder und der Prediger der städtischen Mitte einen neuen, zweifachen geistlichen Schwerpunkt. Mit den Augustiner-Eremiten erhielt rd. 45 Jahre später auch der Norden der Stadt, der bisher noch ganz frei von klösterlichen Einrichtungen gewesen war, ein geistliches Zentrum. Alle drei Standorte und wohl auch der des Servitenklosters wurden offensichtlich nicht ohne Zustimmung des Stadtrates ausgewählt. So zeigt sich am Beispiel der Bettelordensklöster, wie seit dem ersten Drittel des 13. Jahrhunderts der Erfurter Stadtrat – modern gesagt – eine aktive Strukturpolitik zur Entwicklung seiner Stadt betrieb.

Wegen der Befreiung der »toten Hand« von den bürgerlichen Lasten stiegen diese schon im 13. Jahrhundert für die restliche Bürgerschaft so weit an, dass die Stadt die notwendigen Gemeinschaftsaufgaben nicht mehr hinreichend erfüllen konnte. Im Zusammenhang mit der Ansiedlung der Augustiner-Eremiten erreichte Erfurt 1274 bei seinem erzbischöflichen Herrn, dass wenigstens dessen Beamten von ihrem Grundbesitz wie alle Mitbürger zu Abgaben, Diensten und Leistungen für die städtische Gemeinschaft das Ihre beitrugen.

So begann mit der Ansiedlung der Bettelorden für Erfurt seit den 20er Jahren des 13. Jahrhunderts nicht nur auf religiösem und geistigem Felde, sondern ebenso im Hinblick auf die bürgerliche Selbstverwaltung und darüber hinaus für die Stadt als solche eine neue Zeit.

Literatur

Benl, Erfurt um 1500. Benl, Inventar, S. 33 Anm. 6 und 7. Berger, Bettelorden Mainz, S. 50–66, 184–188, 311 f. Elm, Sackbrüder, S. 268 f., 276, 298 f., 302–304. Honemann, Geschichtsschreibung, S. 771–788. Kunstdenkmale 2,1, S. 65–69, 74–76, 144–147, 152–155. Kunzelmann, Augustiner-Eremiten 1, S. 30, 126–131. Misch, Martinskloster, S. 42–45. Nitz, Predigerkloster. Nitz, Stifterbuch, S. 92–100. Overmann, Pfarreien, S. 139 f. Schmidt, Wirtschaft, S. 168, 171, 173. Schmies/Honemann, Franziskanerprovinz, S. 30. Seibrich, Serviten. Vöckler, Bettelmönche. Vöckler, Grundlagen, S. 90–93. Wolff, Erfurt, S. 32–45, 96 f., 162–170.

Anmerkungen

1 Cron. minor, z. J. 1223 S. 652. ▪ **2** Jordan, Chronik, cap. 38 S. 88: [...] *et quod per Thuringiam erat transiturus de Saxonia ad Renum* [...]. ▪ **3** Ebd.: [...] *ut domos reciperent et fratres in locis competentibus collocaret.* ▪ **4** Jordan, Chronik, cap. 40 S. 88. ▪ **5** Vgl. z. B. Anm. 1. ▪ **6** Jordan, Chronik, cap. 39 S. 88: *Et quia hiems erat, tempus edificandi non erat, de consilio burgensium et aliquorum clericorum collocati sunt fratres in curia sacerdotis leprosorum extra muros, usque dum burgenses de statu fratrum melius ordinarent.* ▪ **7** Jordan, Chronik, cap. 43 S. 90. ▪ **8** Ebd.: *Ille autem, qui a burgensibus fuerat fratribus procurator datus interrogans fratrem Jordanum, si ad modum claustri sibi vellet edificari, ipse quia nunquam viderat claustra in ordine, respondit: »Nescio quid sit claustrum; tantum edificate nobis domum prope aquam, ut ad lavandum pedes in ipsam descendere possimus.« Et ita factum est.* ▪ **9** Legendarium, S. 370 ▪ **10** Jordan, Chronik, cap. 47 S. 94. ▪ **11** Ann. Erph. praed,. z.J. 1228 S. 81. ▪ **12** Legendarium, S. 368. ▪ 13 1229 Juni 24: UBESK 1, Nr. 223. ▪ **14** Ebd.: [...] *eos de consilio ecclesie Maguntine apud vos suscipiendos duximus et locandos, ubi et desiderant habere mansionem* [...]. ▪ **15** Ebd.: [...] *eis in curia sua divina celebrare et oratorium construere indulsimus* [...]. ▪ **16** 1238 Mai 29: UBE 1, Nr. 117; 1279: UBESK 1, Nr. 502. ▪ **17** Legendarium, S. 369: [...] *in Erfordia* [...], *vbi cum adiutorio bonorum hominum emerunt curiam vicedomini de Rasteberg prope ecclesiam sancti Pauli, constructoque ibi oratorio humili de lignis,* [...]. ▪ **18** S. 1238 Mai 29: UBE 1, Nr. 117; 1240 März 8: ebd., Nr. 123. ▪ **19** 1266 März 12: UBE 1, Nr. 203. Vgl. auch 1269 Febr. 5: ebd., Nr. 232. ▪ **20** Legendarium, S. 369. ▪ **21** Ann. Erph. praed., z. J. 1238 S. 94: 1238 Aug. 30. Das Fest der Kirchweihe wurde 1248 auf den Sonntag nach Himmelfahrt verlegt: ebd., S. 105. ▪ **22** 1230 Sept. 7: UBESK 1 Nr. 224. ▪ **23** Ann. Erph. praed., z. J. 1230 S. 81 f.; 1233 März 11: UBESK 1, Nr. 233. ▪ **24** 1266 Febr. 26, UBESK 1, Nr. 391: [...] *sine iuris preiudicio alieni, ut etiam in alienas messes non mittatis temere falces vestras.* ▪ **25** UBESK 1, Nr. 457: [...] *nos* [...] *precipiendo vobis mandamus, quatenus associatis vobis viris aliquibus Deum timentibus et discretis de iure parcium et negocij circumstancijs universis fideliter et sagaciter inquirentes, quicquid inveneritis sub sigillis vestris conclusum nobis continuo transmittatis.* ▪ **26** Ebd.: *Si autem liquido repereritis, quod sine aliqua dubitacione fratres ius non habeant in area memorata, rogetis universitatem ex parte nostra, quatenus* [...] *in loco aliquo alio congruo collocent ipsos fratres, ut* [...] *domino Deo ibi apud se valeant deservire.* ▪ **27** Der Herausgeber Overmann datiert das an einem 28. August ausgefertigte Mandat des Erzbischofs irrtümlich auf 1260 bis 1274: UBESK 1, Nr. 457. ▪ **28** Cron. s. Petri moderna, z. J. 1273 S. 263: *Consules et iudices Erfordie cum universitate confregerunt domum fratrum Augustinensium, non permittentes ipsos in Erfordia habitare.* ▪ 29 1271 Juni 22: UBE 1, Nr. 248. ▪ **30** 1274 Okt. 15: UBE 1, Nr. 271. ▪ **31** 1274 Okt. 15: UBE 1, Nr. 272: *Licet officiati nostri Erffordenses ex prerogativa et gratia speciali sedis Maguntine a quibuslibet servitiis ad operas civitatis beati Martini et nostre Erfordensis prestandis sint usque ad hec tempora supportati,* [...]. ▪ **32** [Fortsetzung von Anm. 31:] *quia tamen munimina ac alia urgentia negotia et agenda de propriis laboribus et expensis prout requirit passim necessitas non sufficitis procurare,* [...]. ▪ **33** [Fortsetzung von Anm. 32:] *volumus et permittimus, quod officiati nostri Erfordenses, qui vestri concives existunt, ad operas civitatis Erfordensis facere debeant servitia debita et consueta de omnibus bonis suis tamquam alii vestri cives,* [...]. ▪ **34** 1281 Mai 31: UBE 1 Nr. 311. ▪ 35 1276 Aug. 1: UBE 1, Nr. 287: [...] *nos fratres heremitas ordinis sancti Augustini ad commanendum in favorem et gratiam plenariam opidi Erfordensis concordi consensu ac singulariter recepisse.* ▪ **36** Berichtet von Christoph Zacharias Hogel (1611–1672), ungedruckt. Zitiert bei Overmann, Pfarreien, S. 139. ▪ **37** Um 1495 verbindet Nikolaus von Siegen, ohne die Pfarrkirche zu erwähnen, zumindest das Jahr 1131 und Erzbischof Adalbert mit dem Kloster, wenn er irrtümlich berichtet, dieser habe das in diesem Jahr in Erfurt errichtete Kloster der Augustiner-Eremiten privilegiert; Nicolaus de Siegen, Chron. Eccl., S. 311: *Cenobium fratrum Augustinensium in Erfordia construitur a. d. 1131 et ab Adelberto Moguncienși archiepiscopo privilegiis dotatur.* Dem entspricht ein Vermerk des 17. Jahrhunderts im großen Kopialbuch des Klosters, UBESK 3, S. IX: *Fundata est ecclesia sancti Augustini hic Erphordij per dominum Albertum archiepiscopum anno 1131. Monsterium vero aedificatum est anno 1287.* ▪ **38** Vgl. UBE 1 und UBESK 1, jeweils passim. ▪ **39** Im Testament Pfarrer Heinrichs von der Bartholomäuskirche, 1282 Aug. 21, UBE 1, Nr. 323 S. 210: *Preter hec legavit* [...] *fratribus saccitis fertonem* [...]. ▪ **40** Vgl. 1283: UBE 1, Nr. 330. ▪ **41** 1291 März 9, UBE 1, Nr. 414: [...] *abbatisse et conventui sanctimonialium dictarum de Berka ad domum Saccitarum extra muros Erfordenses translatarum* [...] sowie: [...] *locum predictum Saccitarum, in quo divino estis obsequio mancipate, ad quem de expressa nostra licencia transivistis* [...]. ▪ **42** Cron. s. Petri moderna, z. J. 1291 S. 300: *Eodem anno Ydus Aprilis* [...] *incepit incendium in Erphordia* [...], *quod consumpsit fere terciam partem civitatis* [...] *ultra valvam que dicitur Cramphintore; in quo incendio* [...] *necnon ecclesia Saccitarum extra portam predictam, quam sanctimoniales de Bercha eodem anno ex voluntate domini Moguntini possederant, cum officinis et curiis ipsorum pariter sunt exusta.* ▪ **43** 1303 Sept. 1, UBESK 1, Nr. 836: [...] *abbatissam et conventum de Orto sancte Marie, qui quondam habitabant ante valvam Krempfenthor, in quo loco fratres Minores morabantur,* [...]. – Vgl. 1303 Mai 30: ebd., Nr. 833; 1303 Juli 29: ebd., Nr. 834. ▪ **44** 1309: UBESK 1, Nr. 930; Regest aus dem Urkundeninventar des Erfurter Marienknechtsklosters von 1671: Der Propst des Nonnenklosters Martini Extra und der Kantor des Severistiftes als erzbischöfliche *»executors* und *commissarii* eignen dem Marienknechter Closter den vor dem Grämpfer Thor gelegenen Closter Platz zu, welchen vor diesen obbesagte Nonnen und vor ihnen Cistercenser Münche in besitz gehabt und verlassen haben. 1309.« Die Erwähnung der Zisterziensermönche beruht offenkundig uf einem Irrtum. ▪ **45** Liber cron. Erf., z. J. 1310 S. 780. ▪ **46** UBE 1, Nr. 72.

ERFURT UND ROM
PÄPSTLICHE PRIVILEGIEN FÜR DIE BETTELORDEN

Jörg Voigt

Die Gründung der Bettelorden seit dem 13. Jahrhundert führte zu einer dauerhaften Differenzierung der religiösen Lebensformen des Mittelalters. Sie waren hauptsächlich auf die neu entstandenen und aufstrebenden Städte konzentriert, wie dies am Beispiel Erfurts deutlich abgelesen werden kann. Mit Predigt und Seelsorge besaßen sie wichtige geistliche Funktionen, waren jedoch nicht innerhalb des spätmittelalterlichen Kirchensystems an die Bistums- und Pfarrorganisation gebunden, sondern allein ihren jeweiligen Ordensregeln verpflichtet; sie waren hierarchisch organisiert. Die Bettelorden unterstanden somit nicht dem jeweiligen Ortsbischof, sondern direkt dem Papst. Bereits aus diesem Grund erhielten sie mehrere päpstliche Privilegien, die ihre rechtliche Stellung mit Blick auf ihre seelsorgerischen Funktionen sichern sollten. Weitere Privilegien betrafen z. B. die Organisation ihres Studienwesens. Darüber hinaus verliehen die Päpste den einzelnen Orden auch eigene Privilegien, die hier in einer Auswahl für diejenigen Orden vorgestellt werden sollen, deren Erfurter Niederlassungen durch sie begünstigt wurden: die Franziskaner, die Dominikaner, die Augustiner-Eremiten und die Serviten. Es kann im Folgenden allerdings nur ein kleiner Überblick über diejenigen päpstlichen Privilegien gegeben werden, die auf die Rolle der Kurie bei der Gründung der jeweiligen Bettelorden und auf deren rechtliche Grundlagen weisen sollen, die sich vor allem auf den Bereich der Seelsorge- und Begräbnisrechte der Mendikanten konzentrierten, da hier die größten Konfliktfelder zwischen den Bettelorden und dem Pfarrklerus bestanden.

Franziskaner

Der Franziskanerorden war der größte Bettelorden des Spätmittelalters. Seine Anfänge gehen auf die herausragende, charismatische Persönlichkeit des Franz von Assisi († 1226) zurück. Die starke Ausbreitung des Ordens hing eng mit den religiösen und sozialen Wandlungsprozessen des 12. und 13. Jahrhunderts zusammen – hier vor allem die Urbanisierungsprozesse und die damit verbundenen neuen religiösen Bedürfnisse und Möglichkeiten. Noch zu Lebzeiten des Franz von Assisi wurden die Regeln des Ordens von Papst Honorius III. am 29. November 1223 in der Bulle *Solet annuere* bestätigt. Die in der frühen Ordensgeschichte virulenten Auseinandersetzungen um das Armutsverständnis, die Klerikalisierung des Ordens und das theologisch-wissenschaftliche Profil des Ordens führten zu einer ganzen Reihe päpstlicher Privilegien. Aufgrund der wachsenden Bedeutung der Franziskaner bei der Seelsorge innerhalb der Städte – aber auch in ländlichen Regionen – bestand gegenüber dem Pfarrklerus Regelungsbedarf, wobei hier oft die Ortsbischöfe bzw. die Kurie einbezogen wurden. Die Franziskaner waren in vielen Städten die erste Bettelordensniederlassung, und auch in Erfurt und Mitteldeutschland setzten die Konventsgründungen ab den zwanziger Jahren des 13. Jahrhunderts ein.[1]

Zu den frühen Bestimmungen gehörte die Bulle *Virtute conspicuos sacri* von Papst Alexander IV. vom 2. August 1258, in der den Franziskanern alle Ordensprivilegien bestätigt wurden und der Orden vom Zugriff der jeweiligen Ortsbischöfe befreit wurde.[2] Dieses Privileg wurde von Papst Bonifaz VIII. am 11. November 1295 bestätigt.[3] Die bedeutendste rechtliche Grundlage für die spätmittelalterlichen Bettelorden ist jedoch die Bulle *Super cathedram*, die Papst Bonifaz VIII. am 18. Februar 1300 ausstellte.[4] (Abb. 30) Mit *Super cathedram* wurden die Seelsorgebefugnisse auch der Franziskaner, hier vor allem deren Predigt-, Beicht- und Begräbnisrechte, geregelt und gegenüber dem Pfarrklerus abgegrenzt. Die Bulle *Super cathedram* fand Eingang in die Dekrete des Konzils von Vienne, die 1317 veröffentlicht wurden.[5]

Dominikaner

Der Dominikanerorden wurde durch den hl. Dominikus († 1221) in Südfrankreich gegründet. Er ist neben den Franziskanern der bedeutendste Bettelorden im Spätmittelalter. Kern des religiösen Lebens der Ordensmitglieder war und ist die Predigt, worauf die zeitgenössische Bezeichnung Orden der Predigerbrüder *(Ordo fratrum Praedicatorum)* weist. Durch die besondere Wertschätzung der theologischen und pastoralen Ausbildung für die Glaubenspredigt etablierte sich der Orden früh an Schulen und Universitäten und gewann mit herausragenden Geistlichen, wie z. B. Albertus Magnus, Thomas von Aquin und Meister Eckhart, hohes intellektuelles Profil und spirituelle Strahlkraft. Der Orden breitete sich seit den 1220er Jahren in ganz Europa aus; zu den frühen Konventen in Deutschland gehörte auch die 1229 in Erfurt gegründete Ordensniederlassung.

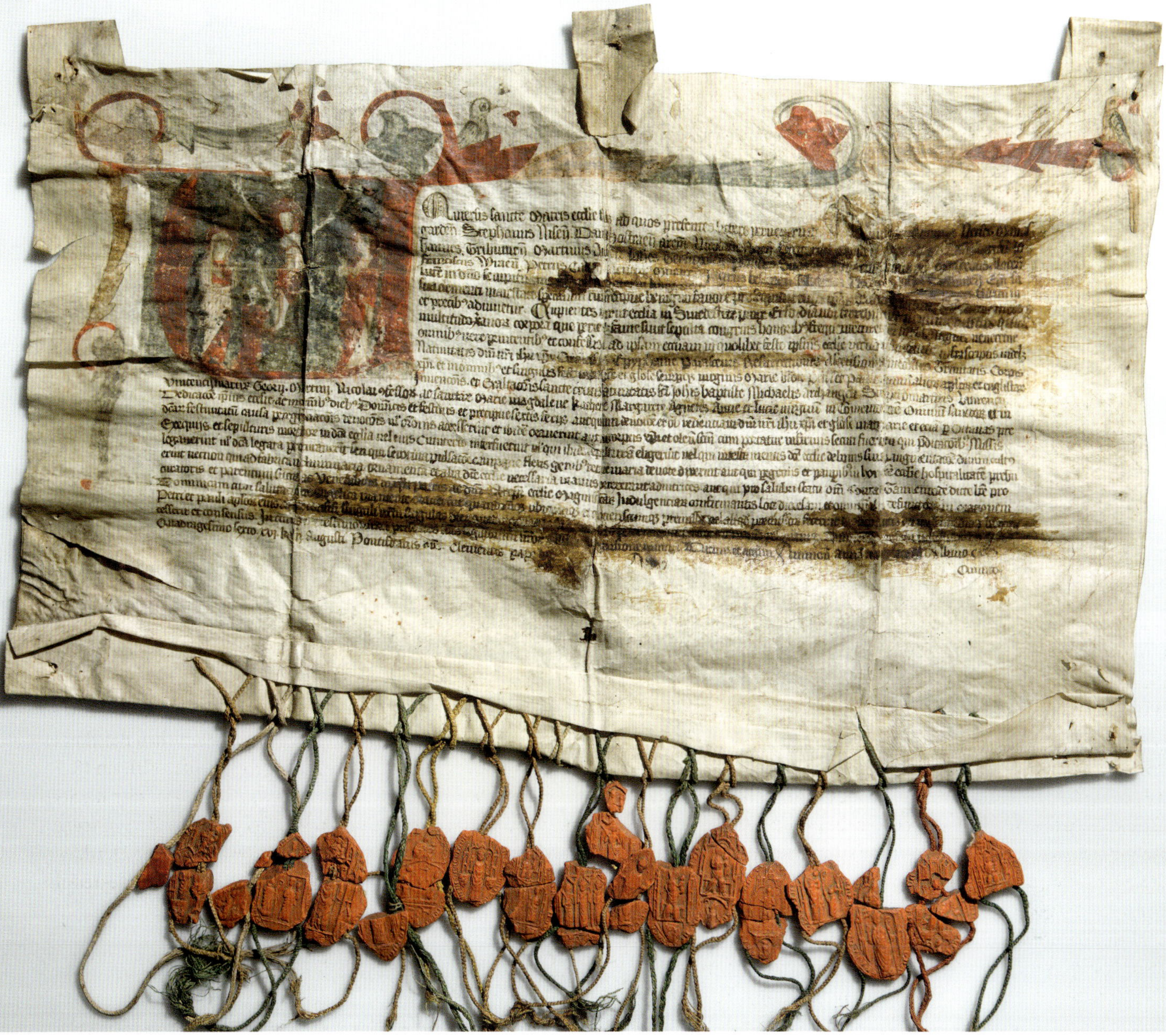

Abb. 30 Mühlhäuser Sammelindulgenz (Kat.-Nr. III.16)

Seit seinen Anfängen war der Dominikanerorden eng mit der Kurie verbunden. Papst Honorius III. bestätigte am 22. Dezember 1216 mit der Bulle *Religiosam vitam eligentibus* diese Ordensgründung.[6] In einer ganzen Reihe von Privilegien für das Predigen der Dominikaner ließen Honorius III. und sein Nachfolger Gregor IX. dem Orden päpstliche Unterstützung zuteil werden, wie z. B. die in *Si personas religiosas* vom 11. Februar 1218 an den Welt- und Ordensklerus gerichtete Aufforderung, die Mitglieder des Dominikanerordens zu unterstützen.[7] Wie bereits am Beispiel der Franziskaner genannt, wurde die von den Dominikanern getragene Seelsorge durch die bereits genannte Bulle *Super cathedram* auf eine neue rechtliche Grundlage gestellt. Darüber hinaus bestätigte Bonifaz VIII. in *Nuper ut discordiae* den Dominikanern, dass bei Beerdigungen allein die kanonisch festgelegten Zahlungen an den Pfarrklerus zu leisten sind.[8]

Abb. 31 Papst Innozenz VI. erlaubt den Augustiner-Eremiten, auch während des Interdikts Gottesdienst zu halten (Kat.-Nr. III.14)

Augustiner-Eremiten

Die Gründung und Ausgestaltung des Augustiner-Eremitenordens datiert in die Mitte des 13. Jahrhunderts. Bereits im Jahr 1244 schloss Papst Innozenz IV. mehrere, aus der oberitalienischen Armuts- und Eremitenbewegung des 12. und 13. Jahrhunderts stammende Gemeinschaften Oberitaliens unter enger Anbindung an die Kurie zusammen.[9] Sein Nachfolger, Papst Alexander IV., vereinigte 1256 diesen Zusammenschluss mit weiteren Religiosenverbänden zum Orden der Eremitenbrüder des hl. Augustinus *(Ordo fratrum Eremitarum sancti Augustini)*.[10] War der Orden zu Beginn noch in vier Provinzen aufgeteilt, um die Verwaltung der steigenden Zahl der Niederlassungen zu gewährleisten, so wurden diese Provinzen in den folgenden Jahren weiter unterteilt. So auch die deutsche Provinz, die Ende des 13. Jahrhunderts in vier neue Ordensprovinzen aufgegliedert wurde; darunter auch die sächsisch-thüringische Provinz mit 20 Niederlassungen, deren größter und durch das seit dem 14. Jahrhundert dort bestehende Generalstudium bedeutendster Konvent die Niederlassung in Erfurt bildete.

Zu den wichtigen päpstlichen Privilegien gehörte weiterhin die Bulle *Sacer ordo* Papst Bonifaz‹ VIII. vom 21. Januar 1298, in welcher der Orden der Augustiner-Eremiten von der Gewalt und Gerichtsbarkeit anderer Herrschaftsträger befreit wurde; zudem wurden alle Mitglieder des Ordens und dessen Güter unter den Schutz des Papstes gestellt.[11] Ein weiteres zentrales Privileg – dabei handelt es sich um *Inter solicitudines* – datiert auf den 16. Januar 1302, als Papst Bonifaz VIII. diesem Orden und seinen geweihten Mitgliedern das Recht verlieh, zu predigen, die Beichte zu hören und die Absolution zu erteilen.[12] Für die Predigt und Seelsorge des Ordens war ebenfalls das Privileg vom 18. April 1317 von zentraler Bedeutung, mit dem sich Papst Johannes XXII. an die Erzbischöfe von Köln, Magdeburg und Mainz wandte, um diese mit dem Schutz der päpstlichen Privilegien zugunsten des Ordens zu betrauen.[13] Damit besaß der Augustiner-Eremitenorden die gleichen Rechte wie die Franziskaner und Dominikaner, wie es eigens in diesem päpstlichen Privileg heißt. Die Bedeutung dieser Rechtsverleihungen, die zu den wichtigsten Grundlagen des Erfurter Konvents zählten, wird auch darin deutlich, dass sie von späteren Päpsten erneut bestätigt wurden, wie z. B. von den Päpsten des Spätmittelalters.[14] (Abb. 31) Darunter zählen auch Sammelprivilegien, wie sie z. B. Papst Nikolaus V. am 30. April 1450 und Papst Sixtus IV. am 7. Februar 1474 erneut bestätigten.[15]

Serviten (Marienknechte)

Die Anfänge des Ordens der Diener der hl. Maria, kurz Serviten oder auch Marienknechte, datieren in die dreißiger Jahre des 13. Jahrhunderts, als sich mehrere Florentiner Patrizier zu einer Marienbruderschaft zusammenschlossen und ein eremitisches Leben führten. Diese wurde Mitte des 13. Jahrhunderts päpstlich anerkannt und glich sich in Verfassung und Zielsetzungen immer stärker den Bettelorden an. Anfang des 14. Jahrhunderts bestanden in Italien 27 Konvente, die in vier Ordensprovinzen aufgeteilt waren; in Deutschland existierten zu diesem Zeitpunkt lediglich vier Klöster, die die Provinz Deutschland bildeten. Zwar sollte der Schwerpunkt dieses Ordens auf den Mittelmeerraum konzentriert bleiben, doch wurden im Verlauf des 14. und 15. Jahrhunderts in Deutschland insgesamt 18 Klöster von unterschiedlicher Größe und Bedeutung gegründet. Eine gewisse Konzentration weist der Orden im Rheingebiet und im thüringisch-sächsischen Raum auf; zu den frühen Niederlassungen zählt hier das bei Nordhausen gelegene Kloster Himmelgarten, dessen Anfänge in das Jahr 1295 datieren. In diesem Zeitraum liegen auch die Anfänge der Niederlassung in Erfurt, die 1309 erstmals urkundlich erwähnt wird. Das Kloster lag vor dem Krämpfertor. Zu den Förderern des Klosters zählten in den ersten Jahren seiner Existenz vor allem niederadelige Familien; das Erfurter Bürgertum ist hier noch nicht zu greifen.

Aus dem 13. Jahrhundert sind über 70 päpstliche Privilegien für den Orden bzw. einzelne Niederlassungen – in diesem Zeitraum noch überwiegend aus Italien – überliefert.[16] Bereits das früheste Privileg aus dem Pontifikat von Innozenz IV. vom 17. August 1254 gewährt den Serviten das Recht des Beichthörens, das Begräbnisrecht und das Eintrittsrecht für Frauen in den Orden. In der Überlieferung der Servitenkonvente der deutschen Provinz sind auch die Privilegien anderer Päpste, wie z. B. Alexanders IV. –hier u. a. dessen Privileg *Religionis vestre* zum Begräbnisrecht vom 1. April 1259[17] – und Papst Benedikts XI. – hier besonders Bestätigung der Ordensregel in der Bulle *Dum levamus* vom 11. Februar 1304[18] – von großer Relevanz; sie sind mehrfach in kopialer Form in Erfurt und in anderen mitteldeutschen Servitenklöstern überliefert.[19]

Die hier vorgestellten päpstlichen Privilegien weisen auf einige wesentliche Punkte der Bettelorden und regelten ihre exemten Ordensstrukturen, ihre Kontakte zu unterschiedlichen Herrschaftsträgern und den Laien, vor allem aber ihre Beziehungen zum örtlichen Pfarrklerus. Bereits darin lassen sich die dichte und nicht immer spannungsfreie Stellung und Wirksamkeit der Bettelorden in den Städten, aber auch auf die ländlichen Regionen, greifen.

Literatur

Bünz, Neustadt an der Orla. Kunzelmann, Augustiner-Eremiten 5, S. 4 – 104. Sächs. Franziskanerprovinz 1.

Anmerkungen

1 Zu Erfurt, ebenso für die anderen Bettelorden, vgl. auch oben den Beitrag Heinemeyer, Ansiedlung. ▪ **2** Bull. Francisc. 2, S. 298 – 303. ▪ **3** Ebd. 4, S. 371. ▪ **4** Regesta pont. Rom. 2, Nr. 24913 mit Hinweisen auf die Überlieferung. ▪ **5** CIC 2, Sp. 1161 – 1164. ▪ **6** Mon. dipl. s. Dominici, Nr. 77. ▪ **7** Ebd., Nr. 86. ▪ **8** Bull.. fratrum Praed. 2, S. 61. ▪ **9** Bull. eremit. s. Aug. Per. form., Nr. 46. ▪ **10** Ebd., Nr. 163. ▪ **11** Bull. eremit. s. Aug., S. 44 f. UBESK 3, Nachtrag Nr. 3. ▪ **12** Bull. eremit. s. Aug., S. 50 – 52. UBESK 3, Nachtrag Nr. 4. ▪ **13** UBESK 3, Nachtrag Nr. 9. ▪ **14** Für Belege aus der Überlieferung der Erfurter Ordensniederlassung siehe UBESK 3, S. 443 f. unter dem Stichwort »Papst«. ▪ **15** Ebd. 3, Nr. 206 und 270. ▪ **16** Bull. serv. s. Mariae 1 mit ausführlichen Angaben zur Überlieferung der jeweiligen Privilegien. ▪ **17** Ebd. 1, Nr. 7. ▪ **18** Ebd. 1, Nr. 78. ▪ **19** Chartae mon. Erf. serv. s. Marie, S. 132 – 134, 164.

BETTELORDEN UND RELIGIÖSE FRAUEN IN ERFURT

Jörg Voigt

Im 13. Jahrhundert, in dessen Verlauf sich in Erfurt mit den Franziskanern, den Dominikanern und den Augustiner-Eremiten drei der später vier Bettelorden niederließen, wurden in der Stadt bzw. in ihrem näheren Umfeld verschiedene Frauenklöster gegründet. Die ersten Nachrichten einer religiösen Frauengemeinschaft reichen jedoch bis in das 12. Jahrhundert zurück. Ein 1123 erstmals sicher zu belegendes Nonnenkloster, das sich in unmittelbarer Nähe zum St. Severistift befunden hatte, wurde in diesem Zeitraum auf den südwestlich vor den Mauern der Stadt gelegenen Cyriaksberg verlegt. Über Gründungsumstände und -zeitraum lassen sich aufgrund fehlender Nachrichten keine genaueren Angaben machen, doch zumindest seit dem Spätmittelalter ist es häufiger als Benediktinerinnenkloster in den Quellen genannt.

Eine weitere religiöse Frauengemeinschaft war das Kanonissenstift Neuwerk, das erstmals 1196 bei seiner Verlegung von seinem ersten Standort im Osten außerhalb vor dem Krämpfertor in den Südwesten der Stadt überliefert ist und dessen Anfänge vielleicht bereits in der ersten Hälfte des 12. Jahrhunderts liegen. Die Gründung dieses Frauenstifts wird sehr wahrscheinlich auf den Mainzer Erzbischof als Erfurter Stadtherren zurückzuführen sein. Damit handelt es sich um eine geistliche Niederlassung hochstehender Frauen; Bezüge zu den Erfurter Bettelorden sind auch hier in der späteren Überlieferung nicht zu greifen.

Auch für das Kloster der Magdalenerinnen in Erfurt, dessen Entstehung in die erste Hälfte der dreißiger Jahre des 13. Jahrhunderts zu datieren ist, trifft dieser Befund zu. Dieser 1227 gegründete Orden wurde in enger Anbindung an die Kurie von Klerikern gefördert, die zum engeren Schülerkreis des Magisters Petrus Cantor († 1197) zählten, der mit einer neuen Bußtheologie auf die gesellschaftlichen und religiösen Umbrüche der Epoche reagierte. Zu ihnen gehörten namhafte Geistliche, die ab dem 13. Jahrhundert zu den profiliertesten Kreuzzugs- und Ketzerpredigern zählten, die aber auch bei der Ausgestaltung der religiösen Lebensformen von Frauen, vor allem in der ersten Hälfte des 13. Jahrhunderts, eine zentrale Rolle einnahmen, wie z. B. der Hildesheimer Bischof Konrad II. († 1249).

Die Stifter der einzelnen Niederlassungen lassen sich in der Regel nur in Ausnahmefällen konkret nachweisen. Auch in Erfurt sind sie für das ab Mitte der dreißiger Jahre des 13. Jahrhunderts belegte Magdalenerinnenkloster nicht genau bekannt. Jedoch wird man mit Blick auf die überlieferten Quellen eine Beteiligung der Bettelorden ausschließen können. Entscheidender waren vielmehr die Förderung durch ritterliche Familien, wie die Familie von Urbich, sowie die Zustimmung des Mainzer Erzbischofs und des aufstrebenden Erfurter Bürgertums. Vor allem zum Erfurter Rat verdichteten sich die Beziehungen; schon in der Mitte des 13. Jahrhunderts sind Erfurter Ratsmitglieder als »Erhalter, Beschützer und Vorsteher« *(conservatores, tutores et rectores)* der Magdalenerinnen überliefert und waren somit Träger von Ordensämtern.[1]

Die verschiedenen Formen der *vita religiosa* von Frauen waren jedoch nicht nur auf das Erfurter Stadtgebiet beschränkt. Attraktiv erschien zum Beispiel auch ein Leben als Nonne in zum Teil entfernt liegenden Klöstern. So lassen sich im 13. Jahrhundert zum Beispiel im Zisterzienserinnenkloster Ichtershausen Frauen aus führenden Erfurter Familien nachweisen. Auch das Zisterzienserinnenkloster in Oberweimar strahlte bis nach Erfurt aus. Mehrere Frauen aus Erfurt sind hier in den Quellen zu greifen.[2] Die bekannteste Nonne ist die aus Erfurt stammende Lukardis († 1309), die in dieses Kloster sehr wahrscheinlich in den achtziger Jahren des 13. Jahrhunderts eintrat. Hervorzuheben ist, dass die geistliche Betreuung der Nonnen, die sogenannte *cura monialium,* in den Händen der Erfurter Dominikaner lag. Damit stand diese Nonnengemeinschaft in engem Kontakt mit einem der spirituell führenden Dominikanerkonvente überhaupt. In Erfurt wirkten in diesem Zeitraum herausragende Dominikaner, wie z. B. Meister Eckhart und Dietrich von Apolda.[3] Der Erfurter Dominikanerkonvent stand zu diesem Zeitpunkt auch in engstem Kontakt mit den Mystikerinnen in Helfta.

Neben den klausuriert-monastischen Lebensformen für Frauen bildete sich im Spätmittelalter auch das sogenannte Beginenwesen heraus. Als Beginen werden Frauen bezeichnet, die ein religiöses Leben entweder allein oder in zumeist kleineren Gemeinschaften führten, ohne jedoch einem Orden anzugehören. Das Beginenwesen entwickelte sich ab der ersten Hälfte des 13. Jahrhunderts zur verbreitetsten städtischen Frömmigkeitsform von Frauen im spätmittelalterlichen Deutschland. In den meisten Städten von entsprechender Größe, kommunaler Entwicklung und sakraltopographischer Ausprägung lassen sich Beginen nachweisen.

Die rechtliche Grundlage des religiösen Lebens von Beginen war das einfache Keuschheitsgelübde, also das *votum* bzw. *propositum castitatis* von Frauen und die damit verbundene Übernahme eines Gewandes als äußeres Erkennungsmerkmal eines religiösen Lebens. Wichtig

Abb. 32 Büste der hl. Margarethe (Kat.-Nr. III.20)

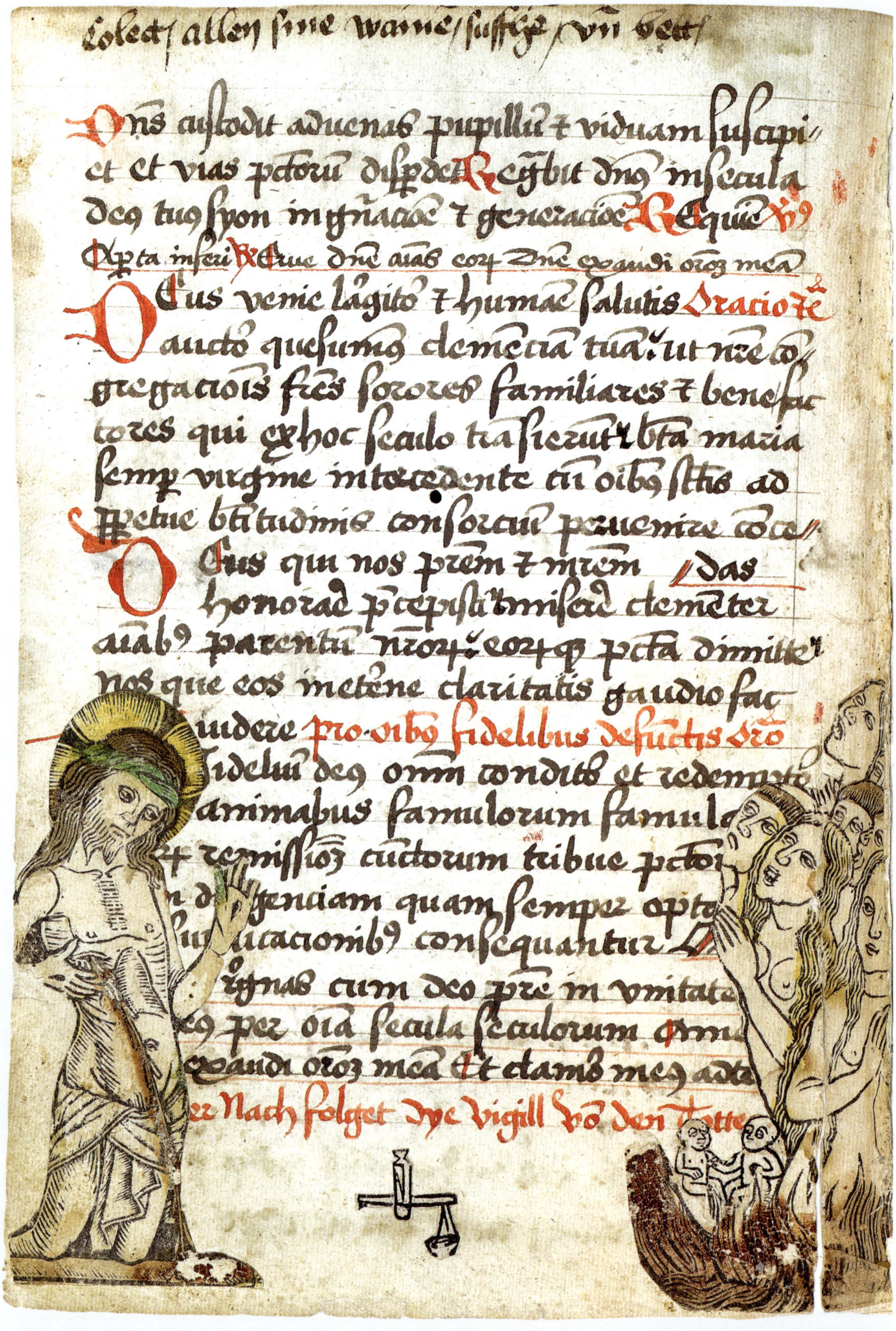
Colect/ allen sine warne/ suffrag/ vii bett/

Dns custodit advenas pupillum et viduam suscipiet et vias peccatorum disperdet R Regnabit dns in secula deus tuus syon in generacione et generacione R Requiem V A porta inferi R Erue domine animas eorum Domine exaudi oracionem meam

Deus venie largitor et humane salutis Oratio auctor quesumus clemenciam tuam ut nostre congregacionis fratres sorores familiares et benefactores qui ex hoc seculo transierunt beata maria semper virgine intercedente cum omnibus sanctis ad perpetue beatitudinis consorcium pervenire concedas

Deus qui nos patrem et matrem honorare precepisti miserere clementer animabus parentum nostrorum eorumque peccata dimitte nos que eos in eterne claritatis gaudio fac videre Pro omnibus fidelibus defunctis oro

Fidelium deus omnium conditor et redemptor animabus famulorum famularumque tuarum remissionem cunctorum tribue peccatorum ut indulgentiam quam semper optaverunt piis supplicacionibus consequantur Qui vivis cum deo patre in unitate ... deus per omnia secula seculorum Amen ... exaudi oracionem meam et clamor meus ad te ...

Hier nach folget dye vigill von den totten

sind dabei die unterschiedlichen Auswirkungen, die das jeweilige Gelübde für die Rechtsstellung der entsprechenden Personen im Mittelalter hatte. Ein feierliches Gelübde begründete die Zugehörigkeit zu einem Orden bzw. einer Klostergemeinschaft mit dem jeweiligen, auf einer approbierten Regel basierenden rechtlichen Rahmen, der die Vermögensunfähigkeit, das Ehehindernis und weitere Einschränkungen verschiedener Rechte einschloss. Im Gegensatz dazu besaß das einfache Gelübde der Beginen andersartige Rechtsfolgen, denn das *votum castitatis* begründete zwar ein keusches Leben und die Ehelosigkeit; es besaß jedoch keine Auswirkungen auf die Vermögensfähigkeit. Die Frauen, die dieses Gelübde ablegten und das mit der Übernahme eines Habits bekundeten, traten keinem neuen Rechtsverband bei.

Genau vor diesen Hintergrund ist der erste Beleg von Beginen im mitteldeutschen Raum zu stellen, der aus dem Jahr 1238 stammt und eine Gemeinschaft von vier religiös lebenden Frauen in unmittelbarer Nähe zu den Erfurter Dominikanern überliefert, die der jungen Niederlassung Grund und Boden übertrugen. Die Frauen werden als »Gott geweiht und enthaltsam lebend« *(Deo dicate et continentes)* bezeichnet und weisen auf die Nähe zwischen Beginen und Dominikanern hin.[4] Diese Beginengemeinschaft zählt zu den frühesten Niederlassungen von Frauen, die im unmittelbaren Umfeld des sich rasant ausbreitenden Dominikanerordens nachzuweisen sind.

Auch in den folgenden Jahren entwickelte sich das Beginenwesen in Erfurt zu besonderer Blüte, worüber zum Beispiel der Kleriker Nikolaus von Bibra in seinem Gedicht *Occultus Erfordensis* berichtet, das gegen Ende des mit Schärfe ausgebrochenen Konfliktes zwischen der Erfurter Bürgerschaft und dem Mainzer Erzbischof um 1280 entstand. Am Ende seiner Darstellung der geistlichen Institutionen der Stadt und nach einem knappen Verweis auf die drei Frauenklöster innerhalb und außerhalb Erfurts setzt Nikolaus‹ ausführliche und facettenreiche Schilderung der Beginen ein. Zunächst nimmt er auf die frommen Beginen Bezug, deren regelmäßiger Besuch der Messe und religiöse Lebensweise angeführt werden. Es heißt, dass diese Beginen ein Gelübde allein Christus gegenüber abgelegt hätten. Sie verteilten darüber hinaus Almosen, befolgten die Fastenvorschriften und beweinten ihre Sünden. Tag und Nacht arbeiteten sie, heißt es weiterhin, wobei die Arbeit mit Wolle ausdrücklich genannt wird. Besondere Beziehungen bestünden zwischen den Beginen und den Brüdern *(fratres)*, was sich nur auf die Mitglieder der Mendikantenorden beziehen kann. Ihnen würden sie regelmäßig ihre Sünden bekennen. Schließlich nennt Nikolaus noch mystische Erlebnisse, die auch vom Volk wahrgenommen worden seien. In der Übersetzung von Christine Mundhenk lautet der Text wie folgt: »Gestern, heute und morgen hören sie nicht auf, den Brüdern«, hier also den Bettelordensbrüdern, »ihre Sünden zu bekennen, und mit schlichten Worten und einem reichen Tränenstrom erzählen sie die Träume der Nacht und die Taten des Tages. Zwar nur selten, aber dennoch kommt es vor, da*ß* einige von ihnen außer sich geführt oder entrissen werden, so da*ß* sie Christus sehen; das Volk nennt dies ›Jubel‹.«[5]

Abb. 33 Stundenbuch aus dem Dominikanerinnen-Kloster Weiler/Esslingen (Kat.-Nr. III.21)

Auch in der Nähe zu den Erfurter Franziskanern und den Augustiner-Eremiten lassen sich ab dem späten 13. Jahrhundert mehrere kleinere Beginengemeinschaften nachweisen, aber auch im Umfeld weiterer geistlicher Institutionen der Stadt.

Das spätmittelalterliche Erfurt bietet somit das Bild einer Stadt, die eine Vielzahl an religiösen Frauengemeinschaften entwickelt hat. Dabei entsprachen sowohl monastisch-klausurierte als auch jene religiösen Lebensführungen, die auf einem einfachen Gelübde basierten, den städtischen Frömmigkeitsformen.

Literatur

Nemes, Schrift, S. 221 – 226. Voigt, Beginen, S.109 – 135, 206 – 217. Voigt, Bischof Konrad II. Voigt / Schmidt / Sorace, Beginenwesen.

Anmerkungen

1 UBE 1, Nr. 220. ▪ **2** Vgl. von Boetticher, Oberweimar. ▪ **3** Aus der Fülle der Untersuchungen zu Meister Eckhart siehe Hackett, Companion; Werner, Dietrich von Apolda. ▪ **4** UBE 1, Nr. 117. ▪ **5** Nicolaus von Bibra, Occultus Erfordensis, S. 242 – 244.

HÄRESIE, INQUISITION UND BETTELORDEN IN ERFURT IM 14. UND 15. JAHRHUNDERT

Ingrid Würth

»In deutschen Landen, wo gewöhnlich der rechte Glaube herrschte, begann der giftige Samen ketzerischer Schlechtigkeit hervorzusprießen und sich äußerst gefährlich auszubreiten.«[1] Zu diesem Schluss war Konrad von Marburg, der Beichtvater Elisabeths von Thüringen und äußerst engagierte Inquisitor im römisch-deutschen Reich, bereits 1232 gelangt. Die Heiligsprechung der ihm anvertrauten ehemaligen Landgräfin und Marburger Hospitalgründerin betrieb er auch in der Überzeugung, dass diese durch ihr vorbildhaftes Leben und die durch sie bewirkten Wunder ein Zeugnis für den wahren Glauben abgelegt habe und somit als wirksames Werkzeug zur Widerlegung der offenbar fast allgegenwärtigen Ketzerei dienen konnte. Doch die Kanonisation Elisabeths musste von anderen zum Abschluss gebracht werden. Konrad von Marburg wurde am 30. Juli 1233 ermordet, vermutlich weil er in seinem Eifer bei der Verfolgung der Häresie zu weit gegangen war und seine Anschuldigungen gegen übermächtige Gegner gerichtet hatte. Das Bemühen um die Reinerhaltung des Christentums im Abendland, der Kampf um den wahren Glauben zwischen der Kirche und von ihr als solchen definierten häretischen Schismatikern dauerte hingegen an und prägte den religiösen Alltag in den folgenden Jahrhunderten.

Eine theologische Begründung für das Vorgehen gegen die Ketzer formulierte Thomas von Aquin († 1274), indem er diese mit Geldfälschern verglich. Die Verfälscher des Glaubens müssten ebenso mit dem Tode bestraft werden, auch wenn die Kirche sich eigentlich erbarmungsvoll zeigen wolle. Denn nur durch ihre Auslöschung könne die Ansteckungsgefahr durch die Häresie vermindert werden. Die kirchenrechtliche Grundlage der Ketzerverfolgung bildeten mehrere Dekretalien, als deren bedeutendste *Ad abolendam* zu nennen ist. In ihr wurde unter anderem festgelegt, dass alle, die hinsichtlich der Sakramente anderer Meinung waren als die Kirche, als Häretiker zu betrachten waren. Wer für schuldig befunden worden war und keine Reue zeigte, wurde der weltlichen Gewalt überstellt. Allein der Häresieverdacht war für eine Bestrafung ausreichend. Sowohl Kaiser Friedrich I. Barbarossa (1152–1190) als auch sein Enkel Friedrich II. (1212–1250) versicherten die Kirche der weltlichen Unterstützung in ihrem Kampf gegen die Ketzerei.

Allerdings existierte im Mittelalter kein zentrales Organ zur Steuerung dieser immensen Aufgabe. Die »Kongregation der heiligen Inquisition gegen die ketzerische Verderbtheit« *(Congregatio sanctae Inquisitionis haereticae pravitatis)*, also die Inquisition im Sinne einer päpstlichen Behörde, entstand erst in der zweiten Hälfte des 15. Jahrhunderts. Bis zu dieser Zeit lag die Bekämpfung der Ketzerei in verschiedenen Händen. Zum Teil wurde sie von den Diözesanbischöfen vorangetrieben, meist jedoch kamen speziell vom Papst berufene Inquisitoren und Ketzerrichter wie der oben erwähnte Konrad von Marburg zum Einsatz. Sie rekrutierten sich oft aus den Bettelorden, welche durch ihr weitgespanntes Beziehungsgeflecht und ihre effektive Organisation in der Lage waren, wirkungsvoll gegen Häretiker in Stadt und Land vorzugehen. Nicht nur der Predigerorden, dessen Gründer Dominikus unter dem unmittelbaren Eindruck des sogenannten Kreuzzugs gegen die Katharer in Südfrankreich stand, sondern auch die Franziskaner wurden in der Ketzerinquisition aktiv.

Im Streit um die richtige Auslegung des christlichen Glaubens lässt sich freilich die Position der Kirche wesentlich leichter definieren als die der Gegenseite, da fast ausschließlich Quellen tradiert sind, die aus der Feder der Verfolger stammen. Selbstzeugnisse von »Häretikern«, die sich ihrerseits immer als die wahren Christen verstanden, existieren kaum, und auch die häretischen Anschauungen kennen wir nur durch die Brille der kirchlichen Ankläger und Richter. Eine Klassifizierung von Ketzerei oder eine genaue Definition von verschiedenen Sekten ist aufgrund der Überlieferungslage oftmals nicht möglich. Dennoch können für das Gebiet des Reiches im 14. und 15. Jahrhundert zwei große häretische Strömungen genannt werden: zum einen das Waldensertum, dessen Ursprünge im 12. Jahrhundert liegen und das als Teil der Armutsbewegung zu verstehen ist. Die Waldenser widmeten sich intensiv dem Studium der Hl. Schrift, wofür sie volkssprachliche Übersetzungen verwendeten. Durch Laienprediger verbreitete sich ihre Lehre schnell in ganz Europa und wurde vehement verfolgt. Zum anderen trat mit den Hussiten im 15. Jahrhundert eine Häresie auf den Plan, die eine bislang ungekannte Qualität erreichte. Sichtbares Zeichen der Anhänger des Jan Hus († 1415) war der Laienkelch. Auch in anderen Ansichten auf die Reformation vorausweisend, gelang es den Hussiten, militärisch und politisch der Kirche zu trotzen und sich dauerhaft von Rom abzuspalten.

In diesem weiteren Umfeld ist die Situation in Erfurt im Spätmittelalter zu betrachten. Verschiedene Institutionen in dieser Stadt spielten eine Rolle bei der Verfolgung von Häretikern in Thüringen, darunter sicherlich die Dominikaner, die schon sehr früh eine große und bedeutende Niederlassung dort hatten. Doch auch die Universität und das geistliche Gericht des Mainzer Erzbischofs leisteten im 14. und 15. Jahrhundert ihren Beitrag zur Ketzerinquisition, wie die nachfolgenden Beispiele veranschaulichen sollen.

Zunächst ist der Prozess gegen den Begarden Konstantin im Jahre 1350 zu betrachten. Der Angeklagte stammte aus Arnheim in den heutigen Niederlanden und übte vermutlich den Beruf eines Schreibers aus. Was ihn nach Erfurt geführt hatte, ist nicht bekannt. Seine religiösen Anschauungen jedoch lassen sich vergleichsweise gut nachvollziehen, da eine Abschrift des Inquisitionsprotokolls in einem Codex aus dem Erfurter Kartäuserkloster Salvatorberg erhalten ist. Dreimal wurde Konstantin befragt, und die meisten seiner Aussagen wiederholte er unbeirrt bei jedem der Verhöre. Er bestätigte, dass er als Christ getauft sei, doch dass der Priester, der das Sakrament an ihm vollzogen hatte, ein Pharisäer gewesen sei. Alle anderen Sakramente hielt er ebenfalls für nichtig. Er weigerte sich standhaft, einen Eid abzulegen, und glaubte nicht an das Fegefeuer, wohl aber an die Hölle. Besonderen Wert legt das Protokoll auf die Behauptung des Angeklagten, er verfüge über dieselbe Binde- und Lösegewalt wie der Apostel Petrus. Insgesamt lassen sich seine Aussagen in das große Spektrum der freigeistigen Häresie einordnen, einer Strömung, die seit der zweiten Hälfte des 13. Jahrhunderts immer wieder in den Quellen auftaucht, aber keine einheitliche Lehre oder gar eine geschlossene Sektenstruktur ausbildete. Das verbindende Element der Brüder und Schwestern des freien Geistes war die mystische Überzeugung, dass die menschliche Seele eine unmittelbare Verbindung mit Gott eingehen könne und somit diesseitige Reglementierungen und die Heilsmittel der Kirche hinfällig würden. Da sich Konstantin völlig uneinsichtig zeigte und weder durch Bitten noch durch Ermahnungen bekehrt werden konnte, wurde er schließlich zum Tode verurteilt. Das Protokoll verzeichnet auch die Namen seiner Richter: Heinrich, Dekan von St. Marien, und Dietrich, Marschall, Kanoniker an St. Severi und Provisor. Sie waren die mainzischen Generalrichter in Erfurt und zugleich von Erzbischof Gerlach von Nassau als Inquisitoren in Thüringen eingesetzt.

Einige Jahre später trat einer der bekanntesten Inquisitoren auf den Plan, der nicht nur in Erfurt wirkte, sondern sogar dort geboren war: Walter Kerlinger, aus einer angesehenen Patrizierfamilie stammend und Mitglied des Dominikanerordens. Am 26. Dezember 1367 befragte er in Erfurt den Begarden Johannes Hartmann aus Oßmannstedt. Auch in diesem Fall sind Verhörprotokolle überliefert, die uns Aufschluss über die häretischen Ansichten des Angeklagten geben. Hartmann berief sich ebenfalls auf die Freiheit des Geistes, die ihn von aller menschlichen Bevormundung lösen könne: »[…] dass diejenigen, die sich im genannten Stadium der Vollkommenheit und im Geist der Freiheit befinden, nicht mehr menschlichem Gehorsam unterworfen und auch nicht an irgendwelche Vorschriften oder Satzungen der Kirche gebunden sind, weil sie wahrhaft frei sind und einer, der so frei ist, König und Herr über alle Geschöpfe ist.«[2] Wie der Prozess gegen den Begarden ausging, ist nicht zweifelsfrei zu belegen. Es wird an verschiedenen Stellen von Verurteilungen und Hinrichtungen im Zusammenhang mit dem Vorgehen Kerlingers berichtet, doch im Protokoll fehlt eine Angabe über das verhängte Urteil.

Mit dem Dominikaner Walter Kerlinger wurde in der Ketzerverfolgung in Erfurt und in Thüringen ein neuer Standard gesetzt. 1364 hatte Papst Urban V. ihn und drei seiner Mitbrüder zu Inquisitoren im gesamten Reich ernannt. Kerlinger führte den Prozess gegen Hartmann in einem Gebäude durch, das dem Mainzer Erzbischof gehörte. Ein hochrangiger mainzischer Vertreter war an dem Verfahren jedoch nicht beteiligt. Kerlingers Position war also unabhängig von der Diözesangewalt, und er bediente sich souverän seiner geistlichen und weltlichen Befugnisse. Die Befragung des Beschuldigten führte er gemäß der Dekretale *Ad nostrum* durch, die auf dem Konzil von Vienne 1311/12 speziell für das Vorgehen gegen Beginen und Begarden erlassen worden war. Man könnte also gewissermaßen von einer Professionalisierung und Rationalisierung der Ketzerinquisition sprechen.

In den sechziger und siebziger Jahren des 14. Jahrhunderts ging man auch zum ersten Mal gegen die thüringischen Geißler vor. Vermutlich fand dieser Prozess ebenfalls in Erfurt statt, eventuell unter der Leitung von Walter Kerlinger, doch fehlen eindeutige Quellen für dessen Beteiligung. Die Geißlersekte ist bis zum Ende des 15. Jahrhunderts in Thüringen nachzuweisen und ging aus den 1348/49 in ganz Mitteleuropa aufgetretenen Geißlerzügen hervor. Aus der Bußbewegung, die durch Selbstgeißelung den Schwarzen Tod abzuwehren suchte, entwickelte sich eine häretische Gruppierung mit deutlichen antiklerikalen Zügen und endzeitlichen Erwartungen. Das grundlegende Element ihres Glaubens bildete die Geißelbuße als einziges Heilsmittel. An der Spitze der Sekte stand Konrad Schmid, der sich wohl Anfang der 1370er Jahre vor einem Inquisitionsgericht verantworten musste und später von den Geißlern als christusgleicher Messias und Weltenrichter verehrt wurde. Aus dem Umfeld dieses Verfahrens haben sich mehrere Quellen erhalten, nämlich *Articuli*, also ein Frageschema für das Verhör der Angeklagten, und die sogenannte *Prophecia*, in der mutmaßliche Passagen aus Predigten Konrad Schmids festgehalten und kommentiert wurden. Darüber hinaus muss ein kanonistisches Gutachten über die Rechtmäßigkeit der Geißlerzüge im Kontext dieses Prozesses verortet werden. Aus den Dokumenten geht hervor, dass Schmid wohl seit den frühen sechziger Jahren des 14. Jahrhunderts als Prediger und Prophet der Sekte auftrat und seinen Gefolgsleuten den Weltuntergang für das Jahr 1369 vorausgesagt hatte. Auch im Falle der Geißler lässt sich das Ergebnis des Verfahrens nicht eindeutig erschließen, doch darf man wohl von einem Todesurteil für deren Anführer ausgehen.

Schmids Anhänger hatten sich im Verlauf des 15. Jahrhunderts noch mehrmals vor verschiedenen Inquisitoren zu verantworten. 1414 brach eine Welle von Verfolgungen über die Geißler in Thüringen herein, die von Heinrich Schoenvelt ins Werk gesetzt wurde. Dieser war Dominikaner und befand sich im Herbst des Jahres 1413 im Erfurter Konvent. Mit einer Vollmacht des wettinischen Landesherrn ausgestattet, führte er im Frühjahr und Sommer 1414 mehrere Prozesse gegen Geißler durch, sowohl in landgräflichen Städten wie Sangerhausen und Thamsbrück als auch in den Gebieten der Grafen von Schwarzburg und der Grafen von Querfurt. Am 2. August dieses Jahres hielt er Gericht im Erfurter Dom, in Anwesenheit der gesamten Universität, des Klerus und des Mainzer Provisors.

1420 wurden in der Reichsstadt Mühlhausen Geißler aufgespürt und angeklagt. Über dieses Verfahren sind wir durch mehrere Briefe des Mühlhäuser Rates unterrichtet, und in einem der Schreiben werden die

Abb. 34 Urkunde aus dem Stadtarchiv Erfurt von 1349 mit Nennung von Walter Kerlinger.
Der spätere Inquisitor Walter Kerlinger urkundet 1349 als Prior des Erfurter Predigerklosters (Kat.-Nr. III.12).

mit dem Fall betrauten Richter genannt. Es handelte sich um zwei Dominikaner, nämlich Friedrich Doner und Robert Hoger, der seit 1412 Provinzial der sächsischen Franziskanerprovinz *(Saxonia)* war, außerdem Johannes Graneborn und Rudolf Holzapfel von Nebra, beide Professoren und Rektoren der Erfurter Universität, letzterer außerdem mainzischer Universalrichter in Erfurt und Kanoniker an St. Severi. Hier zeigt sich, wie eng die verschiedenen Institutionen in Erfurt bei der Ketzerverfolgung zusammenarbeiten konnten.

Die Verbindung von Bettelorden, Universität und erzbischöflicher Gewalt findet sich auch in der Person des Inquisitors Friedrich Molitoris wieder. Dieser war Dominikaner, hatte 1436 an der Erfurter Universität den theologischen Doktorgrad erworben und wirkte ebendort als Professor. 1446 und 1454 wurde er als Ketzerrichter in Nordhausen, Sondershausen und weiteren Orten tätig: Abermals mussten sich Geißler vor Gericht verantworten. Aus dem überlieferten Verhörprotokoll geht hervor, dass er in seiner Tätigkeit dem Mainzer Erzbischof unterstand, er also nicht unabhängig von der Diözesangewalt operieren konnte.

Die vorgeführten Einzelfälle beleuchten schlaglichtartig den Umgang mit christlichen Andersgläubigen in Erfurt im 14. und 15. Jahrhundert. Aufgrund der Überlieferungssituation lässt sich kein flächendeckendes Bild der Häresien zeichnen, weder in einer bestimmten Stadt noch im gesamten Reich. Sofern sich überhaupt Quellen zu Inquisitionsprozessen erhalten haben, beschränken sie sich oft auf die bloße Erwähnung von Verfahren. Die Namen der Angeklagten, die beteiligten Richter, die gesprochenen Urteile oder gar genauere Angaben über die Art der religiösen Abweichung, die vor Gericht verhandelt wurde, werden relativ selten tradiert. Die genannten Beispiele sind also vergleichsweise gut dokumentiert und lassen mithin zumindest einige Rückschlüsse zu.

Auf der Seite der Verfolger finden sich erzbischöfliche Richter, Universitätsgelehrte und Dominikaner. Der berühmteste unter ihnen war Walter Kerlinger, der überregional als Inquisitor tätig wurde. Betrachtet man die Reihen der Beschuldigten, so fällt in erster Linie auf, dass in Erfurt keine der beiden angesprochenen »großen« Häresien des Spätmittelalters verhandelt wurde. Konstantin und Johannes Hartmann vertraten freigeistige Ansichten, und obwohl ersterer nicht schwören wollte und die Existenz des Fegefeuers verneinte – was als typisch für die Waldenser galt –, dürfte er wohl nicht dieser Glaubensrichtung angehört haben. Auch Anhänger des Jan Hus scheint es nicht gegeben zu haben, oder es gelang ihnen zumindest, unerkannt zu bleiben. Eine Begründung für dieses markante Fehlen von Waldensern und Hussiten könnte in der Sonderstellung der Geißler zu finden sein, die nur im thüringischen Raum auftraten und keine weitere Wirkung entfalteten. Auf ihrem begrenzten Gebiet aber scheint es dieser Gruppierung gelungen zu sein, die kirchenfeindlichen Kräfte an sich zu binden, sodass für andere Häresien wenig Potential übrig blieb. In Mitteldeutschland erreichte die Konrad-Schmid-Sekte durchaus den Rang einer dritten bedeutenden häretischen Gemeinschaft, und ihre Fama reichte bis in die Reformation. Der Franziskaner Augustin von Alveldt verglich Martin Luther in einem Atemzug mit Wyclif, Hus und Konrad Schmid. Der Reformator konterte, dass erst noch entschieden werden müsse, ob Schmid oder Alveldt selbst »der schlimmere Ketzer« *(erger ketzer)* gewesen sei.[3]

Literatur

Erbstößer, Sozialreligiöse Strömungen. Erbstößer/Werner, Ideologische Probleme. Grundmann, Ketzerverhöre. Grundmann, Oportet. Grundmann, Typus. Lerner, Heresy. May, Geistliche Gerichtsbarkeit. Segl, Inquisitio. Voigt, Beginen. Wattenbach, Brüder vom freien Geiste. Weiß, Bürger. Würth, Geißler.

Anmerkungen

1 UB DO-Ballei Hessen 1, Nr. 28: *In partibus Alamannie, ubi fides orthodoxa vigere consueverat, pullulare ceperat virulentum semen heretice pravitatis et periculosissime dilatari.* ▪ **2** Wattenbach, Brüder vom freien Geiste, S. 539: […] *quod illi qui sunt in predicto gradu perfeccionis et spiritu libertatis, non sunt humane subjecti obediencie nec ad aliqua precepta vel statuta ecclesie obligantur, quia veri liberi sunt et talis liber est rex et dominus omnium creaturarum.* ▪ **3** WA 10,1,1, S. 6 f.

BETTELORDEN UND MYSTIK IN ERFURT IM 13. UND 14. JAHRHUNDERT

EINE ANNÄHERUNG

Sabine Schmolinsky

Mystik in Erfurt im Kontext von Bettelorden – das lässt unmittelbar an Meister Eckhart denken. Mit seinem Namen verbindet sich eines der berühmtesten und faszinierendsten theologisch-philosophischen Œuvres der späteren Jahrhunderte des Mittelalters. In der Geschichte mendikantischer Orden in Erfurt spielt er als Bruder im Orden des hl. Dominikus eine herausragende Rolle. Hier soll es jedoch weniger um ihn und sein umfangreiches Werk gehen, das in diesem Rahmen in keiner Weise zufriedenstellend angesprochen werden könnte, sondern um einen kurzen und keinesfalls erschöpfenden Überblick über mystisch-aszetische Schriften von Bettelordensmitgliedern, die sich für das 13. und 14. Jahrhundert mit Erfurt verbinden lassen.

Im Erfurt jener Zeit befanden sich Niederlassungen von vier Mendikantenorden, der Franziskaner seit 1224, der Dominikaner seit 1229, der Augustiner-Eremiten seit 1266/1276 und der Serviten zwischen 1303 und 1309.[1] Franziskaner, Dominikaner und Augustiner-Eremiten treten namentlich im *Occultus Erfordensis* des Nikolaus von Bibra auf, einem 2449 Verse umfassenden, nach modernen Kategorien spöttisch-ironisch zu nennenden Gedicht, das in der Zeit vom 21. März 1282 bis ins Jahr 1284 entstanden ist.[2] Die Dominikaner und die Franziskaner werden als vom heiligen Feuer entflammte, gegen falsche Lehren auftretende Glaubenslehrer *(doctores fidei)* dargestellt.[3] Ihre Lehre wirkt heilend,[4] aber mystische Traditionen berührt der Dichter bei seinen Schilderungen nicht.

Am 11. November 1224 gründeten Minderbrüder eine Niederlassung in Erfurt. Mit ihr nahm die Thüringische Kustodie der Franziskaner ihren Anfang. 1231 siedelte sich der Konvent in der Nachbarschaft der gerade angekommenen Dominikaner an der Breiten Gera an. Bereits für den Anfang der 1230er Jahre wird ein franziskanisches Partikularstudium *(studium particulare)* angenommen; die Namen einzelner Brüder sind bekannt. Erst im Lehrbetrieb der Erfurter Universität im 15. Jahrhundert finden sich bedeutende franziskanische Gelehrte. Ordensstudium und universitäre Lehre beförderten hier jedoch andere Typen von Literatur als solche, die sich der Mystik zuzählen ließen.[5]

Nonnen bzw. Schwestern der erwähnten Orden sind im Erfurt dieser Zeit nicht zu finden. Es gab Beginen und Beginengemeinschaften in der Stadt, die sich im Umfeld verschiedener geistlicher Institutionen finden lassen.[6] Der früheste Beleg (1238) gilt vier miteinander verwandten weiblichen Religiosen *(mulieres religiosae)*, die dem Konvent der Predigerbrüder ein Grundstück übergaben und sich gleichzeitig in dessen unmittelbarer Nähe niederließen.[7]

Jahrzehnte später näherte sich Meister Eckhart dem Dominikanerorden. Die erste sichere biographische Spur, die von ihm erhalten ist, zeigt sich zu Ostern (18. April) 1294 in Paris anlässlich einer Predigt, die er dort gehalten hat, als er nach seiner theologischen Ausbildung zum *lector sententiarum* über die Sentenzen des Petrus Lombardus las. Den jüngsten, sehr eingehenden Forschungen Walter Senners zufolge lässt sich sein Geburtsjahr eher noch vor dem üblicherweise angenommenen »um 1260« vermuten, so dass Senner einen Zeitraum »ca. 1250 – 1260« ansetzt.[8] Meister Eckhart stammte wohl aus einer thüringischen Ministerialenfamilie, die westlich von Erfurt beheimatet war. Wann und wo er sich den Predigerbrüdern anschloss, ist unklar. Es ist wahrscheinlich, dass er in den Konvent der Dominikaner in Erfurt eingetreten ist, zumal er dort auch anschließend Prior war.9 Vor dem Sommer 1298 hatte er zudem das Amt des Vikars für den Provinzial der dominikanischen thüringischen Natio *(natio Thuringiae)* inne.[10] Nach einer Zeit als Lehrer *(magister regens)* am Ordensstudium und an der Universität in Paris 1302 – 1303[11] wurde Meister Eckhart 1303, wohl im September, zum Provinzial der neuen dominikanischen Ordensprovinz *Saxonia* gewählt.[12] 1307 wurde er vom Generalkapitel zusätzlich zum Generalvikar *(vicarius generalis)* für die Provinz Böhmen ernannt.[13] Auf dem Generalkapitel 1311 wurde er ein zweites Mal nach Paris entsandt, um dort zu lehren.[14] Phasen einer Anwesenheit in Erfurt sind von da an nicht mehr belegt (Abb. 35).

In seiner Zeit als Prior des Erfurter Konvents der Predigerbrüder entstanden Meister Eckharts *Rede der underscheidunge*, die sich in der Volkssprache an – auch junge, des Lateinischen noch nicht kundige – Brüder und Laienbrüder im Erfurter Konvent und wahrscheinlich auch an Schwestern in Konventen seines Amtsbereichs als Vikar *(vicarius)* gerichtet haben.[15] Die *Rede* galten lange Zeit als Eckharts erste erhaltene Werke, bis es Freimut Löser gelang, in einer Salzburger Handschrift einen Text Meister Eckharts über die Armut zu identifizieren, der einen Rückbezug auf die *Rede der underscheidunge* enthält und daher vor diesen und mithin auch in Erfurt verfasst worden sein muss.[16] Einen Bezug zu Erfurt weist auch die im 14. Jahrhundert entstandene mystische Predigtsammlung *Paradisus anime intelligentis* auf. Die in ihr enthaltenen Predigten Meister Eckharts wurden lange Zeit mit ihm in seiner Früh-

Abb. 35 Meister Eckhart, Sermo Vas auri solidum (Kat.-Nr. III.9)

zeit in Erfurt verbunden. Aktuellen Forschungsergebnissen zufolge sind die Predigten Eckharts im *Paradisus* jedoch überarbeitet und bieten offensichtlich sekundäre Fassungen.[17]

Aus dem Kreis der Augustiner-Eremiten lassen sich Heinrich von Friemar der Ältere (um 1245 – 1340), Hermann von Schildesche (um 1290 – 1357) und Jordan von Quedlinburg (um 1300 – 1380, 1370?) nennen, die, unterschiedlichen Generationen angehörend, zu gleicher Zeit am Generalstudium der Augustiner in Erfurt gelehrt und unter anderem dem mystischen Schrifttum zuzuordnende Werke verfasst haben.[18] Heinrich, geboren um 1245 in Friemar bei Gotha, nahm vor 1265 ein Studium in Bologna auf und durchlief eine steile Karriere im Orden, die ihn bis zum Provinzial für alle deutschen Augustinerklöster führte. Von 1305 an war er unter dem Namen *Henricus de Alemania* Magister der Theologie *(magister theologiae)* und Inhaber des augustinischen Lehrstuhls in Paris. Spätestens 1315 kehrte er nach Thüringen zurück und war von 1317 an Lehrer *(magister regens)* im Erfurter Studienhaus der Augustiner. Zahlreiche Ordenspflichten begleiteten ihn, während er hier seine wohl umfangreichste literarische Tätigkeit entfaltete. Am 18. Oktober 1340 starb er im Augustinerkloster in Erfurt.[19]

Hier soll nicht im Einzelnen entschieden werden, welche der über dreißig gesicherten Werke Heinrichs[20] seinen aszetisch-mystischen Schriften zuzuzählen sind. Diese sowie seine seelsorgerischen Schriften und vor allem seine Predigten begründeten seinen Ruf schon zu seiner Zeit.[21] Genannt sei der Traktat *De quatuor instinctibus*, der in über 150 erhaltenen Handschriften aus nahezu allen Ländern des westlichen Europas sowie in mehreren Frühdrucken überliefert ist. Sein Thema ist die Unterscheidung der Geister, die hier als um die menschliche Seele eifernde, gegensätzliche Einwirkungen Gottes und der Engel einerseits und des Teufels andererseits ausgeführt wird.[22] Die 18 voneinander unabhängigen volkssprachigen Fassungen dieses Werks stellen anonyme Übersetzungen und Bearbeitungen dar, die in mehr als 40 Handschriften nachweisbar sind. Nur in zwei hochdeutschen Fassungen wurde der gesamte Traktat übertragen. Alle anderen Fassungen werden von Kurzfassungen und Bearbeitungen gebildet, zu denen auch zwei umfangreiche Predigtbearbeitungen gehören. In seiner lateinischen wie in den volkssprachigen Fassungen hat sich also der Traktat Heinrichs großer Beliebtheit erfreut. Allerdings ist nur eine Handschrift mitteldeutschen Ursprungs.[23]

Als zweiter, noch wirkmächtigerer Text Heinrichs von Friemar des Älteren sei seine lateinische Dekalogerklärung *De decem praeceptis* genannt, die er 1324 in Erfurt verfasst hat. Sie ist in etwa 300 Handschriften überliefert und wurde unter dem Namen des vornehmlich für seine Kommentierung der gesamten Bibel berühmten franziskanischen Theologen Nikolaus von Lyra im 15. und 16. Jahrhundert oft gedruckt.[24] Heinrich richtet sich hier offensichtlich mehr an die Gläubigen, die Verstöße gegen die Zehn Gebote zu beichten hätten, als, im Sinn eines Handbuchs, an die Priester, die die Beichten entgegenzunehmen hätten. Dies lässt sich daran ablesen, dass er seine Auslegung der einzelnen Gebote mit der Schilderung zahlreicher Einzelfälle unterstützt und in Aufforderungen zur Beichte münden lässt.[25]

Hermann von Schildesche *(Hermannus de Scildis),* der von 1333 bzw. 1334 an den Grad eines Magisters der Theologie in Paris innehatte, war von 1337 bis 1339 Provinzial der sächsisch-thüringischen Augustinerprovinz, bis er 1340 nach Würzburg wechselte, um die Ämter des bischöflichen Generalvikars und des obersten Pönitentiars zu übernehmen.[26] Der Theologe und – neben vielem anderen – bedeutende Erforscher der Augustiner-Eremiten Adolar Zumkeller (OSA), 1915 in Erfurt geboren und 2011 in Würzburg verstorben, auf dessen umfangreichen Forschungen die wissenschaftlichen Kenntnisse über Hermann weiterhin beruhen, hat diesen als einen einflussreichen Schriftsteller und Vertreter der deutschen Mystik gekennzeichnet.[27] Von Hermanns zahlreichen Schriften sei das 1347 bis 1349 entstandene Werk *Claustrum animae* hervorgehoben, nach Zumkeller eine mystisch-aszetische Herzklosterallegorie, der deutschsprachige Predigten zugrunde liegen, die Hermann in Erfurt und in Köln gehalten hat.[28]

Jordan von Quedlinburg, der in Bologna und Paris studiert hatte, kam 1322 nach Erfurt, um dort, wie auch später in Magdeburg, am Generalstudium seines Ordens das Amt eines Lektors, vergleichbar einer Professur an einer Universität, zu übernehmen (1327 – 1333). Neben zahlreichen weiteren Aufgaben im Orden war er spätestens ab 1345 bis 1351 Provinzial der sächsisch-thüringischen Ordensprovinz.[29] In Jordans Zeit der Lehre in Erfurt entstanden die *Expositio orationis dominicae*, eine Auslegung des Vaterunsers, und wohl eine *Expositio psalterii*, eine Auslegung des Psalters. Im Rahmen seines umfangreichen Predigtwerks finden sich einige Adventspredigten, in denen er, im Anschluss an Heinrich von Friemar, über die Gottesgeburt im menschlichen Herzen spricht. In einigen Predigten benützt er den Johannes-Kommentar Meister Eckharts. Zudem hat er sich mit der Mystik der »Brüder des freien Geistes« auseinandergesetzt.[30] Die umfangreichste volkssprachige Rezeption erfuhren seine *Meditationes de passione Christi*, Betrachtungen über die Passion Christi, die Geistliche wie Gläubige im Allgemeinen ansprachen. Sie sind in weit mehr als 100 Handschriften überliefert und in zahlreichen Drucken im 15. Jahrhundert und später erschienen.[31] (Abb. 37)

Im Sinn einer Arbeit an einem großen gemeinsamen, dennoch sich verschieden gestaltenden geistig-geistlichen Feld der Mystik lassen sich der Dominikaner Meister Eckhart und die beiden Augustiner-Eremiten Heinrich von Friemar der Ältere und Jordan von Quedlinburg miteinander sehen und vergleichen. In der Forschung wurde dies mehrfach unternommen. Zuletzt kam Jeremiah Hackett, der zu mittelalterlicher Philosophie- und Wissenschaftsgeschichte forscht, zu dem Schluss, dass eine Tradition der Aneignung und zugleich der Kritik der Theologie Meister Eckharts für die Lehre der Augustiner in Erfurt charakteristisch sei. Es verlaufe eine Linie von Heinrich von Friemar dem Älteren über

Abb. 36 Büste des hl. Thomas von Aquin als predigender Dominikanermönch (Kat.-Nr. III.22)

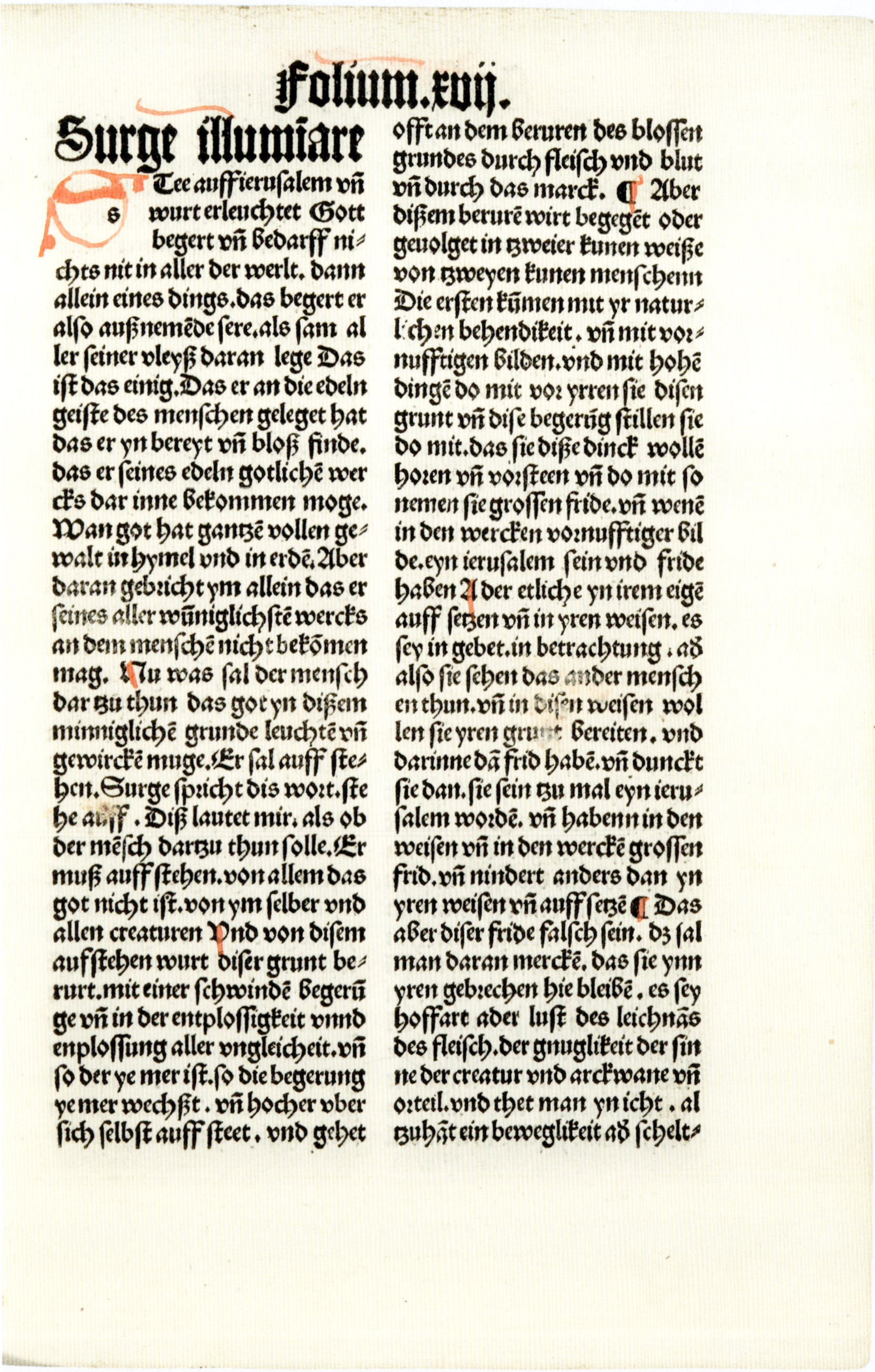

Folium.xvij.

Surge illumiare

S Tee auff ierusalem vñ
wurt erleuchtet Gott
begert vñ bedarff ni-
chts nit in aller der werlt. dann
allein eines dings. das begert er
also außnemēde sere. als sam al
ler seiner vleyß daran lege Das
ist das einig. Das er an die edeln
geiste des menschen geleget hat
das er yn bereyt vñ bloß finde.
das er seines edeln gotlichē wer
cks dar inne bekommen moge.
Wan got hat gantzē vollen ge-
walt in hymel vnd in erdē. Aber
daran gebricht ym allein das er
seines aller wūniglichstē wercks
an dem menschē nicht bekōmen
mag. Nu was sal der mensch
dar zu thun das got yn dißem
minniglichē grunde leuchtē vñ
gewirckē muge. Er sal auff ste-
hen. Surge spricht dis wort. ste
he auff. Diß lautet mir. als ob
der mēsch dartzu thun solle. Er
muß auff stehen. von allem das
got nicht ist. von ym selber vnd
allen creaturen Vnd von disem
auffstehen wurt diser grunt be-
rurt. mit einer schwindē begerū
ge vñ in der entplossigkeit vnnd
enplossung aller vngleicheit. vñ
so der ye mer ist. so die begerung
ye mer wechßt. vñ hocher vber
sich selbst auff steet. vnd gehet
offt an dem beruren des blossen
grundes durch fleisch vnd blut
vñ durch das marck. ¶ Aber
dißem berurē wirt begegēt oder
geuolget in tzweier kunen weiße
von tzweyen kunen menschenn
Die ersten kūmen mit yr natur-
lichen behendikeit. vñ mit vor-
nufftigen bilden. vnd mit hohē
dingē do mit vor yrren sie disen
grunt vñ dise begerūg stillen sie
do mit. das sie diße dinck wollē
horen vñ vorsteen vñ do mit so
nemen sie grossen fride. vñ wenē
in den wercken vornufftiger bil
de. eyn ierusalem sein vnd fride
haben A der etliche yn irem eigē
auff setzen vñ in yren weisen. es
sey in gebet. in betrachtung. ad
also sie sehen das ander mensch
en thun. vñ in disen weisen wol
len sie yren grunt bereiten. vnd
darinne dā frid habē. vñ dunckt
sie dan. sie sein tzu mal eyn ieru-
salem wordē. vñ habenn in den
weisen vñ in den werckē grossen
frid. vñ nindert anders dan yn
yren weisen vñ auff setzē ¶ Das
aber diser fride falsch sein. dz sal
man daran merckē. das sie ynn
yren gebrechen hie bleibē. es sey
hoffart ader lust des leichnās
des fleisch. der gnuglikeit der sin
ne der creatur vnd arckwane vñ
orteil. vnd thet man yn icht. al
tzuhāt ein beweglikeit ad schelt-

Jordan von Quedlinburg bis zu den Texten des Johannes Hiltalingen von Basel im späteren 14. Jahrhundert. Zudem habe Jordan die Bedeutung seines thüringischen Zeitgenossen Meister Eckhart für die Interpretation des Johannesevangeliums anerkannt, indem er dessen Johanneskommentar in seinen eigenen übernommen habe.[32]

Zieht man nur die damit angesprochenen Œuvres in Betracht, so zeigt sich in Umrissen, dass noch viel Bedarf an Lektüren und Forschungen besteht. Dabei sind die Jahrzehnte um 1300 in erfurtischer Perspektive ein erster Zeitraum verdichteter Beziehungen zwischen Bettelorden und Mystik.

Anmerkungen

1 Pelizaeus, Predigerkirche, S. 15 – 19; von Heusinger, Ketzerverfolgung, S. 3 f.; Senner, Meister Eckhart's Life, S. 11; Wolf, Erfurt, S. 162 – 165; Frank, Serviten, S. 164, 166 f. Nach Fasbender, Erfurt, S. 143 f. erhielten die Serviten 1311 ein Gebäude am Krämpfertor. Über ihren Umgang mit Literatur lassen sich belegbar nur für das 15. Jahrhundert Beobachtungen anstellen. ▪ **2** Nicolaus von Bibra, Occultus Erf., S. 72 – 81, 60. Zu den drei Orden ebd., S. 234/235 – 236/237 (V. 1512 – 1548). ▪ **3** Ebd., S. 234/235 (V. 1512 – 1520; Zitat V. 1518). ▪ **4** Ebd., S. 234/235 – 236/237 (V.1519 – 1546). ▪ **5** Fasbender, Erfurt, S. 134 – 136. ▪ **6** Voigt, Beginen, S. 109 – 135. ▪ **7** Ebd., S. 114 f., 127. ▪ **8** Senner, Meister Eckhart's Life, S. 7 f. Er rekonstruiert S. 11 f. Meister Eckharts mutmaßliche Ordensbiographie und kommt zu dem Schluss, dass als dessen Geburtsjahr spätestens 1262 angenommen werden müsse. ▪ **9** Senner, Meister Eckhart's Life, S. 10 f. Zu Meister Eckharts Zeiten in Erfurt vgl. auch Löser, Meister Eckhart, S. 59. ▪ **10** Senner, Meister Eckhart's Life, S. 15 f. ▪ **11** Ebd., S. 16 – 18. ▪ **12** Ebd., S. 19. ▪ **13** Ebd., S. 23 f. ▪ **14** Ebd., S. 26 f. ▪ **15** Senner, Die ›Rede der underscheidunge‹, S. 113, 120 f. ▪ **16** Löser, Meister Eckhart, S. 71 f. ▪ **17** Ebd., S. 66 f. Vgl. auch Honemann, Mitteldeutschland, S. 8 – 10. ▪ **18** Wesjohann, Gründungserzählungen, S. 533. Fasbender, Erfurt, S. 139 – 141. ▪ **19** Zumkeller, Heinrich v. Friemar d. Ä. Fasbender, Erfurt, S. 140 f. Warnock, Heinrich von Friemar d. Ä., Sp. 730. ▪ **20** Warnock, Heinrich von Friemar d. Ä., Sp. 731. Fasbender, Erfurt, S. 140 f. ▪ **21** Warnock, Heinrich von Friemar d. Ä., Sp. 731. ▪ **22** Ebd., Sp. 731 f. Ausgabe: Heinrich von Friemar, Traktat. ▪ **23** Warnock, Heinrich von Friemar d. Ä., Sp. 733 – 736. Zur Überlieferung vgl. Handschriftencensus, Heinrich von Friemar: ›De quattuor instinctibus‹ (dt.), www.handschriftencensus.de/werke/3463 [10. April 2017]. ▪ **24** Warnock, Heinrich von Friemar d. Ä., Sp. 733. Die volkssprachige handschriftliche Überlieferung hingegen ist mit sechs Handschriften klein; vgl. Handschriftencensus, Heinrich von Friemar: ›De decem praeceptis‹, dt., www.handschriftencensus.de/werke/3464 [10. April 2017]. Warnock, Sp. 736 f. bietet hier nicht mehr den aktuellen Stand; vgl. auch ebd., Nachträge. ▪ **25** Mandrella, Dekalog, S. 252. ▪ **26** Zumkeller, Hermann v. Schildesche (LexMA). Repertorium »Geschichtsquellen des deutschen Mittelalters«, Hermannus de Scildis: www.geschichtsquellen.de/repPers_118907263.html [10. April 2017]. ▪ **27** Zumkeller, Hermann v. Schildesche (LexMA). ▪ **28** Zumkeller, Hermann v. Schildesche (VL), besonders Sp. 1110. Zumkeller, Hermann v. Schildesche (LexMA). Fasbender, Erfurt, S. 141. ▪ **29** Jordan von Quedlinburg, S. 4 – 6. Zumkeller, Jordan v. Quedlinburg (LexMA). Zumkeller, Jordan von Quedlinburg (VL). Saak, High way, S. 243 – 267 u. ö., zu Erfurt S. 256 f., 264 f. ▪ **30** Zumkeller, Jordan von Quedlinburg (VL), Sp. 855 f., 860. ▪ **31** Ebd., Sp. 857 f. Handschriftencensus, Jordan von Quedlinburg: ›Meditationes de passione Christi‹ (dt.), www.handschriftencensus.de/werke/5657 [10. April 2017]. ▪ **32** Hackett, Reception, S. 573: »[…] it is now clear that a consistent Erfurtian Augustinian tradition of the appropriation *and* criticism of Eckhart's theology is characteristic of the Erfurt Augustinian School and is continuous from Henry of Friemar in Erfurt in the late 1290's and early 1300's through the texts of Jordanus of Quedlinburg, and is found in the texts of Johannes Hiltalingen of Basle later in the 14th century. Yet, it is also evident that by *positively inscribing* Eckhart's great ›Commentary on St. John‹ in his own text without adscription, Jordanus was recognizing the importance of his Thuringian contemporary for the interpretation of the most philosophically important of all the Gospels.« In der Zusammenfassung (summary) seines Beitrags verschiebt Hackett sein Argument leicht, indem er feststellt, dass sich von Erfurter Schulen der Philosophie und Theologie am Ende des 13. und zu Beginn des 14. Jahrhunderts (»Erfordian schools of philosophy and theology at the end of the thirteenth and beginning of the fourteenth century«) sprechen lasse;. ebd., S. 585. Zur Rezeption Meister Eckharts bei den Augustiner-Eremiten vgl. jetzt auch Bray, Reception, S. 494 – 508.

Abb. 37 Johannes Tauler, Predigten (Kat.-Nr. III.32)

III.1

Grundlegendes Regelwerk für das Mönchtum
Regula Benedicti
Elsass, 12. Jahrhundert

Handschrift ▪ Pergament. 124 Blatt. 27 × 18,5 cm ▪ St. Paul im Lavanttal, Cod. 31/1

Schrift und Initialen des vorliegenden Manuskripts belegen ein hervorragendes Skriptorium. Am Beginn des Prologs der Regula steht die fleuronnierte Initiale »A«, die eine Lokalisierung im elsässischen Raum erlaubt. *Ausculta o filii* … (Höre, mein Sohn ...), damit beginnt Benedikt seine Regel, die mit Epiliog 73 Kapitel umfasst.
Die Regula ordnet das Zusammenleben der Mönchsgemeinschaft und geht auf viele wichtige Dinge ein, die den Alltag des mönchischen Lebens bestimmen. Inhaltlich stützt sich diese Lebensordnung auf mehrere Vorlagen wie die Magisterregel und die Augustinusregel. Als Weiterführung kann die Regel des hl. Basilius verstanden werden, auf die Benedikt in seinem Text verweist.
Die ersten drei Kapitel befassen sich mit den Grundlagen des Mönchtums. Den Haupttugenden des Mönchtums – Gehorsam, Demut und Schweigsamkeit – widmen sich die Kapitel vier bis sieben. Einen wichtigen Stellenwert in der klösterlichen Gemeinschaft kommt dem Gottesdienst zu, dem laut Benedikt nichts vorzuziehen sei (Kap. 8 – 20). Um in einer klösterlichen Gemeinschaft Disziplin gewährleisten zu können, werden Verstöße gegen die gemeinsame Ordnung je nach Schwere geahndet. Die Kapitel 20 und 21 klären, wie bei Vergehen vorzugehen ist. Als Supremum der Strafen gilt die Ausschließung aus der Gemeinschaft. In den Kapiteln 31 bis 57 wird das Alltagsleben mit all seinen Bedürfnissen geordnet: die Verwaltung des Klosters, die verschiedenen Dienste innerhalb der Kommunität, die Versorgung, das Umgehen mit den Gästen und das Arbeiten im Kloster. Der Aufnahme von Novizen, der Rangordnung in der Gemeinschaft und der Stellung der Oberen bieten die Kapitel 58 bis 66 Raum. Auf den Umgang der Brüder miteinander gehen die Kapitel 67 bis 72 ein, während das letzte Kapitel als Epilog zu verstehen ist.
Dass diese im Jahr 529 verfasste Regel nicht nur für das Zusammenleben von Mönchsgemeinschaften im 21. Jahrhundert Relevanz besitzt, sondern auch eine praktische Anwendung im Bereich moderner Unternehmen finden kann, belegt eine aktuelle Studie (2008) des Institutes für empirische Wirtschaftsforschung an der Universität Zürich.
GS

Benediktsregel. Quellen und Texte. Benedictus, S. 28 – 52. Zu Gast, S. 194.

III.1

III.2 ▸ Abb. 13

Der hl. Benedikt übergibt die Regel
Augsburg (?), 1. Viertel 17. Jahrhundert

Handschrift ▪ Pergament. 20,3 × 19,6 cm ▪ Deckfarbenmalerei. Tinte ▪ St. Paul im Lavanttal, Grafisches Kabinett

Das Einzelblatt, Teil einer Reihe von vier Blättern aus einer verlorenen Handschrift, wird fast vollständig von quadratischen, von Goldleisten eingerahmten Miniaturen eingenommen, darunter befindet sich eine Textzeile. Das Blatt stellt den hl. Benedikt dar, der mittig um eine Stufe erhöht unter einem roten Baldachinvorhang thront und ein rotes und ein blaues Buch, wohl die Ordensregel, an einen knienden Abt bzw. einen ebenso knienden Mönch, hinter dem ein weiterer Mönch erscheint, übergibt. Alle vier tragen den schwarzen Habit der Benediktiner und sind tonsuriert, der Abt hält zudem einen Abtstab. Zu Seiten des Baldachins stehen in Spitzbogennischen Statuen der Heiligen Ulrich und Afra, seitlich schließen sich Butzenscheibenfenster an. Die untere Beischrift lautet: *Attendite ad petram vnde excili estis. Esa: 51* (›Blickt auf den Felsen, aus dem ihr gehauen seid‹, Esaias 51,1).

Die Heiligen Ulrich und Afra verweisen auf eine Herkunft der Blätter aus dem gleichnamigen, vor 1012 gegründeten Augsburger Benediktinerkloster. Das von einer Mitra bekrönte Wappen mit dem Lamm Gottes auf dem Buch mit den sieben Siegeln zu Füßen des Abtes erlaubt es, diesen als Abt Johannes VIII. Merk (1600–1632) zu identifizieren, das Wappenschild vor den beiden Mönchen zeigt das ältere Klosterwappen, womit diese offenbar den Konvent repräsentieren. Die beiden Wappen des anderen Blattes konnten bisher noch nicht bestimmt werden.

Die Miniaturen zeigen – insbesondere bei der Darstellung des hl. Benedikt und der Anlage der rahmenden Figurennischen – noch deutliche und bewusste Anklänge an gotische Gestaltungsformen, wie sie sich auch bei den Figuren der 1604–1607 von Hans Degler (1564/65–1634/35) geschaffenen Altäre der Kirche wiederfinden. In demselben, von Tradition und Gegenreformation geprägten Geist dürften auch diese Buchmalereien im 1. Viertel des 17. Jahrhunderts geschaffen worden sein. GS

Unpubliziert.

III.3

Festverzeichnis der Benediktiner

Kalendarium Benedictinum

Erfurt (?), Anfang 14. Jahrhundert

Handschrift ▪ Pergament. 6 Blatt. 31,1 × 22 cm ▪ ThULB Jena, Ms G. B. f. 13

Die Anfertigung von Kalendern war im Mittelalter eine Angelegenheit der Klöster, die darin die Kirchenfeste und die Gedächtnistage ihrer Heiligen eintrugen und damit das liturgische Jahr gliederten. Im vorliegenden Verzeichnis weisen die Feste für Adolar (20.4.), Andreas (9.5.), Wigbert (13.8.) und Severus (22.10.) auf einen Schreiber aus dem Erfurter Peterskloster hin.

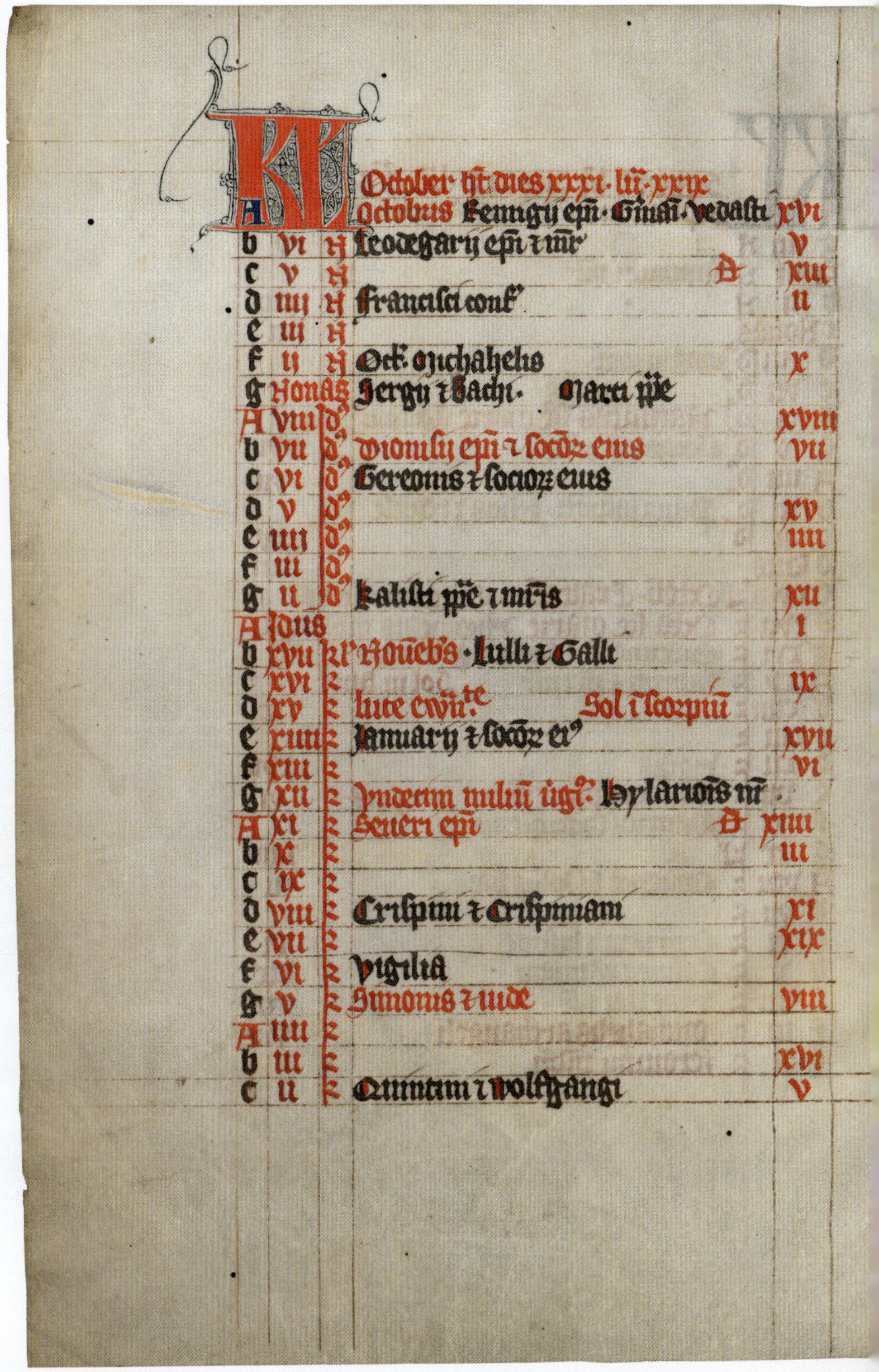

III.3

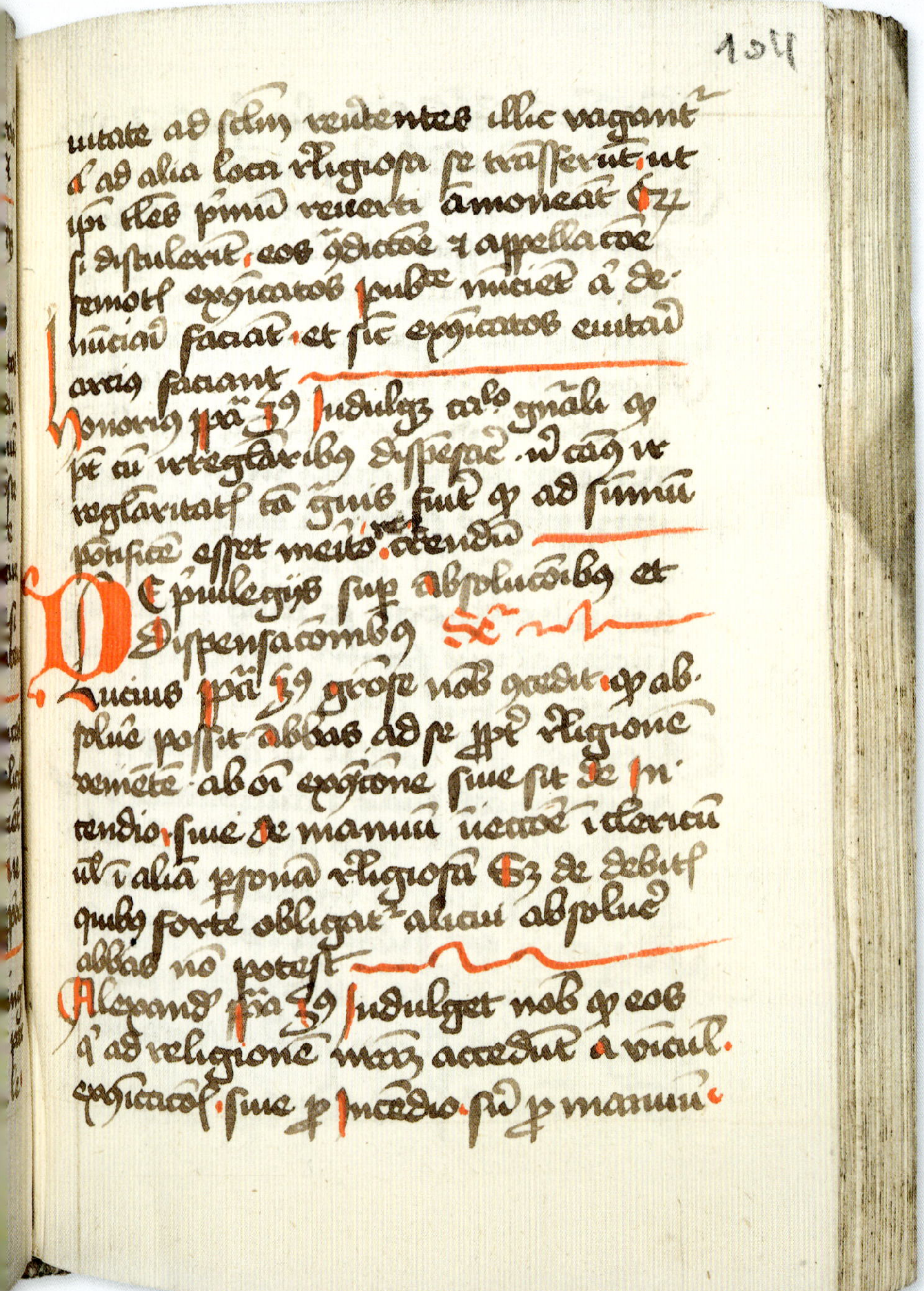

III.4

III.4

Strenge Ordenszucht der Zisterzienser

Sammelhandschrift mit Zisterzienserregeln
Kloster Georgenthal, 1480

Handschrift ▪ Papier. 228 Blatt. 15,1 × 10,5 cm ▪ Holzdeckel mit braunem Leder überzogen, Messingecken, Schließen abgebrochen, auf dem Innendeckel vorn und hinten Hs.-Blätter des 12./13. Jahrhunderts aufgeklebt, Besitzeintrag des Erfurter Petersklosters: *S. Petri Erfordie* (18. Jahrhundert) auf Bl. 1r. – Inhalt: Bl. 1r – 153 v *Puncta Cisterciensis Ordinis ex Regula S. Benedicti*, alphabetisch angeordnet, Bl. 157 r – 180 v *Ps.-Bernardus Claraevallensis: Formula honestae vitae.* U. a. Bl. 182 r – 197 r *Orthographia*, Bl. 197 r – 203 r *Tractatus de poenitentia*, Bl. 205 r – 228 v Briefmuster, lat. und thüringisch; u. a. für Schreiben an einen Kardinal, Erzbischof, Abt, Pfarrer, Doktor, Imperator, Fürsten, Grafen, Soldaten, Edeldiener, Händler ▪ UB Erfurt, Dep. Erf. CE. 8° 19

Die Handschrift aus dem Besitz des Erfurter Petersklosters ist am Ende des Textes über verschiedene Zisterzienserregeln datiert: Zumindest dieser Teil der Handschrift wurde 1480 im thüringischen Zisterzienserkloster Georgenthal von einem Mönch namens Berthold geschrieben. Der Einband scheint der Erfurter Werkstatt des Konrad von Straßburg (bzw. des Nachfolgers) zu entstammen. Die strenge Ordenszucht der Zisterzienser gründet sich auf den Ordensregeln des hl. Benedikt. Die vorliegende Schrift stellt verschiedene Regeln aus dem sogenannten *liber usuum*, dem Regelwerk, welches die organisatorischen, liturgischen und disziplinären Angelegenheiten der einzelnen Klöster betrifft und dem *libellus definitionum*, dem Buch, das den jeweils gültigen Rechtsbestand zusammenfasst, in alphabetischer Reihenfolge vor. Die übrigen in der Handschrift enthaltenen Texte sind noch nicht in jedem Fall sicher identifiziert. Dazu zählen die *Formula honestae vitae* (Grundsätze eines anständigen Lebens – für Novizen). Der Text behandelt das klösterliche Leben und wurde früher Bernhard von Clairvaux zugeschrieben. Interessant ist noch eine am Ende der Sammelhandschrift zweisprachig auf Latein und Deutsch niedergelegte Anleitung zum Schreiben von Briefen, ein sogenannter Briefsteller. TB

Füser, Mönche im Konflikt, S. 7 f.

III.5 ▸ Abb. 1

Siegelbild mit Bettelmönchen

Siegel von Heinrich, Guardian des Barfüßerkonvents in Frankfurt
Frankfurt, 1276

Wachs. – 4,5 × 3,5 cm ▪ Regest: 1276 Sept. 30 [o. O.]: Heinrich, Guardian der Frankfurter Minderbrüder, und Ludwig (von Schwalbach), Komtur der Deutschordenskommende (Frankfurt-)Sachsenhausen, transsumieren auf Bitte der Frankfurter Dominikaner eine Bulle Papst Clemens' IV. (Perugia, 1266 Febr. 12) ▪ Institut für Stadtgeschichte Frankfurt a. Main, Dominikanerkloster: Urkunden 22

Das Siegel des Vorstehers (Guardians) Heinrich des Frankfurter Franziskanerklosters zeigt zwei bettelnde Ordensbrüder auf Wanderschaft. Beide tragen Habit mit aufgesetzter Kapuze. Der erste Mönch trägt eine Kanne und eine Schale, der zweite einen gefüllten Rucksack. Umschrift: *(S.) FRAT(RVM MINOR)VM IN FRAN(CK)ENFVR(T).*

Fast, Himmel und Erde, S. 45.

III.6 ▸ Abb. 24

Das Bild der Welt aus franziskanischer Perspektive

Karte der franziskanischen Provinzen
Lüneburg, erste Hälfte 14. Jahrhundert (vor 1341)

Handschrift ▪ Pergament. 242 Blatt. 32,5 × 22,5 cm ▪ Alter Schafsledereinband über Holz ▪ Inhalt: Bl. 5 rb – 80 rb, 81 ra – 167 vb, 175 ra – 241 vb Johannes aus Erfurt, *Commentarius in librum primum, secundum et tertium sententiarum*. Dazu neben einer *Tabula quaestionum, quae differunt inter Thomam Aquinatem et Bonaventuram* und *Addenda* eine Reihe kleinerer Texte. Die *Mappa ordinis fratrum minorum et provinciarum eiusdem* steht Bl. 1r ▪ Aus dem Lüneburger Franziskanerkloster ▪ Ratsbücherei Lüneburg, Ms. Theol. 2° 20

Die Handschrift überliefert neben knappen Ergänzungen sowie kleineren Texten hauptsächlich den Sentenzenkommentar des Johannes von Erfurt. Der erste Teil des Kommentars entstand kurz nach 1294/1295. Um 1300 erstreckte er sich auf alle vier Bücher. Verfasst und gelesen hat Johannes von Erfurt den Kommentar in Magdeburg. Vor 1280 gehörte er hier bereits zu den führenden Köpfen des Generalstudiums. Davor lehrte er am Erfurter Generalstudium, wo er auch nach 1300 wieder tätig wurde. Angeblich soll er 41 Jahre in Erfurt am Generalstudium gewirkt haben. Er verfasste eine Reihe von theologischen sowie kanonistischen Werken, ferner auch Schriften für das Studium der Logik und der Natur- sowie Moralphilosophie. Den Sentenzenkommentar vorangestellt ist auf einem Einzelblatt eine schematisch gezeichnete runde, links und rechts durch den Rand des Blattes begrenzte Karte. Hingeworfen wurde sie ohne künstlerischen Anspruch und mit wenig Übung, jedoch mit genauer Kenntnis der Ordensstruktur. Sie entspricht im Grundaufbau dem für hochmittelalterliche Karten üblichen, auf die Einteilung des Erdkreises in drei Kontinente nach Isidor von Sevilla zurückgehenden Schema bzw. lehnt sich daran an. Oben ist Osten, unten ist Westen, Süden und Norden sind rechts bzw. links. Doch beschränkt sich die Karte auf Europa und das Hl. Land. Die angrenzenden Meere (Mittelmeer, Adria, Atlantik) und die Gebirge (Alpen, Pyrenäen, Apennin) sind nur durch flüchtige Wellen- bzw. Zackenlinien angedeutet. Die Gliederung der in der Karte erfassten Landmasse erfolgt in Form von Flächen, die den einzelnen Ordensprovinzen entsprechen. Mit ihrer Hilfe lässt sich die Entstehungszeit der Karte eingrenzen. Den dargestellten Ordensprovinzen folgend, entstand sie nach 1263. FJS

Brieskorn/Honemann, Johannes von Erfurt. Fischer, Theol. Handschriften, S. 41 – 43. Wilke, Ebstorfer Weltkarte 1, S. 68 – 71.

III.7 ▸ Abb. 27

Die Ausbreitung des Ordens der Franziskaner im deutschen Sprachraum, eine Erfolgsgeschichte

Jordan von Giano, Chronica fratrum minorum abbreviata
Deutschland, Ende 15. Jahrhundert

Handschrift ▪ Papier. 6 Blatt. 20,5 × 14,2 cm ▪ Moderner Pappeinband ▪ Badische Landesbibliothek Karlsruhe, Cod. Karlsruhe 357

Die *Chronica fratrum minorum abbreviata* gehört zu den frühen Zeugnissen der franziskanischen Ordenschronistik. Sie entstand um 1262. Gegenstand der Chronik ist die Ausbreitung des Ordens im deutschen Sprachraum und die damit in Verbindung stehenden Ereignisse für die Jahre zwischen 1217 und 1262. Verfasst wurde die Chronik von dem aus Umbrien stammenden Jordan, der um 1217/1218 in den Franziskanerorden eintrat. Er wurde mit weiteren Ordensbrüdern 1221 nach Deutschland geschickt, um hier Ordensniederlassungen zu gründen, um den Orden auf- und auszubauen. Von der Chronik hat sich keine vollständige Abschrift erhalten. In einigen Handschriften schließt sich an Jordans Chronik eine im 14. Jahrhundert entstandene Fortsetzung an. Ihr Verfasser ist unbekannt. Die Karlsruher Handschrift überliefert Gianos Ordenschronik nur als Bruchstück. So fehlt hier auch die Schilderung der Ankunft der Franziskaner Ende 1224 in Erfurt. Zu den Franziskanern, denen zunächst nur erlaubt wurde, sich außerhalb der Stadt niederzulassen, gehörte auch Giano. FJS

Jordan, Chronik. Brambach, Karlsruher Handschriften 1, S. 42.

III.8 ▸ Abb. 28

Der Ausbau des Klosters wird energisch betrieben

Die Dekane der beiden Erfurter Stiftskirchen St. Marien und St. Severi sowie der Franziskaner Heinrich von Bischofferode erlauben unter Berufung auf eine Verfügung des Mainzer Erzbischofes Gerhard II. von Eppstein vom 19. Dezember 1291 den Erfurter Augustiner-Eremiten den Abriss der Annen-Kapelle
Erfurt, vor dem 19. Dezember 1291

Ausfertigung ▪ Pergament. 12,8 × 24 cm, Plica 1,8 cm. Ursprünglich zwei Siegel an Pressel, erhalten das beschädigte Siegel Ekkehards, Dekans der Erfurter Stiftskirche St. Marien ▪ StadtA Erfurt, 0 – 1 / VII-17(1)

Erteilt bzw. bekräftigt wurde mit der Urkunde von 1291 die Abrisserlaubnis für die zum Klosterareal gehörende, zwischenzeitlich aber nahezu ungenutzte Annen-Kapelle, unter der Voraussetzung, dass dort keine geistlichen Handlungen mehr vollzogen werden. Dabei beziehen sich die Aussteller ausdrücklich auf eine entsprechende erzbischöfliche Genehmigung, die Gerhard II. von Eppstein, so wird das entsprechende Privileg zu verstehen sein, am 19. Dezember 1291 in Amöneburg erneut bestätigte. Verknüpft war die Erlaubnis mit der Auflage, in der Klosterkirche einen Altar zu errichten, an dem die hl. Anna fortan verehrt werden sollte. Der Abriss der Annen-Kappelle stand im Zusammenhang mit der spätestens 1291 begonnenen Erweiterung der Klosterkirche. Dass hinsichtlich der Rechtslage Unsicherheit bestand, die ihrerseits zu einer Auseinandersetzung mit dem Deutschen Orden führte, bezeugt eine Reihe von Urkunden. Im Juli 1286 genehmigte Papst Honorius IV. den Erfurter Augustiner-Eremiten, die ihnen bereits übertragene, auf ihren Friedhof gelegene Kapelle in Besitz zu nehmen. Doch stand sie dem Neubau der Klosterkirche im Weg. Ihr Abriss erfolgte jedoch ohne Einwilligung des Deutschen Ordens, der das Patronat der nahegelegenen Pfarrkirche St. Nikolai innehatte. Der daraus resultierende Rechtsstreit konnte erst 1293 mit einem Vergleich beigelegt werden. Dabei mussten die

Augustiner-Eremiten dem Deutschen Orden Zugeständnisse machen, die erkennen lassen, dass der Orden sich über bestehendes Recht hinweggesetzt hatte. Für die Fortsetzung der Bauarbeiten scheint das aber ohne Einfluss gewesen zu sein. FJS

UBESK 1, Nr. 560, 667, 668, 689. UBE 2, Nachtrag 1 Nr. 14. Vogt, Regesten 1,1, Nr. 246. Kunzelmann, Augustiner-Eremiten 1, S. 129 – 131.

III.9 ► Abb. 35

Gepredigt in Paris

Meister Eckhart, Sermo Vas auri solidum
Frankreich?, Ende 13. Jahrhundert

Handschrift ▪ Pergament. 161 Blatt. 33,2 × 22,7 cm ▪ Inhalt: 1. Bl 1 ra – 1 rb: Eckhart <Meister>: *[Sermo] Vas auri solidum.* 2. Bl. 2 ra – 161 va: Aristoteles; Guilelmus <de Moerbeka> (Übersetzer): *De animalibus* ▪ Moderner Ledereinband ▪ Aus dem Besitz von Amplonius Ratinck aus Rheinberg. Später Teil der Büchersammlung am Kolleg Zur Himmelspforte ▪ UB Erfurt, Dep. Erf. CA. 2° 36

Die Handschrift stammt aus dem Besitz des Amplonius Ratinck aus Rheinberg. Wer sie vorher besaß, ist nicht bekannt. Der auf einem Einzelblatt stehende Text der Predigt von Meister Eckhart beginnt mit dem Bibelzitat: »Ein goldenes Gefäss, fest, geschmückt mit der Edelkeit alles Gesteines« (Jesus Sirach 50,10). Es handelt sich wohl um eine Universitätspredigt, die – vielleicht weil sie eine Pflichtübung war – wenig Eigenständiges oder Originelles enthält und sich unter anderem an Gedanken des Zisterziensers Bernhard von Clairvaux orientiert. Solche Predigten gehörten wie die Vorlesungen und die Disputation zu den Lehrpflichten eines Magisters der Theologie. Am Schluss der Predigt heißt es: »Diese Predigt ist so nachgeschrieben worden nach dem mündlichen Vortrag des Meisters Eckhart von Hochheim am Tage des hl. Augustinus (28. August) in Paris.« Mit Meister Eckhart machte Martin Luther wohl indirekt über die gedruckten Predigten von Johannes Tauler Bekanntschaft, da auch Texte Eckharts darin aufgenommen waren. Die Handschrift enthält als Haupttext die Tierkunde des Aristoteles in der lateinischen Übersetzung des flämischen Dominikaners Wilhelm von Moerbeke. TB

Eckart, Lateinische Werke 5, S. 87 f., 99.

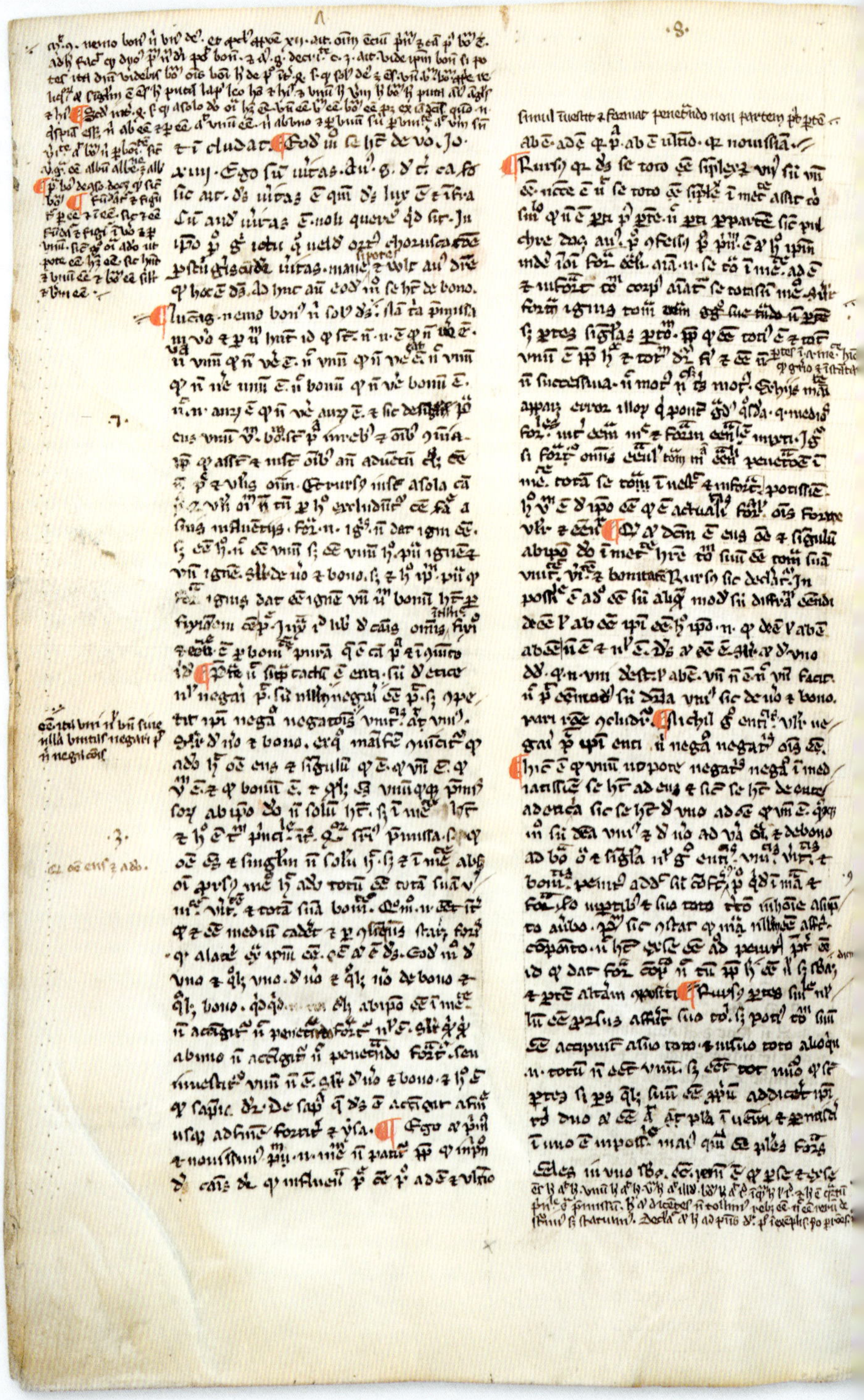

III.10

III.10

Verloren oder unvollendet?

Meister Eckhart, Opus tripartitum

Frühes 14. Jahrhundert

Handschrift ▪ Pergament und Papier. 82 Blatt. 32 × 22 cm ▪ Schweinsledereinband mit Streicheisenverzierung ▪ Inhalt: 1. Bl. 1 r – 46 v: Eckhart <Meister>: *Opus tripartitum [Postillae super Genesim, Exodum, Ecclesiasticum, Sapientiae libris]*. 2. Bl 47 r – 82 v Guilelmus <de Altona> [Schum: Thomas de Aquino]: *Glossa super Ecclesiasten* ▪ Aus dem Besitz von Amplonius Rating aus Rheinberg. Später Teil der Büchersammlung am Kolleg Zur Himmelspforte ▪ UB Erfurt, Dep. Erf. CA. 2° 181

In der Einleitung zum *Opus tripartitum* wird erkennbar, dass Meister Eckhart vorhatte, seine Lehre zu einem Werk in drei Teilen zusammenzufassen. Geplant war im ersten Teil eine Darstellung philosophischer Grundbegriffe *(opus propositionum)*, im zweiten Teil eine weiterführende Erörterung von daraus resultierenden Fragestellungen *(opus quaestionum)*, während Auslegungen *(opus expositionum)* als Teil 3 den Abschluss bilden sollten. Hierfür sah Eckhart Kommentare für alle Bücher des Alten und Neuen Testamentes sowie eine darauf aufbauende Sammlung von Predigten vor. Nur Reste davon haben sich erhalten, wobei nicht auszuschließen ist, dass das ehrgeizige, Eckhart lange Zeit beschäftigende Vorhaben nie zum Abschluss gebracht wurde. Das Werk umfasst in der textgeschichtlich bedeutsamen Erfurter Handschrift mehrere Teilschriften, die allgemeine Einleitung in das dreiteilige Werk, Einleitungen in das die philosophischen Grundbegriffe behandelnde Thesenwerk sowie in das Auslegungswerk und die Kommentare zu vier Büchern des Alten Testamentes, zum ersten und zweiten Buch Mose (Genesis und Exodus), zu Jesus Sirach und zur Weisheit Salomos. Der Grundtext repräsentiert wohl eine frühe Fassung des Textes. Die zahlreichen Randbemerkungen, die ein zweiter Schreiber platzsparend einfügte, entnahm dieser einer späteren Redaktionsstufe. Die als eventuelle Vorbesitzer erwähnten Personen Kirchberg bzw. *Cruceberg* lassen bisher leider keine eindeutigen Rückschlüsse zu, ob Amplonius Rating den Band in Köln erworben hat. Auf Eckharts Werk folgt ein weiterer Kommentar zum Buch Jesus Sirach. Verfasst hat ihn der Dominikaner und Pariser Magister Wilhelm von Altona (gest. 1260). TB

SOPMA 2, S. 85 f. (Th. Kaeppeli). Sturlese, Meister Eckhart, S. 439 ff.

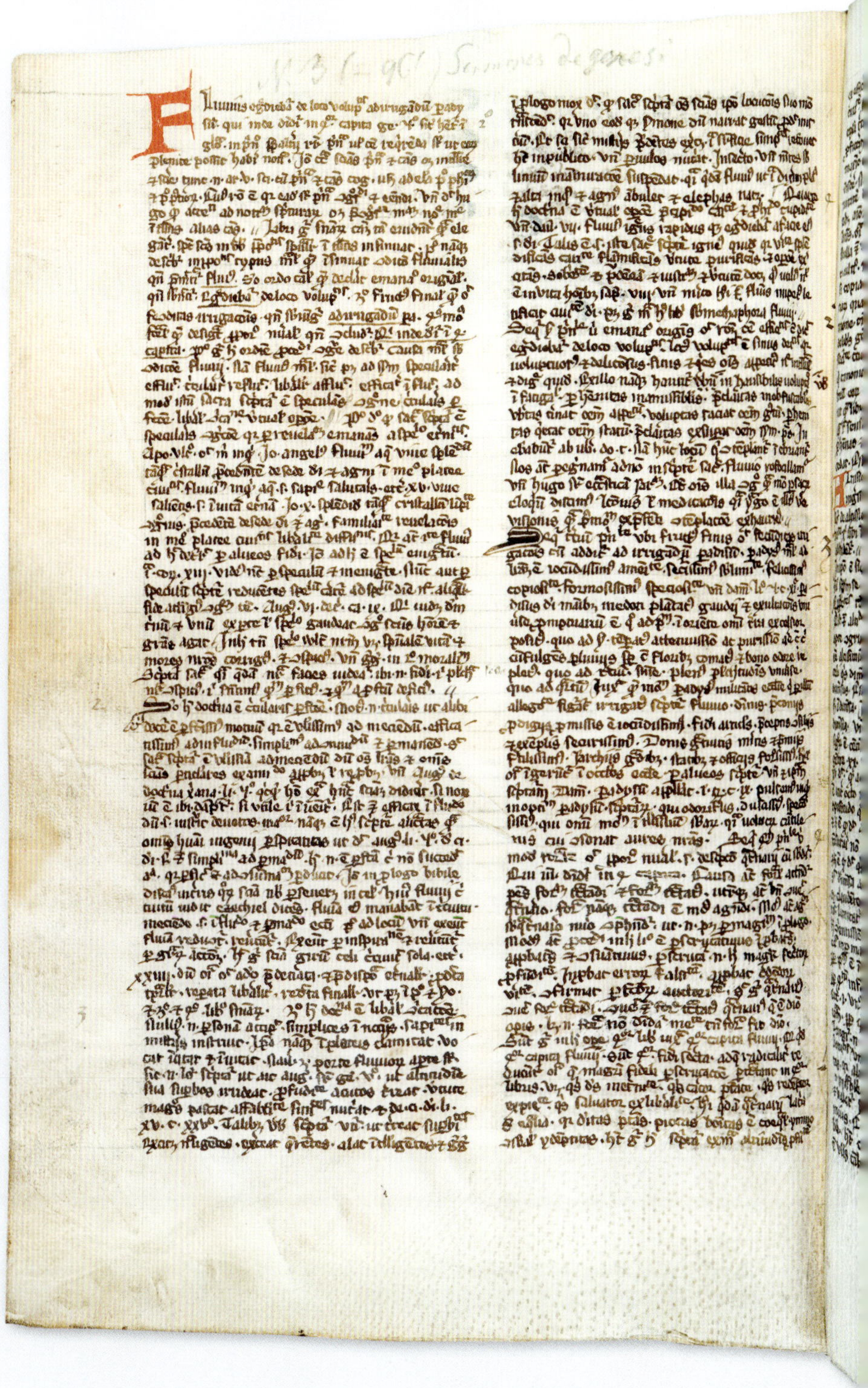

III.11

III.11

Über die Sentenzen las Meister Eckhart in Paris

Meister Eckhart, Collatio in libros sententiarum
Italien? und Deutschland, Ende 13., erstes und letztes Viertel 14. Jahrhundert

Handschrift ▪ Pergament. 108 Blatt. 32 × 22 cm bzw. 26 × 18,5 cm ▪ Moderner Halbledereinband ▪ Inhalt: 1. Bl. 1 ra – 62 va: Thomas <de Aquino>: *Sententia libri Metaphysicorum* (Überlieferungsgruppe alpha). 2. Bl. 63 ra – 92 ra: Bernardus <de Arvernia>: *Frater Jacobus quaerit.* 3. Bl. 92 va – 96 vb: 5 Collationes in libros Sententiarum, darin: Bl. 93 ra – 93 va: Eckhart <Meister>: *Collatio in libros sententiarum.* 4. Bl. 94 r – 108 v weitere Sentenzenkommentare und *Quaestiones theologicae* ▪ Aus dem Besitz von Nikolaus Geilfuß aus Speyer. Ab 1445 Teil der Büchersammlung am Kolleg Zur Himmelspforte ▪ UB Erfurt, Dep. Erf. CA. 2° 321

Den Band vermachte der Büchersammlung am Kolleg Zur Himmelspforte im Jahr 1445 der Theologe Nikolaus Geilfuß aus Speyer. Er war Kollegiat an der Himmelspforte und Bakkalar der Theologie. Nach Abschluss seiner Sentenzenvorlesung wechselte Geilfuß im Sommersemester 1446 nach Heidelberg. Die Handschrift enthält neben Erläuterungen des Thomas von Aquin zur Metaphysik des Aristoteles und für das Theologiestudium unverzichtbaren Texten als Teil einer Sammlung den Vortrag Meister Eckharts, den er zur Eröffnung seiner Vorlesung über das Sentenzenwerk des Petrus Lombardus vermutlich im Jahr 1293 in Paris zum Vortrag gehalten hatte. Jeder Bakkalar der Theologie musste an der Pariser Universität im Rahmen des Theologiestudiums nach der Erklärung der Bibel, meist während eines Zeitraums von einem oder zwei Jahren, die Sentenzenbücher des Petrus Lombardus, das grundlegende Werk der scholastischen Dogmatik, erklären. Diese Praxis blieb bis in Luthers Zeit weithin verbindlich. In der Handschrift ist trotz Rasur der Name »Echardus« am Ende des Textes (Bl. 93va Z. 119) noch zu erkennen. TB

Eckhart, Lat. Werke 1,2, S. 474 f., 479. Kleineidam, Universitas 1, S. 419.

III.12 ▸ Abb. 34

Jenseitsvorsorge und Klostereintritt

Prior, Subprior und Konvent der Erfurter Niederlassung des Dominikanerordens bekräftigen, das Jahrgedächtnis ihres verstorbenen Mitbruders Albrecht Schwanring am Tag nach dem Festtag des hl. Nikolaus zu begehen, und erklären zugleich, dass sie auf Schwanrings Bitte dessen Schüler und Diener in das Kloster aufgenommen haben
Erfurt, 27. Dezember 1349

Ausfertigung ▪ Pergament, beschädigt. 13 × 21,4 cm, Plica 2,2 cm. Ursprünglich zwei Siegel an Pressel ▪ StadtA Erfurt, 0 – 1 / VII-431

Der offenbar erst kurz vor seinem Tod in Erfurt in den Dominikanerorden eingetretene Albrecht Schwanring stammte aus einem alten und weitverzweigten, im 14. Jahrhundert zudem einflussreichen Erfurter Patriziergeschlecht. Verbunden mit seinem Ordenseintritt war eine offenbar beachtliche Zuwendung an das Kloster. Möglicherweise gehörte Schwanring zu den Opfern der großen Pestwelle von 1349. Doch bleiben die genauen Umstände seines Todes offen, ebenso die Frage nach Schwanrings Tätigkeit. Die Tatsache, dass sein Diener Christian zugleich auch als sein Schüler bezeichnet wird, lässt Raum für die Vermutung, dass Schwanring dem Kreis der Lehrer des voruniversitären Erfurter Generalstudiums angehörte. Die Urkunde ist zugleich ein früher Beleg, dass auch im Erfurter Konvent ein Nekrologium geführt wurde. Ausdrücklich bezeugen die Aussteller, Schwanring in das hier als Kalendar bezeichnete Totenbuch des Klosters aufzunehmen. FJS

UBE 2, Nr. 331.

III.13

Vorsorge statt Streit

Guardian und Konvent des Nordhäuser Franziskanerklosters bestätigen, dass Heinrich Zapfe, Sohn des Nordhäuser Bürgers Ortwin Zapfe, mit seinem Eintritt in das Kloster auf seine Erbansprüche verzichtet, und erklären, dass auch sie auf entsprechende Ansprüche verzichten
Nordhausen, 3. Juli 1405

Ausfertigung ▪ Pergament. 11,2 × 22,4 cm, Plica 3,6 cm. Guardian und Konvent siegeln ▪ StadtA Nordhausen, Abt. Mc Nr. 3

Mit dem Klostereintritt ließ der Mönch sein bisheriges Leben hinter sich. Der Empfang von Tonsur und Habit bedeutete zugleich, dass er auf persönliches Eigentum verzichtete. Das bedeutete jedoch keineswegs, dass er von seinen Erbansprüchen zurücktrat, die vielmehr mit Eintritt in den Orden auf die Ordensgemeinschaft übergingen. Um entsprechende Ansprüche auszuschließen, war es üblich, dass im Zuge der Aufnahme in ein Kloster eine entsprechende Verzichtserklärung abgegeben wurde. Dabei erklärte nicht nur das neue Ordensmitglied seinen Verzicht. Auch die Vertreter der jeweiligen Ordensgemeinschaft mussten sich dahingehend erklären, auf entsprechende Ansprüche zu verzichten. Im vorliegenden Fall ist es die Niederlassung der Franziskaner in Nordhausen, deren Vorsteher und Konvent das ausdrücklich bestätigten, nachdem bereits der neu in den Orden aufgenommene Nordhäuser Bürgersohn Heinrich Zapfe *(Czapphe)* dem Rat und den städtischen Richtern eine entsprechende Verzichtserklärung geleistet hatte. Der zwingend vorgeschriebene Verzicht auf Erbansprüche beim Eintritt in eine klösterliche Gemeinschaft gehörte zu den Maßnahmen, mit denen die Städte seit dem ausgehenden 13. Jahrhundert den innerstädtisch zu Verwerfungen führenden Übergang von Grundstücken in Klosterbesitz verhindern wollten. Hierbei bildete Nordhausen keine Ausnahme. Doch bedeutete der Verzicht nicht, dass die betreffende Ordensgemeinschaft leer ausging. Dem Verzicht auf Erbansprüche standen auch bei den Bettelorden regelmäßig Zuwendungen in Form von Stiftungen gegenüber, die seitens der Familienverbände den Konventen dauerhaft zuflossen. FJS

Franziskaner in Thüringen, S. 272.

III.13

Nos, frater Conradus, guardianus, totusque conventus fratrum minorum ordinis sancti Francisci domus opidi Northusen concorditer et publice recognoscimus in hiis scriptis et protestamur, quod Henricus, filius Ortwini Czapphen, opidani Northusensis, qui ad ordinem nostrum susceptus est, ante ingressum religionis huiusmodi simpliciter et plane renunciavit coram consulibus et iudicibus in Northußen omni hereditarie portioni, que sibi a suis parentibus competere posset aliqualiter in futuro, et nos similiter omni iuri, si quod nostro conventui aut ordini predicto ratione huiusmodi successionis sue hereditarie quovismodo competere posset, simpliciter et in toto presentibus renuntiamus dantes super eo in testimonium presentem litteram nostris sub sigillis, videlicet gardiani et conventus, firmiter roboratam. Actum anno domini Mº CCCCº quinto feria sexta post Visitationis Mariae gloriossime virginis.

Wir, Bruder Konrad, Guardian, und der gesamte Konvent im Haus des Minderbrüderordens des hl. Franziskus in der Stadt Nordhausen geben gemeinsam und öffentlich mit diesem Schreiben bekannt und erklären, dass Heinrich, Sohn des Nordhäuser Bürgers Ortwin Zapfe, der in unseren Orden aufgenommen wurde, vor seinem Eintritt in den Orden ohne Einschränkung und ausdrücklich vor den Ratmannen und Richtern in Nordhausen auf seinen gesamten Erbteil, der ihm seitens seiner Eltern in irgendeiner Weise zukünftig zustehen könnte, verzichtet hat und dass wir gleichfalls auf alles Recht, insofern es unserem Konvent oder dem vorgenannten Orden in irgendeiner Art der Nachfolge seines Erbanspruches wie auch immer zustehen könnte, im Einzelnen und als Ganzes durch das Gegenwärtige verzichten, indem wir zum Zeugnis darüber gegenwärtiges, mit unseren Siegeln, nämlich dem des Guardians und des Konvents, dauerhaft bekräftigtes Schreiben geben. Ratmannen im Jahre des Herrn 1405 am Freitag nach dem Festtag der Heimsuchung Mariens, der herrlichen Jungfrau.

Abschrift und Übersetzung FJS

III.14 ▸ Abb. 31

Päpstliche Privilegien verschaffen den Bettelorden Vorteile gegenüber dem Pfarrklerus und erhöhen so ihr Prestige

Der Abt des Erfurter Schottenklosters transsumiert die Bulle *Devotionis vestrae sinceritas* von Papst Innozenz VI. vom 14. Dezember 1354, mit der dieser allen Niederlassungen des Ordens der Augustiner-Eremiten die Erlaubnis erteilt hat, in den Zeiten des Interdikts die mit der Führung ihrer Geschäfte betrauten Prokuratoren an Messe und Gottesdienst teilnehmen zu lassen
Erfurt, 26. Juli 1357

Ausfertigung ▪ Pergament. 13,5 × 26 cm, Plica 2,7 cm. 1 spitzovales Siegel an Pressel, beschädigt ▪ StadtA Erfurt, 0 – 1 / VII-478

Die Erlaubnis, auch während des Interdikts bei Beachtung entsprechender kirchenrechtlicher Bestimmungen gottesdienstliche Handlungen vorzunehmen, ist Teil der weitreichenden Privilegien, die den Bettelorden gewährt wurden. Entsprechende Vergünstigungen führten immer wieder vor Ort zu Auseinandersetzungen, da so die Niederlassungen der Bettelorden die Möglichkeit hatten, das Interdikt zu unterlaufen. Noch weiter geht das Privileg, das Papst Innozenz VI. den Augustiner-Eremiten Mitte Dezember 1354 in Avignon gewährt hatte. Hier wurde dem Orden ausdrücklich gestattet, auch ihren weltlichen Prokuratoren während eines Interdikts die Teilnahme an den gottesdienstlichen Verrichtungen in ihren Kirchen zu gestatten. Voraussetzung war, dass sie nicht der Grund für die Kirchenstrafe waren bzw. sie damit belegt wurden. Das bedeutete, dass so auch Teile der städtischen Führungsschicht, aus deren Reihen sich die Prokuratoren in Erfurt rekrutierten, die Möglichkeit hatten – und das fraglos einschließlich ihrer Familien – trotz Interdikt geistlich versorgt zu werden. Die Transsumierung der päpstlichen Bulle Ende Juli 1357 erfolgte zu einer Zeit, in der nachweislich erstmals heftige Auseinandersetzungen zwischen zahlreichen Erfurter Pfarrern und den in Erfurt ansässigen Franziskanern tobten. Das war sicher kein Zufall. Grund für den Konflikt waren die weitreichenden, u. a. auch die Beachtung des Interdikts betreffenden Privilegien der Bettelorden und die daraus resultierenden Konsequenzen für die Seelsorge. FJS

UBESK 3, Nr. 96.

III.15 ▸ Abb. 29

Stiftungen für das Seelenheil

Volrad und Hermann, Herren zu Kranichfeld, verkaufen der Erfurter Niederlassung der Augustiner-Eremiten für eine, dem Kloster gestiftete Summe Geldes eine zu Michaelis (30. September) fällige Rente, die dazu dienen soll, im Kloster ein ewiges Jahrgedächtnis für die Stifter zu errichten
22. Juli 1362

Ausfertigung ▪ Pergament. 42,2 × 20,8 cm, Plica 2,9 cm. Ursprünglich zwei Siegel an Pressel, erhalten ist rundes Siegel des Hermann zu Kranichfeld ▪ StadtA Erfurt, 0 – 1 / VII-404

Der hier beurkundete Rechtsakt wirft eine Reihe von Fragen auf, deren Ursache wohl darin zu suchen sein wird, dass die tatsächlichen Rechtsverhältnisse bzw. der Gegenstand des Rechtsgeschäftes bewusst verschleiert werden sollten. Danach hatte der Konvent Gelder ausgereicht, um jährliche Einnahmen zu erwerben, die aus Zuwendungen herrührten, die u. a. ein bereits verstorbener Lehrer der Stiftsschule am Severistift für sein Seelenheil gestiftet hatte. Das nicht unerhebliche Kapital erwarben zwei sich nach Kranichfeld benennende Niederadelige. Der jährliche Zins sollte dazu dienen, um damit für die namentlich genannten Stifter im Kloster der Augustiner-Eremiten ein ewiges Jahrgedächtnis zu errichten. Rentenkäufe in dieser Form mussten entsprechend der Gewohnheiten des Ordens strenggenommen durch die Prokuratoren getätigt bzw. zumindest bestätigt werden. Doch fehlt ein Hinweis darauf. Möglicherweise ist das der Grund, warum nicht der Konvent, sondern die beiden Adeligen aus der Familie von Kranichfeld als Käufer und zugleich auch als Aussteller urkundeten. Das Regest in UBESK 3, Nr. 114 erfasst den Inhalt der Urkunde nicht exakt und verunklärt den Sachverhalt. Das vom Konvent verkaufte Kapital in Höhe von 42 Pfund 14 Schilling stammte aus Zuwendungen, die, wie oben dargestellt, einmal der verstorbene Lehrer der Stiftsschule des Serveristifts, andererseits eine Schwester Heyso Kolbe, möglicherweise eine Begine, sowie ihre Schwester dem Konvent hinterlassen hatten; für sie war das Jahrgedächtnis zu halten. FJS

UBESK 3, Nr. 114.

III.16 ▸ Abb. 30

Ablassurkunde für die Kirche von Schmidtstedt bei Erfurt

Illuminierte Sammelindulgenz
Avignon, 17. Juli 1346

Ausfertigung ▪ Pergament, 35 × 59 cm, Plica 8 cm. Angehängte Wachssiegel zum Teil nur fragmentarisch erhalten ▪ StadtA Mühlhausen, Urkunde Nr. 0/ 431

Achtzehn Erzbischöfe und Bischöfe an der päpstlichen Kurie in Avignon gewähren im Jahr 1346 einen Ablass für alle, die die Kirche in Schmidtstedt am Tag der Kirchweihe sowie an Sonn- und Festtagen besuchen, an frommen Werken wie etwa Predigten, Messen und Bestattungszeremonien teilnehmen, ihr Begräbnis dort wählen oder mit Stiftungen zur Ausstattung der Kirche beitragen. Die Kirche stand seit dem 14. Jahrhundert unter dem Patronat des Erfurter Stadtrates. An den regelmäßigen Prozessionen nahmen auch die Erfurter Mendikantenkonvente teil.

Alltag und Frömmigkeit, S. 386 – 388.

III.17

Die Beweisaufnahme in der Auseinandersetzung zwischen Bettelordensbrüdern und dem Pfarrklerus in Erfurt ist geschlossen, der päpstliche Richter kündigt seinen Urteilsspruch an

Petrus Flandrini, Kardinaldiakon der Titelkirche St. Eustachius in Rom, untersagt den Vertretern der Dominikaner, Franziskaner und Augustiner-Eremiten sowie den Vorstehern und Insassen der Niederlassungen der drei Bettelorden in Erfurt in der Auseinandersetzung mit dem Erfurter Pfarrklerus weitere Schritte, bis er sein Urteil gefällt hat.
Avignon, 10. Januar 1375

Ausfertigung ▪ Pergament. 73,5 × 74 cm, Plica 5 cm. Beschädigtes spitzovales Wachssiegel des Kardinaldiakons Petrus Flandrini an grünem Seidenfaden ▪ BA Erfurt, St. Marien, Stift, Urk. 1 / 705

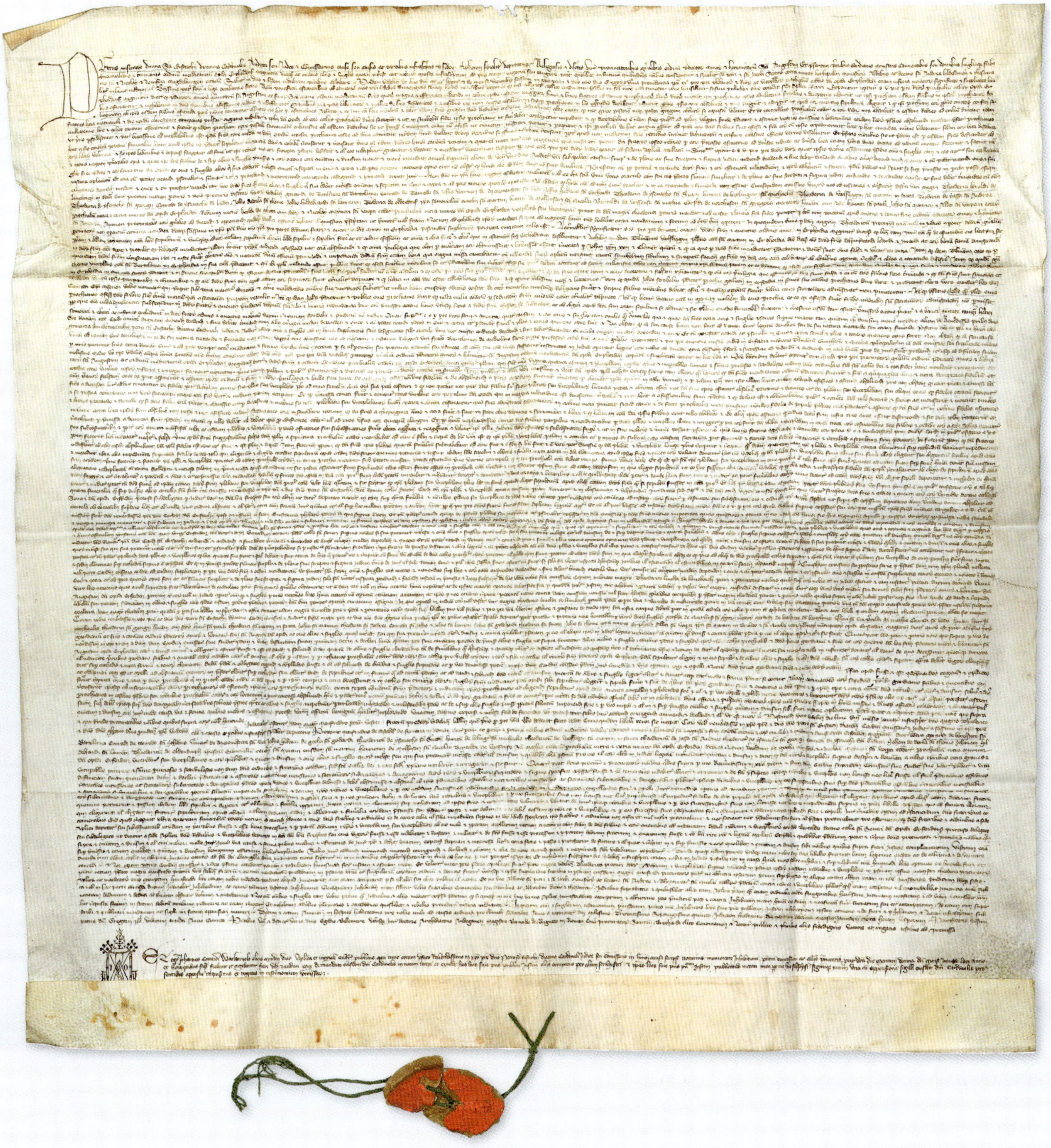

III.17

Zu Beginn der siebziger Jahre des 14. Jahrhunderts waren die Auseinandersetzungen zwischen dem Erfurter Pfarrklerus und den in Erfurt ansässigen Bettelorden erneut und mit bislang unbekannter Heftigkeit entbrannt. Gegenstand waren die weitreichenden Privilegierungen der Bettelorden im Bereich der Seelsorge. Daran vermochte auch die im Februar 1300 von Papst Bonifatius VIII. erlassene Bulle *Super cathedram* nur wenig zu ändern, die im Anschluss an das Konzil von Vienne Eingang in die Konstitutionen von Papst Clemens V. fand und damit volle Rechtskraft erhielt. Wie sich zeigen sollte, bot sie den Bettelorden zahlreiche Schlupflöcher, die auch genutzt wurden. Für die Pfarrer der zahlreichen Pfarrkirchen in Erfurt mit ihren kleinen Gemeinden sowie die hier bepfründeten Geistlichen war das mit katastrophalen Folgen verbunden. Die Attraktivität der Bettelorden hatte dazu geführt, dass die Gläubigen den Pfarrkirchen fernblieben. Sie wohnten den Predigten in den Bettelordenskirchen bei, hörten hier die Messe, beichteten bei den Ordensangehörigen und ließen sich in den Bettelordensklöstern bestatten. Für den Pfarrklerus bedeutete die Aushebelung ihrer angestammten Pfarrrechte neben einem Prestigeverlust nicht zuletzt einen existenzbedrohenden Rückgang der Einkünfte. Versuche, die Ruhe und Ordnung bedrohende Streitigkeiten beizulegen, waren gescheitert. Als die Auseinandersetzungen, die in den siebziger Jahren des 14. Jahrhunderts nicht nur in Erfurt entflammt waren, immer größere Kreise zogen, erteilte Papst Gregor XI. im Jahre 1374 dem Juristen Petrus Flandrini den Auftrag, eine Entscheidung herbeizuführen. Er war Kardinaldiakon der Titelkirche St. Eustachius in Rom und gehörte als Auditor bzw. Richter der römischen Rota dem päpstlichen Gerichthof, an. Mit dem am 10. Januar 1375 ausgestellten, hinsichtlich Größe und Umfang beachtlichen, aber keineswegs ungewöhnlichen Schriftstück zog Flandrini, insofern es den in Avignon verhandelten Prozess, einen vorläufigen Schlussstrich. Er schloss die Beweisaufnahme ab und kündigte in dem nun laufenden Verfahren einen Urteilsspruch an. Damit verbunden war für beide Parteien das Verbot, weitere Schritte einzuleiten. Gerichtet war das Schreiben an beide Parteien. Erhalten hat sich die Ausfertigung, gerichtet an die Erfurter Bettelorden bzw. ihre Generalprokuratoren, insbesondere aber an die unmittelbar eingesetzten Subkonservatoren. Das waren hochstehende Geistliche, welche die Rechte und Privilegien der in Erfurt ansässigen Bettelorden zu schützen hatten. Angeschrieben wurden die Äbte des Würzburger Benediktinerklosters St. Peter und des dortigen Schottenklosters St. Jacob – in der Urkunde irrtümlich St. Peter – vor den Mauern, der Dekan der Stiftskirche St. Andreas in Hildesheim sowie der Thesaurar der Stiftskirche St. Nicolai am Neumarkt in Magdeburg. Mit dem Schreiben brachte Flandrini den streitenden Parteien die Klageschriften der Prozessbeteiligten zur Kenntnis, auf deren Grundlage das Urteil ergehen sollte. Sie gestatten es nicht nur, den prozessualen Verlauf der Auseinandersetzung nachzuvollziehen. Sondern ausführlich sind hier – aus der Sicht der sich unversöhnlich gegenüberstehenden Parteien – die Ursachen thematisiert, die Anlass zu der Auseinandersetzung gegeben hatten. Zugleich zeigen sie, wie erbittert vor Ort der Streit ausgetragen wurde. Dabei beschränkten sich beide Seiten von Anfang an nicht darauf, mit Hilfe ihrer Konservatoren auf juristischem Weg Ansprüche durchzusetzen bzw. abzuwehren. Auch beließen es beide Seiten nicht dabei, mit Kirchenstrafen zu operieren, um so die Gegenseite unter Druck setzen zu können. Vor und in den Kirchen, von den Kanzeln herab, in Predigten und während der Messe wurde die Auseinandersetzung lautstark und in aller Öffentlichkeit vor den Augen der städtischen Bevölkerung ausgetragen, diese zur Parteinahme aufgefordert und gedrängt. Dabei schreckten beide Seiten nicht davor zurück, sich gegenseitig zu diffamieren und zu beleidigen, die Gegenseite mit immer haltloseren Anschuldigungen bloßzustellen und mit falschen Vorwürfen zu überschütten. In den Kirchen und davor kam es zudem, wie aus anderen Zeugnissen hervorgeht, in Gegenwart und unter Anteilnahme der Einwohner Erfurts zu handgreiflichen Auseinandersetzungen zwischen den Pfarrern und den Bettelordensbrüdern, die mehrfach zu Schlägereien und Messerstechereien eskalierten. FJS

III.18

Zu Gunsten der Bettelorden

Petrus Flandrini, Kardinaldiakon der Titelkirche St. Eustachius in Rom, urteilt in der Auseinandersetzung zwischen den Erfurter Bettelorden und dem in Erfurt ansässigen Pfarrklerus
Avignon, um 1375/76 (abschriftlich Deutschland, um 1400/25)

Handschrift ▪ Pergament und Papier. 355 Blatt. 20,5 × 15 cm ▪ Moderner Ledereinband mit Resten des alten Einbandes ▪ Inhalt: Uber mehrere Jahrzehnte angelegte Sammelhandschrift mit historischen, kanonistischen und theologischen, den Dominikanerorden, seine Rechte und Freiheiten betreffenden Texten. Der Auszug aus der Urkunde von Petrus Flandrini steht auf S. 426 ▪ Aus dem Soester Dominikanerkloster ▪ StadtBibl. Soest, Ms. 29

Die im 15. Jahrhundert zusammengestellte, bis zu Beginn des 16. Jahrhunderts kontinuierlich erweiterte Sammelhandschrift stammt aus der Soester Niederlassung der Dominikaner. Sie enthält auch bereits um 1300 enstandene Texte und vereinigt theologische sowie historiographische und kanonistische Texte. Streng genommenen handelt es sich zu großen Teilen um eine von dem u. a. in Prag und Köln lehrenden, auch als Inquisitor hervorgetretenen Dominikaner Jakob von Soest um 1400/25 zusammengetragene Sammlung von Nachrichten, Traktaten, Auszügen aus Rechtssammlungen und Kommentaren sowie Privilegien und Rechtsgutachten, die für den Dominikanerorden von Bedeutung waren. In Form eines knappen Auszuges ist hier auch ein Dokument überliefert, das eine Entscheidung von Petrus Flandrini in der Auseinandersetzung zwischen den in Erfurt ansässigen Bettelorden und dem Erfurter Pfarrklerus zum Gegenstand hat. Eine Datierung fehlt. Doch wird Flandrinis Schreiben 1375, spätestens 1376 ergangen sein. Daraus ergibt sich, dass der seit 1374 in Avignon geführte Prozess nicht versandete, sondern ein Urteil gefällt wurde. Die Entscheidung selbst fiel zu Gunsten der Bettelorden aus. Bestätigt wurden ihnen die in zahlreichen Privilegien garantierten Rechte in der Seelsorge. Neben der Predigt und ihren weitgehenden Freiheiten bei der Abnahme der Beichte betraf das insbesondere das Recht, Gläubige in ihren Kirchen und Klöstern zu bestatten. Auch wenn den Bettelorden eingeschärft wurde, sich an die Bestimmungen der Bulle *Super cathedram* zu halten, stellte die Entscheidung Flandrinis keine dauerhafte Lösung des Konfliktes dar. Rechtlich durch das kanonische Recht abgesichert, änderte das Urteil zunächst nichts an den tatsächlichen, durch die Form der Auseinandersetzung belasteten Verhältnissen in Erfurt. Dass Bettelorden und Pfarrklerus auch weiterhin latent in Konkurrenz zueinander standen, lässt sich an Hand der im 15. Jahrhundert immer wieder greifbaren Konflikte um die Seelsorgerechte mit Sicherheit sagen. Wie der Verfasser des Soester Auszuges am Ende mitteilt, hatte ihm die im Erfurter Dominikanerkloster aufbewahrte Urkunde als Grundlage gedient. FJS

Michael, Handschriften, S. 174 – 193.

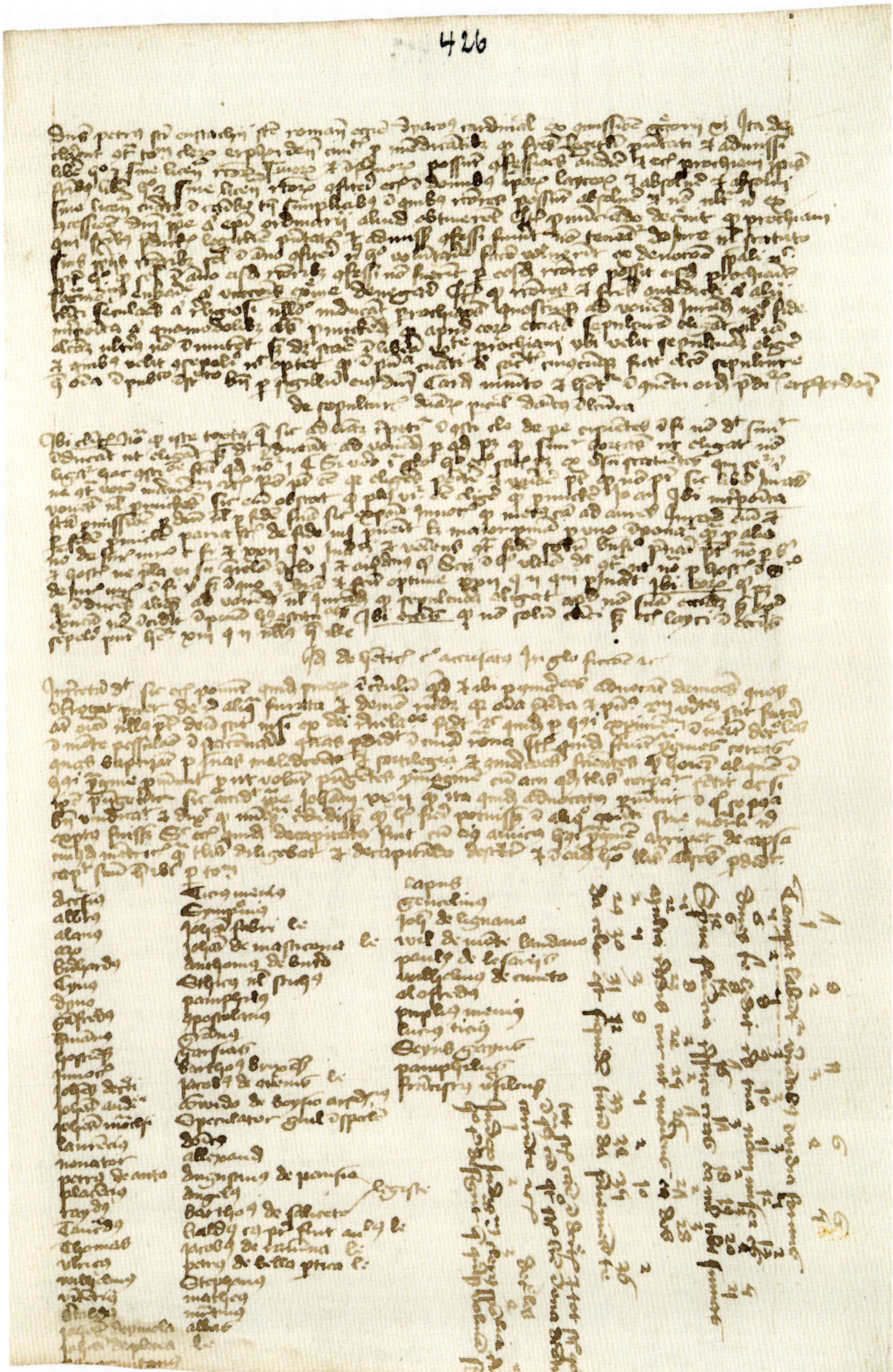

III.18

III.19

Für die Seelsorge darf nur der Ortsbischof die Erlaubnis erteilen

Konrad II. von Weinsberg, Erzbischof von Mainz, zeigt dem Pfarr- bzw. Seelsorgeklerus im Erzbistum Mainz an, dass er nach Präsentation durch den Kustos der Kustodie Thüringen zwölf namentlich genannten Angehörigen der Nordhäuser Niederlassung des Franziskanerordens die Erlaubnis erteilt hat, entsprechend den Bestimmungen der Bulle *Super cathedram* die Beichte abzunehmen, zu absolvieren und zu predigen
Hersfeld, 7. Oktober 1392

Ausfertigung ▪ Pergament. 21,3 × 22 cm, Plica 4 cm. Rundes Siegel des Mainzer Erzbischoffs an Pressel, beschädigt ▪ StadtA Nordhausen, I. Abt. Lc Nr. 25

Die unmittelbare geistliche Betreuung der Gläubigen entsprach als Kernaufgabe der Zielsetzung sowie dem Selbstverständnis der Bettelorden. Unterstützt durch die ihnen verliehenen weitreichenden Seelsorgerechte, entfalteten sie flächendeckend eine hocheffiziente, den steigenden Bedürfnissen der Gläubigen Rechnung tragende Seelsorge, die sich alternativ zu den bestehenden Pfarreien etablierte. Die Folge war, dass sich beim Seelsorgeklerus vor Ort Widerstand regte, der sich europaweit in schweren Auseinandersetzungen entlud. Mit der am 18. Februar 1300 erlassenen und 1311 durch das Konzil von Vienne bestätigten Bulle *Super cathedram* unternahm Papst Bonifatius VIII. den Versuch, den nicht abreißenden Kontroversen den Boden zu entziehen. Anliegen der Bulle war ein Ausgleich zwischen den Interessen mit dem nur schwer zu verwirklichenden Ziel, Bettelorden und Pfarrgeistlichkeit in der Seelsorge zu Partnern zu machen. Um das zu erreichen, wurden die Rechte in Bezug auf Predigt, Begräbnis, Beichte und Seelsorge aneinander angepasst. So durften Vertreter der Bettelorden nur dann in den Pfarrkirchen predigen, wenn dazu eine Erlaubnis vorlag. Wenn durch den Bischof oder seine Vertreter Predigten gehalten wurden, war es den Bettelorden untersagt, ebenfalls zu predigen. Eine Gleichstellung erfolgte auch hinsichtlich der Abnahme der Beichte und der Erteilung der Absolution. Von besonderer Bedeutung ist aber die Verfahrensweise, wie die Bestimmungen praktisch umgesetzt werden sollten. Fortan durften nur diejenigen Angehörigen der Bettelorden Seelsorgeaufgaben wahrnehmen, die eine entsprechende Erlaubnis durch den zuständigen Bischof bzw. Erzbischof erhalten hatten. Eingeschränkt wurde damit nicht nur die Zahl der mendikantischen Seelsorger. Eine Beschränkung erfuhr so auch der Wirkungskreis. Erteilt wurde die Lizenz meist nur für die Stadt

III.19

und das dazugehörige Umland, in der sich der Konvent der namentlich zu benennenden Seelsorger befand. Wie groß dennoch die Zahl der gleichzeitig für die Seelsorge zugelassenen Ordensangehörigen war, verdeutlich die im Oktober 1392 zu Gunsten der Franziskaner in Nordhausen ausgestellte Erlaubnis. So verwundert es auch nicht, dass die Auseinandersetzungen zwischen den Bettelorden und dem Pfarrklerus nicht abrissen. Bis in das beginnende 16. Jahrhundert überschatteten sie in allen städtischen Zentren Europas regelmäßig die Seelsorge. Eingedenk der im Zusammenhang damit verhängten Kirchenstrafen führten sie immer wieder zur Verunsicherung der Gläubigen und belasteten damit nachhaltig das Verhältnis von Stadt und Kirche. Erschwerend kam hinzu, dass die Privilegien der Bettelorden nicht einheitlich gehandhabt wurden, vielmehr oft tagespolitischen Aspekten unterlagen. Pfarrklerus und Bettelorden waren bei der Wahrnehmung und Durchsetzung ihrer Rechte nur in den seltensten Fällen zu Kompromissen bereit. An der Praxis, Angehörige für die Seelsorge zu präsentieren, wurde bis kurz vor Einführung der Reformation festgehalten. Sie hatte sich durchgesetzt. Das eigentliche Problem freilich konnte nicht gelöst werden: die fortdauernde Konkurrenz zwischen den Bettelorden und dem Pfarrklerus. War doch die Seelsorge mit Einnahmen verbunden, die für beide Seiten existentielle Bedeutung hatten. FJS

Franziskaner in Thüringen, S. 312. Ulpts-Stockmann, Konkurrenz, S. 217–220.

III.20 ► Abb. 32

Heilige Jungfrau und Nothelferin

hl. Margaretha
Büste aus einer Predella
Anfang 16. Jahrhundert

Holz, gefasst, 37,5 × 27 × 19 cm ▪ Schmalschultrige Büste auf angesetztem flachem Brettsockel. Breitovales Gesicht mit mandelförmigen Augen, schmalem Mund, kleiner spitzer Nase. Oben anliegendes gescheiteltes Haar mit gewellten Bauschen an den Schläfen, in breiten Wellen auf die Schultern fließend. Anliegendes Gewand mit weitem trapezförmigem Halsausschnitt. Ehemals vorhandene Krone fehlt. Rückseitig breiter senkrechter Riss, großflächige Fassungsverluste, partiell Retuschen. Auf dem Gewand Inschrift in Minuskeln: *[Marg]aretha* ▪ AngerM Erfurt, Inv.-Nr. 836; erworben 1906 von der evangelischen Gemeinde Nottleben

Die Büste gehörte zusammen mit einer ebenfalls im Angermuseum bewahrten Darstellung der hl. Katharina zum Predellenschrein eines Altares. Die bei Predellenfiguren häufigen Reliquienöffnungen fehlen hier ebenso wie bei den Büsten in der Predella des Altares in Sömmerda, St. Bonifatius (dort sechs Figuren im erneuerten Predellenschrein, zwei Figuren im Angermuseum zu Erfurt) oder den Figuren in Böhlen (Ilm-Kreis).
Die kräftige plastische und sensible Modellierung der Gesichter mit individueller Ausprägung von Form und Ausdruck offenbart die künstlerische Qualität des Schnitzers: Das Antlitz Katharinas ist von einer breiten Wangenpartie mit runden Augen geprägt und hebt sich deutlich von dem leicht asymmetrischen Gesicht der Margaretha ab. Die unter den ehemals vorhandenen Kronen hervorquellenden Haarsträhnen sind leichtschwingend formuliert und bestimmen den lebensvollen Ausdruck der Figuren. KH

Katalog 1924, S. 28 Nr. 119.

III.21 ▸ Abb. 33

Gebetshandbuch für Dominikanerinnen

Lateinisch-deutsches Stundenbuch
Dominikanerinnenklosters Weiler/Esslingen, 1535 – 1538

Handschrift ▪ Papier. 61 Blatt. 16,5 × 22,5 cm ▪ Holzdeckelband mit Schweinslederbezug ▪ Württemberg. Landesbibl. Stuttgart, Cod. brev. 23

Das Buch enthält die zu bestimmten Zeiten des Tages vorgesehenen Stundengebete. Damit wurde der vom gemeinsamen Chorgebet bestimmte klösterliche Tageslauf strukturiert – von den morgendlichen Laudes über Prim, Terz, Sext und Non bis zur Vesper, abendlichen Komplet und nächtlichen Matutin. Schreiberin des überwiegenden Teils der Quelle war die Subpriorin des Dominikanerinnenkonvents im schwäbischen Weiler. Ihre klostereigene Handschrift fertigte sie nach einer Vorlage vom Ende des 15. Jahrhunderts.
Integraler Bestandteil ist das Totenoffizium, das an Gedächtnistagen Verstorbener zusätzlich zum Stundengebet gebetet wurde. Es enthält neben Randnotizen zwei eingeklebte teilkolorierte Holzschnitte mit dem Schmerzensmann und einer Weltgerichtsdarstellung. GNR

Fast, Himmel und Erde, S. 176.

III.22 ▸ Abb. 36

Dominikanischer Universalgelehrter und Dozent der scholastischen Philosophie

Thomas von Aquin
Niederrheinisch, um 1480

Gewachsener Eichenholzstamm, an der Unter- und Rückseite ausgehöhlt ▪ 139 × 53 × 45 cm ▪ Fassung: Mantel außen holzsichtig, mit Lasur; Untergewand grauweiß, Pult grün, Buch braun-rot, das Inkarnat ist hell ausgemischt. Reste von mehrschichtigen Fassungen in den Tiefen der Schnitzerei erkennbar. Sämtliche Finger der rechten Hand fehlen, ein ursprünglich auf der Brust angebrachter Stein oder Stern fehlt ▪ Kath. Propsteigemeinde St. Johannes Baptist Dortmund

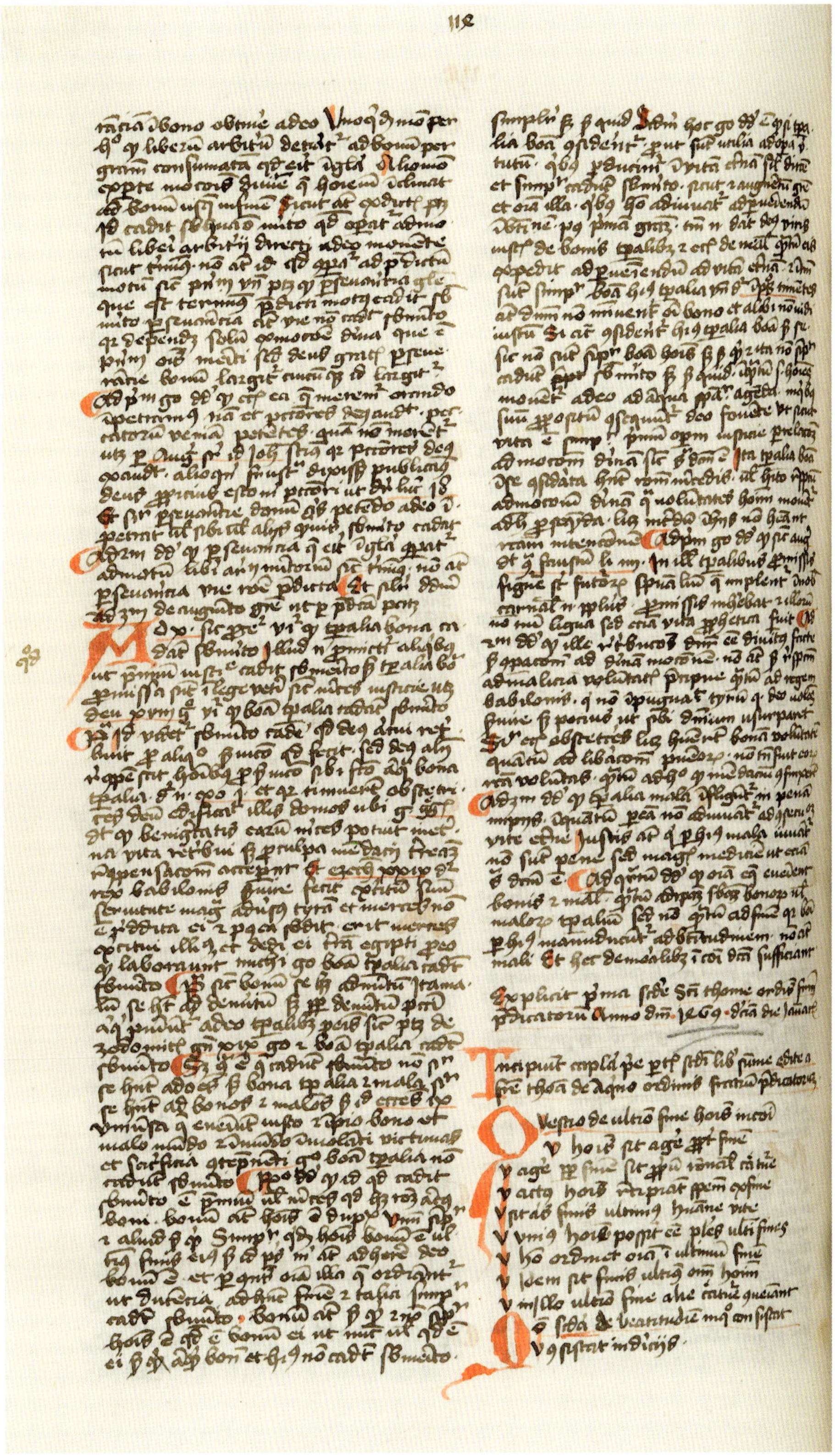

III.23

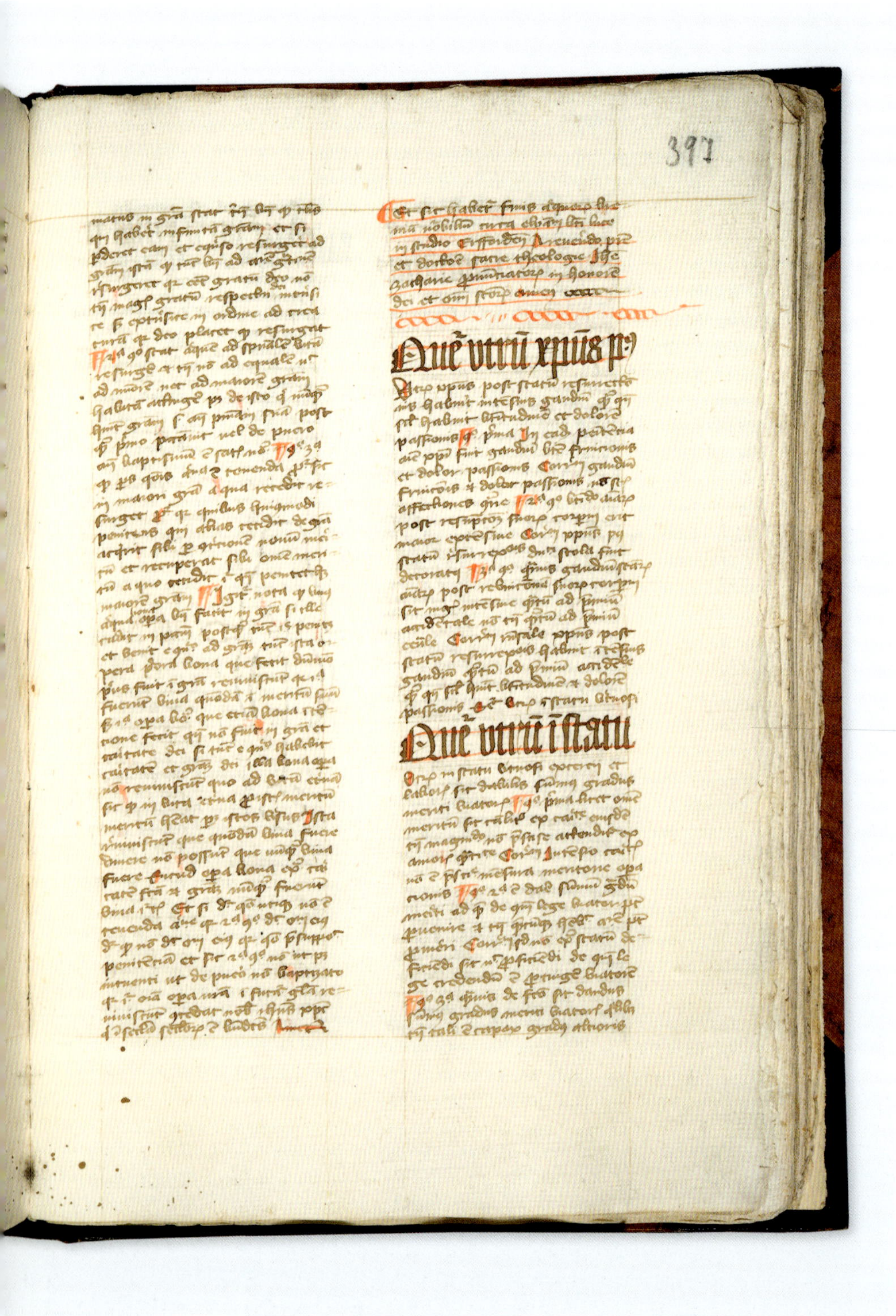

III.24

Thomas von Aquin kam mit 5 Jahren zu den Benediktinern, studierte an der kaiserlichen Universität Neapel, wo er Aristoteles für sich entdeckte, und trat im Jahr 1244 gegen den Willen seiner Familie in den Orden der Dominikaner ein. Als Dominikanermönch studierte er in Paris und Köln bei Albertus Magnus. Ab 1252 kehrte er in die französische Metropole zurück und lehrte Philosophie und Theologie. Als dozierenden Lehrer hat ihn der unbekannte Künstler in seiner Skulptur festgehalten: in der Ordenstracht der Dominikaner mit geöffnetem Buch auf einem Lesepult und erhobener, Aufmerksamkeit fordernder rechter Hand. Seine Gewandung zeichnet sich durch eine aufwendige, dekorative Faltengestaltung aus. Ein gewellter Haarkranz umspielt sein lebendiges Gesicht. Sein Blick ist nach unten auf das Buch gerichtet, als zitiere er aus einem seiner Werke. Kaum ein Zeitgenosse hat eine ähnlich hohe Anzahl von Studienausgaben hinterlassen. Allein sein Hauptwerk, die *Summa theologiae*, ist ein monumentales philosophisch-theologisches Werk in 6 Bänden. Die zahllosen wissenschaftlichen Arbeiten begründeten seinen Ruhm als anerkannten Kirchenlehrer. Das ist eingefangen in der Geste der Figur: so als erkläre Thomas von Aquin dem Betrachter das Verhältnis von Glaube und Vernunft, das große Thema dieses herausragenden Scholastikers des Mittelalters. GNR

Baumann/Biber/Füllenbach, Dominikanerorden, S. 32.

III.23

Ein Dominikaner schuf das bedeutendste Handbuch der Dogmatik

Thomas von Aquin, Summa theologiae
Erfurt, 1469

Handschrift ▪ Papier. 381 Blatt. 29,5 × 22 cm ▪ Zeitgenössischer Erfurter Halbledereinband aus Schweinsleder mit Blindpressung. Werkstatt Löwe nach links I (EBDB w002595) ▪ Inhalt: 1. Bl. 1 ra – 163 ra Thomas von Aquin, *Summa theologiae*, Teil 2,1; 2. Bl. 169 ra – 381 va Thomas von Aquin, *Summa theologiae*, Teil 3 ▪ Aus dem Besitz des Erfurter Theologen Johannes Milbach. Als Legat desselben an die Büchersammlung im Erfurter Marienstift ▪ BA Erfurt, Hs theol 27

Mit der *Summa theologiae*, die als Lehrbuch konzipiert wurde, schuf Thomas von Aquin ein sich auf das Wesentliche beschränkendes, den Gegenstand systematisierendes, ihn dennoch übergreifend thematisierendes Handbuch der Dogmatik. Das sicherte dem Werk über das Mittelalter hinaus einen festen Platz, auch wenn die Fülle des behandelnden Stoffes und dessen Durchdringung den Studienanfänger überforderte. An der *Summa theologiae* arbeitete Thomas von 1265/66 bis zu seinem Tod im Jahr 1273, ohne sie vollenden zu können. Das Werk setzt sich aus drei bzw. vier Teilen zusammen. Die Gotteslehre ist Gegenstand von Teil 1. Ausgangspunkt ist der Nachweis der Existenz Gottes. Im Anschluss wird das Wesen Gottes betrachtet, woran sich eine Trinititäts- und eine Schöpfungslehre anschließen. Mit Teil 2,1 rückt der Mensch als Abbild Gottes in den Mittelpunkt. Allgemein wird das menschliche Handeln in Teil 2,1 dargestellt und eine daraus resultierende Ethik etabliert. Teil 2,2 bietet darauf aufbauend eine Tugendethik. Als Schablone dienen die Kardinaltugenden und die Ständelehre. Anknüpfend an Teil 2,2 behandelt Teil 3 die um eine Mariologie ergänzte Christologie, die Sakramentenlehre und die Eschatologie. Mit dem Sakrament der Buße brechen die Ausführungen ab. Die fehlenden Teile zur Sakramentenlehre sowie die Eschatologie fügten Schüler des Thomas an. Grundlage bildete hierfür dessen Sentenzenkommentar. Doch ist es umstritten, ob das ursprünglich so von Thomas beabsichtigt war. Die Handschrift gehörte ursprünglich dem Erfurter Marienkanoniker Johannes Milbach. Geschrieben wurde sie Ende der sechziger Jahre des 15. Jahrhunderts. Zu diesem Zeitpunkt war Milbach, der aus Erfurt stammte und hier 1433 zu studieren begann, bereits Inhaber der mit dem Marienstift verbundenen zweiten Lektoralpräbende für Theologie. Bis Ende der achtziger Jahre gehörte Milbach zu den führenden Theologen der Erfurter Hochschule. Von 1489 an verbrachte Milbach seine letzten Lebensjahre im Erfurter Peterskloster. Seine Bücher hinterließ Milbach, soweit es bekannt ist, neben dem Peterskloster und verschiedenen Geistlichen u. a. der Kartause in Erfurt und dem Erfurter Marienstift. FJS

Davies, Summa. Frank, Peterskloster, S. 285 f. Kleineidam, Universitas 2, S. 273 Nr. 69. Ruh/Schmidtke, Thomas.

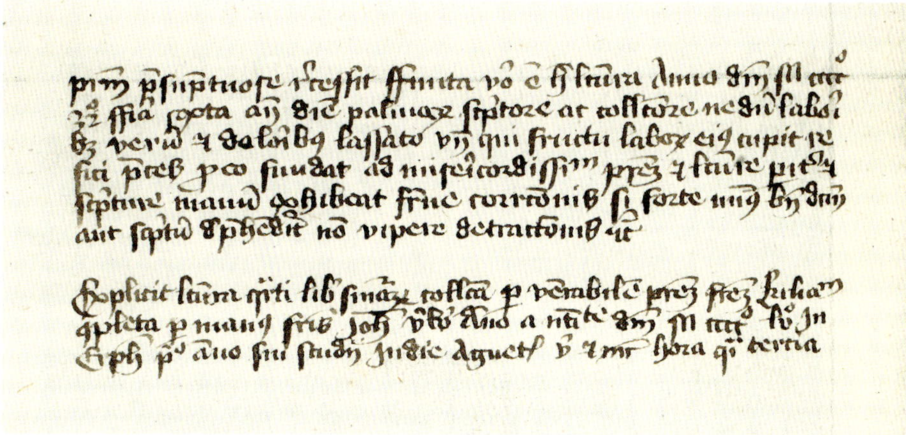

III.25

III.24

Bibelexegese in Erfurt um 1400

Johannes Zachariae, Vorlesungen über das Matthäus-, Markus- und Lukasevangelium

Erfurt, 1404

Handschrift ▪ Papier. 248 Blatt. 30,5 × 21,5 cm ▪ Moderner Halbledereinband ▪ Inhalt: 1. Bl. 1 r – 272 v Johannes Zachariae, *Collecta super Matthaeum*, 2. Bl. 273 r – 311 v Johannes Zachariae, *Collecta super Marcum*, 3. Bl. 315 r – 397 v Johannes Zachariae, *Collecta circa Lucam*, 4. Bl. 401 r – 495 r *Johannes Zachariae?, Lectura super historiam Iesu Christi secundum expositionem Matthaeo de Cracovia adscriptam* ▪ Wohl ursprünglich im Besitz des Soester Dominikanerklosters ▪ Stadt-Bibl. Soest, Cod. 10

Die Handschrift setzt sich in erster Linie aus Texten des Erfurter Augustiner-Eremiten Johannes Zachariae zusammen. Es sind als Nachschriften überlieferte Vorlesungen, die Zachariae als Leiter des Ordensstudiums und als Hochschullehrer kurz nach 1400 in Erfurt am Generalstudium seines Ordens und/oder an der noch jungen Hochschule hielt. Gegenstand der Vorlesungen, die alle Theologiestudenten obligatorisch zu hören hatten, bevor sie zum Bakkalar promoviert werden konnten bzw. selbst mit einer kursorischen Vorlesung über die Bibel beginnen durften, waren die Evangelien von Matthäus, Markus und Lukas. Aufschlussreich sind die Nachschriften nicht nur für den Lehrbetrieb am Ordensstudium sowie an der Universität. An vielen Stellen führt Zachariae Beispiele an, die er seiner unmittelbaren Lebensumwelt in Erfurt bzw. in Thüringen und Sachsen entlehnte. Sie liefern wertvolle Anhaltspunkte für die religiösen Gepflogenheiten seiner Zeit, bieten zudem immer wieder Einblicke in den Alltag seiner Zeitgenossen. So hob er in seiner Vorlesung über Markus beispielsweise hervor, dass es naturgegeben sei, wenn ein Kind spräche, dass hingegen nicht natürlich sei, dass es Hebräisch oder Sächsisch rede: *Ut puer loquitur, est de lege naturali, sed quod loquitur Hebraicum vel Saxonicum, hoc non est de natura.* Nicht in der Soester Handschrift, sondern in einem anderen Zusammenhang kam Zachariae so auch darauf zu sprechen, dass in Sachsen, obwohl es das Fastengebot im Dekret des Gratian anders vorschrieb, am Sonnabend Fleisch gegessen wird. Unsicher ist, wer die am Ende der Soester Handschrift überlieferte Vorlesung über das Passionsgeschehen verfasst hat. In Frage kommt auch hier als Verfasser Zachariae. Als Vorlage für die Vorlesung diente eine in zahlreichen Handschriften Matthäus von Krakau zugeschriebene, wohl aber nicht von diesem stammende Auslegung der Passionsgeschichte. FJS

Michael, Handschriften, S. 89 – 93. Nuding, Matthäus von Krakau, S. 44 f. Zumkeller, Zachariae, S. 40 – 48, 93 – 95.

III.25

Ein Blick auf den Studienbetrieb am Erfurter Generalstudium der Franziskaner

Kilian Stetzing, Sentenzenkommentar

Erfurt und Magdeburg, 1454/55

Handschrift ▪ Papier. 281 Blatt. 21,5 × 15 cm ▪ Erfurter Rindsledereinband mit Blindpressung. Werkstatt von Johannes Fogel (EBDB w000091) ▪ Inhalt: 1. Bl. 1 ra – 94 v Petrus de Aquila, *Commentarius in librum primum sententiarum*, 2. Bl. 97 r – 217 v Kilian Stetzing, *Commentarius in librum quartum sententiarum*, 3. Bl. 219 r – 245 r Franciscus de Mayronis, *Formalitates*, 4. Bl. 247 r – v, 255 r – 276 v Franciscus de Mayronis, *Conflatus (excerpta)*, 5. Bl. 249 r – 254 v Nikolaus Lakmann, *Quaestio de fomalitatibus* ▪ Aus dem Lüneburger Franziskanerkloster ▪ Ratsbücherei Lüneburg, Ms. theol. 4° 21

Neben zahlreichen weiteren Handschriften überliefert ein Lüneburger Kodex Teile einer in Erfurt entstandenen bzw. hier gehaltenen Sentenzenvorlesung. Ihr Verfasser war der Franziskaner Kilian Stetzing. Von ihm ist nur bekannt, dass er vor seiner Erfurter Zeit sich in Greifswald und Colchester (Essex) aufhielt und studierte. In Colchester stellte Stetzing ein Register zur Quästionensammlung des Antonius Andreae zur Metaphysik des Aristoteles zusammen, welches er in Erfurt vollendete. Noch im letzten Drittel des 15. Jahrhunderts wurde der Text in Erfurt, Wien bzw. Ingolstadt benutzt und abgeschrieben. Die Sentenzenvorlesung, die mit Ausnahme von Buch 1 vorliegt, trug Stetzing in Erfurt zwei Mal vor. Von September 1430 bis April 1432 las er über alle vier Bücher der Sentenzen am Generalstudium der Franziskaner. Erst im Sommersemester 1433 wurde Stetzing in die Matrikel der Hochschule aufgenommen, um hier im Sommersemester 1435 zum Bakkalar der Theologie promoviert zu werden. Zuvor wiederholte er die Sentenzenvorlesung. Erstaunlich ist die Nachwirkung. Aus der Lüneburger Handschrift geht hervor, dass der vorher in Magdeburg am Ordensstudium studierende Franziskaner Johannes Verwer die Abschrift von Stetzings Vorlesung zum vierten Buch der Sentenzen Ende Januar 1455 in Erfurt vollendete. Ausdrücklich hob dabei Verwer hervor, dass das im ersten Jahr seines Studiums am Erfurter Generalstudium war. Ein Jahr später waren Stetzings Ausarbeitungen zu Buch 4 in Leipzig Gegenstand einer Vorlesung. Die im Zusammenhang damit entstandene Abschrift ging 1483 in den Besitz des Magdeburger Dominikanerklosters über. FJS

Honemann, Stetzing. Kitanov, Concept, S. 342 f. Meier, Firmungslehre. Meier, Lebensgang. Meier, Schrifttum. Stähli, Theol. Handschriften, S. 67–69.

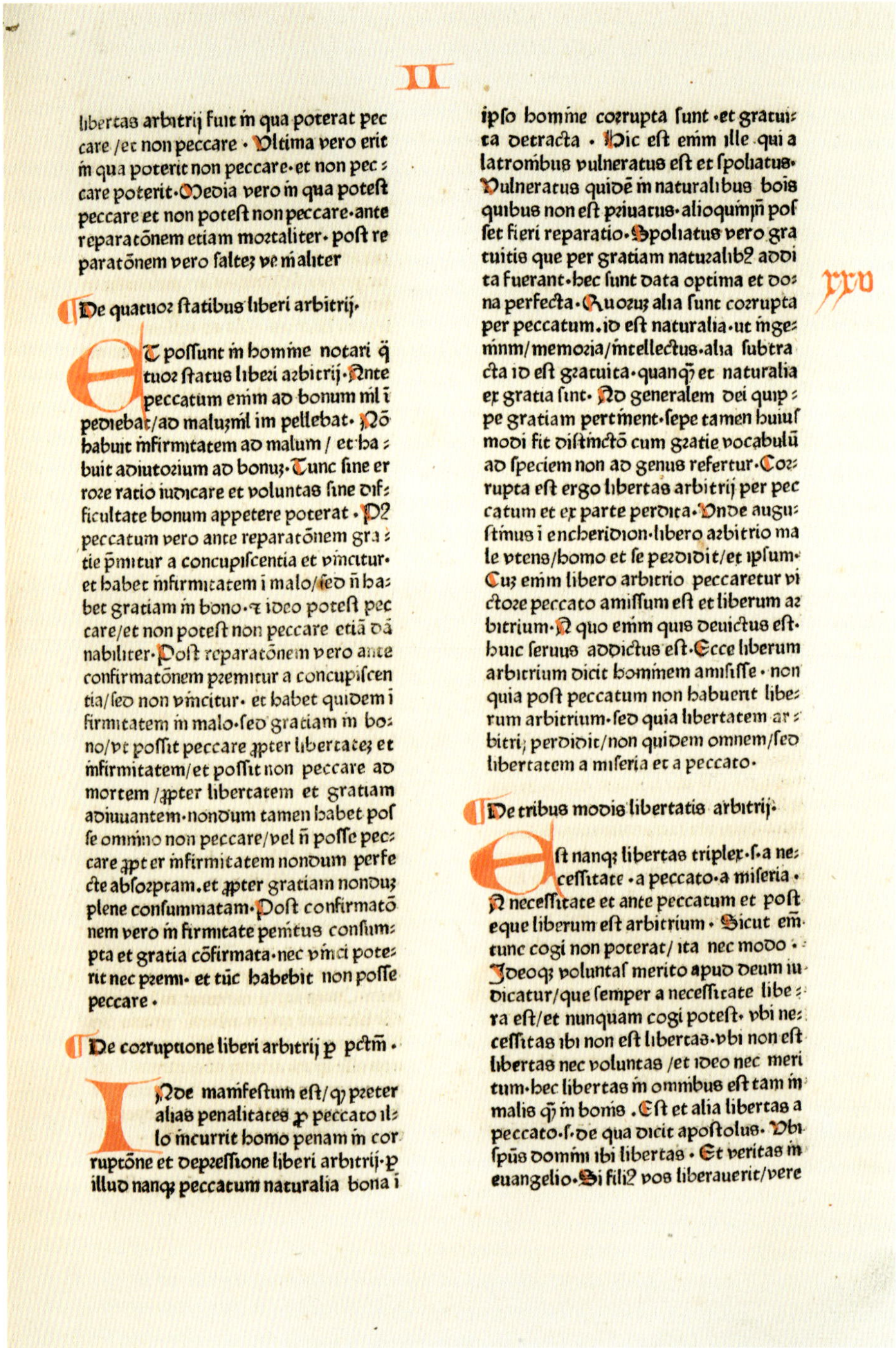

II

libertas arbitrij fuit in qua poterat peccare / et non peccare · Ultima vero erit in qua poterit non peccare · et non peccare poterit · Media vero in qua potest peccare et non potest non peccare · ante reparationem etiam mortaliter · post reparationem vero saltē venialiter

De quatuor statibus liberi arbitrij·

Et possunt in homine notari quatuor status liberi arbitrij · Ante peccatum enim ad bonum nil impediebat / ad malum nil impellebat · Nō habuit infirmitatem ad malum / et habuit adiutorium ad bonum · Tunc sine errore ratio iudicare et voluntas sine difficultate bonum appetere poterat · Post peccatum vero ante reparationem gratie premitur a concupiscentia et vincitur · et habet infirmitatem i malo / sed n habet gratiam in bono · et ideo potest peccare / et non potest non peccare etiā dānabiliter · Post reparationem vero ante confirmationem premitur a concupiscentia / sed non vincitur · et habet quidem infirmitatem in malo · sed gratiam in bono / ut possit peccare propter libertatem et infirmitatem / et possit non peccare ad mortem / propter libertatem et gratiam adiuvantem · nondum tamen habet posse omnino non peccare / vel n posse peccare propter infirmitatem nondum perfecte absorptam · et propter gratiam nondum plene consummatam · Post confirmatōnem vero infirmitate penitus consumpta et gratia cōfirmata · nec vinci poterit nec premi · et tūc habebit non posse peccare ·

De corruptione liberi arbitrij p pctm ·

Inde manifestum est / q preter alias penalitates p peccato illo incurrit homo penam in corruptōne et depressione liberi arbitrij · p illud nanq peccatum naturalia bona i ipso homine corrupta sunt · et gratuita detracta · Hic est enim ille qui a latronibus vulneratus est et spoliatus · Vulneratus quidē in naturalibus bonis quibus non est privatus · alioquin n posset fieri reparatio · Spoliatus vero gratuitis que per gratiam naturalibus addita fuerant · hec sunt data optima et dona perfecta · Quorum alia sunt corrupta per peccatum · id est naturalia · ut ingenium / memoria / intellectus · alia subtracta id est gratuita · quanq et naturalia ex gratia sint · Ad generalem dei quippe gratiam pertinent · sepe tamen huiusmodi fit distinctō cum gratie vocabulū ad speciem non ad genus refertur · Corrupta est ergo libertas arbitrij per peccatum et ex parte perdita · Unde augustinus i encheridion · libero arbitrio male utens / homo et se perdidit / et ipsum · Cum enim libero arbitrio peccaretur victore peccato amissum est et liberum arbitrium · A quo enim quis devictus est · huic servus addictus est · Ecce liberum arbitrium dicit hominem amisisse · non quia post peccatum non habuerit liberum arbitrium · sed quia libertatem arbitrij perdidit / non quidem omnem / sed libertatem a miseria et a peccato ·

xxv

De tribus modis libertatis arbitrij·

Est nanq libertas triplex · s · a necessitate · a peccato · a miseria · A necessitate et ante peccatum et post eque liberum est arbitrium · Sicut enī tunc cogi non poterat / ita nec modo · Ideoq voluntas merito apud deum iudicatur / que semper a necessitate libera est / et nunquam cogi potest · ubi necessitas ibi non est libertas · ubi non est libertas nec voluntas / et ideo nec meritum · hec libertas in omnibus est tam in malis q in bonis · Est et alia libertas a peccato · s · de qua dicit apostolus · Ubi spūs domini ibi libertas · Et veritas in evangelio · Si filius vos liberaverit / vere

III.26

III.26

Als Lektüre obligatorisch

Petrus Lombardus, Sentenzen

Straßburg, Drucker des Henricus Ariminensis (d. i. Georg Reyser), nicht nach 1477 (ISTC ip00479100)

Inkunabel ▪ Zeitgenössischer Rindsledereinband mit Blindpressung ▪ BA Erfurt, 2° Ink 101

Hinsichtlich ihrer Bedeutung und Wirkung standen die Sentenzen des Petrus Lombardus als Lehrbuch in der Theologie des Hoch- und Spätmittelalters über lange Zeit unangefochten an erster Stelle. Erst im im 15. Jahrhundert lief den *Sententiae* die *Summa theologiae* des Thomas von Aquin den Rang ab. Im Lehrbetrieb an den mittelalterlichen Hochschulen sowie den Ordensstudien bildeten sie dennoch die Grundlage für eine ernsthafte weiterführende Auseinandersetzung mit theologischen Fragen. Im Rahmen des Theologiestudiums war ihre Lektüre obligatorisch. Jeder angehende Theologe musste nach seinem Bakkalariat im Anschluss an seine Bibelvorlesung über die Sentenzen lesen. Das in vier Teile bzw. Bücher gegliederte, übergreifend die Glaubenslehre behandelnde Werk ist eine breit angelegte, jedoch systematisch strukturierte und als Lehrbuch aufbereitete Sammlung von Zitaten aus den Werken der Kirchenväter. Nicht vor 1142 begonnen, lagen die Sentenzen in zweiter Fassung 1158 vor. Buch 1 widmet sich der Gottes- und Trinitätslehre. Im Anschluss behandelt Buch 2 die Schöpfungs- und Sündenlehre, Buch 3 dann die Inkarnations- und Tugendlehre. Den Abschluss bildet Buch 4 mit der Sakramentenlehre und der Eschatologie. Gedruckt waren die Sentenzen seit Anfang der siebziger Jahre des 15. Jahrhunderts verfügbar. Zu den frühen Auflagen ist auch die nicht nach 1477 in Straßburg fertiggestellte Ausgabe zu zählen. In dem vorliegenden Exemplar erweiterte eine zeitgenössische Hand die ersten beiden Bücher der Sentenzen um erläuternde Anmerkungen. Hinzugezogen wurde hierzu insbesondere der Mitte des 14. Jahrhunderts in Paris entstandene Sentenzenkommentar des Augustiner-Eremiten Hugolinus de Orvieto. Er war ein entschiedener Wegbereiter des Augustinismus und lehrte später in Perugia und Bologna Theologie. FJS

Colish, Lombard 1, S. 23–25. Kitanov, Concept. Rosemann, Lombard, S. 54–133. Rosemann, Story, S. 93–182. Schneider, Petrus. Zahnd, Verteidigung. Zumkeller, Erbsünde, S. 4–9.

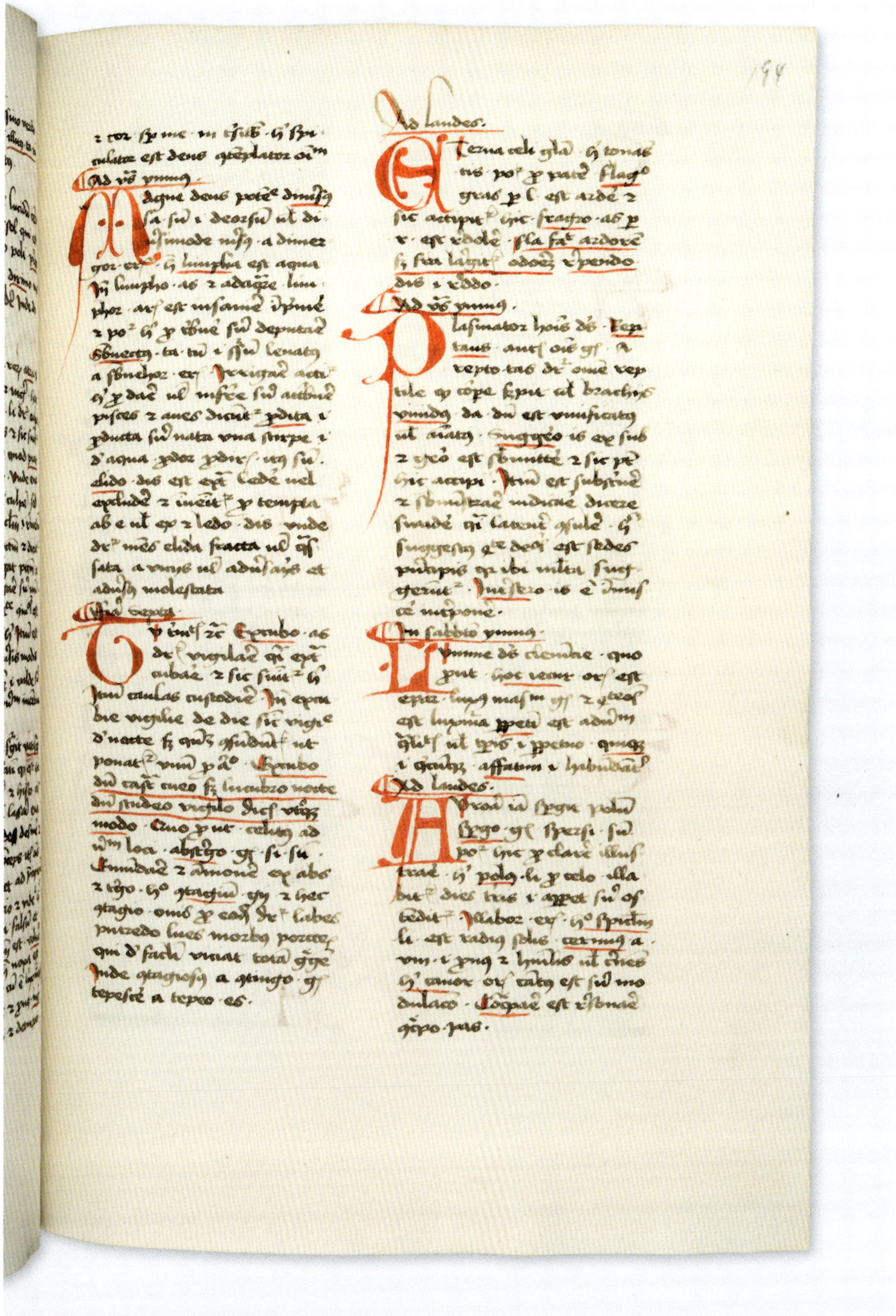

III.27

III.27

Ein Hilfsmittel für das Bibelstudium aus franziskanischer Provenienz

Johannes Marchesinus, Mammotrectus super bibliam
Erfurt, 1461

Handschrift ▪ Papier. 250 Blatt. 32,5 × 22 cm ▪ Erfurter Halbledereinband aus Schweinsleder mit Blindpressung. Werkstatt von Wolfgang Herolt (EBDB w000958) ▪ Inhalt: 1. Bl. 1 ra – 31 vb *Tituli capitulorum totius bibliae*, 2. Bl. 47 ra – 177 rb Johannes Marchesinus: *Mammotrectus super bibliam*, Teil 1, 3. Bl. 178 ra – 244 vb Johannes Marchesinus: *Mammotrectus super bibliam*, Teil 2 ▪ Im Besitz von Tilomann Ziegler den Jüngeren. Im Anschluss Teil der Büchersammlung am Marienstift ▪ BA Erfurt, Hs theol 33

Als Hilfsmittel für das Bibelstudium fand im Spätmittelalter der im zweiten Drittel des 13. Jahrhunderts in Italien entstandene *Mammotrectus super bibliam* große Verbreitung. Er ist in zahlreichen

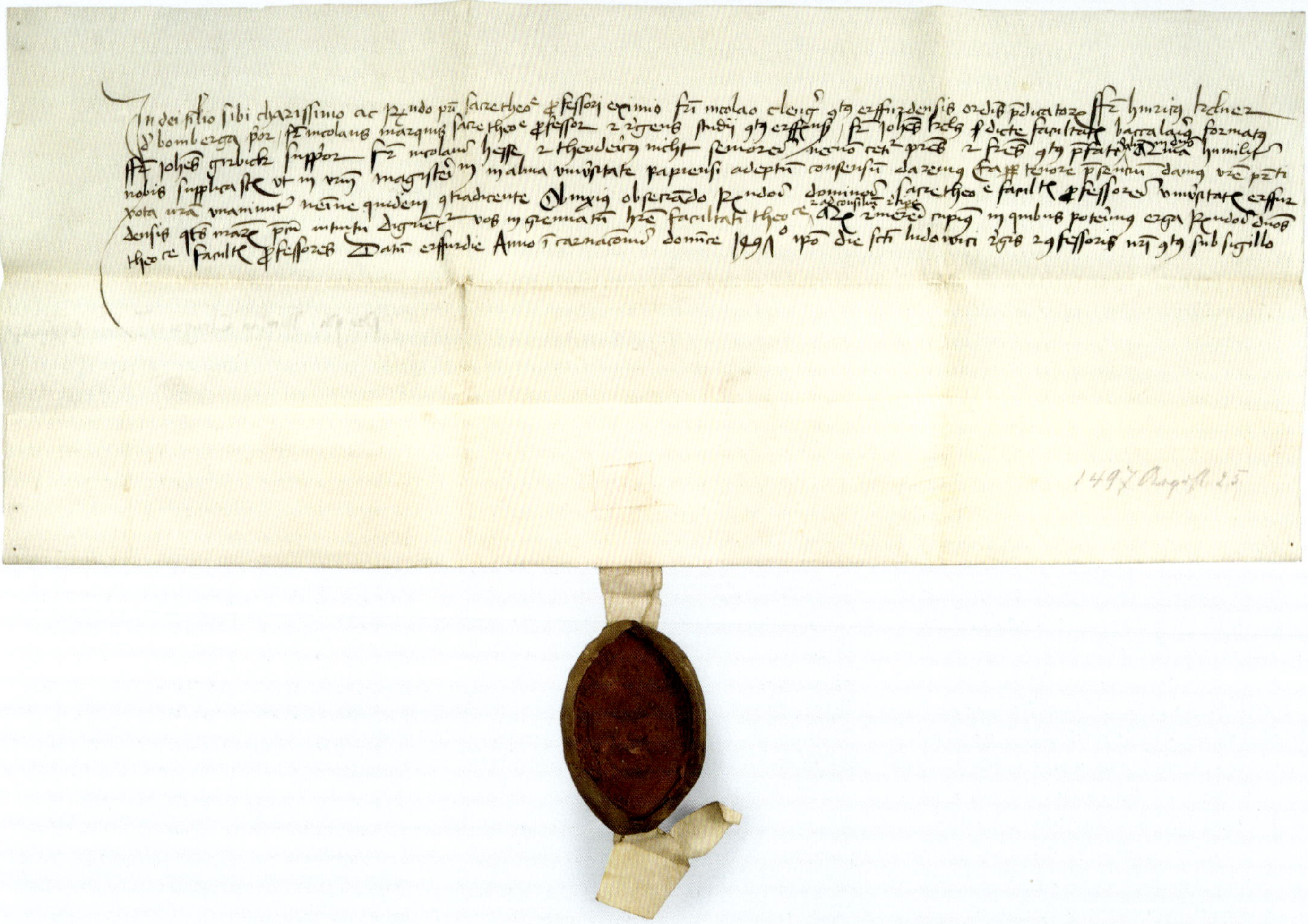

III.28

In dei filio sibi charissimo ac reverendo patri, sacre theologie professori eximio, fratri Nicolao Clenger conventus Erffurdensis ordinis predicatorum, frater Hinricus Kelner de Bomberga, prior, frater Nicolaus Marquis, sacre theologie professor et regens studii conventus Erffurdensis, frater Iohannes Kelcz, dicte facultatis baccalarius formatus, frater Iohannes Gribick, supprior, frater Nicolaus Hesse et frater Theodericus Nicht, seniores, necnon ceteri patres et fratres conventus prefati salutem in domino. Quia humiliter nobis supplicastis, ut in vestrum magisterium in alma universitate Papiensi adeptum consensum daremus, eapropter tenore presentium damus vestre paternitati vota nostra unanimiter nemine quidem contradicente, obnixius obsecrando reverendos dominos sacre theologice facultatis professores universitatis Erffurdensis, quatenus nostrarum precum intuitu dignentur vos ingremiatum habere facultati theologice et ad consilium recipere, quod remereri cupimus in quibus poterimus erga reverendos dominos theologice facultatis professores. Datum Erffurdie anno incarnationis dominice 1497o ipso die sancti Ludowici regis et confessoris nostri conventus sub sigillo.

Dem in Gott liebsten Sohn und ehrwürdigen Pater, dem herausragenden Professor der hl. Theologie, dem Bruder Nikolaus Klenger aus dem Erfurter Dominikanerkloster (sagen) Bruder Heinrich Kellner von Bamberg, Prior, Bruder Nikolaus Marquitz, Professor der hl. Theologie und Leiter des Studiums des Erfurter Konvents, Bruder Johannes Kelcz, Bakkalar der genannten Fakultät, Bruder Johannes Gribick, Subprior, Bruder Nikolaus Hesse und Bruder Dietrich Nicht, Älteste, sowie die übrigen Patres und Brüder des vorgenannten Konvents Gruß im Herrn. Weil ihr uns demütig gebeten habt, dass wir eurem an der Universität in Pavia erworbenen Magistergrad unsere Zustimmung geben, deshalb geben wir eurer Väterlichkeit mit dem Wortlaut dieses Schreibens einmütig unsere Zustimmung, und zwar ohne Gegenstimme, wobei wir die ehrwürdigen Herren Professoren der hl. theologischen Fakultät der Erfurter Universität eindringlich ersuchen, dass sie geruhen mögen in Anbetracht unserer Bitten, euch als in die theologische Fakultät aufgenommen zu betrachten und in den Fakultätsrat aufzunehmen, was wir gegenüber den ehrwürdigen Herren Professoren der theologischen Fakultät entgelten wollen, so gut wir können. Gegeben zu Erfurt im Jahr der Fleischwerdung des Herren 1497 am Tag des hl. Königs und Bekenners Ludwig unter dem Siegel unseres Konvents. Abschrift und Übersetzung FJS

Handschriften und Frühdrucken überliefert. Der verballhornte Titel bedeutet soviel wie mütterlicher Führer (wörtlich genährt mit Muttermilch), also Betreuer bei der Bibellektüre. Verfasst hat ihn der Franziskaner Johannes Marchesinus aus Reggio Emilia. Es ist ein in zwei Teilen angelegtes Handbuch. Der erste Teil erläutert schwierige Wörter bzw. schwer verständliche Passagen im Bibeltext in der Reihenfolge der biblischen Bücher. Teil 2 wendet sich, beginnend mit grundsätzlichen Betrachtungen u.a zur Schriftauslegung und zum Schriftsinn, als Leitfaden in der Reihenfolge des Kirchenjahres praktischen Aspekten der sich täglich wiederholenden geistlichen Verrichtungen wie Messe, Stundengebet, Kirchengesang, Heiligenlesungen und Predigt zu und endet mit einer Erklärung der Franziskanerregel. Abgefasst wurde der *Mammotrectus* als eine elementare Einführung, die ganz auf die Bedürfnisse der einfachen Geistlichen und ihren Bildungsstand abgestellt war. Er stellte, wie Liere es 2003 pointiert formulierte, »tools for fools« bereit, freundlicher ausgedrückt »Handreichungen für wenig(er) Gebildete«. Die Handschrift ist unvollständig. Die Abschrift ließ um 1461 in Erfurt der 1479 verstorbene Tilomann Ziegler der Jüngere anfertigen. Er stammte aus einer einflussreichen Erfurter Patrizierfamilie und war Kanoniker am Erfurter Marienstift. Einen Einband, den Wolfgang Herolt anfertigte, erhielt die Handschrift erst um 1480. Zu diesem Zeitpunkt befand sie sich bereits im Besitz des Marienstiftes, wo sie angekettet in der Bibliothek aufgestellt war. FJS

Baldzuhn, Teichnerreden, S. 158 f. German, Hilfsmittel, S. 142 f. van Liere, Tools, S. 195 – 199. Roest, Franciscian Education, S. 53 – 74.

III.28

Als Erfurter Dominikaner in Pavia promoviert

Prior und Konvent des Erfurter Dominikanerklosters teilen ihrem Mitbruder Nikolaus Clenger mit, dass sie dessen in Pavia erworbenes Doktorat der Theologie anerkennen und seine Aufnahme in die Theologische Fakultät der Universität Erfurt gutheißen und unterstützen
Erfurt, 25. August 1497

Ausfertigung ▪ Pergament. 15,5 × 36,5 cm, Plica 4,5 cm. Spitzovales Wachssiegel an Pressel, Siegel des Konvents ▪ BA Erfurt, St. Marien, Stift, Urk. 1/1325

Seit 1478 gehörte Nikolaus Clenger, im 16. Jahrhundert einer der letzten Insassen des Konvents, nachweislich dem Erfurter Dominikanerkloster an. Prior des Klosters war er 1485. Am Generalstudium des Ordens in Erfurt studierte er Theologie. Ob er ausschließlich hier ausgebildet wurde, ist unbekannt. Da die Ordensstudien keine Gradierungen verleihen durften, erhielt er im Sommer 1486 die Erlaubnis der Ordensoberen, in Erfurt oder an einer anderen Hochschule den Grad eines Bakkalars der Theologie zu erlangen. Zehn Jahre später wurde ihm erlaubt, den Doktorgrad zu erwerben. Dafür ging er nach Italien. In Pavia wurde er am 14. Februar 1497 zum Doktor der Theologie promoviert. Nach Erfurt zurückgekehrt, ersuchte er Konvent und Ordensstudium um die Anerkennung der Promotion. Sie erfolgte mit dem vorliegenden Schreiben. Ausgestellt wurde sie von dem gesamten Erfurter Konvent mit Prior Heinrich Keller aus Bamberg und Nikolaus Marquitz, Doktor der Theologie und Leiter des Erfurter Generalstudiums, an der Spitze. Namentlich ist hier auch Johannes Keltz genannt, der 1498 Marquitz als Leiter des Generalstudiums ablöste und im Wintersemester 1510/11 in Erfurt Doktor der Theologie wurde. Mit der Anerkennung teilten Konvent und Generalstudium Clenger zugleich mit, dass sie seine Aufnahme in die Theologische Fakultät der Erfurter Universität und in die Fakultätsleitung unterstützen. Sie erfolgte im Anschluss an Clengers Immatrikulation im Sommersemester 1497. Für Unmut sorgte, dass Clenger es zunächst versäumte, der Hochschule die fälligen Gebühren zu erlegen. Das holte er im Wintersemester 1497/98 nach. FJS

Benl, Altera Roma, S. 27. Kleineidam, Universitas 2, S. 271 f. Nr. 15, 295 f. Nr. 104. Löhr, Kapitel, S. 256. Sotilli, Lauree pavesi, S. 155 Nr. 531. Sotilli/Iaria, Lauree pavesi, S. 161 – 163 Nr. 568.

III.29

Textgrundlage für das Bibelstudium

Bibel (lat.)
Basel, Anton Koberger, 3. Dezember 1487
(GW 4289)

Inkunabel ▪ Reste eines zeitgenössischen Erfurter Rindsledereinbands ▪ BA Erfurt, 2° Ink 40

Unter den im 15. Jahrhundert gedruckten lateinischen Bibelausgaben, die mit Kommentar erschienen, wurden die mit der Postille des Franziskaners Nikolaus von Lyra am Häufigsten aufgelegt. Die Erstausgabe erschien 1481 in Venedig. Nach weiteren Auflagen in Venedig und Nürnberg brachte Anton Koberger das mehrbändige Werk erneut 1487 in Basel heraus. Der Kommentar umfasst nicht nur die breit angelegte und ebenso breit rezipierte *Postilla litteralis* Lyras. Ergänzt wird er um die von dem Franziskaner Wilhelm dem Bretonen *(Brito)* im 13. Jahrhundert verfassten Erklärungen zu den Vorreden des Kirchenvaters Hieronymus, des Übersetzers der Vulgata. Eingeschaltet sind ferner die Ende des 14. Jahrhunderts entstandenen kritischen Zusätze von Paulus von Burgos zu Lyras Kommentar und die dazu Stellung beziehenden Entgegnungen des Franziskaners Matthias Döring. Im Zentrum standen dabei die von Lyra aufgedeckten Differenzen zwischen dem hebräischen Text und der lateinischen Übersetzung des Hieronymus. Für seinen vor 1433 fertiggestellten Kommentar hatte er auch den hebräischen Urtext herangezogen. Hier setzte die Kritik des Spaniers Paulus von Burgos an, der, bevor er konvertierte und später Bischof wurde, Rabbi gewesen war. Er vermehrte nicht nur erheblich die von Lyra erarbeite Liste an Übersetzungsfehlern. An vielen Stellen bezog er auch kritisch Stellung zu Lyras Überlegungen und korrigierte in über 1 000 Stellen seine Ausführungen. Dagegen wendete sich ganz entschieden Döring, der Lyras Kommentar und damit indirekt auch die von Lyra nicht kritisierten Teile der Vulgata entschieden verteidigte. Die Entgegnungen entstanden in den dreißiger bzw. Anfang der vierziger Jahre des 15. Jahrhunderts während des Basler Konzils. In Erfurt war der aus dem brandenburgischen Kyritz stammende Döring kein Unbekannter. Der in Oxford ausgebildete Franziskaner kam vor 1422 nach Erfurt und übernahm hier die Leitung des Ordensstudiums. Angehöriger der Erfurter Hochschule wurde er 1422, um hier 1424 zum Doktor der Theologie promoviert zu werden. Als Provinzial der sächsischen Franziskanerprovinz spielte er im Rahmen der quā dabat eis a p̄side in solēnitate paschali vnus vinctus in memoriā liberatiōis filiorū isrl' de terra egypti et ꝓpter hoc voluit xp̄m liberare ꝑ hunc modū. ⁊ primo ad hoc faciendū allegat xp̄i innocentiā dicens. a Ego nullā in eo inue. cām. s. dignā morte. scd̄o allegat ꝯsuetudinē: de cuius obseruatione sciebat eos eē cupidos dicens. b Est aūt ꝯsuetudo ⁊c. vultis ergo dimitt. vo. re. iudeorū. q. d. vos debetis hoc velle. Ad cuius intellectū sciēdū ꝙ pylat⁹ volēs xp̄m liberare posuit eis sub distictione de liberatōe xp̄i vel barrabe et de nullo alio vt magis exprimit̄ Math. xxvij. Sciebat em̄ ꝙ ꝯsuetudinē suā nllō mō dimitterēt ex altera pte barrabas erat pessimus ⁊ ꝑplō odiosus ꝙ firmiter credebat vt eius liberatione nullo mō vellent ⁊ sic ꝑ ꝯn̄s liberationi xp̄i cōsentirēt. sed sacerdotes deceperūt ꝑplm inducētes euz ad petendū liberationē barrabe ⁊ nō xp̄i, ⁊ hoc est qd̄ subdit̄. c Clamauerunt rursum ⁊c. s barrabā. dimitte nobis. d Erat aūt barrabas latro. s. publicus ⁊ famosus. hoc addit euangelista ad ōndendū eorum maliciā. qui ad ꝓcurandū mortē xp̄i petierūt latronis publici liberationē. ꝯ bonū publicū ⁊ ꝯ iusticiā. In ca. xviij. vbi dr̄ in postil. Et iō ꝑ pasche manducatione nō intelligit̄ hic cōmestio agni paschalis.

Additio.

Primo mādicatio pasche intelligi debet tm̄ de agno paschali vt declarat̄ in additōe sup Matheū. xxvj. ca. vbi agit̄ de tp̄e cene dn̄i. vide ibi

Replica.

In ca. xviij. dr̄. Et ipsi nō introierunt ptoriū ne cōtaminarent̄ s manducarent pascha. Postillator dicit ꝙ intelligendū est de mādicatōe panis azimi nō paschalis agni. Burg. opponit ꝑ suā minus autenticā cōputationē ⁊ digressionē quaz ponit Math. xxvj. ca. Et si intelligi deberet de esu agni ꝓut burg. vult ro Jo. euangeliste valeret cōtra nicodemū et alios sepulture xp̄i intendentes. qꝛ fuissent contaminati ex tactu mortui. ꝑ ꝯn̄s inabiles ad manducandum pascha sic acceptū. vn̄ de eis dicere oportuit. ⁊ ipsi nō sepelierunt eum ne cōtaminarent̄ sed manducarent pascha. sicqꝫ falsificarent̄ oēs euangeliste. ⁊ puto si cōputatio burg. esset vera ꝙ nō fuissent a iudeis permissi sepelire mortuū celebritate paschali iam inchoata. que incepit a vespera ferie sexte ꝺm burg. cōputationem.

Caplm. xix.

Tunc ergo apphēdit pylatus. Hic ꝯn̄r euāgelista describit q̄d passus sit xp̄s a gētibus. Passus est aūt tria ab eis. s. flagellationē. illusionē ⁊ crucifixionē. ꝺm ꝙ p̄dixerat saluator Mat. xx. Tradent eū gentibus ad illudendū ⁊ flagellandū ⁊ crucifigendū. ⁊ iō euāgelista p̄mo agit' de illusione ⁊ flagellatione. scd̄o de crucifixione: ibi. Tūc ergo tradidit. Prima in duas. qꝛ primo describit̄ xp̄i flagellatio ⁊ illusio scd̄o circa hoc ōndit̄ pylati intentio: ibi. Exiuit iteruz

a Ego nullā iuenio ī eo cām b Est aūt ꝯsuetudo vob: vt vnū dimittā vob in pascha Uultis ġ dimittā vobis regē iudeoꝝ: c Clamauerunt rursum oēs dicentes. Non hūc s barrabā. b Erat autē barrabas latro. .xix. a Tunc ġ apphēdit pylatus ih̄m: ⁊ flagellauit. b Et milites plectentes coronā de spinis c iposuerūt capiti ei⁹ ⁊ veste purpurea circūdederīt eū. e Et veniebant ad eū: ⁊ dicebāt. Aue rex iudeoruz. f Et dabāt ei alapas. g Exiuit iteꝝ pylat⁹ foras h ⁊ dic eis i Ecce adduco vob eū foras: vt cogscatis: qꝛ nullaz inuenio in eo cām k Exiuit ġ ih̄s l: portās spineā coronā: ⁊ purpureuz vestimētū: m ⁊ dicit eis. Ecce hō. n Cum ġ vidissent eū pōtifices ⁊ ministri o clamabāt dicētes q Crucifige crucifige eū. p Dicit eis pylatus. Accipite euz vos ⁊ crucifigite. r Ego em̄ non inuenio in eo cām. s Rn̄derunt ei iudei. t Nos legem habemus: v et ꝺm legem debet mori:

Circa primū sciendū ꝙ pylatus vidit ex clamore eorū ꝙ nullo mō poterat dimittere iesum oīno liberū cū pace ipsorū. ex altera pte durū erat sibi innocentē interficere. et iō ad satisfaciendū eis fecit xp̄m flagellari ⁊ illudi. ⁊ hoc ē qd̄ dr̄. a Tunc ergo apphen. py. ie. ⁊ flagel. nō ꝑ seipsuz immediate. s ꝑ milites suos ⁊ ministros. b Et mi. plectē. co. d spinis. i. de iuncis marinis ad modū spinarū duris ⁊ acutis. c Imposuerunt ca. eius. tanꝙ volēti regnare ⁊ nō potēti. qd̄ fecerūt vt eorū illusio rn̄deret iudeoꝝ accusatōi. d Et ve. pur. circūdederūt eū. Tali em̄ veste vtebant reges. e Et ve. ad eū et dicebāt ⁊c. h totū factū est in illusiōe vn̄ sequit̄. f Et dabāt ei alapas vt illuderent factis sicut illuserūt signis ⁊ verbis. g Exiuit iterū. Hic ōndit̄ circa p̄dicta pylati intentio q̄ erat bona q̄tuz ad hoc qꝛ p̄dicta iusserat fieri vt iudei tali afflictōne xp̄i essent saciati. ⁊ sic cōsentirēt in eius liberationem sine morte. tn̄ ꝑ hoc nō excusat̄ a toto. qꝛ cū esset iudex sup eos non debebat ei quē sciebat innocentē etiā minimā penam inferre igit̄ euāgelista circa sequētia sic ꝓcedit. qꝛ primo declarat conatū pylati ad xp̄i liberationē. scd̄o iudeorū resistētiā ad eius ꝯdēnatōz: ibi. Cum ġ vidissent. In p̄ma igit̄ pte dr̄ sic. Exiuit iterū pylatus foras. vbi iudei stabant. qꝛ domū eius ingredi nō audebant. vt supra dictum est. h Et dicit eis. p̄mo allegans xp̄i innocentiā. i Ecce adduco eum vobis foras. postꝙ diligēter examinaui eū et flagellaui ad vobis satisfaciendū. Ut cognoscatis. qꝛ nullā in eo inuenio cām. scd̄o ōndit ipsius punitionē iaz factā vltra ꝯdignū cum dr̄. k Exiuit ergo iesus. ex ꝑcepto pylati. l Portās spinea coronā ⁊c. Uolebat ei pylatus vt sensibiliter viderent qualiter fuisset illusus et flagellatus. vt sic mouerent̄ ad ꝯpassionē. m Et dicit eis ecce hō. q. d. etsi in aliq̄ male egisset. tn̄ vltra condignum punit⁹ est. et iō deberet vobis sufficere. n Cuz ergo vidissent. Hic ponit̄ iudeorum resistentia. Et hoc dupl'r. p̄mo ꝑ irrōnabilē clamorē. scd̄o ꝑ rōnem: ibi. Rn̄derunt iudei. In prima pte dr̄ sic. n Cum ergo vidissent eum pontifices ⁊ ministri sic flagellatū ⁊ illusum et cogscētes ꝙ pylat⁹ sic volebat dimittere ip̄m. o Clamabant tumultuose ⁊ alios ad clamandū excitabāt. d. p Crucifige crucifige eū. q. d. hec pena nullo mō nobis sufficit. s petimus ꝙ moriat̄. q Dicit eis pylatus accipite ⁊c. Derisorie ⁊ indignāter hoc dixit. qꝛ nō habebāt ptātem iudicandi aliquē ad mortē. vt supra dictum est. ⁊ est silis modus loquēdi. ac si dicēt. Si haberetis ptātem dare mortis sn̄iam cito ⁊ sine cā faceretis. s ego hoc agere nolo. ideo sequit̄. r Ego em̄ nō inuenio in eo cām. dandi talem sn̄iam. s Rn̄derunt vidētes iudei ꝙ pylatus nō acquiesceret eorum clamori inceperunt allegare rōes alias q̄s supra allegauerāt. Nō em̄ illas audebāt reiterare. qꝛ pylatus iaz illas euacuauerat. ⁊ iō hic aliud allegāt. Et p̄mo allegāt ip̄m fecisse ꝯ legē dei. scd̄o cōtra legem impatoris romani: ibi. Exinde q̄rebāt. In prima igit̄ pte allegant sicut iudei. t Nos legem habemus. scꝫ a deo datā in mōte synai. v Et ꝺm legē debꝫ mori qꝛ Leui. xxiiij. ꝓcipit̄ ꝙ blasphemi occidant̄ ⁊ tale crimē

Reformbewegung als ein entschiedener Gegner der Observanz bis zu seinem Rücktritt 1461 eine maßgebliche Rolle. FJS

Adam, Le Livre. Colberg, Döring. Kleineidam, Universitatis 1, S. 288f. Nr. 30. Klepper, Insight, S. 117–131. Nothaft, Dating, S. 216–218. Smith, Nicholas of Lyra. Weigel, Ordensreform.

III.30/31 ▸ Abb. 23

Gottesstaat und irdisches Abbild
Augustinus, De civitate dei

a) Basel, Johannes Amerbach, 13. Februar 1489 (GW 2887)

Inkunabel ▪ Teil eines Sammelbandes ▪ UB Erfurt, Dep. Erf. I 4° 00048 (01)

Der Kirchenlehrer Aurelius Augustinus verfasste die Schrift über den Gottesstaat zwischen 413 und 427. Damit schuf er die Grundlage für die christliche Geschichtsphilosophie. Die hier getroffene Unterscheidung zwischen dem irdischen Staat und dem Gottesstaat wirkte jahrhundertelang nach. Auch Luther verwendet diese Idee in der Zwei-Reiche-Lehre. Zudem war Augustinus für Luthers auf Gnade und Glauben gegründete Theologie eine zentrale Inspirationsquelle und Berufungsinstanz. Auf Augustinus geht überdies die sogenannte Augustinusregel über das klösterliche Leben zurück. Sie dient als Grundlage verschiedener Orden, beispielsweise für die Augustinerchorherren als Regularkanoniker oder die Augustiner-Eremiten als Bettelorden. Das handschriftlich weit verbreitete Werk wurde erstmalig 1467 gedruckt. Eine Reihe von Ausgaben bietet neben dem Text einen in der ersten Hälfte des 13. Jahrhunderts von den englischen Dominikanern Thomas Waleys und Nikolaus Trivet verfassten Kommentar. Der Band stammt aus der jüngeren, im 17. Jahrhundert im Wigberti-Kloster angelegten Büchersammlung der Erfurter Augustiner-Eremiten und trägt einen Schenkungsvermerk von 1748. TB

III.29

b) Mainz, Peter Schöffer, 5. September 1473 (GW 2884)

Inkunabel ▪ UB Erfurt, Dep. Erf. I. 2° 00188

Der Band gehörte zum Bestand der alten Erfurter Universitätsbibliothek und wurde von dem 1488 verstorbenen Geistlichen Arnold Lampe aus Hildesheim für die Nutzung durch die Magister der Universität gestiftet. TB

III.32 ▸ Abb. 37

Deutschsprachige Predigten von Johannes Tauler und Meister Eckhart
Johannes Tauler, Predigten
Leipzig, Konrad Kachelofen, 17. März 1498 (GW M45246)

Inkunabel ▪ Zeitgenössischer Kalbsledereinband über Holz ▪ UB Erfurt, Dep. Erf. I. 8° 00168

Der Mystiker Johannes Tauler (um 1300–1361) war wie Meister Eckhart Angehöriger des Dominikanerordens. Beide dürften sich im Straßburger Dominikanerkonvent begegnet sein. Bei Tauler hatte Meister Eckhart offenbar einen nachhaltigen Eindruck hinterlassen und ihn stark beeinflusst. Tätig war Tauler als Seelsorger für religiöse und semireligiöse Frauengemeinschaften. An sie richtete er auch die ausnahmslos in deutscher Sprache abgefassten Predigten. Gedruckt wurden sie erstmalig 1498 in Leipzig. Die Predigten Taulers wird Martin Luther durch seinen Ordensbruder Johannes Lang kennengelernt haben. Das Handexemplar mit Luthers Randbemerkungen konnte in der Zwickauer Ratsschulbücherei wieder aufgefunden werden. Es ist ein Exemplar der 1508 in Augsburg erschienenen Auflage. Die von Luther benutzte Ausgabe enthält wie die Leipziger Erstausgabe 84 Predigten. Vier Predigten der Sammlung stammen wahrscheinlich von Meister Eckhart. Das Erfurter Exemplar von Kachelofens Erstdruck stammt aus den Beständen der jüngeren Büchersammlung am Erfurter Augustiner-Eremitenkloster.
Wie verschiedene Äußerungen zeigen, hat Luther Tauler ausdrücklich wertgeschätzt. Zudem gab Luther 1516/18 unter dem Namen *Theologia deutsch* einen spätmittelalterlichen mystischen Traktat heraus, den er selbst als *faßt nach der art des erleuchten doctors Tauleri* abgefasst bezeichnete. TB

Gnädiger/Mayer, Tauler. Leppin, Fremde Reformation, S. 22–26, 39–43.

GEISTLICHES LEBEN

im städtischen Umfeld zwischen Verharren und Reform

Die Bettelorden des 13. Jahrhunderts entschieden sich bewusst gegen ein Leben in klösterlicher Weltabwendung. Sie trugen ihren Aufruf zu Umkehr und Buße direkt in die aufstrebenden Städte und damit an die Brennpunkte des sozialen Wandels und der entstehenden Geldwirtschaft. Von der Stadtbevölkerung verehrt und mit frommen Stiftungen überhäuft, überzogen sie die ganze Region mit einem dichten Netz von Niederlassungen und Sammelbezirken. In den für die städtische Identitätsbildung und gruppenbezogene Memorialkultur bedeutsamen Bruderschaften der Orden kam es zur intensiven Begegnung von Laienfrömmigkeit und monastischer Lebensform. Die unauflösliche Spannung zwischen Armutsideal und den pragmatischen Bedürfnissen großer kostenintensiver Konvente hat die Gemeinschaften über die Jahrhunderte hinweg beschäftigt und immer wieder auch zerrissen. Gerade die Jahrzehnte vor der Reformation sind von dauernden Bemühungen um Klosterreform und verschärfte Regelbeachtung (Observanz) geprägt, die bis zur Ausbildung von Sonderkongregationen reichten und in denen sich bereits Konturen eines städtischen Kirchenregiments abzeichneten.

DAS PREDIGERKLOSTER IN ERFURT UND DAS STIFTUNGSWESEN IM SPÄTMITTELALTER

Julia Mandry

Das Fegefeuer, die Furcht vor damit verbundenen lang andauernden Qualen und die daraus resultierende Heilsangst bzw. -unsicherheit wurden seit dem 13. Jahrhundert zum Nährboden für das Stiftungswesen gegenüber kirchlichen Einrichtungen. Der Glaube an das Fegefeuer, das durch reinigende Bestrafung den Zugang zum Paradies ermögliche, führte zu einer Solidaritätswelle mit den dort leidenden Verstorbenen. Stiftungen versprachen als Bußleistungen für begangene Sünden eine Unterstützung für die gequälte und handlungsunfähige Seele im Fegefeuer durch Gebets- und Gedächtnisleistungen sowie das Abhalten von Messen. Somit waren sie Trost und Beruhigung für die Menschen sowohl im Leben wie im Sterben, und die schützende Absicherung für die Seele nach dem Tod wurde zu einem Hauptstreben der Menschen. Grundlegend war zudem das Bewusstsein der Gegenwärtigkeit der Toten unter den Lebenden, sodass der Tote permanent in seinem Grab oder durch Nennung seines Namens anwesend und ansprechbar war. Einerseits waren so Hilfeleistungen für die Toten möglich, andererseits versprachen diese nach Sündentilgung und Einkehr ins Paradies dortige Fürbitten für diesseitige Anliegen. Der entscheidende und gemeinsame Charakter aller finanziellen oder materiellen Aufwendungen gegenüber dem Kloster liegt in dieser Sorge um und Vorsorge für das Seelenheil begründet.

Jedwede Aufwendung führte im Erfurter Predigerkonvent – dies belegen die Einträge im sogenannten Totenbuch des Klosters – zum Einschluss in liturgische Gedächtnis- wie Messfeiern, und alle Gedächtnisleistungen wurden auf ewige Zeit gewährt. Zeitliche Abstufungen gab es allenfalls bei bestimmten zusätzlichen Messlesungen. Das Gedächtnis und das erinnernde Gebet sollten von Dauer sein. Auf dieser Grundlage wurden auch privat in Auftrag gegebene Kunstwerke und künstlerisch gestaltete sowie eventuell mit einem Andachtsbild kombinierte Grabsteine als Stiftungen betrachtet. Kunstwerke, die durchaus in einen größeren Stiftungskomplex eingebettet gewesen sein konnten, gaben den Stiftern die Möglichkeit, durch das eigene Bild oder Wappen an die Erfüllung der Stiftungsauflagen zu erinnern. Zusätzlich besitzen sie einen eigenen heilsgeschichtlichen Wert im Sinne einer milden Gabe für die geistige Erziehung der Gemeinde, für private Andachten und religiöse Vertiefung. Das Grab als Schnittstelle zwischen den Welten ermöglichte die Vergegenwärtigung des Verstorbenen und forderte den Betrachter zu Gebeten und Gedächtnisleistungen auf. Besonders die Verbindung eines traditionellen Grabbildes mit einem allgemein nutzbaren Andachtsbild diente als letzte Stiftungsmöglichkeit zur Erlangung des Seelenheils.

Seit seiner Gründung 1229 erfuhr das Dominikanerkloster zu Erfurt den Hilfs- und Stiftungswillen der Bevölkerung. Mehrere großangelegte und über Generationen erweiterte Familienstiftungen belegen enge Verknüpfungen. Vor allem die Stiftung und Ausstattung eines Altars markiert eine feste Verbindung zwischen Stifterfamilie und Kloster auf der Basis gegenseitiger Unterstützung. Die Errichtung eines eigenen Altars schuf ein familiäres Zentrum in der Obhut einer geistlichen Gemeinschaft sowie eines privatkonnotierten Raumes für Gedächtnis, Gebet und Messfeier. So stiftete bereits 1279 das Ehepaar Hugo und Jutta Lange einen Altar zu Ehren des hl. Jakobus des Älteren,[1] der im Zwischenraum zwischen Chorschranken und heutigem Lettner stand. Das Jahrgedächtnis der Familie wurde mit diesem Altar und der Fürbitte des Heiligen verknüpft. Alle hier getätigten Gebete und Messen würden so immer auch dem Seelenheil der Verstorbenen der Stifterfamilie zuträglich sein (Abb. 38).

Eine besondere Wirkungsstärke vereinte das Medium der Kunst sowohl für den Auftraggeber und den Beschenkten als auch für alle unbeteiligten Betrachter des Ergebnisses in sich. Kunstwerke, die mit einer modernen Fertigkeit und mit neuen Verarbeitungsansätzen geschaffen wurden, hatten auf ihre Umgebung einen großen Reiz. Der Erfahrbarkeit des Heilsgeschehens wurde durch erhöhte Plastizität und Naturtreue sowie der Vertiefung von Gefühlsausdrücken eine völlig neue Intensität und deshalb auch Anziehungskraft verliehen. Diese neue religiöse Faszination wurde mit Hilfe von Stifterbildern oder -wappen raffiniert sowohl mit dem Totengedenken als auch mit der gezielten Prestigewirkung für den Stifter und Auftraggeber verbunden. Werke der bildenden Kunst schufen wie kein anderer Stiftungsgegenstand eine allumfassende Verflechtung von grundlegendem christlichen Glauben, individueller Frömmigkeit, schenkender Nächstenliebe und Opferbereitschaft, individuellem Repräsentationsdrang, optischer Darstellung des finanziellen und sozialen Selbstverständnisses sowie dem Wunsch nach Unterstützung für das Seelenheil.

Ein herausragendes und hier für weitere beachtliche Werke stellvertretendes Beispiel dieser Bedeutungsvielfalt stellt das figurenreiche Kalvarienberg-Retabel an der westlichen Chorschrankenwand der Kirche

Abb. 38 Stifterbuch der Predigerkirche Erfurt, Eintrag der Schneiderzunft, 1438 (Kat.-Nr. IV.12)

30.
20
Wir bruder friderich muller meyster yn der heyligen schrifft · Andreas stuttern heym
Prior · heinricus vnder prior Johannes lupenirtz · Nicolaus helmelin · Guntherus ap
philman custor Conradus yosser · frideri
cus marschalck Johannes kolhose · Vnd wir andern bru
der alle die gantze samenunge des closters vnd ordens
der prediger zcu Erffurte · Vnd alle vnßer nach kome
ling Bekennen an dißem offen brieff vnd thun kunth
alle den die on sehen horen ader lesen · das die Ersamen
wiesen luthe · heinrich zcinczerling · hans krusemary
Itzundt formunden des gantzen hantwerckes der snyder
zcu Erffurte · Gunther von der zcelle · Dittrich helle
wig · heinrich forster · Claus wygant Tolde kolbach ·
heinrich goyuitz · Michel von helgynstat · Vnd alle an
der jre kompan · des selben hantwerckes · vnd auch alle
jre nach komen In gotlicher vormanunge · vnd yn Innin
ger libe vnd yn betrachtunge jrer sele seligkeit · vns vn
serm closter vnd gotißhuße eyn mildeß vnd redelichs
almosen zcu dem ersten großen gewelbe vber dem gibel
vnßer kerchen gereite gegeben haben · Gote zcu lobe vnd
zcu eren der hochgelobten werden Jungkfrauwen marien
syner lieben muter · vnd jrme gantzen hantwercke vnd In
nunge · vnd alle den die dor vß vorstorben synt · vnd noch
dor vß versterben werden · vnd besundern allen glaubige
selen zcu hulffe zcu troste vnd zcu seligkeit · Hir vmbe
vnd auch vmbe anderleye guttete vnd libe willen die
das obgenant hantwergk vnd jre Innungß kumpan vnd
geledere vns vnd vnserme genanten closter dicke vnde

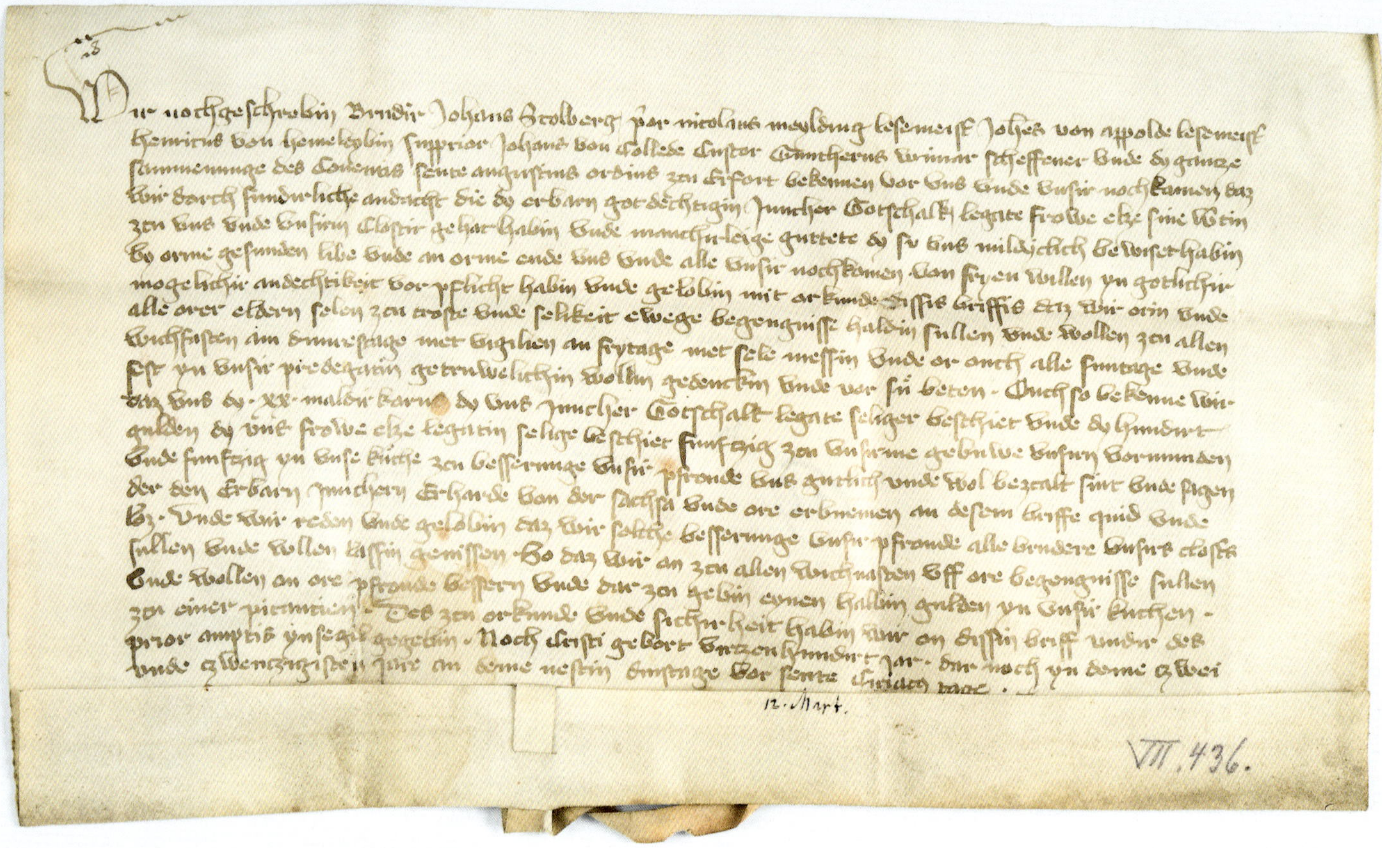

Abb. 39 Seelgerätstiftung der Familie Legat an die Predigerkirche Erfurt

dar. Die Besonderheit ist hier, dass die Stiftung aus dem Lebenslauf heraus motiviert war und neben den üblichen Ziel- und Wirkungsabsichten noch die Motive der religiösen wie sozialen Reue und Rechtfertigung aufweist. Es wurde zwischen 1350 und 1360 durch ein Mitglied der bereits angeführten sowie mittels Wappen identifizierten Familie Lange, vermutlich von Hugo Lange, in Auftrag gegeben und dem Kloster übereignet. Dieser Hugo Lange war unrühmlich an den mitunter politisch motivierten Vorgängen des Erfurter Judenpogroms von 1349 beteiligt gewesen. Er soll maßgeblich zu den Übergriffen, in deren Folge die gesamte jüdische Gemeinde vernichtet worden war, angestachelt haben. Als patrizisches Ratsmitglied hatte er sich in die Auseinandersetzungen zwischen Rat und Opposition einbinden lassen, welche jeweils den bereits in der Bürgerschaft schwelenden Konflikt um die Erfurter Juden für sich nutzbar machen wollten. Der Rat gebrauchte den Pogrom zur Entspannung und Entladung der innerstädtischen sozial-wirtschaftlichen Konflikte und nahm zugleich den politischen Spannungen die Möglichkeit zur Eskalation. Dass Hugo Lange im Auftrag des Rates gehandelt hatte, wird dadurch deutlich, dass er völlig straffrei aus den nachfolgenden Prozessen hervorging und noch im selben Jahr die Position des ersten Ratsmeisters erhielt. Mit der Stiftung des Kalvarienberg-Retabels vereinte der Auftraggeber Rechtfertigung, Reue, Selbstrepräsentation und Frömmigkeit in einem einheitlichen Bildprogramm. Das Motiv der Kreuzigungsszene bot mit seiner Möglichkeit zur diffamierenden Darstellung und Charakterisierung von Juden als Schuldige an Christi Tod eine Rechtfertigung für Judendiskriminierungen und -ermordungen an. Diese Betonung der jüdischen Schuld sollte die Taten des Pogroms historisch und religiös begründen, rechtfertigen und auch legitimieren. Der Rechtfertigungsversuch des Stifters richtete sich sowohl an die einfache Erfurter Bevölkerung als auch an die Angehörigen der Ratsopposition. Die Errichtung eines derart großen und wertvollen Retabels, welches der Gemeinde zur religiösen Unterweisung dienen konnte, kann und muss aber ebenso als private religiöse Sühneleistung und Bitte um Gebetsgedenken verstanden werden. Die Prestigewirkung und Selbstdarstellung beispielweise durch reich gekleidete Stifterfiguren und den nicht unerheblichen Kostenaufwand für ein derartiges Kunstwerk sind dabei ebenso wenig zu unterschätzen.

Das Retabel schuf zudem mit seiner Predella einen stattlichen Aufbewahrungsort für die 1332 durch die verwitwete Gräfin Mechtild von

Orlamünde erfolgte kostbare private Reliquienstiftung eines Oberarms des Apostels Jakobus des Älteren.[2] Hierdurch wurde das Predigerkloster zu einem regionalen und überregionalen Anziehungspunkt für Gläubige und Pilger, und das gestiftete Retabel rückte ins Zentrum der Besucheraufmerksamkeit. Ein raffinierter Schachzug für das Seelenheilkonto des Stifters. Die hernach daran anknüpfende, 1457 gegründete Pilgerbruderschaft des Jakobus des Älteren von Compostela,[3] die sich selbst dem Pilgerweg zum Grab des Apostels und der Unterstützung der Wallfahrer verpflichtet hatte, fand an diesem religiösen Knotenpunkt ihren perfekten Ausgangspunkt. Die seelenheilwirksame Familienmemoria wurde auf diese Weise, wenngleich von den Stiftern nicht absehbar, enorm gestärkt.

Ebenso zentral wie reine Kunststiftungen sind Grabsteine, die den Stifter in stillem Gebet, eventuell mit einem Andachtsbild verbunden, darstellen. Besonders die Koppelung des traditionellen Grabbildes mit dem der Andacht machte die Grabplattenkunst zu einem eigenen Instrument auf dem Weg zur Erlangung des Seelenheils und den Verstorbenen letztmalig zum Stifter. Künstlerisch gestaltete Grabplatten ermöglichten dem Gläubigen somit am Ende seines Lebens eine finale Darstellung seiner Persönlichkeit in ihrem religiösen wie sozialen Umfeld. Er konnte dadurch zum letzten Mal und für die Erhaltungsdauer des Steins seinen Wunsch zum Ausdruck bringen, weder in seiner tiefen Frömmigkeit noch seinem gesellschaftlichen Dasein vergessen zu werden. Das Erinnern steht dabei im Zentrum und mahnt den geistigen Beistand für die Seele des Verstorbenen durch die Betrachter zu jeder Zeit an. Nur durch optisch präsente Stiftungen konnte der Stifter eine breitenwirksame Memoria über den bestifteten Mönchsverband und die eigene Familie hinaus erreichen und mit einer prestigeträchtigen Selbstdarstellung, welche dem allgemeinen Vergessen zusätzlich Einhalt gebot, verbinden.

Wie groß die Bedeutung von Grabsteinen für die Familiennachkommen war, belegt der in einer Kopie des 14. Jahrhunderts überlieferte Grabstein des 1279 verstorbenen Hugo Lange. Die Wichtigkeit der Grabdenkmäler tritt des weiteren in der wohldurchdachten, feinfühligen und bemerkenswert porträthaften Darstellung auf dem Epitaph von Else und Gottschalk Legat, beide gestorben 1422, an der Ostwand des Lettners im südlichen Seitenschiff deutlich vor Augen. Das Ehepaar entschied sich nach mehreren Stiftungen zum Wohle ihres Seelenheils zuletzt auch für ein Begräbnis im Predigerkloster.[4] Einen heute zerstörten Schmerzensmann umgebend, sind die beiden knienden, anbetenden Stifterfiguren auf dem Epitaph lebendig und mit Blick zum Betrachter wiedergegeben. Besonders deutlich tritt dies bei der naturgetreuen Darstellung des vom Alter und Leben gezeichneten Gottschalk Legat hervor. Durch das Ausmodellieren seiner Hautstruktur mit Adern unter der dünnen und nicht mehr straffen Haut sowie den markanten Falten im Gesicht bekommt sein Porträt eine völlig neue Tiefe und dem Betrachter wird das Gefühl der persönlichen Nähe eindrucksvoll vermittelt. Noch heute können Besucher der Predigerkirche in einen Dialog im Geiste mit Gottschalk Legat treten. Die Stiftungen des Ehepaares ergeben das abgerundete Bild einer durchdachten und sorgfältig aufgebauten Vorsorge für das Seelenheil. Das Gedenken wurde über mehrere Jahre finanziell gefestigt und durch die künstlerisch bemerkenswerte Ausarbeitung des Grabsteins, welcher das persönliche Bild der Verstorbenen mit einem Andachtsbild verknüpft, optisch manifestiert, angemahnt und auf die Gesamtheit der Klosterbesucher ausgedehnt.

Eine besondere Form der Stiftung und der Memoria wurde durch die Bildung von Bruderschaften, einer künstlichen Verwandtschaft zur gegenseitigen Unterstützung und zum geistigen Beistand, geschaffen.[5] Insgesamt 16, vorrangig handwerklich und gewerblich verbundene Bruderschaften lassen sich am Erfurter Dominikanerkonvent nachweisen. Sie bildeten in der ersten Hälfte des 15. Jahrhunderts den Kulminationspunkt im städtischen Frömmigkeitsstreben vor dem Einbruch der Stiftungstätigkeit durch Ablassverkauf und -kritik. Diese religiösen Laiengemeinschaften mit eigenen Rechtsstatuten fingen die finanziellen Schwächen Einzelner zugunsten der Sicherung des Seelenheils durch ausreichende, kollektiv begangene und so in der Wirkung gesteigerte liturgische Begräbnis-, Gebets- und Gedächtnisleistungen solidarisch ab. In die liturgischen Leistungen wurde in allen Bruderschaften des Predigerklosters auch der Haushalt des Mitglieds, Frauen wie Kinder und häufig auch das Gesinde, einbezogen. Ebenso wie finanzstarke Familien ließen auch Bruderschaften im Predigerkloster eigene Altäre, einen geistigen und gemeinschaftlichen Mittelpunkt ihres Zusammenschlusses, errichten. Von der Bruderschaft des Schneiderhandwerks ist belegt, dass sie ihren 1392 gestifteten Marienaltar als gemeinsamen Anlaufpunkt für Gottesdienst-, Mess- und Gedenkfeierlichkeiten sowie das gemeinschaftliche oder persönliche Gebet von anderen Kirchenbesuchern auch räumlich mit Gittern abtrennte.[6] Dieser Abgrenzungswunsch verweist auf den geschlossenen Charakter des familienähnlichen Verbandes, der sich einen privaten Raum in kirchlicher Obhut zu schaffen suchte.

Familien wie Bruderschaften präsentierten sich schließlich in der ersten Hälfte des 15. Jahrhundert nebeneinander in den Gewölbeschlusssteinen der Predigerkirche (ca. 1424–1445). Die Finanzierung eines Gewölbes verband die fromme Stiftung für die Klostergemeinschaft mit einer monumentalen Repräsentation von im Glauben und gegenseitiger Verantwortung verbundenen finanzstarken Personenverbänden im Kirchenraum. Geschickt wurde auch hier der religiöse Aspekt mit gezielter Prestigewirkung für die Stifter verbunden. Noch heute sind die Schlusssteine der Kirche der auffälligste Hinweis für bruderschaftliche wie familiäre Verbindungen zu den Predigermönchen in einer gemeinsamen Memorialgemeinschaft. Die bereits vorgestellte Bruderschaft der Schneider stiftete gleich drei Gewölbe in unmittelbarer Nähe zu bzw. über ihrem Bruderschaftsaltar und ließ sie mit symbolträchtigen Schlusssteinen ausstatten. Das 15. Joch im Mittelschiff (1438)[7] enthält ein Kruzifix, welches von zwei geöffneten, aufrecht stehenden Scheren begleitet wird. Die Darstellungsweise ist höchst interessant, da die beiden Scheren als anbetende Stifterfiguren stellvertretend für die gesamte Bruderschaft stehen und sie als brüderlich verbundene und gemeinsam von tiefem Glauben erfüllte Einheit repräsentieren. Des weiteren weist der Schlussstein des 15. Jochs im Südseitenschiff drei geöffnete Scheren auf, die einen Kreis bilden, indem sich jeweils zwei Scheren eine Schneide teilen. Der Freiraum zwischen den Scheren wurde mit kleinen roten Rosen ausgefüllt. Im 14. Joch des Südseitenschiffs ist schließlich eine prachtvoll gekleidete und bekrönte,

Abb. 40 Schlussstein der Färber aus der Barfüßerkirche Erfurt (Kat.-Nr. IV.13)

sitzende Madonna mit beigegebenem Wappen der Schneiderinnung mit geöffneter Schere dargestellt. Die Madonna und auch das Rosensymbol des anderen Schlusssteins verweisen direkt auf die Schutzpatronin der Bruderschaft sowie den zugehörigen und darunter stehenden Marienaltar. Die Bruderschaft schuf sich demnach einen eigenen sakralen Bereich innerhalb der Predigerkirche, der sowohl am Boden als auch im Gewölbe für alle Besucher der Klosterkirche greifbar wurde und so umfangreich der gemeinschaftlichen Seelenheilvorsorge diente.

Die Privatpersonen Hugo Lange d. Ä. und Hugo Lange d. J., zwei Brüder, stifteten 1432 das Gewölbe im 6. Joch des Mittelschiffs[8] und ließen es mit dem Wappen der Familie, einem aufrecht stehenden, nach links gewendeten Löwen mit buschigem Schwanz, versehen. Die Darstellung des Familienwappens im zentralen Gewölbe über dem Lettner und somit dem letzten vor dem Chorbereich steht stellvertretend für die zentrale Bedeutung der Stiftungskontinuität der Familie für den Erfurter Predigerkonvent, ihre tiefe Religiosität und beachtliche Finanzkraft. Mit der Position des Gewölbes über dem Familienaltar von 1279 und der Grablege von dessen Stifter wird der familiäre Andachtsraum betont, bekrönt und zusätzlich räumlich konstituiert. Familie Lange war vom 13. bis zum 15. Jahrhundert, vermutlich sogar über das gesamte Bestehen des Konvents, über Stiftungen und Grablegen mit dem Predigerkloster verbunden. Noch heute sind die Zeugnisse dieser Verbundenheit in der Predigerkirche fassbar und halten die Erinnerung an diese Familie wach.

Die Verbindung des Predigerklosters zur und die Vernetzung mit der städtischen Bevölkerung unterlag zwar quantitativen Schwankungen, doch brachen sie nie gänzlich ab. Ein Rückgang der Stiftungsaktivität für das Kloster ab der zweiten Hälfte des 15. Jahrhunderts kann zunächst mit einem verstärkten Ablasskauf, der für das Seelenheil den größtmöglichen Nutzen verhieß und anderweitige Vorsorgemethoden zurückdrängte, erklärt werden. Später setzte sich die Stiftungsträgheit aufgrund des zunehmenden allgemeinen Argwohns gegenüber kirchlichen Gnadenangeboten unter dem Einfluss der Ablasskritik fort. Deutlich vermehrte sich hingegen der Wunsch nach einer Grablege im Kloster, da ein Begräbnis bei den Erfurter Predigerbrüdern ebenfalls eine dauernde liturgische Seelenvorsorge und -hilfe sowie Memorialleistung garantierte. Die Aktivitäten der Gläubigen brachen hier also nicht ab, sondern verlagerten sich lediglich. Die Gedächtnisleistungen der Mönchsgemeinschaft blieben bis zur Auflösung des Konvents mit der Reformation in den zwanziger Jahren des 16. Jahrhunderts attraktiv und erstrebenswert.

Forschungsstand

Für den Gegenstand einschlägig und grundlegend sind die Forschungen von Jacques Le Goff (^{2}1991), Arnold Angenendt (2000), Otto Gerhard Oexle (1983) und Michael Borgolte (2012). Sie bieten zugleich einen Überblick über den Forschungsstand sowie die breite, die verschiedenen Aspekte aus unterschiedlicher Perspektive beleuchtende Forschungsdiskussion und die daraus resultierenden methodischen Ansätze. Hauptquelle für das Erfurter Dominikanerkloster ist sein sogenanntes Totenbuch. Es wird heute im Archiv der evangelischen Predigergemeinde Erfurt als Handschrift BP Hs 2 aufbewahrt. Der Titel der Handschrift entstammt der gleichlautenden Aufschrift der 63 nachträglich zusammengehefteten Pergamentblätter. Es handelt sich dabei nicht um ein Totenbuch bzw. Nekrolog im wissenschaftlich definierten Sinn, da die Quelle keine kalendarische Struktur aufweist. Vielmehr setzt sie sich aus unterschiedlichen Stiftungseinträgen und Urkundenabschriften zusammen und ist als Stifterbuch zu bezeichnen. — Die Bruderschaftsaktivitäten im Kloster, die sich sowohl im Totenbuch als auch in der Gewölbegestaltung der Kirche widerspiegeln, wurden zuletzt übergreifend von Julia Mandry (2011) thematisiert. Erfasst und untersucht wurden insgesamt 300 Stiftungen und Schenkungen sowie knapp 100 Grablegen. Einzelne Aspekte beleuchtete zuletzt ebenfalls Mandry (2013) am Beispiel der Familie Lange und des Ehepaares Legat.

Literatur

Angenendt, Religiosität. Borgolte, Stiftung. Jahr/Lorenz, Inschriften. Kammel, Kunst, S. 334–338. Le Goff, Fegefeuer. Lucke, Kirche. Mandry, Predigerkloster. Mandry, Stiftungen. Nitz, Stifterbuch. Oexle, Gegenwart. Overmann, Predigerkirche. Wieg, Schlußsteine. Zacke, Toten-Buch.

Anmerkungen

1 AEPG Erfurt, Hs BP 2, Bl. 25 r. ▪ **2** Ebd., Bl. 14v–16 r. ▪ **3** Ebd., Bl. 35 r–v. ▪ **4** Ebd., Bl. 22 r–v. ▪ **5** Zu den Bruderschaften vgl. auch unten den Beitrag von U. Weiß. ▪ **6** AEPG Erfurt, Hs BP 2, Bl. 28 r–29 v. Dieser erste Eintrag im Toten- bzw. Stifterbuch beschränkt sich auf die Gesellen und Knechte des Handwerks. Anscheinend ist die Bruderschaft jedoch im Anschluss auf die gesamte Zunft ausgedehnt worden. So tritt in der Gewölbestiftungsurkunde von 1438 die Handwerksinnung in ihrer Gesamtheit in Erscheinung. Vgl. ebd., Bl. 30 r–31 r. ▪ **7** Ebd., Bl. 30 r–31 r. ▪ **8** Ebd., Bl. 25 r.

STÄNDIGE VERTRETUNGEN

DIE TERMINEIEN DER ERFURTER BETTELORDENSKLÖSTER

Martin Sladeczek

Mit wenigen Ausnahmen bestanden die Klosterniederlassungen der Bettelorden in Städten. Ihr Wirken blieb aber keineswegs auf sie beschränkt, sondern erstreckte sich in umfangreichem Maße auf das umliegende Land. Dabei galten dieselben Prinzipien wie in den Städten: Die Mendikanten predigten und nahmen die Beichte ab – ohne Bindung an die jeweiligen Pfarreigrenzen. Im Gegenzug erbaten sie Spenden für die geleistete Seelsorge und empfingen Stiftungen.

Bereits im Laufe des 13. Jahrhunderts entstanden auswärtige Niederlassungen einzelner Konvente. Die zunehmende Verdichtung solcher Dependancen, vor allem im 14. Jahrhundert, führte zur Einrichtung fester Grenzen zwischen den Konventen eines Ordens, den sogenannten Termineibezirken (von lat. *terminus,* Grenze, Gebiet), wobei sich die Gebiete der Franziskanerklöster untereinander überschneiden konnten. Spätere Klostergründungen führten zu Neuaufteilungen innerhalb eines Ordens, da ein Termineibezirk integraler Bestandteil einer Bettelordensniederlassung war. Die Einnahmen aus Spenden und Stiftungen waren wichtig für die materielle Ausstattung; Naturalien stellten die

Abb. 41 Termineiverzeichnis der Erfurter Dominikaner, hier Blatt 282 v – 283 r (Kat.-Nr. IV.16)

Versorgung des Klosters sicher. So bezog das arme Erfurter Kloster der Marienknechte am Krämpfertor aus seinem Termineibezirk nur wenig Geld, dafür aber größere Mengen Käse, Eier und Getreide.

Die einzelnen Konvente strukturierten ihre Seelsorgebezirke, indem sie Untereinheiten bildeten. In größeren Orten eines solchen Gebietes befanden sich »Termineihäuser« oder »Termineien«, die durch Schenkung oder Kauf an das Kloster gekommen waren. In einzelnen Fällen konnten sie über 100 Kilometer vom Kloster entfernt liegen. Die Termineien wurden dauerhaft von mindestens einem Bruder bewohnt, dem zumindest eine Haushälterin zur Seite stand. Zum Inventar konnten Altargeräte und kleine Bibliotheken gehören. Von diesen Häusern aus wurde jeweils eine zwei- oder dreistellige Zahl an Dörfern und Städten aufgesucht. Im Falle der Erfurter Augustiner-Eremiten handelte es sich um 622 Orte in zehn Termineien, beim hiesigen Predigerkloster um 482 Orte in 14 Termineien. Über diese Verwaltungsstrukturen informieren Termineiverzeichnisse, die sich im Falle der Erfurter Klöster von den Augustiner-Eremiten (um 1450)[1] und den Dominikanern (1. Viertel des 16. Jahrhunderts),[2] mit Abstrichen auch von den Serviten oder Marienknechten, erhalten haben (Abb. 41/42). Die beigegebene Karte zeigt die Verteilung dieser Termineihäuser der Erfurter Klöster. Sie lässt erkennen, dass in einem Ort auch Termineiniederlassungen verschiedener Orden eingerichtet sein konnten. Dies ist insbesondere für größere Siedlungen und das Thüringer Becken, also die wirtschaftlich leistungsfähigsten Gegenden, zu beobachten (Taf. 3).

Das Land wurde von allen Orden gleichermaßen erschlossen, sodass in allen Orten zumindest Dominikaner, Franziskaner und Augustiner, mitunter aber auch Serviten, Karmeliter oder Wilhelmiten präsent waren. Es oblag den Laien, im Falle einer Spende oder einer Stiftung aus diesem Angebot zu wählen. Die Terminierer als Vermittlungsebene zum jeweiligen Konvent boten der ländlichen Bevölkerung nicht zuletzt die Möglichkeit, Gebetsgedenken außerhalb der eigenen Pfarrkirche halten zu lassen. Die Quellenlage zu diesem Sachverhalt ist sehr schlecht; einzelne Nachweise belegen aber, dass die Zahl der Einwohner der Termineibezirke, denen in den Klöstern mit Jahrtagsstiftungen gedacht wurde, in die Tausende gehen konnte, natürlich abhängig von der Größe

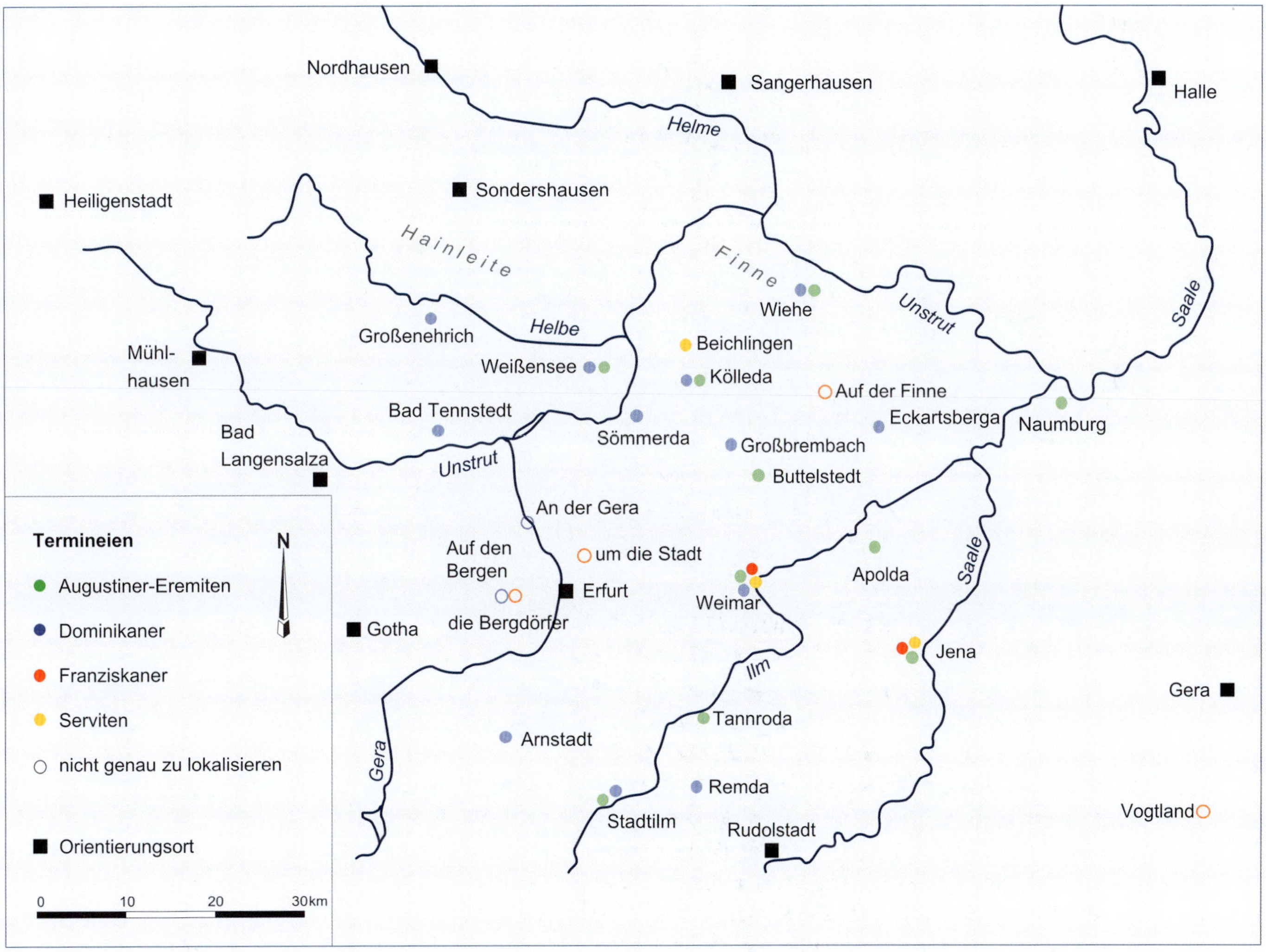

Taf. 3 Nachweisbare Termineien der Erfurter Bettelordensklöster in Thüringen im Spätmittelalter

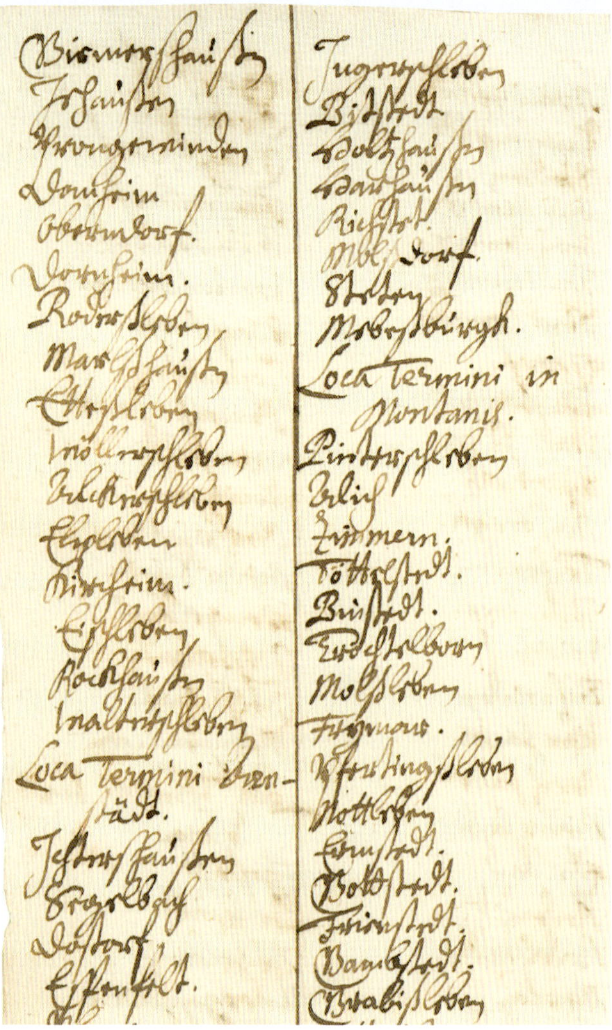

und Besiedlungsdichte des Termineibezirkes. Für ihre Predigten vor Ort nutzten die Terminierer nach Absprache mit dem Pfarrer, und sofern sie in einem Ort willkommen waren, die Dorfkirchen und die dort vorhandenen Kanzeln. Die Termineihäuser lagen meist in direkter Nähe der Pfarrkirchen. Die Terminierer waren hochgebildete Mönche, die wesentlich zur Verbreitung von Predigtinhalten und theologischen Diskursen in breiten Teilen der Bevölkerung außerhalb der großen Städte beitrugen. Oft blieben sie über Jahre oder Jahrzehnte in einer Terminei und konnten auch Dienste eines Messpriesters oder gar eines Vikars an der jeweiligen Pfarrkirche übernehmen. Darüber hinaus gibt es Nachweise, dass sie an Prozessionen in den betreffenden Orten mitwirkten. Dies ist ein wichtiges Zeichen, dass sie als Teil der Geistlichkeit des Ortes und weniger als Fremde wahrgenommen wurden.

Zweifellos führten das Spendensammeln sowie der Empfang von Stiftungen durch die Bettelmönche auch auf dem Land zu materiell motivierten Konflikten mit dem Pfarrklerus und anderen kirchlichen Rechtsträgern (Abb. 43), die verschiedentlich vertraglich geregelt wurden. In gleichem Maße entstand wiederholt Streit der Konvente eines Ordens untereinander und mit Konventen anderer Orden um die Aufteilung der Termineibezirke. In verschiedenen Orten stieg aber auch der Widerstand gegen zunehmenden Einfluss der Bettelorden. So konnte der Stadtrat Arnstadts 1332 mit einem Vertrag den Ausbau der Terminei der Gothaer Augustiner-Eremiten zu einer Kirche oder Kapelle verhindern.[3] Die *terminarii* des Konvents verkündeten aber selbstverständlich weiterhin das Wort Gottes in der Stadt. Ein Einfluss des örtlichen Franziskanerklosters auf diese Haltung des Rates ist wahrscheinlich.

Die flächendeckende und fest institutionalisierte Erschließung des Landes durch die Bettelorden unterstreicht die große Bedeutung der Mönche als Prediger, Seelsorger und Anbieter von Memoria auch außerhalb der Mauern der großen Städte und die Rolle des ländlichen

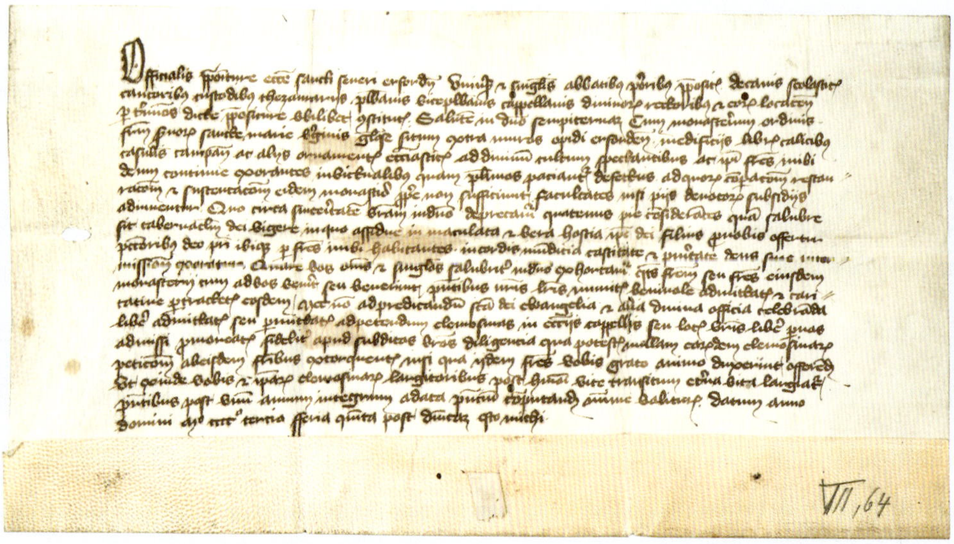

▲ Abb. 41.1 Ausschnitt aus dem Termineiverzeichnis der Erfurter Dominikaner, hier Blatt 283 v, mit Orten der Termineien Stadtilm, Arnstadt und der Bergdörfer (Kat.-Nr. IV.16)

Abb. 42 Die Geistlichen im Propsteibezirk der Severikirche werden 1403 durch den Offizial ermahnt, die Serviten beim Sammeln von Almosen zu unterstützen (Urkunde StadtA Erfurt, 0-1/VII-64)

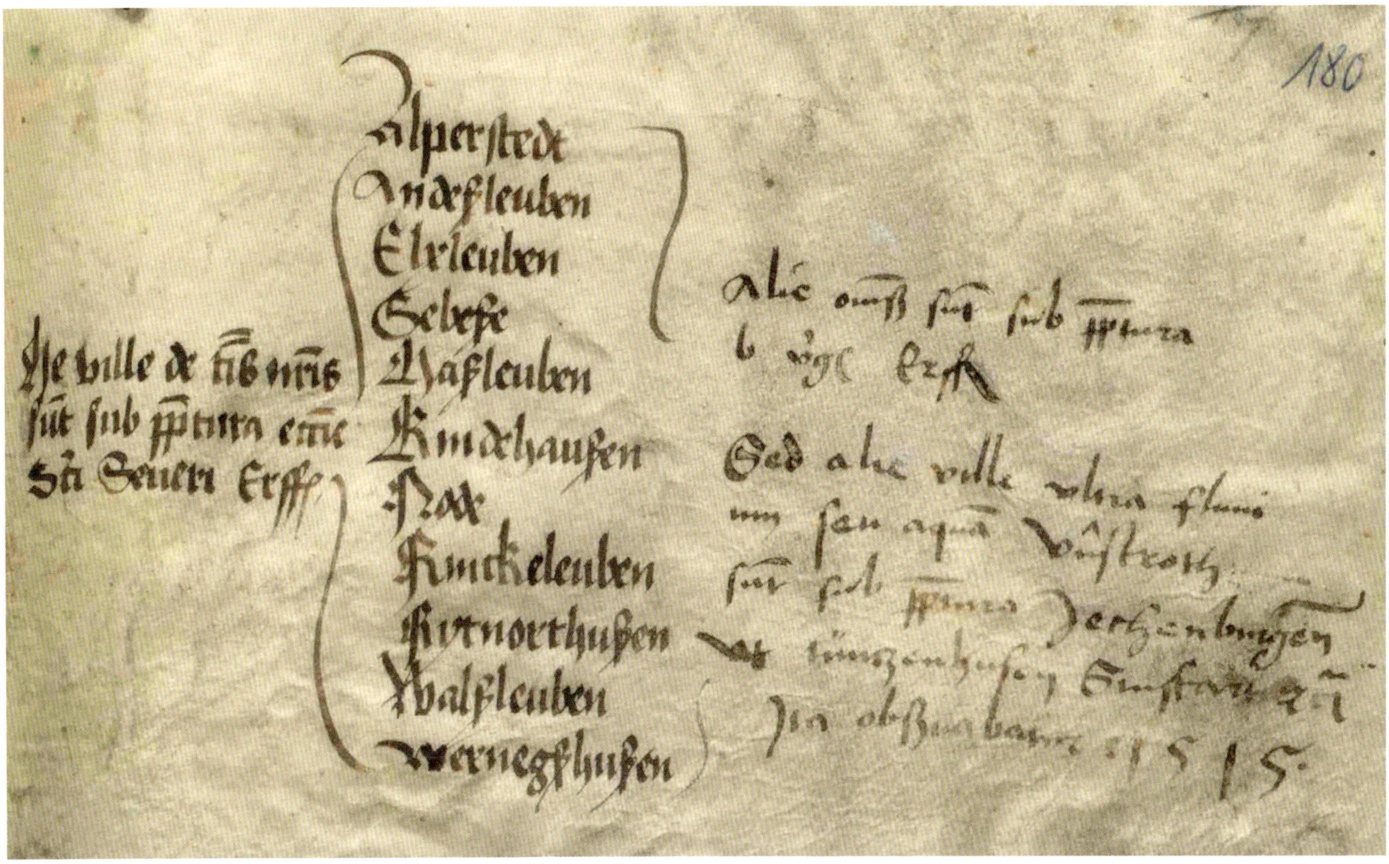

Abb. 43 Notizen aus dem Augustinerkloster, wie die Grenzen der Archidiakonate St. Marien, St. Severi und Jechaburg nördlich von Erfurt den Termineibezirk des Klosters betreffen, hier Blatt 180 r, 1515 (Kat.-Nr. IV.15)

Raumes für die ökonomische Versorgung der Klöster. Darüber hinaus gewannen die Konvente einen Großteil ihres Nachwuchses aus der Bevölkerung des Termineibezirkes.

Bei den Franziskanern kam es bereits im Laufe des 15. Jahrhunderts zur Schließung der Termineien der Klöster, die sich zur Observanz bekannten. Den Erfurter Konvent betraf dies also nicht. Mit der Aufhebung der Bettelordenskonvente im Zuge der Reformation endete freilich auch das Terminieren, die Häuser wurden meist verkauft, während es auch seitens der Römischen Kirche durch das Trienter Konzil zur Abschaffung des Terminierens in den katholischen Gebieten kam. Seit den frühen zwanziger Jahren des 16. Jahrhunderts hatten die Menschen auf dem Land auch den Bettelorden Spenden und Abgaben verweigert. Berichte über tätliche Angriffe auf Mönche nahmen zu. Diese antiklerikale Kritik kommt auf ironische Weise in einer 1523 in Erfurt erschienen Flugschrift exemplarisch zum Ausdruck: *Also lauffen sie* [die Terminierer] *auß und kommen in dy dorffer und nemen ein knecht ader vier und schnurren herumb fur die heuser und sagen: Ey, libes mutterlen gebt einen keß, flachs, eyer, brot ader puttern her, ir seit es schuldig! so nemen ewer kuhe nit ab, die milch wurt gut, ir seit in sant Bernhardus, Franciscus, Augustinus bruderschafft, ir werdt selig werden unnd grossen ablas erlangen, und wurd euch stetes viel guts gescheen.*

Literatur

Martin, Verzeichnis. Mindermann, Termineisystem. Neubauer, Inventar. Nitz, Termineiverzeichnis. Schmigalla, Ergänzungen. Stanberger, Dialogus. Vöckler, Anmerkungen. Vöckler, Bettelmönche. Voigt, Terminierwesen.

Anmerkungen

1 UBESK 3, Anhang Nr. 5. ▪ **2** Nitz, Termineiverzeichnis. ▪ **3** UB Arnstadt, Nr. 123. ▪ **4** Stanberger, Dialogus, S. 196.

KLOSTERREFORM IM SPÄTMITTELALTERLICHEN ERFURT

DAS BEISPIEL DER MAGDALENERINNEN (WEISSFRAUEN)

Andrea Wittkampf

Anfänge

Im Verlauf der zwanziger Jahre des 13. Jahrhunderts siedelten sich in Erfurt die Franziskaner und Dominikaner an und begannen damit, ihre bis heute beeindruckenden Klosteranlagen zu errichten. Nahezu zeitgleich entstand die Niederlassung der Magdalenerinnen bzw. Weißfrauen, einer ebenfalls noch jungen, im Entstehen begriffenen Ordensgemeinschaft. Namensgeberin war die hl. Maria Magdalena, eine enge Begleiterin Christi, die am Ostermorgen das leere Grab Christi entdeckte und damit die erste Zeugin der Auferstehung Christi wurde. Der Legende nach war Maria Magdalena bis zu ihrer Bekehrung durch Christus eine Prostituierte, die sich zur Reinigung in die Wüste zurückgezogen haben soll. Einziges Bekleidungsstück war ihr bodenlanges wallendes Haar, zugleich bildgewordener Ausdruck ihrer Reue und Zeugnis ihrer Armut. Um 1224/27 gegründet, breitete sich der Orden der Weißfrauen nördlich der Alpen rasch aus. Wann genau der Erfurter Konvent ins Leben gerufen wurde, ist unbekannt. Das älteste schriftliche Zeugnis für den Erfurter Konvent ist in das Jahr 1235 datiert. Es ist ein Schreiben, mit dem Papst Gregor IX. den Konvent, seine Insassinnen sowie ihre Rechte und Besitztümer unter seinen Schutz nahm. Nicht erhellen lässt sich auch, wer die treibende Kraft hinter der Gründung war und wo sich die Klosteranlage ursprünglich befand.

Ein verheerender Stadtbrand zerstörte 1246 große Teile Erfurts. Auch das Kloster der Magdalenerinnen war betroffen und wurde schwer in Mitleidenschaft gezogen. Nachdem der Wiederaufbau nur schleppend in Gang gekommen war, gewann die Erfurter Niederlassung dank eines päpstlichen Unterstützungsschreibens von 1256 zunehmend an Attraktivität, Akzeptanz und Bedeutung. Mit der Übernahme der Ordensregel des hl. Augustinus änderte sich signifikant die Bereitschaft junger Frauen aus Erfurt sowie des städtischen Umlandes, in den Konvent der Weißfrauen am Anger einzutreten. Dazu gehörten auch Vertreterinnen aus den Familien der Erfurter Führungsschicht. Im Unterschied zu anderen Insassinnen traten die jungen Frauen aus den Familien derer von der Sachsen, Kannengießer, Goswin, Mühlhausen, Ziegler, um nur einige Geschlechter zu nennen, nicht als einfache Laienschwestern in den Konvent ein. Sie verrichteten als Chorschwestern das Chorgebet. In ihren Händen lagen die Geschicke des Konvents. Als Priorinnen, Subpriorinnen, Schaffnerinnen, Küsterinnen oder Kellnerinnen standen sie an der Spitze des Klosters bzw. nahmen leitende Funktionen wahr. Nach außen vertraten der Propst und zwei Ratsmitglieder die Interessen des Klosters. Sie beurkundeten und besiegelten Grundstücksangelegenheiten, Schenkungen, Stiftungen und andere Rechtsgeschäfte. Das Leben im Konvent war fast ausschließlich nach innen gerichtet. Im Mittelpunkt stand die Verrichtung der gemeinsamen Gebetszeiten und die Wahrnehmung der Gebetsverpflichtungen zum Wohl der Stifter und Förderer. Die Nonnen selbst, die einem strikten Schweigegebot unterlagen, lebten in strenger Klausur und entsprechend ihrem Selbstverständnis in als ärmlich zu bezeichnenden Verhältnissen.

Die Blütezeit war das 14. und beginnende 15. Jahrhundert. Die Zahl der Konventsangehörigen stieg, Rechte, Besitz und Einkünfte wuchsen kontinuierlich, selbst wenn Feuersbrünste und Hochwasser wiederholt Schäden am Kloster verursachten und die Vermögenslage beeinträchtigten sowie Seuchen die Zahl der Nonnen minderten. Innerhalb weniger Tage verstarben beispielsweise im Jahr 1382 zwischen Ende August und Mitte September 38 Ordensschwestern an der in Erfurt grassierenden Pest. Doch änderten sich die Verhältnisse. Die strenge Beachtung der Ordensregel verlor in der Mitte des 15. Jahrhunderts erheblich an Bedeutung und war einer der Anlässe für die Reform des Klosters. Zudem begann ein wirtschaftlicher Niedergang, den aufzuhalten sich Teile der Erfurter Bürgerschaft in verschiedenen Initiativen bemühten bzw. zu verlangsamen suchten.

Wie angedeutet, verlief die Geschichte des Konvents nicht gleichmäßig und geradlinig. Durch die Jahrhunderte wechselten immer wieder Höhepunkte, Tiefschläge und Phasen der Stagnation einander ab. Es gibt für den Weißfrauenkonvent wenige konkrete Hinweise auf einen moralischen Niedergang des Klosters. Gemeinhin wird in den Quellen von den Frauenklöstern Erfurts in ihrer Gesamtheit gesprochen, dabei jedoch oft die Notwendigkeit ihrer Erneuerung betont. Vielleicht war der Grund, dass der Konvent zu den unbedeutenden Frauenkonventen der Stadt Erfurt zählte. Dass eine Reorganisation des wirtschaftlichen und klösterlichen Lebens im Weißfrauenkonvent unabdingbar geworden war, lässt sich anhand des überlieferten Schriftgutes belegen. Leider finden sich in den Beständen des Archivs des Magdalenerinnenklosters keine Eigenzeugnisse von Klosterschwestern. Geschildert wurden die Umstände aus den Blickwinkeln Außenstehender z. B. in Urkunden, Berichten oder, wie im untersuchten Fall, im letzten Willen der wohlhabenden Bürgerin Katharina Goswin. Angestoßen wurden die Reformen

Abb. 44 Temperamalerei auf Holz, Einhorn-Verkündung (Kat.-Nr. IV.6)

des Weißfrauenkonvents von außerhalb der Klostermauern. Ein Anlass war sicherlich, dass die Gebäude auf Grund von Verwahrlosung und Zerstörungen sowie durch Brände marode geworden waren. In einem solch ruinösen Zustand verlor das Kloster an Ausstrahlung und Attraktivität und ging damit der klösterlichen Autorität verlustig. Welche junge Frau wollte schon in einen Trümmerhaufen einziehen und sich dem strengen Ordensleben unterwerfen? Um die Nonnen beim Wiederaufbau zu unterstützen, wurde von den mainzischen Generalrichtern am 17. April 1444 ein Aufruf zugunsten des Klosters erlassen, um die Bevölkerung Erfurts und der umliegenden Gebiete zu Spenden zu ermuntern.[1] Erwähnt werden in diesem Zusammenhang eingestürzte Dächer und Gewölbe, das verfallene Back- und Brauhaus; für die Messe fehlte es an liturgischen Gewändern.

Einen anderen Grund für die Notwendigkeit einer Reform stellte die mehr und mehr schwindende Bereitschaft der Klosterfrauen dar, sich in das mühsame Leben innerhalb der Klostermauern zu integrieren. Für die Töchter aus adeligen, patrizischen, wohlhabenden Familien wurde es immer unattraktiver, den farblosen Habit anzulegen. Auch überliefern die Quellen den Verlust an züchtigem Verhalten; eine Vorliebe zur Verschwendung wurde erkennbar. Finanzierbar war der aufwändige Lebenswandel nur mittels Schuldenaufnahme und Grundstücksverkäufen. Die Einnahmen konnten jedoch die Ausgaben nicht mehr decken.[2] Nicht nur das Erfurter Weißfrauenkloster war von einem Niedergang betroffen. Ähnliche Entwicklungen sind in den meisten Klöstern Erfurts und Thüringens zu beobachten. Egal ob es sich um Frauen- oder Männerkonvente handelte, Reformen waren dringend geboten.

Gelebte Reform

Angesiedelt war der Gedanke, die Erfurter Klöster zu reformieren, d. h. erprobte und stabile Lebensweisen erneut aktiv mit Leben zu erfüllen, zunächst am Benediktinerkloster auf dem Petersberg. Hier verfestigten sich die ersten Gedanken, dass die Erfurter Konvente eine solide Neugestaltung benötigten. Im Netzwerk der Benediktinerklöster hatte sich dieser Wille zur Neugestaltung erhärtet und wurde Schritt für Schritt gestaltet. Ein Vorreiter war die Bursfelder Kongregation in Norddeutschland, die gleichsam missionarisch Kloster für Kloster an die Reformen band. In Erfurt, als kirchlichem und universitärem Zentrum, kam es zwischen 1446 und 1451 zur intensiven Zusammenarbeit zwischen Erzbischof, Ratsherren und Universitätsgelehrten sowie dem päpstlichen Kardinallegaten Nikolaus von Kues, um die Reform voranzutreiben. Förderung und Unterstützungen, gekoppelt an Forderungen zur Durchführung, gingen vom päpstlichen Gesandten Nikolaus von Kues aus, der auf seinen Reisen intensiv, vom Papst unterstützt, für die anstehenden Reformen warb und eintrat. Von seinem Erfurter Freund, dem Kartäusermönch Johannes Hagen, und der Bürgerschaft eingeladen, kam Nikolaus von Kues 1451 nach Erfurt. Er wohnte im Peterskloster und hielt mehrere Predigten, um für die Reform zu werben. Auf seiner Weiterreise erließ er am 15. Juni 1451 in Hildesheim eine Verordnung, dass die Ordenshäuser Erfurts einer Reform zu unterziehen seien. Die Ordensleute forderte er auf, sich an die Ordensregeln sowie an die geleistete Gehorsamsverpflichtung zu halten.[3] Das Zusammenwirken zwischen Cusanus und der Bürgerschaft wird deutlich erkennbar, da der Kardinal neben Geistlichen vier Ratsmitglieder zu Visitatoren der Klöster bestimmte. Schon im August begannen die Inspektionen in den Klöstern. Diesen Versuchen war nur eingeschränkt Erfolg beschieden, da sich Klöster den Visitationen und Überprüfungen entzogen oder sie gar offen verweigerten. Etwa ein Jahr nach der Visite von Kues wurde Erfurt von dem zum observanten Flügel des Ordens gehörenden franziskanischen Bußprediger Johannes Kapistran aufgesucht. In öffentlichen Predigten auf den Domstufen verkündete er seine rigorosen Ansichten zur franziskanischen Armut.[4] Belegt sind Verbrennungen von Karten- und Brettspielen, Frauen und Männer reduzierten ihre liebgewonnenen, ausufernden Modeaccessoires.[5] Kaum hatte der polarisierende Prediger Erfurt verlassen, kehrte die Bevölkerung jedoch zu ihren liebgewonnenen und gewohnten Alltagsbeschäftigungen zurück.

Im Magdalenerinnenkloster wurde die Reform durch Vertreter des Erfurter Augustiner-Eremitenklosters eingeführt, ohne dass sich der Reformprozess im Einzelnen nachvollziehen lässt. Das klösterliche Leben der Nonnen wurde durch Predigten, die die Augustiner-Eremiten an besonderen Festtagen hielten, thematisiert und gestärkt. Gemeinsame Besuche der Messe, Mahlzeiten und Handarbeiten förderten das klösterliche Zusammenleben. Bekannt ist, dass die Schwestern bei den Augustiner-Eremiten die Beichte ablegten und ihnen theologische Schriften zum Studium zur Verfügung standen, wie z. B. die des Mystikers Thomas von Kempen, des Dominikaners Johannes Nider oder des Erfurter Augustiner-Eremiten Johannes von Paltz. Festzuhalten ist, dass die Magdalenerinnen keine euphorischen Verfechterinnen der Reform waren, aber sie erkannten den Nutzen und den daraus resultierenden moralischen und wirtschaftlichen Gewinn (Abb. 45).

Die erfolgreiche Durchsetzung der Reform im Weißfrauenkonvent Mitte des 15. Jahrhunderts lässt sich an mindestens drei Zeugnissen, einem Wandteppich, einem Gebetbuch und einem Testament, beispielhaft festmachen. Ein nahezu einmaliger textiler Kunstschatz wird bis heute im Kloster der Ursulinen am Erfurter Anger verwahrt. Übernommen haben die Ursulinen die großformatige Handstickerei mit der Übertragung des Weißfrauenklosters auf ihren Orden 1667. Der über sechs Meter lange Wandteppich (ca. 160 × 617 cm), der in selten ausführlicher Art und Weise die wichtigsten Lebensabschnitte der hl. Maria Magdalena darstellt, spiegelt die erfolgreiche Adaptation des Reformbestrebens wider. Dargestellt ist das Leben der Heiligen: Ihr erstes Leben als lebensfrohe, den Männern zugewandte Frau, dann die Begegnung mit Christus, ihre Bekehrung, ihre Suche am Ostersonntag nach dem Leichnam Christi und schließlich ihre Missionstätigkeit in Frankreich. Man liest den Teppich wie einen Comicstrip ohne Worte. Wenn die Ordensschwestern vor fast 570 Jahren gemeinsam Stich für Stich das Kunstwerk ausführten oder nach dessen Fertigstellung davor in stiller Betrachtung verweilten, konnten sie erkennen, dass ein kontemplativer Lebenswandel das gemeinsame Ziel war. Mit der hl. Maria Magdalena als Vorbild führten vereinte Bemühungen zum Ziel und die Disziplin in der gelebten Gemeinschaft – durch einen monastischen Lebenswandel

Abb. 45 Die Visitatoren der Erfurter Nonnenklöster geben Maßnahmen zur Wahrung der Reform bekannt (Kat.-Nr. IV.20)

– trug zum positiven Weiterkommen bei. So konnte durch die Klosterreform als Neubeginn gewertet, das eigene Leben näher zu Gott geführt und durchaus erfolgreich umgestaltet werden.

Ein zweiter Beleg für die erfolgreiche Einführung und Durchsetzung der Klosterreform im Weißfrauenkonvent liegt in Buchform im Augustiner-Eremitenkloster Münnerstadt vor. Auf welchen Wegen die Handschrift später dorthin gelangte, ist nicht bekannt. Da die Erfurter Augustiner-Eremiten die Magdalenerinnen seelsorgerisch betreuten, bestand zumindest ein enger Kontakt zu dem Bettelorden. In der Handschrift sind jedoch andere, bislang nicht identifizierte Vorbesitzer genannt.[6] Entstanden ist das aus mehreren Teilen bestehende Gebetbuch 1497. Diese Jahreszahl vermerkte die Schreiberin des Kodex, die Nonne Agnes, die selbst mit dem Namenskürzel A. K. unterschrieb. Es gab demnach im Erfurter Weißfrauenkloster gelehrte und auch schriftstellerisch tätige Frauen, die auf höchstem Bildungsniveau nicht nur lesen und schreiben konnten; die Nonne Agnes beherrschte das Lateinische beispielsweise so gut, dass sie die im Normalfall in Gebeten gebräuchlichen maskulinen Formen in die sehr unüblichen femininen Formen umwandelte. Zudem griff die Ordensschwester in die Texte selbst ein und passte sie ihren privaten Empfindungen an. So entwickelte sie u. a. Texte des Kirchenvaters Augustinus in ihrem Sinne weiter, schuf eine eigene Interpretation der Christusbrautschaft und eine tiefe Innerlichkeit zum Ausdruck bringende Bearbeitung der Karfreitagspassion Christi. Dass im Erfurter Weißfrauenkonvent zum Ende des 15. Jahrhunderts die Klosterreform umgesetzt wurde, berichtet die Ordensschwester indirekt in ihrer Niederschrift. Sie erwähnt die regelmäßigen Predigten des klösterlichen Beichtvaters Georgius, die Gemeinschaft im Chorgebet und bei den Mahlzeiten sowie die Hinwendung zum einfachen Leben. Die Schreiberin und Autorin Agnes K., eine nicht nur in theologischen Dingen gebildete Ordensfrau, verdeutlicht durch ihre frommen, fast mystischen Texte, dass die Klosterreform, wie gefordert und benötigt, im Magdalenerinnenkloster Einzug gehalten hatte.

Katharina Goswin und ihr Testament

Die Ordensschwestern am Anger konnten zur Mitte des 15. Jahrhunderts ohne unterstützende Almosen, getätigt als einmalige oder jährliche Stiftungen, wirtschaftlich kaum überleben. Eine der vielen, vielleicht die spendabelste Stifterin war die Witwe Katharina Goswin. Bis auf das Todesjahr 1459 sind Angaben zu ihrem Leben unbekannt, können aber teilweise erschlossen werden. In ihrem Testament gab sie wenig Persönliches preis. Zu erfahren ist nur, dass sie eine Tochter Elisabeth hatte, die Priorin im Erfurter Weißfrauenkloster war. Das Amt bekleidete sie zwischen 1449 und 1478. Im Anschluss begegnet von 1481 bis 1499 eine Katharina Goswin als Priorin. Es bestehen jedoch berechtigte Zweifel, dass es sich bei dieser Nonne, wie bislang vermutet, ebenso um eine Tochter der Stifterin Katharina Goswin handeln könnte. Es ist bekannt, dass die Witwe Katharina Goswin lange in Salza (heute: Bad Langensalza) gelebt hat und mit einem reichen, dem Rat angehörenden Waidhändler verheiratet war. Wann und warum Katharina Goswin und ihre Tochter aus Langensalza nach Erfurt übersiedelten, ist unbekannt. Möglichweise verzogen sie aufgrund der immensen Feuersbrunst 1438 oder der im folgenden Jahr ausgebrochenen Pest aus Langensalza nach Erfurt. Oder standen die beiden Frauen der Familie ihres verstorbenen Mannes im Wege? Unbeantwortet bleibt auch die Frage, warum die Tochter Elisabeth Goswin nicht in das Weißfrauenkloster in Langensalza eintrat. Ein Jahr nach dem Erlass des Spendenaufrufes der mainzischen Generalrichter stifteten Katharina Goswin und ihre Tochter, noch als Nonne bezeichnet, ein ewiges Licht in der Klosterkirche. Schon hier lassen sich die Intentionen der Stifterin erkennen. Die Gabe von Almosen oder wohltätige Übereignungen dienten verschiedenen Zwecken, denn erstens konnte gestiftetes Geld tatsächlich Not lindern, zweitens wurden gleichzeitig die Empfänger verpflichtet, der Stifterin im Gebet zu gedenken und für ihr Seelenheil zu bitten.[7]

Das Testament der Katharina Goswin von 1458 bezeugt eine in ihrer Zeit stehende, religiös aufmerksame Frau, die in die herkömmlichen kirchlichen Glaubenstraditionen eingebunden war.[8] Dass ihr letzter Wille überliefert ist, erscheint insofern bedeutsam, da von Frauen aufgestellte Testamente nicht sehr oft erhalten sind und von Witwen noch seltener. Die selbstbewusste Gestaltung spricht für eine auch in Geschäftsdingen erfahrene Frau. Eröffnet wird das Dokument mit der persönlichen Vorstellung, es bestätigt die körperliche und geistige Gesundheit und ruft die hl. Dreifaltigkeit, die Gottesmutter und die Apostel an. Ganz Geschäftsfrau, verteilt sie im Anschluss die finanziellen Stiftungen und Gaben. Vor allem das Kloster der Magdalenerinnen unter dem Priorat ihrer Tochter Elisabeth wurde bedacht. Ebenso gewährte Katharina Goswin dem Benediktinerkloster Homburg, welches in unmittelbarer Nähe der Stadt Langensalza lag, einen finanziellen Betrag. Der Augustiner-Eremitenkonvent in Erfurt, den sie großzügig gefördert und zur Unterstützung der Klosterreform im Weißfrauenkloster aufgefordert hatte, erhielt eine Stiftung. Genannt wurden zudem Verwandte, Freunde, zwei Hilfskräfte, die Magd und der Schreiber.

In ihrem Testament ließ Katharina Goswin siebenmal das Wort Reform *(reformatie)* niederschreiben. Hierauf legte sie eindeutig den Fokus ihres Testaments. Sie scheint genau gewusst zu haben, dass die Existenz des Klosters nur mit der Durchführung einer anhaltenden Klosterreform zu sichern war. Dass es im Kloster wirtschaftlich nicht zum Besten stand, wird deutlich, da sie ausdrücklich die Kleiderkammer und die Kellnerei bedachte, also für Kleidung und Lebensmittel Sorge trug. Da sie erahnte, wie schwer die Umsetzung der nötigen Reformschritte sein würde, band sie die Ausführung ihres letzten Willens bezüglich der Zuwendungen verpflichtend an den Vollzug der Reform. Das hätte zur Folge gehabt, dass die Stiftungen, statt dem Konvent, den Armen des Großen Spitals zu Gute kommen sollten, wenn die Reformen im Kloster nicht nachhaltig bestehen blieben. Katharina Goswin bedachte des Weiteren Menschen aus ihrem persönlichen Umfeld. Es folgte eine Armenstiftung von dreimal zwei Semmeln und einem Viertel Wein an alle Bedürftigen in den drei Erfurter Spitälern. Die letzten Zeilen des Testaments werden, ähnlich wie zu Beginn, wiederum von Formalia eingenommen. Erwähnung finden die Vollstrecker des Testaments, der Abt des Klosters Homburg, der Prior des Klosters der Erfurter Augustiner und die beiden städtischen Vormünder des Weißfrauenkonvents. Zum Ende folgt die Datierung des letzten Willens. Niedergeschrieben wurde das Testament am Montag nach dem Fest Visitatio Mariae 1458, der in diesem Jahr auf den 3. Juli fiel.[9] Der dem Erfurter Generalgericht angehörende Notar Johannes Holzapfel bestätigte am 30. August 1458, dass die »ehrwürdige Frau Katharina Goswin ihr Testament und den letzten Willen zugunsten der Weißfrauen in Erfurt, in der Diözese Mainz, getätigt habe«.[10] Johannes Hesse hatte das versiegelte Testament aufbewahrt, Zeugen waren Eberhard von Sulzbach *(Sultzpech)* und Nikolaus Spret. In einer weiteren Urkunde bestätigte 1460 die Priorin Elisabeth Goswin, dass der letzte Wille ihrer Mutter umgesetzt und vollzogen worden sei. Bestattet wurde Katharina Goswin, wie von ihr im Testament gewünscht, in der Gruft der Kirche, also in der Unterkirche, die der Zerstörung 1944 zum Opfer gefallen ist. Bis ins 19. Jahrhundert war ein Grabstein überliefert, der jedoch später verloren gegangen ist.

Resümee

Das Testament der Erfurter Bürgerin und Waidhändlerwitwe Katharina Goswin lässt indirekt, aber deutlich die Reformbedürftigkeit eines Frauenkonvents in Erfurt des 15. Jahrhunderts erahnen. Mag die Stifterin als Mutter einer im Konvent lebenden Schwester, der späteren Priorin Elisabeth, auch persönlich motiviert gewesen sein – man bedenke ihre Stiftungen zugunsten der Kleiderkammer und zur Absicherung der Lebensmittelversorgung –, so ist doch eine weitere Option in Betracht zu ziehen. Die Reformen im Konvent können für Katharina Goswin zusätzlich Motiv gewesen zu sein, denn die Unterbringung der eigenen Tochter in einem geistlich intakten Kloster bedeutete, diese auf einem sicheren Weg zu Gott zu wissen. Die Besuche des päpstlichen Legaten

Nikolaus von Kues und des Bußpredigers Johannes Kapistran blieben sicher nicht ohne Resonanz. Dass im Weißfrauenkonvent am Anger die Klosterreform vollzogen wurde, bezeugen u. a. der gestickte Magdalenenteppich und die Schrift der Ordensschwester Agnes aus dem Jahr 1497. So darf man alles in allem von einer gelungenen Umsetzung der Klosterreform in Erfurt im unscheinbaren Konvent der Weißfrauen am Anger ausgehen.

Forschungsstand

Die Gründung des Ordens der Magdalenerinnen wird gegenwärtig in der Forschung neu diskutiert. Bislang ging die Forschung um André Simon (1918) und Paul Skobel (1970) davon aus, dass der Hildesheimer Kanoniker Rudolf von Worms um 1224/27 den Anstoß gab. Anliegen sei es gewesen, Prostituierte und grundsätzlich gefährdete junge Frauen von der Straße zu holen und ihnen im Rahmen einer geistlichen Gemeinschaft einen Neuanfang zu ermöglichen. Damit korrespondiert die Bezeichnung des Ordens als Büßerinnen der hl. Maria Magdalena *(sorores poenitentes beatae Mariae Magdalenae in Alemannia* bzw. *ordo sanctae Mariae Magdalenae de poenitentia)*, die der Ordensangehörigen als Reuerinnen. Ihr farbloses Ordenskleid führte dazu, dass sie Weißfrauen *(ordo albarum dominarum)* genannt wurden. Ähnlich äußerte sich jüngst (2015) auch Martin Armgart zur Erforschung der Reuerinnen in Kanskirchen, ohne jedoch auf die Intention der Gründung einzugehen. Anders argumentierte 2015 Jörg Voigt in seiner Forschung zum Mühlhausener Konvent. Danach spielte die Bekehrung ehemaliger Prostituierter keine tragende Rolle bei der Gründung. Ausschlaggebend seien vielmehr die engen Beziehungen zwischen Rudolf von Worms und dem Hildesheimer Bischof Konrad II. gewesen, der seinerseits engste Kontakte zur Kurie in Rom pflegte. Indiz dafür sind Schreiben von Papst Gregor IX. an Konrad von Marburg. Als Beichtvater der hl. Elisabeth von Thüringen galt dieser zugleich als bester Kenner der sich aktuell ausbreitenden außermonastischen Frauenfrömmigkeit. Hierin sieht Voigt den Hauptgrund für die Ordensgründung. Semireligiöse Strömungen sollten so kanalisiert werden. Quellenmäßig sei die Ordensgründung nicht in einen Zusammenhang mit der Bekehrung gefallener junger Frauen in Verbindung zu bringen. Die Geschichte der Erfurter Niederlassung ist bislang noch nicht abschließend untersucht. Neben der älteren Arbeit von Heinrich Beyer (1877) ist auf die 2000 und 2003 erschienenen Untersuchungen von Kristin Böse zu verweisen. Das Archiv der Erfurter Ursulinerinnen wird seit 2016 im Wesentlichen im Bistumsarchiv Erfurt als Depositum aufbewahrt. Zu Katharina Goswin und ihrer Rolle als Wohltäterin der Erfurter Magdalenerinnen bereitet die Verfasserin eine weiter ausgreifende Untersuchung vor.

Literatur

Armgart, Kanskirchen. Bäseler, Ursulinenkloster. Beyer, Ursulinerinnen. Böse, Bildzeugnis. Böse, Magdalenenteppich. Capestrano in Bamberg. Kolde, Religiöses Leben. Meuthen, Cusanus. Müller, Frauenklöster. Müller, Ursulinenkloster. Pilvousek, Erfurt. Simon, Ordre des Pénitentes. Skobel, Lauban. v. Tettau, Bau- und Kunstdenkmäler. Voigt, Beginen. Voigt, Bischof Konrad II. Voigt, Mühlhausen. Weiß, Bürger. Zumkeller, Geistliches Leben.

Anmerkungen

1 BA Erfurt, Bestand des Klosters der Weißfrauen, Urk. 77. ▪ **2** Beyer, Ursulinerinnen, S. 21. v. Tettau, Bau- und Kunstdenkmäer, S. 199 f. ▪ **3** Vgl. dazu Meuthen, Cusanus, S. 18. ▪ **4** Da die Menschenmassen, die zu seinen Messfeiern und Predigten strömten, in keine Kirche passten, wurde ihm in einem der Bögen der Kavaten am Fuße des Domes ein Holzgebäude mit einem Altar errichtet, wo er die Gottesdienste zelebrierte und predigte. v. Kolde, Religiöses Leben, S. 19. ▪ **5** Bekannt ist das Bamberger Tafelgemälde, auf dem dargestellt ist, wie Kapistran seine Armutsideale zentral auf dem Bamberger Domplatz predigte und erkennbar Würfel, Spiele, modische Gegenstände verbrannt wurden. ▪ **6** Zumkeller, Geistliches Leben, S. 136 f. ▪ **7** BA Eerfurt, Kloster der Weißfrauen, Urk. 78. ▪ **8** Ebd. Urk. 87. ▪ **9** Ebd.: *Am montage nach visitationis Mariae als man schreib nach gots geburt tusent vierhundert und im acht und funfftzigstenn iarenn.* ▪ **10** Ebd.

DIE ERFURTER BETTELORDEN UND IHRE BRUDERSCHAFTEN

Ulman Weiß

Wer die Bruderschaften kennt, weiß viel über die spätmittelalterliche Stadt: über die Kirchen und Klöster, die verschiedenen Formen der Frömmigkeit, über die soziale Struktur, die politischen Beziehungen oder über den Wohlstand und dessen Verteilung. Denn Bruderschaften gehörten zur städtischen Kultur. Einer Bruderschaft beizutreten entsprach einer Gepflogenheit, die gleichermaßen von Frömmigkeit wie von Geselligkeit lebte. Bereits in altkirchlicher Zeit hatte man sich verbrüdert im Glauben an die größere Kraft des gemeinsam gesprochenen Gebets. Dieser Glaube trug auch die Bruderschaften, wie sie in späterer Zeit, vor allem seit den existenziellen Erfahrungen des Schwarzen Todes, weite Verbreitung fanden: in den Städten zuerst und am zahlreichsten, vereinzelt in den Dörfern. So sind im großen Erfurter Landgebiet lediglich vier Bruderschaften in Mühlberg, Ranstedt, Schallenburg und Niederzimmern bezeugt,[1] in Erfurt hingegen weit über dreißig.

Im Jahre 1370 verfassten die Pfarrer in der Stadt eine gemeinsame gerichtliche Klage gegen die Eingriffe der Franziskaner, der Dominikaner, der Augustiner-Eremiten und der Serviten in die allein ihnen gebührenden PfarrRechte, namentlich das Recht der Beichte und der Bestattung. Da diese Rechte Geld eintrugen, pochten sie auf sie – erfolglos. Viele Menschen hörten lieber die Mönche predigen als ihren Pfarrer, wie sie auch lieber im Kloster beichteten als in ihrer Pfarrkirche und lieber dort nach ihrem Tode begraben werden und die fröhliche Auferstehung erwarten wollten: In Sachen des Seelenheils schien es sicherer, den Bettelmönchen zu vertrauen. Viele Jahre später verbanden sich die Pfarrer zu einer Bruderschaft, in der sie sich gegenseitig der Hilfe für das Heil ihrer eignen Seele und der Seelen ihrer Vorfahren versicherten. Und noch viel später trat diese *confraternitas plebanorum,* wie sie sich selbst bezeichnete, aus ihrer Exklusivität heraus und öffnete sich, nach viel früherem Vorantritt der Bettelorden, den Laien in der Stadt. Seit dem Jahre 1436 konnten Bürger und andre Einwohner, hatten sie etwas eingebracht, der Bruderschaft beitreten und, wie formelhaft verkündet wurde, *teylhafftig aller guten wergke* werden, die in dieser Bruderschaft und in jeder Pfarrkirche täglich, jährlich und ewiglich von den Pfarrern vollbracht wurden; fortan wurde auch ihrer Seele und der Seelen ihrer verstorbenen Vorfahren an einem bestimmten Tag im Jahr in einer bestimmten Kirche gedacht, zudem wurde ihrer gedacht bei allen Zusammenkünften der Bruderschaft, bei denen auch der Seelen der andern Brüder und Schwestern gedacht zu werden pflegte.[2] Nicht grundlos sorgten die Pfarrer dafür, dass zu ihren Zusammenkünften eigens eingeladen und dass Ablassgnaden verheißen wurden; denn die Klientel der Gläubigen war stets eine kleine. Wer der Bruderschaft der Pfarrer beitrat, war vielleicht mit einem Pfarrer verwandt oder war einer der angesehensten in der Pfarrgemeinde, in der er gewöhnlich als Altarmann amtierte.

Diese Altarmänner werden es auch gewesen sein, die gemeinsam mit dem Pfarrer an der Pfarrkirche eine Bruderschaft zu begründen suchten. Zweck und Ziel war sowohl, zum Besuch des Gottesdienstes zu verlocken, beispielsweise durch einen anziehenden Ablass, wie ihn im Jahre 1450 die Bruderschaft der Kaufmannskirche erwarb, als auch den Gottesdiensten größeren Glanz zu geben, beispielsweise mit der Stiftung eines Seelgeräts, wie das im Jahre 1451 die Bruderschaft der Allerheiligenkirche tat.[3] Hier wie in andern Pfarrkirchen widmeten sie sich der Verehrung des Fronleichnams, in der, wie es scheint, eine Bruderschaft die andre nachgezogen und jede hat attraktiver sein wollen. Es wird die Bruderschaften wohl nicht nur in den acht Pfarrkirchen gegeben haben, in denen sie bezeugt sind.

Von ganz andrer Art waren die Bruderschaften in den Klöstern: eine Gebetsgemeinschaft geistlicher Personen verbrüderte sich mit weltlichen Personen; jene gaben diesen von ihren geistlichen Verdiensten, und diese vergalten es jenen mit ihren weltlichen Verdiensten, einem kleinen Teil des Vermögens, das sie erworben hatten. Geistliche waren weltlicher Sorgen enthoben und konnten daher die Sünden von Weltlichen, deren Gaben ihnen zugute kamen, sühnen helfen. Letztendlich war es ein Geschäft, in dem die so verschiedenen Verdienste gegeneinander aufgewogen wurden. Gelesene oder gesungene Messen, tägliche oder jährliche Messen hatten in jedem Kloster ihren Preis. Aber nicht jedes Kloster nahm jeden Laien in seine Bruderschaft auf. Die Benediktiner auf dem Petersberg verbrüderten sich nur mit prominenten Personen, die, waren sie Erfurter, den betuchtesten und politisch bestimmenden Bürgerfamilien, den sogenannten Gefrunden, entstammten. Die Aufnahme in die Bruderschaft zusammen mit einer gelesenen Jahrzeitmesse kostete sie ungefähr 30 Gulden, das Zehnfache indes, wenn sie wünschten, in der Klosterkirche, und zwar im Chor, bestattet zu werden.[4] Das war der Preis in den letzten Jahren vor der Reformation. Jahrzehnte früher hatte eine Grabstätte in der Kirche ungefähr 200 Gulden gekostet mitsamt einer ewigen, täglich zu singenden Messe an dem Altar, den der Verstorbene auf seine Kosten einst hatte errichten lassen.[5] Ähnlich elitär war die Gebetsgemeinschaft der Augustinerchorherren nahe dem Augusttor,[6] während die der Kartäuser nahe dem Löbertor sich selbst genügte und allen Weltlichen sich verschloss.

Abb. 46 Die neun Gebetshaltungen des hl. Dominikus, Einblatt-Holzschnitt, um 1450/70

Die Bruderschaften der Bettelorden taten sich aber auf. Große Kaufleute konnten genauso Mitbrüder sein wie kleine Handwerker. Freilich ragten die Vornehmsten und Wohlhabendsten hervor. Bei den Augustiner-Eremiten beispielsweise Hartung Kammermeister, der lange im Dienste der Landgrafen und noch länger, über zwanzig Jahre, im Dienste des Erfurter Rates gestanden hatte, darunter fünfmal an dessen Spitze. Den Zeitgenossen galt Kammermeister als ein *ehrlicher, frommer man* und ein Liebhaber des Friedens.[7] In der Georgskirche, der schräg gegenüber an der Ecke zur Lehmannsbrücke er in seinem Hause »Zum güldenen Schaf« wohnte, war er Altarmann und wahrscheinlich Mitbruder der Annenbruderschaft; in der Georgskirche sollte auch die von ihm geschriebene Chronik verwahrt werden. Zur letzten Ruhestatt aber wählte er nicht die Pfarrkirche, sondern das Kloster der Augustiner-Eremiten auf der andern Seite der Lehmannsbrücke. Schon sein Vater war den Mönchen verbunden gewesen, in ihre Bruderschaft aufgenommen und bei ihnen begraben worden. Der Sohn folgte dem Vater nach. Bereits im landgräflichen Dienst, im Herbst 1434, wählte er das Kloster als Ort des Seelgeräts, indem er Vorsorge für die eigne und die Seele seiner Frau traf, nachdem sie den toten Körper verlassen haben würden. Er tat das, wie die Mönche betonten, aus besonderer Innigkeit und Liebe, die er für den Orden empfand, mit einer Stiftung über 80 Gulden, deren jährlicher Zinsertrag von fünf Gulden ausschließlich für Wachslichter im Gottesdienst verwendet werden sollte; die Mönche hinwiederum sicherten für sich und ihre Nachkommen zu, viermal im Jahr, jeweils am Montag und am Dienstag vor den Weihfasten, der Seelen zu gedenken, und zwar am Montagabend mit einer Vigilie und am Dienstag mit einer Seelenmesse, die sie singen wollten im Chor, wo der Vater begraben worden war und wo während der Messe eine bedeckte Bahre mit aufgesteckten Kerzen stand; den Gläubigen beide Begängnisse vorab bekanntzumachen sicherten die Mönche ebenfalls zu, außerdem die künftige Grabstätte am gleichen Ort, auf der linken Seite des Chors, für den Sohn und dessen Frau. All dies wurde beurkundet und in des Klosters Seelgerätbücher eingetragen, überdies zu ewigen Zeiten in einen Stein gehauen über dem Eingang zur Sakristei.[8] Als Mitbruder stiftete Kammermeister später noch einmal einen jährlichen Zins von 21 Schilling mit der Bestimmung, ihn zu einem *ewigen lichte* zu verwenden, das vor einem möglicherweise neuen Marienbild auf dem Mittelaltar, ehe man den Chor betrat, stehen und nur während der Messen an den Marienfesten brennen sollte; auch diese Stiftung errichtete er zum Trost der eignen Seele und der Seelen seiner Frau und ihrer beider Eltern.[9] Dem Konvent, mit dem sie abgesprochen, war sie um so willkommener, als sie von ihm, im Unterschied zur früheren Stiftung, keine Verpflichtung verlangte, im übrigen war sie lukrativ: allein der jährliche Zins, den die Stiftung abwarf, entsprach ungefähr dem, was ein ungelernter Arbeiter in drei Wochen verdiente. Zuwendungen wie diese und ähnliche Bekundungen der Innigkeit und Liebe gegenüber dem Konvent erwartete er von den Mitbrüdern, wie diese sich überhaupt erst Verdienste um ihn erworben haben mussten, ehe sie in die Bruderschaft aufgenommen wurden. So hatte sich der Bürger Johann Holzappel verdient gemacht bei der Schlichtung von Streitigkeiten, gewiss auch sonst dem Kloster Gutes erwiesen, doch erst einige Jahre später schickten ihm die *fratres* die ehrenvolle Epistel, die ihn als *confrater* begrüßte und ihn und seine Frau teilhaftig werden ließ aller Messen, Gebete und andrer guter Werke, die von den Mönchen im Kloster vollbracht wurden.[10] *Confratres* wie Holzappel oder Kammermeister gab es in größerer Zahl, als heute noch bekannt ist. Bei den Franziskanern war der überaus einflussreiche Ratsherr Johann Bock Mitbruder geworden, gleichfalls einer der Vornehmsten und Wohlhabendsten in der Stadt, von dem es hieß, dass er in den bewegten Jahren, wo die Unabhängigkeit der Stadt gefährdet war, ebenso umsichtig wie unerschrocken gehandelt habe, arbeitsam, weise und vernünftig sei er gewesen. Als Mitbruder hatte er seine Grabstätte in der Klosterkirche gewählt, in der er nach seinem Tode, im Sommer 1491, bestattet wurde, eingehüllt in der grauen Kutte der Barfüßer.[11] Dass er gewünscht hatte, den Leichnam mit der *barfosen kappen* zu bekleiden, zeigte noch einmal die verehrende Wertschätzung, die er den Mönchen gegenüber hegte, zugleich deren Verpflichtung gegenüber einem Wohltäter, dem sie wohl nicht wenig zu verdanken gehabt haben mochten. Die wechselseitige Verbundenheit von Bettelmönchen und Bürgern aus den führenden Familien ist nicht zu verkennen. Für die Mitbrüder gab es nicht nur das gemeinsam gesprochene Gebet, sondern auch die Erörterung von Kloster- und andern Angelegenheiten. Was von Belang war und besprochen werden musste, bekam nicht selten seinen Platz in der Bruderschaft, beispielsweise die Reform, der sich die Augustiner-Eremiten in Erfurt und andernorts unterziehen wollten und der das Augenmerk des Ratsherrn Kammermeister, ja des ganzen Rates galt. Zweifellos begünstigte Kammermeisters Bemühungen, dass er Mitbruder war, die Mönche gut kannte und auf sie einwirken konnte. Nachdem sie die Reform im Jahre 1447 ins Werk gesetzt hatten, schrieb er in seine Chronik: *gote deme herren sie daz lob!*, und er hoffte, die Reform werde Bestand haben.[12] Und das hatte sie. Doch nicht nur mit den Vornehmsten und Wohlhabendsten in der Stadt begaben sich die Bettelmönche in eine Bruderschaft, sie öffneten sich auch Stadtfremden, wenigstens einmal sogar einem Amtmann des Mainzer Erzbischofs, der immer nachdrücklicher danach trachtete, die verlorene Stadtherrschaft zurückzugewinnen: Nikolaus Engelmann, einer der klügsten, der gewiegtesten Kurmainzer Beamten, die der Erzbischof bis dahin in die Stadt geschickt hatte, wurde im Frühjahr 1506 Mitbruder der Franziskaner.[13] Dass dies nicht ohne politische Brisanz war, zeigte sich im Blick auf das Jahr 1489, als ein Mönch, ein *doctor* im Franziskanerkloster und sehr *gelerter man*, so laut gegen die Ratsherrn und ihr Regiment gepredigt hatte, dass er das Kloster und schließlich die Stadt hatte verlassen müssen, und es zeigte sich erneut vier Jahre nach Aufnahme des Amtmannes Engelmann, als Schuhmacher, die ebenfalls bei den Franziskanern ihre Bruderschaft hatten, zu jenen stramm kurmainzisch Gesinnten gehörten, die gegen den Rat revoltierten, nachdem sie namentlich vom Amtmann instruiert und dirigiert worden waren.[14] Was Engelmann den Mönchen zugewandt und was für einen Anteil er am Bruderschaftsleben hatte, ist nicht zu sagen; begraben wurde er jedenfalls nicht bei den Franziskanern, wohl auch nicht bei den Dominikanern in Mainz (obwohl er dort für einen Grabstein gesorgt hatte), sondern in der Stiftskirche St. Severi, wo er Kanoniker war.

Bei den Augustiner-Eremiten gab es drei Bruderschaften, die für die fromme Verehrung von Heiligen gedacht waren: die Bruderschaft des Bischofs und Ordensheiligen Augustinus, die Bruderschaft der hl. Katharina von Alexandrien, der Patronin von Gelehrten, und die Bruderschaft der hl. Anna, der Großmutter des Jesus von Nazareth. Jede Bruderschaft besaß ihren eignen Altar, vor dem die Mitbrüder sich versammelten und die Messen begingen. Der Annenaltar war einst als Ersatz für die baubehindernde Annenkapelle errichtet worden, später der Altar in der Katharinenkapelle – beide jedoch lange bevor die nach ihnen benannten Bruderschaften ins Leben gerufen wurden. Alle drei wurden im Jahre 1502 mit einem Ablass begnadet, der die Mitbrüder privilegierte, in Zeiten des Interdikts, wenn die sakramentalen Handlungen ausgesetzt waren, das Kloster zu besuchen und an den Festen des hl. Augustinus und der hl. Katharina und Anna den Gottesdiensten beizuwohnen; zudem wurden ihnen hundert Tage Sündenstrafe erlassen,

Abb. 47 Holzschnitt aus: Markus Jahn aus Weida, Spiegel hochlöblicher Bruderschaft des Rosenkranzes Mariens (Kat.-Nr. V.2)

wenn sie mit Büchern, Kelchen, Kerzen und anderweitig zur erhöhten Feierlichkeit des Gottesdienstes beitrugen.[15] Zu vermuten ist, dass jede der drei Bruderschaften ein besonderes Profil gehabt haben wird, doch wer ihnen tatsächlich angehörte, ist nicht von einer einzigen Person verlässlich zu sagen.

Bei den Dominikanern besaß die Jacobusbruderschaft ein besonderes Profil. Bruderschaften, die der Verehrung dieses Apostels dienten, waren auch in thüringischen Städten verbreitet, beispielsweise in Altenburg, in Neustadt an der Orla oder in Arnstadt, wo sie zumeist an der Jacobus dem Älteren geweihten Kirche ihren Sitz hatten. Dass die Erfurter Jacobusbruderschaft sich nicht am Schottenkloster, dessen Patron der Apostel war, vielmehr am Dominikanerkloster gegründet hatte, lag fraglos an der so kostbaren Reliquie, die den Mönchen vor langer Zeit geschenkt worden war: der rechte Oberarm, also ein Teil des Schwertarms, mit dem Jacobus auf der iberischen Halbinsel einst gegen die Mauren gekämpft haben soll. Der spanische König soll ihn dem schwedischen König zum Abschied gegeben und der soll ihn verwahrt und nach seinem Tode vererbt haben, bis ihn die letzte Erbin, die Gräfinwitwe Mechthild (die in die große, gut geschützte Stadt Erfurt gezogen war) den Mönchen übereignete; eines Tages habe sie den Kasten mit dem Arm in ihren eignen Händen weinend über die Straße bis in den Chor der Kirche getragen und Geld gestiftet für ein Reliquiar. In diesem wurde die Reliquie fortan am Tage des Apostels, am 25. Juli, dem frommen Volk gezeigt und ihm verkündet, welche Bewandtnis es mit dem Arm und mit der vornehmen Schenkerin hatte, die in der Kirche begraben worden war.[16] So blieb nicht aus, dass, als das Wallfahren nach Santiago de Compostela immer populärer wurde, unter Erfurter Pilgern der Wunsch nach einem Zusammenschluss wach wurde, deren Ort kein andrer sein konnte als der Altar des Jacobus bei den Dominikanern. Drei Pilger (Nikolaus Gehmayr, Heinrich Trumstorf und Hermann Schreiber) waren im Jahre 1457 die Aktivisten, die mit den Mönchen die zu begründende Bruderschaft besprachen, in der sie mit Frau und Kind aufgenommen werden wollten und mit ihnen alle andern Pilger; selbst künftige *sente Iacoffs bruder* sollten willkommen sein, sogar solche, die diese Pilgerreise nie unternehmen würden, aber die Reisebereiten mit Geld und andern Gaben zur Fahrt ermutigten. Viermal im Jahr wollten sie am Jacobusaltar zur gesungenen Vigilie und Seelenmesse zusammenkommen, nachdem dies am vorangegangenen Sonntag in der Kirche bekanntgegeben worden war; überdies sollte, wer sich auf der Fahrt befand, Gott und Jacobus in der Messe befohlen werden; von den erwachsenen Mitbrüdern erhielten die Mönche zu jedem Begängnis zehn alte Groschen (den Lohn eines ungelernten Arbeiters für vier Tage), von den Kindern 6 Pfennige (den Lohn für einen halben Arbeitstag). Schließlich war den Mitbrüdern eingeräumt worden, sich in der Kirche begraben zu lassen.[17] Wie andernorts hatte auch hier die Bruderschaft den Charakter eines Reisevereins, der in allen geistlichen und weltlichen Belangen, die die Pilgerschaft betrafen, beriet. Vielleicht brachten die Vorsteher im Sommer 1510 auch zuwege, dass einem Totschläger, der auf den Klosterhof der Dominikaner geflüchtet war, die Todesstrafe erlassen und ersetzt wurde durch die büßende Pilgerfahrt nach Santiago, zu der er sich verschworen hatte.[18]

Anders steht es um die Rosenkranzbruderschaft (Abb. 47). Sie dürfte ihren Namen wahrscheinlich gleich in den Jahren nach 1475 erhalten haben. Damals, heißt es in legendenhafter Überhöhung, als im Neusser Krieg, in den auch eine Erfurter Mannschaft gezogen war, erbittert gestritten wurde, seien ratsuchende Ratsherrn von den Dominikanern in Köln auf das Gebet zu Maria, der Muttergottes, verwiesen worden, sofort sei eine Gebetsgemeinschaft gewachsen, der jung und alt, reich und arm, Mann und Frau habe angehören können mit keiner weiteren Verpflichtung, als für sich, an einem beliebigen Ort, jede Woche wenigstens einmal hundertfünfzig Ave Maria und fünfzehn Paternoster zu beten. Da dies unter großem Zulauf geschah, lag es nahe, den Sieg im Mai 1475 der Kraft des Rosenkranzgebets zuzuschreiben. Kein geringerer als der Kaiser, gefolgt von vier Kurfürsten, sei Mitglied der Gebetsgemeinschaft geworden und habe gleich allen, die der neuen Bruderschaft beitraten, seinen Namen in das Buch eingeschrieben, das

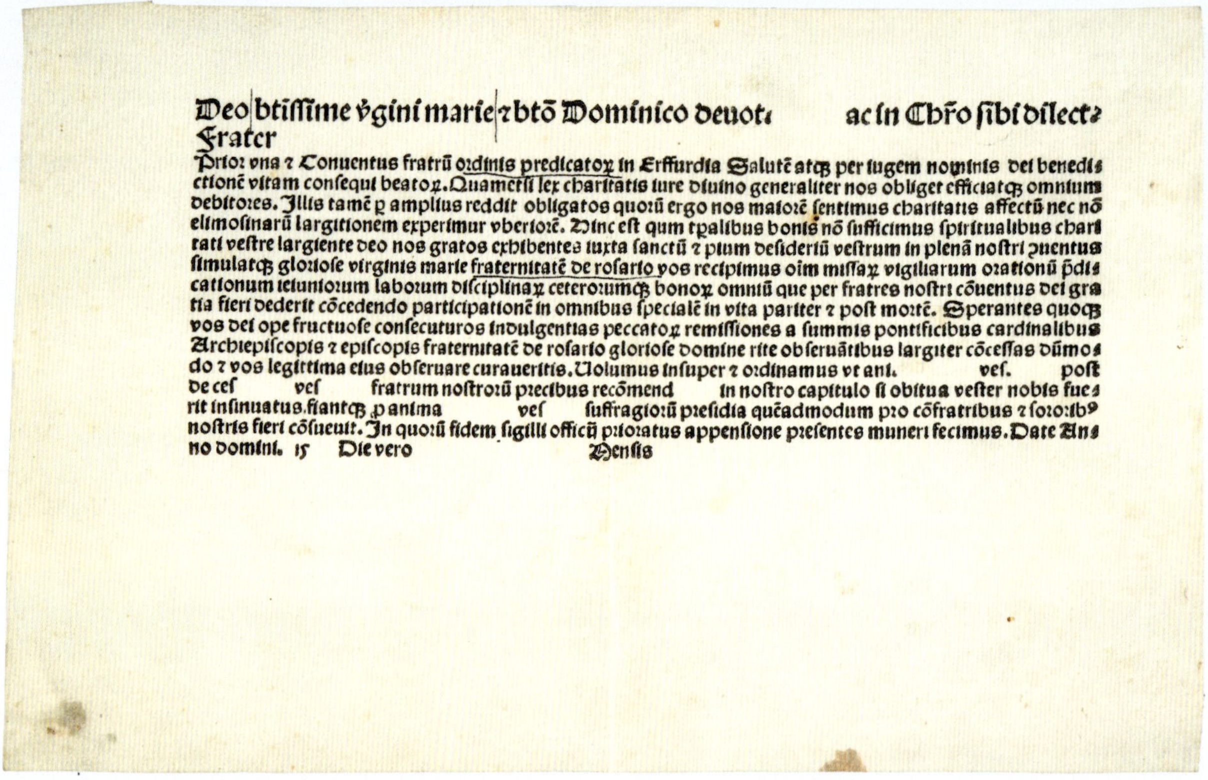

Deo btissime vgini marie ꝛ btō Dominico deuot ac in Chro sibi dilect
Frater

Prioꝛ vna ꝛ Conuentus fratrū oꝛdinis predicatoꝝ in Erffurdia Salutē atqꝫ per iugem noꝛinis dei benedi-
ctionē vitam consequi beatoꝝ. Quamectsi lex charitatis iure diuino generaliter nos obliget efficiatqꝫ omnium
debitoꝛes. Illis tamē ꝑ amplius reddit obligatos quoꝛū ergo nos maioꝛē sentimus charitatis affectū nec nō
elimosinarū largitionem experimur vberioꝛē. Hinc est qum tpalibus bonis nō sufficimus spiritualibus chari-
tati vestre largiente deo nos gratos exhibentes iuxta sanctū ꝛ pium desideriū vestrum in plenā nostri ꝯuentus
simulatqꝫ glorioſe virginis marie fraternitatē de rosario vos recipimus oim missaꝝ vigiliarum oꝛationū ꝑdi-
cationum ieiunioꝛum laboꝛum disciplinaꝝ ceteroꝛumqꝫ bonoꝝ omniū que per fratres nostri cōuentus dei gra-
tia fieri dederit cōcedendo participationē in omnibus specialē in vita pariter ꝛ post moꝛtē. Sperantes quoqꝫ
vos dei ope fructuose consecuturos indulgentias peccatoꝝ remissiones a summis pontificibus cardinalibus
Archiepiscopis ꝛ episcopis fraternitatē de rosario glorioſe domine rite obseruātibus largiter cōcessas dūmo-
do ꝛ vos legittima eius obseruare curaueritis. Volumus insuper ꝛ oꝛdinamus vt ani. ves. post
deces ves fratrum nostroꝛū precibus recōmend in nostro capitulo si obitus vester nobis fue-
rit insinuatus. fiantqꝫ ꝑ anima ves suffragioꝛū presidia quēadmodum pro cōfratribus ꝛ soroꝛibꝰ
nostris fieri cōsueuit. In quoꝛū fidem sigilli officiū pꝛioꝛatus appensione presentes muneri fecimus. Date An-
no domini. 15 Die vero Mensis

Abb. 48 Formular der Rosenkranzbruderschaft aus Erfurt (Kat.-Nr. V.3)

am Marienaltar der Dominikanerkirche auslag. Das Neue war das Standesübergreifende, das Satzungslose, das Kostenlose. Wer es wollte, konnte der Bruderschaft angehören, auch der Ärmste der Armen, sofern er das sichtbare (und sichtbar sein sollende) Zeichen der Zugehörigkeit besaß: den Rosenkranz. Sehr schnell verbreitete sich die Bruderschaft im ganzen Reich; Ablässe begünstigten sie, und der Buchdruck propagierte ihre Gründungsgeschichte.[19] In Altenburg dürfte Margarete, der Witwe Kurfürst Friedrichs II., von ihren Söhnen, die in Köln zugegen gewesen waren, über die neue Bruderschaft, die sie an ihrem Witwensitz einwurzeln lassen wollte, berichtet worden sein; in Erfurt dürften die Bürger durch die heimgekehrte Mannschaft, die Mönche durch die Ordensoberen erfahren haben. Der Wunsch, Mitglied dieser Bruderschaft zu werden, wird nicht zuletzt bei denen, die den Beitrag für eine Bruderschaft nicht bezahlen konnten, sehr lebhaft gewesen sei, und so mag auch aus Erfurt, wie aus andern Städten, manche Namenliste nach Köln geschickt worden sein.[20] Die Konjunktur, die der Rosenkranz hatte, mochte die Mönche im Erfurter Kloster bewogen haben, den Marienaltar als Ort des Rosenkranzgebets zu bestimmen und nach ihm ihre Bruderschaft zu benennen: die Rosenbruderschaft *(fraternitas de rosario)*. Sicher stand der Marienaltar im nördlichen Chorseitenschiff mit den auf Maria bezüglichen Schlusssteinen und sicher unweit der großen Grabplatte von Heinrich Reinboth, auf der dieser sich mit einem Rosenkranz in der Hand hatte darstellen lassen.[21] So wie Reinboth im Jahre 1518 hatte im Jahre 1488 seine Großmutter Jutta, die Witwe des Johannes von Allenblumen, der mehrfach Rektor der Universität und Bevollmächtigter des Herzogs von Sachsen und zuletzt des Erzbischofs von Mainz gewesen war, ihr Grab nahe dem Altar gewählt und dies mitsamt einem viermal im Jahr abzuhaltenden Begängnis erkauft für insgesamt vier Pfund ewig zu zahlendem Zins und einer sehr ansehnlichen Korallenschnur, die dem Marienbild auf dem Altar zur Zierde bestimmt war.[22] Allein der Zins entsprach ungefähr dem, was ein ungelernter Arbeiter in fünfzehn Wochen verdiente. Neben den Wohlhabendsten und Vornehmsten, die stets herausragten, gab es die unbekannten Mitbrüder, die dem Kloster nur kleine Gaben zuwandten. Deren Rosenkranz wird schmucklos aus Holz oder Horn gearbeitet worden sein, der einer Jutta von Allenblumen oder ihres Enkels aber aus dem Holz einer im Libanon gewachsenen Zeder oder aus Edelsteinen mit vielerlei Verzierungen. Ihnen allen indes, den bekannten und den unbekannten Mitbrüdern, dürfte, wie es üblich war, ein Schreiben ausgehändigt worden sein, das die Aufnahme in die Bruderschaft bestätigte und die Teilhabe an allen guten Werken versicherte. Ehedem waren derartige Briefe nach festem Formular auf Pergament geschrieben und beglaubigt worden mit dem Siegel des Konvents, zuweilen auch mit dem Siegel des Priors – siehe den Brief für Holzappel und seine Frau im Jahre 1450. Späterhin wurde das Ebenmaß des Druckes der weniger ebenmäßigen Handschrift vorgezogen, was mit dem Vorteil verbunden war, dass der Konvent eine größere Zahl von Briefformularen in Vorrat hatte; es brauchten dann lediglich der Name des neuen Mitbruders und das Datum eingetragen zu werden. Solche Bruderschaftsbriefe sind in den Jahren vor der Reformation in mehreren Druckorten, in Lübeck, Rostock, Leipzig und Bamberg, auch in Deventer und Zwolle gedruckt worden.[23]

Und wenigstens ein Brief in Erfurt. Es ist ein kleines Stück Pergament, das mit den gleichen Typen einer Textura gesetzt wurde, wie sie Wolfgang Schenck und nach dessen Tod im Jahre 1510 der Geselle Matthes Maler (der die Witwe heiratete) für die lateinischen Lehrbücher der Erfurter Professoren Bartholomäus Arnoldi von Usingen und Jodocus Trutfetter verwandten, die in den Jahren 1507 bis 1517 im Hause »Zum schwarzen Horn« unter die Presse kamen.[24] (Abb. 48) In diesem Zeitraum mag auch der Brief für die Dominikaner gedruckt worden sein: ein Schriftstück in lateinischer Sprache mit den gewöhnlichen Kürzungen, das nur von gelehrten Mitbrüdern gelesen und verstanden werden konnte. Den andern, den Lateinunkundigen, wird es aber nicht weniger wertvoll gewesen sein, ihnen mochte genügt haben zu wissen, dass das kleine Pergamentstück eine Art Versicherungsausweis war: eine Versicherung für das Heil der Seele, worauf alles ankam. Entsprechend gut wurde das kleine Stück Pergament gehütet. Eingangs wünschte der namentlich nicht genannte Bruder, der zugleich Prior des Konvents war, dem namentlich ebenfalls nicht genannten Adressaten, der Gott, der Jungfrau Maria und dem hl. Dominikus ergeben war, Gesundheit und das »Leben der Seligen« *(vitam beatorum)* zu erlangen, um dann vom Gebot der Nächstenliebe zu sprechen, das die Mönche durch göttliches Recht verpflichtete und zu Schuldnern aller machte; doch wenngleich dies so war, fühlten sie sich sehr viel mehr jenen gegenüber verpflichtet, deren Nächstenliebe sie als größer und deren Almosen sie als reichlicher erlebten; daher wollten sie, da an zeitlichen Gütern ohnehin nicht reich, geistliche Güter schenken und den nicht genannten Adressaten nach seinem heiligen und frommen Wunsch in die Bruderschaft des Konvents, die zugleich die Bruderschaft der glorreichen Jungfrau Maria des Rosenkranzes war, aufnehmen und ihn dadurch sowohl im Leben als nach dem Tode teilhaben lassen an allen Messen, Vigilien, Gebeten, Predigten, Fasten, Arbeiten, Züchtigungen und allem andern, was durch Gottes Gnade von den Mönchen geleistet wurde, und sie hofften, dass der Adressat mit Gottes Hilfe Vergebung der Sünden und mit den von Päpsten, Kardinälen, Erzbischöfen und Bischöfen so freigebig der Bruderschaft vom Rosenkranz gewährten Ablässen auch Sündennachlass erlangte; schließlich verfügten sie, dass, sobald der Tod des Adressaten ihnen angezeigt wurde, seine Seele den Gebeten, die die Mönche im Kapitelsaal sprachen, anempfohlen und ebenso begleitet werden sollte, wie es für die Mitbrüder und Schwestern geschah. Und zur Beglaubigung all dessen befestigten die anwesenden Mönche das Siegel des Priorats an dem Brief. Die Lücken in den Zeilen zeigen, wo das Briefformular handschriftlich ergänzt werden musste: gleich in der ersten Zeile nach der nachzutragenden Endung von *devot* der Name des Adressaten und in der zweiten Zeile nach *frater* der Name des Priors; auch weiter unten, wo der Adressat angeredet wurde, war Platz gelassen worden für die zutreffenden Endungen: *an*ima *ves*tra *post deces*sum *ves*trum (eure Seele nach euerm Hinscheiden); da hier auch in der Mehrzahl *ani*mae *ves*trae ergänzt werden konnte, ließ sich das Briefformular für mehrere Personen verwenden, beispielsweise für einen Mann und seine Frau; in der letzten Zeile waren die Lücken mit dem Datum zu füllen. Dass bei der Jahresangabe auch die Zehnerzahl nicht gedruckt worden war, könnte auf die Höhe der Auflage weisen: offensichtlich sollten die Briefformulare lange vorrätig sein.

Es war Brauch, dass dem Rat alljährlich, nachdem er neu gewählt worden war, die erste Messe bei den Dominikanern gesungen wurde. Bei ihnen auch zur Bruderschaft zusammenzutreten erwogen die Ratsherrn allerdings nicht. Statt ihrer taten es aber die von ihnen in Dienst und Pflicht genommenen Stadtsoldaten. Sie hatten bereits ein ganzes Gewölbe mit dem Altar der zehntausend Ritter und Märtyrer gestiftet, als ihr Hauptmann und die ihm unterstellten Gewappneten und Schützen sich mit den Mönchen über die *ewige geystliche bruderschafft* im einzelnen verständigten. Die Urkunden, die darüber im Jahre 1417 in zwei Exemplaren ausgestellt wurden, sind verloren, doch wurde späterhin eine sehr schmuckvolle Abschrift auf Pergament begonnen, allerdings nicht beendet. Das Wesentliche ist ihr indes zu entnehmen: So zogen der Hauptmann und die Soldaten, sobald sie dem Rat gehuldigt hatten, ins Kloster und hörten dort die Messe (ob gesungen oder gelesen, war den Mönchen freigestellt) und feierten am selben Abend die Vigilie und anderntags die Seelenmesse an dem von ihnen gestifteten Altar, den der Küster zu diesem Zweck angemessen zu schmücken hatte. Teilnahme war Pflicht, der Hauptmann hatte sie mit all seiner Machtbefugnis durchzusetzen; wer dennoch fehlte, musste ein Viertel Pfund Wachs, ungefähr 115 g, zur Buße geben. Ansonst versammelten sich die Mitbrüder, wenn einer von ihnen gestorben war und im Kloster begraben werden wollte und wenn der Verstorbenen, auch der auswärts im Krieg umgekommenen, mit Vigilie und Seelenmesse zu gedenken war. Zu diesen Begängnissen sollte der Altar mit einem silbernen Tuch und mit vier guten Lichtern versehen werden. Offenbar gehörte der Bruderschaft an, wer als Stadtsoldat in Dienst genommen worden war; zum Eintritt hatte er 1 Stübchen vorzüglichen elsässischen Wein zu geben oder, wenn der nicht zu bekommen war, die entsprechende Geldsumme. Die Vormunde, zwei *wepener* und zwei *schutzen,* nahmen dieses Geld und was sonst einkam (beispielsweise *tranckgeld* vom Rat) und legten es zu den Urkunden in eine mit zwei Schlössern ausgestattete Kiste, die in der Sakristei stand und nur von einem Gewappneten und einem Schützen, die jeweils einen Schlüssel besaßen, geöffnet werden konnte. Da den Vormunden die finanziellen Verhältnisse vertraut waren, durften sie entscheiden, ob das Trankgeld verzehrt werden konnte oder aufzuheben war für Messen und deren Ausgestaltung.[25] Aufs Ganze gesehen verknüpften die Festlegungen einen Vertrag, den die Stadtsoldaten und die Mönche geschlossen, mit einer Ordnung, die die Stadtsoldaten sich als Bruderschaft gegeben hatten.

Ähnlicherweise werden die Handwerke ihre Bruderschaft geordnet haben: auch bei ihnen zwei Vormunde, die Geldkiste, die Finanzverwaltung, die jährliche Rechenschaft. Es wird wohl kein Handwerk gegeben haben, das nicht auch eine Bruderschaft bildete. Ihr beizutreten

Abb. 49 Gewölbeschlussstein der Schuhmacher aus der Barfüßerkirche Erfurt (Kat.-Nr. IV.13)

verstand sich von selbst für jeden, der in das Handwerk aufgenommen werden wollte. Er hatte nicht nur dem Rat und dem Handwerk je einen Gulden, dazu dem Handwerk einen Eimer Bier zu geben, sondern auch ein Pfund Wachs in die Bruderschaft *(Jn die Bruderschafft)* zu liefern, dazu ein Stübchen Wein als *leikauf:* als Bekräftigung der Aufnahme in das Handwerk und in dessen frommen Verein. Das war eine alte Bestimmung in der alten Ordnung der Riemer, Sattler und Maler, deren uneingeschränkte Gültigkeit im Jahre 1512 erneut besiegelt wurde.[26] Wie sie, die Riemer, Sattler und Maler, hatten auch die andern Handwerke ihre Bruderschaft bei einem der Erfurter Bettelorden. Und nur hier. Beurkundet sind bei den Augustiner-Eremiten die Bruderschaft der Weißgerber und bei den Franziskanern die Bruderschaft der Schuhmacher, bei den Serviten die Bruderschaften der Bader und der Ziegel- und Kalkbrenner sowie Dachdecker (die eine Zunft bildeten) und bei den Dominikanern die Bruderschaften der Schneidergesellen, der Schmiede, der Zimmerer, der Heringer, der Bäcker, der Schneider, der Gürtler, Täschner und Beutler (die ebenfalls eine Zunft bildeten), der Seiler, der Hutmacher, der Riemer, Sattler und Maler und der Müller. Urkunden bezeugen, dass einige Zünfte die Baulast eines Gewölbes trugen, ihre Wappen auf den Schlusssteinen dieser Gewölbe sind heute noch sichtbare bildliche Belege; da auch die Wappen von andern Zünften auf Schlusssteinen angebracht sind, kann als gewiss gelten, dass auch sie in bruderschaftlicher Beziehung zu den Bettelorden standen: die Färber und die Steinmetzen bei den Franziskanern, die Fleischer, Leinweber,

Goldschmiede und Böttcher bei den Dominikanern.[27] Die erste, soweit bekannt, war die im Jahre 1392 begründete Bruderschaft der Schneidergesellen, die letzte, wie es scheint, war die der Müller im Jahre 1518. Ziemlich spät, erst im Jahre 1476, traten die Ziegel- und Kalkbrenner sowie Dachdecker in die Bruderschaft der Serviten, während die meisten Zünfte früher, in der ersten Hälfte des 15. Jahrhunderts, ihre Bruderschaft ins Leben gerufen hatten.

In der Zusammenschau zeigt sich, dass es stets Wunsch und Wille der Zunftgenossen war, Mitbruder der Mönche zu werden und ihnen dies nach reiflicher Überlegung, mit gutem Rat und wohlbedachtem Mute, wie es von den Zimmerern gesagt wurde, kundzutun; stets war es die Sorge um das Seelenheil, von der sie getrieben wurden, die Furcht vor den Banden des Fegefeuers und die Hoffnung auf die Freude der ewigen Seligkeit, was sie zu all den bruderschaftsbegründenden Almosen bewogen hatte, seien es, wie bei den Schneidergesellen, ein besonderer Altar oder, wie bei den Hutmachern, ein neues Gewölbe oder, wie es gewöhnlich ganz allgemein hieß, die mannigfaltigen Guttaten, die immer wieder in großer Zahl erbracht worden waren und, nicht zu verschweigen, auch künftig den Mönchen geleistet werden sollten; die hinwiederum versprachen in formelhafter Wiederkehr, die *medebruder* teilhaftig werden zu lassen aller guten Werke an Messen und Vigilien, Fasten, Predigen, Beten sowie Kasteiungen, die sie aus Gottes Gnade im Kloster vollbrachten: zuallererst die viermal im Jahr zu den Weihfasten begangene Vigilie mit der anderntags nachfolgenden Seelenmesse, die gelesen oder gesungen wurden, sodann das Begängnis für die Verstorbenen, zu dem alle *medebruder* (also auch Geselle, Frau, Kind, Knecht und Magd) sich versammelten, und schließlich das Begräbnis im Kloster nach der Gewohnheit des Ordens für alle, die darum nachsuchten, für die andern aber, die nicht im Kloster begraben werden wollten, das Gebet ein ganzes Jahr lang jeden Sonntag in der Predigt. Soweit die Prinzipalpunkte, die üblicherweise in einen offenen Brief gefasst wurden, auf Pergament, gesiegelt vom Konvent und vom Prior.

Im einzelnen zeigt sich, dass es stets der *offen brieff* für eine bestimmte Bruderschaft war, für die die verschiedenen Festlegungen hatten verhandelt werden müssen. Ihnen ist einiges zu entnehmen über Ansehen und Anklang einer Zunft, deren Vermögen, Frömmigkeit oder Zusammenhalt. Manche Zünfte hatten Wert darauf gelegt, dass der *offen brieff* alle ihre Wohltaten nannte, während andre sich begnügten, dass es nur einige waren oder dass ganz allgemein von *almusen* die Rede war, mit denen sie sich dem Kloster *gunstlich* erzeigt hatten. Und diese Almosen unterschieden sich sehr: das als mildes und redliches Almosen von den Schneidern gestiftete Gewölbe bei den Dominikanern war etwas andres als der kostbare Kelch und die Kasel mit silbernen Schilden, die die Bader gemeinsam mit den Barbieren den Serviten verehrten; die Schneider waren mit einem durchschnittlichen Vermögen von 1270 Gulden die reichste Zunft, die Bader und Barbiere dagegen mit 45 Gulden eine der sehr armen; wie arm die Bader tatsächlich waren, offenbarte sich nach der Trennung von den Barbieren, als das durchschnittliche Vermögen weniger als 2 Gulden betrug, mancher Bader sogar Besitzlosigkeit bekannte.[28] Unter diesen Umständen mussten die Vormunde der Bader mit den Serviten vereinbaren, dass die täglich zu haltende *ewige messe,* die sie seinerzeit gemeinsam mit den Barbieren gestiftet hatten, ersetzt wurde durch eine gesungene Messe an drei Festtagen des Jahrs und dass die Teilnahme an den Vigilien und Seelenmessen sowie an den Begängnissen für die Verstorbenen unentgeltlich, also *ane forderunge eyngerley geldts ader guts,* erfolgte, da eben nicht alle vermögend waren, was heißen sollte, dass die ärmsten Bader mit Frau und Kind aus einem Gottesdienst mit Geldopfer sich hätten ausschließen müssen und damit auch aus dem bruderschaftlichen Leben; daher bekamen die Mönche statt der persönlichen Beiträge an drei Festtagen Suppe mit gutem Fleisch oder Fisch und zu Fastnacht eine Tonne Hering und am ersten Dienstag in der Fastenzeit eine Mahlzeit – eine Festlegung mit Rücksicht auf den Zusammenhalt in der Zunft. So deutlich wie bei den Badern zeigt sich das in andern Zünften nicht, obschon auch in ihnen das Gefälle groß geworden war, beispielsweise bei den fast 200 Gulden durchschnittliches Vermögen deklarierenden Ziegelbrennern und bei den mit ihnen vereinigten Kalkbrennern, die im Durchschnitt 20 Gulden besaßen oder, noch krasser, bei den zur Schmiedezunft gehörenden Glockengießern und Sporern, bei denen das durchschnittliche Vermögen mit 530 Gulden zu 14 Gulden stand.[29] Gewiss waren Sporer und Glockengießer *medebruder,* aber das Grab des toten Sporers auf dem Kirchhof und das des toten Glockengießers in der Kirche bezeichneten den Unterschied; die Zusicherung der Mönche, die toten *medebruder* dort zu bestatten, wo sie ihr Grab wählten, hatte ihren Preis, den nur die wirklich wohlhabenden entrichten konnten. Es werden auch nicht alle Hutmacher oder Heringer, denen die Grablege ihrer Wahl im Kirchenschiff, im Kreuzgang oder gar in dem von ihnen gestifteten Gewölbe zugesagt worden war, solch einen prominenten Platz erhalten haben; denn die wachsende Differenz zwischen dem reichsten und dem ärmsten Meister war in allen Zünften nicht zu übersehen.[30] Dazu die Differenz zwischen den Meistern und den Gesellen. Deren Zahl nahm zu, indes die Aussicht sank, Meister zu werden. Manche Spannung in der Zunft mochte (und sollte) die bruderschaftliche Gemeinschaft in Gebet und Geselligkeit lindern, beispielsweise durch die Verbindung der viermal im Jahr tagenden Gerichte der Zunft mit den sich anschließenden Vigilien, für die sich die Dominikaner gegenüber den Riemern, Sattlern und Malern verbindlich machten.[31] In der Zunft hatten andre Vormunde das Sagen als in der Bruderschaft; doch konnten die Spannungen so stark sein, dass die bruderschaftliche Gemeinschaft bloß als eine geheuchelte erlebt und der Wille wach wurde, eine eigne Bruderschaft der Gesellen zu bilden. So bei den Schuhmachergesellen im Jahre 1497. Die meinten, dass sie zwar in der Zunft, nicht aber in der Bruderschaft den Meistern unterworfen seien, während die wiederum auf der unbeschränkten Gerichtsbefugnis *(der heilgen und stabe uber ire knecht)* beharrten, was ihnen sowohl der Erzbischof als der Rat verwiesen.[32]

Die vom Rat bezogene Position entsprach der von Anfang an gegenüber den Bruderschaften betriebenen Politik. Wahrscheinlich wurden sie alle nur mit seiner Zustimmung *(mit wißen eines rahts)* gegründet, wenngleich dies sehr selten, beispielsweise bei den Zimmerern im Jahre 1421, vermerkt wurde. Gerade auch die letzte, erst im Jahre 1518 entstandene Bruderschaft der Müller beruhte auf der Erlaubnis des sitzenden Rates, an dessen Spitze Andreas Utzberg stand. In den eben erst befriedeten »Tollen Jahren« der Bürgerkämpfe hatte er nicht wenig unter Verfolgung, Verhör und Folter durch jene *böse buben* zu leiden gehabt, die Zunftbruderschaften bei den Dominikanern und Franziskanern angehörten, zudem im Kloster konspiriert hatten.[33] Das politische Potential, das Bruderschaften bergen konnten, hatte sie in Verdacht gebracht.

Ohnehin hatte sich ihre große Zeit geneigt. Lange war ihnen wichtig gewesen, neben den mehrmals im Jahr abzuhaltenden Messen auch mit einer täglichen, am eignen Altar zu lesenden oder zu singenden Messe ihrem Seelenheil zu dienen, wie das die Schneiderknechte oder die Bäcker getan hatten. Nicht erst den Müllern, sollten sie so etwas Kostspieliges gewollt haben, wäre es versagt worden, schon viel früher, nachdem im Jahre 1451 auch die Dominikaner, Franziskaner und Serviten der Reform sich unterworfen hatten und das Klosterleben zu erneuern begannen, konnten sie solche Messverpflichtungen nicht nur nicht mehr übernehmen, sie mussten vielmehr versuchen, die Vielzahl der vormals eingegangenen zeitfressenden Verpflichtungen zu verringern. Den Augustiner-Eremiten wurde zugestanden, Verpflichtungen, deren Urkunden sich nicht mehr fanden, fallenzulassen und andre Verpflichtungen so zu verändern, dass gesungene Messen gelesen und mehrere Messen in eine gefasst werden konnten.[34] Es ist sehr fraglich, ob dies auch das reiche Seelgerät Kammermeisters betraf, aber die Weißgerber dürfte es betroffen haben, für die das Totengedenken im Begängnis anscheinend zu einem allgemeinen Gebet schrumpfte für alle, die gestorben waren. Wahrscheinlich bemühten sich um derartige kirchenrechtliche Regelungen auch die andern Konvente, sofern sie nicht mit den Bruderschaften, die eine ewige tägliche Messe gestiftet hatten, zu einer neuen Vereinbarung gelangen konnten. Den Serviten wird sicher zupass gekommen sein, dass die Bader die tägliche Messe aus Kostengründen ersetzten durch eine gesungene an drei Festtagen, wenngleich sich ihre Einkünfte minderten; merkwürdigerweise meinten beide, die Mönche und ihre *medebruder,* solcherart die Gottesdienste zu bereichern. Und dies im selben Jahr 1518, in dem die Müller ihr betont bescheidenes bruderschaftliches Leben bei den Dominikanern begründeten: nur Vigilie und Seelenmesse und das Grab im Kloster – ausdrücklich auch für auswärtige Müller. Es scheint, den Müllern sei wenig daran gelegen gewesen, die Gottesdienste zu bereichern, sehr viel aber an einer berufsständischen Bindung, für die es indes kein geeigneteres Gewand gab als die Bruderschaft.

Vermutlich verschwand sie, ehe sie wirklich ins Leben getreten war. Und mit ihr die andern Bruderschaften. Und ganz geräuschlos. Nicht zufällig hat sich kein Bruderschaftsbuch, keine Rechnung, kein Protokoll erhalten, denen zu entnehmen wäre, wie der Verfall vor sich ging: zu viel ist vorsätzlich vernichtet worden. Der Verfall, der innerhalb weniger Jahre sich vollzog, kann daher nicht hinreichend beschrieben geschweige erklärt werden. Wurden Bruderschaften ehedem allseits geschätzt und geachtet, ja auch in Testamenten bedacht, wie sie umgekehrt als verlässliche Sachwalter des Letzten Willens namhafter Bürger galten,[35] so verfiel alle Achtung und (noch bedenklicher) die Selbstachtung: Handwerker, namentlich Seiler und Schneider, die unlängst zu den Vigilien und Seelenmessen gegangen, waren mit einem Mal *Martinianer* und die Aktivisten der antiklerikalen Aktionen.[36] Sie und ihre Mitbrüder, insbesondere die längst verstorbenen, deren in den Begängnissen mit namentlicher Nennung immer gedacht worden war, hatten geglaubt, mit all den Almosen und den schwer zu tragenden Baulasten den sichersten Weg zu ihrem Seelenheil zu gehen, immerhin taten sie, soviel sie vermochten. Dieses *facere quod in se est,* wie die Theologen sagten, garantierte zwar nicht die Gnade Gottes, machte sie aber sehr gewiss.[37] Ganz getrost hatten die Mitbrüder generationenlang in dieser Glaubensgewissheit gelebt. Jetzt zerbrach sie. An die Stelle der scholastischen Formel des *facere quod in se est,* trat die evangelische der *sola fide:* allein der Glaube an Christus und dessen Opfertod gab die Gnade Gottes. Von den Bruderschaften in der Stadt war sehr schnell nichts mehr zu hören. In den Jahren 1520 und 1521 hatten sich noch 35 und 27 Personen in die Bruderschaft der Stiftskirche St. Mariae eintragen lassen, im Jahre 1522 drei, dann wurde das Verzeichnis nicht weitergeführt, weil niemand der Bruderschaft sich zugesellte.[38] Im Unterschied zur Verehrung der Heiligen oder der Ehe von Geistlichen musste um die Bruderschaften nicht gestritten werden, da die Mitbrüder selbst es waren, die sich nicht für sie einsetzten. Immer weniger kamen zum Begängnis, dann kam keiner, und die Mönche, deren Zahl sank, waren eines weiteren guten Werkes ledig. Was in andrer Form fortlebte, war lediglich das Finanzielle, das sich aus den Geschäften der Bruderschaften ergab, waren doch Kredite gewährt oder Grundstücke erworben worden. Fortan zog alles die Zunft in ihre Verwaltung und schlug es zu ihrem Vermögen. So wird es mit den meisten Bruderschaften in den Klöstern der Bettelorden gehandhabt worden sein, wenigstens eine scheint aber noch länger bestanden zu haben: die Annenbruderschaft im nahezu verwaisten Kloster der Augustiner-Eremiten. Auch sie eine mit Vermögen, das sie, unterstützt vom Rat, durch die Zeitwirren zu bringen suchte.[39]

Anmerkungen

1 StadtA Erfurt, 1 – 0/A VIII 3 a, Bl. 5 v, 6 r, 33 r, 35 v. Bertram, Kaland, S. 67 f. Ranstedt ist eine Wüstung südlich von Sömmerda. ▪ **2** BA Erfurt, Stift St. Marien, Urk. I/980 vom 12. Jan. 1436. Bertram, Kaland, S. 51 – 72, besonders S. 59. ▪ **3** StadtA Erfurt, 0 – 0/B XXIII-10 von 1450. BA Erfurt, Stift St. Marien, Urk, Allerheiligen 7 vom 14. Juni 1451. Fronleichnambruderschaften bestanden neben der Allerheiligenkirche in der Aegidien-, Andreas-, Michaelis-, Moritz- und Vitikirche: StadtA Erfurt, 0 – 0/B XVI-9 vom 1. Aug. 1484; LASA Magdeburg, U 15 XI 34 von 1502; StadtA Erfurt, 0 – 1/VII-135 vom 31. März 1519; ebd., 0 – 1/VII-144 vom 3. Nov. 1524; ebd., 1 – 1/XXI-10 Bd. 3, Bl. 264 v vom 22. Mai 1515. Eine Annenbruderschaft existierte in der Georgskirche: ebd., 5/100-31, S. 935: Zacharias Hogel, Antiquitatum Erfurtensium oder Der Chronicken von der Stadt Erffurth vier Bücher. Die Bruderschaft in der Kaufmannskirche dürfte auch der Verehrung des Fronleichnams bestimmt gewesen sein. Zu den Bruderschaften an den Stiftskirchen St. Marien (gegründet 1365) und Zum heiligen Brunnen vgl. BA Erfurt, Hs hist 7; Klapper, Heiliger Brunnen, S. 57 – 60. ▪ **4** Frank, Peterskloster, S. 295 f. Nr. 31 und 30. ▪ **5** Ebd., S. 289 f. Nr. 2. ▪ **6** StadtA Erfurt, 0 – 0/B V-15a vom 23. Jan. 1446. ▪ **7** Cammermeister, Chronik, S. 220. Zu Hartung Kammermeister, gestorben 1467, vgl. VL 24, Sp. 981 – 983. ▪ **8** UBESK 3, Nr. 175 vom 9. Sept. 1434. Siehe auch den Eintrag im Totenbuch zum 20. Juni; StadtA Erfurt, 5/940-5, S. 19 und 47. ▪ **9** UBESK 3, Nr. 190 vom 19. Nov. 1444. Zum Geld und dessen Realwert Wildenhayn, Zölle, S. 99. ▪ **10** UBESK 3, Nr. 197 vom 5. Sept. 1446 und ebd., Nr. 210 vom 7. Nov. 1450. Nach einer großen Zuwendung *(eyn gulden stougke)* für liturgische Zwecke nahmen die mit den Augustiner-Eremiten in Beziehung stehenden Weißfrauen den Gefrunden Gottschalk Legat und seine Frau Else in ihre Bruderschaft auf. BA Erfurt, Weißfrauen, Urk. 7 vom 25. Sept. 1421. Freundlicher Hinweis von Dipl. Hist. Andrea Wittkampf (Erfurt). ▪ **11** Stolle, Memoriale, S. 399 und 446. ▪ **12** Cammermeister , Chronik, S. 92. Zur Klosterreform Kunzelmann, Augustiner-Eremiten 5, S. 403 – 405. ▪ **13** LASA Magdeburg, U 15 VII Nr. 5 vom 8. März 1506. ▪ **14** Stolle, Memoriale, S. 469; Neubauer, Tolles Jahr, S. 22. Zu Nikolaus Engelmann, gestorben 1534, auch Brodkorb, Engelmann, ohne Erwähnung der Bruderschaft. ▪ **15** UBESK 3, Nr. 351 vom 27. Nov. 1502 mit der erstmaligen Nennung der Bruderschaften *sancti Augustini, beatae Katherine, sancte Anne*. Zum Annenaltar und zur Katharinenkapelle mit Altar Kunstdenkmale 2,1, S. 75 f. ▪ **16** AEPG Erfurt, Hs BP 2, Bl. 14 v – 15 v, 35r – v. Zacke, Todten-Buch, S. 49 – 51 sowie die kritischen Erwägungen von Stievermann, Erfurt, S. 108 – 110. Zu den Jacobusbruderschaften in Thüringen Meister, Religiöses Engagement, S. 106 – 120; Hannappel, B.M.V. Erfurt, S. 354 Anm. 220; Einicke, Reformationsgeschichte 1, S. 126. ▪ **17** AEPG Erfurt, Hs BP 2, Bl. 35r – v vom 23. Nov. 1457. Zur Stiftung und zur Lage des Jacobusaltars Nitz, Stifterbuch, S. 76 – 78. ▪ **18** Tromm, Wellendorf, S. 175. ▪ **19** Gelenius, Begründung. Küffner, Rosenkranzbruderschaft. Zum Erfurter Truppenkontingent vgl. Stolle, Memoriale, S. 321, 341, 353 sowie den ausführlichen Bericht über den Neusser Krieg ebd., S. 308 – 353. ▪ **20** Zur Altenburger Rosenkranzbruderschaft Meister, Religiöses Engagement, S. 59. Zu Namenslisten Küffner, Rosenkranzbruderschaft, S. 115 f. ▪ **21** Overmann, Predigerkirche, S. 21 f. mit Abbildung und Hinweis auf verwandtschaftliches Verhältnis. Da der Stein im 18. Jahrhundert zweitverwendet wurde, dürfte er nicht am ursprünglichen Ort, aufgrund seiner Größe aber sicher nicht weit von ihm entfernt liegen. Freundlicher Hinweis von Dr. Thomas Nitz (Erfurt). Zu den Schlusssteinen Wieg, Schlußsteine, S. 9 f. Namhafte Mitglieder der Rosenkranzbruderschaft konnten sich allerdings auch in andern Kirchen begraben lassen, wie der 1511 verstorbene Georg Utzberg in der Hospitalkirche; auf einem restaurierten, im AngerM Erfurt befindlichen Grabstein links unten barhäuptig in anbetender Haltung mit Rosenkranz und Hut in den Händen, davor Familienwappen. ▪ **22** Grab *vor dem altar vnnser liebenn deß rosenncrantz;* AEPG Erfurt, Hs BP 2, Bl. 54 v. Zu dem 1466 verstorbenen Doktor des Dekretalenrechts Johannes von Allenblumen Kleineidam, Universitas 1, S. 331 f. Zum Geld und dessen Realwert Wildenhayn, Zölle, S. 99. ▪ **23** VE 15, B 93 – B 98, K 37 – K 38, M 160/10 – 40, B 57, G 66 und G 64. ▪ **24** Bisher nur in einem Exemplar bekannter, im VE 15 nicht verzeichneter Bruderschaftsbrief. BEM Erfurt, A IX a 14-1. Zu Wolfgang Schenk, verstorben 1510, und Matthes Maler, verstorben 1536, Reske, Buchdrucker, S. 215 und 218, zu den Drucken für die Jahre 1507, 1512, 1513, 1515, 1516, 1517 siehe VD 16, A 3700, T 2123, A 3732, T 640, A 3734, T 2128. ▪ **25** AEPG Erfurt, Hs BP 2, Bl. 11r–12v, 63v. Zacke, Todten-Buch, S. 54 f. Ein Stübchen entspricht ca. 3 ½ Liter; Jauernig, Maße, S. 16. Zur Messe für den neugewählten Rat vgl. die Angaben in der ältesten Mater; StadtA Erfurt, 1 – 1/XXII 2 Bd. 1, Bl. 104 r. ▪ **26** StadtA Erfurt, 1-1/VIII Aa 110, Bl. 15 r vom 15. Dez. 1512. 1 Eimer Bier ca. 74 Liter; Jauernig, Maße, S. 16. *leikauf*: Trunk beim Abschluss eines Kaufes oder Vertrags; DWB 6, Sp. 693 f. ▪ **27** Augustiner-Eremiten: Weißgerber, Mitgliederliste (undatiert); LASA Magdeburg, Cop. 1483 b, Bl. 18r – 22r. – Franziskaner: Schuhmacher, genannt 1515; LASA Wernigerode, A 37 b I II VI 15, Bl. 1 v – 2 r. – Serviten: Bader, erneuert 1518, Bruderschaftsbrief und Revers; LASA Magdeburg, U 15 IX 34 a und b. Ziegel- und Kalkbrenner sowie Dachdecker, gegründet 1476, Bruderschaftsbrief; StadtA Erfurt, 5/200-3 Bd. 13. – Dominikaner: Schneidergesellen, gegründet 1392, Bruderschaftsbrief; AEPG Erfurt, Hs BP 2, Bl. 28 r – 29 v mit Wappenminiatur. Schmiede, gegründet 14[10], Bruderschaftsbrief; ebd., Bl. 38 r – 39 v mit Wappenminiatur. Zimmerer, gegründet 1421, Bruderschaftsbrief: StadtA Erfurt, 5/101-6, Bl. 275 r – v. Heringer, gegründet 1424, Bruderschaftsbrief; AEPG Erfurt, Hs BP 2, Bl. 36 r – 37 r mit Wappenminiatur. Bäcker, gegründet 1425, Bruderschaftsbrief; StadtA Erfurt, 1 – 1/VIII Aa 225, Bl. 7 v – 8 v. Schneider, gegründet 1438, Bruderschaftsbrief; AEPG Erfurt, Hs BP 2, Bl. 30 r – 31 r mit Wappenminiatur. Gürtler, Täschner und Beutler, gegründet 1444, erneuert 1482, Bruderschaftsbrief; StadtA Erfurt, 0 – 1/V 163; AEPG Erfurt, Hs BP 2, Bl. 60 v, Wappenminiatur ohne Text. Seiler, gegründet 1446, Bruderschaftsbrief; ebd., Bl. 33 r – v mit freiem Raum für Wappenminiatur. Hutmacher, 1469, erneuerter Bruderschaftsbrief nach Brandverlust; StadtA Erfurt, 0 – 1/V 183. Riemer, Sattler und Maler, präzisierte Bestimmung 1491, erneuert 1514, Bruderschaftsbrief; LASA Magdeburg, U 15 VI 5 und 9; AEPG Erfurt, Hs BP 2, Bl. 62 v, Wappenminiatur ohne Text. Müller, gegründet 1518, Bruderschaftsbrief; ebd., Bl. 61 r mit freiem Raum für Wappenminiatur. Zu den Schlusssteinen mit den Wappen der Färber und Steinmetze Kunstdenkmale 2,1, S. 168, 178 mit Abb. 4, 1 und 9. Wieg, Schlußsteine, besonders S. 10 – 12. ▪ **28** Zu den Vermögensverhältnissen für das Jahr 1511 Neubauer, Verhältnisse, S. 70 f. Hans Luder und Peter Fischer, Vormunde der Bader, ohne Vermögenssteuer. StadtA Erfurt, 1 – 1/XXIIIa Bd. 3, S. 321; ebd., 1 – 1/XXIIIa Bd. 2, S. 154. Zur Trennung der Barbiere und Bader in eigne Zünfte nach 1499 Gutsche, Bader, S. 53 – 56 sowie 52 (Befreiung vom Meisteressen für sehr arme Bader). ▪ **29** Neubauer, Verhältnisse, S. 70 (Durchschnittsvermögen der Schmiede 136 Gulden), 71 (Durchschnittsvermögen der Ziegel- und Kalkbrenner sowie Dachdecker 93 Gulden). Eine Tonne Hering sind ca. 1000 Stück, ca. 84 kg; Witthöft, Umrisse 1, S. 383 – 385. Der Preis betrug vier bis acht Gulden; Straube, Leipziger Messen, S. 196. ▪ **30** Neubauer, Wirtschaftsleben, S. 541. ▪ **31** LASA Magdeburg, U 15 A VI Nr. 5 vom 21. Dez. 1491. ▪ **32** LASA Wernigerode, A 37b I II VI 15, Bl. 1 v – 2 r. Zur Überfüllung der Zünfte Neubauer, Wirtschaftsleben, S. 541 f. ▪ 33 Tromm, Wellendorf, S. 177. Zu den Aktivitäten der sogenannten Schwarzen Rotte und zur teilweisen Einbeziehung der Dominikaner auch ebd., S. 160, 163, 174 f. Neubauer, Tolles Jahr, S. 22 (Mitgliederliste). Zu Andreas Utzberg, gestorben vor dem 23. März 1530, Weiß, Bürger, S. 315. ▪ **34** UBESK 3, Nr. 304 vom 13. Aug. 1484. ▪ 35 Beispielhaft: sechs Schock für die Fronleichnambruderschaft der Vitikirche (1515); StadtA Erfurt, 1 – 1/XXI-10 Bd. 3, Bl. 264v. Gürtler, Täschner und Beutler als Testamentsvollstrecker des Apothekers Martin Prussel (1484): ebd., 1 – 1/VIIIAa 114, Bl. 1 v – 4 r sowie Bl. 5 r – v ergänzende Bestimmungen (undatiert, 1490). ▪ **36** Tromm, Wellendorf, S. 250, 253. ▪ **37** Zum *Facientibus quod in se est deus non denegat gratiam* Hamm, Frömmigkeitstheologie, besonders S. 239, 252 f. ▪ **38** BA Erfurt, Hs Hist 7, Bl. 56 r – 57 v. ▪ **39** LATh HStA Weimar, Reg G 336, Bl. 1 r – 5 r von 1539. Die Möglichkeit, dass die einen Erbfall betreffende Auseinandersetzung sich auf die Annenbruderschaft der Georgskirche bezieht, wird auszuschließen sein. Nachrichten über den Kaland betreffen ebenfalls allein die Wirtschaftsverhältnisse; Bertram, Kaland, S. 66 f.

KATALOG

IV.1 ▸ Abb. 4

Imposante Heiligendarstellung geprägt vom Gedankengut der observanten Franziskaner

Hl. Bernardin von Siena
Aus der ehemaligen Franziskanerkirche (Oberkirche) in Arnstadt
Thüringen (?), 2. Hälfte 15. Jahrhundert

Tafelgemälde ▪ 242 × 155 cm ▪ Arnstadt, Schlossmuseum »Neues Palais«, B 121

Als Martin Luther im Jahr 1506 erstmals als Erfurter Augustinermönch das Arnstädter Franziskanerkloster besuchte, muss ihm das außerordentlich große Tafelgemälde aufgefallen sein, das den hl. Bernardin überlebensgroß als hageren Franziskaner, barfuß, mit Sonnenscheibe in der Rechten und Buch in der Linken dargestellt. Auf der Scheibe ist das Christusmonoramm IHS (die griechischen Anfangsbuchstaben des Namens Jesu: Jota, Eta, Sigma, dies durch das lateinische S ersetzt; später auch gedeutet als Jesus Hominum Salvator) zu sehen. Die lateinische Umschrift mit Kürzeln lautet nach dem Philipperbrief 2,10: *Im Namen Jesu soll jedes Knie sich beugen, im Himmel [auf Erden und unter der Erde].* Das geöffnete Buch unter der Darstellung des Kopfes Jesu Christi mit Strahlenkranz trägt die Jesusworte aus dem Johannesevangelium 17,6: *Vater, ich habe deinen Namen den Menschen offenbart, die du mir gegeben hast.* Zu seinen Seiten sind als Symbole seiner Bescheidenheit die Bischofsmitren mit den Silhouetten der drei von ihm abgelehnten Bischofssitze von Ferrara, Siena und Urbino dargestellt; zu seinen Füßen miniaturhaft kleine Menschen mit Pilgerzeichen. Als Bildunterschrift steht geschrieben: *O heiliger Vater Bernardin, Bitt Gott für uns immerdar. Und lass uns dir anbefohlen sein In der Not.*

Die Entstehung des Tafelbildes wird mit der Predigtreise des Johann von Kapistran in Verbindung gebracht, der von Bernardin in Theologie unterrichtet sowie zum Prediger ausgebildet worden war und am 26./27. August 1452 in Arnstadt weilte. Als Zögling Bernardins lag sein Streben vor allem darin, die Franziskanerniederlassungen im Sinne der Observanz zu reformieren. GNR

Alltag und Frömmigkeit, S. 286–288. Franziskaner in Thüringen, S. 320. Kahl, Klöster in Arnstadt, S. 27. Unbehaun, Zeugen, S. 308 f.

IV.2

Unverzichtbar für die Messe – Liturgische Gesänge im Erfurter Kartäuserkloster

Missale der Erfurter Kartause
Erfurt, zweite Hälfte 15. Jahrhundert

Handschrift ▪ Pergament. 39,7 × 30 cm ▪ SB-PK Berlin, Ms. lat. fol. 702

Zu den eher von der Welt abgewandten Mönchsgemeinschaften gehörten die im späten 11. Jahrhundert im hochalpinen Savoyen entstandenen Kartäuser. Sie galten aufgrund ihrer ausgeprägten Regelfrömmigkeit als besonders strenger Orden. In Erfurt besaßen sie seit 1375 das außerhalb der Stadtmauern gelegene Kloster St. Salvatorberg, das bis 1803 Bestand hatte und noch heute in mehrfach veränderter Form baulich vorhanden ist. Die Gründungslegende des Klosters wird in einem heute im Erfurter Angermuseum aufbewahrten Tafelbild dargestellt, das zu den aufschlussreichsten Darstellungen des Erfurter Stadtbildes um 1525 gehört.

Das heute in der Staatsbibliothek zu Berlin befindliche und mit einem entsprechenden Stempel versehene Missale lässt sich aufgrund des handschriftlichen Vermerkes *Liber Fratrum Carthusiae Erffordiensis* den Beständen der ehemaligen Erfurter Kartäuserbibliothek zuordnen. Es enthält die dem jeweiligen Sonn- und Feiertag (in der Abbildung dem Ersten Advent) zugehörigen Gesänge des Hauptgottesdienstes (Messe). Mit seiner kostbaren Ausführung unterstreicht es den zentralen Rang, den die liturgischen Gebete in der Praxis der kontemplativen Orden des Hoch- und Spätmittelalters einnahmen. AH

Kurt, Kartause.

IV.2

IV.3

Verzicht auf kostbare Materialien

Vortragekreuz
Umkreis Regensburg, um 1310

Malerei und Metallauflagen auf zwei Hartholzplatten, die mit Holzdübeln zu einem Kreuz zusammengefügt sind. 52 × 42 × 2 cm ▪ Beidseitig bemalt, Konturen von Kreuz und Kruzifix sind ausgesägt. Fuß des Kreuzes fehlt ▪ GNM Nürnberg, KG 1054

Vortragekreuze aus Edelmetall mit einer lateinischen Grundform sind seit dem 13. Jahrhundert weit verbreitet. Die Ausführung des Kreuzes in Holz stellt eine absolute Seltenheit dar. Lediglich der feingepunzte Goldgrund imitiert die sonst verwendeten kostbaren Materialien. Dieser offensichtlich zur Schau gestellte Wille zur klösterlichen Bescheidenheit legt die Vermutung nahe, dass seine Anfertigung im Auftrag eines Bettelordensklosters erfolgte. Da es stilistisch zahlreiche Parallelen zur Regensburger Malerei des 14. Jahrhunderts aufweist, wird als Provenienz das Dominikanerinnenkloster Heilig Kreuz in Regensburg angenommen. Im Zentrum beider Seiten des Kreuzes findet sich eine Darstellung der Kreuzigung Christi mit Betonung der stark blutenden fünf Wunden. Diese drastische Darstellung des Christusleibes spricht eindringlich zum Betrachter. Auf den dreipassförmigen vier Balkenenden befinden sich auf der Vorderseite oben und unten die Brustbilder eines Engels mit Spruchband sowie rechts und links Sonne und Mond. Die Enden der Kreuzarme der Rückseite schmücken die vier Evangelistensymbole. GNR

Heilig Kreuz Regensburg, S. 88 (Kat.-Nr. 103). Objektkatalog GNM.

IV.3

IV.4

IV.4

Anleitung für die Beichte

Beichtbüchlein

Leipzig, Konrad Kachelofen, 1495 (GW 3781)

Inkunabeldruck ▪ Teil eines Sammelbandes ▪ Ursprünglich im Besitz des Zwickauer Stadtschreibers Stephan Roth ▪ Ratsschulbibl. Zwickau, 17,10,11 (8)

Mit der Beichte legt der Beichtende Rechenschaft über die von ihm schuldhaft begangenen Verfehlungen ab. Das nach christlichen Verständnis von Natur aus sündhafte, gleichwohl aber erlösbare Wesen des Menschen bildet dabei den theologischen Hintergrund. Seit dem vierten Laterankonzil (1215) verpflichtete der im kanonischen Recht festgeschriebene Kanon *Omnis utriusque sexus* (X 5,38,12) jeden Gläubigen, wenigstens einmal im Jahr (zu Ostern) zu beichten. Die Beichte sollte er bei seinem Pfarrer (*sacerdos proprius*) ablegen. Nach der 1300 von Papst Bonifatius VIII. erlassenen und auf dem Konzil von Vienne erneuerten Bulle *Super cathedram* waren die zur Seelsorge zugelassenen Angehörigen der Bettelorden im Rang diesem gleichgestellt. Verbunden mit dem Sündenbekenntnis sind die Reue, das Versprechen zur Besserung und die Bitte um Vergebung, deren Gewährung entsprechend der ihm verliehenen Kompetenzen dem Beichtvater oblag. Materialsammlungen in deutscher Sprache wie das 1495 in Leipzig gedruckte und anonym erschienene Beichtbüchlein verdanken ihr Entstehen dem gesteigerten Bedürfnis der Gläubigen nach praktischen Anleitungen für die Beichte bzw. für den Empfang des Bußsakraments. Als Vorlage dienten lateinische Buß- bzw. Beichtsummen und Beichthandbücher, die sich jedoch weniger an die Gläubigen bzw. Beichtenden richteten, sondern vielmehr den die Beichte hörenden Theologen als Arbeitsmittel dienten. Das nur wenige Blätter umfassende Leipziger Beichtbüchlein setzt sich aus drei Teilen zusammen. Der erste und zugleich wichtigste Teil ist ein der persönlichen Gewissenserforschung dienendes Sündenbekenntnis. Daran schließt sich als unmittelbare Vorbereitung auf das Beichtgespräch eine Aufzählung der sieben Todsünden (Hochmut, Geiz, Wollust, Jähzorn, Völlerei, Neid und Faulheit) an, die weiter nach den Vergehen des Herzens, den Vergehen des Mundes oder den Vergehen der Tat unterteilt sind, im Anschluss ergänzt um ebenfalls der individuellen Gewissenerforschung geschuldeten Erläuterungen. Den Abschluss bilden zwei mit Ablässen verbundene Beichtgebete von Papst Benedikt XII. und Papst Bonifatius VIII. sowie ein in Rom inschriftlich überliefertes Beichtgebet, das angeblich von dem Kirchenvater Augustinus stammt. Dem Beginn des Textes ist ein ganzseitiger Holzschnitt gegenübergestellt. Er zeigt einen Beichtvater und ihm beichtende bzw. zu ihm drängende Gläubige, die vom Teufel versucht und von zwei Engeln beschirmt werden. FJS

Alltag und Frömmigkeit, S. 80 f. Ohst, Pflichtbeichte, S. 32 – 138, 259 – 262. Schnell, Frauendiskurs, S. 96 – 105.

IV.5

IV.5

Fernhandelsware für die Beichte

Bronzeschale
14./15. Jahrhundert
Benediktinerinnenkloster Rohr

Konisch gearbeitete Bronzeschale mit 1,3 cm breitem Rand. Mdm 22 cm, Bdm 16 cm, H 6,5 cm ▪ Zahlreiche Bearbeitungsspuren und Fehlstellen, ohne Verzierungen ▪ TLDA Weimar, Steinsburgmuseum 11412

Die getriebenen Metallschalen mit waagerecht ausbiegendem Rand sind seit dem 11. Jahrhundert bekannt und werden unter dem Begriff Hanseschalen zusammengefasst. Diese Bezeichnung suggeriert die Vermutung, dass solche Bronzebecken hauptsächlich im Einflussgebiet der Hanse verbreitet waren. Funde sind allerdings aus dem gesamten mitteleuropäischen Raum überliefert, wobei die Ausführungen der Schalen sich im Detail unterscheiden. Auch sind neben unverzierten Stücken gravierte Schalen bekannt, die in erster Linie Szenen der Mythologie und christliche Darstellungen wiedergeben.

Vergleichsstücke unseres Schalentyps sind vor allem im südlichen Ostseeraum verbreitet, und das Benediktinerinnenkloster Rohr gilt sogar als einer der südlichsten Bergungsorte. Die Mehrzahl der überlieferten Bronzebecken stammt aus Siedlungsfunden. Diese Schalen waren primär im profanen Bereich als alltägliches Waschgeschirr in gehobenen Haushalten in Gebrauch. Sehr häufig werden sie auch aus Gräbern und Gewässern geborgen. Verhältnismäßig wenige Exemplare sind dagegen aus Klöstern erhalten. Die Niederlegung der wertvollen Gegenstände in Gewässern dürfte religiös motiviert gewesen sein. Das deuten die zahlreichen verzierten Schalen mit Tugend- und Lasterdarstellungen an. Im Klosterkontext liegt ebenfalls eine derartige Verwendung nahe. Denn obwohl als liturgisches Gerät von vorherein nicht eindeutig erschließbar, scheinen sie vorrangig zur Reinigung der Hände vor der Beichte genutzt worden zu sein. GNR

Eckerle, Bronzeschale. Müller, Tugend- und Lasterschalen. Spazier/Schmitt/Ditzel, Nonnenklöster, S 237 (Abb. 48.3), 240.

IV.6 ▸ Abb. 44

Christliche Symbolik der Jungfräulichkeit Mariens

Die Einhorn-Verkündigung
Um 1500

Temperamalerei auf Holz. 135,5 × 121 cm ▪ Kath. Pfarrgemeinde St. Crucis / St. Wigbert Erfurt

Es handelt sich um den rechten Flügel eines spätgotischen Retabels. Seine Außenseite zeigt vor einer hellgrünen Hintergrundlandschaft mit Bergen und einer Burg die Verkündigung Mariä in der Allegorie der Einhornjagd. Zahlreiche Einzelmotive verbinden sich hier zu einem komplexen Gefüge, die das Werk sowohl zu einem »Schaubild«, einem Objekt lehrhafter Unterweisung als auch zu einem Andachtsbild werden lassen. Den ikonografischen Mittelpunkt bildet die sitzende Maria, auf die der Hl. Geist in Gestalt einer weißen Taube niedergeht. Maria hat rotblondes Haar und trägt einen weißen, rotgefütterten Mantel über blauem Kleide. In ihren Schoß hat sich ein Einhorn geflüchtet, das sie liebevoll am Kinn krault. Dieses scheue Tier konnte nach mittelalterlicher Vorstellung nur durch eine Jungfrau gefangen werden. Als solche

ist Maria hier ausgewiesen. Das Einhorn stellt das Symbol für Jesus Christus dar. Auf dem Spruchband Marias steht: »Siehe, ich bin die Magd des Herrn; mir geschehe nach deinem Wort.« Im Gehege um sie herum, dem *hortus conclusus,* sind Symbole der Jungfräulichkeit dargestellt und schriftlich benannt. Der von rechts herantretende Engel Gabriel in weißem Kleid und leuchtend rotem, olivgrün gefüttertem Mantel bläst in sein Hifthorn (Signalhorn). Mit seiner Linken hält er einen Kreuzstab und führt vier Jagdhunde, die für die Tugenden Gerechtigkeit, Barmherzigkeit, Frieden und Wahrheit stehen. Auf seinem Spruchband steht: »Gegrüßet seist du, Maria, voll der Gnade, der Herr ist mit dir. Du bist gebenedeit unter den Frauen [...]«.
Das Bildmotiv der Einhorn-Verkündigung existierte nur etwa 150 Jahre lang, von ca. 1400 bis um 1550, bis das Konzil von Trient in der Mitte des 16. Jahrhunderts die Symbolisierung Christi durch das Einhorn verbot. Innerhalb der Tafelmalerei haben sich in Thüringen mehrere Werke mit diesem Motiv erhalten. In Erfurt sind es allein fünf Stück.
Die Innenseite des Flügels zeigt die Heiligen Sebastian, Katharina und Erasmus mit ihren Attributen. Stilistisch steht das Werk dem Hochaltar Linhart Koenbergks in der Erfurter Predigerkirche nahe. Ursprünglich stammt es aus der Erfurter Neuwerkskirche. Möglicherweise gehörte es dort zu einem Altar zu Ehren des Hl. Geistes und des hl. Andreas. Letzterer ist sowohl in dem geschnitzten Schrein als auch auf der Außenseite des linken Flügels dargestellt. TE

Einhorn, Spiritalis unicornis. Kunstdenkmale 2,2, S. 566–568. Overmann, Kunstdenkmäler, Nr. 283. Schätze, S. 45.

IV.7

IV.7

Gefäß einer Nachgeburtsbestattung verhindert Unheil

Standbodengefäß mit Deckel
2. Hälfte 14. bis 2. Hälfte 15. Jahrhundert
Augustiner-Eremitenkloster Neustadt an der Orla

Ton, oxidierend gebrannt, kragenartiger Rand, randständiger Sattelhenkel, Farbe ziegelfarben bis leicht grau. Mdm 10 cm, Bdm 6,5 cm, H 13,2 cm, gr. Dm 11 cm. Glockenförmiger Topfdeckel, der leicht zerscherbt war ▪ TLDA Weimar, 12/220-3

Die Geburt eines Kindes war in allen geschichtlichen Kulturen mit hohen Risiken verbunden. Aber auch die Zeit danach, das Wochenbett, galt als prekär. Denn das noch ungetaufte Kind war dem Einfluss böser Mächte schutzlos ausgeliefert. So kursierte auch im christlichen Umfeld die Angst, dass aus der Nachgeburt ein Wechselbalg werde, der gegen das Menschenkind ausgetauscht wurde. Deshalb war der sorgfältige Umgang mit der Nachgeburt besonders wichtig. Allerdings sind Angaben in den Schriftquellen sehr selten. Zu den ältesten Nachrichten zählt eine Unterweisung in einer 1517 gedruckten *Predigt vom Wannenkremer* des Humanisten Geiler von Kaysersberg: *Wir bringen allesamen ein rot wammesch uff erden(Pellem secundinam). Das muoß darnach der man under die stegen vergraben.* Bei Ausgrabungen kommen immer wieder Henkeltöpfe mit Deckeln zu tage, für die der wissenschaftliche Nachweis erbracht ist, dass es sich um Behältnisse für Nachgeburtsbestattungen handelt. Durch das Vergraben war die Plazenta dem Zugriff der Hexen und Dämonen entzogen. Allerdings stellen die eingegrabenen Tontöpfe nur eine Form dar. Ein weiteres Ritual war die Nachgeburt in ein fließendes Gewässer zu werfen. GNR

Ade/Schmid, Nachgeburtsbestattung. Rückspiegel, S. 34. Spazier, Topf.

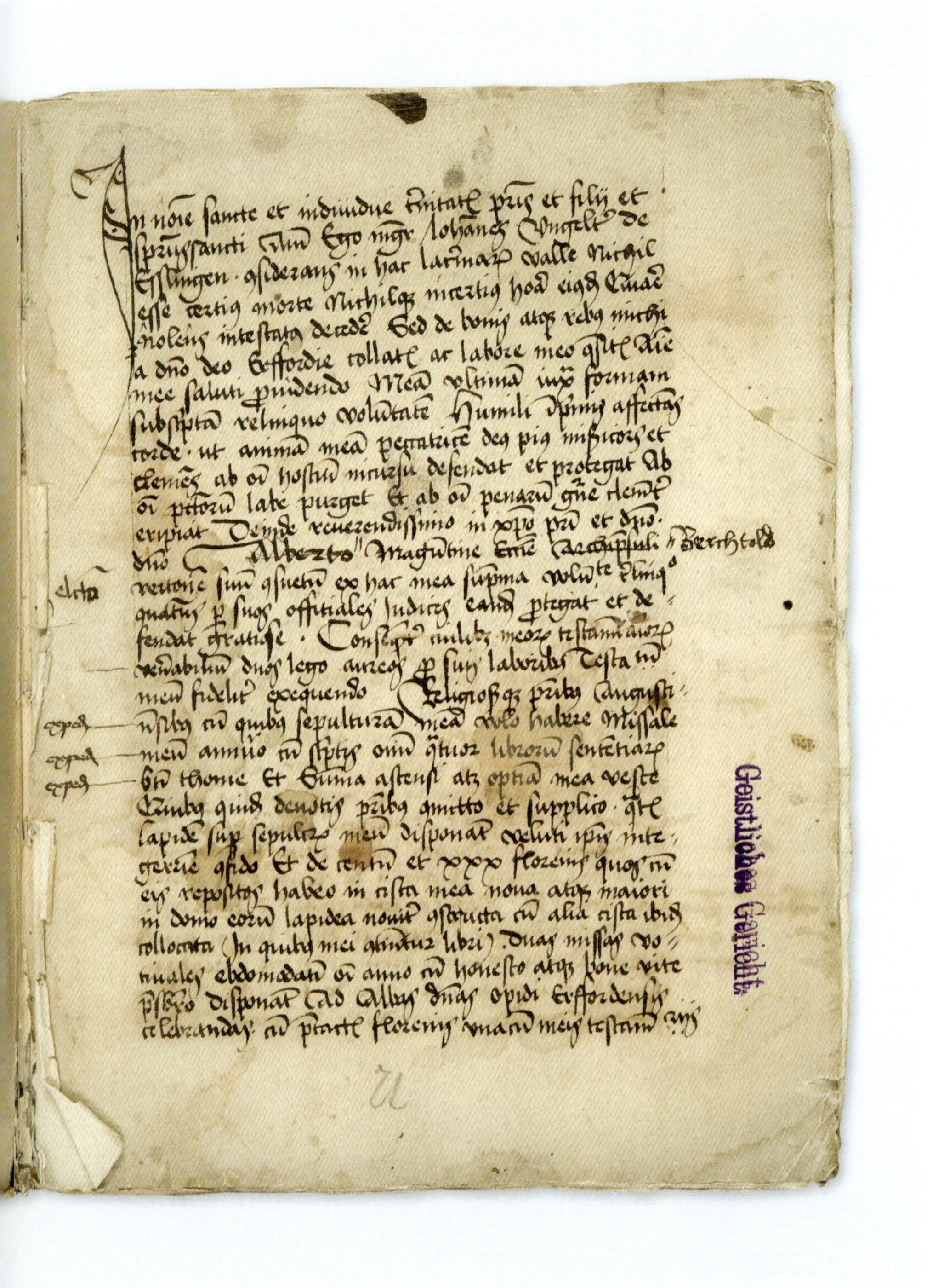

IV.8

IV.8

Vorsorge für den Tod

Johannes Ungelter aus Esslingen, Testament
Erfurt, 17. September 1484

Libell ▪ Papier. 6 Blatt. 22,5 × 17,3 cm ▪ Aus dem Bestand des Erfurter Generalgerichts. Heute Teil eines im 20. Jahrhunderts gebildeten Aktenfaszikels ▪ BA Erfurt, GG, älterer Bestand, III E 3/489

Nur in Ausnahmefällen haben sich für das ausgehende 15. Jahrhundert Testamente Erfurter Geistlicher erhalten. Dazu gehört das Testament, das Johannes Ungelter aus Esslingen im September 1484 aufstellte. Es ist insofern von besonderer Bedeutung, als Ungelter auch Angehöriger der Erfurter Universität war. Anfang der fünfziger Jahre des 15. Jahrhunderts hatte der aus Esslingen stammende Ungelter mit dem Studium begonnen. Mit Unterbrechungen besuchte er hier zuerst die Artistenfakultät. Im Anschluss studierte er Theologie. Als er im September 1487 seinen letzten Willen niederschrieb, war der Hochschulbetrieb in Erfurt wegen der Pest nahezu zum Erliegen gekommen. Wahrscheinlich gehörte Ungelter zu den zahlreichen Angehörigen der Erfurter Hochschule, die der Seuche bis Anfang 1485 zum Opfer fielen. Das Testament gestattet an Hand der zahlreichen Legate weitreichende Einblicke in Ungelters Lebensumstände, seine materiellen Verhältnisse sowie seinen Besitz. Besonders aufschlussreich sind die Angaben zu den Personen und geistlichen Einrichtungen, mit denen Ungelter zu Lebzeiten in einem engeren Kontakt gestanden hatte. Besonders enge Beziehungen pflegte er zur Erfurter Niederlassung der Augustiner-Eremiten. Dort bewahrte er nicht nur in der neuen Priorei in zwei Kisten große Teile seines Vermögens sowie seiner Bücher auf. Er übertrug den Augustiner-Eremiten auch die Aufsicht und die Verwaltung der von ihm beispielsweise im Weißfrauenkloster und im Neuwerkskloster, dem Erfurter Augustinerchorfrauenstift, testamentarisch errichteten Stiftungen. In der Klosterkirche der Augustiner-Eremiten wollte er zudem seine letzte Ruhestätte finden, was auch geschah. Der Grabstein, der angefertigt werden sollte, hat sich jedoch nicht erhalten. FJS

IV.9

Diskurs über die Macht Gottes

Thomas von Aquin, Disputationen über die Macht Gottes
Köln, Johannes Koelhoff, um 1476 (GW M46305)

Druck ▪ Erfurter Schweinsledereinband über Holz mit Blindpressung. Werkstatt von Ulrich Frenckel (EBDB w000242) ▪ Ursprünglich im Besitz von Johannes Ungelter aus Esslingen. Als Legat Ungelters um 1485 an die Büchersammlung der Erfurter Universität im Großen Kolleg ▪ UB Erfurt, Dep. Erf. I. 4° 00116

Die »Erörterungen der Fragen nach der Macht [Gottes]« sind ab Herbst 1265 und im Folgejahr in Rom entstanden. Thomas äußert sich darin in zehn »Quaestionen« über die Schöpfung, die Analogie zwischen Gott und den Geschöpfen, den Ursprung der Seele und die Dreifaltigkeit. Namensgebend für die Schrift sind die ersten sechs Fragen über Gottes Macht in sich und nach außen. Das präsentierte Exemplar, ebenfalls ein Kettenband und wahrscheinlich der Kölner Erstdruck [undatiert, um 1476], enthält auf dem vorderen Innendeckel einen Besitzvermerk des Magisters *Johannes V. de Esslingen* und darunter ein Exlibris der älteren Erfurter Universitätsbibliothek vom Anfang des 18. Jahrhunderts (Bibliotheca Academiae Erffurtensis Boineburgica). Somit handelt es sich um einen Band der von Johannes Ungelter für den Studienbetrieb gestifteten Bücher. Die Einbände der Inkunabeln UB Erfurt, Dep. Erf. I. 2° 105 und I. 2° 116 stammen aus derselben Buchbinderwerkstatt (Ulrich Frenckel) und sind mit kleinen Prägestempeln (Rosette, Herz, Hirsch und Hund) verziert. TB

IV.9

IV.10

Was ist Wahrheit?

Thomas von Aquin, Disputationen über die Wahrheit
Köln: Johann Koelhoff, 1475 (GW M46346)

Druck ▪ Erfurter Schweinsledereinband über Holz mit Blindpressung. Werkstatt von Ulrich Frenckel (EBDB w000242) ▪ Ursprünglich im Besitz von Johannes Ungelter aus Esslingen. Als Legat Ungelters um 1485 an die Büchersammlung am Großen Kolleg der Erfurter Universität ▪ UB Erfurt, Dep. Erf. I. 4° 00105

Die »Erörterungen der Fragen nach der Wahrheit« des bereits 1323 heiliggesprochenen Dominikaners Thomas von Aquin, der als der größte Scholastiker gilt, entstanden zwischen 1256 und 1259 in Paris. Die 29 Fragen, die im Verlauf von drei Jahren Lehrtätigkeit als Magister der Theologie diskutiert worden waren, wurden von Thomas nachträglich in eine ausführliche schriftliche Form gebracht. Neben dem ersten (namensgebenden) Thema über die Wahrheit sind Ausführungen über den Unterricht, die prophetische Erkenntnis, die inneren Vermögen, das Gewissen und das Gute enthalten. Luther lernte Thomas wohl durch die Vermittlung des Tübinger Theologen Gabriel Biel, der u. a. in Erfurt studiert hatte, kennen. Er sah allerdings von seiner späteren reformatorischen Position aus Thomas' theologische Leistungen und Ansätze eher kritisch.
Der ausgestellte Band, ein Kettenband, ist der Kölner Erstdruck von 1475 und enthält auf dem vorderen Innendeckel einen Besitzvermerk des Magisters *Johannes V. de Esslingen* und darunter ein Exlibris der älteren Erfurter Universitätsbibliothek vom Anfang des 18. Jahrhunderts (Bibliotheca Academiae Erffurtensis Boineburgica). Auch dieser Band gehört zu den von Johannes Ungelter für den Studienbetrieb der Universität gestifteten Büchern. TB

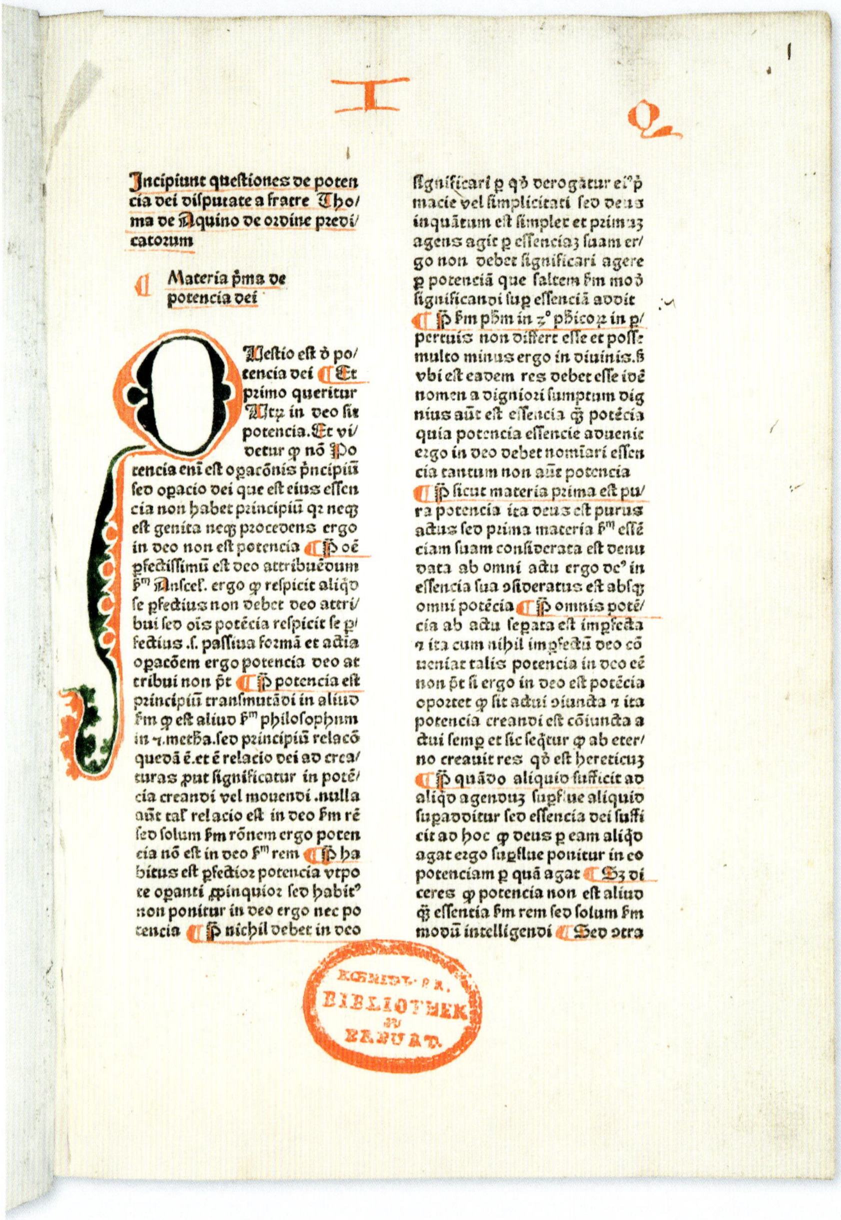
Incipiunt questiones de potencia dei disputate a fratre Thoma de Aquino de ordine predicatorum

Materia prima de potencia dei

IV.10

IV.11

In Erwartung des Todes

Der Erfurter Bürger Friedrich Tennstedt (*Denstedt*) setzt sein Testament auf
Arnstadt?, 19. Oktober 1489

Libell ▪ Papier. 3 Blatt. 32 × 22 cm ▪ Ohne Einband ▪ StadtA Erfurt, 0 – 1/VIII-325

Im November 1489 verstarb der Erfurter Bürger und Ratsherr Friedrich Tennstedt (*Denstedt*). Er entstammte einer der vornehmsten und einflussreichsten Erfurter Patrizierfamilien. Welchem Ast der weitverzweigten Familie Tennstedt er angehörte bzw. wie die Verwandtschaftsverhältnisse im Einzelnen waren, ist unerforscht. Auch über Tennstedts Leben ist vergleichsweise wenig bekannt. Er war Kaufmann. Womit Tennstedt handelte, lässt sich nicht mit Bestimmtheit sagen.
In Frage kommen Waid und Bier. Möglicherweise war er auch im Fernhandel tätig. So könnte er mit dem Friedrich Tennstedt identisch sein, der um 1475/77 Glasscheiben (Butzen) aus Venetien im-

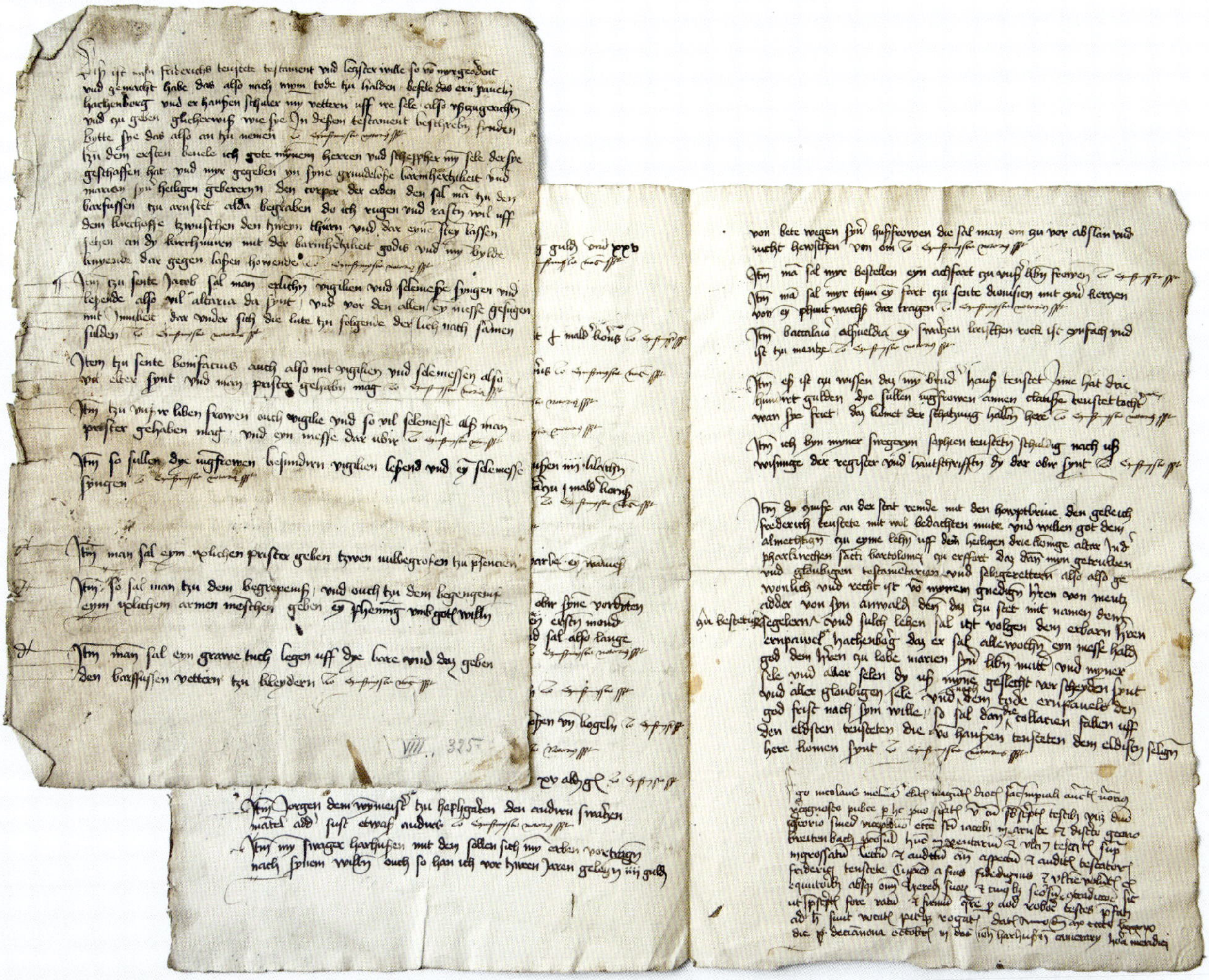

IV.11

portierte und für die Verglasung der Kirchenfenster an die Kirchenfabrik des Marienstiftes lieferte. Damit sollten fraglos die Schäden restauriert werden, die der große Stadtbrand von 1472 verursacht hatte. Der 1489 verstorbene Tennstedt gehörte nicht wie Johannes Ungelter aus Esslingen zu den Opfern der Pestepidemie von 1485/86. Woran Tennstedt im November 1489 verstarb, lässt sich nicht sagen. Der Tod kam jedoch nicht überraschend. Als Tennstedt am 19. Oktober 1489 sein Testament aufsetzte, war er bereits schwer erkrankt. Trotz Todesgefahr hoffte er zu diesem Zeitpunkt noch, die Krankheit zu überleben. Ausdruck seines Lebenswillens ist das Vermächtnis, das er dem behandelnden Arzt in seinem Testament in Aussicht stellte. Doch verlor Tennstedt den Kampf. Er verstarb kurz vor dem 20. November 1489, dem Tag, an dem der Notar und Jurist Johannes Zinsmeister in Erfurt sein Testament eröffnete. Daraus geht hervor, dass Tennstedt im Arnstädter Franziskanerkloster bestattet werden wollte. Im Unterschied zu den Erfurter Franziskanern hatte sich der im Herrschaftsgebiet der Grafen von Schwarzburg gelegene Arnstädter Konvent zur Observanz bekannt. Um die Erinnerung an sich wachzuhalten, stiftete Tennstedt in Arnstadt ein nicht erhaltenes Epitaph. Es sollte stadtseitig an der Außenmauer der Kirche angebracht werden und Tennstedt als Stifter kniend vor einer Christusdarstellung abbilden. Mit Einkünften stattete Tennstedt hingegen die Erfurter Franziskaner aus, die ebenfalls für sein Seelenheil beten sollten. In derselben Form bedachte Tennstedt neben zahlreichen weiteren Klöstern in Erfurt auch die anderen Erfurter Mendikantenkonvente, die Augustiner-Eremiten, die Dominikaner und die Marienknechte. FJS

Für die Lokalisierung des nicht erhaltenen Epitaphs von Tennstedt in der Kirche des ehemaligen Arnstädter Franziskanerklosters ist Herrn Martin Sladeczek zu danken.

IV.12 ▸ Abb. 38

Vorsorge für das Jenseits im Diesseits

Stifterbuch des Erfurter Dominikanerklosters
Erfurt, 15. Jahrhundert

Handschrift ▪ Pergament und Papier. 64 Blatt. 30,5 × 21,5 cm ▪ Moderner Pergamenteinband in Form einer Koperte ▪ AEPG Erfurt, BP Hs 2

Ordensübergreifend schrieben die Konstitutionen der Bettelorden vor, dass in allen Konventen Bücher angelegt werden sollten, in denen, meist als *libri benefactorum* bezeichnet, die Wohltäter der Niederlassung Aufnahme finden sollten. Gefordert wurden zudem Totenbücher (*necrologia*) bzw. Jahrzeitbücher (*libri anniversariorum*). Eingetragen werden sollten hier die Namen der verstorbenen Konventsangehörigen, aber auch die Namen der Angehörigen der Kustodie oder Ordensprovinz sowie meist auch die Namen der mit der Niederlassung verbundenen, als ihre Wohltäter auftretenden, zudem oft auch im Kloster bestatteten Gläubigen. Vergleichbare Aufzeichnungen haben sich mit Ausnahme der Marienknechte für alle Niederlassungen der Bettelorden in Erfurt im Original und/oder abschriftlich erhalten. Eine besondere Stellung nimmt hierbei das sogenannte Stifterbuch des Dominikanerklosters ein, das hinsichtlich Aufbau, Umfang und Ausstattung eigene Wege geht. Ein nicht überlieferter Nekrolog war nachweislich Mitte des 14. Jahrhunderts im Erfurter Dominikanerkloster im Gebrauch. Das Stifterbuch entstand hingegen erst im 15. Jahrhundert. Die Eintragungen wurden hier nicht chronologisch und auch nicht entsprechend der Todestage vorgenommen. Auch beschränken sich die Aufzeichnungen nicht auf Stiftungen. Vielmehr stellt der Text eine Synthese von klostergeschichtlich bedeutsamen Ereignissen, Nachrichten zur Baugeschichte, Abschriften von Bruderschaftsbriefen sowie Stiftungen betreffenden Einträgen dar, die ohne erkennbare Ordnung aufeinanderfolgen. Neben den Bruderschaften sind einzelne Geschlechter herausgehoben, die meist über mehrere Generationen als Wohltäter auftraten. Hervorgehoben sind die Aufzeichnungen zu den Bruderschaften sowie einzelnen Geschlechtern durch meist ganzseitige Miniaturen mit den Familienwappen bzw. den Bannern der als Bruderschaften organisierten Handwerkergruppen. Über den Verwendungszweck ist bereits wiederholt spekuliert worden. Für das Totengedenken eignete sich das Stifterbuch nicht. Vielmehr sollte das Andenken einschließlich der Teilhabe an den guten Werken wahrnehmbar, sichtbar und dinglich greifbar gewahrt werden. Die Stifterfamilien und Bruderschaften, aber auch einzelne Stifter fest im Gedächtnis der nachfolgenden Generationen zu verankern, spielte dabei die ausschlagende Rolle. Nur handelte es sich in diesem Fall nicht um Grabsteine, Epitaphien, Skulpturen, Schlusssteine oder Altäre bzw. Andachtsbilder, sondern um eine aufwendig ausgestattete und repräsentativ gestaltete Handschrift, die fraglos bei Begängnissen herumgetragen und gezeigt wurde. FJS

Benl, Zeit Luthers, S. 64. Mandry, Stiftungen, S. 101 f. Nitz, Das Stifterbuch des Predigerklosters. Nitz, Stifterbuch. Schalldach/Marwinski, Büchersammlung, S. 10.

IV.13 ▸ Abb. 40/49

Erfurter Zünfte und Laien finanzieren den Bau der Barfüßerkirche

Schlusssteine der Barfüßerkirche
Um 1425

Thronende Madonna

Mittelschiff, 9. Gewölbe

Sandstein. 94 × 95 × 51 cm. Fassungsreste ▪ AngerM Erfurt, IX 172

Wappen der Schuhmacherzunft

Mittelschiff, 12. Gewölbe

Sandstein. 90 × 100 × 45 cm. Fassungsreste ▪ AngerM Erfurt, IX 173

Schutzmantelmadonna

Meister i
Südliches Seitenschiff, Netzgewölbe im 9./10. Joch zentraler Schlussstein

Sandstein. 105 × 76 × 50 cm. Fassungsreste ▪ AngerM Erfurt, IX 170

Färber mit Garnwinde am Bottich

Südliches Seitenschiff, 11. Gewölbe

Sandstein. 78 × 87 × 40 cm. Fassungsreste ▪ AngerM Erfurt, IX 169

Madonna

Meister i
Südliches Seitenschiff, 12. Gewölbe

Sandstein. 85 × 90 × 44 cm. Fassungsreste ▪ AngerM Erfurt, IX 168

Mit der Einwölbung des Langhauses im ersten Drittel des 15. Jahrhunderts endete die fast zweihundert Jahre währende Erbauung der Barfüßerkirche. Wesentlichen Anteil an der Gestaltung der Schlusssteine hatte die Werkstatt des Meisters *i*, dessen Notname von der Minuskel *i* abgeleitet ist, die auf zahlreichen qualitätvollen Bildwerken aus der Zeit um 1420/25 in Erfurt auftaucht.
Neben der Färber- und der Schuhmacherzunft, welche Gewölbe stifteten, deren Schlusssteine die Innungswappen bzw. charakteristische Tätigkeiten ihres Handwerks zieren, setzten sich ob dieses Großauftrags auch die Steinmetze mit der Stiftung eines ausgezeichneten Gewölbes im südlichen Seitenschiff ein Denkmal. Im 9. und 10. Joch schufen sie ein Netzgewölbe mit fünf Schlusssteinen. Den zentralen Schlussstein ziert eine Schutzmantelmadonna, die unter ihrem Mantel sechs betende Männer birgt. Zu Seiten ihres Hauptes befindet sich links die Signatur – Minuskel *i* – und rechts Winkel und Hammer als typisches Steinmetzwerkzeug. In den Netzpunkten befanden sich kleinere Schlusssteine mit der Darstellung jeweils eines Königs mit weiterem Steinmetzwerkzeug: Hammer, Winkel, Zirkel und Säge.
Zwei weitere thronende Madonnen zieren die Schlusssteine des 9. Mittelschiffsgewölbes und des 12. Seitenschiffsgewölbes. In Figurenauffassung und Gewandbehandlung zeigt sich das mit *i* signierte Relief aus dem südlichen Seitenschiff viel bewegter und feiner ausgearbeitet als die behäbige, sehr streng frontal gegebene Madonna im Strahlenkranz vom Mittelschiff. Sie wurde von anderer Hand, vielleicht außerhalb der Werkstatt des Meisters *i* gefertigt. KH

Kunstdenkmale 2,1, S. 166 f.

IV.14

Teilhabe an den frommen Werken

Prior, Subprior und der gesamte Konvent der Niederlassung des Dominikanerordens in Erfurt nehmen die Innung der Hutmacher, da der alte Bruderschaftsbrief verbrannt ist, erneut in die Bruderschaft des Klosters auf
Erfurt, 27. September 1469

Ausfertigung ▪ Pergament. 21,2 × 28 cm, Plica 2,2 cm. Ursprünglich zwei Siegel an Pressel, davon das des Priors erhalten ▪ StadtA Erfurt, 0 – 1/V-183

IV.14

Mit Kirchen bzw. Niederlassungen von Ordensgemeinschaften verbundene Bruderschaften waren in den spätmittelalterlichen städtischen Zentren ein beliebtes, zugleich auch besonders effektives Instrument kollektiver Jenseitsvorsorge und karitativ motivierter religiöser Absicherung. Mit der Erfurter Niederlassung der Dominikaner war eine Reihe von Bruderschaften verbunden, die sich auf diesem Weg dauerhaft eine Teilhabe an den guten Werken und Gebeten des Konvents sicherten. Zu diesen Bruderschaften gehörte auch die der Hutmacher. Durch einen Brand war der Bruderschaftsbrief vernichtet worden. Daher ergab sich die Notwendigkeit, die Hutmacher einschließlich ihrer Familien erneut in die Gebetsverbrüderung des Klosters aufzunehmen, verbunden mit allen daraus resultierenden, ihnen bislang gewährten Rechten. Besonderes Gewicht legt die Begründung auf die umfangreichen Zuwendungen der Bruderschaft, die dem Kloster bislang in Form von Almosen und Stiftungen zugeflossen waren und so auch nachhaltig zum Bau der Kirche beigetragen hatten. FJS

Quehl, Prediger-Kirche, S. 81 f. Schmies, Bruderschaften, S. 86 f.

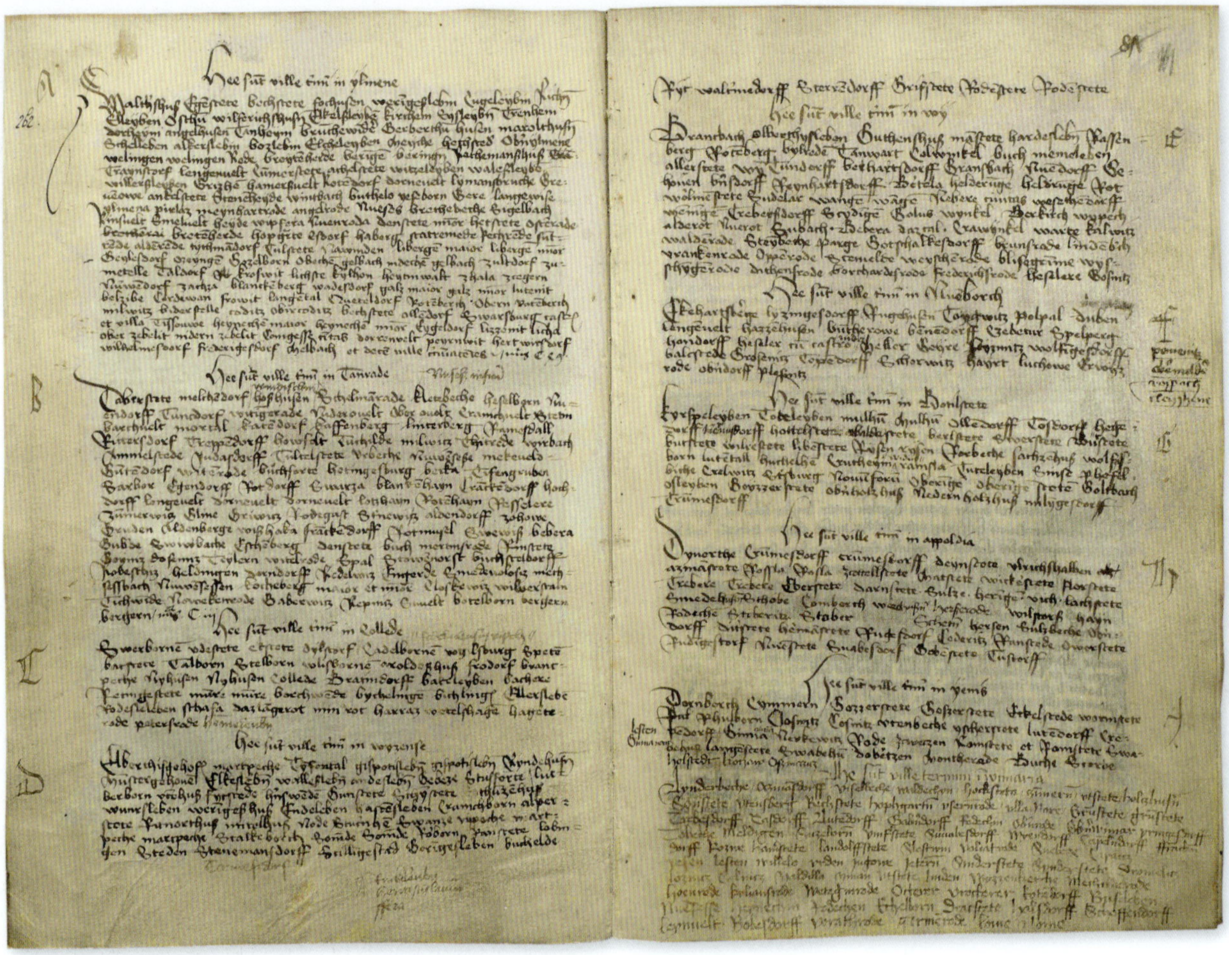

IV.15

IV.15/16 ▸ Abb. 41–43

Das Einsammeln von Almosen sicherte die Versorgung der Bettelordensklöster

a) Termineiverzeichnis der Erfurter Niederlassung der Augustiner-Eremiten

Erfurt, um 1450

Handschrift ▪ Pergament. 178 Blatt. 32 × 24 cm ▪ Moderner Leineneinband (ursprünglich zeitgenössischer Schweinsledereinband mit Blindpressung) ▪ Inhalt: Kopiar (1266–1533). Hier Bl. 100 v – 101 r das Termineiverzeichnis ▪ LASA Magdeburg, Cop. Nr. 1481

Das in den sechziger Jahren des 15. Jahrhunderts angelegte, bis in die dreißiger Jahre des 16. Jahrhunderts von verschiedenen Händen fortgesetzte Kopiar der Erfurter Niederlassung der Augustiner-Eremiten überliefert abschriftlich nahezu 400 Urkunden und für die Besitzungen und Einkünfte des Klosters relevante Aufzeichnungen. Eingang fand hier auch eine wohl eher Mitte des 15. Jahrhunderts entstandene Zusammenstellung der Termineibezirke sowie der Ortschaften in den einzelnen Termineibezirken (*hee sunt ville termini*), die von Angehörigen des Erfurter Konvents regelmäßig aufgesucht wurden, um hier Almosen einzusammeln. Diese fest umrissenen Bezirke spielten in mehrfacher Hinsicht für die Bettelordenskonvente eine herausragende Rolle. Über das unmittelbare städtische Umfeld hinaus waren es die Termineibezirke, die als Instrument dienten, um ausgehend von den dauerhaft mit Konventsangehörigen besetzen Termineihäusern das Umland flächendeckend zu erschließen. Die Termineihäuser bildeten damit ordensintern auf den Konvent hin ausgerichtete Schnittstellen, die unmittelbar in ihr Umfeld wirkten und ganz entscheidend zur Wahrnehmung der Orden durch die mehrheitlich ländliche Bevölkerung beitrugen. Im Rahmen der Ordenshierarchie entwickelten sie sich für die umliegenden ländlichen Gebiete zu unverzichtbaren Verwaltungsmittelpunkten und Seelsorgezentren. Sie hatten einen nicht zu unterschätzenden Anteil an Stiftungen, die den Bettelorden zuflossen, sowie bei der Rekrutierung des Ordensnachwuchses. Zugleich waren die Termineihäuser Ausgangspunkt für das Einsammeln von Almosen sowie die Zwischenstation, bevor die eingesammelten Spenden mehrheitlich dem Konvent zuflossen. Damit leisteten die Termineibezirke den entscheidenden Beitrag für die materielle Versorgung der großen städtischen Konvente. Im Unterschied zu den Gebieten, die nachweislich von den Erfurter Niederlassungen der Dominikaner und Marienknechte aufgesucht wurden, lag Erfurt als organisatorisches

Zentrum der Termineien der Erfurter Augustiner-Eremiten am westlichen Rand des Termineibezirkes. Im Norden und Nordosten bildete die Unstrut die Grenze, im Osten und Südosten die Saale und die Schwarza, im Westen streckenweise der Oberlauf der Gera. Von Westen nach Osten erreichte der Einzugsbereich eine Ausdehnung von ca. 60 Kilometern, von Norden nach Süden von knapp 90 Kilometern. Er schloss eine Fläche von knapp 4 700 Quadratkilometern ein, der in zehn Termineien unterteilt war. Das Zentrum der einzelnen Bezirke bildeten die Termineihäuser in Ilmenau, Tannroda, Jena, Weimar, Apolda, Buttelstedt, Naumburg, Wiehe, Kölleda und Weißensee. Termineihäuser betrieben in Wiehe, Weißensee, Kölleda und Weimar auch die Augustiner-Eremiten, in Weimar zudem die Marienknechte. Dem Verzeichnis folgend, waren es nahezu 600 Ortschaften, die regelmäßig von Erfurter Augustiner-Eremiten aufgesucht wurden, aus denen zugleich die Almosen kamen, die den Fortbestand der Erfurter Niederlassung bis in das beginnende 16. Jahrhundert sicherstellten. FJS

UBESK 3, Anhang Nr. 5, S. 381 – 384. Kunzelmann, Augustiner-Eremiten 5, S. 12 f. Nitz, Termineiverzeichnis.

b) Termineiverzeichnisse des Erfurter Dominikanerklosters

Erfurt, erstes Drittel des 16. Jahrhunderts

Handschrift ▪ Papier. 409 Blatt. 36 × 23 cm ▪ Ledereinband des 17. Jahrhunderts ▪ Inhalt: Abschriften des späten 17. Jahrhunderts von mittelalterlichen und frühneuzeitlichen Quellen Erfurter Kirchen und Klöster. Bl. 282 v – 283 v das Termineiverzeichnis ▪ StadtA Erfurt, 5 – 101/6

Handschrift ▪ Papier. 37 Blatt. 31 × 22 cm ▪ Ohne Einband ▪ Inhalt: Abschriften des frühen 17. Jahrhunderts von mittelalterlichen Quellen des Erfurter Dominikanerklosters. Bl. 35 v – 37 v das Termineiverzeichnis ▪ LASA Wernigerode, A 37 b I, Abt. II, Tit. XVIII Nr. 22e

Neben den Niederlassungen der Marienknechte und der Augustiner-Eremiten hat sich auch für das Dominikanerkloster ein Verzeichnis der Termineien erhalten. Es liegt in zwei Abschriften des 17. Jahrhunderts vor, die heute im Stadtarchiv Erfurt und im Landesarchiv Sachsen-Anhalt (Wernigerode) aufbewahrt werden. Vorlage für die beiden Abschriften war ein im ersten Drittel des 16. Jahrhunderts angelegtes Termineiverzeichnis. Hinweis dafür ist der Umstand, dass der Termineibezirk Saalfeld fehlt. Diesen musste die Erfurter Ordensniederlassung 1501 an das Leutenberger Dominikanerkloster abtreten. Die beiden Textzeugen überliefern die Übersicht über die einzelnen Termineibezirke sowie die hier zu terminierenden Orte in zwei Fassungen. Die Erfurter Abschrift bietet eine jüngere, gegenüber dem Wernigeroder Textzeugen gekürzte Fassung, die jedoch die Vorlage(n) vollständig überliefert. Durch Textverlust fehlen in der Abschrift aus Wernigerode die Termineibezirke Sömmern, Bad Tennstedt, Großenehrich und Weißensee sowie Teile des Termineibezirkes, der von Erfurt flussabwärts die an der Gera gelegenen Orte zusammenfasste. Während in der Aufstellung der Erfurter Marienknechte die jährlichen Einkünfte der einzelnen Termineibezirke festgehalten sind, bietet das Verzeichnis der Dominikaner vergleichbar der Aufstellung der Erfurter Augustiner-Eremiten nur eine Übersicht über die in den einzelnen Bezirken aufzusuchenden Orte. Werden die in den beiden Redaktionsstufen genannten Orte miteinander verglichen, repräsentiert die ältere Fassung (Wernigerode) einen Zustand, der vor 1521 entstanden sein dürfte, während der Erfurter Text offenkundig Verhältnisse beschreibt, die, ohne es mit letzter Sicherheit sagen zu können, in die zweite Hälfte der zwanziger Jahre des 16. Jahrhunderts verweisen. Der sich über verschiedene weltliche und geistliche Territorien erstreckende Raum, der von den Erfurter Dominikanern regelmäßig terminiert wurde, umfasste ca. 4 300 Quadratkilometer. Mit Erfurt als Mittelpunkt erreichte er von Ost nach West eine Ausdehnung von über ca. 50 Kilometern, von Nord nach Süd von fast 90 Kilometern. Im Südosten bildeten die Schwarza und die Saale die Grenze, im Norden und Nordosten über weite Strecken die Unstrut. Nach Osten erstreckte sich der Bezirk bis nach Eckartsberga und Weimar sowie weit über Remda hinaus. Im Osten beispielsweise grenzte der Termineibezirk des Jenaer Dominikanerklosters an, im Südosten der des Leutenberger Konvents, im Norden der der Leipziger Niederlassung. Im Westen und Südwesten reichte der Bezirk bis kurz vor Gotha und Suhl. Verteilt auf 14 Termineibezirke werden in den beiden Verzeichnissen insgesamt 482 Orte genannt, die von den Ordensangehörigen regelmäßig aufgesucht wurden. Mittelpunkt der einzelnen Temineibezirke waren auch bei den Dominikanern die mit einem bzw. mehreren Ordensangehörigen dauernd besetzten Termineihäuser u. a. in Arnstadt, Stadtilm, Remda, Weimar, Bad Tennstedt, Sömmerda, Kölleda, Wiehe oder Weißensee. Ein letzter Beleg, dass ausgehend von Erfurt im Umland Almosen gesammelt wurden, datiert in das Jahr 1531. Überliefert ist er, weil der damit betraute Dominikaner (angeblich) von einem Protestanten erschlagen wurde. FJS

Nitz, Termineiverzeichnis.

IV.17 ▸ Abb. 57

Die Erfurter Niederlassung der Augustiner-Eremiten verleiht der Ordensreform wichtige Impulse

Heinrich Ludovici, Provinzial der sächsisch-thüringischen Ordensprovinz, gibt bekannt, dass der Konvent der Niederlassung des Ordens in Eschwege, nachdem er ihm die Frage vorgelegt hat, ob er die Reform annehmen wolle, zugestimmt und die Reform geschlossen angenommen hat

Eschwege, 31. Januar 1453

Ausfertigung ▪ Pergament. 22,2 × 39 cm, Plica 4,2 cm. 1 rundes Siegel an Pressel ▪ StadtA Erfurt, 0 – 1/VII-400

Die Klosterreform als ein zentrales Element der spätmittelalterlichen Kirchenreform richtete sich gegen die Verweltlichung des klösterlichen Lebens. Ihr Anliegen war eine Abkehr bzw. Umkehr. Im Mittelpunkt stand die Rückkehr (Observanz) zu einem monastischen Lebensideal, zu einer Lebensweise, die der religiösen Funktion der Ordensgemeinschaften und Klöster in ihrem unmittelbaren gesellschaftlichen und kirchlichen Umfeld gerecht werden konnte und entsprach. Seit dem ausgehenden 14. Jahrhundert spielte die Observanzbewegung innerhalb der Bettelorden eine immer größere Rolle. Sie setzte ordensintern einen langwierigen und schwierigen Reformprozess in Gang, in dem sich Befürworter und Gegner unversöhnlich gegenüberstanden und der zu Spaltungen innerhalb der Orden führten. Aufgeschlossen gegenüber der Reform waren die Augustiner-Eremiten. Im Rahmen der sächsisch-thüringischen Ordensprovinz nahm die Erfurter Niederlassung bei der Einführung der Observanz eine führende Stellung ein. So wurde Anfang 1455 mit Unterstützung des Erfurter Konvents die Reform in der Eschweger Ordensniederlassung eingeführt. Initiator war der Ordensprovinzial Heinrich Ludovici. Er gehörte zu den Personen, die Nikolaus von Kues 1451 mit der Reform der Klöster in Erfurt beauftragt hatte. In Begleitung des Erfurter Priors und eines Lektors des Erfurter Generalstudiums begab sich Ludovici Ende Januar 1453 nach Eschwege, um den Konvent zur Annahme der Reform zu bewegen. Der Konvent kam der Aufforderung nach und stimmte zu. Im September 1453 bestätigte das in Grimma zusammengetretene Provinzkapitel die Reform. Obwohl alle Konventsmitglieder im Januar 1453 der Einführung der Reform zugestimmt hatten, regte sich im Nachhinein im Konvent massiver Widerstand. Einzelne Konventsmitglieder verließen die Niederlassung, im Konvent selbst bildete sich eine Opposition, die auch, ohne im Einzelnen die Hintermänner benennen zu können, klosterextern

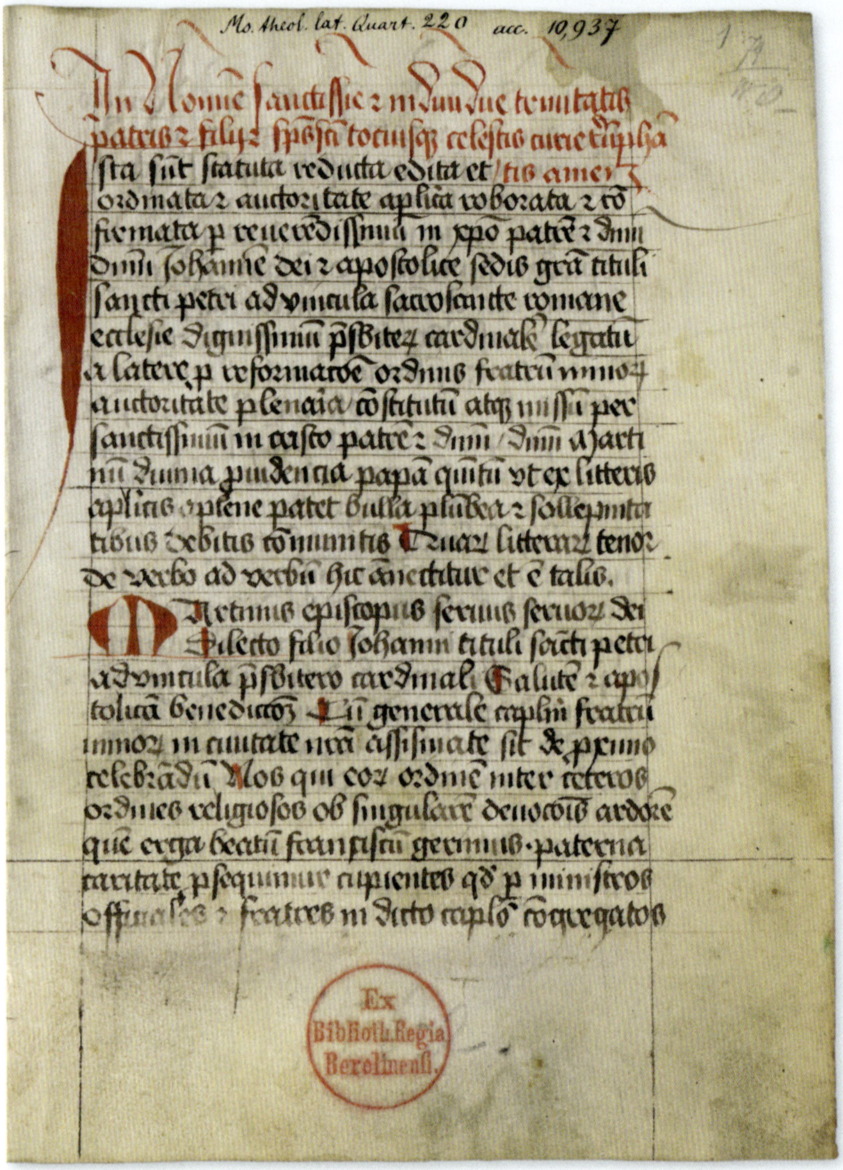

IV.18

Unterstützung erhielten. In die Auseinandersetzung griff im Januar 1455 der hessische Landgraf ein, der im April 1455 den Konflikt weitgehend beilegen konnte. Ruhe kehrte jedoch erst in der zweiten Hälfte der fünfziger Jahre des 15. Jahrhunderts ein. Das geht aus einer Stiftung hervor, die Mitte 1456 zu Gunsten der Eschweger Ordensniederlassung getätigt wurde. Sie war an die Bedingung geknüpft, dass die Observanz innerhalb von einem Jahr einzuführen und die Reform dauerhaft durchzusetzen sei. FJS

UBESK 3, Nr. 214, 219, 220, 229, 230, 232. Kunzelmann, Augustiner-Eremiten 5, S. 178–180.

IV.18

Die Erfurter Franziskaner zwischen Observanz und konventualem Verharren

Theologische Sammelhandschrift
Erfurt?, Anfang des 16. Jahrhunderts

Handschrift ▪ Pergament. 74 Blatt. 21 × 16 cm ▪ Zeitgenössischer Rindsledereinband mit Blindpressung ▪ nhalt: 1. Bl. 1 r – 14 r *Constitutiones Martinianae* mit der Bestätigungsbulle *Cum generale capitulum* von Papst Martin V. vom 8. Juli 1430, Bl. 14 v – 55 v Nikolaus Lakmann, *Notae in declarationem regulae fratrum minorum Martinianam*, 3. Bl. 56 r – 61 r *Regula bullata fratrum minorum* mit der Bulle *Solet annuere* von Papst Honorius III. vom 29. November 1123, 3. Bl. 63 r – 74 r *Ordinarius divini officii ad usum fratrum minorum*, vorangestellt Bl. 62 r – v die *Epistola de uniformitate officii* des Generalministers Johannes ▪ Vor 1515 mutmaßlich im Erfurter Franziskanerkloster entstanden und hier mit großer Wahrscheinlichkeit auch im Anschluss Teil der Büchersammlung des Klosters ▪ SB PK Berlin, Ms. theol. lat. qu. 220

Am 27. Juli 1430 bestätigte Papst Martin V. mit der Bulle *Cum generale capitulum* die im Anschluss nach ihm benannten Martinianischen Konstitutionen. Mit ihrer Hilfe hatte Martin V. den Versuch unternommen, im Franziskanerorden einen Ausgleich zwischen den vielschichtigen Reformvorstellungen der Befürworter der strengen, die Rückkehr zum franziskanischen Armutsideal propagierenden Observanz und den nur bedingt zu Abstrichen an ihrer bisherigen Lebensweise bereiten Konventualen zu erreichen. Im Kern zielten die Martinianischen Konstitutionen auf ein Verbot von Grundbesitz und festen Einkünften ab, ergänzt um die Forderung, dass die Konvente die Verwaltung ihres Grundbesitzes und ihrer Einkünfte weltlichen Prokuratoren übertrugen. Besondere Bedeutung gewannen die Martinianischen Konstitutionen noch einmal im Rahmen der Auseinandersetzungen zwischen den Vertretern der Observanz und der Konventualen in der sächsischen Franziskanerprovinz zu Beginn der fünfziger Jahre des 15. Jahrhunderts. Mit dem Eisenacher Franziskanerkonvent trat 1438 die erste thüringische Niederlassung zur Observanz über. Erfolgreich war der Reformversuch nicht zuletzt deshalb, weil die führenden Vertreter der franziskanischen Ordensprovinz mit dem Provinzial Matthias Döring an der Spitze und der massiv von den thüringischen Landesherren unterstützte observante Flügel eng zusammengearbeitet hatten. Doch fand die Kooperation auf der Ebene der sächsischen Ordensprovinz bereits nach einem Jahrzehnt ein jähes Ende. Grund für den tiefgreifenden Wandel waren Privilegien, die im gesamten Franziskanerorden die rechtliche Grundlage für den Zusammenschluss der Observanten zu eigenen, von den Provinzen unabhängigen Reformverbänden schufen. Die Folge war, dass die ordensintern bzw. in der Ordensprovinz favorisierten Reformvorstellungen mit den Reformabsichten der Landesherren kollidierten, die der Observanz als radikalen Flügel der Reformbewegung im Franziskanerorden den Vorzug gaben. Die sich um 1449/50 abzeichnende Herauslösung der zur Observanz übergetretenen franziskanischen Ordensniederlassungen aus der Kustodie Thüringen, die sich dann schrittweise vollzog, führte zur Bildung eines eigenständiges

IV.19

Reformverbandes. Für die konventualen, Reformen nicht unzugänglichen Niederlassungen in Thüringen resultierte daraus ein Reformdruck, der, sollten auch hier die Landes- und Stadtherren bzw. die städtischen Führungsschichten vergleichbare Reformvorhaben anstreben, die Existenz der Kustodie und die Ordensstruktur in der sächsischen Franziskanerprovinz massiv gefährdete. Das war aus Sicht der Provinzleitung nicht hinnehmbar. Doch offenbarte sich in diesem Zusammenhang auch, in welchem Dilemma sich Döring als Provinzial und seine Parteigänger befanden. Die Notwendigkeit von Reformen wurde erkannt. Doch ging die Reform der Observanten zu weit, da so die Ordensprovinz (endgültig) auseinanderzubrechen drohte. Dazu kam, dass die von Nikolaus von Kues in Erfurt eingesetzte Reformkommission den Versuch unternahm, in der Erfurter Ordensniederlassung die Reform einzuführen. Gemessen an der zentralen Bedeutung des Erfurter Klosters mit dem hier bestehenden Generalstudium musste das für den Fortbestand der sächsischen Ordensprovinz katastrophale Folgen haben. Vor diesem Hintergrund verfasste Döring im Spätherbst 1451 eine *Informatio de regula fratrum minorum*. Flankierend dazu entstanden wohl in Dörings Auftrag 1452 die ausschließlich in der Berliner Handschrift überlieferten *Notae in declarationem regulae fratrum minorum Martinianam*. Ihr Urheber war der an der Spitze des Erfurter Generalstudiums stehende, das Vertrauen Dörings genießende Franziskanertheologe Nikolaus Lakmann. Mit seiner auf den Martinianischen Konstitutionen fußenden *Informatio* eröffnete Döring einen dritten Weg, für den Lakmanns ausführlicher, insbesondere zur Armutsfrage Stellung beziehender Kommentar der Martinianischen Konstitutionen noch einmal den notwendigen theoretischen Unterbau lieferte. Damit wurde ein Weg aufgezeigt, der unter Rückgriff auf die Martinianischen Konstitutionen und im Einvernehmen mit der Provinzspitze eine Reform der Ordensniederlassungen in der sächsischen Franziskanerprovinz ermöglichte und der zugleich den Fortbestand der Ordensprovinz sicherte. Dieser Reformrichtung schloss sich zu einem unbekannten Zeitpunkt auch die Erfurter Ordensniederlassung an. Nachweislich bildeten die Konstitutionen Martins V. zu Beginn des 16. Jahrhunderts die Grundlage für das regelkonforme Leben im Erfurt Konvent. So verzichteten die Erfurter Franziskaner bzw. der Vorsteher ihres Termineihauses in Sülzenbrücken (Ilm-Kreis) auf Liegenschaften, da ihnen die Martinianischen Konstitutionen Grundbesitz und feste Zinseinkünfte verboten. FJS

Achten, Handschriften 1,1, S. 138 – 140. Delcerno, Quomodo, S. 151 f. Doelle, Martinianische Reformbewegung, S. 39 f. Honemann, Reformbewegungen, S. 71 – 101. Weigel, Observanzbewegung, S. 129 – 132. Weigel, Ordensreform, S. 168 – 238, 377 – 389.

IV.19

Mit Hilfe des Buchdruckes werden die Rechte, Freiheiten und Ablässe des Franziskanerordens kommuniziert

Privilegia et indulgentiae fratrum minorum ordinis sancti Francisci
Leipzig: Konrad Kachelofen, 1495 (ISTC ip00979000).

Druck ▪ 20 Blatt ▪ StadtA Nordhausen, B 61-1

In Leipzig erschien 1495 in der Druckerei von Konrad Kachelofen eine Zusammenstellung von Privilegien und Ablässen des Franziskanerordens. Den Kern der Sammlung bilden drei umfangreiche Privilegien, die Papst Sixtus IV. in den siebziger Jahren des 15. Jahrhunderts zu Gunsten der Franziskaner erließ. Als Angehöriger des Franziskanerordens und ehemaliger Generalminister des konventualen Ordenszweiges förderte Sixtus IV. mit Nachdruck die als Ordensverband durch interne Auseinandersetzungen vor einer Zerreißprobe stehenden Franziskaner, deren ältere Privilegien er bestätigte, wobei er die hier gewährten Rechte und Freiheiten z. T. an die aktuellen Verhältnisse anpasste, z. T. auch erheblich erweiterte. Es sind das die wegen ihrer rechtlichen Tragweite auch als *Mare magnum* bezeichnete, alle bisher verliehenen Freiheiten ausdrücklich bestätigende Bulle *Regimini universalis ecclesiae* von 1474, die Bulle *Dum fructus ubereres* von 1472 sowie die an alle Bettelorden adressierte, als *Bulla aurea* bezeichnete Bulle *Sacri praedicatorum et minorum fratrum* von 1479. Insbesondere mit der *Bulla aurea* stärkte Sixtus IV. noch einmal nachdrücklich die Seelsorgerechte der Bettelorden. Aus der Sicht des Weltklerus bedeutete das einen Rückschritt, da die den Bettelorden gewährten Rechte die von Papst Bonifatius VIII. erlassene und auf dem Konzil von Vienne bestätigte Bulle *Super cathedram* weitgehend aushebelte. Den drei Bullen von Sixtus IV. geht eine bei näherer Betrachtung recht willkürlich vorgenommene Zusammenstellung von Privilegien und Ablässen voran, die der Franziskanerorden, beginnend mit Papst Alexander IV., von seinen Amtsvorgängern sowie von ihm selbst erhalten hatten. Auch hier stehen die den Franziskanern verliehenen Seelsorgerechte sowie ihre Befreiung von der Jurisdiktionsgewalt der Ortsbischöfe im Zentrum. Einen Ablass von 4447 Jahren und 36 Tagen verheißen parallel dazu die hier enthaltenen Ablässe. In den Archiven der italienischen Niederlassungen vorhandene Bullen bildeten dabei die Grundlage für die den Inhalt in stark komprimierter Form referierende Zusammenstellung. So verhält es sich auch mit den Vorlagen für die Bullen, die Sixtus IV. dem Franziskanerorden verlieh. Entstanden ist die Ende der achtziger Jahre sowie in den neunziger Jahren des 15. Jahrhunderts wiederholt zum Druck gebrachte Sammlung in Italien. Doch bleiben die Entstehungsumstände unbekannt, ebenso die Rolle der daran beteiligten, z. T. auch namentlich fassbaren Personen. Für den Leipziger Druck Kachelofens diente wohl eine um 1492 in Florenz erschienene Ausgabe als Vorlage (ISTC ip00978300). Ob Kachelofen den Druck im Auftrag der sächsischen Franziskanerprovinz ausführte, kann nur vermutet werden. Doch ist unverkennbar, dass eine Drucklegung im Interesse des Ordens lag. Das wird zugleich als ein Hinweis zu verstehen sein, dass sich der Orden der Rolle und Möglichkeiten des Buchdrucks im öffentlichen Diskurs durchaus bewusst war und sie zu nutzen verstand. Dass im deutschsprachigen Raum und hier insbesondere in der sächsischen Franziskanerprovinz ein Markt für die Sammlung existierte, unterstreicht die Tatsache, dass ebenfalls in Leipzig 1498 im Verlag von Wolfgang Stöckl eine Neuauflage (ISTC ip00977000) herauskam. Davon unbenommen zirkulierten in der sächsischen Franziskanerprovinz ordensintern vergleichbare Zusammenstellungen auch handschriftlich. Hierzu gehört eine 1455 in Erfurt von Hermann Greve publizierte Sammlung, die 32 Bullen umfasste. Veröffentlicht hatte sie Greve, Kantor am Erfurter Kollegiatstift St. Severi, in seiner Funktion als subdelegierter Konservator der Rechte der Franziskaner der sächsischen Provinz auf Bitte des bedeutenden Erfurter Hochschullehrers und Franziskaners Nikolaus Lakmann. FJS

Alltag und Frömmigkeit, S. 357 f. Honemann, Schrifttum, S. 643 – 645. Sehi, Bettelorden, S. 383 – 388. Ulpts-Stöckmann, Konkurrenz, S. 224 – 226. Weigel, Urkunden, S. 314 – 320.

IV.20 ▸ Abb. 45

Trotz Kontrolle werden die Reformbestimmungen in den Erfurter Frauenklöstern immer wieder unterlaufen

Der Abt des Erfurter Petersklosters und der Erfurter Augustiner-Eremit Johannes von Paltz verkünden als vom Mainzer Erzbischof Berthold von Henneberg in der Sache eingesetzte Visitatoren ein die Aufrechterhaltung der Klosterzucht in den Erfurter Frauenklöstern einschärfendes Mandat des Erzbischofs
Erfurt, 14. Mai 1485

Ausfertigung ▪ Pergament. 44 × 28,7 cm ▪ StadtA Erfurt, 0 – 1/VII-345

Die Einführung der Klosterreform verlief meist nicht ohne Auseinandersetzungen und zog sich nicht selten über Jahre, in Einzelfällen auch über Jahrzehnte hin. Noch schwieriger war es oft jedoch, die strenge klösterliche Lebensweise auch dauerhaft durchzusetzen. Eine besondere Herausforderung konnte die Aufrechterhaltung der Observanz in Frauenklöstern darstellen, die gerade in den größeren städtischen Zentren nicht nur als Versorgungsinstitute für Teile der weiblichen Nachkommenschaft der städtischen Eliten dienten. Ausgehend von den mit den Niederlassungen verbundenen Schulen entwickelten sie sich zu Zentren weiblichen Lebens in der Stadt. Auch Erfurt bildete hier mit seinen Frauenklöstern keine Ausnahme, den Augustinerchorfrauen im Neuwerkskloster, den Weißfrauen am Anger, den Zisterzienserinnen im Martinskloster und den in der zweiten Hälfte des 15. Jahrhunderts umgesiedelten Benediktinerinnen aus dem Cyriakskloster. Hinweis dafür ist ein Mandat, das der Mainzer Erzbischof Berthold von Henneberg im Frühjahr 1485 erließ und das an den Türen aller Erfurter Kirchen angeschlagen wurde. Im Zentrum steht die strenge Beachtung der Klausur. Wie weit sich die tatsächlichen Verhältnisse von dem auf eine strenge Beachtung der klösterlichen Zucht ausgerichteten Reformideal entfernt hatten, illustrieren eindrucksvoll die Bestimmungen. Bei der Strafe der Exkommunikation wurde Klosterfremden das Betreten der Klausur untersagt. Weiter erging ein Verbot, in der Kirche an die Schranken heranzutreten, um mit den Nonnen ins Gespräch zu kommen oder sich mit ihnen in Verbindung zu setzen. Zuletzt wurden die Vorsteherinnen der Frauengemeinschaften ermahnt, nicht ohne triftigen Grund das Kloster zu verlassen, um sich in der Stadt aufzuhalten. Die Schärfe der Erläuterungen, die auf die Bestimmungen folgen, lässt keinen Zweifel daran, dass die Maßnahmen in Reaktion auf die tatsächlichen Verhältnisse angeordnet wurden. Das bedeutet, dass die Aufrechterhaltung der Klosterdisziplin drei Jahrzehnte nach Beginn des Reformprozesses in Erfurt in den weiblichen Klostergemeinschaften große Defizite aufwies. Diese Tatsache bestätigen zeitgenössische Schilderungen, die als eine wichtige Ursache dafür die Rolle der Frauenklöster für die weiblichen Eliten und die daraus resultierende Einbindung in die Stadt ausmachten. Ist doch dabei zu beachten, dass die Angehörigen eines Frauenklosters das Leben in einem Kloster meist notgedrungen antraten. Oft hatten die kaum dem Kindesalter entwachsenen Frauen, die in die Familienverbände enger eingebunden waren als ihre männlichen Altersgenossen, die Entscheidung nicht aus freien Stücken getroffen. Vielmehr war die Notwendigkeit ihrer Versorgung – und die daraufhin von den Familienoberhäuptern getroffenen Entscheidungen – meist Motiv und Ursache für den Klostereintritt. Die Aufwendungen für eine Eheschließung beliefen sich auf das Zehnfache der Kosten, die mit der Unterbringung in einem Kloster verbunden waren. Stand eine Verheiratung – aus finanziellen oder familiären Gründen – nicht zur Disposition, blieb im Spätmittelalter als Alternative nur der Eintritt in ein Kloster. Nach Jahren, nicht selten erst nach Jahrzehnten konnten sich ungezählte Nonnen mit einem Leben im Kloster abfinden und anfreunden bzw. ihren oft zeitlebens wenig geliebten Lebensumständen mit Hilfe mystischer Erfahrung und geistlicher Verklärung
einen tieferen Sinn abgewinnen. Bedeutete doch der Klostereintritt zugleich auch eine lebenslange Trennung von der Familie bzw. den gewohnten und vertrauten Lebensumständen. So erscheint jede, in dem erzbischöflichen Schreiben so scharf kritisierte Gelegenheit, der Strenge des klösterlichen Alltages zu entkommen und den Familien nahe zu sein, nur allzu menschlich. FJS

Frank, Peterskloster, S. 207 – 209. Rüttgart, Klosteraustritte, S. 291 – 294.

IV.21

IV.21/22

Nach Jahrzehnten ist die Reform der Frauenklöster in Erfurt immer noch nicht abgeschlossen

Hermann Steinberg aus Duderstadt, Dekan der Stiftskirche St. Severi, bzw. Heinrich Brambach, Scholaster der Stiftskirche St. Marien, ernennen im Auftrag von Papst Sixtus IV. die Äbte der beiden Benediktinerklöster St. Peter und Paul sowie St. Jakob (Schotten) in Erfurt, des Benediktinerklosters in Paulinzella und des Zisterzienserklosters Georgenthal sowie die Prioren und Gardiane der Erfurter Niederlassungen der Dominikaner, Franziskaner und Augustiner-Eremiten zu Visitatoren aller Erfurter Frauenklöster

(21) Erfurt, 14. März 1481

Ausfertigung ▪ Pergament. 37,5 × 41 cm, Plica 50 cm. Spitzovales Wachssiegel des Dekans Hermann Steinberg aus Duderstadt an Hanfschnur ▪ BA Erfurt, St. Marien, Stift, Urk. 1 / 1211

(22) Erfurt, 6. September 1483

Ausfertigung ▪ Pergament. 42 × 40,5 cm, Plica 8 cm. Spitzovales Wachssiegel des Scholasters Heinrich Brambach an Pressel ▪ StadtA Erfurt, 0 – 0/A XXV-14

IV.21

Am 2. März 1478 erteilte Papst Sixtus IV. dem Dekan und dem Scholaster der Erfurter Stiftskirchen den Auftrag, Visitatoren für die Erfurter Frauenklöster zu ernennen. Wie der Papst mitteilt, wurde er durch den Erfurter Rat darum gebeten. Im Rahmen seiner Legationsreise hatte sich Nikolaus von Kues 1451 auch in Erfurt aufgehalten und hier nach entsprechender Intervention von Vertretern der Stadt eine von ihm noch einmal im Juli 1451 bestätigte Reformkommission eingesetzt. Sie sollte in den noch nicht reformierten Männer- und Frauenklöstern in Erfurt die Reform einführen und künftig für die Einhaltung der Reform sorgen. Daraufhin wurden die vier Erfurter Frauenklöster, das Neuwerkskloster (Augustinerchorfrauen), das am Anger gelegene Magdalenerinnenkloster (Weißfrauen), das Kloster St. Marin im Brühl (Zisterzienserinnen) und das im 15. Jahrhundert in die Stadt verlegte Cyriakskloster (Benediktinerinnen) reformiert. Da zwischenzeitlich mehrere Visitatoren verstorben waren bzw. aus Altersgründen ihre Aufgaben nicht mehr wahrnehmen konnten, oder aus anderen Gründen auch nicht wahrnehmen wollten, sollten diese nun ersetzt werden. Zu Visitatoren wurden auch die Vorsteher der drei großen Erfurter Bettelordenskirchen ernannt, der Prior der Dominikaner, der Guardian der Franziskaner und der Prior der Augustiner-Eremiten. Seiner päpstlichen Beauftragung kam Hermann Steinberg, Dekan des Erfurter Severistiftes, mit der im März 1481 ausgefertigten Urkunde nach. Noch einmal wurde die von Sixtus IV. erteilte Beauftragung zwei Jahre später am 6. September 1483 von Heinrich Brampach, Scholaster am Erfurter Marienstift, auf dringendes Ersuchen von Johannes Kyps, Syndikus der Stadt Erfurt, bekannt gemacht. Demnach hatten der päpstlichen Beauftragung nicht alle der eingesetzten Visitatoren bislang Folge geleistet bzw. war ein Teil der Aufgabe bislang nicht nachgekommen, die strenge Observanz in den Nonnenklöstern zu überwachen und für ihre Beachtung zu sorgen. Offensichtlich gehörten dazu auch die Visitatoren aus dem Kreis der in Erfurt ansässigen Bettelorden. Das geht aus Zusätzen auf der Rückseite der Ausfertigung von 1483 hervor. Danach weigerte sich der Prior der Niederlassung der Erfurter Augustiner-Eremiten, die zu den Weißfrauen enge Kontakte pflegten, auch weiterhin, die Beauftragung anzunehmen. Die Vorsteher der Niederlassungen der Franziskaner und Dominikaner hingegen versprachen, als ihnen Brambachs Aufforderung gezeigt und eine Abschrift übergeben wurde, der Beauftragung nun Folge zu leisten. FJS

Acta Cusana 1, Nr. 1341 und 1487. Benl, Altera Roma, S. 50 – 53. Benl, Zeit Luthers, S. 65.

IV.23

Im Zuge des planmäßigen Ausbaus ihrer Erfurter Ordensniederlassung wird das Klosterareal der Augustiner-Eremiten erweitert

Der Komtur der Deutschordensballei Griefstedt verkauft der Erfurter Niederlassung der Augustiner-Eremiten ein zur Pfarrei St. Nikolaus gehörendes, an das Klostergelände angrenzendes Grundstück
Erfurt, 19. Mai 1482

Ausfertigung ▪ Pergament. 26,3 × 18,5 cm, Plica 4,2 cm. Rundes Wachssiegel des Komturs an Pressel ▪ BA Erfurt, St. Marien, Stift, Urk. Nik. 74

Das letzte Drittel des 15. Jahrhunderts und die ersten beiden Jahrzehnte des 16. Jahrhunderts bilden bei den Erfurter Augustiner-Eremiten eine Phase intensiver Bautätigkeit. Neben Umbaumaßnahmen wurde eine Reihe von Neubauten errichtet. So entstand die neue Priorei, zuletzt bis 1518 der Bibliotheksbau. Um den nötigen Platz zu haben, wurden an das Klostergelände anstoßende Grundstücke erworben, darunter auch eine Grundfläche, die zum Grundbesitz der Pfarrei St. Nikolaus gehörte. Die Pfarrei war dem Deutschen Orden inkorporiert. Das Gelände erwarb die Niederlassung der Augustiner-Eremiten für zweihundert Rheinische Gulden. Darin inbegriffen war das Recht, bis an die Grundstückgrenzen Gebäude zu errichten. Dem Pfarrer der Nikolaikirche mussten sie fortan eine jährliche Pacht entrichten. Bei der Ausfertigung handelt es sich um ein Chirograph bzw. einen Kerbschnittbrief. Dabei wurde die Urkunde ursprünglich auf einem Pergamentblatt doppelt ausgefertigt, im Anschluss das Blatt hier mit einer Wellenlinie durchgeschnitten. Bei Rechtsstreitigkeiten mussten Käufer und Verkäufer dann ihre Ausfertigungen vorlegen. Passten die – hier wellenförmigen – Schnittkanten aneinander, waren beide Ausfertigungen echt. FJS

UBESK 3, Nr. 290 (nach Abschrift). Kunstdenkmale 2.1, S. 78.

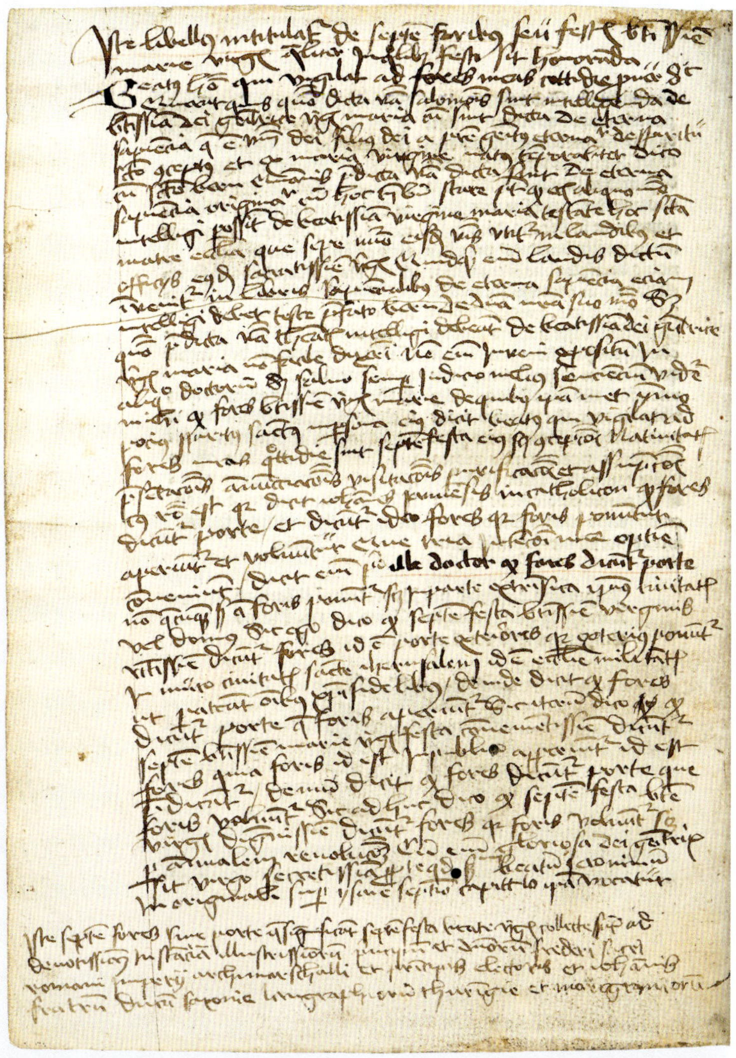

IV.25

IV.24 ▸ Abb. 56

Nach jahrzehntelangen Vorarbeiten werden die Konstitutionen der sächsischen Reformkongregation der Augustiner-Eremiten verabschiedet und gedruckt

Johannes von Staupitz: Constitutiones Fratrum Heremitarum sancti Augustini ad apostolicorum priuilegiorum formam pro Reformatione Alemanie (regula beati patris nostri Augustini eiscopi).
Nürnberg, Hieronymus Hölzel, nach dem 25. Mai 1504 (VD 16 A 4142)

Druck ▪ 55 Blatt ▪ ThULB Jena, 8 Hist.eccl. VIII,10

Wie viele Ordensgemeinschaften des späten Mittelalters waren auch die meisten Bettelorden am Vorabend der Reformation tief gespalten und pro oder contra Reform in rivalisierende Fraktionen zerfallen.
Unmittelbar im Anschluss an das Konzil von Konstanz forderte Papst Martin V. den Orden der Augustiner-Eremiten mit der Bulle *Etsi cunctos ordines* zur Ordensreform auf. Die Anfang August 1419 erlassene Bulle zeigte bald Wirkung. Protegiert von den Generalprioren Augustinus Favaroni von Rom und Gerhard von Rimini vereinigten sich die zur Observanz übergetretenen Niederlassungen zu eigenständigen und von den Provinzen unabhängigen Reformkongregationen. In der sächsischen Ordensprovinz erfolgte der Zusammenschluss 1422. Der bedeutende Erfurter

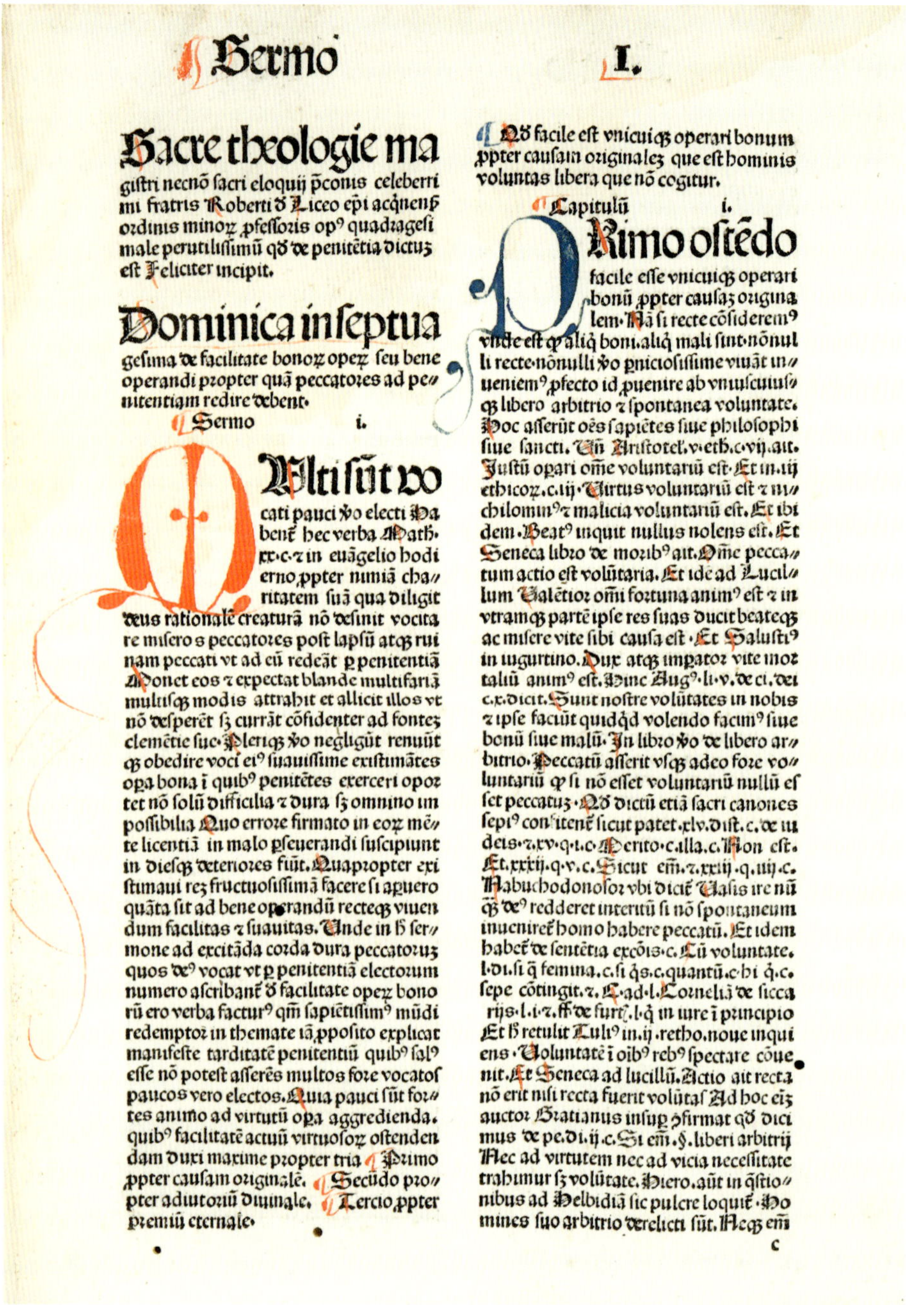

IV.26

Ordenstheologe Johannes Zachariae stand als erster Generalvikar an ihrer Spitze. Nachhaltig gestärkt wurde die Stellung der sächsischen Kongregation durch Privilegien, die Papst Eugen IV. Ende der dreißiger Jahre des 15. Jahrhunderts verlieh. Sie erhielt das Recht, ihren Vikar selbst zu bestimmen. Die Kongregation selbst wurde unmittelbar dem Generalprior des Gesamtordens unterstellt. Damit waren die Voraussetzungen geschaffen, um die Reform erfolgreich weiterführen zu können. Eine spürbare Intensivierung erfuhr der Reformprozess seit den frühen sechziger Jahren des 15. Jahrhunderts, nachdem es dem Generalvikar Andreas Proles gelungen war, die Landesherren und städtischen Führungsschichten mit ihren politischen und kirchenpolitischen Absichten für die Reform zu gewinnen. Bis zur Jahrhundertwende vergrößerte sich die Zahl der Konvente, die zur Reformkongregation gehörten, von sechs auf 27. Ein spürbares Defizit bestand nur dahingehend, dass der Reform als Instrument Satzungen fehlten, die das Ordensleben im Einzelnen regelten und Allgemeingültigkeit besaßen. Erst nachdem Johannes von Staupitz die Leitung der Reformkongregation übernommen hatte, konnte Abhilfe geschaffen werden. In Nürnberg wurde die Drucklegung der kurz vorher in Kraft gesetzten *Constitutiones fratrum eremitarum sancti Augustini* nach dem 25. Mai 1504 vollendet. Pläne für ihre Herausgabe hatten bereits Anfang der sechziger Jahre des 15. Jahrhunderts bestanden. Vorangestellt sind den 51 Kapitel umfassenden *Constitutiones* im Nürnberger Druck die Augustinusregel sowie die Vorrede der Regensburger Konstitutionen von 1291. In Staupitz' nicht immer glückliches Agieren als Generalvikar und taktierender Vermittler zwischen den Parteiungen wurde auch der junge Ordensfunktionär Martin Luther hineingezogen, der entlang der Frage von Autonomiebehauptung und Wiedervereinigung in seinem zerstrittenen Erfurter Konvent zwischen alle Stühle geriet. Die Regel enthält auch zahlreiche Bestimmungen zu Ämterwahlen, Klostervisitationen und Bußstrafen, die für Luthers Vorgehen als Amtsträger der Kongregation maßgebend waren. AH FJS

von Staupitz, Schriften 5, S. 119 – 319. Kunzelmann, Augustiner-Eremiten 5, S. 447.

IV.25

Zeitgenössische Marienfrömmigkeit

Johannes von Paltz, Die sieben Pforten oder Feste der Mutter Gottes
Erfurt, um 1510/11

Handschrift ▪ Papier. 14 Blatt. 3,5 × 15,5 cm ▪ Teil eines Sammelbandes. Erfurter Halbledereinband mit Blindpressung. Werkstatt Blüte Raute (EBDB w002584) ▪ BA Erfurt, 8° Dc 4211 (R)/13

Zu den bedeutendsten Augustiner-Eremiten Erfurts im 15. Jahrhundert gehörte Johannes Jeuser aus Paltz. Den kurzen, zentrale Fragen der Marienverehrung thematisierenden Traktat verfasste Paltz 1491 für Johannes und Friedrich von Sachsen. Diese hatten ihn 1490 gebeten, zu theologischen Fragen, die Aspekte der aktuellen Frömmigkeitspraxis betrafen, Stellung zu beziehen. Im Mittelpunkt der Betrachtung steht die unbefleckte Empfängnis Mariens, deren außergewöhnliche Bedeutung Paltz betont. Sie wird umfassend am Beispiel der sieben wichtigsten Marienfeste erläutert. Damit lassen sich die Betrachtungen zur unbefleckten Empfängnis zugleich als Anleitung für die tägliche Marienverehrung benutzen. Der Traktat erschien gedruckt erstmalig um 1492/93. Die bislang unbekannte Erfurter Handschrift entstand um 1510/11. Da erst nachträglich von anderer Hand die Vorrede der Druckausgabe ergänzt wurde, diente möglicherweise eine Handschrift als Vorlage. Damit würde sich auch eine Reihe von Abweichungen im Text zu den zeitgenössischen Drucken erklären. Vorgebunden sind als Drucke die beiden Hauptwerke von Paltz, die *Coelifodina* (VD 16 J 253) und das *Supplementum coelifodinae* (VD 16 J 257), die zusammen ein vielbenutztes Kompendium für den pastoralen Gebrauch ergeben. Der um 1510/11 in Erfurt entstandene Sammelband gehörte dem Erfurter Theologen Johannes Lupi. Er war zuletzt Dekan am Erfurter Marienstift und ein entschiedener Gegner der Reformation. Nach Lupis Tod ging der Band 1533 in den Besitz der Büchersammlung am Marienstift über. FJS

Johannes von Paltz, Opuscula, S. 285 – 354. Hamm, Johannes von Paltz. Pilvousek, Prälaten, S. 178 – 180. Stewing, Buchbesitz.

IV.26

Neue Frömmigkeit

Gabriel Biel, Predigten
Tübingen, Johann Otmar für Friedrich Meynberger, 1499/1500 (GW 4340)

Druck ▪ Pergamenteinband des 16. Jahrhunderts ▪ BA Erfurt, 2° Ink. 137

Der zuletzt in Tübingen lehrende Gabriel Biel studierte von 1451 bis 1457 an der Erfurter Universität Theologie. In den sich daran anschließenden Lebensstationen verschaffte sich Biel insbesondere auch als Prediger Geltung. Seine Predigten erschienen erstmalig 1499 und 1500 in mehreren Teilen. Herausgeber war Wendelin von Steinbach, ein Schüler Biels. Für die Herausgabe bearbeitete und kürzte Steinbach die ihm in lateinischer Sprache vorliegenden, zu einem großen Teil bis heute auch handschriftlich überlieferten Predigten. Gehalten hat sie Biel in deutscher Sprache. Die Predigten selbst sind Ausdruck von Biels tiefer, durch Mystik und Devotio moderna geprägter persönlicher Frömmigkeit. FJS

Bubenheim, Biel. Metz, Biel.

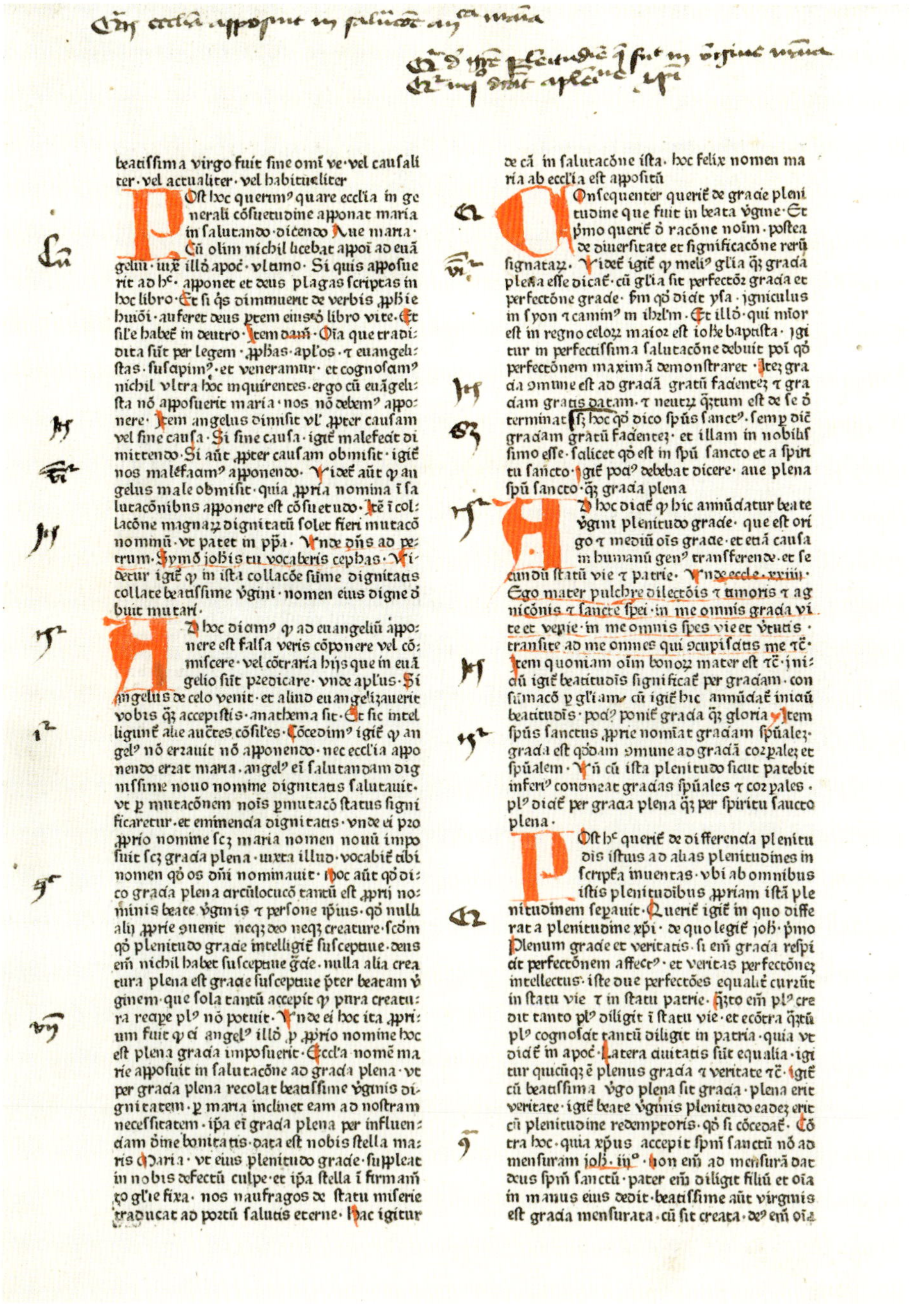

IV.27

IV.27

Marienlob und Marienverehrung

Pseudo-Albertus Magnus, Mariale sive de laudibus Mariae
Straßburg, Johann Mentelin, nicht nach 1473 (GW 680)

Druck ▪ Erfurter Rindsledereinband mit Blindpressung. Werkstatt von Johannes Helmstatt (EBDB w000841) ▪ Teil eines Sammelbandes ▪ BA Erfurt, 2° Ink 8

Das auch als *Laus virginis* bzw. *Mariale super missus est* überlieferte *Mariale sive de laudibus Mariae* ist eine breit angelegte und stellenweise theologisch übersteigerte Verherrlichung bzw. Verklärung der Gottesmutter. Das Werk gehört zu den bedeutendsten, zugleich auch erfolgreichsten mariologischen Schriften des Hoch- und Spätmittelalters. Zugeschrieben wurde das *Mariale* bis in die Neuzeit dem überragenden dominikanischen Gelehrten Albertus Magnus (um 1200 – 1280). Entstanden ist das Werk jedoch erst Ende des 13. Jahrhunderts in Österreich. Möglicherweise wurde es von dem Benediktiner Engelbert von Admont (um 1250 – 1331) verfasst. FJS

Fries, Namen, S. 1 – 84. Kolping, Frage. Schmitz, Verbreitung, S. 3 f.

STATT REFORM REFORMATION

Die Bettelorden und die Einführung der lutherischen Lehre in Erfurt

Im Zeichen von Reformation und Bauernkrieg beschleunigte sich der seit Jahrhunderten anhaltende innerkirchliche Reformdiskurs in einer Weise, die zu Verwerfungen ungekannten Ausmaßes und von den Beteiligten vielfach kaum vorhergesehenen Konsequenzen führte. Martin Luther gelangte auch aus den ambivalenten Erfahrungen seiner Klosterzeit heraus zu einem neuen Verständnis von Glaube, Gerechtigkeit und allgemeinem Priestertum, die ihn zur Ablehnung allen leistungsbezogenen Gnadenerwerbs und später zum radikalen Bruch mit den Mönchsgelübden und dem monastischen Lebenskonzept insgesamt führte. Ausgehend von der Ablasskontroverse wurde auch aus den eigenen Reihen heraus die kommerzialisierte Heilspraxis der Bettelorden zunehmend in Frage gestellt. Gerade in Erfurt kam es zu einer Spaltung der Konvente und zu regelrechten Kanzelkriegen, die frühere Mitbrüder zu erbitterten Kontrahenten werden ließ. Die sich über Jahrzehnte hinziehende Auflösung der Konvente und die Verwandlung ihrer Gotteshäuser in evangelische Pfarrkirchen veränderte die Sakraltopographie Erfurts nachhaltig und erhob Schulbildung und Armenfürsorge sowie die Wahrung konfessioneller Toleranz in den Rang einer stadtpolitischen Daueraufgabe.

DIE BETTELORDEN UND DIE EINFÜHRUNG DER REFORMATION IN ERFURT

Andreas Lindner

Wer sich mit den Bettelorden und der Einführung der Reformation in Erfurt beschäftigt, der stößt auf eine Geschichte von Aufbruch und Widerstand, die sich im Ringen um die Reformation der Stadt in ganz besonderer Weise an diesen Orden festmacht.

Über einen Zeitraum von gut 50 Jahren hatten sich die drei Orden der Franziskaner 1224, der Dominikaner 1229 und zuletzt der Augustiner-Eremiten, endgültig 1276 an der Gera angesiedelt.[1] Ihr Wirken in Form von alltagsbegleitender Predigt und Seelsorge sowie der Fürbitte für die Verstorbenen – für die Menschen des Mittelalters in uns heute kaum noch vorstellbarer Weise konstitutive Bestandteile ihres Lebens – war sehr segensreich. Das materielle Echo auf diese Zuwendung zu den Menschen in ihren religiösen Ängsten, auf die in heilige Rituale gegossenen Tröstungen und Hoffnungen ermöglichte es ihnen, die größten Kirchen in der Stadt zu bauen. Während die ebenso imposanten Stiftskirchen St. Marien und St. Severi und die Kirche des Petersklosters zum Selbstzweck heiliger Repräsentation auf zwei Hügel über der Stadt gesetzt wurden, sagen die Kirchen der Bettelorden etwas über die Marktsituation von religiösem Angebot und religiöser Nachfrage im späten Mittelalter. Wie riesige Schiffe liegen sie seit dem 14. Jahrhundert bis heute in der Stadtlandschaft mitten unter den Häusern der Bürger. In ihrem Inneren schmückten bzw. schmücken die Wappen der städtischen Patriziergeschlechter (Barfüßerkirche) und der Zünfte (Predigerkirche) viele Schlusssteine ihrer Gewölbe. In den dazugehörigen Klöstern wurde zudem wissenschaftlich-theologisches Arbeiten in einer Weise gepflegt, dass die drei Konvente am Ende dieses Jahrhunderts zu praktischen Geburtshelfern der Erfurter Universität wurden. Theologie in und aus Erfurt war immer auch die Theologie der Schulen dieser drei Orden.

Dass es Krisen der monastischen Lebensweise in den einzelnen Konventen gab, war normal und ist dem Phänomen des Ordenslebens inhärent. Jede Gründergeneration beginnt mit einem Überschuss an Elan, der auch noch auf die zweite und dritte Generation ihrer Nachfolger ausstrahlt, die die Gründerväter noch kennen. Spätestens ab der vierten Generation aber steht die Frage im Raum, wie der Ernst des Anfangs zu interpretieren sei. Bequeme Antworten werden möglich, weil »der Elan […] erschlafft und einer Alltäglichkeit weicht«.[2] Innerhalb der Orden versuchten dem die Observantenbewegungen gegenzusteuern. Das waren Fraktionen, die auf die strenge Beachtung aller Regelwerke, von der Bibel über die jeweilige Ordensregel bis hin zu den spezifischen Ordenskonstitutionen, in den Konventen achteten. Am bekanntesten wurden damit in der Geschichte des Mönchtums die »Barfüßer« genannten observanten Franziskaner. Ihre tatsächliche und nominelle Barfüßigkeit[3] wurde zu dem Symbol strengster Armut in der konsequenten Nachfolge Jesu, der seine Jünger, als er sie aussandte, nach Mt 10,10 und Lk 10,3 aufgefordert hatte, nicht einmal Schuhe mitzunehmen. Damit waren sie im 14. Jahrhundert das schlechte Gewissen ihres eigenen Ordens und erst Recht das Gegenbild und sogar ein Problem für die Kurie. Deshalb wurden sie im sogenannten Armutsstreit 1317–1329 von der päpstlichen Inquisition als Häretiker verfolgt. Im Jahre 1459 war der Erfurter Dominikanerkonvent reformiert worden.

In der zweiten Hälfte des 15. Jahrhunderts begann sich dann auch bei den Augustiner-Eremiten eine observante Kongregation auszubilden, die nach 1500 ihren Schwerpunkt eindeutig in der Sächsisch-Thüringischen Provinz unter der Leitung von Johann von Staupitz (um 1465–1524) fand. Auch hier führte das zu einem Konflikt im Gesamtorden und es drohte die Gefahr einer faktischen Spaltung in Observanten und Konventualen, wie sie 1446 bei den Franziskanern kirchenamtlich vollzogen worden war. Dem Erfurter Kloster brachte das immerhin den Ruf einer Stätte strenger Observanz und damit eine große Anziehungskraft ein. Das Leben unter einer solchen Anspannung, von Luther in erinnernden Bemerkungen immer wieder plastisch beschrieben,[4] ließ sich aber nicht auf Dauer durchhalten. Aus dem Briefwechsel zwischen Luther[5] und dem 1516 von ihm als Prior des Erfurter Konvents eingesetzten Johannes Lang (1487–1547) wird ersichtlich, dass die strenge Observanz verloren gegangen war und eine gewisse Hilflosigkeit gegenüber unbotmäßigen Mönchen herrschte. Luther riet Lang, das Ärgernis solcher Brüder in der Gemeinschaft zu tragen, wie Christus die Schande aller getragen habe.[6] Praktisch versuchte man solche Probleme durch Versetzungen in andere Konvente zu beherrschen,[7] in denen es aber auch nicht besser aussah.[8]

Auch die Erfurter Konvente der Dominikaner und Franziskaner befanden sich seit der Jahrhundertwende in einer deutlichen Lethargie. Das lässt sich am Niedergang ihrer theologischen Studienstätten ablesen. 1498 war der Regens des Generalstudiums der Dominikaner Nikolaus Marquitz wegen Vernachlässigung seiner Amtspflichten abgesetzt worden. Seine beiden Nachfolger Johannes Keltz, bis 1526, und Caspar Ebur, bis 1534, hatten nicht die Energie und das Format, dem Studium neue Anziehungskraft zu verleihen. Die Franziskaner fielen für den theologischen Lehrbetrieb sogar ganz aus. Nur die Augustiner-Eremiten konnten der Universität mit Lang und dem altgedienten Regens Johann Nathin noch namhafte Theologen stellen.

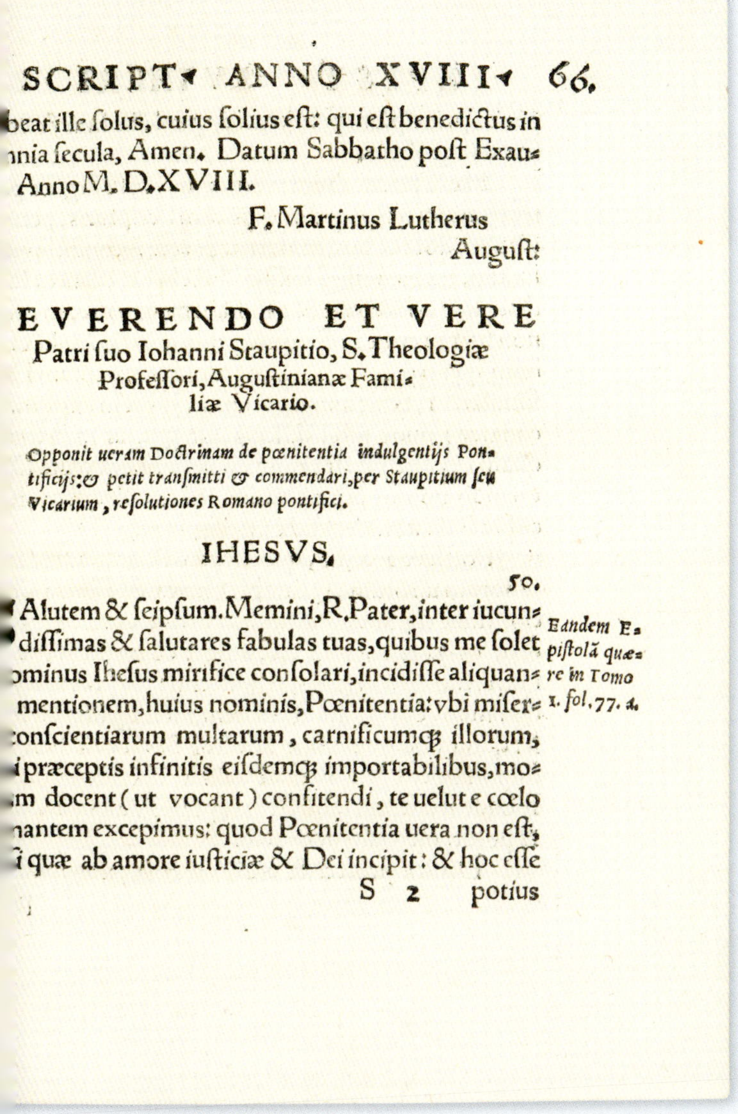

SCRIPT. ANNO XVIII. 66.

beat ille solus, cuius solius est: qui est benedictus in
nia secula, Amen. Datum Sabbatho post Exau-
Anno M. D. X VIII.

F. Martinus Lutherus
Augus:

EVERENDO ET VERE
Patri suo Iohanni Staupitio, S. Theologiæ
Professori, Augustinianæ Fami-
liæ Vicario.

*Opponit ueram Doctrinam de pœnitentia indulgentijs Pon-
tificijs: & petit transmitti & commendari, per Staupitium seu
Vicarium, resolutiones Romano pontifici.*

IHESVS.

50.

Alutem & seipsum. Memini, R. Pater, inter iucun-
dissimas & salutares fabulas tuas, quibus me solet
ominus Ihesus mirifice consolari, incidisse aliquan-
mentionem, huius nominis, Pœnitentia: vbi miser-
conscientiarum multarum, carnificumque illorum,
i præceptis infinitis eisdemque importabilibus, mo-
m docent (ut vocant) confitendi, te uelut e cœlo
nantem excepimus: quod Pœnitentia uera non est,
i quæ ab amore iusticiæ & Dei incipit: & hoc esse
S 2 potius

*Eandem E-
pistolã quæ-
re in Tomo
1. fol. 77. a.*

Abb. 50 Brief Martin Luthers an Johann von Staupitz (Kat.-Nr. V.19)

Dieses Mal steuerten die Ereignisse aber auch nicht auf die nächste periodische Erneuerung monastischen Lebens zu, sondern es kam die Reformation. Das konnte man damals natürlich nicht ahnen. Konkret kam zunächst der gebannte und in seinem Orden schon kaum noch wohlgelittene Martin Luther am 6. April 1521 nach Erfurt und hielt am Ostersonntag, dem 7. April, eine aufwühlende reformatorische Predigt. Er sprach über die Nutzlosigkeit der Gerechtigkeit aus eigenen Werken und die Rechtfertigung aus dem Glauben an Christus. Darüber hinaus griff er die Geistlichkeit als Stand scharf an. Er warnt davor, in diesen Stand einzutreten, wenn man dadurch nicht predigen und Nächstenliebe üben will, sondern seine eigene Seligkeit sucht.[9] Die seinem Aufenthalt folgenden Auseinandersetzungen vor allem innerhalb der Universität und der beiden Stifte St. Marien und St. Severi schaukelten sich schließlich zum Erfurter Pfaffensturm hoch. Vom 10. bis zum 12. Juni 1521 stürmten und plünderten Studenten und Handwerksburschen die Häuser der Stiftsherren. Auch dem musste man noch keine epochale Bedeutung beimessen, denn Erfurt hatte 1509 sein sogenanntes »Tolles Jahr« erlebt und auch überstanden.

Deshalb können wir für das Ende der Erfurter Bettelorden ein anderes Initialereignis annehmen. Das war der Austritt des einstigen Priors und Universitätsprofessors für das Griechische Johanes Lang mit einer Gruppe von 14 Mitbrüdern Mitte Januar 1522 aus dem Konvent der Augustiner-Eremiten. Dieser »Massenaustritt« wirft einige bis heute nicht klärbare Fragen auf. Mit dem Status eines entlaufenen Mönchs war Lang allenfalls Privatmann, ein hierarchischer und sozialer Niemand. Im Gegensatz zur Biographie z. B. Luthers war seine reformatorische Entscheidung zugleich ein völliger Karrierebruch, denn die Universität, wieder fest in altgläubiger Hand, duldete ihn nicht mehr. Im Sommersemester 1522 lehrte der gebürtige Erfurter Magister Johannes Femel (ca. 1490 – 1555), der sich nach einem Wittenbergaufenthalt 1521 von der reformatorischen Bewegung abgewandt hatte, Griechisch.[10] Die Radikalität von Langs Entscheidung dokumentiert sich besonders signifikant im Schicksal seiner Privatbibliothek. Er besaß 600 griechische Handschriften bzw. Bücher, quasi seine Arbeitsgrundlage als Griechischprofessor.[11] Er muss das Kloster fluchtartig und in plötzlichem Entschluss verlassen haben, denn er ließ diese Bibliothek zurück.[12] Lang behauptet 1523 in seiner an Femel gerichteten Schutzrede *Von gehorsam der Weltlichen oberkeit vnd den außgangen klosterleuten*, man habe ihm und anderen heimlich und öffentlich nach dem Leben getrachtet.[13] Hier stellt sich die Frage nach der Glaubwürdigkeit dieser Behauptung, wenn man bedenkt, dass er mit 14 weiteren Brüdern austrat. Zu diesem Zeitpunkt war das mindestens ein Viertel oder gar ein Drittel des gesamten Konvents. Es müsste daher spätestens um den Jahreswechsel 1521/22 schwere Auseinandersetzungen im Erfurter Konvent gegeben haben. So etwas ist aber nicht überliefert.[14] Der letzte Anhaltspunkt für Langs Leben im Augustinerkloster ist seine Mitbeurkundung einer Seelgerätstiftung am 11. Januar 1522.[15] Der 11. Januar 1522 ist innerhalb des Augustiner-Eremitenordens eine Zeitscheide, da in Folge eines Kongregationskapitels

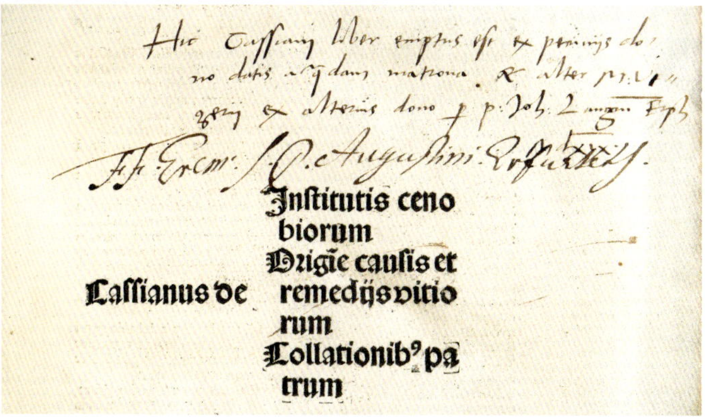

Cassianus de Institutis ceno biorum Origie causis et remediis vitio rum Collationib⁹ pa trum

Abb. 51 Titelseite der Institutio ceno biorum des Johannes Cassianus mit Besitzeintrag von Johannes Lang (Kat.-Nr. V.9)

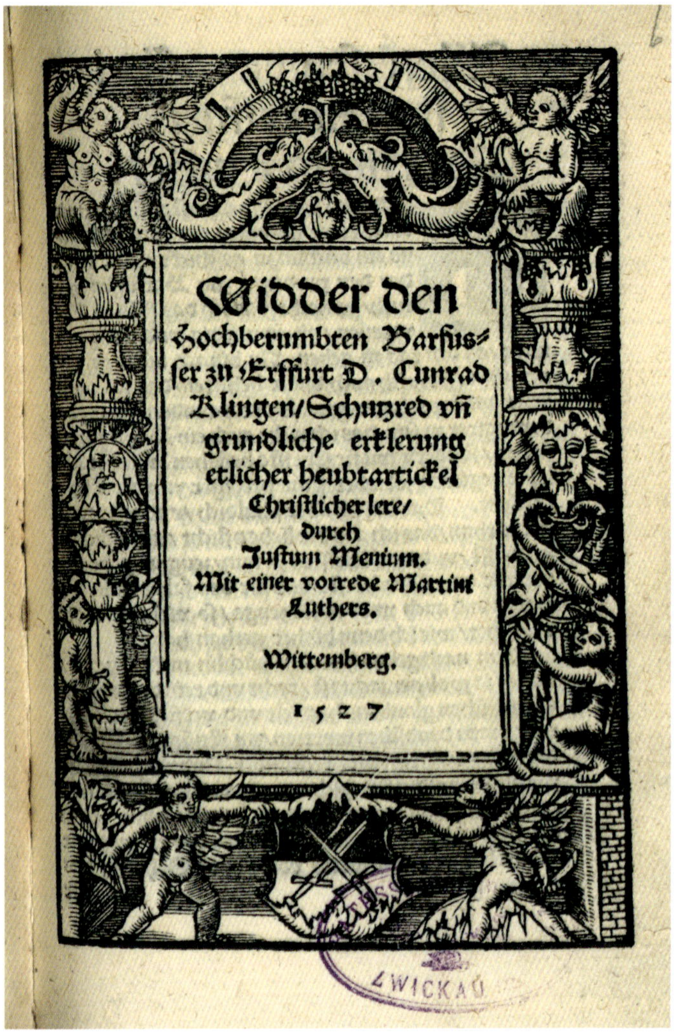
Widder den Hochberumbten Barfusser zu Erffurt D. Cunrad Klingen/ Schutzred vñ grundliche erklerung etlicher heubtartickel Christlicher lere/ durch Justum Menium. Mit einer vorrede Martini Luthers.

Wittemberg.

1527

Abb. 52 Streitschrift des Johannes Menius gegen Konrad Klinge (Kat.-Nr. V.16)

vom 6. bis 10. Januar an eben diesem 11. die Selbstauflösung des Wittenberger Konvents stattfand. Der dortige Prior Konrad Helt verließ das Kloster. Faktisch gewann Lang mit seinem Entschluss die Zeit und den Freiraum, um, von Gönnern finanziell unterstützt, zum Stadtreformator Erfurts zu werden.

Der heftigste Widerstand kam in der Person des 1512 in den Konvent eingetretenen Professors in der Artistenfakultät Bartholomäus Arnoldi von Usingen (um 1462 – 1532) aus seinem eigenen Haus. Usingen war mit seinen 60 Jahren damals bereits ein Mann fortgeschrittenen Alters und in der Universität eine unbestrittene Autorität. Unter ihm hatte Lang 1519 promoviert, und er gehörte durchaus zu den Förderern einer humanistischen Öffnung der Alma mater für die alten Sprachen. Aber Luthers im Jahr zuvor auf der Heidelberger Disputation vertretene theologische Thesen waren ihm zu radikal. Er hatte schon 1519 als Prior Erfahrungen gesammelt und hielt in der Krise von 1522 den Augustinerkonvent wie auch bald die ganze altgläubige Geistlichkeit zusammen. Die beiden Augustiner-Eremiten Lang und Usingen avancierten 1522 zu den Häuptern der beiden Parteien, die sich nun in Erfurt bis zum Bauernkrieg 1525 in öffentlicher Weise unversöhnlich bekämpften. Während Usingen die einzige Stimme im altgläubigen Lager blieb, sekundierten Lang eine Reihe von evangelischen Predigern und Theologen. Dazu gehörte der ebenfalls 1522 aus dem Franziskanerkonvent ausgetretene Aegidius Mechler. Man bekämpfte sich in Form von Predigten und wiederum auf diese Kanzelreden rekurrierenden Streitschriften.[16] Die Themen waren die der Reformation allgemeinen und miteinander verknüpften: das geistliche Amt und die Priesterehe, besonders befeuert dadurch, dass Mechler und Lang 1523 und 1524 heirateten, des Weiteren das Verständnis der Eucharistie, die Gestalt des Gottesdienstes und das Verhältnis zur Obrigkeit. Usingen wechselte mit Souveränität in das theologische Terrain und erwies sich von der Kanzel der Stiftskirche St. Marien als wortgewaltiger Prediger. Da er persönlich völlig integer war, selbst einer Reform der Kirche das Wort redete, nur eben nicht in lutherischem Sinne, und umfassende Schriftkenntnis besaß, war ihm von reformatorischer Seite nicht beizukommen. Allerdings verkannte er den Charakter des Konflikts, den er für einen akademischen hielt. Entsprechend publizierte er seine Predigten und Streitschriften ausschließlich auf Latein, während die Reformatoren mit ihren deutschen Drucken nachhaltigeren Eindruck gerade bei den einfachen Menschen, in der Sprache der Zeit »dem gemeinen Mann« erzielen konnten. Als die Dinge im Januar 1525 auf eine große Disputation im Rathaus zuliefen, verbot der Rat den evangelischen Predigern, die von ihm abhängig waren, die Teilnahme.[17] Die Stadt wollte und konnte sich nicht entscheiden, um den Eindruck offenen Aufruhrs gegenüber ihrem Oberherrn, dem Erzbischof Albrecht von Mainz (1490 – 1545) zu vermeiden. Das hätte unabsehbare politische, ja kriegerische Folgen haben können. Usingen, im Wissen um dieses Dilemma, erschien triumphierend auf dem akademischen Schlachtfeld, blieb allein und verbuchte einen symbolischen Sieg.

Der Krieg kam dann doch in Gestalt eines großen Bauernhaufens und der Rat erkannte seine Chance. Angesichts der aufziehenden Gefahr kam es zu einer Zwangsinventarisierung der Wertsachen und Urkunden aller geistlichen Institutionen in der Stadt. So mussten auch die Bettelordensklöster ihre Kostbarkeiten – es ist vor allem an liturgisches Gerät zu denken – und ihre Dokumente ins Rathaus abgeben. Letzteres wog schwerer, denn nur auf Grundlage der Urkunden waren die Durchsetzung von Rechtsansprüchen und mithin wirtschaftliches Handeln möglich. Auf die kalte Enteignung und Entmündigung der Konvente folgte der heiße Frühling 1525. Am 28. April ließ der Rat die Bauern in die Stadt unter der Maßgabe, nur Klöster und mainzisches Eigentum anzugreifen. Ein Woche lang terrorisierte das einquartierte Landvolk die Konvente, verzehrte und vernichtete deren Vorräte und demolierte die Einrichtung. Selbst die Kirchen wurden davon nicht verschont. Und nun wurden den Bettelorden die großen Schiffe ihrer Kirchen zum Verhängnis. Die reformatorische Predigt erforderte den größtmöglichen Platz für das Volk, und so ist es kein Zufall, dass die evangelischen Prediger sich mit Hilfe der Stadt und der Gunst der Stunde aller drei großen Bettelordenskirchen bemächtigten. Die Mönche wurden jeweils auf ihre Konventsgebäude beschränkt. Usingen hatte die Stadt verlassen, weil er jetzt tatsächlich um Leib und Leben fürchten musste.

Um den neuen Umständen Dauer zu verleihen, wurden die den großen Klöstern umliegenden Gemeinden zusammengefasst und unter allmählicher Aufgabe mancher kleinen Kirche in den großen Ordenskirchen beheimatet. So versammelten sich die reformatorisch gesinnten Gemeindeglieder von St. Bartholomäi, St. Wigberti und St. Viti in der Barfüßerkirche, die Gemeinden von St. Pauli, St. Benedikti und St. Martini intra bei den Predigern, das heißt in der Dominikanerkirche und die Gemeinden von St. Johannes, St. Gotthardt und St. Nikolaus in der Augustinerkirche. Allerdings waren diese Kirchen nicht ohne weiteres für die Zwecke des neuen evangelischen Gemeindelebens und des Gottesdienstritus geeignet. Man kann das bis heute an den langen Chören erkennen, die einst durch Lettner vom Hauptschiff abgetrennt, die eigentliche Kirche der Mönche bildeten, wie es in der Predigerkirche immer noch der Fall ist. Altäre im Scheitelpunkt dieser Chöre waren viel zu weit entfernt von der im Schiff sitzenden Gemeinde. Diese fand ihren neuen Mittelpunkt nun eher um die Kanzel als dem Ort der Verkündigung des Gotteswortes. Neu hinzu kam als unabdingbares Ausstattungsstück einer evangelischen Pfarrkirche der Taufstein. In Klosterkirchen wurde nicht getauft, da das in die elementaren Rechte der Pfarreien eingegriffen hätte. Wie radikal der Bruch war, den gerade der Taufstein anzeigte, lässt sich einem Brief entnehmen, den der Vikar der deutschen Augustinerkongregation Johann Spangenberg am 18. Februar 1527 an Herzog Georg den Bärtigen von Sachsen schrieb. Die Kirche sei *von den Lutherischenn volke mit frevel beraubt, verschlossen und verpflocket, und dorin durch eygner gewalt eynen taufsteyn und eynen abtrunnigen beweybeten monch gesatzt.*[18] Der Taufstein war es, der aus der mittelalterlichen Mönchskirche eine evangelische Gemeindekirche machte. Dass es nicht immer einfach war, für ihn einen passenden Platz zu finden, lässt sich noch heute an der Situation in der Augustinerkirche ablesen. Hier steht der Taufstein abseitig hinter der Kanzel im nördlichen Seitenschiff.

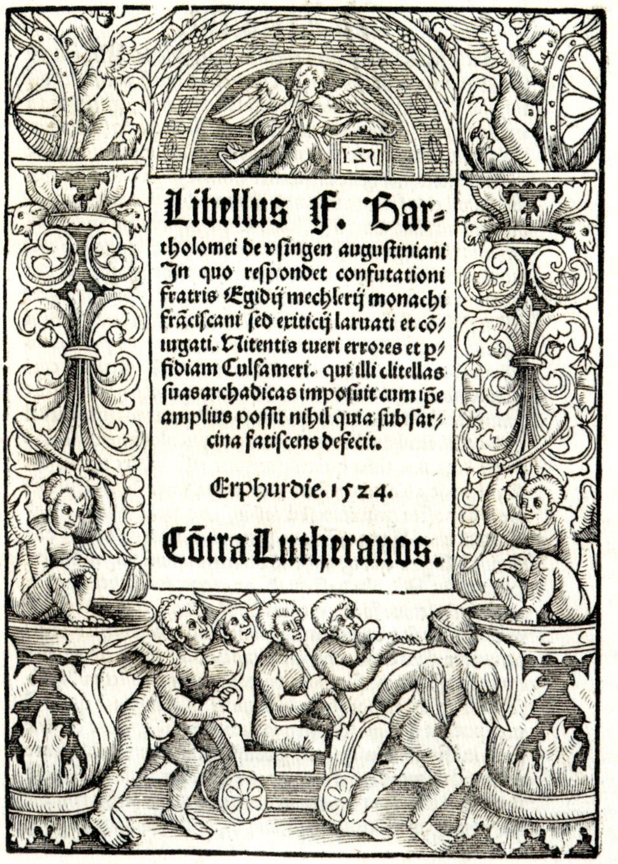
1521
Libellus F. Bar=
tholomei de vsingen augustiniani
In quo respondet confutationi
fratris Egidij mechlerij monachi
fräcíscani sed eriticij laruati et cõ
iugati. Nitentis tueri errores et p
fidiam Culsameri. qui illi clitellas
suas archadicas imposuit cum ipse
amplius possit nihil quia sub sar
cina fatiscens defecit.

Erphurdie. 1524.

Cõtra Lutheranos.

Abb. 53 Streitschrift des Bartholomäus Arnoldi von Usingen gegen die Lutheraner (Kat.-Nr. V.15)

Über die Veränderungen der Kirchenräume und ihren zeitlichen Ablauf können wir uns leider kein allzu konkretes Bild machen. Sicher ist, dass die Altäre, sofern sie nicht von den Bauern zerstört worden waren, noch längere Zeit verblieben, da für Erfurt kein Bildersturm im eigentlichen Sinne belegt ist. Nach und nach dürfte sich ihre Zahl auf den einen notwendigen Altar reduziert haben. Die deutlichste Spur der auch ikonographischen Wende findet sich am Altar im Chor der Predigerkirche. Dieser wurde aus der gegenüberliegenden Paulskirche hierher umgesetzt und an den reformatorischen Glauben angepasst. Noch heute ist an den Heiligenscheinen auf dem Goldgrund im Mittelschrein der Altarretabel erkennbar, dass man eine Marienkrönung gegen die nunmehr vorhandene Grablegung Christi ausgetauscht hat. Dieses Bildfeld ist zudem gewaltsam in den Mittelschrein eingepasst worden, wie Bearbeitungsspuren an dessen Rahmen verraten.

So sehr man die Kirchen umgestalten konnte, die Mönche wurde man nicht einfach los. Und so sehr der Schock des Bauernsturms und der Umstand, dass die Konvente diesem von der Stadt regelrecht ausgeliefert worden waren, die Mönchsgemeinschaften durch Flucht und Austritt dezimiert und demoralisiert hatte, so wenig hatten sie sich doch ganz aufgelöst. Der Rat versuchte dem nachzuhelfen, indem er Abgesandte in die Klöster schickte, die nachfragten, wer bleiben wolle. Wer ging, erhielt 10 Gulden Startgeld in ein neues Leben. Aber auch das reichte nicht, und so begann 1525 das lange Sterben der einst so stolzen Erfurter Bettelordenskonvente. Bei den Augustinern dauerte es bis 1560, bei den Dominikanern bis 1591 und bei den Franziskanern bis 1594. Es verlief einerseits als ein gleichmäßiges Aussterben, denn vor allem die Jüngeren waren gegangen und Novizen durften nicht mehr aufgenommen werden. Andererseits hatte jede der drei Gemeinschaften auch dabei ihre eigene Geschichte. Die Augustiner-Eremiten verschwanden mit dem Tod ihres letzten großen Theologen Johann Nathin 1529 in der Bedeutungslosigkeit. Ihre Kräfte verzehrten sich in Besitzstreitigkeiten mit der Stadt, der das Kloster seit 1531 steuerpflichtig war und in Abgabestreitigkeiten mit einzelnen Bürgern. Am 30. November 1556 starb der letzte einheimische Prior und zugleich Mönch Johann Wagner von Karlstadt. Zwar gelang es dem Würzburger Augustiner-Eremitenkonvent noch für vier weitere Jahre durch einen Emissär, Leonhard Willingk, das Kloster zu halten, aber wie schon Wagner war Willingk sein eigener Prior. Es gab keinen Konvent mehr. Zu spät, nämlich erst nach seinem Tod am 29. Mai 1560, sandten die Würzburger sechs Brüder, denen der Rat den Zutritt zum Kloster aber nicht mehr gestattete.

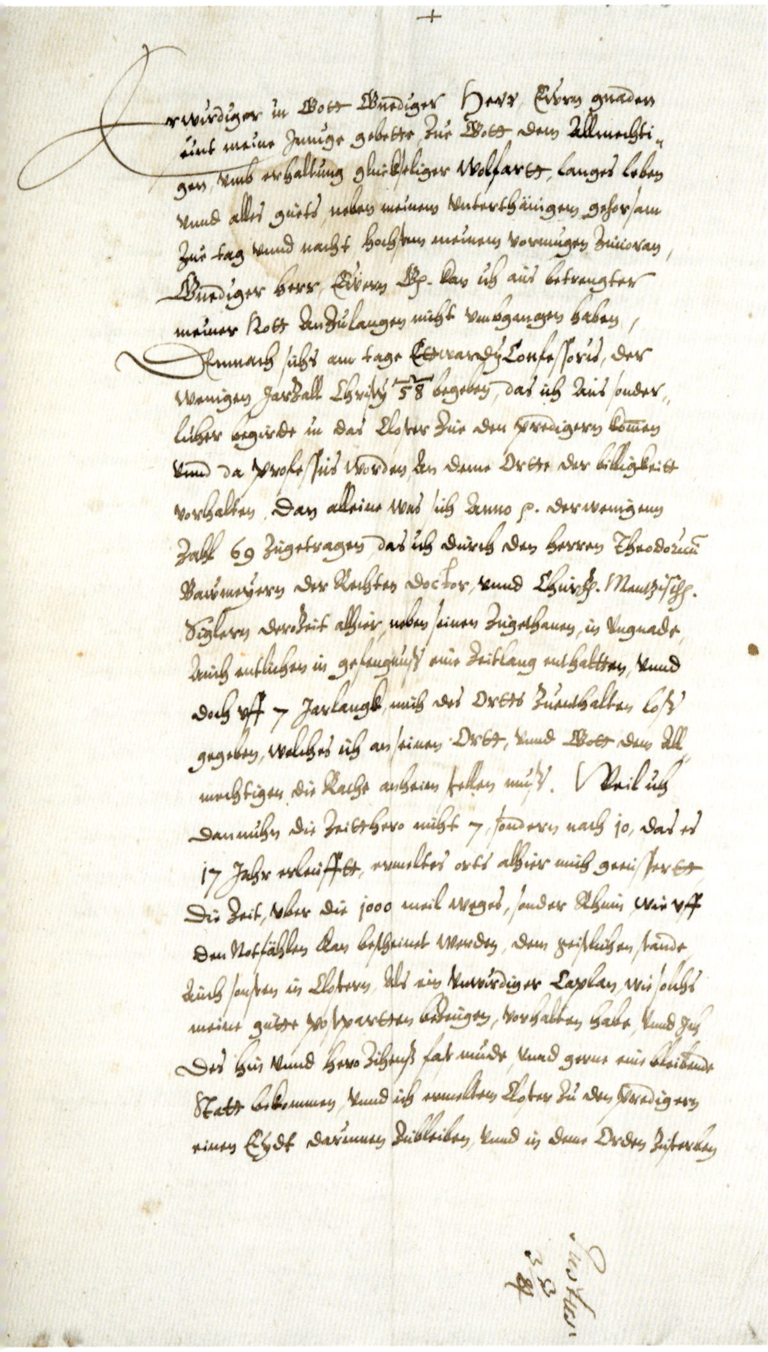

Abb. 54 Aktenstück zu Jakob Schoppe

Die Dominikaner erwiesen sich in dieser Endphase der Erfurter Mendikanten als zäher und vitaler als die Augustiner. Sie hielten ihr Generalstudium im Zusammenhang mit der altgläubigen Theologischen Fakultät noch bis mindestens 1543 aufrecht, indem sie zwei qualifizierte Brüder aus dem ehemaligen Jenaer Konvent 1540 nach Erfurt brachten.[19] Danach ist die Situation zunehmend von einem Kampf des Magistrats mit Kurmainz und dem Dominikanerorden um den Besitz des Klosters gekennzeichnet. Die Stadt suchte hartnäckig die immer neuen Versuche einer Wiederbesetzung des Klosters mit Personal von außen zu erschweren und zu verhindern. Entscheidend war, dass es dem Rat gelang, den letzten verbliebenen einheimischen Konventualen Jakob Schoppe zu seinem verlängerten Arm in diesen Auseinandersetzungen zu machen. Schoppe, eher an Frauen und Geld als an den Evangelischen Räten der Armut, Keuschheit und des Gehorsams interessiert, übergab das Kloster schließlich 1591 gegen eine Jahresrente von 37 Gulden an die evangelische Predigergemeinde und damit an den Rat, übersiedelte nach Weimar und heiratete. Der Rat richtete im Dormitorium sofort eine Schule ein. Dieses Konzept war erfolgreich. Seit 1561 betrieb er im Augustinerkloster ein florierendes Gymnasium.

Das längste und deutlichste Lebenszeichen der drei Orden in dieser Phase aber gaben die Franziskaner in Person ihres Guardians Konrad Klinge[20] ab. Klinge, vom selben Jahrgang wie Luther, war 1518 aus dem Nordhäuser Franziskanerkonvent nach Erfurt gekommen, promovierte hier 1520 zum Doktor der Theologie und wurde im Jahr darauf Guardian des Konvents. Nach der Flucht Usingens wurde er zum unbestrittenen Wortführer der Altgläubigen in der Stadt und lieferte sich mit dem Pfarrer von St. Thomas Justus Menius von 1525 bis 1527 einen Kanzel- und Streitschriftenkrieg. Der Rat, dem an konfessioneller Beruhigung gelegen war, schaffte es, Menius 1528 zum Verlassen Erfurts zu bringen und belegte Klinge 1529 kurzzeitig mit einem Predigtverbot. In eben diesem Jahr predigte Luther auf der Rückreise vom Marburger Religionsgespräch am 11. Oktober bei Aegidius Mechler in der Barfüßerkirche, sozusagen vor Klinges Haustür. Aber auch das änderte nichts an der Situation. Von der Kanzel der Stiftskirche St. Marien aus blieb der Franziskaner bis zu seinem Tod 1556 der Rückhalt der katholischen Partei. Sein Erfolgsrezept entsprach dem Usingens. Auch er vertrat öffentlich die Meinung, dass die Kirche reformiert werden müsse, aber eben im Konsens mit der Hierarchie und nicht in der Lossagung. Klinge gehörte damit zu den sogenannten Reformkatholiken, mit denen sich die Reformatoren besonders schwer taten, da sie nicht in das Feindbildklischee der uneinsichtigen Papisten passten. Nach der Ära Klinge teilten sich auch die Franziskaner mit den Dominikanern und den Augustiner-Eremiten nur noch die materielle Not, da die spendenfreudige, am monastischen Ideal der Bettelorden orientierte Frömmigkeit ebenso verschwunden war wie ihre Einnahmequellen durch die Reformation der umliegenden Territorien versiegten. 1594 starb der letzte Guardian und Mönch Jakob Schilling, woraufhin auch im Franziskanerkloster eine Winterschule eingerichtet wurde.[21]

Das Vermächtnis der Bettelmönche lebte noch jahrhundertelang in der Frömmigkeit der evangelischen Gemeinden weiter. Viele Angehörige gerade der Mendikantenorden, allen voran Martin Luther, waren ja zu Reformatoren geworden. Sie bildeten mit ihren theologischen und spirituellen Haltungen eine Brücke zur Übernahme der Hochschätzung eines intensiven Gebetslebens, eines intellektuell anspruchsvollen Umgangs mit der Bibel und einer grundsätzlichen Orientierung hin zu Schlichtheit und Einfachheit in den Lebensäußerungen der Gemeinden.

Abb. 55 Ansicht der Augustinerkirche im heutigen Zustand mit Taufstein und Kanzel

Literatur

Kleineidam 3. Kunzelmann. Lindner, Anmerkungen. Lindner, Erfurter Predigten. Lindner, Lang. Matsuura, Luther. Pilvousek, Kontroverspredigt. Pilvousek Springer, Erfurter Augustiner-Eremiten. Schmies, Franziskaner. Springer, Widerstand.

Anmerkungen

1 Als vierter Bettelorden kamen noch zwischen 1303 und 1309 die Serviten nach Erfurt. Ihr Kovent vor dem Krämpfertor stand bis zu seinem Ende (1543) stets im Schatten der drei älteren Klöster und wird auch im Folgenden nicht weiter berücksichtigt. ▪ **2** Pilvousek/Springer, Augustiner-Eremiten, S. 52. ▪ **3** Praktische Barfüßigkeit ist für den Winter auszuschließen. ▪ **4** Diese Zeugnisse sind versammelt bei Scheel, Dokumente. ▪ **5** Luther war als Distriktsvikar von 1515 bis 1517 »Chef« der thüringischen und sächsischen Augustiner-Eremitenkonvente. ▪ **6** 5. Okt. 1516: WA Br 1, Nr. 24. ▪ **7** Luther verfügte die Versetzung dreier Brüder von Erfurt nach Sangerhausen; Brief an Lang, 29. Okt. 1516: WA Br 1, Nr. 29. ▪ **8** So wurde, um nur ein prägnantes Beispiel anzuführen, 1520 ein Augustiner-Eremit namens Thomas Hallensis aus dem Kloster Sangerhausen in Leipzig verhaftet, weil man ihn verdächtigte, sein Quartier als Treffpunkt für Studenten und Huren zur Verfügung zu stellen; Brief des mit Lang befreundeten Leipziger Professors für Griechisch Petrus Mosellanus an diesen vom August 1520 (Bayer. Staatsbibl. München, Collectio Camerariana, vol. 16, Clm 10366 Nr. 9). Diese Episode ist insofern interessant, als sein Heimatkonvent Sangerhausen in einem denkbar schlechten Ruf stand. Kunzelmann, Augustiner-Eremiten 5, S. 217 bemerkt zum Sangerhäuser Konvent: »Luther betrachtete anscheinend diesen Konvent als eine Art Strafkolonie. 1516 schrieb er von seiner Visitationsreise an Johann Lang, den Prior des Erfurter Augustinerklosters, und empfahl ihm, Brüder von unordentlichem Wandel zur Strafe nach Sangerhausen zu schicken. In der Tat wurden Ende Oktober drei Luther unsympathische Konventualen in diesen Konvent versetzt.« Möglicherweise wusste Mosellanus von dieser Konstellation und hatte deshalb ein Auge auf dem Sangerhäuser Bruder. Lang war zu dieser Zeit als Nachfolger Luthers Distriktsvikar des Ordens und dienstlich zuständig. ▪ **9** Vgl. Lindner, Erfurter Predigten, S. 51 – 54. ▪ **10** Zum Gesamtkontext der Erfurter Ereignisse 1521 – 1525 im Spannungsfeld der Stadt mit ihrem Kirchenwesen und der Universität vgl. Kleineidam, Universitas 3, S. 2 – 35. ▪ **11** Vgl. Lindner, Johannes Lang. Die Augustiner-Eremiten durften laut ihren Konstitutionen Privatbesitz haben. ▪ **12** Matsuura, Luther, S. XXII Anm. 47 kann in seiner Rekonstruktion des überkommenen Rests der Bibliothek insgesamt neun Titel mit einem Kauf- oder Besitzvermerk Langs nachweisen, die im Augustinerkloster verblieben waren, darunter Aristoteles, *Libri Physici,* und Erasmus von Rotterdam, *Moriae Encomium.* ▪ **13** Lang, Von gehorsam, Bl. Br – v. ▪ **14** Zur Gesamtdiskussion vgl. Matsuura, Luther, S. XXII f. mit Anm. 44 und 45. ▪ **15** Vgl. Kunzelmann, Augustiner-Eremiten 5, S. 99. Am 20. Januar disputierte Lang in Weimar mit dem Leipziger Franziskaner Augustin von Alveldt (1480 – 1535) über die christliche Freiheit. Das tat er schon nicht mehr als Vertreter seines Ordens. Damit beschränkt sich das Zeitfenster für seinen Austritt aus dem Konvent auf den 12. bis 19. Januar 1522, die Woche vom 1. bis zum 2. Sonntag nach Epiphanias. ▪ **16** Die Übersicht zu den Personen und damals publizierten Schriften bei Lindner, Anmerkungen. ▪ **17** Im Januar 1522 hatte Lang noch in Weimar mit Alveldt disputiert; vgl. Anm. 15. ▪ **18** Gess, Akten und Briefe 2, Nr. 14/3 S. 772. ▪ **19** Georg Kramer und Petrus Rauch waren 1525 mit ihrem Konvent aus Jena vertrieben worden und gingen nach Leipzig, von wo sie beim Übergang des Herzogtums Sachsen zur Reformation 1539/40 erneut weichen mussten. Springer, Die deutschen Dominikaner, S. 100 – 126. ▪ **20** Zu Klinge vgl. Pilvousek, Kontroverspredigt. ▪ **21** Vgl. Möller, Beiträge; Kunstdenkmale 2,1, S. 156 Reg. Nr. 31; Schmies, Erfurt.

TIEFENBOHRUNGEN UNTER ANFECHTUNG

MARTIN LUTHER IM RÜCKBLICK AUF SEINE ERFURTER KLOSTERZEIT

Jörg Seiler

Zur theologiegeschichtlichen Problematik der Erfurter Klosterjahre

Martin Luther lebte von Juli 1505 bis zum Spätsommer 1511 als Augustiner-Eremit in der Erfurter Niederlassung des Ordens.[1] Diese Klosterjahre waren unterbrochen durch die Tätigkeit an der Wittenberger Universität (Wintersemester 1508 bis Ende 1509) und gegebenenfalls auch durch eine Romreise im Auftrag des Ordens, sofern man diese noch, so die ältere Forschung, in die Erfurter Zeit terminiert (Oktober/November 1510 bis März 1511).[2] Für die Erfurter Klosterzeit haben wir, abgesehen von den Annotationen zur Sentenzenvorlesung (vermutlich 1509 bis 1511), nur wenige zeitgenössische Dokumente. Die theologische und persönliche Entwicklung Luthers – sofern es eine solche überhaupt gab –, ist hieraus nicht zu rekonstruieren. Umso intensiver informierte der »Reformator« Martin Luther nach 1520 bereits seine Zeitgenossen über seine theologische und existenzielle Entwicklung als Mönch. Er tat dies konstant in allen möglichen Quellengattungen bis zu seinem Tod im Februar 1546. Hieraus ergeben sich historiographische und theologiegeschichtliche Herausforderungen. Sie kreisen um zwei thematische Probleme und deren quellenkritische Fundierung: Zum einen steht zur Diskussion, ob von Luthers Erfurter Klosterzeit her bereits in nuce jene theologischen Anfragen und Antworten verständlich zu machen sind, die für die spätere Theologie Luthers ab den Wittenberger Jahren so typisch sind. Hierbei ist zu entscheiden, ob die Anfechtungserfahrungen des jungen Mönchs nicht nur als nachträgliche Selbstkonstruktionen Luthers zu verstehen sind, die den späteren theologischen Denkweg existenziell fundieren und plausibilisieren sollten. Eignet der Anfechtungserfahrung also bereits für den Mönch Martin Luther jene Gewalt, die zum Bruch mit der »Papstkirche« und der traditionellen Theologie, wie Luther sie verstand, führen sollte? Ist zum anderen die Erwartung Luthers, mit Gewissheit die Erfahrung eines liebenden Gottes im Erlösungswerk Jesu Christi zu machen, demnach die biographische Voraussetzung seiner »reformatorischen Wende«?

Quellenkritisch ist hierbei immer zu erwägen, dass sämtliche Äußerungen Luthers über seine Erfurter Klosterjahre aus der Distanz von Jahren und Jahrzehnten stammen. In ihnen begegnet die Selbstkonstruktion Luthers, die natürlich durch die Erfahrungen seiner kirchenpolitischen und theologischen Kämpfe geprägt ist. Von daher geben sie sichere Auskunft darüber, wie Luther in einer jeweiligen Zeit über sich und seine theologische Biographie nachdachte. Darüber hinaus werden in der Forschung überaus konzise quellenkritische Abwägungen vorgenommen, wenn argumentativ Lebensrückblicke Luthers verwendet werden, die sich ja nicht nur in seinen Tischreden, sondern auch in seinen theologischen Werken und Predigten finden. Deshalb ist es angemessen, auch für die quellenarme Erfurter Klosterzeit Luthers auf diese Selbstaussagen zurückzugreifen. Sie dienten den Zeitgenossen zu einem doppelten Zweck: Luther selbst konnte zu seiner Selbststilisierung beitragen und seine spektakulären Lebensentscheidungen rechtfertigen. Er wirkte am Narrativ des Reformators also aktiv mit. In mindestens ebensolchem Maße zeigen die von seinen Schülern aufgezeichneten Tischreden auch, dass die Bildung dieses Reformator-Narrativs auch ein Bedürfnis war, das von außen an Luther herangetragen wurde. Er wurde zur Ikone der Reformation schlechthin stilisiert. Als solche bekam jede Äußerung einen Wert für die Nachwelt, den es zu sichern galt. »Der Zweck dieses Bemühens um die Reden des Reformators dürfte daher nicht so sehr darin bestanden haben, den Meister zu monumentalisieren, als vielmehr ihn sozusagen auszuschlachten. Man hing an seinen Lippen, wollte kein Wörtlein der Vergessenheit anheimgeben, da in jedem eine Wahrheitspartikel vermutet wurde. In seiner ganzen Person sollte der große Mann festgehalten werden.«[3]

Markantes und meistzitiertes Beispiel einer Lebensäußerung in den theologischen Werken ist die Vorrede zu den lateinischen Werken aus dem Jahre 1545. Hier blickt Luther auf die »Entdeckung« des Verständnisses der Gerechtigkeit Gottes (Röm 1,17; Hab 2,4) als der passiven Gerechtigkeit, durch die Gott den Menschen durch den Glauben rettet, zurück. In unserem Kontext interessiert die dunkle biographische Kontrastfolie, mit der Luther seine Seelennöte als Mönch hier beschreibt. Vor ihr erscheint die theologische Umorientierung, mit der Luther in der Beschäftigung mit dem Römerbrief (Röm 1,17) »angefangen« habe, die Gerechtigkeit Gottes zu begreifen, umso heller:

»Ich aber, der ich trotz meines untadeligen Lebens als Mönch mich vor Gott als Sünder mit durch und durch unruhigem Gewissen fühlte und auch nicht darauf vertrauen konnte, ich sei durch meine Genugtuung mit Gott versöhnt: Ich liebte nicht, ja, ich hasste diesen gerechten Gott, der die Sünder straft; wenn nicht mit ausgesprochener Blasphemie, so doch gewiss mit einem ungeheuren Murren war ich empört gegen Gott und sagte: ›Soll es noch nicht genug sein, dass die elenden Sünder, die ewig durch die Erbsünde Verlorenen, durch den Dekalog mit allerhand Unheil bedrückt sind? Muss denn Gott durch das Evangelium den Schmerzen noch Schmerzen hinzufügen und uns durch das Evangelium zusätzlich seine Gerechtigkeit und seinen Zorn androhen?‹

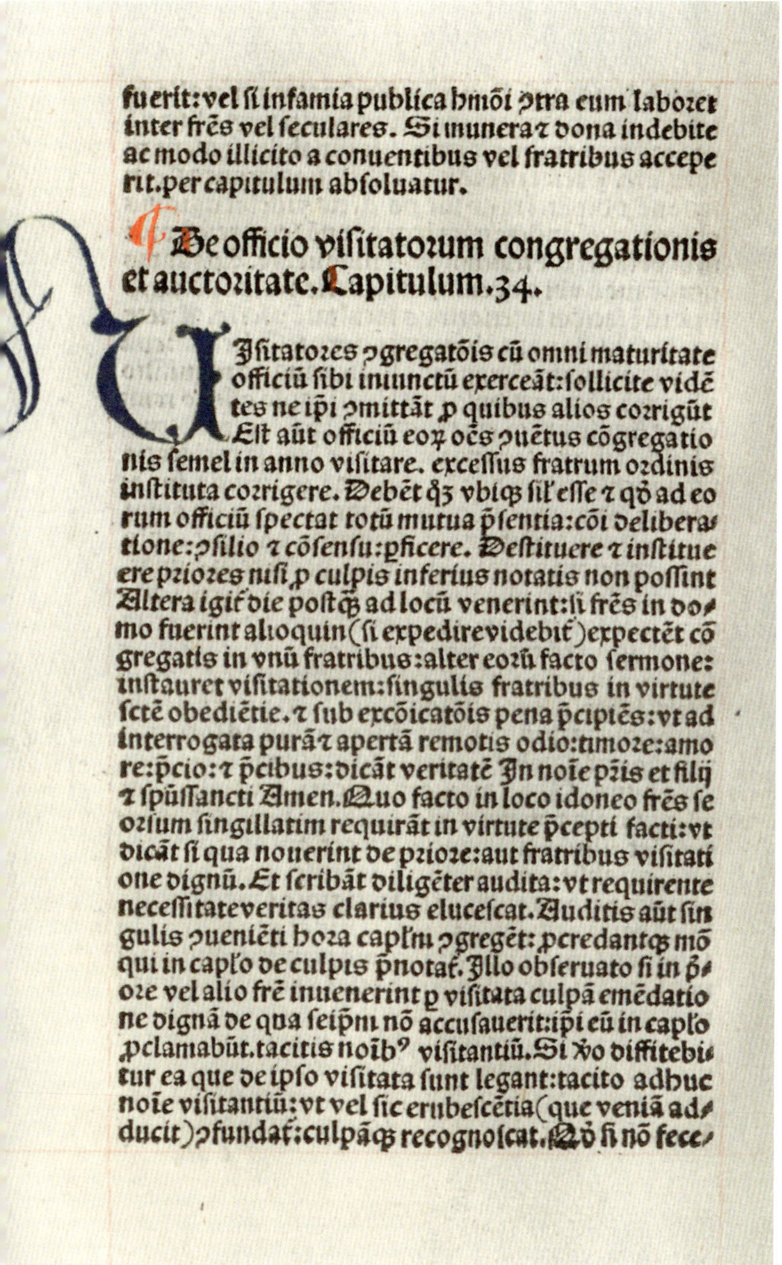
fuerit: vel si infamia publica hmôi ꝯtra eum laboret
inter frẽs vel seculares. Si munera ⁊ dona indebite
ac modo illicito a conuentibus vel fratribus accepe
rit. per capitulum absoluatur.

De officio visitatorum congregationis
et auctoritate. Capitulum. 34.

Visitatores ꝯgregatõis cũ omni maturitate
officiũ sibi iniunctũ exerceãt: sollicite vidẽ
tes ne ipi ꝯmittãt ꝑ quibus alios corrigũt
Est aũt officiũ eoꝝ oẽs ꝯuẽtus cõgregatio
nis semel in anno visitare. excessus fratrum ordinis
instituta corrigere. Debẽt q̃z vbiq̃ꝫ sit esse ⁊ qđ ad eo
rum officiũ spectat totũ mutua ꝑsentia: cõi delibera-
tione: ꝯsilio ⁊ cõsensu: ꝑficere. Destituere ⁊ institue
re priores nisi ꝑ culpis inferius notatis non possint
Altera igit die postq̃ꝫ ad locũ venerint: si frẽs in do-
mo fuerint alioquin (si expedire videbit) expectẽt cõ
gregatis in vnũ fratribus: alter eorũ facto sermone:
instauret visitationem: singulis fratribus in virtute
sctẽ obediẽtie. ⁊ sub excõicatõis pena ꝑcipiẽs: vt ad
interrogata purã ⁊ apertã remotis odio: timore: amo
re: ꝑcio: ⁊ ꝑcibus: dicãt veritatẽ In noĩe pr̃is et filij
⁊ spũssancti Amen. Quo facto in loco idoneo frẽs se
orsum singillatim requirãt in virtute ꝑcepti facti: vt
dicãt si qua nouerint de priore: aut fratribus visitati
one dignũ. Et scribãt diligẽter audita: vt requirente
necessitate veritas clarius elucescat. Auditis aũt sin
gulis ꝯueniẽti hora caplm ꝯgregẽt: ꝑcredantq̃ꝫ mõ
qui in caplo de culpis ꝑnotat. Illo obseruato si in ꝑ-
ore vel alio frẽ inuenerint p visitata culpã emẽdatio
ne dignã de qua seipm nõ accusauerit: ipi eũ in caplo
ꝓclamabũt. tacitis noĩb⁹ visitantiũ. Si vo diffitebi-
tur ea que de ipso visitata sunt legant: tacito adhuc
noĩe visitantiũ: vt vel sic erubescẽtia (que veniã ad-
ducit) ꝯfundat: culpãq̃ꝫ recognoscat. Qđ si nõ fece-

Abb. 56 Regel für die sächsische Observanzkongregation der Augustiner-Eremiten, aus: Johannes Staupitz, Constitutiones Fratrum Heremitarum sancti Augustini (Kat.-Nr. 24)

So raste ich in meinem wütenden, durch und durch verwirrten Gewissen und klopfte rücksichtslos bei Paulus an dieser Stelle an, mit heißestem Durst zu wissen, was Sankt Paulus damit sagen will.«[4]

So sieht der Reformator Luther also 1545 auf den Ordensbruder Martin: als Sünder, der trotz seines untadeligen Klosterlebens in seinem Gewissen nicht beruhigt werden kann und dem die Hoffnung auf Versöhnung mit Gott trotz aller Bußleistung abhandengekommen war. Statt Liebe: Hass, Murren und Empörung. Seine Fragen führen nicht zu Deprimiertheit, vielmehr zu energischem (Rage, Wut) Nachbohren. Die Superlativaussagen (»durch und durch«, »rücksichtslos«, »heißest«) stellen semantisch Unbedingtheit her. Existenzielle und theologische Suche sind miteinander verknüpft. Und in beiden Bereichen mutet Luthers Herangehensweise unerbittlich an. Die theologische Erkenntnis wäre ohne Krise nicht zu haben gewesen. In diesem Text verdichtete Luther seine theologische Neuausrichtung zu einem einmaligen Ereignis, von dem aus er »angefangen« habe, theologisch neu zu denken. Dass sich hier jedoch eine prozesshafte Entwicklung spiegelt, wird in der Forschung allgemein attestiert.[5]

Weniger pathetisch sprach Luther im Herbst 1532 in einer bekannten Tischrede die Mühsal an, »immer tiefer und tiefer graben/grübeln zu müssen«, um sich der theologischen Einsicht darüber, was in der Forschung »reformatorische Wende« genannt wird, bewusst und gewiss zu werden: »Ich habe meine Theologie nicht auf einmal gelernt, sondern habe immer tiefer und tiefer nachforschen müssen. Da haben mich meine Anfechtungen hingebracht, weil man ohne Anwendung nicht lernt.«[6] Drei Aspekte sind hier wichtig:

1. Luther hat seine theologischen Erkenntnisse nicht auf einmal erworben. Auszugehen ist vielmehr von einem Erkenntnisprozess, der von ungeheurer Reichweite war und ihm letztlich (!) eine Sicherheit brachte, um den Kampf mit dem Papsttum und einer dominanten Theologie hinsichtlich der Kirchenverfassung, des Sakramentsverständnisses und der Frömmigkeitsformen aufzunehmen und durchzuhalten.

2. Das Prozessuale dieser Erkenntnis ist in der Forschung äußerst umstritten und wird an der Frage diskutiert, wann es zu einem »reformatorischen Durchbruch«, einer »reformatorischen Entdeckung«, bei Luther kam und wie diese theologisch an welchen Begriffen zu qualifizieren sei. Optionen für eine Frühdatierung (um 1512/13 bzw. in der älteren Forschung sogar 1508/09) und für eine Spätdatierung (um 1518/20) stehen sich hier gegenüber und führen zu unterschiedlichen Wertungen. Berndt Hamm kritisiert zu Recht den Begriff »reformatorische Wende« als Konstrukt einer komplizierten Forschungsdebatte und spricht selbst von »Schüben« der theologischen Neuorientierung Luthers bzw. von einem »sehr komplexen und kontinuierlichen Erkenntnisweg, der ihn [Luther] zu einem neuen Gesamtverständnis des christlichen Glaubens« geführt habe.[7] Fragen nach der Kontinuität und einem Erkenntnisweg tangieren möglicherweise auch die Erfurter (Kloster-)Zeit (1505 – 1511), wenn auch nur indirekt: Hatte sie Bedeutung für seine theologische Entwicklung? Bei Luther vermischt sich beides: Er hatte durchgreifende, plötzliche Erkenntnisse, die sich etwa auf den biblischen Sinn der Buße, die Sündenvergebung, die Gerechtigkeit Gottes oder die Differenzierung von Gesetz und Evangelium, aber auch auf das Wesen des Papsttums oder des Teufels bezogen.[8] Diese klopfte er zum zweiten in einem gestuften Prozess, den er »grübeln« (*grubeln*, oben übertragen mit »nachdenken«) nennen konnte, auf ihre Plausibilität im Gespräch mit der Hl. Schrift und der Tradition der Kirche hin ab. Im Ergebnis entfaltete Luther von hier aus eine Theologie, die neue Maßstäbe setzte und alte Selbstverständnisse – auch im Bereich der Frömmigkeitspraxis und des Klosterwesens – überwand.

3. Ein wichtiges Moment dieser neuen Selbstvergewisserung stellen die Anfechtungen dar. Luther bezieht sie auf Verschiedenes. Er konnte damit Jähzorn, Ungeduld, Missgunst gegenüber den Mitbrüdern oder sexuelle Lust und die Sorge um eine Grundversorgung des Menschen

bezeichnen. Gravierender jedoch waren die Anfechtungen, an der Barmherzigkeit Gottes zu (ver)zweifeln oder dem Zorn Gottes ausgesetzt zu sein. Diese Anfechtungen waren für seinen Lebensweg gravierend. Selbst wenn man die theologischen Einsichten, die in der Ersten Psalmenvorlesung (1513 – 1515), bei der die reformatorische Umorientierung theologisch greifbar wird, vorliegen, noch nicht in die Erfurter Zeit datieren kann, so gilt festzuhalten: »Schon im Zeitraum zwischen 1507 und 1513 erfuhr der junge Mönch und Theologe jene Radikalität der Anfechtung, die ihm eine neue Einsicht in die völlige, niemals real zu beseitigende Sündhaftigkeit des Menschen eröffnete.« Für diese »zweifache Neuorientierung« spielten »die intensive gnadentheologische und christozentrische Ausrichtung seines Ordens, wie sie ihm [Luther] vor allem in der Seelsorge und Theologie des Johannes von Staupitz begegnete, eine wesentliche Rolle«. Die »Balance zwischen Anfechtung und Trost, Furcht und Vertrauen, Demut und Hoffnung«, die für einen spätmittelalterlichen Mönch noch gehalten werden konnte[9], schuf in Luther trotz aller Anstrengung keine bleibende Gewissheit mehr über die Trostzusage Gottes.

Es ging ihm also nicht zuletzt um die Gewissheit, durch die Art seiner Lebensgestaltung vor Gott bestehen zu können. Diese Suche nach Gewissheit hatte bei Luther etwas Unbedingtes. Hier stritten Anspruch und Wirklichkeit in Luthers radikaler Selbstreflexion miteinander. Diese Selbstreflexion ist nicht individualistisch, obgleich sie stark auf subjektives Erleben bezogen ist. Luther musste sie als etwas angesehen haben, das ihm von Gott aufgegeben und zugemutet war. Von daher konnte er sich von seiner Gewissheitsforderung nicht durch möglichst vorbildlich-perfektes Erfüllen äußerer Anforderungen (»Werke«) dispensiert wissen. Während ein – konstruierter – Mitbruder Luthers im Erfurter Augustiner-Eremitenkonvent durchaus seine Anfechtungen und Gewissensqualen im Hinblick auf Jesus Christus und die Liebe und Barmherzigkeit Gottes beruhigt sehen konnte, traf dies für Luther nicht mehr zu. Hier reichte selbst der fortschrittlichste spätmittelalterliche Zuspruch eines geistlichen Lehrers nicht mehr aus. Für Luther waren dies etwa sein Novizenmeister Johann Grevenstein oder sein »Vorgesetzter, Vater und Lehrer«, Förderer und Seelsorger Johannes von Staupitz,[10] dem Luther zeit seines Lebens verbunden blieb und von dem er stets in großer Hochachtung sprach. Staupitz erkannte die Gewissensnot seines Zöglings, sein Beichtvater – möglicherweise ist Staupitz hier gemeint – schalt ihn seiner »Dummheit« wegen und entlarvte sein Empfinden, dass Gott ihm zürne, als subtilen Zorn Luthers auf Gott selbst.[11]

Dies ist gleichermaßen faszinierend wie tragisch. Es bedurfte tatsächlich etwas Neuen, um das Dilemma zwischen persönlicher Überzeugung aus Glauben heraus (Anspruch) und dem Gerechtwerden dieses Anspruches aus Handlungen und Haltungen heraus (Wirklichkeit) zu lösen. Luther verstand es, dem Dilemma durch die Einsicht in die, modern gesprochen, radikal transzendentale Struktur des Gerechtfertigtseins, die im Heilstod Christi geschaffen worden war, zu entrinnen. Dies stellt geistesgeschichtlich einen »Durchbruch« dar, der, um im Bild zu bleiben, in der persönlichen Biographie prozessuale Tiefenbohrungen voraussetzte und nötig machte. Diese Tiefenbohrungen fanden zu allen Lebensphasen des jungen Luther statt.[12] Grundgelegt waren sie in einer Auseinandersetzung mit einer Gnadentheologie, wie er sie bei Staupitz kennengelernt hatte. Hiervon zeugen auch zwei frühe Dokumente Luthers, nämlich sein Widmungsbrief an Staupitz bei der Übersendung der *Resolutiones* zu den Ablassthesen (30. Mai 1518) und ein Brief an Georg Spenlein vom 8. April 1516, in dem Luther betonte, dass die Gerechtigkeit Gottes uns in Christus »aufs Verschwenderischste *(effusissime)* und umsonst *(gratis)*« geschenkt sei.[13]

Das Mönchsein Martin Luthers spielt hierbei insofern eine Rolle, als das erkenntnisfördernde Werkzeug dieser Tiefenbohrungen Luthers die Nicht-Überwindung seiner Anfechtungen angesichts der Tatsache eines nahezu vorbildlichen Mönchslebens war. Es waren gewiss auch Anfechtungen, also existenzielle Anfragen, die ihn 1505 ins Kloster der Augustiner-Eremiten gebracht haben. Hier im Kloster setzte er sich erstmals intensiv mit der Hl. Schrift und mit Augustinus auseinander. Diese beiden Referenzpunkte werden enorme Bedeutung für die »reformatorische Umorientierung« seines Denkens und Lebens erlangen. Berndt Hamm betont derzeit in der Forschung sehr entschieden die Bedeutung der Erfurter (und Wittenberger) Klosterjahre für den Erkenntnisprozess, den Luther durchlief: »De facto stellen sich Luthers reformatorische Anfänge als eine breitgefächerte Erfahrungs- und Erkenntnisgeschichte dar, die in seiner Erfurter Klosterzeit beginnt und in seine frühen Prägungen durch das Ordensleben eingebettet ist.« Von daher gebe es nicht nur »Kontinuitäten zwischen Erfurt und Luthers späterer Lebensgeschichte«, vielmehr breche das »Neue und Zukunftsweisende schon in den Jahren 1505 bis 1511« auf.[14]

Motivation zum Klostereintritt

Dass ein Magister in eines der Erfurter Klöster eintrat, war an sich nicht außergewöhnlich. Schließlich war der Alltag des Studiums bereits von einer klosterähnlichen Disziplin und erheblichen geistlichen Elementen bestimmt. Und dennoch war man über Luthers Entschluss zum Klostereintritt in seiner Umgebung überrascht.[15] Spielte die Angst vor einem schnellen Tod, ohne vorherige Beichte, eine Rolle, was angesichts der Pest in Erfurt im Jahre 1505 möglich wäre? Hatte sich Luther bereits zu Beginn des Jurastudiums intensiv mit der Bibel auseinandergesetzt, um Hinweise zur Bewältigung seiner Anfechtungserfahrungen und Ängste zu bekommen? Auch dies scheint plausibel. In jedem Fall können wir davon ausgehen, dass sich der junge Magister in einer Lebenskrise befand, als er am 2. Juli 1505 nahe Stotternheim in ein Gewitter geriet. Aus späteren Zeugnissen wissen wir, dass Luther das Jurastudium als hohl und leer erschienen war. Hinzu kamen Todesfälle aus seinem unmittelbaren Umfeld, die zwar nicht zu einer grundsätzlichen Beunruhigung angesichts des Todes geführt haben – der Tod war eine täglich erlebbare und sichtbare Tatsache zu Beginn des 16. Jahrhunderts –, wohl aber drängte sich ihm die Frage auf, »ob er sein Leben mit einem Beruf vernünftig einrichtete, der ganz und gar auf diesseitige Probleme und Werte ausgerichtet war«.[16] Das Ereignis bei Stotternheim steht aus dieser Perspektive für den Durchbruch einer tieferen Lebens- und Sinnkrise. Aus einem inneren Drang heraus wurde Luther Mönch, wobei er seine Berufung dem zwingenden Wirken Gottes zuschrieb. Luther berichtet an elf Stellen darüber, wie das Gelübde zum Klostereintritt zustande kam.[17] Bereits das älteste Zeugnis, ein Brief von Crotus Rubeanus an Luther vom 16. Oktober 1519, stilisiert das Geschehen als ein Widerfahrnis, wie es auch bei Paulus vor Damaskus geschehen sei. Auch Luther selbst erkannte in dem Gewitter einen Ruf Gottes. In seiner Schrift über die Mönchsgelübde, *De votis monasticis iudicium*, von 1521 führt er im Widmungsschreiben an den Vater aus:

»Es sind nun fast sechszehn Jahre her, seit ich gegen Deinen Willen und ohne Dein Wissen Mönch geworden bin. In väterlicher Sorge wegen meiner Anfälligkeit […] fürchtest Du für mich, denn an vielen ähnlichen Beispielen hattest Du erfahren, daß diese Art zu leben, manchem zum Unheil gereicht hatte. Deine Absicht war es sogar, mich durch eine ehrenvolle und reiche Heirat zu fesseln. Diese Sorge um mich beschäftigte Dich. Auch war Dein Unwille gegen mich [nach dem Eintritt ins Kloster] eine Zeitlang nicht zu besänftigen. […] Endlich aber gabst Du doch nach und fügtest Dich dem Willen Gottes – aber ohne deswegen die Sorge um mich aufzugeben. […] Da versicherte ich Dir, daß ich vom Himmel durch Schrecken gerufen, nicht etwa freiwillig oder auf eigenen Wunsch Mönch geworden sei. Noch viel weniger wurde ich es um des Bauches willen, sondern von Schrecken und der Furcht vor einem plötzlichen Tode umwallt, legte ich ein erzwungenes und erdrungenes Gelübde ab. Da sagtest Du: ›Möchte es nur nicht eine Täuschung und ein Blendwerk gewesen sein.‹«[18]

Der Eintritt ins Kloster ist hier zu einer Konfliktgeschichte zwischen Vater und Sohn gestaltet, wie sie sich ja tatsächlich auch über Jahre hinweg hinziehen wird. Im Zentrum derselben steht, wenn auch unausgesprochen, die Frage danach, ob dem göttlichen Willen, der im Blitz offenbar geworden zu sein scheint, zuwidergehandelt werden darf. Wessen Wille muss angesichts des himmlischen Rufs geschehen? An-Sprüche des himmlischen und des irdischen Vaters kollidieren miteinander. Den leiblichen Vater treibt die Sorge um seinen Sohn und um die Fehldeutung des Ereignisses um. Es geht ihm um etwas weltlich absolut Verständliches, um die Bindung an die Familie und um Eheschließung – aus der Perspektive des Sohnes müsste von den »Fesseln der Ehe« gesprochen werden. Vielleicht schwingt für den gebildeten Leser, den man voraussetzen muss, da der Text in Latein verfasst ist, aber noch etwas ganz Anderes mit. Biblische Assoziationen bei den Begriffen »Wille«, »Vater«, »Sorge«, »Sorgen (nicht) aufgeben« könnten auch auf die Texte der Bergpredigt hinführen, wo es heißt, dass der himmlische Vater für uns sorgen werde. Gerade um die weltlichen Dinge – was wir morgen essen oder anzuziehen haben – sollten wir keine Sorge haben. Und: den Willen Gottes geschehen lassen, um den das in der Bergpredigt überlieferte Vaterunser bittet. Betrachtet man den Text von seiner semantischen Struktur, dem begrifflichen Gewebe, her, wird er zunehmend theologisch dichter: Ohne eigenen freien Willen (»nicht etwa freiwillig«, »erzwungen und erdrungen«) bindet sich Luther mit seinem Gelübde an den Ruf Gottes. Dadurch, dass Luther in seiner Schrift genau diese Gelübde bestreitet, bestätigt er subtil die Sorge des weltlichen Vaters, dass es sich bei all dem um eine Täuschung handeln könnte. Nachdem Luther den wahren Sinn der »Gerechtigkeit Gottes« erkannt hatte, musste er sich vor einem richtenden Gott keine Sorgen mehr machen. In den Fesseln der Bindung durch Gelübde hatte sich Luther einem Zwang unterworfen, der diese Sorglosigkeit nicht schaffen konnte. Die Bestreitung der Gültigkeit dieser Form der Bindung war demnach zwingend.

In einer Tischrede von 1539 wird das Gewitter bei Stotternheim auf eine ähnliche Weise theologisch gedeutet. Luther erwähnt hier den Hilferuf an die hl. Anna: »Hilf du, St. Anna, ich will ein Mönch werden! Aber Gott hat damals mein Gelübde hebräisch verstanden: Anna, das ist unter der Gnade, nicht nach dem Gesetz.«[19] Mit der hebraisierenden Deutung des Namens »Anna« legt Luther ein weiteres Mal den Fokus auf Gott: Selbst wenn Luther eine Heilige angerufen habe – ob die Anrufung Annas in Stotternheim historisch ist, ist in der Forschung strittig –, so habe Gott dies nicht als Moment der Heiligenverehrung verstanden, sondern diese Anrufung in einen Gnadenzuspruch umgewandelt. Die Dichotomie von Gnade und Gesetz ist einer der theologischen Denkansätze Luthers. Im Erzählkontext sollte der Rezipient dieser Stelle hier unter »Gesetz« jedoch auch jenen Legalismus verstehen, der mit den Gelübden im Kloster verbunden war.

Diese beiden Beispiele zeigen zur Genüge, dass selbst das historisch unstrittige Gewitter-Gelübde bereits von Luther selbst theologisch überhöht wurde. Für alle Zeitgenossen war klar, dass es sich um ein erzwungenes Gelübde handelte. Allerdings war sich Luther bewusst, dass dieses nicht fremdverschuldet war. Dem Jurastudenten musste zudem bekannt gewesen sein, dass ein unter Zwang gegebenes Gelübde keine bindende Kraft besaß. Der Zwang hatte vielmehr mit Luthers rückblickend formulierter Wahrnehmung zu tun, dass sein gesamter Lebensweg eine überweltliche Fundierung besaß. Heinz Schilling spricht davon, dass die »eschatologische Deutung seines Auftrags« Luthers Biographie und der Reformation eine »innere Einheit und unerschütterbare Stabilität« verliehen habe. »Im Gewitter auf offenem Feld vor Erfurt hatte er sich von einer Kraft berührt gefühlt, die jenseits seines irdischen Lebens angesiedelt war und über seine Seele verfügte, deren Ewigkeit für ihn außer Zweifel stand. Keiner, dem er darüber und über den in dieser Berührung gefällten Entschluss berichtete, zweifelte die Präsenz des Überirdischen in dieser Situation an […].«[20]

Luthers klösterliche Biographie

In seiner äußeren Erscheinung ist Luthers Erfurter Klosterzeit recht unspektakulär: Er trat am 17. Juli 1505 in das Kloster der Augustiner-Eremiten ein, nachdem er zuvor unter Todesangst ein entsprechendes Gelübde abgelegt hatte. Geht man von den Konstitutionen des Ordens aus, ist zu vermuten, dass Luther nach einigen Tagen vor dem Prior eine Generalbeichte über sein bisheriges Leben ablegte. Hiermit und in all den rituellen Akten seiner Aufnahme in die klösterliche Gemeinschaft soll der Übergang von einer alten in eine neue Existenzweise markiert werden. Die bei der Aufnahme in den Orden gesprochenen Gebete akzentuieren »die für das christliche Leben im Mittelalter konstitutive Verschränkung von Gnade und Werk, von göttlicher Gabe und menschlichem Vollkommenheitsstreben«[21]. Hieran glaubte Luther, wenn er später immer und immer wieder auf die von ihm kritisierte

Abb. 57 Urkunde über die Reform des Augustinerklosters in Eschwege, 1453 (Kat.-Nr. IV.17)

Vorstellung zu sprechen kam, der Ordensstand käme in ihren Heilswirkungen einer »zweiten Taufe« gleich. So sei es ihm von seinen geistlichen Lehrern vermittelt worden. Im Nachhinein konnte Luther hierin nur eine spirituelle Anmaßung erkennen. Dass er zusammen mit seinen Zeitgenossen im Ordensleben, welcher Couleur auch immer, einen Mehrwert gegenüber dem weltlichen Leben erblickte, steht außer Frage. In einer Predigt aus dem Jahr 1525 etwa äußerte er sich in diesem Sinne:

»Es [galt] bisher als die größte Heiligkeit, die man hat erdenken können, dass man ins Kloster gelaufen ist, [...] viel gefastet, viel gebetet, ein kratzendes Hemd getragen, in wollenen Kleidern gelegen, ein hartes, strenges Leben geführt und in der Summe mönchische Heiligkeit angenommen [hat, so] dass wir in einem Schein gleißender Werke einhergegangen sind, so dass wir [es] auch selbst nichts anderes [gemeint] haben, als dass wir vom Scheitel bis zur Ferse ganz heilig gewesen [wären, wir] haben [in] allem die Werke und den Leib, nicht das Herz gesehen, in dem wir [weiter] voll Hass, voller Furcht, voll Unglauben gewesen sind.«[22]

Auch bei Luthers Eintritt ging es nicht um die »Ehre Gottes«, die zu mehren der Mönch angetreten wäre. Im Fokus stand tatsächlich die Selbstheiligung angesichts einer im Letzten als unsicher erlebten und mit Furcht beschriebenen Erwartung auf das Ende im Gericht. »Selbstheiligung« ist nicht individualistisch zu verstehen. Das Leben eines Mönches galt als Weg einer täglichen Buße. Der Gottesdienst und die Gebetsverpflichtungen, Bußleistungen, Armut und Dienst am Nächsten und am Mitbruder waren nicht heilszuversichtlicher Selbstzweck, sondern peinlich zu beobachtende Regelungen, deren laues und ungenügendes Erfüllen nur noch weiter aus der Liebe Gottes führen musste. In diesen Vorstellungswelten lebte Luther – und mit ihm der Großteil seiner Zeitgenossen. Zwangsläufig war diese Sicht auf das klösterliche Leben jedoch nicht, wie ein Blick auf die Aufbrüche im spätmittelalterlichen Ordensleben zeigt. Von dieser Aufbruchsstimmung war wohl auch das Erfurter Augustinerkloster getragen, das sich der Observantenbewegung angeschlossen hatte. Erst 1504 hatte es eine Reformkonstitution erhalten, so dass die Reform auf Dauer gestellt war. Hierin mag *ein* Grund für die Wahl Luthers für diese Ordensgemeinschaft zu sehen sein. Mehr noch war jedoch der wissenschaftliche Ruf ausschlaggebend. Luther konnte hier in einem philosophisch-theologischen Denkraum leben, der ihm von der Erfurter Artistenfakultät her vertraut war.[23] Auch mit den Franziskanern war er auf seinem bisherigen Lebensweg in Berührung gekommen. Doch ein Minderbruder wollte er nicht werden.

Der klösterliche Alltag war durch den konstanten Wechsel von Gebetszeiten und Arbeit geprägt. Struktur und Zeitvorgaben sollten helfen, den Eigenwillen zu überwinden. Die Gebetszeiten begannen mitten in der Nacht und wurden in einem dreistündigen Rhythmus fortgesetzt. Nach dem Mittagessen begann eine einstündige Ruhepause. Mit der Komplet am Abend wurde der Tag beschlossen. Dieses übliche, jedoch enorme Gebetspensum stellte eine große Herausforderung für Luther dar. Zwar konnten Studenten und Lehrer einen Teil der Gebete für sich alleine beten beziehungsweise sich von Teilen des Stundengebetes dispensieren lassen, doch nutzte Luther die Möglichkeit zur Dispens nicht. Wenn er das Stundengebet verpasst hatte, sah er sich verpflichtet, dieses nachzuholen. Dieses gelang nicht immer zeitnah. Die Nichterfüllung der Gebetsleistung galt als schwere Sünde. Zudem verstärkten diese Verzögerungen die Gewissensqualen Luthers, der ja ein besonders vorbildlicher Mönch sein wollte. Er verachtete das bloße Rezitieren der Psalmen, auch war ihm das rein formal-aufmerksame Beachten des Gebetsinhalts nicht ausreichend. Er hoffte auf eine Teilnahme mit dem Herzen. Erst dieses machte, so die spätmittelalterliche Überzeugung, »Substanz und Qualität des Gebetes« aus.[24] Auch hier galt es also, ein rein äußerliches Erfüllen zu überwinden. Dennoch: »Luther fehlte bei seinem Beten die Gewißheit des Herzens, das getroste Amen. Er spricht vom ›Flattergebet‹. Das hing mit dem Leistungscharakter des Gebetes zusammen. Wer konnte schon sagen, ob das Gebet recht getan sei und somit den zornigen Gott versöhne? Ein empfindliches Gewissen konnte sich hier unaufhörlich Gedanken machen; so konnte das Gebet zur Folter werden.«[25] Nachdem 1520 Luther mit seinem Stundengebet erheblich in Rückstand geraten war, gab er diese Form des Gebetes auf. Er begründete dies in einer Tischrede von 1531 damit, dass sein Arbeitspensum zu sehr angewachsen war und die nachzuholende Gebetsverpflichtungen zu körperlichen Beeinträchtigungen geführt hätten:

»Unser Herr Gott hat mich mit Gewalt von den kanonischen Stunden gerissen im Jahr 1520, da ich schon viel schrieb, und [ich] sparte oft acht Tage mein Stundengebet zusammen; auf einen Sonnabend zahlt ich [es] nacheinander ab, so dass ich den ganzen Tag weder aß noch trank, und schwächte mich damit so sehr, dass ich nicht schlafen konnte, so dass mir Doktor Esch ein Schlafmittel geben musste, welches ich noch in meinem Kopf fühle.«[26]

Auch hier sehen wir einen Luther, der nicht etwa eigen-willig gehandelt hätte, sondern den Verzicht auf die Ausübung eines wesentlichen Aspektes monastischen Lebens auf das direkte, gewaltsame Eingreifen Gottes, der ihn an seine körperlichen Grenzen gebracht hatte, zurückführte. Die Anstellung eines bezahlten Aushilfsbeters, wie Luther es in Erfurt erlebt hatte, der an seiner statt das Gebetspensum absolvierte, kam für ihn nicht infrage.[27] Luthers reformatorische Kritik am Stundengebet betraf jedoch nicht das Gebet als solches, vielmehr bestritt er dessen verbindlichen Charakter und die damit verbundene spezifische Form der Normierung der spirituellen Deutung des Gebetes als einer Gott gegenüber zu erbringenden Leistung. Von daher lehnte er die (nachträgliche) Privatrezitation des Stundengebetes ab. Innerhalb der Gemeindeliturgie sah er das Psalmengebet als Möglichkeit zur »Auferbauung der Gemeinde«. Es hatte dann in evangelischer Freiheit zu geschehen und war in den Dienst der Wortverkündigung zu stellen. Lediglich für die evangelischen Dom- und Stiftskirchen anerkannte er weiterhin eine reformierte Praxis des Stundengebetes.[28]

Ähnlich gravierend waren Luthers Erfahrungen mit seiner exzessiven Beichtpraxis als Mönch, die genau das nicht herzustellen vermochten, wonach er so sehnlich verlangte: ein mit Gott versöhntes Leben aus Liebe heraus führen zu können. Gerade die Beichtpraxis führte ihm vor Augen, dass er keinen gnädigen, sondern einen zürnenden Gott besaß. Das übliche Maß der wöchentlichen Beichte hatte Luther in seinen Gewissenszweifeln regelmäßig überschritten. Es wird berichtet, dass er einmal sechs Stunden lang gebeichtet haben soll. Die Generalbeichte über sein gesamtes bisheriges Leben legte Luther mindestens dreimal ab. »Es erscheint zunächst als fast krankhaft, daß Luther Vergangenes nicht auf sich beruhen ließ, aber die Mönche wurden dazu angehalten, der vergangenen Sünde eingedenk zu sein.« Es galt als tugendhaft, nach einer Beichte nochmals zum Beichtvater zurückzukehren, um auch noch etwas (womöglich?) Vergessenes zu bekennen. Dies ist für die Erfurter Zeit bezeugt und scheint im Augustinerkloster eine nicht nur von Luther geübte Praxis gewesen zu sein. »In der Tat vermochte Luther nicht mehr zwischen leichteren und schweren Sünden zu unterscheiden, denn sie alle trennten von Gott. Durch zusätzliche eigene Anstrengungen konnte er schwerlich aus den Schwierigkeiten herauskommen, in die er mit der Beichte geraten war. Auf diesem Weg war keine Gewißheit zu gewinnen. Die Möglichkeiten des Systems ernsthafter und frommer Beichte waren erschöpft. Luther drohte die Verzweiflung. Oder er mußte den vergebenden Gott in anderer Weise erfahren. [...] An ihm versagte vielmehr das herkömmliche Institut der Buße und Beichte. An Luther wurde die Einseitigkeit und Unzulänglichkeit einer jahrhundertealten Frömmigkeitskonzeption offenbar.«[29]

Neben Stundengebet und Beichtpraxis kann auch noch auf das exzessive Fasten hingewiesen werden, dessen sich Luther im Kloster unterworfen hat. In der Sommerpostille 1526 beschreibt er rückblickend seine Erfahrungen:

»Wir haben auch nicht allein das zeitliche Gut darauf verwandt, sondern auch den Leib danach gestreckt mit Fasten, mit Kasteien und mit anderen schweren unerträglichen Bürden, dass auch etliche oft wahnsinnig darüber wurden und alle Kräfte verloren haben, ja [wir] haben zuletzt auch die Seele dabei verloren, ich bin auch ein solcher gewesen.«[30]

Luthers Kritik an der zeitgenössischen Fastenpraxis bestreitet nicht den grundsätzlichen Wert von Fastenübungen, den er in der Mäßigung und Zügelung der Begierden sieht. Vielmehr wendet er sich gegen die »unerträglichen Bürden«, die rein formalistisch auferlegt worden waren. Ihre maßlose Erfüllung konnte kein Gott wohlgefälliges Werk sein. Luther bestritt dagegen grundsätzlich den Verdienstcharakter, der dem Fasten zugeschrieben wurde. »Es ist unübersehbar, wie fast in der gan-

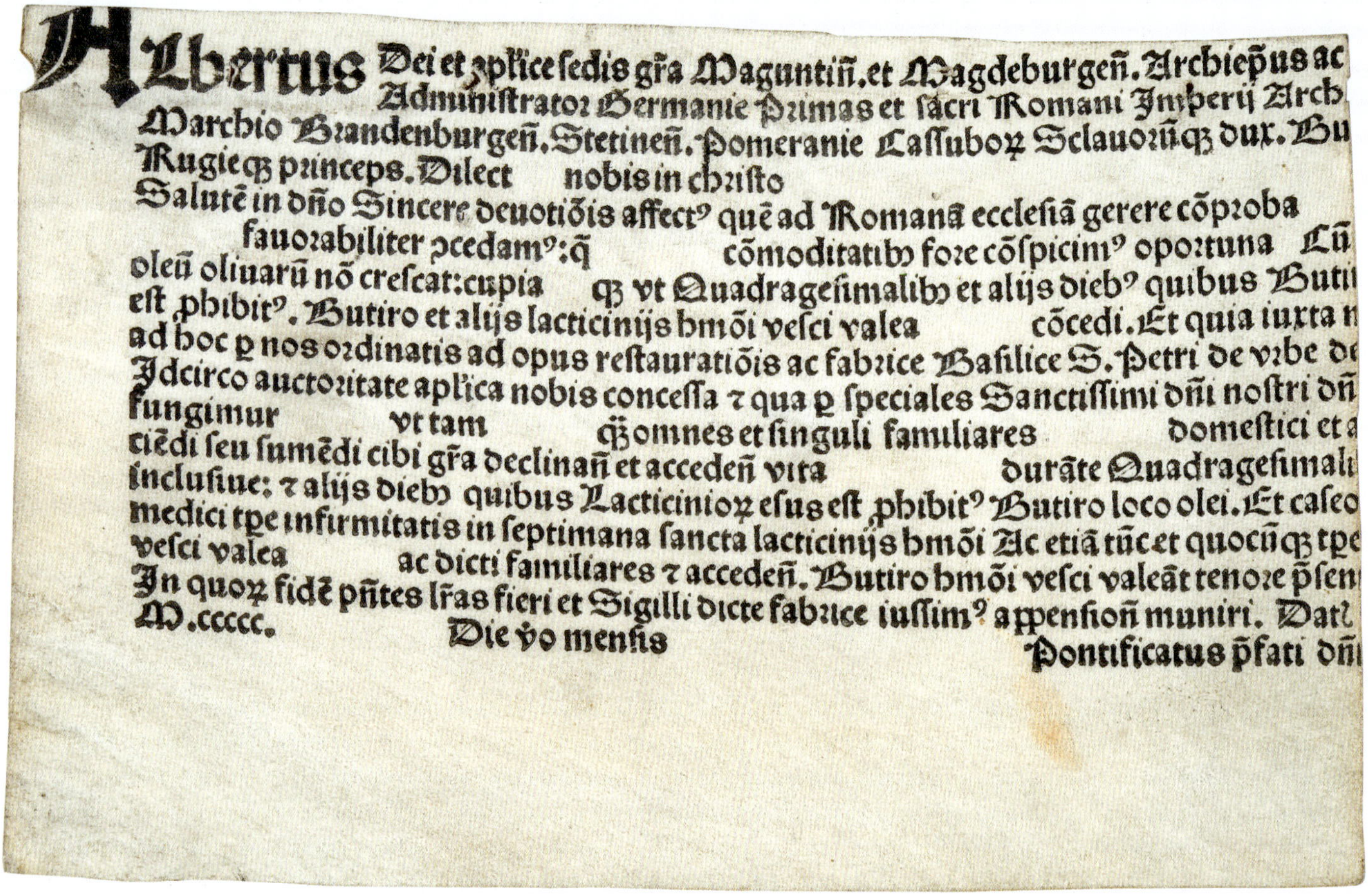

Albertus Dei et aplice sedis gra Maguntiñ. et Magdeburgeñ. Archiepus ac
Administrator Germanie Primas et sacri Romani Imperij Arch
Marchio Brandenburgeñ. Stetineñ. Pomeranie Cassubor Sclauorũqz dux. Bu
Rugieqz princeps. Dilect nobis in christo
Salutẽ in dño Sincere deuotiõis affectꝰ quẽ ad Romanã ecclesiã gerere cõproba
fauorabiliter pcedamꝰ: q̃ cõmoditatibꝫ fore cõspicimꝰ oportuna Cũ
oleũ oliuarũ nõ crescat: cupia qz vt Quadragesimalibꝫ et alijs diebꝰ quibus Buti
est phibitꝰ. Butiro et alijs lacticinijs hmõi vesci valea cõcedi. Et quia iuxta n
ad hoc p nos ordinatis ad opus restauratiõis ac fabrice Basilice S. Petri de vrbe d
Idcirco auctoritate aplica nobis concessa ꝛ qua p speciales Sanctissimi dñi nostri dñ
fungimur vt tam qz omnes et singuli familiares domestici et a
ciẽdi seu sumẽdi cibi gra declinañ et accedeñ vita durãte Quadragesimali
inclusiue: ꝛ alijs diebꝫ quibus Lacticinior esus est phibitꝰ Butiro loco olei. Et caseo
medici tpe infirmitatis in septimana sancta lacticinijs hmõi Ac etiã tũc et quocũqz tpe
vesci valea ac dicti familiares ꝛ accedeñ. Butiro hmõi vesci valeãt tenore p̃sen
In quor fidẽ pñtes lras fieri et Sigilli dicte fabrice iussimꝰ appensiõn muniri. Dat
M.ccccc. Die vo mensis Pontificatus p̃fati dñi

Abb. 58 Generalablass zum Bau des Petersdoms in Rom (Kat.-Nr. V.10)

zen Breite seines Klosterlebens – bei den Stundengebeten, dem Fasten und der Beichte – sich im Verlauf weniger Jahre eine Krise anbahnte, in der die Grenzen der frommen Leistung sichtbar wurden; Luther konnte durch sie nicht zu der von ihm für notwendig gehaltenen Gewißheit kommen.«[31]

Zur Erkenntnis, dass es »Grenzen der frommen Leistung« gibt, gelangte Luther in einem langen, schmerzhaften Prozess. Schließlich war er wohl mit dem Anspruch ins Erfurter Kloster eingetreten, ein »vorbildlicher Mönch« werden zu wollen und werden zu können. Dies betont Luther in seinen Rückblicken immer wieder. Besonders umfänglich kommt er auf diesen Themenkomplex 1533 im Kontext seiner Auseinandersetzungen mit Herzog Georg von Sachsen zu sprechen:

»Wahr ist es: Ein frommer Mönch bin ich gewesen und so streng mein Gelübde gehalten, dass ich sagen könnte, [wenn] je ein Mönch in den Himmel gekommen [ist], so würde auch ich hineingekommen sein. Das werden mir alle meine Klostergesellen zeugen, die mich gekannt haben. Denn ich hätte mich, wenn es länger gedauert hätte, zu Tode gemartert mit Wachen, Beten, Lesen und anderer Arbeit etc.«[32]

Die Argumentation ist klar: Luthers Mönchtum war vorbildlich. Er hat sich streng an die Weisungen und Vorstellungen des Ordens gehalten. Und wenn das Ziel klösterlichen Lebens, in den Himmel zu kommen, überhaupt würde erfüllt werden können – Luther wäre derjenige, dem dies gelänge. Denn selbst körperliche Strapazen, die bis zum Tod hätten führen können, würde er auf sich genommen haben. Doch mittlerweile hatte Luther ja erkannt, dass es nicht um »Gelingen« und die strapaziöse Erfüllung der Gebote gehen kann, wenn man ein seliges Leben vor Gott und in seiner Liebe führen will. Dies ist im Kloster nicht zu finden. Indikator für dieses Urteil war für Luther die bleibende Ungewissheit, selbst angesichts größtmöglicher Leistungen »Gott zu haben«, wie er in einer Predigt 1537 ausführte:

»Und [wenn] ein Mönch sollte heilig sein, so war ich es auch. Dennoch, wenn ich täglich auf das Fleißigste gebetet, auf das Reinste gebeichtet, Messe gehalten und das Beste getan hatte und mich jemand gefragt hätte: Hältst Du es für gewiss, dass du den heiligen Geist hast?, so müsste ich (gleich anderen) sagen: Oh behüte mich Gott davor, sollte ich so vermessen sein? Ich bin ein armer Sünder, ich habe wohl dies und das getan, aber weiß wahrlich nicht, ob es auch Gott gefiel etc.«[33]

Da wir keine gegenteiligen Quellen besitzen und Luther im Orden rasch Verantwortung übertragen bekam, ist davon auszugehen, dass er tatsächlich ein »untadeliges Leben als Mönch« führte und ein Vorbild klösterlichen Lebens gewesen ist. Nach einem Jahr war das Noviziat, über dessen Beginn wir nichts wissen und innerhalb dessen Luther mit der Augustinusregel vertraut wurde, beendet, und Luther legte im Aufnahmeritus der Profess vermutlich im Spätsommer 1506 das Gelübde der Armut, ehelosen Keuschheit und des Gehorsams ab. Symbolisch legte er die weltliche Kleidung ab und wurde – in biblischer Allegorie (Gal 3,27; vgl. Eph 4,24) – mit Christus bekleidet, wofür der Ordenshabit steht. Seinen Namen wechselte er nicht, was für die damalige Zeit nicht unüblich war. Angesichts seiner wissenschaftlichen Begabung, die seine Vorgesetzten veranlasste, ihn für das Theologiestudium zu bestimmen, war es auch naheliegend, ihn zum Priester zu weihen. Das genaue Datum steht nicht fest. Es liegt vor dem 2. Mai 1507, dem Tag seiner Primiz in der Klosterkirche, vermutlich Anfang April 1507. Zuvor hatte er 1506 die Subdiakonen- und Diakonenweihe erhalten, die als Zwischenstufen auf dem Weg zum Priestertum galten. Die Priesterweihe durch den Mainzer Weihbischof Johann Bonemilch von Laasphe fand im Erfurter Marienstift statt, vermutlich in der Kilianikapelle am Kreuzgang.[34] Kurz darauf finden wir Luther als dritten Lektor am Generalstudium der Augustiner-Eremiten in Erfurt. In der Klosterzelle im Ostflügel des Klosters (3,10 x 2,40 m), vermutlich nicht die einzige Zelle, die Luther dort bezogen hatte,[35] lebte der junge Mönch sein durchaus nicht ungewöhnliches Leben eines gebildeten spätmittelalterlichen Ordensmannes – wären da nicht die bohrenden Fragen seiner Selbstreflexion gewesen.

Nach seiner Weihe studierte Luther einige Zeit im Generalstudium seines Klosters Theologie. Erst mit seinem endgültigen Wechsel in den Wittenberger Augustinerkonvent (September 1511) begann Luthers Ordenskarriere – ein Indiz dafür, dass niemand im Orden an der Berufung Luthers zum Klosterleben zweifelte. Wenn überhaupt, so machte sein geplagtes Gewissen den Oberen Sorgen. Doch dies konnte auch als Zeichen für ein besonders vorbildliches Klosterleben interpretiert werden. Und Luther selbst ließ sich auf diesen Weg ein, ohne dass diesbezüglich Zweifel oder Widerstand sichtbar würden. »Die spätmittelalterliche Kirche erlebte er keineswegs als verdorben oder gar korrupt. Im Gegenteil, sein Orden war voller Leben und im Aufbruch zu neuer Frömmigkeit und neuer Ordnung. Bruder Martin stand mitten im Dienst, den die Augustiner in der Kirche und allgemein in Stadt und Land leisteten.«[36] Von daher lag es nahe, ihm weitere Verantwortung zu übertragen: Im Jahre 1515 wurde er Distriktvikar (bis nach der Heidelberger Disputation vom April 1518) und besaß dadurch die Aufsicht über zehn Niederlassungen der Augustiner-Eremiten in Sachsen und Thüringen. Als solcher visitierte er die Konvente. Seinen Freund, den späteren Reformator Erfurts, Johannes Lang, setzte er im Mai 1516 zum Prior des Erfurter Klosters ein. Dass auch die mit der Übernahme von Leitungsaufgaben im Orden verbundene Arbeitsbelastung für Luthers Streben nach Gottesnähe nachteilig war, ist evident.[37] Sie mag einen äußerlichen Teil zur Lebens- und Glaubensgewissheitskrise Luthers beigetragen haben. Wohl erst hier in Wittenberg setzte sich in Luthers Denken endgültig die »reformatorische Umorientierung«, welcher jahrelange theologische und existenzielle Tiefenbohrungen vorausgegangen waren, durch. Das Weitere ist bekannt. Die Radikalität seiner Theologie brachte ihn in Konflikte auch mit seinem Orden. Nach dem Augsburger Verhör vom Oktober 1518 entband Staupitz seinen Ziehsohn von seinem Gehorsamsgelübde. Doch wann verließ Luther »offiziell« den Orden?

Luthers Abrechnung mit dem Ordensleben

Es war ein »Abschied in Etappen«, der jedoch nicht als Prozess »peinlichen Zögerns und Lavierens« interpretiert werden sollte.[38] Zunächst hatten die Erfahrungen der Krise Luther nicht zu einem Bruch mit dem Mönchtum bewogen. »Er verlegte sich auf ein beharrliches Suchen nach einem Ausweg«.[39] Bereits seit 1520 hatte Luther kein Stundengebet mehr absolviert, was nicht nur mit einer entsprechenden Freistellung als Professor zusammengehangen haben wird. Bis 1525/26 publizierte Luther drei liturgische Ordnungen (*Von Ordnung Gottesdiensts in der Gemeine* von 1523; *Formula Missae et Communionis* von 1523; *Deutsche Messe* von 1525/26), mit denen der erneuerte Gottesdienst eine grundlegende Umgestaltung erfuhr. In dieser Zeit, also relativ spät, legte er 1524 das Mönchsgewand ab. Hier wird nach außen hin sichtbar, dass Luther, der noch auf dem Wormser Reichstag 1521 frisch tonsuriert und im Mönchsgewand erschienen war, nicht mehr als Mönch angesehen werden wollte.

Die Distanzierung vom Ordensleben war bereits früher vollzogen. Während seines Aufenthaltes auf der Wartburg (Mai 1521 bis März 1522) erarbeitete Luther im November 1521 die Schrift über die Mönchsgelübde (*De votis monasticis iudicium)*. In seiner Widmung an den Vater spricht Luther davon, dass er sich im 16. Jahr seines Mönchtums befinde – er rechnet demnach von der Ablegung der Profess aus. In anderen Werken und Tischreden wird er seine Ordensexistenz nahezu durchgängig auf 15 Jahre terminieren. Wie wir aus den Forschungen von Bernhard Lohse wissen, hat Luther bis einschließlich 1519 »in gewisser Weise an dem monastischen Ideal festgehalten«, wenn er auch bereits früh – erste Psalmenvorlesung 1513–1515 – ein neues Verständnis des Ordenslebens und der Gelübde formuliert hat, das vor allem die Bindung der Gelübde an die Taufe in den Blick nahm.[40] In der Taufe sieht Luther das Grundgelübde, das alle Christen in das Mitsterben in Christus zum Leben hineinnimmt. Nicht anders seien die Mönchsgelübde zu verstehen. Von daher wird Luther – explizit seit der Galaterbriefvorlesung von 1516/17 – die Vorstellung, das Mönchsgelübde sei eine »zweiten Taufe«, entschieden ablehnen. Dieses seit Hieronymus bekannte Theologumenon ist für ihn eines der gravierendsten Ärgernisse der Theologie und Spiritualität des Klosterlebens.

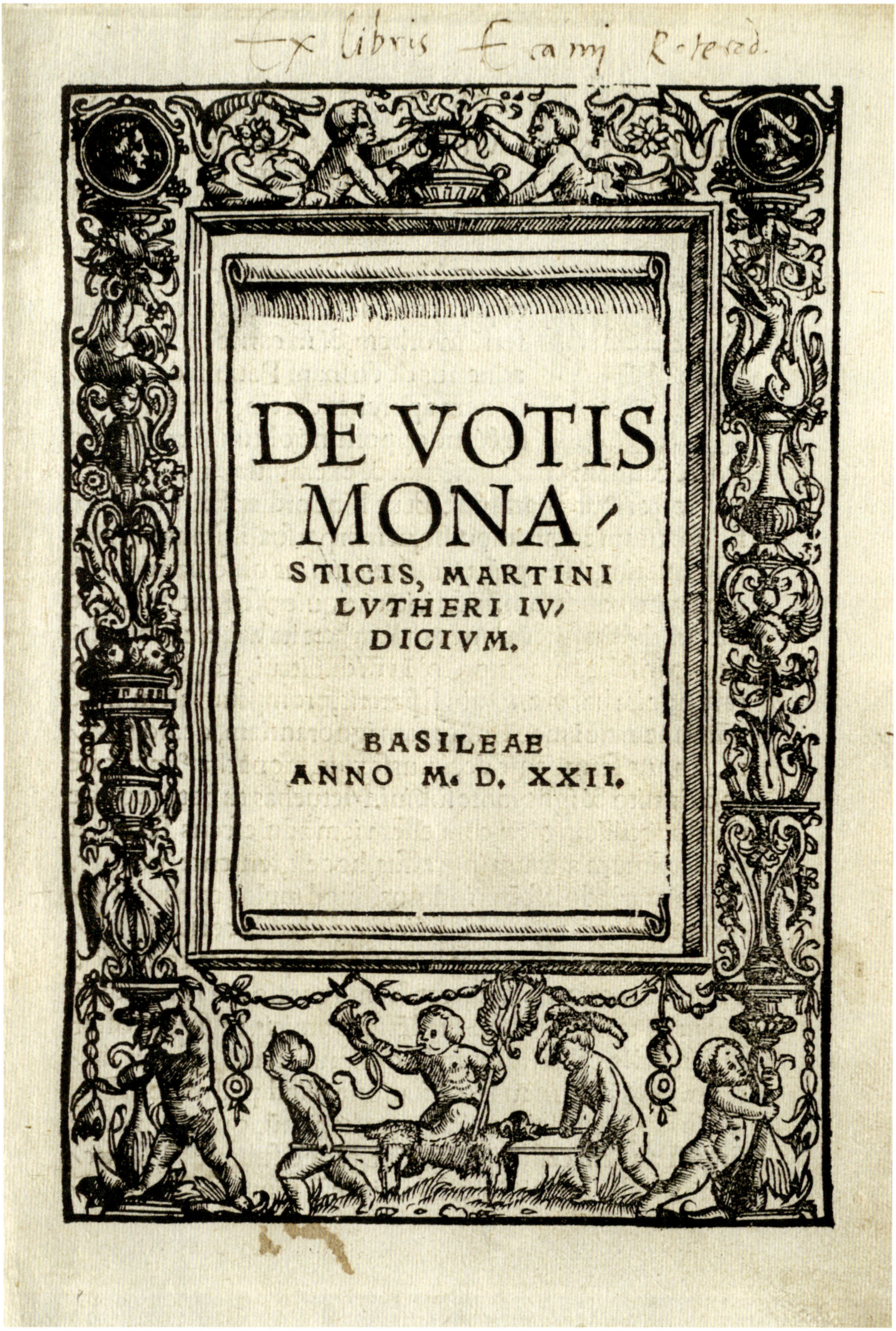

Ex libris Erasmi Roterod.

DE VOTIS MONA-STICIS, MARTINI LVTHERI IV-DICIVM.

BASILEAE ANNO M. D. XXII.

Die theologische Verbindung der Taufe mit der Theologie und Spiritualität des Klosterlebens ermöglicht es Luther jedoch, das Weltleben der Christen, vor allem den Ehestand, in Analogie zum Ordensleben zu denken. Sein eigener Wittenberger Haushalt wird in späterer Zeit tatsächlich immer auch etwas Klosterähnliches beibehalten. Inge Mager spricht gar von einem »Wittenberger Familienkloster«.[41] Die Schrift über die Mönchsgelübde hatte zwar konkrete Anlässe – Verheiratung von Klerikern, Gerüchte über das Wittenberger Augustinerkloster, theologische Debatten mit Karlstadt und Melanchthon –, doch stand auch lebensgeschichtlich eine intensive grundsätzliche Auseinandersetzung Luthers mit dem Ordensleben an. Im Ergebnis bewies er, »daß die Mönchsgelübde, so wie sie bis dahin verstanden und gehandhabt wurden, nämlich als Verpflichtung zu einer besseren Gerechtigkeit, durch die die Ordensleute Verdienste vor Gott und das Heil erwarben, dem Wort Gottes, dem Glauben, der evangelischen Freiheit, den Geboten Gottes und der Vernunft widersprachen. Also handelte es sich nicht um gute, Gott wohlgefällige und als solche unbedingt bindende Gelübde, sondern um falsche und gottlose Gelübde, die nicht nur gebrochen werden durften, sondern um Gottes und der evangelischen Freiheit willen gebrochen werden mußten.«[42]

Der offensichtlichste Bruch bestand darin, das Gelübde der ehelosen Keuschheit durch eine Eheschließung zu brechen. Luther selbst heiratete im Juni 1525 erst relativ spät. Die Zeit zwischen 1521 und 1524 beschreibt Schäufele daher plausibel als »Experiment eines evangelischen Mönchtums«, fernab eines unevangelischen Werkmönchtums. Er löst mit dieser Konstruktion das Problem, dass Luther in seinen Selbstzeugnissen zuweilen auch von einer 20jährige Ordenszeit spricht. Bezieht man seine Ordenszugehörigkeit auf die Phase zwischen Ordenseintritt (1505) und Heirat (1525), kommt man auf einen entsprechenden Zeitraum. Theologisch wird dieses »evangelische Mönchtum« durch Vorstellungen ermöglicht, die Luther in seinen *Themata de votis* (1521) grundgelegt hatte: Mönche müssten nicht zwangsläufig ihre Klöster verlassen, sofern sie die Werkgerechtigkeit ablegten und aus einer evangelischen Freiheit heraus eine entsprechende Bindung lebten. In *De votis monasticis* bietet Luther sogar das Formular für ein diesbezügliches Versprechen an: »Siehe da, mein Gott, diese Art des Lebens gelobe ich dir, nicht weil ich glaube, dies sei der Weg der Gerechtigkeit und zum Heil und zur Genugtuung für die Sünden. […] Ich will diese Form des Lebens ergreifen, um meinen Leib in Zucht zu halten, dem Nächsten zu dienen, über dein Wort nachzusinnen, wie ein anderer den Ackerbau oder ein Handwerk ergreift, ein jeder zu seiner Übung und Beschäftigung, ohne irgendwelche Rücksicht auf Verdienste oder Rechtfertigung […].«[43] Das geistliche Leben im Ordensstand war von nun an seiner spirituellen und theologischen Überhöhung entzaubert und zu einem normalen, für einen Christen ehrenwerten Beruf geworden.

Abb. 59 Titelholzschnitt aus: Martin Luther, De votis monasticis iudicium (Kat.-Nr. V.30)

Anmerkungen

1 Vgl. zur Erfurter Klosterzeit neben der in den Anm. 7, 22 und 33 genannten Literatur: Brecht, Luther 1, S. 59–110. Pilvousek / Springer, Augustiner-Eremiten. Lindner, Luther. Stegmann, Auffassung. Leppin, Erinnern. Ältere Darstellung: Weiß, Bethlehem. Ein Forschungsüberblick zum Themenfeld Luther und das Mönchtum findet sich bei: Ortmann, Luther. ▪ **2** Vgl. zur Datierung der Romreise auf 1511/12 Schneider, Luthers Reise. Neuere Luther-Biographien übernehmen mehrheitlich diesen Ansatz. ▪ **3** Moeller, Sonderfall, S. 306 f. ▪ **4** Zitiert nach Leppin, Reformation, S. 22. ▪ **5** Vgl. die differenzierte Unterscheidung zwischen dem Beginn der Reformation im Sinne eines öffentlich Wirksamwerdens der Theologie Luthers (ab Ende 1517) als eines Ereignisses und der prozesshaften Entwicklung des theologischen Denkens Luthers bei Thomas Kaufmann, der von hieraus pointiert formulieren kann: »denn die Reformation« – im Sinn des Öffentlich-wirksam-Werdens – »fing nicht mit einer Erkenntnis, sondern mit einer Entscheidung beziehungsweise einer Handlung an, die zu einem Ereignis wurde. Ein Ereignis gegen eine prozeßhafte Entwicklung, eine historische Konstellation gegen einen längerfristigen Prozeß auszuspielen, dürfte in Bezug auf Luther, die Reformation […] wenig sinnvoll sein.« Kaufmann, Reformation, S. 150. ▪ **6** WA Tr 1, S. 146 Nr. 352 von 1532: *Ich hab mein theologiam nit auff ein mal gelernt, sonder hab ymmer tieffer und tieffer grubeln mussen, da haben mich meine tentationes hin bracht, quia sine usu non potest disci.* ▪ **7** Hamm, Zorn, S. 148 erstes Zitat, S. 114 zweites Zitat. ▪ **8** Ebd., S. 106. ▪ **9** Ebd., S. 148 f. ▪ **10** Wriedt, Gnade. Leppin, Staupitz. Hamm, Staupitz. Die Anrede »Vorgesetzter, Vater und Lehrer« entstammt dem letzten Brief Luthers an Staupitz vom 17. September 1523. WA Br 3, Nr. 659. ▪ **11** WA Tr 1, S. 47 Nr. 122 von 1531. ▪ **12** Ebeling, Luthers Seelsorge, S. 364–446. ▪ **13** Hierzu Unterburger, Gegensatz, S. 135–138. ▪ **14** Hamm, Zorn, S. 109. ▪ **15** Brecht, Luther 1, S. 55 f. ▪ **16** Schilling, Luther, S. 76. ▪ **17** Eine konzise Analyse gibt Lindner, Stotternheim. ▪ **18** Zitiert nach Lindner, Stotternheim, S. 97. ▪ **19** Scheel, Dokumente, S. 154 Nr. 423 (teilweise aus dem Lateinischen übersetzt). ▪ **20** Schilling, Luther, S. 82 f. ▪ **21** Stegmann, Auffassung, S. 75. ▪ **22** Scheel, Dokumente, S. 37 Nr. 93: *Es ist bisher die gröste heylickeyt gewesen, die man hat konnen erdencken, das man ynns kloster ist gelauffen, […] viel gefastet, viel gebet, eyn harend hembd angetragen, ynn wüllen kleydern gelegen, eyn harts, strenges leben gefurt und ynn der summa monchische heylickeyt an sich genomen, das wyr ynn eynem scheyn gleyssender werck sind eynher gangen, also das wyr auch selbs nicht anders gewust haben, denn das wir von der scheyttel an bis zur fersen gantz heylig gewesen, haben alleyn die werck und den leyb, nicht das hertze angesehen, do wir voll hasses, voller forcht, volles unglaubens gestickt sind.* Vgl. zur Stelle Lindner, Luther, S. 67. ▪ **23** Pilvousek, Askese. ▪ **24** Brecht, Luther 1, S. 71. ▪ **25** Ebd., S. 71 f. ▪ **26** Scheel, Dokumente , S. 80 f. Nr. 206: *Unser Herr Gott hatt mich mit gewald ab horis canonicis gerissen anno 1520, do ich schon uil schreib, und spart oft acht tag mein horas zusamen; auf einen sonabent zalt ich nach einander ab, das ich per totum diem weder aß noch tranck, und schwecht mich also hart, das ich nimmer schlafen kunde, also das man mir Doctor Esch haustum soporiferum must geben, welches ich noch füle in meinem kopf.* ▪ 27 Vgl. WA Tr 5, S. 137 Nr. 5428. ▪ **28** Odenthal, Stundengebet. ▪ **29** Brecht, Luther 1, S. 75 f. ▪ **30** Scheel, Dokumente, S. 42 Nr. 105: *Wir haben auch, nicht allein das zeitlich gut hinan gewent, sondern auch den leib dran gestreckt mit fasten, mitt kasteyen und mit andern schweren untreglichen burden, das auch etlych offt wonsinnig darüber worden und von allen krefften kommen sind, ja haben zuletst auch die seele dartzu verlorn, Ich bin auch ein solcher gewesen.* ▪ **31** Brecht, Luther 1, S. 76. ▪ **32** Vgl. Die kleine Antwort auf Herrn Georgen nächstes Buch Luthers von Herbst 1533. WA 38, S. 143: *War ists, Ein fromer* Münch bin ich gewest, Und so gestrenge meinen Orden gehalten, das *ichs sagen that: ist jhe ein Münch gen himel komen durch Müncherey, so wolt ich auch hinein komen sein. Das werden mir zeugen alle meine Klostergesellen, die mich gekennet haben. Denn ich hette mich (wo es lenger geweret hette), zu tod gemartert mit wachen, beten, lesen und ander arbeit etc.* ▪ **33** Scheel, Dokumente , S. 130 Nr. 348: *Und so ein Mönch solt heilig sein, so war ichs auch, Noch wenn ich hatte teglich auffs vleissigst gebett, auffs reinest gebeicht, mess gehalten und das best gethan, und mich jemand gefragt hette: Heltestu auch gewis dafur, das du den heiligen Geist habest? so müste ich (gleich wie andere) sagen: O behüt mich Gott da fur, solt ich so vermessen sein? Ich bin ein armer sunder, Ich hab wol dis und das gethan, Aber ich weis warlich nicht, obs auch Gott will jm gefallen lassen etc.* ▪ **34** Pilvousek, Luther und Erfurt, S. 16. ▪ **35** Brecht, Luther 1, S. 63. ▪ **36** Schilling, Luther, S. 87. ▪ 37 Hierzu Burger, Spannungsfeld. ▪ **38** Schäufele, Abschied, S. 120, 124. ▪ **39** Brecht, Luther 1, S. 77. ▪ **40** Lohse, Mönchtum, S. 378. ▪ **41** Mager, Familienkloster. ▪ **42** Schäufele, Abschied, S. 127. ▪ **43** Zitiert nach ebd., S. 131.

V.1

V.1

Die Mönchstonsur als Zeichen der Unterwerfung unter die Gelübde

Mönchskopf
Aus dem Kartäuserkloster in Erfurt

Sandstein.17,5 × 15 × 14 cm. Fragment ▪ AngerM Erfurt, VI 668, erworben 1960

Das stark beschädigte Fragment eines Mönchskopfes aus dem Kartäuserkloster in Erfurt stammt aus dem größeren Zusammenhang eines Reliefs, vielleicht eines Epitaphs oder einer Grabplatte. Es lässt sich bekannten anderen Fragmenten nicht zuordnen.

Der Kopf gehört zu einer leicht nach rechts gewandten Figur, die abgearbeitete linke Wangenseite band in den Reliefgrund ein. Hinter dem rechten Ohr ist der Ansatz einer Kapuze sichtbar. Die runde Gesichtsform wird durch den Haarkranz um die Tonsur unterstrichen. Mit diesem rituellen Scheren des Haars dokumentierte der angehende Mönch seine sichtbare Unterwerfung unter die Gelübde und damit den Verzicht auf die männliche Kraft und Unabhängigkeit. KH/AH

Unpubliziert.

V.2 ▸ Abb. 47

Rosenkranz und zeitgenössische Marienverehrung

Markus Jahn aus Weida, Spiegel hochlöblicher Bruderschaft des Rosenkranzes Mariens
Leipzig, Melchior Lotter der Ältere, 1515
(VD 16 M 962)

Druck ▪ Moderner Ledereinband ▪ EDDB Köln, Bibliothek St. Albertus Magnus, P.I. 96

Der Rosenkranz ist eine Gebetskette. Verwendung fand sie für das Rosenkranzgebet, eine sich stereotyp wiederholende Abfolge von verschiedenen Gebeten. In der Praxis folgten auf ein Vaterunser je nach Tradition fünf bis zehn Ave Maria, die beliebig oft wiederholt werden konnten. Dem *Spiegel hochlöblicher Bruderschaft* folgend, begann das Rosenkranzgebet mit einem Vaterunser, schloss mit dem Glaubensbekenntnis und setzte sich aus fünf Vaterunser und 50 Ave Maria zusammen. Offen am Gürtel getragen, galt der Rosenkranz als sichtbarer Ausdruck von Frömmigkeit. Im Zuge der sich intensivierenden, zugleich individuelle Ausdrucksformen suchenden Marienverehrung sowie der daraus resultierenden, breite Kreise der

Gläubigen erfassenden Marienfrömmigkeit fand das Rosenkranzgebet in der zweiten Hälfte des 15. Jahrhunderts im deutschen Sprachraum eine rasante, geistliches Leben und Frömmigkeitspraxis bestimmende Verbreitung. Eine maßgebliche Rolle spielte dabei der Dominikanerorden. Entscheidenden Einfluss darauf hatte die Gründung der Rosenkranzbruderschaft in Köln im Jahr 1475 durch den Dominikaner Jakob Sprenger. Die Grundlagen schuf mit seinem *Compendium*, dem sogenannten Marienpsalter, der 1475 verstorbene Ordenstheologe Alanus de Rupe, von dem wohl auch die Legende stammt, die Gottesmutter selbst sei es gewesen, die dem hl. Dominikus den Rosenkranz übergab. Das ist nur ein Bericht, der Aufnahme in dem spätestens am 21. Dezember 1514 vollendeten *Spiegel hochlöblicher Bruderschaft* fand. Verfasst hat ihn der aus Weida im Vogtland stammende Dominikaner Markus Jahn. Als Lesemeister und Prediger gehörte er der observanten Leipziger Niederlassung des Ordens an. Das Werk hatte Jahn auf Veranlassung der mit dem Albertiner Georg dem Bärtigen verheirateten und 1534 verstorbenen Herzogin Barbara von Sachsen geschrieben, nachdem diese ihn im Oktober 1514 gebeten hatte. Ausführlich erläutert, beweist und begründet Jahn die Tradition des Rosenkranzgebetes als Zeichen einer heilsgemäßen Marienverehrung, die dem Rosenkranz innewohnende Kraft sowie die herausgehobene Bedeutung der Rosenkranzbruderschaften für das Heil und der daraus resultierenden Gnaden, die diesen verliehen wurden. Dabei schlägt Jahn den Bogen von Rupes Marienpsalter, den angeblich bereits die Kirchenväter benutzt und empfohlen hatten, über die dem Rosenkranz innewohnenden Gnadenmittel bis hin zu den durch das Rosenkranzgebet zu erwerbenden Ablässen sowie der Überlegenheit der Rosenkranzbruderschaften und ihrer Mitglieder gegenüber den Feinden Christi. Aus theologischer Sicht verdient das achte Kapitel besondere Beachtung. Hier werden die in Anlehnung an den Psalter in drei Gruppen zu je 50 Ave Maria unterteilten Gebete mit dem Heilsgeschehen in Beziehung gesetzt. Die ersten 50 Ave Maria stehen für die Menschwerdung Christi, die nächsten 50 für das Leiden Christi, während die letzten 50 das heilbringende Werk des Erlösers symbolisieren. Ausführlich wird zudem in der Vorrede die besondere Bedeutung Marias als Gottesmutter für das Heilsgeschehen herausgestellt. Die Ausgabe selbst wurde aufwendig ausgestattet. Der Vorrede und den zwölf Kapiteln sind jeweils ganzseitige Holzschnitte vorangestellt, ebenso den am Ende stehenden Ausführungen über die sieben Gaben des Hl. Geistes. Große Teile des Titelblattes nimmt der Titelholzschnitt ein. Er zeigt rechts das Wappen der Herzogin, links eine in Gebetshaltung dargestellte Gruppe vornehmer Frauen, darüber, umgeben von einem Rosenkranz, die Gottesmutter mit dem Christuskind im Strahlenkranz. FJS

Alltag und Frömmigkeit, S. 113–117. Klinkhammer, Alanus de Rupe. Militzer, Laienbruderschaften, S. 264.

V.3 ► Abb. 48

Mitgliedschaft in der Rosenkranzbruderschaft der Erfurter Dominikaner

Bruderschaftsbrief, Erfurt: Wolfgang Schenck oder Mathes Maler, um 1507/17

Einblattdruck ▪ Pergament. 11,5 × 18,5 cm ▪ Nicht ausgefüllt ▪ BEM Erfurt, A IX a 14

Wer der Bruderschaft einer kirchlichen Einrichtung beitrat, erhielt ein handschriftlich ausgefertigtes und gesiegeltes Schreiben auf Pergament, das die Mitgliedschaft bestätigte. Das wenig veränderte Formular dieser Schreiben erlaubte, sie im Druck herzustellen und lediglich Raum für den handschriftlich zu ergänzenden Namen und das Datum zu lassen. Für die zahlreichen Bruderschaften im spätmittelalterlichen Erfurt ist bislang nur das von den Dominikanern in der Druckerei Zum schwarzen Horn in der Michaelisstraße in Auftrag gegebene leere Formular des Bruderschaftsbriefes der Rosenkranzbruderschaft bekannt geworden. Dass der Druck auf Pergament und nicht auf Papier ausgeführt wurde, zeigt die Bedeutung, die das Schriftstück für den Besitzer hatte. Derartige Formulare dürften auch für andre Erfurter Bruderschaften gedruckt worden sein. UW

Reske, Buchdrucker, S. 216–218.

V.4

Über den Nutzen von Totenmessen

Jakob von Paradies, Vom Wert und der Nützlichkeit von Totenmessen
Heidelberg: Heinrich Knoblochtzer, 1493.
(GW M10884)

Sammeldruck ▪ Zusammen mit Johannes de Mechlinia: *Determinatio utrum dei opera possint impediri daemonis malitia* ▪ Teil eines Sammelbandes. Erfurter Rindsledereinband aus der Werkstatt von Nikolaus von Havelberg (EBDB w000072) ▪ Aus der jüngeren Büchersammlung der Erfurter Augustiner-Eremiten ▪ UB Erfurt, Dep. Erf. I. 8° 00115 (02)

Der 1462 in Erfurt verstorbene Theologe und Reformschriftsteller Jacobus de Paradiso war zunächst

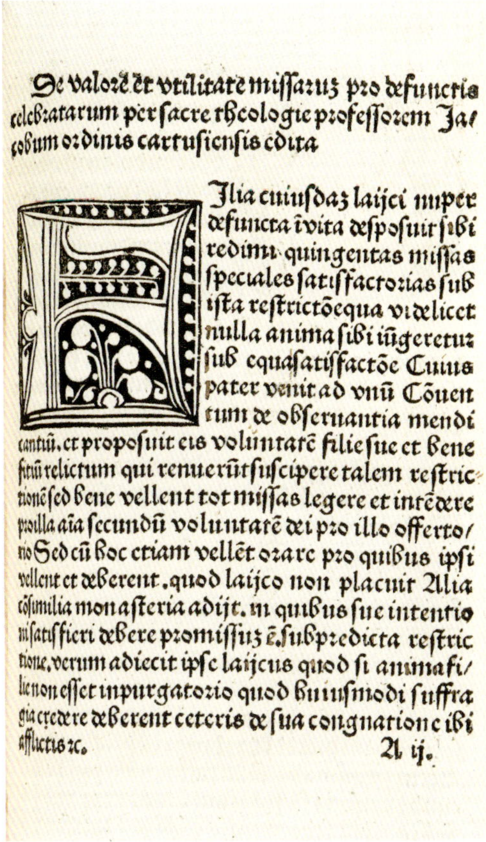

De valore et utilitate missarum pro defunctis celebratarum per sacre theologie professorem Jacobum ordinis cartusiensis edita

Filia cuiusdam laijci nuper defuncta in vita desposuit sibi redimi quingentas missas speciales satisfactorias sub ista restrictione qua videlicet nulla anima sibi iungeretur sub equa satisfactione Cuius pater venit ad unum Conventum de observantia mendicantium, et proposuit eis voluntatem filie sue et beneficium relictum qui renuerunt suscipere talem restrictionem sed bene vellent tot missas legere et intendere pro illa anima secundum voluntatem dei pro illo offertorio Sed cum hoc etiam vellent orare pro quibus ipsi vellent et deberent. quod laijco non placuit Alia consimilia monasteria adijt. in quibus sue intentioni satisfieri debere promissum est sub predicta restrictione, verum adiecit ipse laijcus quod si anima filie non esset in purgatorio quod huiusmodi suffragia credere deberent ceteris de sua congnatione ibi afflictis etc.

A ij.

V.4

Zisterziensermönch, trat aber 1442/43 in Erfurt in den Kartäuserorden ein. Mit seinen zahlreichen Schriften zu den Themen Ekklesiologie, Spiritualität und Volksglauben sowie Ethik und Moraltheologie wollte er eine Kloster- und Kirchenreform anregen. Veranlassung zu dieser Schrift gab ihm die zweifelhafte Praxis der Bettelmönche, gestiftete Messen nicht entsprechend der Intention der Verstorbenen einzeln zu deren Gedächtnis zu halten, sondern unmittelbar aufeinander folgend mehrere Stiftungsliturgien durchzuführen.
Gezeigt wird ein Exemplar mit einem Besitzeintrag des Erfurter Augustiner-Eremitenklosters aus dem 17./18. Jahrhundert. Es handelt sich um einen 1493 in Heidelberg bei Heinrich Knoblochtzer hergestellten Nachdruck des ursprünglich 1474 in Esslingen bei Konrad Fyner erschienenen Textes. Der Text erschien zusammen mit einer Schrift des Mechelner Karmeliters Johannes Palaeonydorus, in der dieser diskutiert, ob die göttlichen Werke die Bosheit des Teufels zu verhindern vermögen. Der Einband stammt wahrscheinlich aus der Werkstatt des Erfurter Buchbinders Nikolaus von Havelberg. TB

Mertens, Jakob von Paradies.

V.5

V.6

V.5/6

Vorbilder des Glaubens

Zwei Apostel

Fragmente eines Altars aus der Augustinerkirche in Erfurt

Um 1510

Apostel Bartholomäus ▪ Mischtechnik auf Nadelholz. 72 × 24 cm ▪ Der vor einem Vorhang stehende Apostel ist nach rechts gewandt. In der rechten Hand hält er den Dolch, sein Marterinstrument, die linke Hand weist in einem Zeigegestus nach rechts oben. Die Tafel ist gespalten, die Rückseite weist Sägespuren auf, die obere Kante ist beschnitten. An der Schnittkante schloss nach oben auf dem gleichen Brett die ebenfalls erhaltene Darstellung Johannes des Täufers an. ▪ AngerM Erfurt, Inv.-Nr. 4430 a; erworben 1903 aus dem evangelischen Waisenhaus in Erfurt.

Johannes Evangelista ▪ Mischtechnik auf Nadelholz. 72,5 × 26 cm ▪ Der vor einem Vorhang stehender nach links gewandte Apostel hält den Kelch mit der Schlange in der linken Hand, die vor dem Körper erhobene rechte Hand weist mit einem Segensgestus auf den linken Arm. Die Rückseite der ungespaltenen Tafel trägt ein Rankenmotiv. Der Bildträger ist an der Unterseite beschnitten ▪ AngerM Erfurt, Inv.-Nr. 4430 c; erworben 1903 aus dem evangelischen Waisenhaus in Erfurt.

Die heute in 12 Tafeln gespaltenen und vereinzelten Aposteldarstellungen gehörten wahrscheinlich zu einem Di- oder Triptychon in der Erfurter Augustinerkirche. Die Apostel der Innenseiten stehen vor gemalten Vorhängen, die Gewänder sind in Licht und Schatten fein modelliert. Ihre Nimben sind vergoldet. Die Apostel der Außenseiten stehen vor gemaltem gelben Grund, ihre Nimben sind in Orangetönen lasierend auf den Grund gemalt. Die Ausführung der Gewänder ist schematisch, Schatten sind mit Schraffuren angegeben. Anhand der Holzmaserungen lassen sich zwar zusammengehörige Vorder- und Rückseiten sowie die auf einem Brett übereinander gemalten Figuren rekonstruieren, die Gestalt des ursprünglichen Kunstwerkes muss jedoch Hypothese bleiben. Schwierigkeiten bereiten einerseits die Darstellung von Aposteln sowohl auf der Vorder- als auch auf der Rückseite der angenommenen Flügel, andererseits tragen auch rückseitig mit Rankenwerk verzierte Tafeln Aposteldarstellungen, so dass ein Apostelzyklus sowohl auf der Werktags- als auch der Festtagsansicht angenommen werden müsste. Spätestens in der Mitte des 19. Jahrhunderts sind die Tafeln zerschnitten und zum Teil gespalten worden, um daraus einen Apostelzyklus zu erhalten, der sich aus Tafeln aus dem Mittelfeld und der Vorder- und Rückseite der Flügel zusammensetzt. KH

Katalog 1924, S. 24 Nr. 85. Overmann, Kunstdenkmäler, S. 321 Nr. 328. Waisenhaus, Nr. 8 – 12.

V.7

Predigtsammlung des Alain Varenius mit Kaufvermerk des Johannes Lang

Alain Varenius
In Canticum canticorum Homiliæ quindecim
Paris, Stephanus, 1515
UB Erfurt, Dep. Erf. 09 Td. 4° 00034 (02)

Die hier präsentierten »15 Predigten zum Hohen Lied Salomos« sowie die weiteren im Sammelwerk enthaltenen Predigten verfasste Alain Varenius (Anfang 16. Jahrhundert), ein französischer Gelehrter aus Montaubon, über den nur wenig bekannt ist. Das Buch aus der alten Bibliothek der Erfurter Augustiner-Eremiten enthält gleich zwei eigenhändige Kaufvermerke des Johannes Lang: *Emptum Lipsie per Johannem Langium Erph. Augustinensem* (von Johannes Lang, Erfurter Augustiner, in Leipzig gekauft). Im Buchbinderband sind zwei verschiedene Texte mit den Druckjahren 1510 (Ricardus a Sancto Victor: *De superdivino trinitate.* Von der göttlichen Dreifaltigkeit) und der oben beschriebene Text von 1515 zusammen gebunden. Beides druckte Henricus Stephanus (ca. 1460 – 1520), ein gelehrter Drucker in Paris. Den früheren Eigentümer dieser Schriften, Johannes Lang (1487 – 1548), finden wir ab dem Wintersemester 1500 an der Universität Erfurt. Hier studierte er u. a. bei Nikolaus Marschalk. Im Jahr 1506 trat Lang in das Erfurter Augustiner-Eremitenkloster ein. Seinem Heimatkloster schenkte er wohl mehrere Bücher. Lang war ein enger Freund Luthers. Im Mai 1516 wurde er von Luther als Prior des Erfurter Augustiner-Eremitenklosters eingeführt. Im Januar 1522 trat er schließlich aus dem Orden aus und verließ auch die Erfurter Theologische Fakultät. Als Reformator Erfurts führte er u. a. 1525 eine einheitliche Gottesdienstordnung ein. TB

Stupperich, Johannes Lang.

Da uid
Salo mon
In hoc opere cõtenta.
In Canticum cãticorum Homiliæ quindecim.
In aliquot Psalmos Dauidicos oratiunculæ siue breues Homiliæ/octo & quadraginta.
In supersanctã dei genitricẽ MARIAM panegyrici siue laudatiui sermones quinq;.
H. S.
Venale habetur Parisijs in officina Henrici Stephani chalcographi e regione scholæ Decretorum.

V.7

V.8

Hoheliedpredigten des Bernhard von Clairvaux

Bernhard von Clairvaux, Sermones super Cantica canticorum
Straßburg, Martin Flach, 1497 (GW 3937)

Inkunabel ▪ Zeitgenössischer Schweinsledereinband über Holz ▪ UB Erfurt, Dep. Erf. I. 4° 00399 (02)

Der Zisterzienser Bernhard von Clairvaux (1090 – 1153), Kirchenlehrer und Gründerabt des Klosters Clairvaux, verfasste Traktate, Briefe und Predigten, von denen zahlreiche überliefert sind. Seine Predigten zum Hohelied Salomos entstanden zwischen 1135 und 1153 und sind unvollständig geblieben. Die 86 Predigten Bernhards in diesem Band wurden vom englischen Zisterzienser Gilbert von Hoyland (Abt des Klosters Swineshead;

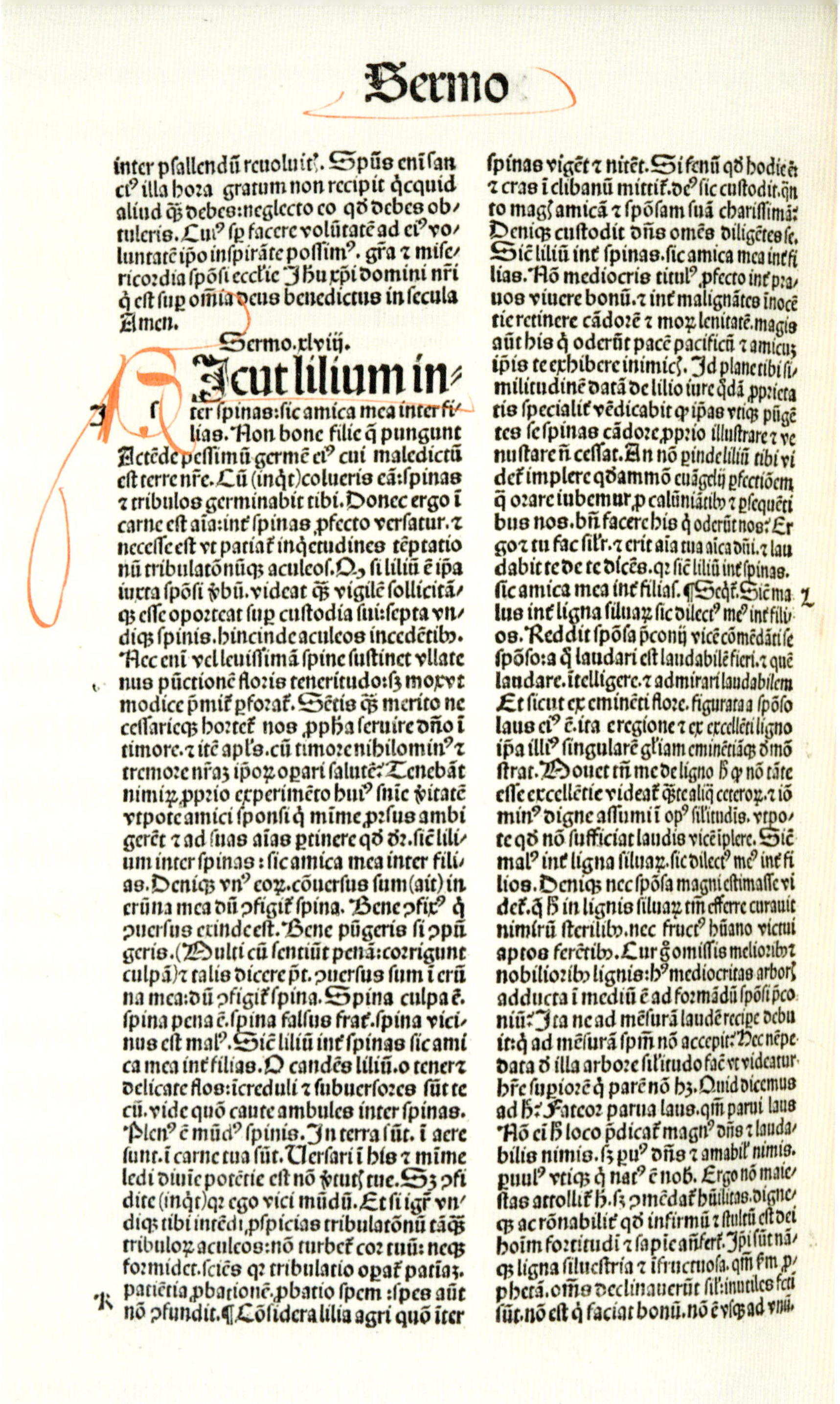
Sermo

Sermo.xlviij.

Sicut lilium in

V.8

gest. 1172) um 47 Predigten ergänzt. Bernhard entwirft in seinen Hoheliedpredigten ein Kompendium klösterlicher Spiritualität. Er spricht in der Hoheliedpredigt Nr. 46 »von der zweifachen Schönheit der Seele und wie die Seele das Wort an Gott richtet und wie das Wort zur Seele spricht und welche Sprache sie verwenden«. Die Hoheliedpredigt Nr. 48 handelt »vom gegenseitigen Lob des Bräutigams und der Braut und wie durch das Abbild Christi sein Leib und der Glaube an ihn verstanden werden muss«.

Das gezeigte Buch mit Schweinsledereinband, Kantenbeschlägen und Auflegeschienen wurde wohl von Konrad von Straßburg gebunden und kommt – da der entsprechende Besitzeintrag fehlt – möglicherweise nicht aus dem alten Augustiner-Eremitenkloster, sondern aus dem Erfurter Barfüßerkloster. Der verdeckte Eintrag auf dem vorderen Innendeckel legt dies nahe. TB

Bernhard, Opera omnia, Sp. 999 und 1012. Gerwing, Gilbert v. Hoyland.

V.9 ▸ Abb. 51

Johannes Cassianus und die abendländischen Klosterregeln

Johannes Cassianus, De institutis coenobiorum et de octo principalium vitiorum remediis. Basel, Johannes Amerbach, 1485 (GW 06160)

Inkunabel ▪ Zeitgenössischer Schweinsledereinband über Holz ▪ UB Erfurt, Dep. Erf. I. 4° 00046 (01)

Der Theologe und Mönch Johannes Cassianus (ca. 360 – ca. 435) stellt durch Leben und Werk ein Bindeglied zwischen dem frühen ägyptischen Mönchtum, den Wüsteneinsiedlern, und der monastischen Bewegung im lateinischen Abendland dar. Im gezeigten Basler Druck von 1485 sind zunächst vier Bücher über die Gebräuche bei Mönchen und weitere acht Bücher über die entsprechenden Hauptsünden und wie man sich vor ihnen hüten kann, enthalten. Die im Anschluss angehängten sogenannten *Collationes* stellen in 24 Kapiteln in Form von Gesprächen zwischen dem Verfasser, dessen Freund Germanus und 15 ägyptischen Einsiedlern deren Lebensweise vor. Dieser Text hat in starkem Maß die abendländischen Ordensregeln, wie z. B. die Benediktinerregel, beeinflusst. Der vorgestellte Band enthält einen Besitzeintrag des Johannes Lang. Seine Benutzung im Umfeld von Lang und dem Erfurter Augustinerkonvent zeigt, wie sehr die observante Reformbewegung sich auch in Luthers Zeit noch mit den spätantiken Grundlagen und tradierten Idealen des Mönchtums auseinandersetzte. Der gezeigte Schweinslederband ist mit kleinen Rollen- und Prägestempeln und einem Rankenmittelfeld verziert. Er weist Kantenbeschläge und ein messinggerahmtes Titelschild unter einer Hornplatte auf und wurde wahrscheinlich in Erfurt gebunden. Er gehört zum Bibliotheksbestand des älteren Augustiner-Eremitenklosters. TB

Klein, Johannes Cassianus. Stupperich, Johannes Lang.

V.11

V.10 ▸ Abb. 58

Ablassbrief Erzbischof Albrechts zum Besten des Neubaus von St. Peter in Rom

Ablassbrief zum Besten des Neubaus von St. Peter in Rom
Erscheinungsort nicht ermittelbar, Verlag nicht ermittelbar, 1517.

Einblattdruck auf Pergament ▪ UB Erfurt, Dep. Erf. LA. 12° 00054a

Es handelt sich bei diesem St. Peters-Ablass um einen sogenannten Butterbrief, der als Fastendispens eine Ausnahme von der Fastenregel zuließ. Butterbriefe wurden als Blanko-Formulare gedruckt. Wer einen solchen Ablass gegen Zahlung einer bestimmten Geldsumme erwarb, durfte an strengen Fastentagen, ausgenommen war nur die Karwoche, andernfalls verbotene Nahrungsmittel wie Milch, Käse, Butter, Schmalz und Eier essen. Der vorliegende Butterbrief ist ebenfalls ein St. Peters-Ablass. Solche Ablässe hatte Papst Leo X. zugunsten Albrechts von Brandenburg, des Erzbischof von Magdeburg und Mainz, erlassen. Damit wurde der Bau der Basilika St. Peter in Rom mit finanziert. Jedoch wanderte die Hälfte der Ablasssumme in die Kassen der Fugger, die Albrecht das Geld zum Erwerb der Bischofswürde über einen päpstlichen Dispens vom Verbot der Bistümerkumulation vorgestreckt hatten. Ein solcher Ablass gilt allgemein als auslösendes Moment für den Thesenanschlag Martin Luthers. Der Einblattdruck ist am rechten Rand beschnitten. Das gezeigte Fragment stammt aus der Sammlung der gedruckten Bücher der Bibliotheca Amploniana. TB

V.11

Auch die Erfurter Augustiner-Eremiten erwarben Ablässe

Ablass zu Gunsten eines Kreuzzuges gegen die Russen und die mit ihnen verbündeten Tataren
Leipzig, Martin Landsberg, um 1508 (Duntze/Eisermann, Beichtbriefe, Liv 45)

Einblattdruck ▪ Pergament. 13,5 × 20 cm, Plica 2 cm. Mit Hanffaden für die Besiegelung ▪ Nicht ausgefüllt ▪ BA Erfurt, St. Marien, Stift, Urk. 2 / 77

Dem Deutschen Orden war es 1502 gelungen, die Invasion des russischen Zaren auf Livland und Litauen abzuwehren. Um militärisch gegen das Moskauer Großfürstentum vorgehen zu können, erbat der Orden 1506 von Papst Julius II. einen Plenarablass. Als Ablasskommissar und Nuntius stand Christian Bomhower an der Spitze der Ablasskampagne(n). Von 1508 an wurde der Livlandablass im Rahmen der zweiten, bis 1510 andauernden Kampagne auch in der Mainzer Erzdiözese verkündet, darunter auch in Erfurt. Den Ablass erwarb so 1508 der gesamte Konvent der Erfurter Augustiner-Eremiten. Doch ist das Exemplar bzw. das der Ausfertigung zu Grunde liegende Formular nur abschriftlich überliefert. Das gezeigte, in Leipzig von Martin Landsberg zum Druck gebrachte Ablassformular in der Variante A hat sich als Blankoexemplar erhalten. Ob der lange Zeit der Erfurter Niederlassung angehörende und wiederholt als Ablassprediger hervorgetretene Augustiner-Eremit Johannes von Paltz mit in die Ablasskampagne Bomhowers eingebunden war, lässt sich, auch wenn es wiederholt vermutet wurde, nicht beweisen. FJS

Benl, Altera Roma, S. 41 – 44. Duntze/Eisermann, Beichtbriefe. Ehlers, Ablasspraxis, S. 388 – 401.

V.12

V.12

Heiligenverehrung oder Götzendienst
Reliquienbüste
Thüringischer Meister, um 1480/90

Holz, farbig gefasst. 49 × 26,5 × 18 cm ▪ Halbfigur eines jugendlichen Heiligen in der Tracht eines Diakons mit rundem Glasfluss auf der Brust, hinter dem sich eine auf der Rückseite der Figur mit einem Brett verschließbare Öffnung befindet ▪ AngerM Erfurt, Inv.-Nr. 711, erworben 1905

Reliquienbehälter in verschiedensten Formen dienten der würdigen Aufbewahrung und Präsentation der hochverehrten sterblichen Überreste der Heiligen. Als kleine Halbfiguren oder als Büsten waren sie häufig in den Predellen von Altären aufgestellt. Lupenartig geschliffene Kristalle oder Glasflüsse ermöglichten die Präsentation der meist kleinformatigen Reliquien, die in einer von hinten verschließbaren Aussparung in der Figur aufbewahrt wurden. Die Halbfigur des jugendlichen Heiligen stand zuletzt in einer Nische am Portal des ehemaligen Cyriaksklosters, das 1482 vom Cyriaksberg in die Stadt verlegt wurde und sich zunächst bei der Andreaskirche und seit den achtziger Jahren des 17. Jahrhunderts bis zu seiner Aufhebung 1806 in der Erfurter Hügelgasse befand. Die Attribute der Heiligenfigur geben leider keinen eindeutigen Aufschluss über den Dargestellten. Als jugendlicher Diakon mit Buch und Palmzweig in den Händen können mehrere Heilige dargestellt werden: Der Überlieferung nach handelt es sich um Laurentius oder Stephanus; aber auch Cyriakus, der Patron des Cyriaksklosters, wird in dieser Weise charakterisiert.
Der Diakon Laurentius (Lorenz) erlitt nach der

Legende das Martyrium auf dem Rost, auf dem er lebendigen Leibes gebraten wurde. Deshalb ist ihm neben Buch und Märtyrerpalme meist ein Rost als Attribut beigegeben. Der hl. Stephanus gehört zu den sieben von den Aposteln geweihten Diakonen. Er wurde wegen seines Glaubens gesteinigt und wird als Erzmärtyrer verehrt. Von Cyriakus berichtet die Legende, er habe die Tochter des römischen Kaisers Diokletian, Artemia, vom bösen Geist geheilt, weshalb ihn Diokletian begnadigte. Cyriakus fand sein Martyrium unter dem Nachfolger des Kaisers an der Via Salaria. Als individuelles Attribut wird Cyriakus häufig ein Teufel bzw. ein Drache beigegeben als Hinweis auf die Teufelsaustreibung an Artemia.
Stilistisch gehört die Figur ins ausgehende 15. Jahrhundert. Vermutlich ist sie im Zusammenhang mit der Verlegung des Klosters für dessen neue Heimstatt geschaffen worden und gelangte erst später (vielleicht erst nach der Aufhebung des Klosters) in die Nische über dem Eingangsportal, woher sie 1905 ins Museum überführt wurde. KH

Katalog 1924, S. 28 Nr. 121. Overmann, Kunstdenkmäler, S. 125 Nr. 154.

V.13

Das Zeigen von Reliquien und die Ablasspraxis

Hallesches Heiltumsbuch

Halle, Wolfgang Stöckel, 1520. (VD 16 V 897) ▪
UB Erfurt, Dep. Erf. 13 – Hg. 8° 08370

Das sog. »Hallesche Heiltumsbuch« stellt die große Reliquiensammlung Kardinal Albrechts von Brandenburg, des Erzbischofs von Magdeburg und Mainz und Kanzlers des Hl. Römischen Reichs genau in der Reihenfolge und Ordnung vor, wie sie ab 1519 jährlich Sonntags nach dem Fest »Mariae Geburt« (8. September) und den folgenden zehn Tagen in einer »Heiltumszeigung« dem gläubigen Publikum präsentiert werden sollte. Es fanden allerdings aufgrund der reformatorischen Umbrüche nur zwei »Zeigungen« statt. Mit dem Betrachten der Reliquien und einer Almosengabe konnte von den Gläubigen ein zeitlicher Ablass erlangt werden. Das Werk wurde wahrscheinlich von Wolfgang Stöckel, der zu dieser Zeit eigentlich in Leipzig ansässig war, in Halle gedruckt. Es enthält neben einem Kupferstich des Kardinals von Albrecht Dürer (fehlt im Erfurter Exemplar) 237 Holzschnitte, die überwiegend vom Nürnberger Künstler Wolf Traut (um 1485 – 1520) stammen. Traut ist dem direkten Dürerumfeld zuzurechnen. Zur Provenienz des präsentierten Bandes konnte bislang nichts ermittelt werden. TB

Nickel, Heiltumsbuch.

Zcum vierden/Ein silbern brustbild yn gestalt einer Mörin/Dorynne ist/ein gantz haubt der heyligenn sant Fidis/die ein schwester gewest des heiligē sant Moritz.

Sūma.j.partikel.

Zcum funfften/Eyn silbern sant barbara bild Dorynne ist Ein merglich stuck von yrem heyligenn haubt Vō yrer ribbe/funff andere partikel yres heylīgen gebeines. Von yrem hanbt. Von yrem kleyde.

Sūma.ix.partikel.

V.13

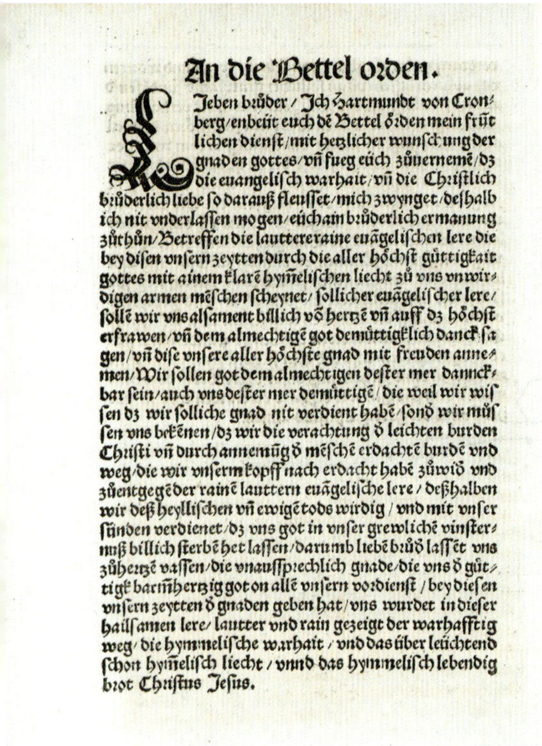

An die Bettel orden.

LIeben brůder / Jch Hartmundt von Cronberg / enbeüt euch dē Bettel ordē mein frűtlichen dienst / mit hetzlicher wunschung der gnaden gottes / vñ fueg eüch zůuernemē / dz die euangelisch warhait / vñ die Christlich brůderlich liebe so darauß fleüsset / mich zwynget / deßhalb ich nit vnderlassen mogen / eüch ain brůderlich ermanung zůthůn / Betreffen die lauttere raine euāgelischen lere die bey disen vnsern zeytten durch die aller höchst güttigkait gottes mit ainem klarē hymelischen liecht zů vns vnwirdigen armen mēschen scheynet / sollicher euāgelischer lere / sollē wir vns alsament billich vō hertzē vñ auff dz höchst erfrawen / vñ dem almechtigē got demüttigklich danck sagen / vñ dise vnsere aller höchste gnad mit freuden annemen / Wir sollen got dem almechtigen dester mer danckbar sein / auch vns dester mer demüttigē / die weil wir wissen dz wir solliche gnad nit verdient habē / sond wir müssen vns bekēnen / dz wir die verachtung d leichten burden Christi vñ durch annemūg d mēschē erdachtē burdē vnd weg / die wir vnserm kopff nach erdacht habē zůwid vnd zůentgegē der rainē lauttern euāgelische lere / deßhalben wir deß heyllischen vñ ewigē tods wirdig / vnd mit vnser sünden verdienet / dz vns got in vnser grewlichē vinsternuß billich sterbē het lassen / darumb liebē brůd lassēt vns zůhertzē vassen / die vnaussprechlich gnade / die vns d gütigk barmhertzig got on allē vnsern vordienst / bey diesen vnsern zeytten d gnaden geben hat / vns wurdet in dieser hailsamen lere / lautter vnd rain gezeigt der warhafftig weg / die hymmelische warhait / vnd das über leüchtend schon hymelisch liecht / vnnd das hymmelisch lebendig brot Christus Jesus.

V.14

V.14

Ein Reichsritter als reformatorischer Theologe

Hartmuth von Cronberg: Vier christliche Schriften
Augsburg: Sigmund Grimm und Max Wirsung, 1522 (VD 16 C 5922 mit C 5913, C 5916, C 5919)

Druck ▪ Inhalt: Sammeldruck mit 1. *Christliche Schrift an Papst Leo X.*, 2. *Christliche Schrift an die Einwohner zu Kronberg*, 3. *Christliche Schrift an die Bettelorden* und 4. *Christliche Schrift an Jakob Köbel* ▪ Moderner Pappeinband ▪ WSt Eisenach, Th 441

Der im Taunus begüterte Hartmut XII. von Kronberg gehörte dem radikalreformatorischen Flügel der Reichsritterschaft um Ulrich von Hutten und seinen Cousin Franz von Sickingen an, der eine traditionell antiklerikale Attitüde mit frühnationalen und antirömischen Positionen verband und Martin Luthers reformatorische Aufbrüche als Anstoß für eine Neugestaltung auch der weltlichen Ordnung (miss)verstand. In diesem Kontext stehen sowohl seine Parteinahme in den gegen die Bettelorden und den Trierer Erzbischof gerichteten Fehden als auch seine 1522 in Augsburg gedruckten »Vier christlichen Schriften«, die exemplarisch zeigen, welche Weiterungen die vom Ablassstreit angestoßenen Kontroversen in den reichspolitischen Raum hinein hatten. Während die an Leo X. gerichtete Schrift durch den vor der Drucklegung erfolgten und im Titel der Schrift noch erwähnten Tod des Papstes mehr den Charakter einer Kritik am Papsttum insgesamt annahm, die die petrinische Norm der verfallenen Realität entgegenhielt, überrascht die an die Einwohner seines Stammortes Kronberg gerichtete Epistel durch ihren egalitären Grundton, der die in der Taufe erlangte *hymmelische bruderschaft* aller Gläubigen gegenüber allem *adel gewalt und reychtumb der gantzen welt* als wichtigeres Kriterium in den Mittelpunkt stellt. Gegenüber der ausgearbeiteten Gnadenlehre dieser Schriften fällt der »an die Bettelorden« gerichtete Appell, die evangelische Predigt nicht länger zu unterdrücken, nicht durch eine ausgearbeitete theologische Argumentation auf. Dafür betont Kronberg die Fundierung der neuen Doktrin im Evangelium: *Lieben brüder / die lere so Doctor Luther leret / ist nit seine lere / sondern sollich lere ist geflossen auß dem brunnen Christo Jesu / wellicher mensch dieser hymmelischer lere volget / d(er) volgt nit Doctor Luthern / sond(ern) Christo.* Auch leitet er aus der von Luther betonten Gleichheit aller Gläubigen für sich das Recht ab, selbst als *schlechter laye* am theologischen Diskurs teilnehmen zu können. Kronbergs Schrift zeigt, daß die Exponenten der radikalen Reichs- und Glaubensreform die Bettelorden auch 1522 noch als gewichtige Gegner ernst nahmen, sie jedoch zugleich auf die Überzeugungskraft ihrer Bibelauslegung vertrauten. AH

von Ompteda, Die von Kronberg.

V.15 ▸ Abb. 53

Streitschriften des Bartholomäus Arnoldi von Usingen gegen Ägidius Mechler und die Lutheraner

Bartholomäus Arnoldi, Gegen Aegidius Mechler und die Lutheraner

Erfurt, Matthes Maler, 1524 (VD 16 A 3719) ▪ UB Erfurt, Dep. Erf. LA. 4° 00020 (04)

Bartholomäus Arnoldi antwortet hier im Gefolge von vier Schriften, die er gegen Johannes Culsamer (ehemaliger Weltgeistlicher, gest. 1525) gerichtet hatte, einer Erwiderung Aegidius Mechlers (eines ehemaligen Erfurter Franziskaners, gest. 1547), der Culsamer verteidigte. Arnoldi wendet sich dabei gegen die Priesterehe und gegen die Lutheraner. Er greift Culsamer, Lang und Mechler direkt an, Luther jedoch nicht. Der Spätscholastiker, Magister der Sieben Freien Künste und Professor für Philosophie an der Erfurter Universität, Bartholomäus Arnoldi (um 1465 – 1532), ein Vertreter des sogenannten Nominalismus, war 1504 Dekan der Artistenfakultät und seit 1512 Augustiner Eremit. 1514 wurde er zum Doktor der Theologie promoviert. Als einer der Lehrer Luthers, während dieser die Sieben Freien Künste studierte, war er zunächst auch ein enger Freund. Arnoldi entwickelte sich aber spätestens ab 1522 in seiner Eigenschaft als Domprediger zu einem entschiedenen Gegner der Reformation. 1525 verlässt er Erfurt und geht als Berater des Bischofs nach Würzburg.
Das gezeigte Stück befindet sich in einem Sammelband mit acht Streitschriften Arnoldis und gehört in die Druckschriftensammlung der Bibliotheca Amploniana. Zu sehen ist das Titelblatt mit Titeleinfassung des sogenannten Monogrammisten H. TB

Eckermann/Kipf, Arnoldi, Sp. 53 f. von Hase, Bibliographie, S. 78 Nr. 528 und S. 171.

V.16 ▸ Abb. 52

Konfessionelle Fronten

Widder den Hochberumbten Barfusser
zu Erfurt D. Cunrad Klingen/Schutzred
vnn grundliche erklerung etlicher heubtartickel
Christlicher lere/durch Justum Menium.
Mit einer vorrede Martini Luthers.
Wittenberg: Hans Lufft, 1527

Druck ▪ Flugschrift. 32 Blatt ▪ Pappeinband ▪ Ratsschulbibl. Zwickau, 1.7.10. (6)

Der evangelische Pfarrer der Erfurter Thomaskirche, Justus Menius, war wie alle evangelisch gesinnten Kräfte mit dem hartnäckigen Widerspruch des Erfurter Franziskaners und Dompredigers Konrad Klinge konfrontiert. Klinge wandte sich nach den Gewaltexzessen des Bauernkrieges entschieden gegen die neue Lehre und erreichte dadurch in Erfurt einen Stillstand der reformatorischen Bewegung. In der Vorrede der Schutzschrift stellt Luther Klinge als hinterlistigen Feind der Erneuerung dar, der Sympathie mit manchen reformatorischen Anliegen heucheln würde, allein seiner Posten und Einkünfte wegen aber der alten Kirche das Wort rede. Die neuere Forschung sieht Klinge hingegen eher als vermittlungsbereiten Reformtheologen. AH

Franziskaner in Thüringen, S. 327.

Eyn wyderlegung Egidij Mechlers/ pfar/ ners zů Erffort/ zů Sanct Bartholo meus betreffende / etzlyche yrrige punckt/ geschriben vnd gepredigt durch Bartholomeum Vsingen Augustinianern. Vnd sonder lich inn der Sermen/ Von dem heyligen Creutz / ge than zu Erffort in d stifftkirchen/ Vnser lyeben frawen.

Anno. 1524.

V.17

Aduersus Magistri nostri Barptholomei Usingi. impudentē libellum. Johānis Cuelsameri confutacio. qua sophistarum reuellitur impietas.

Impressum Erphordie per Michaelem Buchfurer Anno 1523.

V.18

V.17 / 18

Gegen Usingen: Protestantische Prediger greifen eine Ordenslegende an

a)Eyn wyderlegung || Egidij Mechlers/ pfar=||ners zu Erffort/ zu Sanct Bartholo||meus betreffende/ etzlyche yrrige || punckt/ geschriben vnd gepredi-get || durch Bartholomeum Vsingen …
Erfurt: Wolfgang Stürmer, 1524

Druck ▪ 18 Blatt ▪ Pappeinband ▪ SB-PK Berlin, Cu 4096 (R)

b)Aduersus Magistri nostri Barphtolomei Usingi. impudente[m] libellum. Johan[n]is Cuelsameri confutacio. qua sophistarum reuellitur impietas
Erfurt: Michael Buchfurer, 1523

Druck ▪ 20 Blatt ▪ Pappeinband ▪ SB-PK Berlin, Dg 1510

Die Kontroverse zwischen dem katholischen Geistlichen Bartholomäus Arnoldi von Usingen und den lutherischen Predigern der Stadt trug sowohl Züge einer ordensinternen Auseinandersetzung als auch eines Generationskonflikts. Der versierte Theologe Usingen war Lehrer einer ganzen Generation von Universitätsstudenten gewesen und hatte jüngere Ordensleute wie Johannes Lang auch persönlich unterstützt. In der aufgeheizten Atmosphäre der 1520er Jahre zerbrachen diese Bindungen und machten wechselseitigen Beschuldigungen Platz. So wurde etwa unterstellt, dass sowohl der Eheschluss einzelner Kleriker als auch das Festhalten an den altkirchlichen Strukturen ausschließlich materiellen Interessen dienen sollte. AH

V.19 ▸ Abb. 50

Luthers Briefe in lateinischer Sprache

Martin Luther, Briefe, Teil 1, Von 1507 bis 1522
Jena, Christian Rödinger der Ältere, 1556 (VD 16 L 4649)

UB Erfurt, Dep. Erf. 02 – Tu. 8° 01508 (01)

Gesammelt und herausgegeben wurden die Briefe Luthers in lateinischer Sprache von Johann Aurifaber (1519 – 1575), einem Freund Luthers. Aurifaber war in Weimar Hofprediger und ab 1566 Pfarrer der Erfurter Predigerkirche. Luther schreibt hier u. a. an seinen Freund und Beichtvater Johann Staupitz (1465 – 1524) über den Begriff »Buße«. Enthalten ist aber auch das Vorwort zu Luthers Schrift »Geist und Buchstabe des Augustinus«, in welchem er an Augustinus' Aussagen zur Gerechtigkeit Gottes eigene Präzisierungen anschließt. Das gezeigte Buch gehört zur Bibliothek des Kollegs zur Himmelspforte. Die hier angegebene Provenienz 02 fasst die Drucke zusammen, die nicht im Bandkatalog der Bibliotheca Amploniana enthalten sind. Aus den handschriftlichen Besitzein-

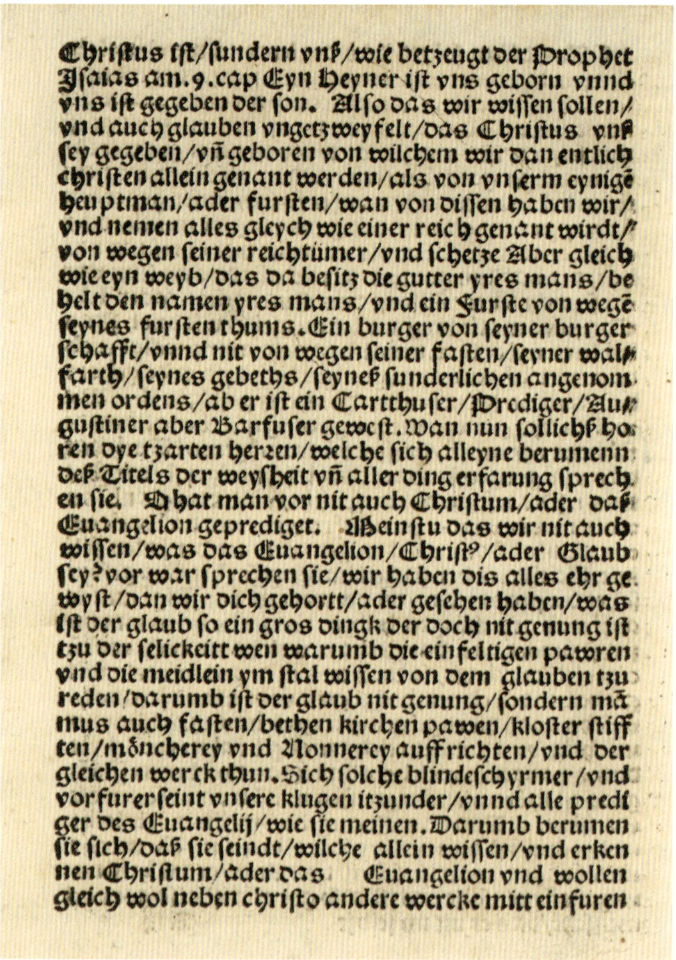

Chriſtus iſt/ſundern vnß/wie betzeugt der Prophet Iſaias am.9.cap Eyn Heyner iſt vns geborn vnnd vns iſt gegeben der ſon. Alſo das wir wiſſen ſollen/ vnd auch glauben vngetzweyfelt/das Chriſtus vnß ſey gegeben/vñ geboren von wilchem wir dan entlich chriſten allein genant werden/als von vnſerm eynigẽ heuptman/ader furſten/wan von diſſen haben wir/ vnd nemen alles gleych wie einer reich genant wirdt/ von wegen ſeiner reichtümer/vnd ſchetze Aber gleich wie eyn weyb/das da beſitz die gutter yres mans/be helt den namen yres mans/vnd ein Furſte von wegẽ ſeynes furſten thums. Ein burger von ſeyner burger ſchafft/vnnd nit von wegen ſeiner faſten/ſeyner wal farth/ſeynes gebeths/ſeyneß ſunderlichen angenom men ordens/ab er iſt ein Cartthuſer/Prediger/Au guſtiner aber Barfuſer geweſt. Wan nun ſollichß ho ren dye tzarten herzen/welche ſich alleyne berumenn deß Titels der weyſheit vñ aller ding erfarung ſprech en ſie. O hat man vor nit auch Chriſtum/ader daß Euangelion gepredigett. Meinſtu das wir nit auch wiſſen/was das Euangelion/Chriſt⁹/ader Glaub ſey? vor war ſprechen ſie/wir haben dis alles ehr ge wyſt/dan wir dich gehortt/ader geſehen haben/was iſt der glaub ſo ein gros dingk der doch nit genung iſt tzu der ſelickeitt wen warumb die einfeltigen pawren vnd die meidlein ym ſtal wiſſen von dem glauben tzu reden/darumb iſt der glaub nit genung/ſondern mã mus auch faſten/bethen kirchen pawen/kloſter ſtiff ten/möncherey vnd Nonnerey auffrichten/vnd der gleichen werck thun. Sich ſolche blindeſchyrmer/vnd vorfurer ſeint vnſere klugen itzunder/vnnd alle predi ger des Euangelij/wie ſie meinen. Darumb berumen ſie ſich/daß ſie ſeindt/wilche allein wiſſen/vnd erken nen Chriſtum/ader das Euangelion vnd wollen gleich wol neben chriſto andere wercke mitt einfuren

V.20

V.21

trägen auf dem Titelblatt geht hervor, dass der Band dem aus Rheinberg stammenden Dekan der Himmelspforte und mehrmaligen Rektor der Erfurter Universität, Hermann Lindanus (1565–1644), gehörte. TB

V.20

Luther predigt allen Erfurtern ihr eigenes Kreuz

Martin Luther, Ein Sermon zu Erfurt auf Sankt Severs Tag gepredigt vom Kreuz und Leiden eines rechten Christenmenschen
Erfurt: Wolfgang Stürmer, 1522 (VD 16 L 6627)

Druck ▪ Moderner Halbleineneinband ▪
WSt Eisenach, Th 800

Martin Luthers am Tag des hl. Severus in der Erfurter Kaufmannskirche gehaltene Predigt zeigt allenthalben die Spuren seiner guten Kenntnis der örtlichen Verhältnisse und seines Versuchs, in der theologischen Ausrichtung konsequent zu sein, den Bogen einer kontroversen Zuspitzung aber nicht zu überspannen.
Luthers auffällig ausgedehnte Berufung auf Christus als Grund aller Lehre und allen Predigtamtes verschafft ihm dabei die Möglichkeit, eine bibelgestützte Theologie zu entfalten, die sich gegen äußerliche Werke und Gelübde ebenso richtet wie gegen die Anbetung des Kreuzes als Kultgegenstand, dessen Praktiken der Zurschaustellung und Inszenierung Luther in heftigen Worten geißelt. Dies impliziert zudem eine verdeckte Kritik an der für die Bettelorden konstitutiven Imitatio Christi, der Luther die Aufforderung entgegenstellt, jeder Gläubige solle sein eigenes Kreuz in Geduld tragen. Daraus leitet Luther den Vorwurf ab, gerade die »mönche und pfaffen« seien mit ihrem *fechten und schreien wider das euangelion* die hitzigsten und ungeduldigsten Gegner der allein auf Christus gerichteten und gegen ihre Betrügereien gerichteten Predigt, womit er zweifellos auch auf die von Erfurter Bettelmönchen angeführte Kanzelopposition gegen seine Parteigänger anspielte. Luther wendet sich scharf gegen alle »Traumprediger«, die die Werke als Weg zur Gnade offerierten und gegen alle Mönche, die glaubten, sie könnten allein *in dem angenomen orden und kleide* selig werden. AH

V.21

Luthers neues Meßverständnis als Kritik an Stiftungswesen und Priestertum

Martin Luther, De abroganda missa privata
Wittenberg: Melchior Lotter der Jüngere, 1522 (VD 16 L 3619)

Druck ▪ Moderner Pappeinband ▪
WSt Eisenach, Th 772

Die 1522 auf Latein veröffentlichte und im gleichen Jahr auch in deutscher Übersetzung erschienene Publikation *De abroganda missa privata* (»Von dem Missbrauch der Messen«) gehört zu den reformatorischen Hauptschriften Martin Luthers. Luther wendet sich in diesem demonstrativ *Den Augustinern zu Wittenberg, meinen lieben brüdern* gewidmeten Pamphlet grundsätzlich gegen das Verständnis der Messe als Gott durch Vermittlung des Priesters dargebrachtes Opfer, dem er die im Abendmahl vergegenwärtigte Opfertat Christi am Kreuz sowie das Konzept eines allgemeinen Priestertums aller Gläubigen entgegenstellt. Daraus ergeben sich erhebliche Weiterungen, die die gesamte spirituelle Hierarchie der vorreformatorischen Kirche infrage stellen und mit den zum Gedächtnis einzelner Donatoren oder als Sündentilgung getätigten Messstiftungen einem zentralen Geschäftsmodell gerade auch der Bettelorden den Boden entziehen. Luther kritisiert dabei einerseits den spirituellen Hochmut der Mönchsgemeinschaften, wenn er schreibt: *Die gaystligkait in orden ist kain gots dienst sondern ist erdicht für ain gots dienst. Der rechte gots dienst ist gehorsam sein den geboten gots sunst müßten alle mensche münche werden die weyl ainerlay gots dienst allen menschen zugleych geboten ist.*
Zudem wettert Luther gegen die mit den Messstiftungen und Ablassbriefen verbundene Kommerzialisierung der Seelsorge, wenn er in seiner Diskussion der Zehn Gebote deren Wortlaut der Entfremdung durch die Papstkirche entgegenstellt: *Zum dritten spricht Moses Du solt nit stellen damit alles unrecht gut verboten ist. Da wieder sagt der Babst in seinen gebot Du magst wol unrechte güter behalten wennn du mir ain tayl gibst. Ich will dir des brief und sigel geben. Wie er denn dem Cardinal von Mentz ain solche bul gegeben hat die yetz under zu Hall ausgeruffen und verkündiget ist.* AH

V.22

Von der Klosterkritik zum Kirchenregiment: Christliche Liebe, Armenfürsorge und Schulgründung

Martin Luther, Ordnung eines gemeinen Kastens. Radschlag wie die geystlichen gutter zu handeln sind
Wittenberg: Lukas Cranach der Ältere und Christian Döring, 1523 (VD 16 L 5570)

Druck ▪ Moderner Pappeinband ▪
WSt Eisenach, Th 849

Ordenūg eyns gemeynen kastens.
Radschlag wie die geystlichen gutter zu handeln sind.
Martinus Luther.
M.D.xxiij.

V.22

Mit seiner 1523 gedruckten Schrift reagierte Luther auf ein Ersuchen der Gemeinde der sächsischen Stadt Leisnig, die ihm eine Ordnung der geistlichen Güter und Angelegenheiten zur Prüfung vorgelegt hatte. Hintergrund war die generelle Notwendigkeit, die im Zuge der Aufhebung von Klöstern und Stiften auftretenden finanziellen Streitigkeiten zu entschärfen sowie eine nicht mehr über Präbenden garantierte, sondern gemeindlich sicherzustellende Versorgung der Geistlichkeit zu regeln. Zudem erwies es sich als unabdingbar, das mit dem Wegfall der klösterlichen Institutionen neu zutage tretende Problem der Armutsvorsorge anzugehen.
Da Luther als erfahrener Ordensmanager die grundsätzliche Bedeutung dieses Ansatzes erkannte, stellte er die in Leisnig getroffenen Regelungen als Modell zur Diskussion und versah sie mit einer umfangreichen Vorrede. Diese Bemerkungen nehmen von einer schonungslosen Auseinandersetzung mit dem Mönchtum ihren Ausgang, schreiten dann jedoch zu pragmatischen und humanen Vorschlägen einer sukzessiven Aufhebung der Klöster fort:

Auffs erst were wol gutt das keyn kloster als benedicter Cistercer Celestiner und der gleichen yhe auff erden kommen were. Nu sie aber da sind ist das beste das man sie lasse vergehen odder wo man füglich kann darzu helffe das sie reyn und gar weg kommen. das mag aber geschehen auff diße zwo weyße. Die erste das man die personen so drynnen sind lasse frey von yhn selbs so sie wöllen eraus gehen wie das Euangelion erlaubt. Die andere das eyn igliche oberkeytt mit seynen klostern verschaffe keyne person mehr auff zu nehmen und so yhr zu viel drynne sind anderswo hyn schicke und die ubrigen lasse aussterben.
Weyl aber niemant zum glauben und Euangelio zu dringen ist soll man die ubrigen personen so yn klostern es sey allters bauchs oder gewissens halber bleyben nicht ausstossen noch unfreuntlich mit yhn handelln sonder sie yhr leben lang lassen gnug haben wie sie zuvor hetten gehabt denn das Euangelion leret auch gutte thun den unwirdigen wie der hymelische vatter uber gutte und böße leßt regenen und sonnen scheynen und man muß hie ansehen daß sölch person aus gemeyner blindheyt und

yrtum yn solchen stand geratten sind und nichts gelernet da mit sie sich erneren kunden.
Luther schlägt dann vor, die Klostergüter so zu verteilen, dass man zum einen die verbleibenden Insassen anständig versorgen und andererseits den Rückkehrern eine Starthilfe zum Aufbau einer weltliche Existenz an die Hand geben sollte. Mit dem verbleibenden Teil sollte nun aber das Armenwesen neu geordnet werden:
Aber die dritte weiße ist die beste das man alles ander lasse zum gemeynen gutt eyns gemeynen kastens gelangen daraus man nach Christlicher Liebe gebe und leyhe allen die ym lande dürfftig sind es sey eddel oder burger damit man auch der stiffter testament und willen erfülle denn wie wol sie geyrret und verfuret sind das sie es zu klöstern gegeben haben ist dennoch iah yhr meynung gewesen gott zu ehren und zu dienst geben […] *Nu ist keyn grosser gottis dienst denn Christlich Liebe die ein dürfftigen hilft und dienet* […]
Luther wendet sich dann gegen alle mit »Wucher«, also Zinsen operierenden geistlichen Stiftungen, die er als unchristlich ablehnt; hinsichtlich der Verwendung der geistlichen Güter optiert er mit lebensklugem Realismus eher für das Augenmaß christlicher Liebe als für starre Regelungen. Folgenreich war sein Vorschlag, die städtischen Mendikantenniederlassungen in Schulen für Kinder beiderlei Geschlechs umzuwandeln und damit das Bildungserbe der Bettelorden unter neuen Vorzeichen fortzuführen: […] *aus den bettelklöstern ynn stedten weren gutte schulen fur knaben und meydliyn zu machen, wie sie vor zeytten gewesen sind.* AH

V.23

Eine Psalmauslegung als Anlass zur Mönchskritik

Martin Luther, Der 117. Psalm ausgelegt
Wittenberg: Georg Rhau, 1530 (VD 16 L 4973)

Druck ▪ Teil eines Sammelbandes ▪ Lutherstadt Wittenberg, Bibliothek des Evangelischen Predigerseminars, LC V 48/2

V.23

Luthers Auslegung des sehr kurzen 117. Psalms (»Lobet den Herrn, alle Heiden!«) ist von ausführlichen Überlegungen zum Volk Gottes geprägt, aus denen sich neben judenkritischen Bemerkungen auch heftige Frontbildungen gegen das Klosterwesen ergeben, dessen allenthalben sichtbare Krise Luther als Zeichen des göttlichen Zorns deutet:
Also soll es auch zu unser Zeit den Stiften und Klöstern gehen, daß sie zurissen und zuschmissen werden, unangesehen wie ein fein, schön, gut Wesen es scheinet. Denn sie lästern auch diesen HErrn aller Heyden, den sie loben sollten, und wollen ihn nicht leyden, sondern solch ihr eigen Werck so hoch heben und loben, daß sie dadurch nicht allein wollen Christen seyn und selig werden, sondern auch höher und besser, denn die gemeinen Christen, und dazu den andern Christen ihr Werck und Verdinst verkauffen und mittheilen, unterstehen sich damit denselbigen gen Himmel zu helfen, welches alles ist ein unaussprechlicher Greuel.
Zudem wiederholt Luther den bereits aus seiner Gelübdeschrift von 1522 bekannten Vorwurf, die Mönche würden sich durch ihre Gelübde und ihre Profess einen höheren Stand zusprechen als die gewöhnlichen Christen *der Christen-Stand ist viel geringer denn unser Stand, durch die Taufe kann niemand so hoch kommen, als durch unsre Platten und Kappen.* Für den aus dem Mönchsstand herausgewachsenen Luther kommt dieses Identitätskonzept mittlerweile einer Lästerung gleich. Damit ist die mit den Erfahrungen der Erfurter Klosterzeit verbundene (Selbst-)Kritik zu einem Kernsatz seiner mittlerweile verfestigten reformatorischen Theologie geworden. AH

V.24

Schöpfungslob und Schriftvertrauen: Luthers Verständnis des Ehestandes als gottgewollte Verbindung von Mann und Frau

Martin Luther, An die Herren des Deutschen Ordens Ermahnung, dass sie falsche Keuschheit meiden und zur ehelichen Keuschheit greifen
Augsburg: Philipp Ulhart der Ältere, 1524
(VD 16 L 3780)

Druck ▪ Moderner Halbleineneinband ▪
WSt Eisenach, Th 893

Mit seiner an die Ritter des Deutschen Ordens gerichteten Schrift wendet sich Luther an einen Sonderzweig des Religiosenwesens, dessen Identität als Kampfgemeinschaft gegen die Ungläubigen er als ohnehin schwer mit der Gelübdeeinhaltung vereinbar betrachtet (*Wie sich das zusamen reyme / leeret täglich erfarung und vernunfft allzuwol.)* Das 1524 gedruckte Traktat belegt die engen Beziehungen Luthers zum preußischen Ordensstaat, der nach seiner Umwandlung in ein weltliches Herzogtum unter dem Hohenzoller Albrecht I. ab 1525 gewissermaßen zum ersten protestantischen Staatswesen wurde. Da die Ordensangehörigen als weltliche Herrschaftsträger auskömmlich versorgt seien, *und nicht die ellende nott da ist / die manchen bettel Münch und ander Münch im Closter behelt,* hält Luther den Ritterorden für besonders geeignet, auch den *Bann* der *Gaystlichen keuschait* zu brechen und damit ein Beispiel für viele noch schwankende Kleriker und selbst ehemalige Klosterinsassen zu geben. Der zu diesem Zeitpunkt noch unverheiratete Luther trägt dabei biblische Argumente zusammen, warum der Ehestand Gott besonders angenehm sei. Gottes Wort von der hilfreichen Gemeinschaft von Mann und Frau (1. Mose 2, 18) gilt ihm nicht nur höher als alle gegenteiligen Lehren von Konzilien, Päpsten und Kirchenvätern. Seine Zurückweisung erscheint sogar als wahrer Frevel an der Schöpfung, womit Luther den an die Zölibatsbrecher gerichteten Vorwurf der Übertretung und Unkeuschheit gegen dessen Erfinder wendet. Zudem sei es allemal besser, sich ehelich zu verbinden, als im Geheimen »Hurerei« zu betreiben, womit Luther der Lebensrealität vieler seiner Mönchskameraden Ausdruck verleiht. Unter Verweis auf das 4. Gebot steht die eheliche Verbindung von Mann und Frau für Luther sogar höher als alle anderen in der Bibel nicht so prominent hervorgehobenen weltlichen und geistlichen Stände. In Luthers Ehetheologie verbinden sich somit schriftgemäße Erwägungen mit lebenspraktischer Vernunft: *Wir seynd alle geschaffen / das wir thun wie unser ölteren / kinder zeugen und nären / das ist uns von Gott aufgelegt / gebotten und eingepflanzt das beweysen die glydmaß des leybs und täglich entpfinden und aller welt exempel.* AH

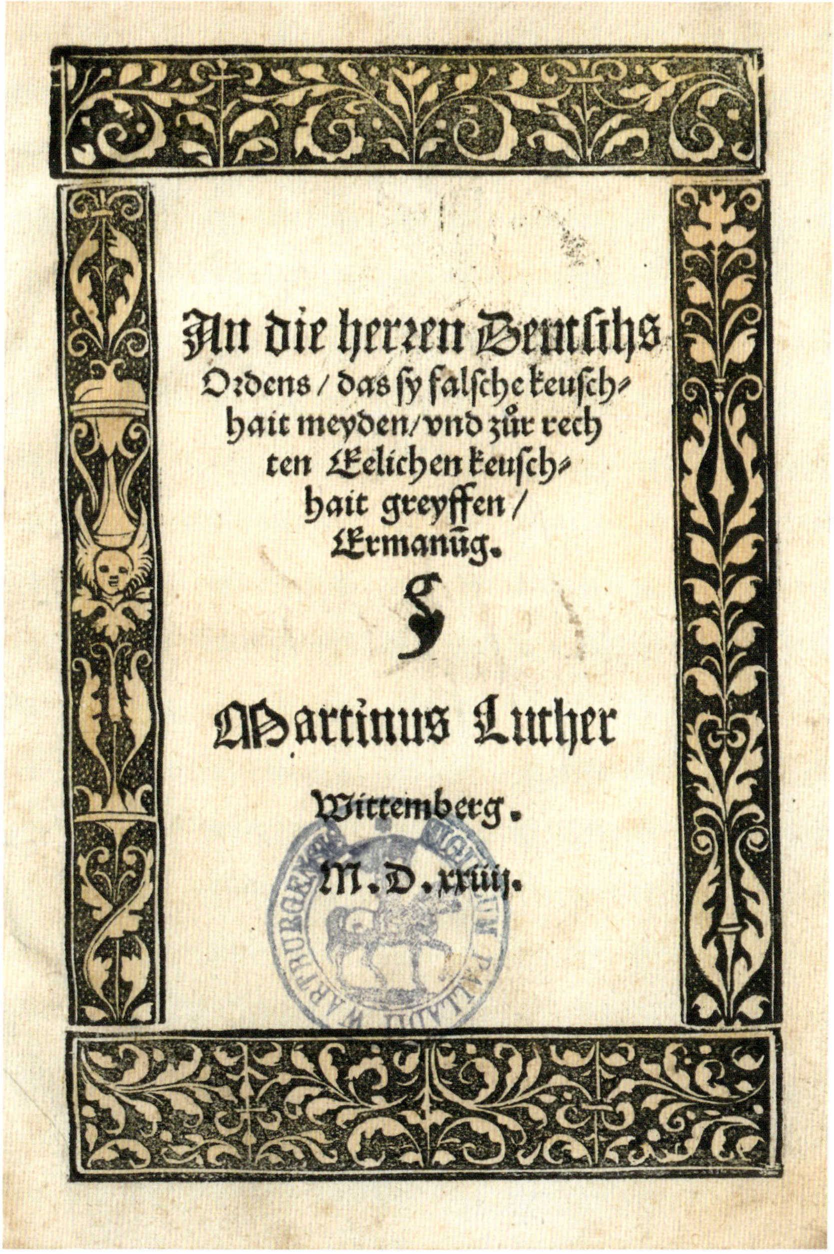

V.24

Ain. Sermon.
zů sant Mychael gethō
zů Erffordt auff den tag der
aylff Tausent Junckfrau-
wen vom glauben vnd
wercken.
Doct. Mart. Luther.
Im Jar. M D XXij.

M·D·XXI

V.25

Luthers Predigt über das Gleichnis von den klugen und törichten Jungfrauen (Mt 25, 1 – 13), denen in ihren »Ampeln« das Öl des rechten Gottvertrauens fehle, entwirft eine kontradiktorische Welt der falschen und zielführenden Wege zum Heil, die in Gegensatzpaaren wie »Gesetz« und »Evangelium«, »inwendiger und äußerlicher Glaube« oder auch »Herz und Mund« entfaltet wird. In der inmitten des Erfurter Universitätsviertels gelegenen Michaeliskirche rechnet der ehemalige Student Luther scharf mit der akademischen Theologie ab, der er das Fehlen wirklicher Frömmigkeit attestiert. Unter Verweis auf seine eigene universitäre Erfahrungswelt verspottet er die scholastischen Diskursrituale und Beweisführungen; dem Studium heidnischer Philosophen wie Aristoteles, Platon und Averroes setzt Luther das machtvolle Evangelium entgegen, das nicht weltliche Ehren und Güter erwerben wolle, sondern »Sünde, Tod, Teufel und Hölle« überwinden hilft. Daraus leitet Luther eine schroffe Ablehnung jedweder leistungsorientierter »Werkgerechtigkeit« und unnützer Heiligenverehrung ab, die in sich zusammenfallen müsse, wenn man Christus nicht mehr als unbarmherzigen Richter missverstehe:
Aber in klöstern und uniuersitäten haben wir bis hye her muessen hoeren und leernen / wye das Christus ain hartter Scharpffer richter sey so er doch allain ain mitler zwischen got unnd den mennschen ist. Und also haben sy aufgericht Mariam. Unnd vil ander hailigen daheer seynd kommen / vil stiftung. Hin und heer lauffen und walffarten. Unter Verweis auf die von Christus gestiftete Ehe, die ja auch keines störenden Dritten bedürfe, solle es keinen geistlichen Mittler zwischen Gott und den Menschen mehr geben. Indem Luther Taufe und Glauben als alleinigen Weg hin zur Gemeinschaft mit Gott benennt – *Du bist getaufft und mit dem rechten glauben begabet. Darumb bystu auch gaistlich.* –, wird der spirituellen und juristischen Sonderstellung der Kleriker jeder Grund entzogen. Mit dieser Verabschiedung des sakralisierten Priesterstandes stellt Luther zugleich das stellvertretend erworbene Heilsprestige und Gnadenangebot der Bettelorden fundamental in Frage. AH

V.25

Priesterstand, Humanismus, Heiligenkult und Werkgerechtigkeit: Luthers Abrechnung mit der universitären Theologie
Martin Luther, Ein Sermon zu Sankt Michael getan zu Erfurt auf den Tag der elftausend Jungfrauen vom Glauben und Werken
Augsburg: Melchior Ramminger, 1522
(VD 16 L 6630).

Druck ▪ Moderner Halbleineneinband ▪
WSt Eisenach, Th 799

V.26

Ketzerbilder in der Augustinerbibliothek
Martin Luther, Werke in deutscher Sprache, Band 2 und Band 3
Wittenberg, Hans Lufft, 1548 (VD 16 L 3311)
und 1550 (VD 16 L 3312)

UB Erfurt, Dep. Erf. 09 – Tu. 4° 01480 (02) ▪
UB Erfurt, Dep. Erf. 09 – Tu. 4° 01480 (03)

V.26

Wie die Vertreter der katholischen und protestantischen Konfession mit ihren Nachbarn bzw. Kontrahenten umgegangen sind, zeigen auf eindrucksvolle Art und Weise verschiedene Bände der Wittenberger und der Jenaer Lutherausgabe, die sich in den Bibliotheksbeständen des im 17. Jahrhundert an neuer Stelle bei St. Wigbert bezogenen zweiten Augustiner-Eremitenklosters erhalten haben. Die Bände stammen aus dem Besitz des Erfurter Augustinerpriors und Universitätsrektors Isidor Keppler (1715 – 1792).
Die in Wittenberg bei Hans Lufft gedruckte Ausgabe enthält in den Bänden zwei bis sechs jeweils auf den vorderen und hinteren Innendeckeln geklebte Einblatt-Drucke mit der Darstellung bedeutender Reformatoren und Landesfürsten. Die Einblatt-Drucke stammen wohl großenteils vom Wittenberger Drucker Gabriel Schnellboltz. (Band 2 zeigt im Vorderdeckel das Porträt Philipp Melanchthons, im Rückdeckel Herzog Johanns I. von Sachsen. Der Band 3 enthält im Vorderdeckel das Porträt Johannes Bugenhagens, im Rückdeckel Herzog Johann Friedrichs von Sachsen.) Im katholischen Augustinerkloster hat man zwar die Werke des ehemaligen Mitbruders und jetzigen theologischen Gegners (also Martin Luthers) erworben, um sie zu studieren. Gleichzeitig haben die Einblatt-Drucke jedoch die späteren Besitzer offensichtlich zum Widerspruch gereizt. TB

Bouillon, Reformation, S. 315. Reske, Buchdrucker, S. 1089.

V.27

Jenaer Lutherausgabe

Martin Luther, Werke in deutscher Sprache, Band 1 (4. Auflage)
Jena, Rebart, 1575 (VD 16 L 3385)

UB Erfurt, Dep. Erf. 09 – Tu. 4° 01490 (01)

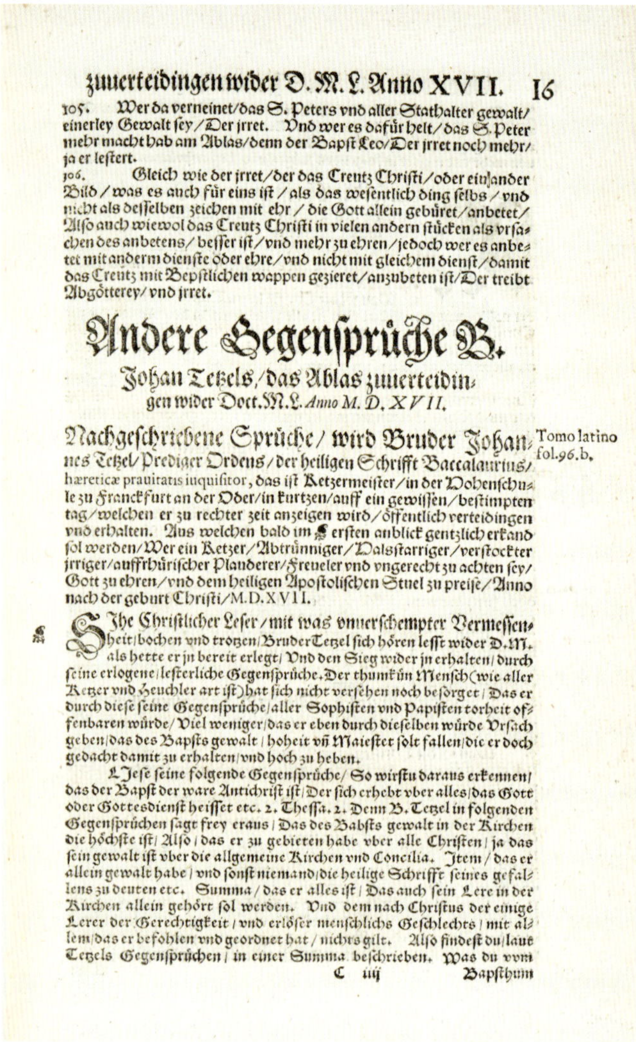

zuuerteidingen wider D. M. L. Anno XVII. 16

105. Wer da verneinet/das S. Peters vnd aller Statḣalter gewalt/ einerley Gewalt ſey/Der jrret. Vnd wer es dafür helt/das S. Peter mehr macht hab am Ablas/denn der Bapſt Leo/Der jrret noch mehr/ ja er leſtert.

106. Gleich wie der jrret/der das Creutz Chriſti/oder ein ander Bild/was es auch für eins iſt/als das weſentlich ding ſelbs/vnd nicht als deſſelben zeichen mit ehr/die Gott allein gebüret/anbetet/ Alſo auch wiewol das Creutz Chriſti in vielen andern ſtücken als vrſachen des anbetens/beſſer iſt/vnd mehr zu ehren/jedoch wer es anbetet mit anderm dienſte oder ehre/vnd nicht mit gleichem dienſt/damit das Creutz mit Bepſtlichen wappen gezieret/anzubeten iſt/Der treibt Abgötterey/vnd jrret.

Andere Gegenſprüche B.

Johan Tetzels/das Ablas zuuerteidingen wider Doct. M. L. *Anno M. D. XVII.*

Nachgeſchriebene Sprüche/wird Bruder Johannes Tetzel/Prediger Ordens/der heiligen Schrifft Baccalaurius/ hæreticæ prauitatis inquiſitor, das iſt Ketzermeiſter/in der Hohenſchule zu Franckfurt an der Oder/in kurtzen/auff ein gewiſſen/beſtimpten tag/welchen er zu rechter zeit anzeigen wird/öffentlich verteidingen vnd erhalten. Aus welchen bald im erſten anblick gentzlich erkand ſol werden/Wer ein Ketzer/Abtrünniger/Halsſtarriger/verſtockter jrriger/auffrhüriſcher Plauderer/Freueler vnd vngerecht zu achten ſey/ Gott zu ehren/vnd dem heiligen Apoſtoliſchen Stuel zu preiſe/Anno nach der geburt Chriſti/M.D.XVII. Tomo latino fol. 96. b.

SJhe Chriſtlicher Leſer/mit was vnuerſchempter Vermeſſenheit/bochen vnd trotzen/Bruder Tetzel ſich hören leſſt wider D. M. als hette er jn bereit erlegt/Vnd den Sieg wider jn erhalten/durch ſeine erlogene/leſterliche Gegenſprüche. Der thumküne Menſch (wie aller Ketzer vnd Heuchler art iſt) hat ſich nicht verſehen noch beſorget/Das er durch dieſe ſeine Gegenſprüche/aller Sophiſten vnd Papiſten torheit offenbaren würde/Viel weniger/das er eben durch dieſelben würde Vrſach geben/das des Bapſts gewalt/hoheit vnd Maieſtet ſolt fallen/die er doch gedacht damit zu erhalten/vnd hoch zu heben.

LJeſe ſeine folgende Gegenſprüche/So wirſtu daraus erkennen/ das der Bapſt der ware Antichriſt iſt/Der ſich erhebt vber alles/das Gott oder Gottesdienſt heiſſet etc. 2. Theſſa. 2. Denn B. Tetzel in folgenden Gegenſprüchen ſagt frey eraus/Das des Babſts gewalt in der Kirchen die höchſte iſt/Alſo/das er zu gebieten habe vber alle Chriſten/ja das ſein gewalt iſt vber die allgemeine Kirchen vnd Concilia. Jtem/das er allein gewalt habe/vnd ſonſt niemand/die heilige Schrifft ſeines gefallens zu deuten etc. Summa/das er alles iſt/Das auch ſein Lere in der Kirchen allein gehört ſol werden. Vnd dem nach Chriſtus der einige Lerer der Gerechtigkeit/vnd erlöſer menſchlichs Geſchlechts/mit allem/das er befohlen vnd geordnet hat/nichts gilt. Alſo findeſt du/laut Tetzels Gegenſprüchen/in einer Summa beſchrieben. Was du vom

C iiij Bapſthum

V.27

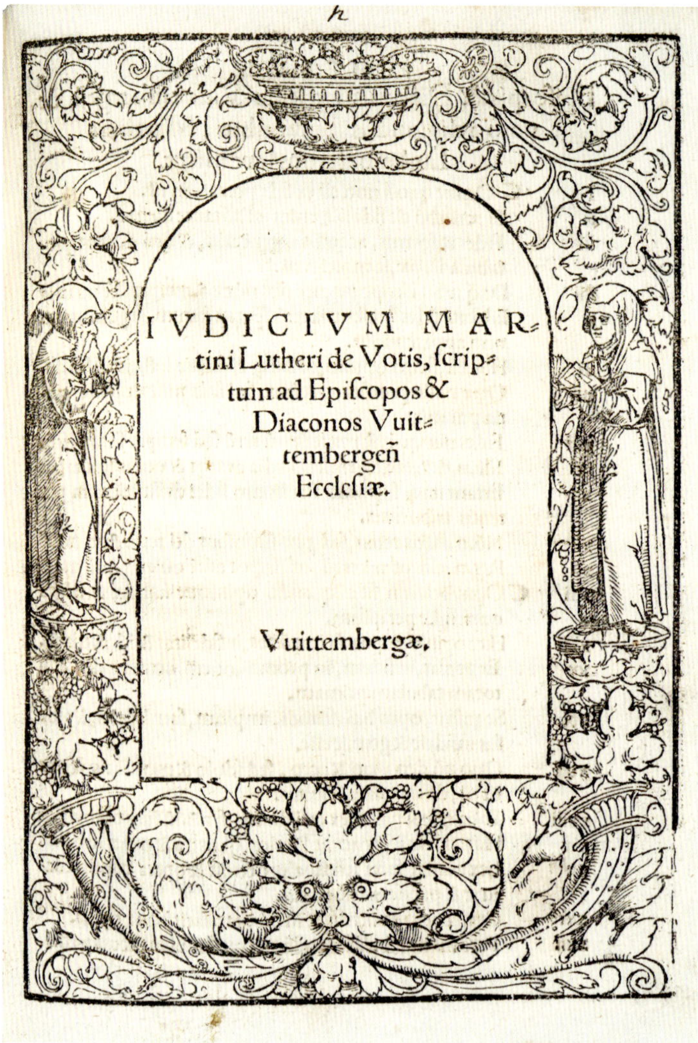

V.29

Der gezeigte Band gehört zu einer in vierter Auflage zwischen 1572 und 1580 in Jena gedruckten achtbändigen Luther-Gesamtausgabe, die erstmalig zwischen 1555 und 1558 erschienen war. Die Ausgabe wurde von Georg Rörer (1492–1557), Johann Stoltz (1514–1556) und Johann Aurifaber (1519–1575) besorgt. Der erste Band der Ausgabe enthält u. a. die 95 Thesen Luthers gegen den Ablasshandel sowie die Entgegnungen des Dominikaners und Ablasspredigers Johannes Tetzel (ca. 1460–1519). Das Buch gehört zusammen mit weiteren Bänden der Wittenberger und Jenaer Lutherausgabe zu den Gesamtausgaben, die sich in den Bibliotheksbeständen des im 17. Jahrhundert an neuer Stelle bei St. Wigbert bezogenen zweiten Augustiner-Eremitenklosters erhalten haben.
Es stammt aus dem Besitz des Erfurter Augustinerpriors und Universitätsrektors Isidor Keppler (1715–1792). TB

V.28

Konfessionelle Toleranz und kommunale Einigkeit: Der Erfurter Rat setzt 1572 den Religionsfrieden auf der Barfüßerkanzel durch

Rat der Stadt Erfurt, Gründlicher und wahrhaftiger Bericht, aus was für Ursachen die beiden Pfarrer zu den Barfüßern und zu Sankt Thomas und ihre beiden Kapläne von ihrem Dienst enturlaubt wurden
Erfurt, Melchior Sachse der Jüngere, 1572
(VD 16 E 3729)

Druck ▪ Teil eines Sammelbandes ▪ UB Erfurt, Dep. Erf. 13 – Tp. 8° 02840 (07).

Die Rechtfertigung des Erfurter Rates für die Entlassung der Pfarrer an der evangelischen Barfüßer- und der Thomaskirche ist ein aussagekräftiges Dokument für dessen im Zuge der Reformation auch über die ehemaligen Gotteshäuser der Bettelorden sichergestelltes Kirchenregiment. Zugleich lässt der im Ratsbericht dargestellte Sachverhalt deutlich werden, welche Probleme der konfessionellen Friedenswahrung und des täglichen Miteinanders von lutherischen und altgläubigen Prädikanten sich in einer religionspolitisch geteilten Stadt wie Erfurt ergaben. Schlaglichtartig wird erkennbar, welche institutionellen Mechanismen des Konfliktaustrags in solchen Fällen bestanden und welche Instrumente der Moderation gegebenenfalls auch versagten, wenn fanatische Eiferer das eigene Anliegen über das städtische Gemeinwohl stellten und sogar innerhalb einer Konfession erbitterte Frontlinien aufbrachen.

Hintergrund der Auseinandersetzung war die Bereitschaft des evangelischen Pfarrers der Reglerkirche, im Zuge seiner Wahl zum Universitätsrektor seinem katholischen Vorgänger bei einem akademischen Festanlass (*prandium solenne*) öffentlich von gleich zu gleich zu begegnen. Dagegen regte sich innerhalb der im evangelischen Ministerium zusammengeschlossenen protestantischen Pfarrerschaft heftiger Widerstand, der von den Predigern an der Barfüßer- und der Thomaskirche, David Gruber und David Sydelius sowie dem Barfüßerdiakon Andreas Herbig angeführt wurde. In den allsonntäglich auf den Kanzeln ausgetragenen Streit wurde auch der vermittelnd auftretende Pfarrer der Predigerkirche, Johannes Aurifaber, einbezogen, dessen korrekte Ordination die renitenten Prädikanten bestritten und den sie in krasser Übertretung ihrer Befugnisse öffentlich mit dem Kirchenbann zu belegen versuchten. Trotz mehrerer Vermittlungsversuche u. a. zweier hochrangiger Geistlicher aus Halle ließ sich die Kontroverse nicht einhegen. Der um den Ruf Erfurts als *FriedeStatt* besorgte Rat sah sich daher in Wahrnehmung seiner obrigkeitlichen Pflichten gezwungen, die beiden Pfarrer abzusetzen, wobei er in auffälliger Weise auf den Augsburger Religionsfrieden Bezug nahm und eine kaisertreue Rhetorik entfaltete, die Erfurts Rolle als Quasi-Reichsstadt entsprach und bekräftigte. Der aufwendig dokumentierte Streit zeigt, wie schwierig es noch 1572 war, die im Nachgang der Reformation aufgeheizten religionspolitischen Spannungen im Alltag im Zaum zu halten und wie schwer es vielen Prätendenten fiel, das ihnen nun auch in den Bettelordenskirchen zugefallenen Predigtamt mit Umsicht zu handhaben und Vertretern der anderen Seite gegenüber *mit gutem Gewissen* […] *solche gemeinschafft als gehen / stehen / essen / trincken Hende geben* zu halten. AH

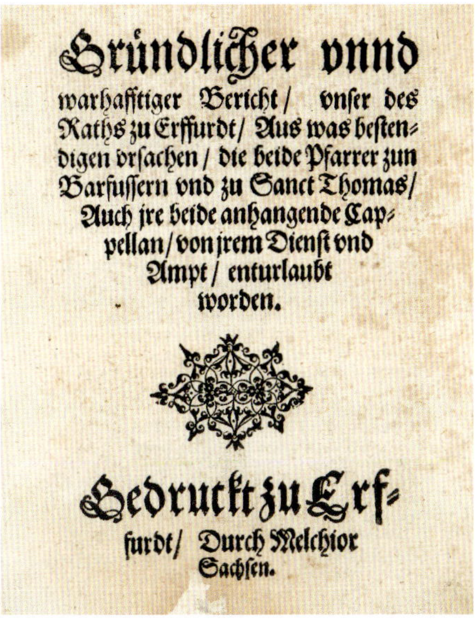
Gründlicher vnnd
warhafftiger Bericht / vnser des
Raths zu Erffurdt / Aus was besten-
digen vrsachen / die beide Pfarrer zun
Barfussern vnd zu Sanct Thomas /
Auch jre beide anhangende Cap-
pellan / von jrem Dienst vnd
Ampt / enturlaubt
worden.

Gedruckt zu Erf-
furdt / Durch Melchior
Sachsen.

V.28

Druck ▪ Teil eines Sammelbandes ▪ Halblederеinband aus Kalbsleder mit Blindpressung über Holz ▪ Von einer zeitgenössischen Hand, jedoch nicht von Erasmus von Rotterdam hinzugesetzt der wohl unzutreffende Zusatz *ex libris Erasmi Roterodami*.

WSt Eisenach, Ki 389.

V.29/30/31

Vom Heilsbringer zum gotteslästerlichen Irrweg: Martin Luthers Abrechnung mit den Klostergelübden

a) Martin Luther, Themata de votis
Wittenberg: Melchior Lotter der Jüngere, 1521
(VD 16 L 5010) ► Abb. 50

Druck ▪ Teil eines Sammelbandes ▪ UB Erfurt, Dep. Erf. LA. 4° 00019 (08).

b) Martin Luther, De votis monasticis iudicium
Basel: Adam Petri, 1522 (VD 16 L 7323) ► Abb. 59

c) Martin Luther, Von den geistlichen und Klostergelübden
Wittenberg: Nickel Schirlentz, 1522
(VD 16 L 7327)

erstes Exemplar: Druck ▪ Inhalt: *De votis monasticis iudicium*, ins Deutsche übersetzt von Justus Jonas ▪ moderner Pappeinband ▪ WSt Eisenach, Th 777.
zweites Exemplar: Druck ▪ Teil eines Sammelbandes ▪ Aus jüngeren Bibliothek (17. Jahrhundert) der Erfurter Augustin-Eremiten ▪ UB Erfurt, Dep. Erf. 09 – T. as. 4° 00073 (01).

Martin Luthers 1522 auf Latein erschienene und umgehend von seinem bewährten Mitarbeiter Justus Jonas ins Deutsche übersetzte Schrift *De votis monasticis iudicium* (»Von den geistlichen und Klostergelübden«) ist ein Schlüsseldokument der Kritik des Reformators an Ideal und Praxis der monastischen Lebensweise und zugleich ein bewegendes Zeugnis der Auseinandersetzung mit der eigenen geistlichen Biographie.
Gewidmet keinem anderen als Luthers Vater Hans Luder, der 1505 den Klostereintritt seines Sohnes aufs heftigste befehdet und offenbar auch die folgende theologische Karriere des jungen Ordensmannes äußerst kritisch begleitet hatte, bemüht sich die Schrift vor allem in der Vorrede und mit dem Abstand von fast 20 Jahren zunächst um eine versöhnliche Geste der Verständigung, die zugleich die Beweggründe des seinerzeitigen Handelns als unvermeidliche Station des eigenen Erkenntnisweges zu akzeptieren und zu bewältigen sucht. Im Kern geht es dann jedoch um eine fundamentale Abrechnung mit dem Konzept der monastischen Gelübde, die Luther als dem Wort Gottes »zuwider« und damit nicht schriftgemäß begründet demaskiert. Zudem stünden sie dem rechten Glauben eher im Weg, als dass sie ihn beförderten, und sie entwerteten auch das angemessene Verständnis einer christlichen Freiheit, die im Vertrauen auf die göttliche Gnade gerade keine Leistung und besondere Stellung zu Gott erfordere. Luthers Kritik am Mönchtum geht daher über die Benennung einzelner Missbräuche oder das Konstatieren der schieren Unmöglichkeit, nach menschlichem Ermessen die Gelübde zu halten, weit hinaus. Sie führt ins Herz seiner reformatorischen Theologie, indem sie alle auf Werke und Opfer gegründete Gerechtigkeit und den von ihm als Anmaßung verstandenen Anspruch einer besonderen Nähe zum Heil durch Verzicht sowie eine mit der Mönchsprofess vermeintlich verbundene »höhere« Taufe ablehnt. Luther betont vielmehr die Gleichrangigkeit aller Menschen vor Gott, die für ihn mit der klösterlichen Sonderexistenz nicht vereinbar ist. Er rät allen, die nicht in außergewöhnlicher Weise dafür berufen seien, dazu, die Gelübde als unnötigen und in der Endkonsequenz sogar gotteslästerlichen Irrweg hinter sich zu lassen. Luthers Ringen um einen gerechten Gott und seine jahrelangen Erfahrungen und Anfechtungen im Kloster münden somit in eine von Bitterkeit keineswegs freie Abrechnung, die gerade deshalb so wirkmächtig wurde, weil ihr Autor das dahinter stehende Ideal so außergewöhnlich ernst genommen hatte.
Die in der Gelübdeschrift weitläufig ausgearbeitete Argumentation hatte Luther 1521 zunächst auch in Thesenform vorgelegt, die der Diskussion mit den Klerikern seines Wittenberger Umfeldes dienen sollten und von der später auch deutsche Fassungen und Exzerpte verbreitet wurden. Diesseits und jenseits der Klostermauern und Universitätskollegien brannte das Thema offenbar vielen auf den Nägeln … AH

Scheel, Dokumente. Bultmann/Leppin/Linder, Monastisches Erbe.

MITTEN IN DER STADT

Baugeschichte und Ausstattung der Erfurter Bettelordensklöster

Steingewordene Zeugnisse ihrer einst fruchtbaren Tätigkeit in Erfurt sind die Kirchen und Klosteranlagen der Bettelorden. Ihr Anblick vermittelt noch heute einen nachhaltigen Eindruck, welche herausragende Rolle die Bettelorden einst einnahmen. Beeindruckend ist nicht nur die Größe der ehemaligen Klosterkirchen und die Weitläufigkeit der erhaltenen Klosteranlagen. Anders als in den meisten Städten im deutschen Sprachraum, in denen sich im Verlauf des 13. Jahrhunderts die Bettelorden ansiedelten, errichteten in Erfurt die Franziskaner, Dominikaner und Augustiner-Eremiten ihre Konvente nicht am Rande der mittelalterlichen Stadt. Sie entstanden zentrumsnah. Von hier aus wirkten die Ordensgemeinschaften in das städtische Umfeld, hier entwickelte sich ein reges geistliches Leben, das über Erfurt hinaus ausstrahlte. Ganz entscheidend trugen dazu die in ihrer Funktionalität auf die Bedürfnisse der zeitgenössischen Seelsorge abgestellten Kirchenbauten selbst bei. Sie verliehen in Erfurt und über die Stadt hinaus dem Kirchenbau sowie der Ordensarchitektur im deutschsprachigen Raum wichtige Impulse. Als Bauwerke lassen die Kirchen sowie die hier einst vorhandenen, heute noch z. T. erhaltenen Kunstschätze, die Altäre, Skulpturen, Tafelbilder sowie Grabdenkmäler, erahnen, welche religiöse Anziehungskraft in Erfurt einst von den Bettelorden ausging.

DIE KIRCHEN UND KLÖSTER DER BETTELORDEN IN ERFURT

Rainer Müller

Mit etwa 20 000 Einwohnern gehörte Erfurt am Ende des Mittelalters zu den bevölkerungsreichsten Städten im deutschen Sprachraum, und mit mehr als 30 Kirchen war sie zudem eine der kirchenreichsten. Zu den neun Klöstern, die das »thüringische Rom« in seinen Mauern barg, gehörten auch vier Gründungen der Bettelorden. Sie zählten zu den ältesten und zugleich bedeutendsten Niederlassungen der Mendikanten im Reichsgebiet. Als erstes kamen im Jahr 1224 die Franziskaner in die Metropole an der Gera, 1229 folgten die Dominikaner, 1266 schließlich die Augustiner-Eremiten, deren dauerhafte Ansiedlung sich aber durch Konflikte mit der Bürgerschaft bis 1276 verzögerte.[1] Im 14. Jahrhundert entstand noch als vierte und letzte Gründung eines Bettelordens das Kloster der Serviten.[2] Es lag vor dem Krämpfertor im Osten der Stadt und wird, da es im 17. Jahrhundert abgerissen wurde, nicht weiter betrachtet werden. Im Zentrum dieses Beitrags stehen daher drei Klöster, die der lokalen Überlieferung folgend als Augustiner-, Barfüßer- und Predigerkloster bezeichnet werden.

Die Ansiedlung dieser drei Bettelordenskonvente in der unter Mainzer Herrschaft stehenden Stadt fiel in eine Blütezeit des städtischen Gemeinwesens und erfolgte zum Teil auf Initiative und nicht zuletzt mit Unterstützung der Mainzer Erzbischöfe, deren besonderen Schutz sie auch in den nachfolgenden Streitigkeiten mit den örtlichen Pfarrern um Stolgebühren, Predigtzeiten und Bestattungsrechte genießen sollten. Diese Unterstützung durch den Stadtherrn und geistlichen Oberhirten galt auch den Bettelmönchen als »Sozialarbeitern« in der volkreichen, von Konflikten zwischen verschiedenen politischen und sozialen Gruppierungen gezeichneten Großstadt. Darüber hinaus waren die Erfurter Konvente bedeutende Studienorte, die auch in der Geschichte der 1392 eröffneten Erfurter Universität einen herausgehobenen Platz einnehmen sollten.

Anschauliche Dokumente dieser herausragenden Bedeutung der Bettelorden für die mittelalterliche Stadt sind die baulichen Hinterlassenschaften, die Kirchen und Klöster. Ihre Größe und Schönheit beeindrucken noch heute. In kaum einer anderen deutschen Stadt aber sind die Wechselbeziehungen zwischen Bürgerkommune und Bettelmönchen anhand der architektonischen Zeugnisse so gut ablesbar wie in Erfurt. Auf dieses höchst interessante Geflecht aus motivischen und stilistischen Verbindungen und Abhängigkeiten wird im Folgenden genauer einzugehen sein, auch auf zahlreiche neue Erkenntnisse zur Entstehungs- und Veränderungsgeschichte der Kirchen.

Die Lage der Klöster

Bevor jedoch auf die Gestalt und Baugeschichte der Kirchen und Klöster im Einzelnen eingegangen werden soll, sei kurz deren Lage betrachtet (Taf. 2). In vielen Städten haben sich die Bettelmönche am Rande der befestigten Kernstadt, meistens in der Nähe der Stadtmauer, niedergelassen.[3] In Erfurt ist das nicht so. Hier befanden sich die Klöster inmitten der Stadt. Deutlich ist das bei den Dominikanern und den Franziskanern zu erkennen. Deren Klöster lagen beide unweit des Fischmarkts, der topografisch in etwa die Mitte der mittelalterlichen Stadt markierte und mit dem Rathaus auch Sitz der städtischen Macht war. Das Augustinerkloster befand sich zwar etwas abseits der Mitte im Norden der Altstadt, doch keineswegs an deren Rand. Vielmehr führte eine wichtige Trasse der Via regia, des für das Wirtschaftsleben der Stadt so außerordentlich bedeutsamen mittelalterlichen Fernhandelsweges, durch das Quartier am Kloster und querte an der Lehmannsbrücke die Gera. So signalisiert bereits die Lage der Klöster deren besondere Bedeutung für die Stadt.

Größe und Gestalt der Klöster

Um eine Vorstellung von der Größe und Gestalt eines Klosters zu gewinnen, sei als erstes ein Blick auf das Augustinerkloster geworfen, da es die am vollständigsten erhaltene mittelalterliche Klosteranlage der Stadt ist.[4] (Taf. 4) Entstanden ist sie im Kern zwischen 1276 und etwa 1340/50. Die Kirche liegt im Norden des Klosterareals, ihr schließt sich nach Süden die Klausur an, bestehend aus zweigeschossigen Steinhäusern, die die Wohn-, Arbeits- und Schlafräume der Mönche aufnahmen und den annähernd quadratischen Kreuzhof umschlossen. Der mit Holzbalkendecke versehene Kreuzgang ist in die Gebäude eingezogen. Das gilt auch für den nördlichen Flügel, der in diesem Fall in die Kirche eingebunden ist und im südlichen Seitenschiff steht. Neben dem Kreuzhof gibt es weiter südlich einen zweiten, allseitig von Gebäuden umschlossenen Hof, der kleiner als ersterer ist und vor allem keinen Umgang hat. Als südliche Begrenzung dient diesem das Alte Priorat, ein spätgotischer Bau von 1474 mit älterem Kern.[5]

Zu diesem kompakten, mehrteiligen Geviert fügen sich weitere Gebäude: an der südlichen Grenze des Klosterbezirks das nach 1300 entstandene Noviziat und Gästehaus[6] sowie zwei aus dem 14. Jahrhundert stammende, 1482 vom Kloster erworbene und erneuerte Speicherbauten, die sogenannten Waidhäuser, die jedoch 1945 durch Luftminen zerstört wurden.[7] Westlich der Klausur bestanden bis zur Vernichtung im Zweiten Weltkrieg die spätgotische, 1502 bereits im Bau befindliche

Taf. 4 Augustinerkloster, Baualtersplan (Gebäudebestand vor dem Bombenschaden von 1945)

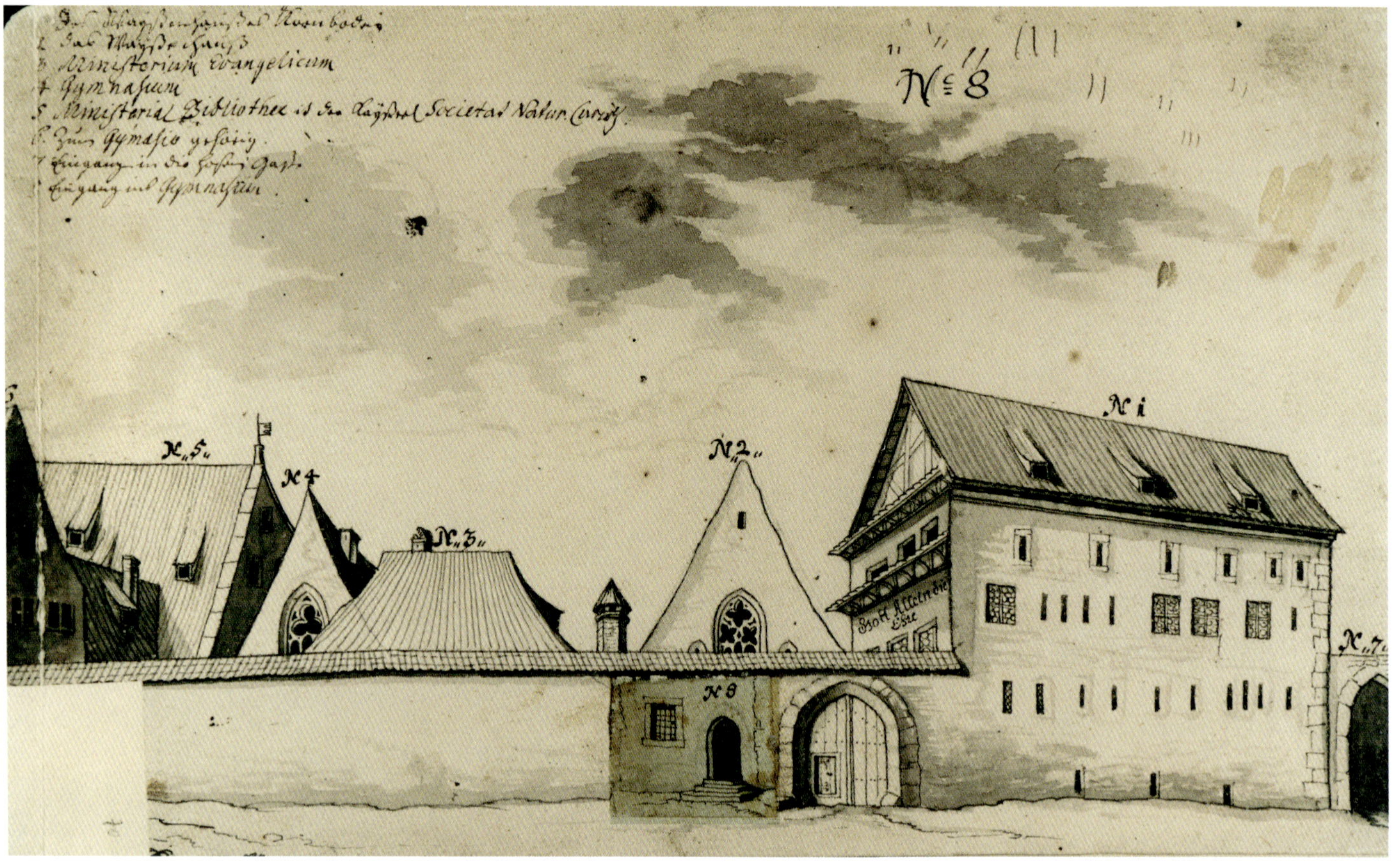

Abb. 60 Augustinerkloster, Ansicht von Süden, Federzeichnung, 1669.
Die Klosterpforte wurde im Bild von links (siehe Leerstelle) in die Mitte versetzt.

und bis spätestens 1518 vollendete Bibliothek mit Studien- und Vorlesungssaal im Obergeschoss und südlich derselben das 1482 bis 1484 errichtete, 1821 abgebrochene Neue Priorat.[8] Zudem werden in den Quellen weitere Wirtschaftsbauten erwähnt, darunter ein Brauhaus.[9] Der Zugang zum Kloster befand sich an der Südseite, an der heutigen Comthurgasse (Abb. 60). Kirche war hingegen von der jetzigen Augustinerstraße aus über den dort befindlichen Friedhof frei zugänglich. Zu dieser Seite gab es dementsprechend ein großes Laienportal am Langhaus und die Totenpforte am Chor der Kirche.

Eine ähnliche Situation wie beim Augustinerkloster begegnet beim Predigerkloster.[10] (Taf. 5) Auch hier liegt die Kirche im Norden des Klosters, auch hier befand sich der Friedhof ehemals nördlich und westlich der Kirche, auch hier lagen die Laienportale zu diesen beiden Seiten. Aufgrund der bedeutenden Länge der Kirche von insgesamt 75 Metern gab es außer der Totenpforte am Chor allein an der Nordseite, genauer gesagt im Langhausbereich, noch zwei weitere Portale.

Die Klausur befand sich südlich der Kirche, war vierseitig ausgebildet und bestand aus zweigeschossigen Gebäuden. Soweit nachweisbar, war der Kreuzgang, anders als beim Augustinerkloster, den Klausurgebäuden vorgelagert und eingewölbt.[11] Am einzig erhalten gebliebenen Klausurflügel, dem östlichen, und an der Kirche sind die Anschlüsse der Kreuzganggewölbe noch erkennbar. Der verbliebene Ostflügel der Klausur entstand gleichzeitig mit dem Bau der Kirche ab 1266 und war spätestens 1285 (d) unter Dach.[12] Interessanterweise wurde die Lage des Flügels während des Errichtungsprozesses abgeändert, so dass er heute gegenüber der ursprünglichen Planung um ein Gewölbejoch nach Osten versetzt steht.[13] Wie beim Augustinerkloster reicht der Ostflügel über die Außenkante des ehemaligen Südflügels hinaus und stand direkt an der Gera, deren Ufer das Klosterareal nach Süden begrenzte.[14] Der Eingang zum Kloster befand sich östlich der Klausur an einem Platz nahe der heutigen Schlösserbrücke. Die Situation ist durch neuzeitliche Veränderungen in der Bebauung und im Straßennetz verunklärt, der Stichgang von der Schlösserstraße aber heute noch gegeben. Durch Auswertung der Freizinsbücher und anderer Quellen konnte Thomas Nitz den weiteren zum Kloster gehörigen Gebäudebestand erschließen. Allerdings sind Hinweise auf die konkrete Nutzung der Gebäude selten. Überliefert sind aber ein Korn- und ein Brauhaus.[15]

Ähnlich wie beim Predigerkloster stellt sich die Situation bei dem gegenüber, auf der anderen Geraseite befindlichen Barfüßerkloster dar.[16] Auch wenn die Gebäude bis auf die Kirche im Dreißigjährigen Krieg abgebrochen wurden, geben kurz zuvor, wohl um 1628/29 entstandene Pläne Aufschluss über die ehemalige Situation.[17] (Abb. 61) Sie zeigen das Kloster mit Kirche, Klausur und einigen weiteren Gebäuden.

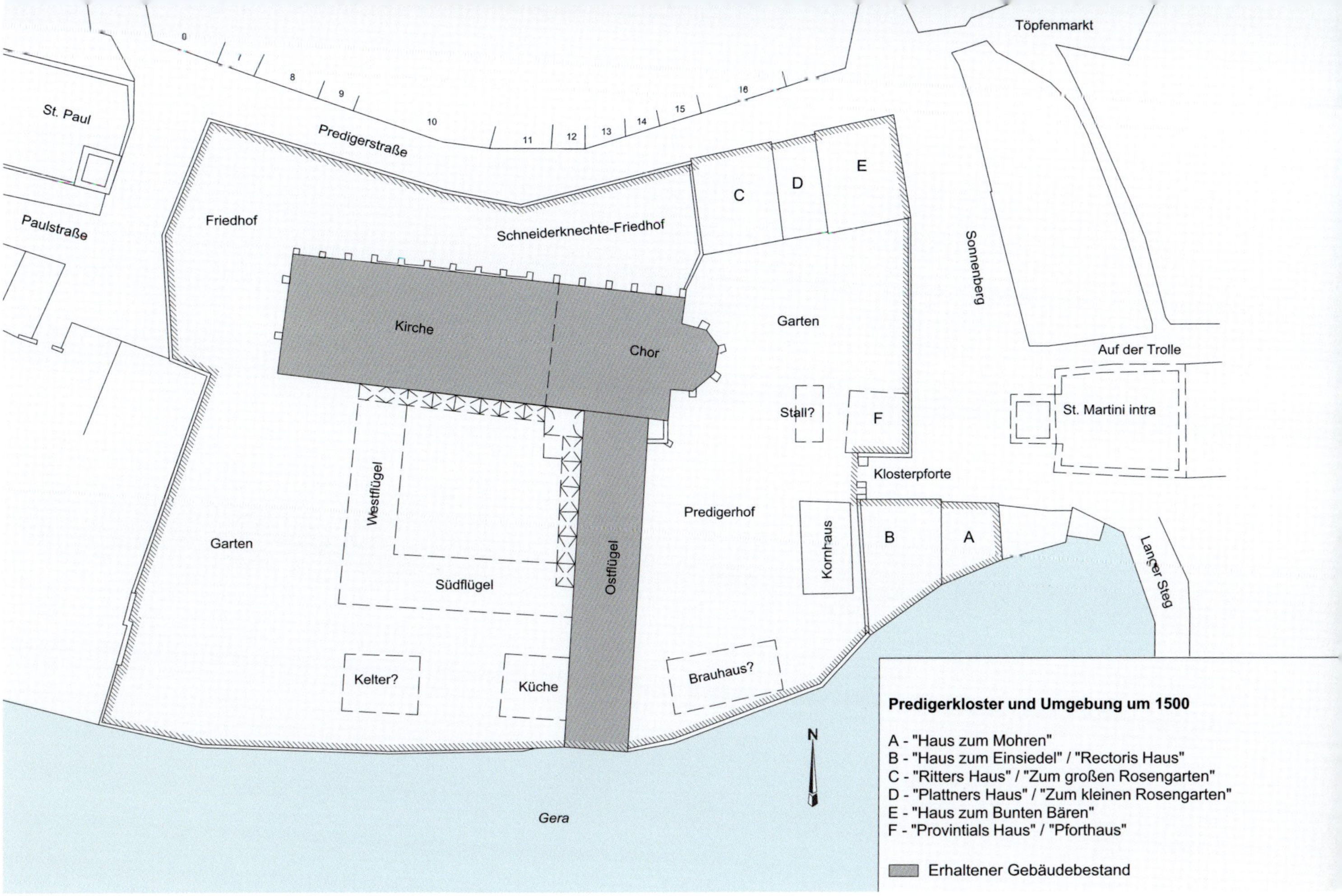

Taf. 5 Predigerkloster und Umgebung um 1500

Das Areal wird im Norden von der Gera begrenzt, dort befanden sich auch die Latrinen und ein in den Quellen als Langes Haus bezeichnetes Gebäude.[18] Die wirtschaftliche Nutzung des Fließgewässers, etwa zur Reinigung von Mensch und Sachen, aber auch zur Entsorgung von Abfällen und Schmutzwasser bestimmte bei den Franziskanern wie bei den Dominikanern die besondere Ausrichtung des Klosters zur Gera. Die Klausur war wie bei den Augustiner-Eremiten und den Predigern vollständig ausgebildet und von Steinhäusern eingefasst.[19] Die Kreuzgänge waren teils in die Gebäude integriert, teils diesen vorgelagert und, soweit bekannt, eingewölbt.[20] Der Zugang zum Kloster befand sich an der Ostseite von der heutigen Barfüßerstraße aus über eine entsprechende Toranlage. Aus Quellen bekannt sind ein Brauhaus, das an der Gera stand, und ein 1374 errichtetes Krankenhaus.[21] Der Friedhof erstreckte sich südlich der Kirche. Zu dieser Seite gab es an der Kirche außer der Totenpforte am Chor drei weitere Eingänge.[22] Der Umstand, dass alle drei Bettelordenskirchen einst von weiträumigen Friedhofsbereichen umgeben waren, veranschaulicht sinnfällig die fundamentale Bedeutung der Bettelmönche für das Totengedenken und das Bestattungswesen in der mittelalterlichen Stadt.[23] Ein Umstand, der sich auch in zahlreichen Grabsteinen, die einst die Fußböden der Kirchen bedeckten, dokumentiert.

Die Kirchen

Die Kirchen der drei großen Bettelordenskonvente nehmen in der mittelalterlichen Sakraltopographie Erfurts einen herausragenden Platz ein. Äußeres Kennzeichen ihrer Architektur sind die schlichten langgestreckten Baukörper, deren hohe Dächer sich in dem dicht gedrängten Häusermeer der mittelalterlichen Stadt unschwer erkennen ließen (Taf. 2). Doch sind die Kirchen der Bettelmönche nicht nur ihrer Größe wegen von besonderem architektonischen Wert für das Stadtbild. Mit ihren Bauten haben die Mönche an vielen Orten und über lange Zeit als Anreger und Vermittler künstlerischer Ideen und Motive gewirkt. So ist Vieles von dem, was zum Beispiel die Architektur der beiden Stiftskirchen St. Marien und St. Severi auf dem Erfurter Domberg auszeichnet, schon zuvor bei den Kirchen der Bettelorden angelegt gewesen. Aber auch bei der Ausstattung der Kirchen mit kostbarer Glasmalerei und großen Chorgestühlen haben die Mendikanten wichtige Impulse gegeben. Doch nicht nur die Stiftsgeistlichen von St. Marien und St. Severi haben Anregungen und Ideen für ihr eigenes Bauen empfangen, sondern auch zahlreiche Pfarrgemeinden, wie es die bis ins späte Mittelalter anhaltende Rezeption charakteristischer Bettelordensmotive belegt.

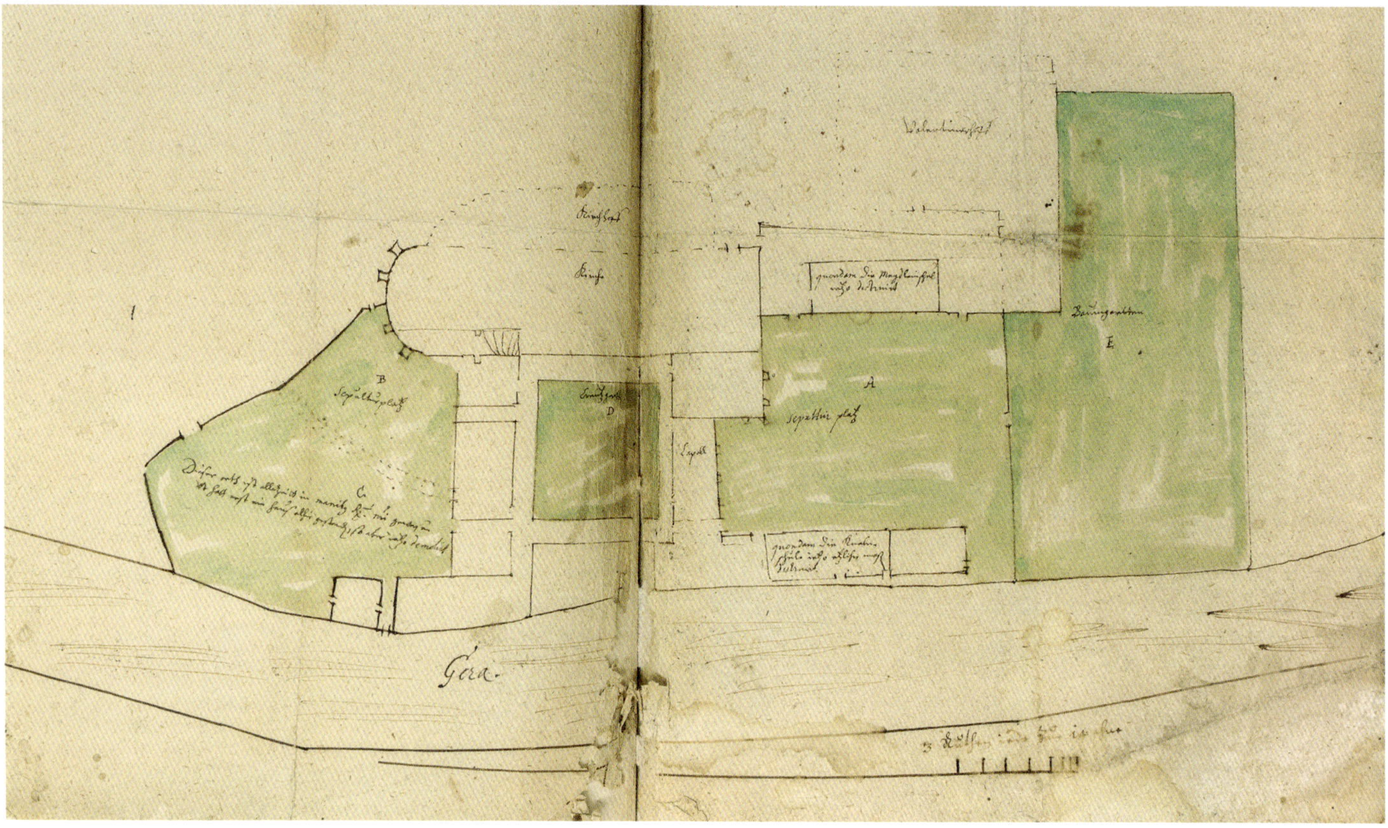

Abb. 61 Barfüßerkloster, Lageplan, vor 1630

Predigerkirche

Die Predigerkirche zählt wegen der Schönheit ihrer Architektur und nicht zuletzt der umfänglichen Überlieferung an seltenen architektonischen Details wie den Chorschranken und der Lettneranlage zu den historisch und künstlerisch bedeutendsten Dominikanerkirchen im deutschsprachigen Raum. Mit ihrer Geschichte verbindet sich eng das Wirken des bedeutenden mittelalterlichen Theologen Meister Eckhart, der um 1275 als Novize im Erfurter Konvent Aufnahme fand, 1294 zum Prior, schließlich zum ersten Provinzial der im Jahr 1303 gegründeten Ordensprovinz Saxonia mit mehr als 50 Konventen vom Thüringer Wald bis an die Ost- und Nordsee gewählt wurde. Heute ist die Predigerkirche die größte protestantische Kirche der Stadt (Abb. 62).

Chronologischer Überblick zur Bau- und Nutzungsgeschichte

Im Jahr 1229 kamen vier Dominikaner unter der Führung des Grafen Elger von Honstein nach Erfurt, kauften unweit des Fischmarktes ein Anwesen als Niederlassung und bauten sich dort zunächst ein hölzernes Oratorium.[24] Ein erster steinerner Kirchenbau konnte bereits 1238 geweiht werden. Mitten im Zentrum der Stadt gelang es den Predigermönchen durch Schenkungen und Tausch große Areale zu erwerben, die um 1266 zusammengelegt und mit einer Mauer umschlossen wurden. Etwa 1266 begann auch der Bau der jetzigen Kirche. 1273 stand der Chor unter Dach, 1279 konnte er geweiht werden. Dann ruhte der Bau für etwa siebzig Jahre, ehe die Arbeiten um etwa 1350 mit dem teilweisen Abbruch der alten Steinkirche, die bis dahin als Laienkirche gedient hatte, wieder aufgenommen wurden. In drei, anhand von Baunähten erkennbaren Bauabschnitten erreichte die Kirche bis Ende des 14. Jahrhunderts ihre heutige Länge von insgesamt 75 m. Noch aber fehlten die Gewölbe im Langhaus. Sie wurden bis etwa 1440 eingesetzt, nachdem auch der letzte Teil des Kirchenbaus, die südliche Seitenschiffswand, hochgezogen war.[25] 1447 begann der Bau des Glockenturms, dessen Errichtung sich bis 1488 hinzog.[26] Insgesamt dauerte es also etwa 200 Jahre, ehe das Bauwerk, so wie wir es heute kennen, vollendet war.

1525 wurde die Kirche evangelisch. Ihre Gemeinde bildete einen Zusammenschluss aus den drei Pfarreien St. Pauli, St. Benedicti und St. Martini intra. Auch nach der Reformation hatte die Kirche eine besondere Stellung unter den Erfurter Kirchen inne. So führte der Ratskirchgang beim turnusmäßigen Wechsel des Stadtrates seit 1559 wieder, wie schon im Mittelalter, in die Predigerkirche, und während der schwedischen Besatzung Erfurts war sie zeitweilig, von 1631 bis 1635, Garnisons- und Hofkirche. Das Kloster, das zunächst noch im Besitz des Ordens verblieb, verkaufte der letzte Mönch, Jakob Schoppe, schließlich 1588 an die Stadt. Diese ließ im Ostflügel eine Knabenschule einrichten, die übrigen Gebäude aber wurden abgebrochen, zuletzt zwischen 1818 und 1834 der östliche Kreuzgang.[27]

Trotz zahlenmäßiger Vergrößerung nutzte die Gemeinde für den Gottesdienst nur den westlichen Teil der Kirche. Der jenseits des Lettners

Abb. 62 Predigerkirche mit Klausur-Ostflügel, Blick von Süden, im Hintergrund links Domberg mit St. Marien und St. Severi

gelegene östliche Teil blieb von den nachfolgenden Umgestaltungen weitgehend unberührt. Zeitweise als Sakristei, seit 1732 als Taufkirche genutzt, führte er über Jahrhunderte ein Schattendasein.[28] Diesem Umstand verdanken Lettner, Chorschranken und viele andere mittelalterliche Ausstattungsteile letztlich ihre Erhaltung. Erst im 19. Jahrhundert erwog man den Abbruch des Lettners, um die Kirche »stilrein« als gotischen Bau herstellen zu können. Aus Kostengründen wurde das Vorhaben fallen gelassen.[29]

Um dem Bedarf an Sitzplätzen gerecht zu werden, entstanden im Laufe des 16. bis 18. Jahrhunderts in zwei Ebenen Emporen (Abb. 63). Auch auf dem Lettner gab es Emporen, die die Abtrennung des Chores vom Gesamtraum noch verstärkten. Die beiden Hauptstücke des evangelischen Gottesdienstes, Altar und Kanzel, erhielten ihren Platz etwa in der Mitte des Langhauses. Die Kanzel hatte bis 1952 ihren Standort am 5. südlichen Pfeiler von West. Östlich daneben befand sich der sogenannte Speisenaltar, als dessen Rückwand seit 1681 ein frühbarockes Epitaph diente.[30] Auf Altar und Kanzel war auch das Gestühl in konzentrischer Form ausgerichtet, so dass die Gemeinde beim Gottesdienst nach Süden schaute. Der neue, 1644 erstmals in Gebrauch genommene Taufstein erhielt seinen Platz im Hauptschiff der Kirche. Heute steht er einschließlich des zugehörigen Gitters im nördlichen Seitenschiff.[31] Auch eine Orgel wird schon früh, nämlich für 1572, erwähnt. Es war eine Arbeit von Heinrich Compenius den Älteren.[32] Dessen Enkel Ludwig schuf 1647/48 ein neues Werk, in das er aber Teile des alten Prospekts integrierte.[33]

Größere Eingriffe erfolgten im 19. Jahrhundert. Die Nutzung als Militärlazarett in den Jahren 1806/08 brachte Verluste an der Ausstattung, auch Teile der Südempore dienten im Winter 1806/07 als Heizmaterial. Die letzten Emporen wurden im Rahmen der Umgestaltung von 1894/98 entfernt.[34] Eine bereits in den späten 1930er Jahren beabsichtigte Neuordnung der Prinzipalstücke, deren Ziel es war, die Kirche ihrer mittelalterlichen Gestalt anzunähern, kam nicht zur Ausführung.[35] Ende des Zweiten Weltkriegs entstanden durch Druckwellen von Luftminen Schäden an der Verglasung. Sie konnten bis 1952 behoben werden. 1960/64 erfolgte unter Leitung von Käthe Menzel-Jordan eine Instandsetzung der Kirche, bei der die Raumschale und die Ausstattung grundlegend überholt wurden. Seither steht der Altar mittig vor dem Lettner, die Kanzel erhielt einen Platz am zweiten Südpfeiler des Langhauses und das Gestühl wurde nach Osten ausgerichtet. Wände und Gewölbe bekamen eine nach Spuren älterer Fassung rekonstruierte Farbigkeit, im Langhaus wurde der Fußboden tiefer gelegt und mit Backstein belegt. Für diesen Zweck wurden zahlreiche Grabsteine aufgenommen und an den Wänden der Kirche aufgestellt. Die neuen Ausstattungsteile, so das Gestühl, erhielten eine sachliche, dem Charakter einer Bettelordenskirche angemessene Gestalt. Innerhalb der jüngsten, von etwa 1991 bis 2008 währenden Restaurierung erfolgte u. a. eine Reinigung der Werksteinfassaden, eine Auffrischung der Ausmalung und eine Restaurierung des Kunstguts.

Abb. 63 Predigerkirche, Blick nach Südosten, vor 1898

Baubeschreibung

Die Erfurter Predigerkirche ist eine dreischiffige, querschifflose Pfeilerbasilika aus sorgfältig gesetztem Werksteinmauerwerk. Das gegenüber den Seitenschiffen erhöhte Mittelschiff endet im Osten in einem Fünf-Achtel-Polygon. Dieses bildet zusammen mit den ersten vier Jochen des Mittelschiffs einen Binnenlangchor, der durch Chorschranken von den Seitenschiffen abgetrennt ist (Abb. 78).

Am Außenbau ist der Chor durch Strebepfeiler mit schlanken Fialaufsätzen gekennzeichnet. Die Chorfenster haben gestapelte Dreipässe, das östliche einen in den Kreis eingeschriebenen Vierpass. Nur an diesem Fenster ist – zur Akzentuierung der Hauptachse – dem teilenden Mittelpfosten eine Säule vorgelegt. Ähnliche Formen finden sich auch an der Nordseite, wobei die Maßwerke ab dem sechsten Joch reicher werden. Vor allem am Obergaden sind an beiden Langseiten Unregelmäßigkeiten im Steinversatz erkennbar, und zwar westlich des fünften, neunten und zwölften Fensters. Sie verweisen auf einzelne Abschnitte der Bauwerkserstellung, die durch die Altersbestimmung des Mittelschiffsdachs auf um 1360, 1365/66 und 1390/92 datiert werden konnten.[36] Die Westseite bildet den Querschnitt der Basilika mit ihren hohen Seitenschiffen ab (Abb. 64). An dieser Seite befindet sich das mit reich gegliedertem Gewände ausgezeichnete Hauptportal. Das von einem Mittelpfeiler gestützte Tympanon ruht auf Konsolen, die mit zierlichen Figuren geschmückt sind. Es ist ein junges Paar in den modisch eng anliegenden Kostümen der Parlerzeit (um 1360/70) auf der einen Seite und ein Wildleutepaar auf der anderen Seite. Das große Fenster darüber ist der Hauptschmuck der Fassade. Es ist fünfbahnig, mit einer großen Rosette im Bogenfeld, deren Fläche im Wechsel von Dreipässen in sphärischen Dreiecken bzw. Kreisformen gefüllt ist. Allein dieses Fenster hat ein mit Stäben profiliertes Gewände. Auffallend ist der Unterschied zwischen dem nördlichen und dem südlichen Seitenschiffsfenster der Westseite; das nördliche ist schlicht, mit einem Vierpass im Bogenfeld, das südliche dagegen mit Fischblasen gefüllt. Ähnliche spätgotische Formen finden sich auch am südlichen Seitenschiff. Die Obergadenfenster der Südseite entsprechen dagegen denen der Nordseite.

Außer dem Westportal gibt es an der Nordseite der Kirche noch zwei weitere Eingänge in das Langhaus. Ein weiterer, in seiner jetzigen, flachbogigen Form neuzeitlicher Durchgang im 4. Joch des Chores befindet sich vermutlich an der Stelle der ehemaligen Totenpforte. Vom einstigen Kreuzgang aus führt ein spitzbogiges Portal ins Innere. Seine Formen, ein offener Dreipass im Bogen und der kielbogige Endauslauf am Gewände, datieren es in die Bauzeit des Chores um 1270.

An der Südseite des Langhauses sind auch die Spuren des einstigen kirchseitigen Kreuzgangs zu erkennen, ebenso die große Wandfläche, an der der westliche Klausurflügel anschloss. Im Winkel von östlichem Klausurflügel und Chor erhebt sich der nachträglich angefügte Glockenturm. Eine lateinische Bauinschrift, die sich an dem nach Südosten weisenden Strebepfeiler unterhalb einer Figurenkonsole befindet, be-

Abb. 64 Predigerkirche, Westfassade

Abb. 65 Predigerkirche, Blick nach Osten

nennt mit 1447 das Jahr des Baubeginns und mit Meister Laurentius den Baumeister. Der Unterbau des Turmes ist quadratisch, die letzten beiden Steingeschosse sind dagegen achteckig. Das mit Fenstern versehene Glockengeschoss ist durch Rundsäulen an den Ecken ausgezeichnet. Ein niedriges Zeltdach bekrönt heute den Turm anstelle des ursprünglichen, 1736 abgebrannten Spitzhelms, wie er auf der Stadtansicht von 1530 noch erkennbar ist.

Der Innenraum der Predigerkirche beeindruckt durch seine Größe und Einheitlichkeit (Abb. 65). Schlanke, in Abstand von etwa 5 m stehende Achteckpfeiler tragen die verhältnismäßig niedrige Hochschiffswand des Mittelschiffs. Von Pfeiler zu Pfeiler spannen sich hohe Arkaden, die den Blick in die Tiefe nach Osten lenken und zugleich die Schiffe verbinden. Licht empfängt der Innenraum sowohl über die Seitenschiffe als auch durch die hoch angeordneten Obergadenfenster des Mittelschiffs. Die Kreuzrippengewölbe des Mittelschiffs ruhen auf kurzen, nur bis in die Arkadenzwickel reichenden Dienstvorlagen. Dadurch gibt es keine Verbindung zu den Pfeilern. Die Gewölbe erscheinen wie lediglich zwischen die Wände eingehängt. Zwischen dem fünften und dem sechsten Joch steht der Lettner, der über alle drei Schiffe reicht und die Grenze zwischen Chor und Langhaus markiert. Die vier östlichen Joche des Mittelschiffs sind zudem durch eine Chorschranke von den Seitenschiffen und dem Lettnergang abgeteilt.

Bei aller Einheitlichkeit ist dennoch der stilistische Wandel anhand der Einzelformen erkennbar. Die spätere Entstehung der westlichen Teile der Kirche gibt sich in zahlreichen Einzelheiten zu erkennen. So sind bei den westlichen Fenstern beispielsweise die Pfosten gekehlt, das Maßwerk ist zweischichtig und wirkt damit leichter. Die Konsolen für die Gewölbeanfänger ändern ihre Form von kelchförmig zu pyramidal. Auch wurde im Langhaus weitgehend auf skulptiertes Blattwerk verzichtet, das es im Chor noch gab. Dort aber, wo es auftritt, sind die Blätter größer als bei den älteren Kapitellen und haben die zeittypische wellig-gebeulte Form.[37] Nicht zuletzt tritt der Unterschied markant bei den Schlusssteinen in Erscheinung. Diese sind im Langhaus deutlich größer als im Chor und tragen die Wappen der Stifter, d.h. der Zünfte und Erfurter Ratsfamilien. Im Chor hingegen werden die Schlusssteine von kleinteiligem Blattwerk und christlichen Symbolen geziert.

Bemerkenswert am Konzept der Erfurter Predigerkirche ist aber vor allem, wie bei aller Reduktion der Details es dennoch gelingt, den Chor als liturgisches Zentrum herauszuheben (Abb. 78). Hierzu genügten Kleinigkeiten. So reichen nur im Chorpolygon die Dienste vom Fußboden bis zum Gewölbe, auch sind nur hier die Pfosten des mittleren Fensters mit schlanken Säulen besetzt, und selbst das Maßwerk dieses Fensters ist besonders reich verziert. Im Chor hat sich eine Fülle an mittelalterlichen Ausstattungsstücken erhalten. Hierzu gehören der

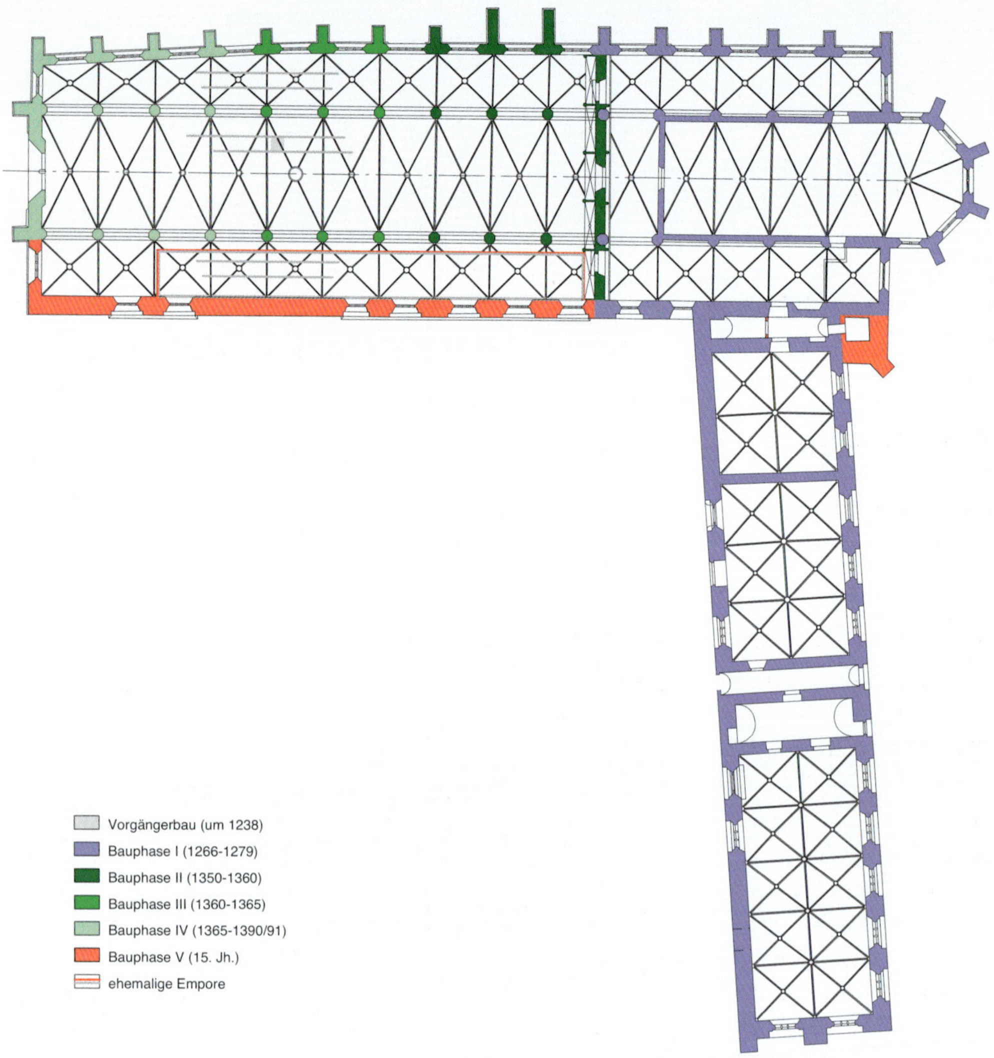

Taf. 6 Predigerkloster, Baualtersplan

steinerne Blockaltar, die Sediliennische mit einer gotischen Wandmalerei und das steinerne Sakramentshaus hinter dem Altarretabel.

Baugeschichte und architekturhistorischer Kontext

Über das Aussehen der ersten, 1238 geweihten Vorgängerkirche sind wir nicht unterrichtet. Eine romanische Pfeilerbasis, die 1961 bei Erdarbeiten in der Kirche aufgefunden wurde, weist aber darauf hin, dass sie mehrschiffig war. Da das Fundament im Mittelschiff etwa 1,70 m südlich des vierten Nordpfeilers von West lag, kann in jedem Fall von einem nördlichen Seitenschiff ausgegangen werden.[38] Berücksichtigt man zudem den Umstand, dass erst nach 1266 durch Erwerb der südlich der Kirche gelegenen Grundstücke eine entsprechende Ausdehnung des Klosters nach Süden bis an die Gera möglich wurde, ist es wahrscheinlich, dass der Vorgängerbau nicht die Breite der jetzigen Kirche hatte, eher schmaler war und somit nur ein Haupt- und ein, nämlich ein nördliches, Seitenschiff hatte.

Für diese These spricht auch ein Vergleich mit dem Eisenacher Dominikanerkloster. Es wurde um 1240 von demselben Elger von Hohnstein, der 1229 die Erfurter Niederlassung gegründet hat, ins Leben gerufen.[39] Die noch heute bestehende, um 1240 begonnene und um 1260 vollendete Eisenacher Kirche war gleichfalls zweischiffig, mit einem breiten Haupt- und einem schmaleren nördlichen Seitenschiff. Die Klausur schloss unmittelbar südlich der Kirche an. Auch Details wie die Form der Pfeiler und der Basen stimmen überein. Diese Befunde sprechen dafür, dass sich die Situation in Erfurt anfänglich ähnlich wie in Eisenach dargestellt hat.

Im Zusammenhang mit dem Vorgängerbau ist auch eine Besonderheit bei der Erstellung des jetzigen Langhauses zu erwähnen. Offensichtlich schritt dessen Bau nicht, wie bisher in der Literatur postuliert, gleichmäßig von Ost nach West voran, sondern zunächst wurden zwischen etwa 1350 und 1390 nur das Mittelschiff und das nördliche Seitenschiff errichtet. Das südliche Seitenschiff entstand dagegen erst zwei Jahrzehnte später zwischen etwa 1410 und 1430. Die unterschiedliche Entstehungszeit der Seitenschiffe ist besonders an der Westseite gut zu erkennen (Abb. 64). Das dort befindliche Fenster des nördlichen Seitenschiffs ist mit seinem schlichten Vierpass eine allgemeine Gebrauchsform des 14. Jahrhunderts, die keine dezidierte Datierung in einzelne Jahrzehnte erlaubt, aber eben auch nicht einer Einordnung in die Jahre um 1370/80 entgegensteht. Das große, die Fassade bestimmende Westfenster des Mittelschiffs ist ein typisches Beispiel des reich gegliederten hochgotischen Maßwerks, wie es in ähnlicher Gestaltung am 1371/72 geweihten Hohen Chor des Erfurter Doms anzutreffen ist.

Dieser Bezug erscheint nicht zufällig, da auch das Westportal der Predigerkirche in Proportion und Profilierung des Gewändes eine getreue Kopie des Triangelportals des Erfurter Doms ist, wie eine Überblendung der beiden Portale zeigt.[40] Die Konsolfiguren am Westportal der Predigerkirche lassen bereits den Einfluss des Parlerstils erkennen und gehören in die 1370er Jahre. Auch hier besteht kein Widerspruch zum bauhistorischen Befund, der von einer Entstehung der Fassade vor 1390 ausgeht. Anders sieht es aber mit dem Westfenster des südlichen Seitenschiffs aus. Der hochansetzende und gedrückte Spitzbogen des Fensters und die Füllung des Bogenfelds mit Fischblasenmaßwerk gehören eindeutig schon dem 15. Jahrhundert an. Eine Stiftung »zu dem Fenster am Giebel dieser Kirche« (*czu den fenster an dysser kerchen gebbil*) von 1412 dürfte sich demzufolge auf dieses Fenster beziehen.[41] Da auch die übrigen Fenster des südlichen Seitenschiffs bis zu einer Baunaht, die den Übergang zum älteren, 1279 geweihten Chor definiert, derartige Formen aufweisen, ist also festzuhalten, dass dieser Teil des südlichen Seitenschiffs erst nach 1400 bis etwa 1430 errichtet wurde.[42]

Damit stellt sich die Frage, wie sich der Bauprozess des Langhauses konkret vollzogen hat (Taf. 6). Wahrscheinlich ist, dass noch bis in die Zeit um 1400 Teile der ersten Steinkirche und des alten Klosters mit dem kirchenseitigen Kreuzgang und dem Westflügel gestanden haben. Schaut man sich noch einmal die Lage des ergrabenen Pfeilerfundaments an, so dürfte sich die südliche Außenwand der ersten Steinkirche im südlichen Seitenschiff der jetzigen Kirche, und zwar südlich der südlichen Pfeilerreihe, befunden haben. Als man an die Errichtung des südlichen Seitenschiffs ging, wurden die letzten Reste der alten Kirche niedergelegt und es entstanden ein neuer kirchseitiger Kreuzgang und wohl auch ein neuer westlicher Klausurflügel. Aus der beschriebenen Bauabfolge ist zudem erklärbar, warum die Wölbung des Mittelschiffs erst zwischen 1432 und 1438 und damit mehr als 30 Jahre nach der Fertigstellung des Westgiebels erfolgte.[43] Denn erst als das südliche Seitenschiff errichtet war, konnte auch die Wölbung des Mittelschiffs beginnen.

Abb. 66 Regensburg, Dominikanerkirche St. Blasius, Blick nach Osten

Das architektonische Konzept – die Entwicklung einer Form

Die Tatsache, dass die Predigerkirche wie viele andere mittelalterliche Bauwerke über mehrere Jahrzehnte, ja Jahrhunderte entstanden ist, ist an sich nicht ungewöhnlich. Erstaunlich aber bleibt doch, dass trotz dieser langen Bauzeit das Werk einheitlich und wie aus einem Guss erscheint. Ursache hierfür ist, dass bis zuletzt an dem Entwurf des zwischen 1266 und 1279 errichteten Chorbaus festgehalten wurde, es also keine grundlegenden Veränderungen am Bauplan gab und letztlich nur untergeordnete Einzelheiten variiert wurden.

Diese auch für mittelalterliche Verhältnisse erstaunliche Kontinuität ist Ausweis der Originalität des ursprünglichen Entwurfs. Kennzeichnend für diesen ist eine maßvolle Steigerung der Höhenverhältnisse in den Seitenschiffen, die nunmehr fast ⅔ der Höhe des Mittelschiffs erreichen, vor allem aber die sehr hoch gezogenen Arkaden, so dass trotz der basilikalen Struktur ein schon hallenartiger Gesamteindruck entsteht. Dieser weiträumige Eindruck gab auch den Anstoß dazu, in der Predigerkirche einen Vorläufer der spätgotischen Hallenkirchen zu sehen.[44] Dennoch widerspricht dem die besondere Lichtführung der Kirche. Denn entgegen einer Hallenkirche empfängt die Predigerkirche – wie schon beschrieben – nicht nur durch die Seitenschiffsfenster Tageslicht, sondern auch durch die hochgelegenen Öffnungen des Obergadens. Deren Position weit oben in der Wand und die tief herabgezogenen Gewölbe sorgen dafür, dass von der Hauptachse der Kirche gesehen die Quelle des Lichteinfalls nicht unmittelbar erkennbar wird, so dass die Gewölbezone gleichsam zu schweben scheint. Unterstrichen wird das Schweben noch dadurch, dass die Gewölbe lediglich auf Dienststummeln ruhen, die nicht bis zu den Kämpferplatten der Pfeiler herabgeführt sind. Diese Eigenheit ist ein Spezifikum der Predigerkirche und kennzeichnet den besonderen kunsthistorischen Rang dieses Bauwerks.

Dem architektonischen Entwurf der Predigerkirche liegt eine Verschmelzung verschiedener Tendenzen im Kirchenbau der Bettelorden,

Abb. 67 Esslingen am Neckar, Dominikanerkirche St. Paul, Blick nach Nordosten

Abb. 68 Esslingen am Neckar, Stadtkirche St. Dionys, Blick nach Nordosten

namentlich der Dominikaner, zugrunde. Ausgangspunkt dieses Prozesses ist die Regensburger Dominikanerkirche, eine um 1240 begonnene dreischiffige Pfeilerbasilika.[45] (Abb. 66) Das Mittelschiff endet wie bei der Erfurter Predigerkirche mit einem Fünf-Achtel-Polygon. Die hohen geschlossenen Wände des Mittelschiffs werden lediglich durch die vom Fußboden aufsteigenden Dienstvorlagen für die Gewölbe gegliedert. Typisch für die Entstehungszeit sind die niedrigen Arkaden und entsprechend niedrige Seitenschiffe. Die Gemeinsamkeiten mit der Erfurter Predigerkirche beschränken sich auf allgemeine Elemente der Dominikanerkirchen wie basilikaler Aufriss, Querschifflosigkeit, Pfeiler als Stützen und Binnenlangchor mit Fünf-Achtel-Polygon. Ähnlich verhält es sich auch mit der Dominikanerkirche St. Paul in Esslingen, deren Bau spätestens 1255 begann und bereits 1268 abgeschlossen war.[46] (Abb. 67) Im Unterschied zu Regensburg und Erfurt hat sie aber Säulen statt Pfeiler. Allerdings ist ein Detail für die Erfurter Predigerkirche von Belang, nämlich die Profilierung der Arkaden mit zwei parallelen Kehlen. Esslingen ist aber noch in einem anderen Punkt von Bedeutung. Etwa gleichzeitig zur Dominikanerkirche St. Paul entstand bis 1263 (d) das neue Langhaus der Stadtkirche St. Dionys.[47] (Abb. 68) Es hat Achteckpfeiler wie die Predigerkirche in Erfurt. Dieser Pfeilertyp war kurz zuvor, um 1255, bei der Franziskanerkirche in Konstanz erstmals bei einer Bettelordenskirche in Deutschland verwendet worden.[48] Somit erfolgte in Erfurt die Synthese zweier in Esslingen vorliegender Motive, nämlich des Achteckpfeilers und der zweifach gekehlten Arkaden. Neu ist aber in Erfurt die schon beschriebene Anhebung der Seitenschiffe, die fast die doppelte Höhe derer in Regensburg und Esslingen erreichen. Diese besondere Form hat keine direkte Nachfolge gefunden, auch wenn dem nach 1271 begonnenen Bau der Dominikanerkirche in Halle an der Saale zunächst ein ähnlicher Entwurf zugrunde lag.[49] (Abb. 69) Allerdings wurden hier nach einer Planänderung die Seitenschiffe so hoch gezogen, dass tatsächlich eine Hallenkirche mit schwach erhöhtem, aber nicht mehr direkt von außen belichteten Mittelschiff entstand.

Somit lässt sich am Beispiel der Dominikanerkirchen von Regensburg, Esslingen, Erfurt und Halle an der Saale in komprimierter Form eine Entwicklung nachzeichnen, die für das 13. Jahrhundert kennzeichnend ist, nämlich der Wandel von der Basilika mit stark überhöhtem Mittelschiff zur Halle mit annähernd gleich hohen Schiffen.[50]

Der unterteilte Einheitsraum – Funktionsbereiche in der Kirche

Entgegen der heutigen Gewohnheit, Kirchenräume lediglich ästhetisch als gestalterische Einheit wahrzunehmen, waren diese im Mittelalter in unterschiedliche Bedeutungs- und Funktionsbereiche gegliedert. So gab es das Sanktuarium als Ort der Messfeier, das Presbyterium bzw. den Psallierchor als Ort der Priestermönche und das Langhaus als Ort der Laien. Diese Unterscheidung in verschiedene Funktionsräume ist selbst für die schlichten, lediglich als ein großer Raum erscheinenden Saalkirchen der Bettelorden von grundsätzlicher Bedeutung. Denn die Kirche war nach Wilhelm Isnard Frank den Bettelmönchen zu aller erst ein »konventsbezogener Kultraum«, in dem die Messe gefeiert und das Chorgebet vollzogen wurden. Um die Exklusivität dieses Ortes zu betonen, war er vom Laienraum durch Lettner, Schranken oder Gitter

Abb. 69 Halle an der Saale, Dom (ehem. Dominikanerkirche), Blick nach Osten

Abb. 70 Predigerkirche, Blick durch Lettner und Chorschranke nach Osten

architektonisch geschieden.[51] »Durch die visuelle Trennung von Konvents- und Laiengemeinschaft in zwei Räume, zwischen denen jedoch eine Hörverbindung und im wichtigsten Moment [gemeint ist die Erhebung der Hostie] auch eine Sichtverbindung bestand, konnte zum einen dem aus der klösterlichen Tradition erwachsenen Bedürfnis nach Abgeschiedenheit von der Welt, zum anderen der *cura animarum* und dem Predigtauftrag der Gemeinschaft gleichermaßen Rechnung getragen werden.«[52]

In der Predigerkirche bestand so von vornherein eine Chorschranke, die das Presbyterium vom Gesamtraum trennte.[53] In dieser Kernzone war (vermutlich schon seit der Weihe des Chores 1279) das bis heute erhaltene Chorgestühl aufgestellt, das eines der ältesten seiner Art in Deutschland ist. Mit der Errichtung des Langhauses seit etwa 1350 bedurfte es eines weiteren Einbaus, um den gesamten Chorraum vom Laienhaus zu trennen. Daher wurde zwischen dem fünften und dem sechsten Joch ein Lettner eingefügt. Er steht genau an der Stelle, an der zuvor eine Fachwerkwand den gotischen Chorraum provisorisch abgeschlossen hatte.[54] Der Lettner der Predigerkirche ist einer der wenigen erhaltenen Bettelordenslettner in Deutschland.[55] (Abb. 70) Er reicht über alle drei Schiffe und ist zu beiden Seiten durch Arkaden gegliedert, deren Bögen eine etwa 3 m breite Bühne tragen.[56] In drei der insgesamt fünf Arkaden sind Durchgänge angeordnet, nämlich in der Mitte und in den beiden äußeren. Seitlich des mittleren Durchgangs stehen auf Blattwerkkonsolen die Figuren einer um 1360 geschaffenen Verkündigungsgruppe.[57] Konsolen und Befestigungsösen für die Figuren sind offensichtlich von vornherein in das Mauerwerk eingelassen und sprechen für eine gemeinsame Entstehung von Lettner und Skulpturen. Auch die an der Ostseite befindlichen mit den Evangelistensymbolen verzierten Konsolen verraten den Einfluss des seit etwa 1360 auch in Thüringen fassbaren Parlerstils und sprechen, anders als bisher in der Literatur dargestellt, für eine Errichtung des Lettners in den 1360/70er Jahren.[58] Unklar ist die Lage und Art der ursprünglichen Erschließung. Sie dürfte wahrscheinlich die Gestalt einer mutmaßlich hölzernen Spindeltreppe gehabt haben und befand sich wohl nahe der Pforte zum Kreuzgang.[59] In den beiden geschlossenen Wandfeldern seitlich des mittleren Durchgangs standen zum Langhaus hin Altäre. Grob abgespitzte Steinvorlagen im unteren Bereich und ein Metallhaken am Schlussstein des südlichen Lettnergewölbes verweisen auf die einstigen Altarstandorte bzw. die Befestigung entsprechender Altarlampen.

Im Zusammenhang mit der multifunktionalen Gestalt mittelalterlicher Sakralräume ist auch der Befund für eine Empore im südlichen Seitenschiff anzusprechen. Abgeschlagene Rippensteine und Konsolen

Abb. 71 Predigerkirche, Mittelschiffsgewölbe Joche 4–7. Die beiden großen Schlusssteine unten im Bild zeigen die Wappen der Familien Lange und Rosenzweig.

sowie Abdrücke von Gewölben sind die Spuren eines bühnenartigen Einbaus, dessen westliches Ende durch ein Rippenstück im 13. Joch markiert ist. Ob dieser Einbau im Osten bis an den Lettner heranreichte, ist derzeit nicht zweifelsfrei zu beweisen, aber wahrscheinlich. Demnach hätte der Einbau insgesamt zehn Joche gehabt, deren lichte Weiten vom Schrittmaß der Mittelschiffsarkaden abwichen, aber auch untereinander nicht gleich waren.[60] Die steinerne Empore entstand gleichzeitig mit der südlichen Seitenschiffswand in den ersten beiden Jahrzehnten des 15. Jahrhunderts. Eine Altarstiftung der Schmiedebruderschaft von »vierundvierzig Schock zu der neuen Empore« (*vier und vircig schog czu der nuwen borkirche*) datiert vor 1422.[61] Unklar bleiben die Funktion des Einbaus, aber auch dessen Erschließung.[62] Drei im Anschlussbereich des ehemaligen Klausur-Westflügels gelegene Öffnungen (im Erdgeschoss ein Stabwerkportal, im Obergeschoss ein Fenster und im Dachbereich ein kleines Kragsturzportal) könnten mit entsprechenden Ein- und Aufbauten der Empore verbunden gewesen sein.[63]

Schlusssteine – Stiftungen für das Seelenheil

Mit dem Stifterbuch des Erfurter Predigerklosters ist eine wertvolle spätmittelalterliche Schriftquelle erhalten geblieben, die auch wichtige Informationen zur Baufinanzierung enthält.[64] In diesem zwischen etwa 1420 und 1520 niedergeschriebenen Werk finden sich u. a. Angaben zu den Wohltätern des Klosters seit seiner Gründung und zur Art der Stiftungen. Sie erlauben Aussagen darüber, wer, wann und für welches Bauteil dem Konvent mit finanziellen Zuwendungen behilflich war. So erfahren wir beispielsweise, dass die Brüder Lange im Jahr 1432 das Gewölbe im sechsten Joch, die Schneiderzunft 1438 das große Gewölbe am Giebel, also im letzten Joch des Mittelschiffs, gestiftet haben.[65] Die genannten Gewölbe zeigen auf den Schlusssteinen dementsprechend das Wappen der Familie Lange, einen nach links steigenden Löwen, und das Zunftzeichen der Schneiderinnung, die geöffneten Scheren. Auch wenn nicht für jedes Gewölbe ein solcher Eintrag vorliegt, so ist doch davon auszugehen, dass auch für alle anderen mit Wappen und Innungszeichen versehenen Gewölbe entsprechende Stiftungen vorlagen. So finden sich an den Schlusssteinen der Langhausgewölbe u. a. die Wappen Erfurter Ratsfamilien wie der Rosenzweigs und der Hochherz' oder die Innungszeichen der Zünfte wie der Hutmacher, Fleischer und Zimmerleute, der Wollweber und Goldschmiede.[66] (Abb. 71) Damit sind die Gewölbe des Langhauses ein anschauliches Dokument der engen Verbindung zwischen Kloster und Welt, genauer gesagt der Frömmigkeitspraxis und des Stiftungswesens im späten Mittelalter. In diesem Zusammenhang ist hinsichtlich der Gestaltung anzumerken, dass die Schlusssteine des Langhauses deutlich größer sind als die des Chores. Dieses Phänomen ist nicht nur Resultat der späten Entstehungszeit, sondern auch einer bewussten, d. h. auf gute Sichtbarkeit abzielenden Inszenierung der Stifter vor der Gemeinde.

Barfüßerkirche

Die Barfüßerkirche in Erfurt liegt im Zentrum der Erfurter Altstadt am rechten Ufer der Gera. Zusammen mit dem Großbau der Predigerkirche auf der anderen Flussseite bestimmte die Kirche bis zur Zerstörung des Langhauses im Jahr 1944 durch ihr lang gestrecktes Dach, das deutlich über die benachbarten Häuser emporragte, das Stadtbild. Noch heute sind der unversehrt gebliebene Chor und das nur als Ruine überkommene Kirchenschiff ein wichtiger Bezugspunkt im städtischen Raum (Abb. 72).

Chronologischer Überblick zur Bau- und Nutzungsgeschichte

Die ersten Franziskanermönche kamen Ende 1224, noch zu Lebzeiten des hl. Franziskus, nach Erfurt. Die unter dem Guardian Jordanus de Giano erfolgte Gründung gehörte nach Würzburg (1221), Regensburg (1221) und Köln (1223) zu den ersten des knapp zehn Jahre zuvor, im Jahr 1215 päpstlich bestätigten Minoritenordens im deutschsprachigen Raum.[67] Die zunächst aus nur sieben Brüdern und dem Guardian bestehende kleine Gemeinschaft ließ sich im Hof des Leprosenpriesters außerhalb der Stadt, kurze Zeit später (1225) im Heilig-Geist-Spital vor dem Krämpfertor nieder. 1231 bezogen die Brüder ihr Kloster an der Gera mitten in der Stadt. Das Grundstück, das »von der schönen Mühle

Abb. 72 Barfüßerkirche, Chor und Kapelle von der Sachsen, Blick von Südosten

am langen Stege bis an die grüne Schildmühle« reichte, hatten sie von ihrem Prokurator Günther Vitztum erhalten.[68] Inwieweit 1231 bereits Kloster und Kirche bestanden haben, ist nicht überliefert. Spätestens 1259 aber war die Kirche nutzbar, denn in diesem Jahr wurde der Mainzer Erzbischof Gerhard, der auf einer Reise in Erfurt verstorben war, bei den Franziskanern beigesetzt. Der große Stadtbrand von 1291 beschädigte die Kirche derart, dass ein Neubau erforderlich wurde. Er begann noch im gleichen Jahr. 1316 erfolgte die Weihe des Chores. Die Fertigstellung des Langhauses ist nicht überliefert, dürfte aber ähnlich wie bei der Predigerkirche erst in der ersten Hälfte des 15. Jahrhunderts erfolgt sein. Schlusssteine des zuletzt vollendeten südlichen Seitenschiffs datieren in die 1420er Jahre.[69] Im ersten Viertel des 15. Jahrhunderts wurde der Glockenturm errichtet.[70] Vor 1482, wahrscheinlich Mitte des 15. Jahrhunderts, entstand als separater Anbau die Kapelle der Familie von der Sachsen.[71]

1525 wurde die Kirche infolge der Reformation evangelisch. Das Kloster blieb bis zum Tod des letztes Mönches, Jakob Schilling, im Besitz des Konvents, dann übernahm die Barfüßergemeinde die Gebäude und richtete dort 1594 eine Schule ein. Eine 1629 erfolgte Wiederinbesitznahme des Klosters durch die Franziskaner (Observanten) war nur von kurzer Dauer und endete praktisch schon zwei Jahre später, 1631, mit der Vertreibung der Mönche durch die Schweden. Das Kloster wurde schließlich zwischen 1642 und 1648 mit Ausnahme der Kirche niedergelegt.[72] Mit der Übernahme durch die evangelische Barfüßergemeinde, die sich aus den Pfarreien von St. Bartholomaei, St. Viti und St. Wigberti gebildet hatte, wurde im späten 16. und frühen 17. Jahrhundert die Kirche umgestaltet und neu ausgestattet. So wurden beispielsweise 1596 ein neuer Altar im Schiff (vor dem Lettner?) aufgestellt, 1604 eine neue Kanzel und ein neuer Taufstein angeschafft und von 1610 bis 1625 die neue Orgel erbaut.[73] Bei einer Restaurierung der Kirche in den Jahren 1827/29 beseitigte man u. a. den gotischen Lettner. 1838 stürzte infolge des Versagens der beiden östlichen Pfeiler ein Teil der nördlichen Hochschiffswand einschließlich Gewölbe ein. Bei der Wiederherstellung der Kirche zwischen 1842 und 1850 wurden u. a. die mittelalterlichen Em-

Abb. 73 Barfüßerkirche nach dem Bombenangriff vom 27. November 1944. Oberhalb der Arkaden ist Backsteinmauerwerk erkennbar.

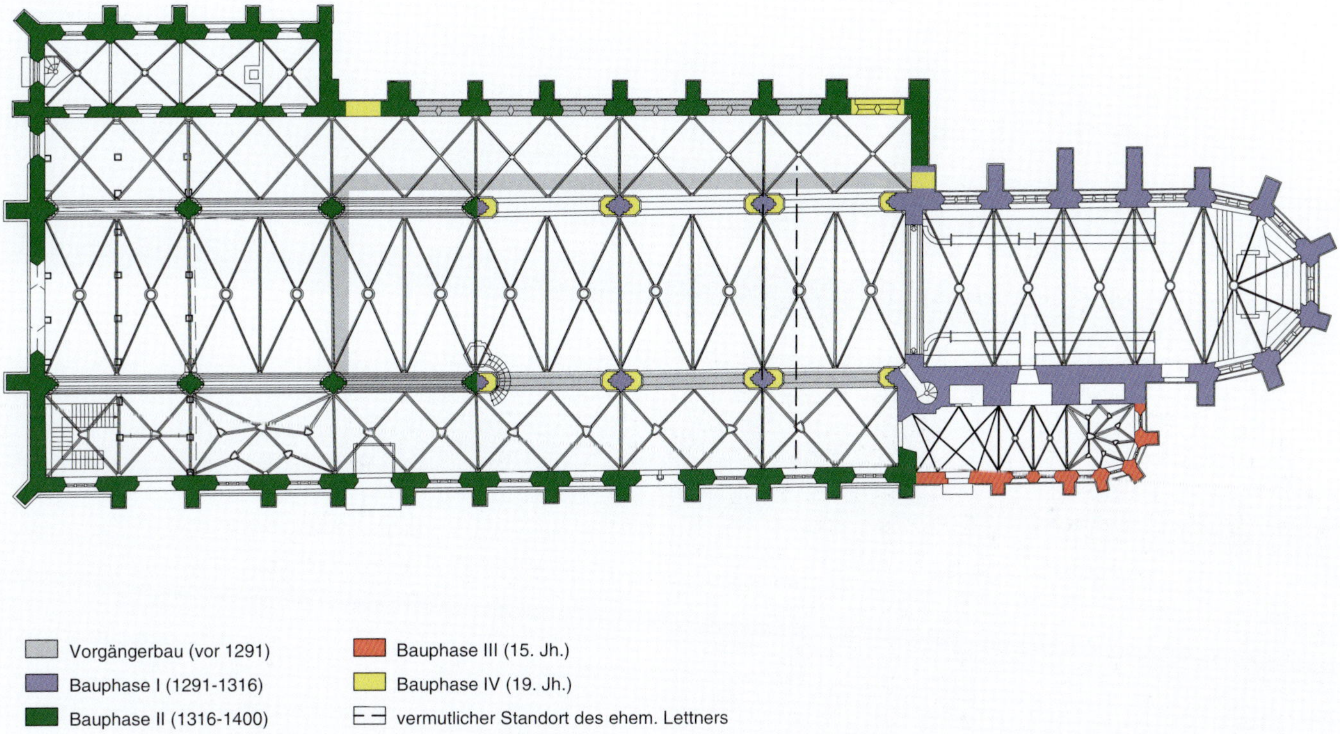

Taf. 7 Barfüßerkirche, Baualtersplan (Gebäudebestand vor dem Bombenschaden von 1944)

poren im Westen und im Norden beseitigt.[74] Den schwersten Verlust in der Geschichte der Barfüßerkirche bedeutete der Einschlag einer Luftmine in der Nacht vom 26./27. November 1944, deren Explosion große Teile des Kirchenschiffes einschließlich der Gewölbe zum Einsturz brachte.[75] (Abb. 73) Die nach 1945 erfolgten Reparaturarbeiten sicherten die Langhausruine und stellten den verhältnismäßig leicht beschädigten Chor wieder in seiner ursprünglichen Gestalt her. In dieser Form ist die Kirche noch bis in die 1970er Jahre gottesdienstlich genutzt worden. 1977 wurde das Gebäude von der Kirchgemeinde an die Stadt Erfurt verkauft. Seit 1982 ist der Chor als Ausstellungshalle des Erfurter Angermuseum genutzt, in der Ruine des Langhauses finden seit den 1990er Jahren im Sommer Open-Air-Veranstaltungen statt.

Baubeschreibung

Die Barfüßerkirche ist eine dreischiffige, querschifflose Pfeilerbasilika von sechs Jochen mit einem mittelschiffsbreiten Saalchor von vier Jochen, der im Osten in einem Polygon aus fünf Seiten eines Zehnecks endet. Diesem insgesamt etwa 78 m langen Bau schloss sich nach Norden, zum Geraufer hin, die Klausur an. Von dieser blieb lediglich ein Fragment des südlichen, in das Seitenschiff der Kirche eingestellten Kreuzgangs übrig. Südlich der Kirche befand sich der Friedhof (Abb. 15).

Der Bau ist in Bruchsteinmauerwerk erstellt. Lediglich Gewände, Gesimse und Ecksteine bestehen aus Werksteinen. Abweichend davon sind bzw. waren die Pfeilerkerne der drei östlichen Hochschiffspfeiler aus Backstein gefügt, ein Befund, auf den noch einzugehen sein wird. Der von außen in voller Länge sichtbare Saalchor ist mit hohen dreibahnigen Fenstern besetzt. Die Fensterbahnen sind nicht gleich, sondern differieren in der Breite, die mittleren sind breiter als die äußeren. Das Maßwerk in den Bogenfeldern besteht aus gestapelten Kreisen, schlichten Lanzetten oder Dreipässen. Letztere sind, vor allem an den Langseiten, mit Lilienenden versehen. Das westliche Fenster an der Südseite ist aufgrund des im Winkel zum Seitenschiff bestehenden Treppenturms schmaler und nur zweibahnig. Die Strebefeiler sind durch drei Kaffgesimse gegliedert, von denen nur das untere, in Höhe der Sohlbänke befindliche, umläuft. Erst oberhalb des letzten Kaffgesimses sind die Pfeiler zurückgestuft. Sie enden mit einer flachen Wandvorlage, die bis zum Traufgesims reicht und mit diesem verkröpft ist. Eine Besonderheit sind die zwischen die Pfeiler eingespannten Überfangbögen oberhalb der Fenster. An der Südseite des Chores steht die Kapelle der Familie von der Sachsen, ein eingeschossiger spätgotischer Bau. Östlich desselben befindet sich die Totenpforte, die vom Chor auf den ehemaligen Friedhof führte.

Bilder und Pläne vom Langhaus vor der Zerstörung zeigen die dreischiffige Basilika mit erhöhtem Mittelschiff, dessen Dach die Firstlinie des Chordachs nach Westen fortsetzt. Die Südseite war gleichmäßig durch Strebepfeiler in insgesamt zwölf Achsen gegliedert. Die Fenster des Seitenschiffs waren dreibahnig, mit in Kreisen eingeschriebenen Vierpässen, gestapelten Dreipässen und sphärischen Passfiguren, wie

Abb. 74 Barfüßerkirche, Blick nach Osten, 1929

sie für das 14. Jahrhundert charakteristisch sind. Die Obergadenfenster waren wie diejenigen der erhalten gebliebenen Nordseite zweibahnig und in den Bogenfeldern mit Drei- und Vierpässen gefüllt. Die Strebepfeiler des Obergadens glichen in der Form denen des Chores und waren einst über Strebebögen, die verborgen unter den Seitenschiffsdächern lagen, mit den Außenmauern verbunden. Drei Portale in den Jochen 4, 8 und 11 ermöglichten den Zugang vom einstigen Friedhof ins Langhaus. Die Westseite ist wie bei der Predigerkirche als Querschnittfassade ausgebildet, mit einem großen Fenster in der Mitte und zwei schmaleren in den Seitenschiffen. Allerdings gab es in der Mitte keinen Zugang, sondern nur zwei spitzbogige Öffnungen, die der Belichtung des unter der Westempore gelegenen Raumes dienten.[76] Auch eine jetzt als Durchgang genutzte Öffnung ins nördliche Seitenschiff war ursprünglich nur ein Fenster (Taf. 7).

An der Nordseite der Kirchenruine ist heute noch die ursprüngliche Gestaltung des Langhauses ablesbar. Anders aber als einst auf der Südseite gibt es im ersten und achten Joch von Ost keine Fenster, da hier die zweigeschossigen Kreuzgangflügel der Klausur anschlossen, und die Fenster der Joche 2 bis 7 sind aufgrund des einst in das Seitenschiff eingebunden gewesenen Kreuzgangs höher angeordnet als ihre Pendants auf der Südseite. Von dem Kreuzgang verblieben in der Seitenschiffsmauer die vormals zum Kreuzhof geöffneten, jetzt größtenteils vermauerten Arkaden. Die westlichen vier Joche des Langhauses sind durch den wohl gleichzeitig mit diesem im 14. Jahrhundert errichteten zweigeschossigen Anbau der Annenkapelle verdeckt. Deren Obergeschoss ist in den östlichen beiden Jochen ein Neubau des 19. Jahrhunderts. Auch die Gewände der Fenster – vier im Erd-, zwei im Obergeschoss – wurden in dieser Zeit erneuert bzw. überarbeitet. An der Westseite bestehen im Erdgeschoss ein spitzbogiges Portal als vermutlich ursprünglicher Eingang in die Kapelle, im Obergeschoss, das einst als Klosterbibliothek diente, ein Fenster.

Im Winkel von Chor und nördlichem Seitenschiff erhebt sich der Glockenturm. Sein Unterbau ist im Grundriss quadratisch, allerdings diagonal zu den Hauptrichtungen ausgerichtet. Erst oberhalb der Chortraufe wechselt er ins Achteck. Das untere der beiden Achteckgeschosse hat an den Kanten Rundstäbe und auf den geschlossenen Wandflächen Blendmaßwerk, das obere an den Ecken Pfeiler statt Rundstäbe und an allen Seiten Fenster. Auf den unbesetzten Ecken des quadratischen Unterbaus stehen die Stummel von Fialen. Eine Maßwerkbalustrade bekrönt den Turm, in die auch die Fialtürmchen der Eckpfeiler mit ihren Kreuzblumen eingebunden sind. Einen Helm scheint der Turm nie besessen zu haben.[77]

Das Langhaus betrat man von Süden, so dass der Chor im Osten erst beim Durchschreiten des Seitenschiffs in den Blick geriet (Abb. 74). Bemerkenswert sind die weit gespannten Arkaden. Im Gegensatz dazu stand die kleinteilige Folge von querrechteckigen Kreuzgewölben als oberer Raumabschluss. Dieser Kontrapunkt von weiten Arkaden unten und enger Travéefolge oben erzeugte eine rhythmische Spannung und ist eine Besonderheit in der Sakralarchitektur der Bettelorden. Die Form der östlichen zwei Pfeiler (im Grundriss ein längliches Achteck mit Runddiensten an den Langseiten) sowie der Ostseite des dritten Pfeilers geht auf die Wiederherstellung von 1842/50 zurück. Ursprünglich waren diese wie die westlichen beiden Freipfeiler gegliedert, nämlich kreuzförmig, mit dreiviertelrunden Dienstvorlagen an den Hauptseiten und eingestellten Runddiensten in den Kreuzecken. Die zum Mittelschiff weisenden Vorlagen waren als Dienste vom Sockel bis zu den Gewölbeanfängern geführt. Für die Gewölbeanfänger der Zwischenjoche gab es kurze Dienststummel über den Arkadenspitzen. Mittelschiff und Seitenschiffe waren mit Kreuzrippengewölben versehen, deren Gurt- und Scheidrippen die gleiche Stärke wie die Gewölberippen hatten und einfach gekehlt waren. Abweichend hiervon fehlten im Südseitenschiff bei den Doppeltravéen die Gurtbögen, und die Joche 9 und 10 überspannte ein Sterngewölbe.[78] Obgleich Chor und Langhaus die gleiche Gewölbehöhe hatten, setzte der (jetzt vermauerte) Chorbogen tief an und trennte die Räume deutlich voneinander. Die Schildwand oberhalb desselben ist lediglich durch ein zweibahniges Maßwerkfenster durchbrochen, das sowohl nach Osten wie nach Westen geöffnet war. Kleine Schlitzöffnungen im südlichen Teil der Westwand dienen der Belichtung einer dahinter befindlichen Mauertreppe, die in den Dachboden führt und über die Wendeltreppe im Winkel von Chor und südlichem Seitenschiff zu erreichen ist.

Der Chor ist ein mäßig steil proportionierter, heller Raum. Die westlichen vier Kreuzgewölbe überspannen das ehemalige Presbyterium, das fünfte, östliche Joch mit 5/10-Gewölbe ist das einstige Sanktuarium (Abb. 75). Letzteres ist als Standort des Hochaltars um drei Stufen er-

Abb. 75 Barfüßerkirche, Blick in den Chor, 1838

Abb. 76 Barfüßerkirche, Kapelle von der Sachsen, Blick nach Osten

höht. Nur hier, im Sanktuarium, reichen die Dienstvorlagen vom Fußboden bis zum Gewölbe und haben entsprechend mehreckig gebrochene Sockel mit Tellerbasen. Im Presbyterium hingegen setzen die Gewölbedienste wegen des einst dort befindlichen Chorgestühls erst in etwa 3 m Höhe auf kegelförmigen Konsolen an. In halber Höhe wechselt die Stärke der Dienste. Der obere Teil ist kräftiger als der untere. Oberhalb dieses nur im Polygon mit Kapitellen, ansonsten mit einer Kehle vermittelten Vorsprungs sind vierzehn Rundschilde angeordnet, die einst wohl mit Köpfen – der Apostel und weiterer Heiliger? – bemalt waren.

Die inneren Laibungen der Fenstergewände sind, anders als die schlicht gefasten äußeren, profiliert. Das Profil besteht aus einer von zwei Halbstäben eingefassten Kehle. Die damit erzeugte Licht-Schatten-Wirkung löst die Fenster betont aus dem Wandkontinuum. Auch das Profil der Gewölberippen ist reich gegliedert und besteht aus einem Bündel von drei, durch Kehlen abgesetzten Birnstäben. Die Schlusssteine datieren stilistisch wie die mit Blattwerk gezierten Dienstkapitelle in die Zeit um 1300. Am Chorbogen sind an den beiden Stirnseiten mannshohe Wandnischen eingelassen. Sie waren einst der westliche Abschluss des Chorgestühls und haben dementsprechend Nuten für Bretter, die als Sitzflächen eingeschoben wurden, und einen Schulterring. Eine spitzbogige Blende mit Dreipass bildet jeweils den oberen Abschluss. Im Sankuarium gibt es mehrere Nischen, die zur Aufbewahrung von Sakrament, Altargerät und Büchern gedient haben. Merkwürdigerweise fehlt eine Sediliennische, wie sie sonst, so auch bei den beiden anderen Erfurter Bettelordenskirchen, als Ministrantensitz vorzufinden ist. Wahrscheinlich befand sie sich in der südlichen, offensichtlich neuzeitlich veränderten Polygonwand.

Ursprünglich gab es im Chorraum zwei Portale. Zum einen die schon genannte Totenpforte an der Südseite, zum anderen ein Portal an der gegenüberliegenden Nordseite (Abb. 117). Dieses ähnelt mit seinem profilierten Gewände und der Dreipassöffnung dem Kreuzgangportal der Predigerkirche, auch wenn es in Details abweicht und mit dem Schrägschnitt des Endauslaufs stilistisch jünger als jenes ist. Ein weiterer, an der Südseite bestehender Durchgang zur Kapelle von der Sachsen entstand erst nachträglich, das Gewände ist in seiner jetzigen Form neuzeitlich (nach 1945?).

Diese Kapelle, ein dreijochiger Raum mit asymmetrischem, vierseitigem Ostschluss, wurde unmittelbar an die Südwand des Chores angefügt (Abb. 76). Um einen direkten Wandanschluss zu ermöglichen, wurden zwischen die bestehenden Chorstrebepfeiler Werksteinbögen eingezogen. Dadurch ergaben sich Nischen, die jetzt mit Ausnahme der mittleren zugesetzt sind. Die Scheitelsteine dieser Bögen dienen zugleich als Konsolen für die Gewölbe und sind mit Köpfen verziert. Der mittlere am jetzigen Chorzugang wurde nachträglich abgeschlagen. Das

Polygon ist mit einem Sterngewölbe, das mittlere Joch mit zwei Kreuzrippengewölben versehen. Das Gewölbe im westlichen Joch besteht aus Dreiecken, deren Spitzen in den Drittelpunkten der chorzugewandten Nordseite anlaufen. Diese Konfiguration wurde wegen des Eingangs an der Südseite gewählt. Auffallend ist ein Wechsel für das Gewölbeauflager von Konsolen im westlichen Joch zu Wandvorlagen im mittleren Joch. Möglicherweise war der Innenraum an dieser Stelle durch ein Gitter geteilt, so dass ein westlicher Vorraum von dem mit Altar versehenen Hauptraum abgeteilt war. Ob mit dem Bau der Kapelle bereits der Durchbruch zum Chor entstand, bleibt aber fraglich, denn es gab außer dem Portal an der Südseite ein ähnlich gestaltetes an der Westseite, das einen Zutritt vom Kircheninneren ermöglichte.

Ein Grabstein des späten 14. oder frühen 15. Jahrhunderts, der in das Chormauerwerk eingelassen ist und vom Bogen der östlichen Nische überschnitten wird, bietet einen terminus post quem für den Bau der Kapelle. Denn er muss sich bereits vor deren Errichtung an diesem Ort befunden haben. Der Grabstein erinnert an einen Angehörigen der Familie von See, deren Wappen auch an den Schlusssteinen des Kapellengewölbes, und zwar zusammen mit dem der Familie von der Sachsen, zu finden ist. Bemerkenswert ist der Schlussstein im zweiten westlichen Joch. Er zeigt die Köpfe eines jungen Paars und zwei Totenschädel. Dieses Memento-Mori-Motiv ist gerade im späten Mittelalter sehr gebräuchlich und wurde auch bei Gebetsketten, Anhängern und anderen Schmuckgegenständen benutzt.[79]

Anzumerken bleibt schließlich die Art und Weise, wie im Mittelalter mit einem Baufehler umgegangen wurde. Der Wandpfeiler im südöstlichen Eck reicht aufgrund von Messfehlern nur vom Fußboden bis zur Deckplatte des hier stehenden Altars. So musste eigens eine Gewölbekonsole geschaffen werden. Sie besteht aus einem Runddienst, der scheinbar von einer Hand gehalten wird und oben in einer Fratze endet.

Baugeschichte und architekturhistorischer Kontext

Durch Ausgrabungen im Jahr 2015 konnten wichtige Aufschlüsse zur Gestalt der ersten Steinkirche und zur Baugeschichte der heutigen Kirche gewonnen werden.[80] Eine wesentliche Erkenntnis dieser Untersuchung ist der Nachweis, dass die erste Kirche ein schlichter Saalbau war. Die Fundamente der Längswände fanden sich im Bereich der südlichen Pfeilerreihe und etwa einen Meter nördlich der nördlichen Pfeilerreihe, so dass die lichte Weite ca. 11 m betrug. Unbekannt ist der östliche Abschluss, der westliche wird östlich des zweiten Pfeilers von Westen vermutet.

Eine weitere Erkenntnis ist, dass der jetzige Bau des Langhauses auf einer Planierschicht steht, die nach einem Brandereignis als Auffüllung eingebracht wurde. Die Stärke der Auffüllungsschicht beträgt ca. 0,5 m. Mit dieser Feststellung ist ein weiterer Punkt verbunden, nämlich die Erkenntnis, dass die Lage des südlichen Kreuzgangs innerhalb der Kirche mit der Situation vor dem Neubau zusammenhängt, denn der Kreuzgang bezieht sich sowohl in seiner Lage als auch in seinem Höhenniveau auf den Vorgängerbau. Da der Kreuzgang mit dem Neubau des Langhauses vollständig erneuert wurde, muss es innerhalb der Klausur Zwangspunkte gegeben haben, die eine Beibehaltung der Vorgängersituation erfordert haben. Eine weiteres Ergebnis der Ausgrabung ist, dass auch die bisher als Teile eines Vorgängerbaus gedeuteten Backsteinpfeiler im östlichen Teil des Langhauses dem Wiederaufbau nach Brand angehören, also (wenn man der bisherigen Überlieferung Glauben schenken will) nach 1291 entstanden sind. Damit sind alle bisherigen Überlegungen hinsichtlich eines über die Pfeiler fassbaren Vorgängerbaus hinfällig. Der Fußboden der Vorgängerkirche war bemerkenswerterweise nicht homogen mit nur einem Material belegt, sondern bestand aus einem mittleren Streifen von etwa 6 m Breite, der mit querrechteckigen Sandsteinplatten belegt war, die beiden Seitenstreifen waren hingegen mit Estrich bedeckt. Das Fundstück eines frühgotischen Kelchblockkapitells mit in zwei Reihen angeordnetem flachem Blattwerk könnte zu einem Portal gehört haben und datiert um die Mitte des 13. Jahrhunderts. Dieses Fundstück dürfte zu dem spätestens 1259 bestehenden Vorgängerbau gehört haben.

Um die besonderen Qualitäten des Barfüßerchores zu erfassen, sei zunächst ein vergleichender Blick auf den etwa 40 Jahre älteren Chor der Predigerkirche geworfen. Mit einer Höhe von 19,5 m, einer Länge von 22,5 m und einer Breite von 9,2 m ist der Größenunterschied zum Chor der Predigerkirche (19 m hoch, 23,4 m lang, 8,70 m breit) gering, und dennoch ist die Wirkung eine völlig andere. Beim Predigerchor ist der Raum in ein schattiges Halbdunkel gehüllt und das Licht fällt vor allem über die Fenster im Sanktuarium ein. Beim Barfüßerchor ist der Raum gleichmäßig über die großen Fenster erhellt. Dieses Phänomen ist das Ergebnis der besonderen Disposition als freistehender Außenlangchor mit direkter Belichtung auch an den Langseiten (Abb. 77/78).

Doch auch in anderer Hinsicht unterscheidet sich der Chor der Barfüßerkirche von seinem Gegenüber auf der anderen Geraseite. Kennzeichnend für die architektonischen Details ist eine skulpturale Qualität. Sind zum Beispiel die Gewölberippen bei der Predigerkirche gekehlt und erscheinen so als Teil der Gewölbeflächen ohne besonderes Eigengewicht, so sind diese bei der Barfüßerkirche mit Birnstäben besetzt und haben eine plastische Eigenständigkeit gegenüber dem Gewölbe. Auch die Profilierung der Fensterlaibungen, die kräftigen Runddienste der Gewölbevorlagen und die Kapitelle mit ihrem großblättrigen Schmuck geben der Architektur der Barfüßerkirche eine unmittelbare körperliche Präsenz, die sich deutlich von der graphischen, auf Linien und Flächen beruhenden Ästhetik der Predigerkirche unterscheidet.

In seiner Konzeption als in voller Länge nach außen tretender mehrjochiger Saalchor steht das Oratorium der Franziskanermönche auf der Höhe seiner Zeit und ist einer der größten Außenlangchöre im deutschsprachigen Raum.[81] Ausgangspunkt dieser Entwicklung war die 1248 geweihte Palastkapelle (Sainte-Chapelle) in Paris, deren Bau der später heiliggesprochene französische König Ludwig IX. für die Aufbewahrung der 1239 aus dem Heiligen Land überführten Reliquien beauftragt hatte. Dieser zu Stein gewordene Reliquienschrein vereinte – wie übrigens auch die Mutterkirche des Franziskanerordens in Assisi – zwei übereinander angeordnete Kapellenräume. Dabei war es insbesondere die Oberkapelle mit ihren fast völlig in Fensterflächen aufgelösten Wänden und dem durch die Buntverglasung in ein farbiges Licht getauchten Innenraum, die europaweit Nachahmung fand.[82]

Abb. 77 Barfüßerkirche, Chor, Blick nach Osten

Abb. 79 Erfurt, Domberg mit den beiden Stiftskirchen St. Marien und St. Severi, Blick von Osten

Innerhalb Deutschlands waren es besonders die Bettelorden, die diesem Chortyp zu rascher Verbreitung verhalfen.[83] Für Thüringen ist der Chor der Erfurter Franziskanerkirche das erste und wichtigste Beispiel eines solchen Außenlangchores bei einer Bettelordenskirche. Als im öffentlichen Raum prominent in Szene gesetzter Kultort des Erfurter Franziskanerkonvents beeindruckte er durch seine Größe und ungewöhnliche Gestalt und dürfte bei den Zeitgenossen Bewunderung wie Neid hervorgerufen haben. Er sollte daher in dem nur wenig später, um 1300 begonnenen, bis 1329 bereits im unteren Teil fertiggestellten, im Ergebnis einer längeren Unterbrechungen aber erst zwischen 1353 und 1371/72 vollendeten Hohen Chor des Erfurter Domes eine unmittelbare Nachfolge in der Stadt finden. Ein Vergleich der beiden Bauwerke ist schon aus der örtlichen Nähe interessant, aber auch deshalb, weil an diesen Bauten verschiedene Konzepte baulicher Repräsentation erkennbar werden.[84] Schon ein erster Blick verrät trotz ähnlicher Anlage große Unterschiede. Besonders die exponierte Stellung des Domchors sticht ins Auge (Abb. 79). Sie war durch die besondere topographische Lage der Stiftskirche direkt an der Hangkante des Domberges bedingt. Die Errichtung eines künstlichen Unterbaus gab auch Gelegenheit, eine Krypta unter dem Chor anzulegen, die anfänglich wohl der Aufbewahrung der Gebeine der beiden besonders verehrten Stiftsheiligen Adolar und Eoban diente.[85] Doch abgesehen von den topographisch bedingten Differenzen gibt es Unterschiede, die deutlich die Absichten und Ansprüche der Bauherren erkennen lassen. Auffallend ist der schon angesprochene Unterschied in der Mauerwerkstechnik, hier Bruchsteinmauerwerk, dort sorgfältiger Werksteinverband. Auch sonst ist bei der Stiftskirche Vieles aufwändiger, schmuckreicher. Die Fenster sind vier- und nicht nur dreibahnig, haben komplizierte Maßwerkformen, und die Strebepfeiler sind mit Ziergiebeln und Fialen versehen. Auch im Inneren sind die Schmuckformen reicher, was nicht allein an der späteren Entstehung liegt. Die Absicht der Stiftsherren, den Außenlangchor der Franziskaner zu übertrumpfen, ist nicht zuletzt an den Dimensionen erkennbar, mit 34 m Länge, 14 m Breite und 21 m Höhe übertrifft er merklich das Oratorium der Minoriten. Ein Detail verdeutlicht, wie sehr es hierbei um ein Überbieten des Vorbildes ging. War anfänglich bei St. Marien wie bei den Barfüßern ein 5/10-Chorpolygon geplant, so wurde noch während des Bauprozesses umdisponiert und die Gewölbe des Polygons und des unmittelbar angrenzenden Jochs zu einem $^{7}/_{12}$-Schluss vereint. So übertraf das Sanktuarium sowohl nach Größe als auch Form das der Minoriten. Anders aber als bei den Bettelmönchen hat es in den Stiftskirchen, soweit bekannt, keine bauliche Abtrennung gegen das Laienhaus gegeben. Der Hohe Chor war zwar gegenüber dem Langhaus deutlich erhöht, dem Laien entrückt und unzugänglich. Doch gewährte das Chorgitter, das einst den Chorraum nach Westen abschloss, von Ferne einen Blick auf das Geschehen am Hochaltar.

◄ Abb. 78 Predigerkirche, Chor, Blick nach Osten

► Abb. 80 Magdeburg, Dom, Blick nach Osten

Das Langhaus der Barfüßerkirche hat eine ungewöhnliche Entstehungsgeschichte, die bis heute viele Rätsel aufgibt. Mit den hohen und weitgespannten Arkaden erweckt es spontan Erinnerungen an italienische Franziskanerkirchen wie diejenigen in Bologna oder Brescia.[86] Doch anders als dort ist hier die weitgespannte Arkade verbunden mit dem gotischen Gewölbesystem der oblongen Travée, so dass auf jedes quadratische Mittelschiffsjoch zwei Kreuzgewölbe kommen. Bereits Richard Krautheimer hat 1925 auf das Vorbild des Magdeburger Doms hingewiesen.[87] (Abb. 80) Wie in Erfurt gibt es in Magdeburg in jedem Mittelschiffsjoch jeweils zwei querrechteckige Kreuzgewölbe. Auch sind hier wie dort die Dienstvorlagen ohne Unterbrechung vom Pfeilersockel bis zum Gewölbeansatz geführt und dementsprechend die Pfeilerkapitelle an der Innenseite gleichsam abgeschnitten.[88] Anders aber als in Erfurt bilden die Obergadenfenster in Magdeburg eine durchgehende Lichtzone. In Erfurt liegen dagegen die Fenster bedingt durch die hohen Seitenschiffe oberhalb der Gewölbeanfänger und sind damit nicht nur niedriger, sondern auch deutlich schmaler als in Magdeburg, so dass viel Wandfläche oberhalb der Arkaden verbleibt.

Eine weitere Besonderheit der Erfurter Franziskanerkirche wurde erstmals bei dem Einsturz des nordöstlichen Langhauses im Jahr 1838 sichtbar: Die östlichen drei Mittelschiffspfeiler bestanden aus Backstein. Das gleiche Bild zeigte sich auch nach der Kriegszerstörung auf der Südseite. Fotografien des geschädigten Südseitenschiffs lassen bis zu den Sohlbänken der Obergaden einen sauberen großformatigen Backsteinverband erkennen. Auch die Arkadenbögen waren aus Formsteinen gesetzt (Abb. 73/81). Damit ist die Barfüßerkirche ein einzigartiges bauhistorisches Dokument. Sie bezeugt nämlich die Verwendung von Backstein für die Zeit um 1300 in einer Landschaft, die zu den klassischen Werksteingebieten Deutschlands gehört. Aus dem Befund lässt sich erschließen, dass das Langhaus zunächst in Backstein begonnen und erst infolge einer Umplanung als Natursteinbau vollendet wurde. Da die Ausgrabungen von 2015 gezeigt haben, dass das Langhaus insgesamt auf einer nach Brand geschaffenen Auffüllung errichtet wurde, ist davon auszugehen, dass auch der Backsteinbau erst nach 1291 entstanden ist, er also nicht, wie bisher überwiegend vermutet, älter als der Chor ist.[89] Auch passen die Formen der hochwertig gebrannten und teilweise glasierten Backsteine stilistisch in die Zeit um 1300.[90] Durch die archäologische Untersuchung konnte zudem geklärt werden, dass die jetzige Anlage mit den weiten, etwa 7 m im Lichten messenden Arkaden ursprünglich ist und es (anders als zuweilen in der Literatur vermutet) keine Zwischenpfeiler gegeben hat.[91]

Interessant ist aber, dass die westlichen, einheitlich in Sandstein-Werksteinen aufgeführten Langhauspfeiler die Gliederungsform der Backsteinpfeiler (kreuzförmiger Pfeilerkern mit halbrunden Dienstvorlagen und eingestellten Nebendiensten) übernommen haben. Hierbei setzt der Wechsel am dritten Pfeiler von Ost ein, dessen östlicher Teil in Backstein, dessen westlicher in Werkstein gesetzt ist. Die Art des Übergangs legt nahe, dass der Materialwechsel im Bauprozess nach einer Umplanung erfolgte. Für diese Annahme gibt es weitere Indizien. So hat schon Ernst Haetge beobachtet, dass die westlichen Pfeiler aus unterschiedlich hohen Werksteinen gefügt sind und stilistisch älter erscheinen als die Arkadenbögen.[92] So stehen sich Rundstäbe bei den Pfeilern und Birnstab und Hohlkehle beim Gurtbogen gegenüber.[93] Anders war es bei den östlichen Arkaden. Diese hatten bis zur Ummantelung im 19. Jahrhundert offensichtlich Runddienste als flankierende Gurte.

Für eine Planänderung im Erstellungsprozess spricht letztlich die Schildwand des ungewöhnlich tief herabgezogenen Chorbogens. Er bezieht sich offensichtlich auf ein anfänglich niedriger und gegebenenfalls als Hallenraum konzipiertes Langhaus. Spätestens aber mit der Vollendung des Chores war die Entscheidung für die jetzige Gestalt des Langhauses gefallen, denn das Fenster über dem Scheitel des Chorbogens setzt eine einheitliche Gewölbehöhe von Chor und Langhaus voraus. Dass der Bau der Backsteinkirche nicht sehr weit gediehen war, ergibt sich auch aus dem Umstand, dass das Material offensichtlich nur im Mittelschiff verwendet wurde, die Seitenschiffe wie auch die Obergaden aus Bruchsteinen gemauert wurden.[94]

Nimmt man diese Befunde zusammen, so ergibt sich für den Bauprozess folgendes Bild. Unmittelbar nach dem Brand 1291 begannen die Franziskaner mit dem Bau eines dreischiffigen Langhauses in Backstein. Hierzu wurden glasierte Formsteine für die Pfeiler und Arkaden vor Ort hergestellt bzw. nach Erfurt geliefert. Gleichzeitig oder nur wenig später setzte der Bau des Außenlangchores ein. Spätestens nach dessen Vollen-

Abb. 81 Barfüßerkirche, Stumpf eines Backsteinpfeilers

dung wurde der Plan für eine Backsteinkirche verworfen und man errichtete unter Verwendung des bereits gesetzten Backsteinbaus und unter Berücksichtigung von dessen Form – also von Arkadenspannweite und Pfeilerform – ein basilikales Langhaus in konventioneller Werksteintechnik. Die Frage aber, wie die Backsteine nach Erfurt kamen und wer hierfür die Anregung gab, bleibt künftiger Forschung vorbehalten.[95]

Bei der Diskussion um das ursprüngliche Aussehen des Langhauses spielt auch der Chorbogen eine wichtige Rolle. Für seine besondere Gestalt mit tief ansetzendem Bogen und hoher Schildwand könnte es neben den schon angesprochenen baugeschichtlichen Gründen auch funktionale gegeben haben. Denn vor der Errichtung des spätgotischen Glockenturms gab es wahrscheinlich über dem westlichen Chorteil einen Dachreiter. Es ist der klassische Ort für die Aufhängung der für den Chordienst zwingend erforderlichen Glocken.[96] Auch bei den anderen Erfurter Bettelordenskirchen dürfte es anfänglich solche Dachreiter gegeben haben. Für die Klosterkirche der Serviten – ein schlichter Saalbau von geringer Größe – ist er durch den von Johann Moritz Dedekind gedruckten Stadtplan von 1675 überliefert.[97] Eine Vorstellung davon, wie ein derart bekrönter Chor ausgesehen hat, geben noch heute die Franziskanerkirchen in Regensburg und Esslingen.[98]

Die Glocken, die in diesem Dachreiter hingen, wurden vom Dachboden geläutet. Das Fenster über dem Chorbogen ermöglichte dabei demjenigen, der zu läuten hatte, das Geschehen in der Kirche (und zwar nach beiden Seiten) zu verfolgen und auf ein Zeichen hin seinen Dienst zu versehen. Diese Funktion entfiel, als der Glockenturm gebaut war. Seither wurden die Glocken über lange Seile von einem Platz im nordöstlichen Eck des Langhauses geläutet.

Der Chorbogen war aber nicht das einzige Element, das Chor und Langhaus trennte. Bis 1829 gab es am bzw. vor dem östlichen Pfeilerpaar einen Lettner. Er trennte den Bereich der Mönche von dem der Laien. Seine Stellung entsprach der Situation in der benachbarten Predigerkirche. Wie dort gab es zwischen dem eigentlichen Priesterraum und dem Lettner eine Gasse, durch die die Mönche von der Klausur in den Chor gelangten. In seiner Gestalt dürfte der Lettner dem Typus des über die gesamte Breite des Langhauses reichenden Bettelordenslettners entsprochen haben.[99] Westlich dieses Einbaus befand sich wie üblich der Kreuzaltar. Die älteste Darstellung des Kirchenraums von vor 1838 zeigt diesen Altar noch an der alten Stelle. Inwiefern die im östlichen Joch des südlichen Seitenschiffs gelegene, um 1842 abgebrochene Kapelle (Sakristei) in Verbindung mit dem ehemaligen Lettner stand, ist unklar.[100]

Die Kirche der Augustiner-Eremiten

Die Augustinerkirche ist architektonisch die schlichteste unter den drei erhaltenen Erfurter Bettelordenskirchen. In dieser Schlichtheit verkörpert sie das Ideal der Armut am reinsten und steht exemplarisch für die einfachen Predigträume, wie sie von den Bettelorden vor allem in der Anfangszeit gebaut wurden.[101] Auch ist sie mit einer Gesamtlänge von ca. 44 m und einer lichten Weite von 10 m im Chor und 16 m im Langhaus die kleinste von diesen, und sie ist unter den drei Kirchen die einzige, die noch in Teilen aus der Gründungszeit des Klosters stammt. Als Wirkungsstätte Martin Luthers zählen Kirche und Kloster zu den bekanntesten Sakralorten Thüringens und haben einen festen Platz in der Geschichte der Reformation.

Chronologischer Überblick zur Bau- und Nutzungsgeschichte

Das Erfurter Kloster der Augustiner-Eremiten war eine der ersten Niederlassungen des 1256 mit päpstlichem Erlass gegründeten und anerkannten Ordens im deutschsprachigen Raum.[102] 1266 ließen sich die Mönche mit Erlaubnis des Mainzer Erzbischofs Werner in der Metropole an der Gera nieder. Nach Schlichtung eines wegen des Bauplatzes entstandenen Streites mit der Stadt, infolge dessen der Konvent zeitweilig vertrieben wurde, und der offiziellen Anerkennung der Gründung im Jahr 1274 begann ab 1276 der Bau von Kloster und Kirche. Hierzu erhielten die Mönche die alte Pfarrkirche St. Philippi und Jakobi als Bethaus übertragen. 1277 erwarben die Mönche von Friedrich von Kindehusen eine Hofstätte, die an der jetzigen Comthurgasse gelegen haben soll und auf der später u. a. das Noviziat eingerichtet wurde. 1291 kam es wegen des Abbruchs der im Besitz des Deutschen Ordens befindlichen Annenkapelle zu einem Rechtsstreit, der 1293 beigelegt wurde.[103] Bereits gegen 1300 dürften große Teile der Kirche und auch ein Teil des Klosters, namentlich der Ostflügel, fertiggestellt gewesen sein. Für den weiteren Ausbau von Kloster und Kirche erhielten die Mönche vom Erzbischof Peter von Mainz 1318 und 1320 die Erlaubnis, die Kirchen in *Hohenwinden (Honwenden)* und *Mannestorf* niederzulegen.[104] 1361 erfolgte eine Stiftung zur Erweiterung der Sakristei, mit der wohl auch die Errichtung der Bibliothek im Obergeschoss einherging. Zwischen 1432 und 1444 wurde der Glockenturm errichtet. Mit dem grundlegenden Umbau des Alten Priorats 1474 begann eine Phase der Erneuerung und Erweiterung, die bis zum Vorabend der Reformation reichte. Dazu erwarben die Mönche 1482 ein westlich des Klosters befindliches Grundstück zusammen mit zwei Gebäuden, den sog. Waidspeichern, die umgebaut und erneuert wurden und – anders als ihr Name vermuten lässt – anfänglich nicht der Lagerung von Waid dienten, sondern der Unterbringung von Gästen des Klosters.[105] Als Neubauten entstanden 1482/84 das Neue Priorat und spätestens seit 1502 die große Bib-

Abb. 82 Augustinerkirche, Blick von Norden

liothek, die 1518 fertiggestellt war. Infolge der Reformation wurde die Kirche 1525 evangelisch und die Klostergemeinschaft 1556 aufgehoben. Seit 1561 war in den – mittlerweile in den Besitz der Stadt übergegangenen – Gebäuden des Klosters das Ratsgymnasium untergebracht, seit 1669 auch das im gleichen Jahr gegründete evangelische Waisenhaus. Für dessen Bedürfnisse entstand mit dem Laubenganghaus im sogenannten Renaissancehof auch ein Neubau. Zu grundlegenden Veränderungen an den alten Klosterbauten kam es im 19. und 20. Jahrhundert. 1820 wurde das Ratsgymnasium verlegt. Die freigewordenen Gebäude bezog das 1821 gegründete Martinsstift, eine karitative Einrichtung für Waisenkinder und Kinder aus armen Verhältnissen nach dem Vorbild des Falkschen Instituts in Weimar. Im gleichen Jahr wurde das Neue Priorat abgebrochen. Lediglich ein Teil, das sogenannte Chörlein, kam als Brunnenhaus an die spätgotische Bibliothek. Für die bessere Unterbringung der Zöglinge des Martinsstifts entstand von 1841 bis 1846 der westliche Klosterflügel von Grund auf neu. 1849 bestimmte der preußische König Friedrich Wilhelm IV. das Augustinerkloster zur Tagungsstätte des Unionsparlaments. Dazu wurde die Kirche bis Anfang des Jahres 1850 instandgesetzt, der Westgiebel neu aufgeführt und u.a. anstelle des mittelalterlichen Dachwerks ein neues Tragwerk mit offenem Dachstuhl eingefügt. Nach der Tagung des Unionsparlaments wurde der Raum bis 1854 wieder als Kirche hergerichtet, neu ausgemalt und Ausstattungsstücke wie Altarretabel und Kanzel im neugotischen Stil eingefügt. 1872 zerstörte ein Brand den Ostflügel des Klosters einschließlich der als Memorialstätte gepflegten Lutherzelle. Der anschließende Wiederaufbau berücksichtigte die überlieferte Gestalt und Struktur nur eingeschränkt. Auch die Lutherzelle wurde frei rekonstruiert und im Geist des Historismus eingerichtet. 1936/38 erfolgte unter Leitung des Architekten Theo Kellner eine Instandsetzung der Kirche, bei der die Einbauten des 19. Jahrhunderts nahezu vollständig beseitigt und eine schlichte, sachliche Neugestaltung geschaffen wurde, die bis heute das Bild der Kirche bestimmt. Außer der neuen, dem mittelalterlichen Zustand nachgebildeten Brettertonne wurden Ausbauteile wie Emporen, Gestühl und Kanzel neu gefertigt.[106] Ende des Zweiten Weltkriegs kam es bei einem Luftangriff der Alliierten am 25. Februar 1945 zur Zerstörung der spätgotischen Bibliothek und der beiden Waidhäuser. Kirche und Konventsgebäude wurden teilweise stark beschädigt. Bis 1948 war die Kirche wiederhergestellt. Nach Entwurf von Hermann Kirchberger (Weimar) erhielt das große Westfenster eine Farbverglasung. Die Wiederherstellung der Klosterbauten kam hingegen nur schleppend voran. 1953/54 war im Ostflügel der Luthersaal als Winterkirche der Augustinergemeinde eingerichtet worden. Bis 1960 wurde der Renaissancehof mit Gästehaus instandgesetzt. Nach langwierigen Verhandlungen mit der Stadt erfolgte 1978 die Übertragung des städtischen Besitzes an die evangelische Kirche. Sogleich begann unter der Leitung der Architektin Käthe Menzel-Jordan die Wiederherstellung des Klosters als evangelisches Tagungsheim, die bis 1989/90 währte. In diesem Zusammenhang wurde u. a. der Ostflügel äußerlich in seiner mittelalterlichen Gestalt wiederhergestellt und in seinem Obergeschoss die einstige Brettertonne in einem Teilabschnitt – über der Bibliothek des evangelischen Ministeriums – sowie die Lutherzelle rekonstruiert. Der letzte Umbau des Klosters erfolgte 2002/03 und hatte vor allem die Modernisierung der technischen Infrastruktur zum Ziel, erbrachte aber gestalterische Eingriffe, so u. a. die Überdachung des kleinen Hofes. Anstelle der kriegszerstörten Bibliothek und der beiden Waidhäuser entstanden von 2006 bis 2010 ein modernes Tagungshaus und zwei Gästehäuser.

Baubeschreibung

Die Augustinerkirche ist eine dreischiffige Staffelhalle mit gerade geschlossenem Kastenchor in der Breite des Mittelschiffs (Abb. 82). An der Nordseite ist der Kirchenbau in voller Länge sichtbar. Deutlich erkennbar ist ein Wechsel von Quadermauerwerk am Chor zu Bruchsteinmauerwerk am Langhaus, zudem dieser Wechsel mit einer Farbvarianz des Steinmaterials einhergeht. Den Chor bestimmen schlanke hohe Maßwerkfenster. Sie setzen oberhalb des umlaufenden Kaffgesimses an, sind zumeist dreibahnig und mit einfachen runden Passfiguren im Bogenfeld ausgestattet. Die gerade Ostwand des Chores zeichnet eine Gruppe von drei Fenstern aus, von denen das mittlere breiter und höher als die seitlichen ist, so dass sich eine gestaffelte Figur ergibt. Der Scheitelpunkt dieser Fenster liegt deutlich oberhalb der Traufe und setzt im Inneren ein Tonnendachwerk voraus. Auch bei dem großen Fenster der Westwand verhält es sich so (Abb. 83).

Am Langhaus wechselt nicht nur die Mauerwerksqualität, sondern auch die Formsprache. Entgegen den aus Rundpässen bestehende Maßwerken der Chorfenster sind die Spitzbögen der Langhausfenster mit sphärischen Passformen gefüllt. Auch das westliche Chorfenster, das wegen der Einbindung der nördlichen Seitenschiffswand zur Hälfte geschlossen wurde, zeigt solche Formen. Das einst umlaufende Kaffgesims ist an der Nordseite bis auf die Verkröpfung am Portal abgeschlagen. Der kleinteilige Hausteinverband in der westlichen Achse geht auf eine Reparatur Mitte des 19. Jahrhunderts zurück, als ein an dieser Stelle befindlicher äußerer Emporenzugang beseitigt wurde und in Analogie zum Bestand ein weiteres Fenster eingefügt wurde. Die Eingänge in die Kirche befinden sich an der Nord- und Westseite. Östlich des einstigen Haupteingangs an der Nordseite steht eine Figur des hl. Augustinus, des Kirchenvaters und Ordensheiligen. Eine unterhalb dieser Skulptur ins Mauerwerk eingelassene Spendennische war für Münzen bestimmt, die die Gläubigen dem Heiligen und der Kirche zum Opfer brachten.[107] Ein schmaler Durchgang am Chor, die sog. Totenpforte, führte einst vom Chor auf den Friedhof.[108] Auf diese Nutzung der zwischen Kirche und Augustinerstraße gelegenen Freifläche verweist auch eine lateinische Inschrift unmittelbar neben der Pforte. Sie erinnert an einen Priester Johannes, der an dieser Stelle bestattet wurde. In diesen Kontext gehört auch eine jetzt vermauerte Schlitzöffnung östlich des östlichen Langhausfensters. Sie diente vermutlich der Aufstellung eines Totenlichtes.

Abb. 83 Augustinerkirche, Chor, Blick von Osten

Eine solche Öffnung mit gleicher Funktion und in ähnlicher Lage ist noch heute am südlichen Querhaus der Erfurter Severikirche vorhanden. Nicht zuletzt war der Friedhof auch ein Versammlungs- und Predigtort. Darauf verweist die verbliebene Konsole einer Außenkanzel an der Nordostecke des Kirchenschiffs (Abb. 84). Sie entstand, wie u. a. das eigens dafür unterbrochene Kaffgesims belegt, beim Bau des jetzigen Kirchenschiffs.

Abb. 84 Augustinerkirche, Außenkanzel an der Nordostecke der Kirche

Im Winkel von Chor und Kirchenschiff erhebt sich auf der Nordseite auch der achteckige Glockenturm. Er ist ein beachtenswertes Beispiel spätgotischer Kleinarchitektur. Sein Äußeres ist durch den Kontrast von glatten Mauerflächen unten und reich verzierter Architektur oben gekennzeichnet, so dass das Äußere einem Zepter ähnelt. Über den Baubeginn im Jahr 1432 berichtet eine lateinische Inschrift, die sich unter einem Gesims an der Nordseite befindet. Den glatten Turmschaft zieren drei Statuen. Sie stellen die hl. Katharina, Philippus und Jakobus dar. Die beiden letzteren waren die Patrone der einst an dieser Stelle bestehenden kleinen Kirche, die für den Bau des Klosters abgebrochen wurde. Die in hohen schlanken Pfeilern auslaufenden Baldachine der Figuren leiten zu der Zierarchitektur des Glockengeschosses über. Auf einem Maßwerkfries ruhend, mit Eckfialen versehen und von einer Maßwerkbrüstung bekrönt, sind in diesem Geschoss auch die Mauerflächen zu großen Teilen mit Maßwerk verblendet. Fenster gibt es an allen acht Seiten, doch sind die zu den Haupthimmelsrichtungen mit geschweiften Wimpergen ausgezeichnet. Wasserspeier in den Nebenachsen entwässern die offensichtlich nie mit einem Helm versehen gewesene Dachplattform.

Das Innere der Kirche wird bestimmt durch die in den späten 1930er Jahren in Anlehnung an die ursprüngliche Form rekonstruierte Brettertonne über dem Mittelschiff und die Gestalt der ohne Kapitelle und Kämpfer in die Arkadenbögen übergeleiteten achteckigen Pfeiler (Abb. 99). Diese bis auf das konstruktiv Erforderliche reduzierte, sich jeden Schmucks enthaltende Gestaltung ist in ihrer Konzentration auf das Wesentliche Ausdruck des für die Bettelorden spezifischen Armutsideals und illustriert im Kontrast zu den gleichzeitigen Schöpfungen der Stiftsherren auf dem Domberg schlagend die Eigenheiten dieser Architektur.

Für das Erlebnis des Inneren sind darüber hinaus die im späten 13. Jahrhundert und im ersten Drittel des 14. Jahrhunderts entstandenen farbigen Bleiverglasungen der Chorfenster entscheidend. Sie verleihen dem Innenraum eine besonders feierliche Wirkung. Allerdings gab es bis zur Aufstockung der Sakristei, die um 1360 erfolgte, an der Südseite des Chores noch zwei weitere Fenster, so dass der Raum ursprünglich heller gewirkt haben dürfte als heute. Deren vermauerte Öffnungen sind heute noch sichtbar. An der Südseite befinden sich auch das reich profilierte Sakristeiportal und der mit Wimpergen verzierte Dreisitz. An der gegenüberliegenden Nordseite ist nahe der Kanzel eine schmale Pforte zu bemerken, die in eine kleine gewölbte Kammer im Unterbau des Turmes führt. Dieser Raum diente dem Läuten der Glocken. Darauf verweist ein gemauerter, jetzt als Installationsschacht genutzter Kanal, durch den einst die Glockenseile geführt wurden. Der Einstieg in den Turm liegt in ca. 3,5 m Höhe an der Westseite des Unterbaus und ist jetzt nur über eine Leiter zugänglich. Ursprünglich war er über den Lettner zu erreichen. Dessen erste Erwähnung fällt in das Jahr 1444, als ein neuer Altar auf dem Lettner geweiht wird.[109] Die Weihe fällt genau in das Jahr der Vollendung des Turmes, so dass davon auszugehen ist, dass Turm und Lettner zusammen entstanden sind und auch konzeptionell zusammengehören.

Der Lettner stand folglich westlich des Chores, direkt vor der Ostwand des Langhauses. Von seiner Bühne aus war auch die erwähnte ehemalige Totenleuchte an der Nordseite zu bedienen. Außer einem Lettner gab es spätestens zu Luthers Zeiten im Langhaus Emporen, und zwar sowohl in den Seitenschiffen wie im Westen. So berichtet ein Zeitzeuge, der spätere Dresdner Superintendent Daniel Greiser, in seiner Autobiographie über Luthers Predigt in der Erfurter Augustinerkirche am 7. April 1521, dass die Emporen von der Menge der Zuhörer einzustürzen drohten.[110] Bemerkenswert ist, dass die Zuhörer auf den Emporen standen. Darüber hinaus verdeutlicht der Bericht, dass ein für den protestantischen Kirchenbau so zentrales Motiv wie die Emporen bereits im spätmittelalterlichen Kirchenbau weit verbreitet war. Auch die entsprechenden Einbauten in der Prediger- und die Barfüßerkirche bezeugen das.

Baugeschichte und architekturhistorischer Kontext

Bisher war sich die Forschung darüber einig, dass die Augustinerkirche von vornherein in ihrer jetzigen Gestalt als dreischiffige Hallenkirche konzipiert worden sei und bis spätestens Mitte des 14. Jahrhunderts vollendet war.[111] Doch mehrere Befunde sprechen gegen diese Annahme. Schon allein die stilistischen Unterschiede in den Maßwerkformen bezeugen eine unterschiedliche Entstehungszeit von Chor und

Abb. 85 Augustinerkirche mit östlichem und westlichem Klausurflügel sowie Kreuzhof, Blick von Süden

Langhaus. Auch der beschriebene auffallende Wechsel des Mauerwerks weist auf Unregelmäßigkeiten im Bauablauf. Dieser Wechsel wurde in der älteren Literatur mit der in den Schriftquellen überlieferten Verwendung von Abbruchsteinen zweier den Augustinermönchen zur Materialgewinnung überlassener Kirchen in Hohenwinden und *Mannestorf* erklärt. Die Steine seien nach Tettau angeblich für den Chorbau verwendet worden.[112] Doch stehen dieser Annahme quellenkundliche, bautechnische und stilistische Argumente entgegen. So ist lediglich ein Bauteil in den besagten Quellen näher benannt, nämlich die Katharinenkapelle, ansonsten lediglich von Kirche und Kloster die Rede.[113] Zum anderen sprechen die akkurat in den Mauerverband eingepassten Fenster und der an der Südseite exakt am Klausurflügel gegebene Wechsel des Mauerwerks gegen eine Wiederverwendung von älteren Steinen. Zudem gehört der Chor stilistisch in die Zeit des letzten Viertels des 13. Jahrhunderts. Die Schenkung erfolgte aber erst in den Jahren 1318/20, als der Chor bereits vollendet war.[114]

Bereits ein Detail wie das zur Hälfte vermauerte westliche Chorfenster verdeutlicht, dass der besagte Materialwechsel Folge eines Umbaus ist. Denn für die einseitige Vermauerung ist nicht der Glockenturm, sondern das nördliche Seitenschiff ursächlich. Dessen Ostseite fluchtet nämlich, wie am Grundriss erkennbar ist, in die einstige lichte Öffnung des Chorfensters, bedingte also dessen teilweise Zusetzung. Schließlich bezeugt das profilierte Gewände eines ehemaligen Fensters, das vom Kircheninnenraum neben dem Hocheingang zum Glockenturm sichtbar ist, dass der Chor um mindestens eine Fensterachse weiter nach Westen reichte. Fenster und Mauer wurden spätestens beim Bau des Glockenturms im 15. Jahrhundert abgebrochen.

In diesem Zusammenhang ist ein Rücksprung an der Westwand der Kirche interessant. Er liegt genau in der Verlängerung der Chormauer und erweckt den Eindruck, als sei diese bis an die Westseite fortgeführt gewesen. Demnach wäre der erste Kirchenbau ein Saalraum und das nördliche Seitenschiff erst später angefügt worden.[115] Unterstellt man eine regelmäßige Reihung der Fenster im gleichen Achsabstand wie am Chor, so hätte dieser Saalbau insgesamt neun Achsen gehabt.

Für das südliche Seitenschiff scheint das gleiche zu gelten; denn wie bei der Barfüßerkirche ist der Kreuzgang in das Seitenschiff eingezogen. Diese Situation ist bisher nur bei nachträglicher Erweiterung eines Kirchenraums nachweisbar.[116] Wenngleich keine eindeutige horizontale Baunaht existiert, die eine nachträgliche Erhöhung des nörd lichen Kreuzgangarmes belegen könnte, fällt doch auf, dass das östliche Fenster der Südseite als einziges ein profiliertes Gewände hat und mit seinem Maßwerk (gestapelte runde Dreipässe) von den übrigen, mit sphärischen Drei- und Vierpässe besetzten, abweicht (Abb. 85). Dieses formal zu den älteren Chorfenstern passende Fenster gehört zu einem gewölbten (Archiv?-)Raum, der nicht zum Kirchenraum geöffnet war. Erst westlich davon, im Bereich der Empore, befinden sich die stilistisch jüngeren Fenster. Auffallend ist zudem, dass nur in diesem Abschnitt in der von außen sichtbaren Mittelschiffswand Konsolen vorhanden sind.[117]

Im Zusammenhang mit der Frage nach dem ursprünglichen Aussehen lohnt noch ein Blick auf die Stützenform. Die schmucklosen Achteckpfeiler des Langhauses haben anders als die Pfeiler des in das erste Viertel des 14. Jahrhunderts datierten Kapitelsaals (und auch der im 14. Jahrhundert entstandenen Langhäuser der beiden anderen Erfurter Bettelordenskirchen) keine Kämpfer mehr. Diese Stufe der Abstraktion weist schon ins fortgeschrittene 14. bzw. 15. Jahrhundert.[118] Bei der Gestaltung der Pfeilersockel lassen sich Gemeinsamkeiten mit den nach 1350 bis etwa 1390 entstandenen Pfeilern der Predigerkirche erkennen.

Nimmt man die Befunde zusammen, so schält sich als Ursprungbau wie bei den Franziskanern ein schlichter einschiffiger Rechtecksaal mit geradem Ostschluss heraus (Taf. 4). Er hatte lediglich die Breite des jetzigen Chores und war wohl einheitlich in Sandsteinquadern gesetzt. Lediglich dort, wo Klausurgebäude anschlossen, verzichtete man auf diese Technik. Erst bei einer Umplanung, die nach Ausweis der Maßwerke und der Pfeilersockel frühestens in das zweite Drittel des 14. Jahrhunderts fällt, wurde aus dem zunächst einschiffigen Saal der heutige dreischiffige Hallenraum.[119] Zu diesem Zweck wurde nicht nur ein Seitenschiff an der Nordseite angefügt, sondern auch der kirchenseitige Kreuzgang überbaut und oberhalb desselben eine zum Kirchenraum sich öffnende Empore eingerichtet. Ähnliche Vorgänge nachträglicher Erweiterung einschiffiger Saalbauten fanden auch bei den etwa gleichzeitig entstandenen Klosterkirchen der Augustiner-Eremiten in Gotha und Neustadt an der Orla statt.[120] Formal war damit in Erfurt eine Dreischiffigkeit erreicht, die aber aufgrund der Abschließung des Kreuzgangs durch eine Mauer im Inneren nur im oberen Teil zu erleben ist.[121]

Die Bettelordenskirchen in der Stadt – Motive und Wechselwirkungen

Zum Abschluss dieser Betrachtung sei noch einmal ein Blick auf die Kirchen im Ganzen geworfen. Als Besonderheit Erfurts ist zunächst die Tatsache hervorzuheben, dass sich alle vier Bettelorden, also die Franziskaner, die Dominikaner, die Augustiner-Eremiten und die Serviten (Marienknechte), in dieser mittelalterlichen Metropole niedergelassen haben. Festzustellen ist auch, dass die drei erhalten gebliebenen Kirchenbauten zu den wichtigsten Zeugnissen der Bettelordensarchitektur im deutschsprachigen Raum gehören. Auffallend ist zunächst, dass alle gängigen architektonischen Konzepte realisiert wurden, der einschiffige Saalbau ebenso wie die dreischiffige Basilika oder die Hallenkirche. So liegt in Erfurt gleichsam ein Musterbuch der Architektur der Bettelorden vor. Auch bei den Sanktuarien sind unterschiedliche Modelle umgesetzt worden: der gerade geschlossene Rechteckchor ebenso wie der polygonal endende Langchor, und zwar sowohl in der Variante als Binnen- als auch als Außenlangchor. Schon diese Aufzählung verdeutlicht die erstaunliche Bandbreite des Geschaffenen.

Dabei steht am Anfang der Überlieferung der schlichte Saalbau, wie er archäologisch bei den Barfüßern nachgewiesen und im Kern bei den Augustiner-Eremiten noch erhalten ist. Die Predigermönche haben dagegen schon früh, nämlich mit dem 1238 geweihten Bau, die Variante des um ein Seitenschiff erweiterten Saalbaus gewählt. Sie waren es dann auch, die mit ihrer seit 1266 errichteten Klosterkirche nicht nur als erste in der Stadt in hochgotischen Formen bauten, sondern auch den Typus der dreischiffigen querschifflosen Basilika mit hohen Seitenschiffen in der Stadt einführten. Diesen Bautyp haben die Augustiner-Eremiten, die zur gleichen Zeit in Erfurt ansässig wurden, nicht übernommen. Ihr erstes Oratorium war ein langgestreckter Saalbau und folgte darin dem Modell vieler früher Mendikantenkirchen in Mitteldeutschland.[122] Erst im 14. Jahrhundert, also etwa zwei Generationen nach der dauerhaften Etablierung des Konvents, wurde diese Saalkirche zu einem dreischiffigen Bau erweitert, nunmehr in der zeittypischen Form der Staffelhalle. Dem gegenüber haben die Franziskaner das Raumkonzept der Predigerkirche bei ihrem ab 1291 begonnenen Neubau im Grundsätzlichen übernommen, es allerdings in entscheidenden Punkten – Weite des Pfeilerabstands, kontrapunktischer Gewölbe-Arkaden-Rhythmus und vor allem in der Ausbildung eines Außenlangchores – variiert.

Weitere Nuancen ergeben sich bei der Betrachtung der Räume. Die Unterschiede in Gestalt und Wirkung überraschen umso mehr, wenn man bedenkt, dass die Hauptmaße der Mittelschiffe in Höhe und Breite etwa gleich sind.[123] So steht dem strengen Raum der Augustinerkirche mit seinen klar begrenzten Flächen und seiner gleichmäßigen Lichtführung der in Licht- und Schattenzonen untergliederte Einheitsraum der Predigerkirche gegenüber. Ist aber bei der Predigerkirche durch Pfeiler, Arkade und Gewölbe ein gleichmäßiger, nach Osten drängender Rhythmus gegeben, so war bei der Barfüßerkirche im Langhaus ein eigenwilliger Kontrast von hallenartiger Weitung unten und rascher Schrittfolge der Gewölbe oben gegeben gewesen. Der Chor aber blieb durch den tief herabgeführten Chorbogen ein lichterfüllter kapellenartiger Appendix ohne strukturelle Verklammerung. Schließlich lassen sich Details wie die unterschiedlichen Stützenformen (Bündelpfeiler, Achteckpfeiler mit und ohne Kämpfer) benennen.

Von diesen unterschiedlichen architektonischen Motiven und ästhetischen Konzepten gingen wichtige Anregungen für das zeitgenössische Bauschaffen aus. Hierbei waren es insbesondere zwei Momente, die eine Rezeption begünstigten. Zum einen fiel die Entstehung der Bettelordenskirchen in eine Hochphase des Kirchenbaus in der Stadt, zum anderen kam die Architektur der Bettelorden mit ihrer Tendenz zur Vereinfachung gerade den vielen kleinen Erfurter Pfarrgemeinden mit ihren bescheidenen finanziellen Mitteln entgegen. Doch nicht nur kostensparende Bauweise, sondern auch das hohe Ansehen der Bettelmönche trug zur Rezeption mendikanter Baumotive bei.

► Abb. 86 Erfurt, Kaufmannskirche, Blick nach Nordwesten

Abb. 87 Erfurt, Michaeliskirche, Blick von Osten

Schon erwähnt wurde der Impuls, den der Außenlangchor der Franziskaner für den Bau des Hohen Chores der Stiftskirche St. Marien auf dem Domberg hatte. Bereits zuvor hatte der Chor der Predigerkirche als erster hochgotischer Kirchenbau Erfurts mit dem um 1276 errichteten Chorpolygon der Severikirche und der ersten, bereits 1290 erfolgten Chorerweiterung der Marienkirche Nachahmung gefunden.[124] In beiden Fällen wurde die Architektur bereichert, wohl aber die Gestalt nur in ihrer äußeren Form übernommen. Der Binnenchor als abgeschrankter Raum der Priester war offensichtlich selbst bei den Kanonikern der beiden Stiftskirchen kein Thema.

In der gotischen Pfarrkirchenarchitektur Erfurts spielte vor allem der Bautyp des schlichten einschiffigen Saalbaus, auch in der um ein Seitenschiff erweiterten Version, ein große Rolle. Zu diesem Typus gehörten die meisten der 21 Pfarrkirchen. Bei den Sanktuarien überwog der gerade Ostschluss. Die Chorfassaden hatten mitunter nur ein großes Fenster, so bei der um 1900 abgebrochenen alten Thomaskirche vor dem Löbertor oder aber die klassische Dreifenstergruppe, wie bei Michaelis und ehemals auch bei Lorenz (Abb. 87). Der Polygonalchor ist im 14. Jahrhundert nur einmal, nämlich bei der Kaufmannskirche, realisiert worden. Diese zugleich größte mittelalterliche Pfarrkirche Erfurts ist als einzige im Aufriss basilikal und zeigt selbst in Details wie den hohen Seitenschiffen und den mit Kämpfern versehenen Achteckpfeilern deutliche Bezüge zur Predigerkirche (Abb. 86). Charakteristische Einzelformen wie der schlichte Achteckpfeiler waren aber lange gebräuchlich, bis Mitte des 14. Jahrhunderts noch regelmäßig mit Kämpfern, so auch bei der Allerheiligenkirche, danach im Regelfall ohne solche, so u. a. bei Michaelis und Lorenz. Viele Erfurter Pfarrkirchen, zum Beispiel Allerheiligen, Kaufmänner, Michaelis, Lorenz und Thomas, hatten bzw. haben als oberen Raumabschluss eine hölzerne Brettertonne. Auch diese Konstruktionsform ist in Thüringen durch die Bauten der Bettelorden vermittelt worden.[125] Für Erfurt ist hierfür nicht nur auf das ehemalige Tonnendachwerk der Augustinerkirche, sondern auch auf die Brettertonnen der Schlafsäle im Augustiner- und Predigerkloster hinzuweisen (Abb. 92).

Aber die Bettelorden haben nicht nur Impulse ausgesendet, sondern auch solche empfangen. Eine Motivübernahme liegt beispielsweise bei der Westfassade der Predigerkirche vor. So geht die Gestaltung des Portals und des großen Westfenster unmittelbar auf die hochgotische Architektur des Erfurter Doms zurück. Zu den Motiven, die im städtischen Kontext entstanden, gehören auch die spätmittelalterlichen Glockentürme der Bettelorden. Sie spiegeln eine veränderte Haltung in Fragen der Repräsentation wider. Denn hatten die Kirchen anfänglich, wie es die Ordensregeln forderten, lediglich hölzerne Dachreiter, so erhielten im 15. Jahrhundert alle drei Kirchen steinerne Glockenträger. In der besonderen Gestaltung als kleine Turmaufsätze, zudem bei den Augustinern und Barfüßern ohne Spitzhelm, verdeutlichen diese Bauten den Kompromiss zwischen Anspruch und Wirklichkeit, zwischen ordenseigenem Gebot und Handeln in einer großen Kommune.[126] Und nicht zuletzt waren die Größe der Kirchen und der Reichtum an Ausstattung ein Signum für die Wechselbeziehung zwischen den reichen Bürgern und den armen Bettelmönchen. Sie veranschaulicht deutlich den Einfluss der Laien auf die Gestalt der Kirchen. Mit diesen wenigen Notizen zur Wechselwirkung von Stadt und Bettelmönchen sei dieser Überblick zum Kirchenbau beendet.

Die Klosteranlagen – Raumorganisation und Raumnutzung

Zum Schluss seien noch einmal die Klöster in den Blick genommen, genauer gesagt die Organisation und Nutzung der Räume innerhalb derselben. Aufgrund der besonderen Überlieferungssituation wird sich die Betrachtung im Wesentlichen auf die Klausur-Ostflügel beschränken müssen. Zur besseren Übersicht sind in den Grundrissplänen die im Folgenden beschriebenen Funktionen farbig gekennzeichnet (Taf. 8).

Sakristeien und Armarien

Aus pragmatischen Gründen beginnt der nachfolgende fiktive Rundgang durch die Klausuren in den Kirchen, genauer gesagt in den Sakristeien. Denn wenn auch nicht eigentlich Bestandteil der Klausur, sind Sakristeien mit den Klausuren oft baulich verbunden. Als Vorbereitungsraum für den Priester und Ort der brand- und einbruchsicheren Verwahrung der liturgischen Geräte, Gewänder und Bücher wurden diese gewölbt und mit Wandschränken versehen. Auch Spülsteine für das Reinigen der liturgischen Geräte, die sog. Lavabos bzw. Piscinen, gehörten zu ihrer Ausstattung. Der Zugang erfolgte regelmäßig über den Chor. Die Türen waren wegen der brand- und einbruchssicheren Verwahrung mit Eisen beschlagen, die Portale besonders geschmückt. Sakristeien können dabei, so zum Beispiel im Predigerkloster[127], als

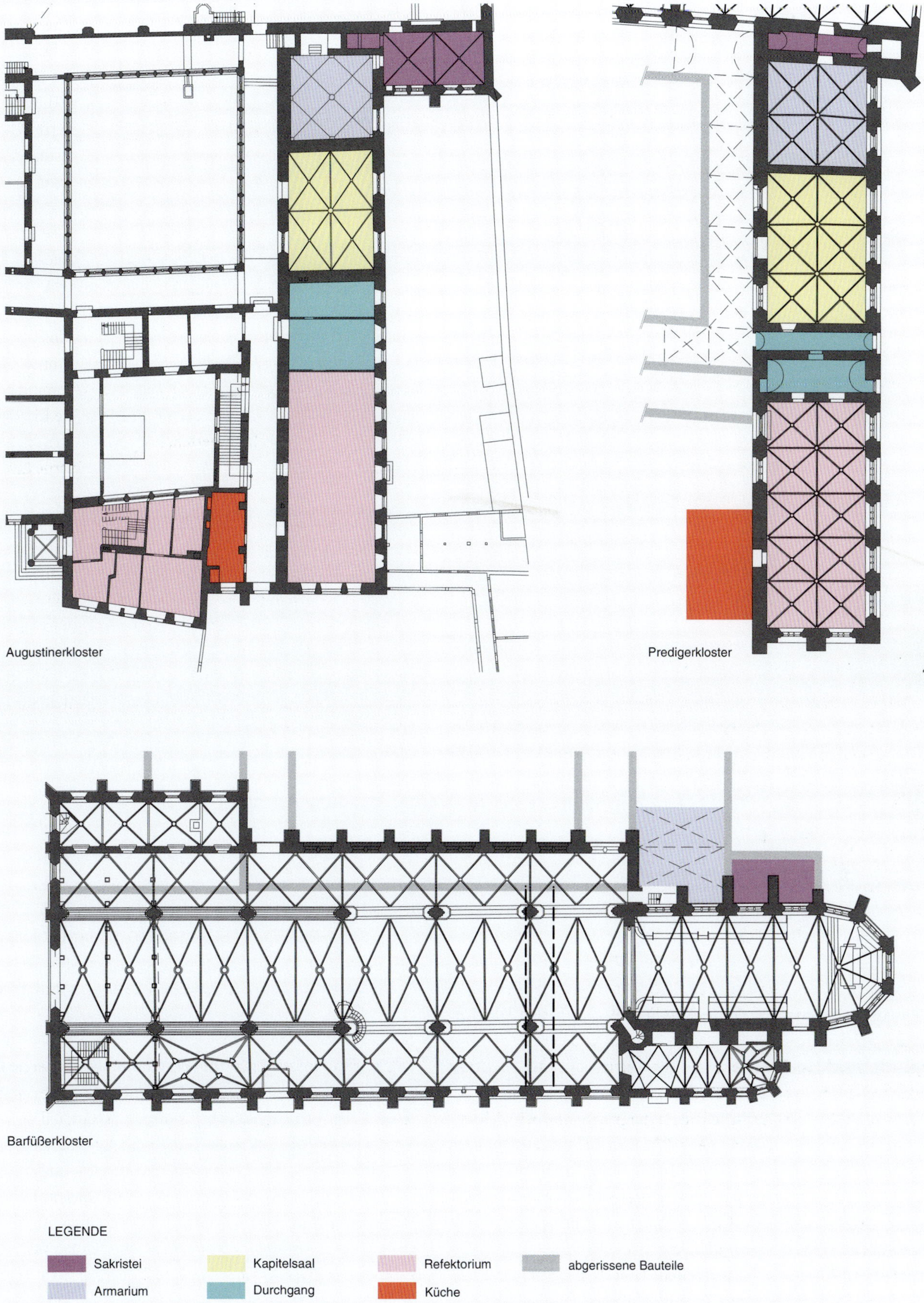

Taf. 8 Raumfunktionen in den Klausur Ostflügeln der drei Erfurter Bettelordensklöster

Abb. 88 Augustinerkloster, Sakristei mit Zugang in das Armarium (links) und die ehemalige Silberkammer

Abb. 89 Predigerkirche, Sakristei mit Lavabo (rechts) und Durchgang in das Turmuntergeschoss

schmaler Raum in den Ostflügel integriert oder aber als separate Anbauten den Chören angefügt sein, so einst bei den Barfüßermönchen und heute noch erhalten bei den Augustiner-Eremiten (Abb. 88/89). Im letzteren Fall ist die Sakristei mit einer Baunaht an den Chor angesetzt. Sie ergab sich, als der Raum um 1360 nach Osten erweitert und aufgestockt wurde.[128] Für die nachträgliche Aufstockung der Sakristei wurden, wie schon angemerkt, auch die beiden Chorfenster der Südseite vermauert.[129] In diesem nachträglich aufgesetzten Obergeschoss befand sich bis zum spätgotischen Neubau von 1518 die Klosterbibliothek der Augustinermönche, wie sie auch Luther noch gesehen haben dürfte.[130]

Von der Sakristei erreichbar und im Regelfall nur von ihr, also ohne Verbindung mit der Klausur, sind die sogenannten Armarien. Sie sind gleichsam Erweiterungen der Sakristeien und dienten wie jene der Verwahrung der Ornate, der Bücher und weiterer Kostbarkeiten. Diese Situation ist noch heute sowohl beim Augustiner- als auch beim Predigerkloster nachvollziehbar. Es handelt sich in beiden Fällen um Räume von quadratischem Grundriss, die über einer mittleren Freistütze gewölbt und mit Wandnischen für Regale bzw. Schränke ausgestattet sind.[131] Das Armarium des Augustinerklosters soll auch als Kapelle gedient haben. Eine 1318 errichtete und in den Quellen als mitten in ihrem Kloster und Kirche (*mit on jn orme clostir und kerchin*) lokalisierte Katharinenkapelle wird in der Literatur auf diesen Raum bezogen.[132] Der Nachweis eines dazu zwingend erforderlichen Altares ist bisher aber nicht erbracht. Auch für das Predigerkloster wird eine Kapelle im Kreuzgang erwähnt[133], doch bleibt auch hier fraglich, ob diese mit dem Armarium gleichzusetzen ist. Zudem fehlen auch in diesem Fall Belege für eine Altarstelle. Alternativ wäre eine Verortung dieser Kapellenräume in den Kapitelsälen denkbar, da diese vom Kreuzgang erschlossen wurden und deren Portale im Regelfall nicht durch Türen verschlossen waren, also als Teil des Kreuzgangs angesehen werden konnten.

Auch im Barfüßerkloster gab es ein Armarium. Es befand sich im Winkel von Chor und nördlichem Seitenschiff. An der Ostseite des nördlichen Seitenschiffs sind heute noch der Abdruck eines einstigen Gewölbes mit entsprechenden Konsolen und zwei, jetzt vermauerte Wandnischen erkennbar. Sie gehörten zur Ausstattung des hier befindlichen Armariums. Oberhalb dieses gewölbten Raums bestand ein Durchgang zum Obergeschoss des südlichen Kreuzgangs. Seitlich da-

Abb. 90 Augustinerkloster, Kapitelsaal, Blick nach Südosten

von, im westlichen Chorpfeiler, gab es einen Durchgang in den Chor (Abb. 95). Auf dessen Funktion wird weiter unten noch einzugehen sein. Auf einem Plan von etwa 1628/29 ist an dieser Stelle eine Kapelle (*sacellum*) verzeichnet, was auch in diesem Fall für eine Nutzung des Armariums als Kapelle sprechen könnte.[134]

Kapitelsäle und Klostergang

Den eigentlichen Klausurbereich eröffnen die an die Armarien angrenzenden, mit diesen aber räumlich nicht verbundenen Kapitelsäle. Im Augustiner- und Predigerkloster sind sie jeweils vom Kreuzgang aus über ein Portal zugänglich, haben zu dieser Seite, aber auch zu der gegenüberliegenden Außenseite Fenster (Abb. 90). Im Predigerkloster bestand wohl von Anfang an ein weiterer Zugang vom Durchgangsflur, der den Ostflügel etwa in der Mitte teilte.[135] Im Augustinerkloster, wo eine vergleichbare Situation existiert, ist das nicht so. Der Grund dürfte hier der erhebliche Höhensprung im Fußbodenniveau sein, der zwischen beiden Räumen besteht und mit der Unterkellerung des südlichen Teils des Ostflügels zusammenhängt.[136] Zudem gab es direkt an den Kapitelsaal angrenzend eine Wärmestube.

In beiden Klöstern, also beim Augustiner- wie beim Predigerkloster, sind die Kapitelsäle zweischiffige gewölbte Räume, zweijochig bei den Augustinern, dreijochig bei den Predigern. Bei letzteren ist die mittlere der drei Achsen, in der auch der Eingang liegt, durch die besondere Zier der Konsolen und Schlusssteine ausgezeichnet, so dass der Raum eine spürbare Ost-West-Ausrichtung hat. Im Falle des Augustinerklosters blieb der vermutlich ursprüngliche zweifarbige Fußbodenbelag aus quadratischen Ziegel- und Gipsestrichplatten erhalten. Wozu eine kleine kielbogige Nische von geringer Tiefe am Ostfenster gedient hat, ist bisher nicht geklärt. Möglicherweise steht sie mit einer Altarstelle in Verbindung.

Die dem Kapitelsaal folgenden Durchgänge dienten der Kommunikation von Außen- und Innenwelt und beziehen sich in ihrer Lage auf die ehemalige Klosterpforte, wie es deutlich der Plan des Barfüßerklosters zeigt, bei dem der von der Klosterpforte aus zum Ostflügel verlaufende Weg auf einen solchen Durchgang im östlichen Klausurflügel hinführt. Beim Predigerkloster ist eine analoge Situation gegeben gewesen, und auch im Augustinerkloster ist es im Prinzip so, auch wenn hier die Klosterpforte etwas abgerückt im Süden liegt.

Abb. 91 Predigerkloster, (Sommer-)Refektorium, Blick nach Südwesten

Refektorien

Dem Klostergang schloss sich im Regelfall jeweils das Refektorium an. Im Augustinerkloster ist die ursprüngliche Situation heute nur noch schematisch erkennbar, da dieser Bereich durch den Brand von 1872 und erneut beim Wiederaufbau nach 1945 substanziell beträchtlich, strukturell teilweise verändert wurde. Dennoch ist durch die Lage innerhalb der Klausur und anhand der Fensteranordnung eindeutig zu belegen, dass der jetzt als Luthersaal bezeichnete Raum als ehemaliges Refektorium zu identifizieren ist und wohl auch bauzeitlich nur eine flache Balkendecke hatte.[137] Da der Bereich von vornherein unterkellert war, ist zudem klar, dass er zumindest nicht über eine Steinofenluftheizung verfügte. Eine solche konnte aber unter dem quer anbindenden Alten Priorat nachgewiesen werden, das im Erdgeschoss das Winterrefektorium des Klosters mit der zugehörigen Küche aufnahm.[138]

Wie im Augustiner- gab es im Predigerkloster zwei Refektorien, ein Sommer- und ein Winterrefektorium. Letzteres war eine große Holzstube, die im Südflügel der Klausur gelegen haben dürfte. Sie wurde nach Aufhebung des Klosters abgebaut und als Ratsstube im Rathaus der Stadt wiederverwendet, bis auch sie dem Abbruch des mittelalterlichen Rathauses im 19. Jahrhundert zum Opfer fiel.[139] Ihren Zweck hatten derartige Holzstuben in der Möglichkeit, den Raum rauchfrei zu beheizen. So dürften auch in diesem Fall ein oder zwei Öfen zur ursprünglichen Grundausstattung gehört haben. Die exakte Gestalt dieser in der Quelle als Remter (*rebenthier*) bezeichneten Stube ist nicht bekannt, denn bei der Umsetzung in das Rathaus wurde sie mit weiteren Hölzern ergänzt.[140] Letztlich nicht zu klären ist auch, wann sie geschaffen wurde. Erstmals erwähnt wird sie bei ihrem Abbau im Jahr 1580.[141]

Das andere, erhalten gebliebene Refektorium des Predigerklosters, das sogenannte Sommerrefektorium, stammt aus der Zeit um 1280 und ist ein zweischiffiger, fünfjochiger Raum (Abb. 91). Auch er war beheizbar. Eine Steinofenluftheizung konnte 1991 unter dem mittleren Raumteil archäologisch nachgewiesen werden.[142] An welcher Stelle der Vorleser saß, ist nicht überliefert. Das südliche Joch wäre ein möglicher Ort, hier befindet sich eine Engelsfigur am Scheidbogen; wahrscheinlicher ist aber eine Stelle an dem großen geschlossenen Wandfeld an der Westseite. In diesem befindet sich auch ein jetzt vermauertes Portal, das in einen nicht in die Klausur eingebunden gewesenen Küchenanbau führte. Die Fundamente dieses Anbaus waren bei Ausschachtungen 1991 zeitweilig sichtbar. Anders als diese einstige Verbindung zur Küche erklären sich die beiden anderen Zugänge an der nördlichen Schmalseite des Raumes nicht ohne weiteres aus der Funktion des Raumes. Diese nur drei Meter auseinanderliegenden Pforten führen heute beide in denselben Vorraum. Über einer der beiden stand die archivalisch überlieferte Inschrift: »Mit süssen Speisen nährt sich hier zu festen Zeiten der ganze Körper, während ein Bruder singt.«[143]

Abb. 92 Predigerkloster, Dachwerk über dem Schlafsaal im Klausur-Ostflügel, Blick nach Süden

Warum an dieser Seite aber gleich zwei Eingänge liegen, wo doch einer ausreichend gewesen wäre, ist bisher nicht geklärt. Thomas Nitz vermutet eine Nutzung im Rahmen von Prozessionen.[144] Denkbar wäre auch, dass im Vorraum eine Trennwand bestand und eine der beiden Pforten ehemals als Zugang in den Keller gedient hat.[145] Allerdings erscheint die Erschließung der Keller über das Refektorium doch sehr ungewöhnlich. Hier besteht weiterer Klärungsbedarf.

Dormitorien

In den Obergeschossen der Ostflügel befanden sich wie üblich die Schlafsäle der Mönche. Im Falle des Predigerklosters ist dieser Bereich zwar modern verändert, aber durch die erhalten gebliebene bauzeitliche Dachkonstruktion von 1285 (d) kann ein tonnengewölbter Großraum mit einer Fläche von etwa 50 auf 10 m sowie einer Höhe von ca. 8,5 m nachgewiesen werden.[146] (Abb. 92) Tageslicht empfing dieser Schlafsaal durch schmale Fenster an beiden Langseiten sowie größere an der Südseite.[147] Ob die nachgewiesene Zahl von 25 Fenstern je Langseite auf die Zellenzahl schließen lässt und ob sie überhaupt ein Hinweis auf die Existenz von Zellen in der Erbauungszeit ist, muss offen bleiben.[148] Die Erwähnung von Fachwerkwänden bei der Aufhebung des Klosters im späten 16. Jahrhundert belegt zumindest für diese Zeit Zelleneinbauten.[149]

Für die Frage nach dem Aussehen mittelalterlicher Dormitorien ist die Situation beim Augustinerkloster besonders aufschlussreich. Beim Abbruch des aus dem 19. Jahrhundert stammenden Dachwerkes über dem Ostflügel des Klosters im Jahr 1980 wurde an der Südseite der Kirche ein Befund freigelegt, anhand dessen die bauliche Entwicklung dieses Klausurflügels gut nachzuzeichnen war. Auf damals entstandenen fotografischen Aufnahmen erkennbar ist ein Dachanschlagsgesims. (Abb. 93) Es belegt, dass der Ostflügel im Obergeschoss ursprünglich nicht die jetzige Tiefe hatte, sondern um die Breite des Kreuzganges schmaler war. Der Schlafsaal dürfte dabei analog zu dem nur wenig älteren des Predigerklosters mit einer Brettertonne überdeckt gewesen sein. In einer zweiten Bauphase wurde die westliche Außenwand des Ostflügels in die Flucht des Kreuzgangs verlegt und somit das Dormitorium erheblich vergrößert. Demnach ist also der jetzt in das Gebäude eingebundene Kreuzgang erst Folge einer späteren Erweiterung des Obergeschosses.

Diese Maßnahme wird schon bald nach Fertigstellung des Erstbaus in den 1330/40er Jahren erfolgt sein, denn der Südgiebel des Ostflügels weist bereits die volle Tiefe auf und bezeugt mit seinen drei zur Mitte hin gestaffelten schmalen Lanzettfenstern die Existenz eines tonnengewölbten Innenraums. Wie dieser ausgesehen hat, überliefert eine Zeichnung aus dem Jahre 1669 (Abb. 94). Außer der Tonnenwölbung sind hier die Zelleneinbauten erkennbar, wie sie spätestens zu Luthers Zeiten bestanden haben. Luthers Zelle ist mit der Zahl 15 gekennzeichnet, sie hatte wie alle anderen Zellen eine Grundfläche von

Abb. 93 Augustinerkirche, Südseite, um 1980. Die beiden Dachgesimse (1) markieren die einstige Tiefe des Klausur-Ostflügels, die Putzfläche (2) zeigt den Umriss der einstigen Brettertonne über dem Schlafsaal der Mönche an.

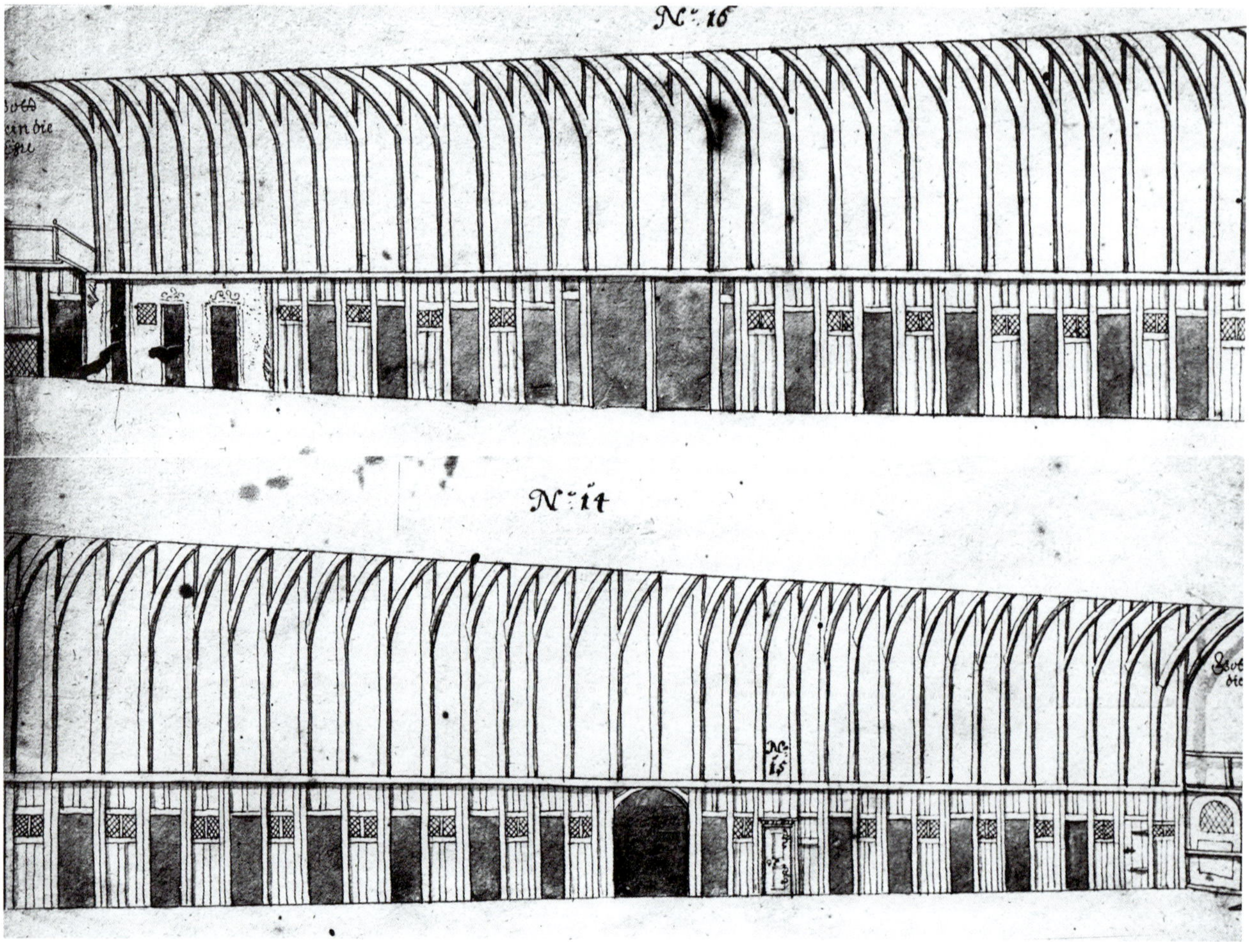

Abb. 94 Augustinerkloster, Schlafsaal mit Lutherzelle (Nr. 15), 1669

etwa 7,5 qm[150] und ist wie der gesamte Innenausbau des Ostflügels beim Brand von 1872 vernichtet geworden. Eine analoge Situation bestand übrigens im Dormitorium des Eisenacher Dominikanerklosters, das nach dem Untersuchungsergebnis von Udo Hopf 1345 entstanden ist. Auch hier gab es einen tonnengewölbten Schlafsaal in der Mitte und Zellenbauten zu beiden Seiten.[151]

Wie viele Zellen es insgesamt im Erfurter Augustinerkloster gegeben hat, ist nicht genau bekannt. Schätzungen gehen von 61 bis 65 aus.[152] Diese können nicht nur im Ostflügel, sondern müssen auch in den anderen Klausurtrakten gelegen haben. Aus einer Beschreibung des Westflügels vor dem Umbau von 1836 wissen wir von entsprechenden Zelleneinbauten.[153] Bilder vor dem Umbau von 1980 belegen zudem für den Südflügel die Existenz entsprechender Zellenfenster.[154] Der in der Zeichnung von 1669 etwa in der Mitte der linken Seite, gleich nach Luthers Zelle, wiedergegebene Bogen verband die Schlafsäle von Ost- und Südflügel miteinander. An welcher Stelle die Aborte lagen, ist weder für das Augustiner- noch das Predigerkloster überliefert.

Bemerkenswert sind aber die Verbindungsöffnungen zwischen den Schlafsälen und den Kirchen. Im Augustinerkloster gibt es noch heute eine türartige Öffnung, die Kirche und Schlafsaal verbindet. Beim Predigerkloster besteht an gleicher Stelle ein Fenster, das heute vermauert ist. Auch für dessen Westflügel ist eine solche Öffnung zwischen Obergeschoss und Kirche nachgewiesen, ohne dass aber bekannt ist, welche Funktion der an die Kirche angrenzende Raum hatte. Für das Barfüßerkloster ist zumindest überliefert, dass der über dem östlichen Kreuzgang gelegene Raum mit einem großen Bogen zur Kirche hin geöffnet war. Das Dormitorium im Ostflügel des Augustinerklosters wurde über eine entlang der südlichen Außenwand der Kirche geführte Treppe erschlossen.[155] Eine solche an der Kirchenwand geführte Treppe scheint auch im Barfüßerkloster bestanden zu haben. In den vor 1630 gefertigten Plänen des Klosters ist an entsprechender Stelle eine Treppe mit flüchtigen Strichen markiert. Ein 1842 gezeichneter Grundriss der Kirche zeigt zudem einen Durchgang im nordwestlichen Strebepfeiler der Kirche.[156] Die Lage dieses noch existenten, aber jetzt vermauerten Durchgangs im Schnittpunkt der Wege von und zum Chor bzw. zum Kreuzgang unterstützt die Annahme, dass an dieser Stelle die Verbindung von Schlafsaal und Kirche gelegen hat (Abb. 95). Durch den Lettner war dieser wichtige Verkehrsknoten gegen das Langhaus abgeschirmt. In welcher Form der Schlafsaal über dem Ostflügel des Predigerklosters zugänglich war, ist bisher nicht abschließend geklärt. Eine von Thomas Nitz aufgrund einer nachreformatorischen Quelle ins Spiel gebrachte Erschließung über ein Fenster an der Chorsüdseite erscheint aufgrund des provisorischen Charakters bei einer ansonsten so exzeptionellen Architektur wie der des Erfurter Predigerklosters als unpassend.[157]

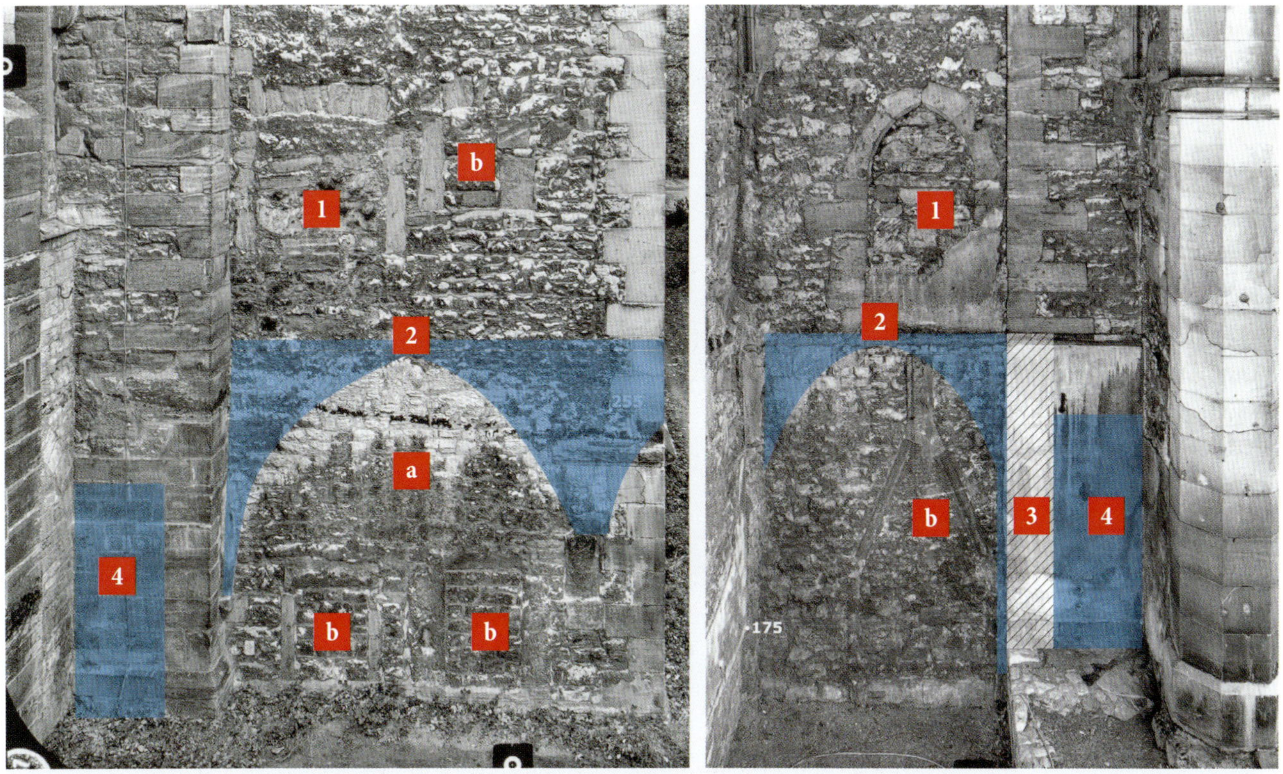

Barfüßerkirche, Ostwand des nördlichen Seitenschiffs, Blick von Osten (links) und Westen

1 Durchgang vom Obergeschoss des Klausur-Ostflügels zur Empore im nördlichen Seitenschiff · **2** ehem. Laufniveau der Empore bzw. im Obergeschoss Ostflügel · **3** ehem. Trennmauer zwischen Kreuzgang und Kirche · **4** Verbindung zwischen Klausur-Ostflügel und Kirche, ehemals mit Treppe ins Obergeschoss · **a** Schildwand des Gewölbes im Armarium · **b** Wandnischen

Abb. 95 Barfüßerkirche, Befundkartierung an der Ostwand des nördlichen Seitenschiffs

Abb. 96 Augustinerkloster, spätgotischer Bibliotheksbau, Blick von Nordosten, um 1900

Alternativ sei daher vorgeschlagen, das an der Westseite im Obergeschoss vorhandene, jetzt zugesetzte Portal als ehemaligen Zugang zu deuten. Vorauszusetzen wäre hierzu ein überdeckter Gang über das Gewölbe des Kreuzgangs hinweg zu einer Treppenspindel, die im Zwickel von nördlichem und östlichem Kreuzgang gelegen haben müsste. Für eine andere Variante, nämlich eine Erschließung über eine parallel zur Kirchenaußenwand geführte Treppe, fehlen jegliche Befunde.[158]

Bibliotheken

Die Bibliotheken haben innerhalb der drei Erfurter Klöster unterschiedliche Standorte. Beim Barfüßerkloster wird der vierjochige, einst gewölbte Raum im Obergeschoss des westlichen Kapellenbaus als Bibliothek (*liberey*) bezeichnet.[159] Dieser Raum war vermutlich mit dem Schlafsaal der Mönche im Westflügel der Klausur verbunden. Im Augustinerkloster befand sich die Bibliothek über der Sakristei am Chor der Kirche und war gleichfalls direkt vom Schlafsaal der Mönche aus erreichbar.[160] Mit dem 1518 vollendeten Neubau der Klosterbibliothek wechselte die Büchersammlung den Ort. Der spätgotische Bibliotheksbau der Augustiner-Eremiten gehörte bis zu seiner Zerstörung 1945 zu den bedeutendsten Repräsentanten seiner Zeit in Deutschland und ist einer der schwersten Verluste Erfurts im Zweiten Weltkrieg (Abb. 96). Der zweigeschossige Steinbau mit steilem Satteldach war im Inneren in allen Geschossen gewölbt. Über jeweils vier Freipfeilern spannten sich Kreuzrippengewölbe zu den Außenmauern, so dass sich zweischiffige Hallen von jeweils fünf Jochen ergaben. Das in Teilen erhalten gebliebene und als Gedenkraum für die Opfer des Luftangriffs gestaltete Kellergeschoss erlaubt eine Vorstellung vom einstigen Aussehen. In Details wie der Stärke und Gliederung der Pfeiler unterschieden sich die Geschosse, so dass das Obergeschoss insgesamt leichter und filigraner erschien als das Keller- und Erdgeschoss (Abb. 97).

Bemerkenswert sind aber insbesondere die Unterschiede im Bildprogramm. Im Erdgeschoss waren an den Schlusssteinen nur christliche Figuren und Symbole, Christus, Maria und die Kirchenväter, dargestellt.

Abb. 97 Augustinerkloster, spätgotische Bibliothek, Obergeschoss, Blick nach Nordwesten, um 1930

Im Obergeschoss aber gab es Wappen geistlicher und weltlicher Stifter sowohl an den Schlusssteinen der Gewölbe wie in der Verglasung der Fenster. Zu den Stiftern der Wappenscheiben in den Fenstern zählten unter anderem Jodocus Trutvetter aus Eisenach, zu dieser Zeit Ordinarius der Theologischen Fakultät, und Justus Jonas, der spätere Reformator, zum Zeitpunkt der Stiftung Kanoniker des Severistifts und als Lizentiat der Rechte Ordinarius der Juristischen Fakultät an der Erfurter Universität.[161] (Abb. 98) Damit war die Augustinerbibliothek nicht nur ein im engeren Sinn klösterlicher Bau, sondern auch einer der Erfurter Universität und ähnlich dem im Kreuzgang des Erfurter Doms gelegenen Coelicum ein Ort der Lehre und der Wissenschaft. Aus dieser Zweckbestimmung heraus erklären sich auch die Stiftungen von Universitätslehrern für den Bau und die Ausstattung des Gebäudes. So gehörte das spätgotische Bibliotheksgebäude der Augustiner-Eremiten neben dem Coelicum des Marienstifts und dem Collegium Maius, dem etwa gleichzeitig entstandenen Hauptgebäude der Hierana, zu den größten und repräsentativsten Bauwerken der Erfurter Universität im späten Mittelalter.[162]

Beim Erfurter Predigerkloster, nach Christoph Fasbender »wahrscheinlich eines der bedeutendsten intellektuellen und spirituellen Zentren Mitteleuropas«[163], ist über einen eigenständigen Bibliotheksraum nichts bekannt. Das von Thomas Nitz für diese Funktion in Anspruch genommene Armarium wird es nicht dauerhaft gewesen sein, da es ursprünglich lediglich von der Kirche aus zugänglich war, was für spätmittelalterliche Studienbibliotheken untypisch ist. Zu überlegen wäre, ob die Bibliothek nicht im Obergeschoss des Westflügels gelegen war. Eine heute noch erkennbare, zur Kirche gehende, vergitterte Fensteröffnung könnte als akustische Verbindung gedient haben.[164] Allerdings widerspricht dem die Aussage im Inventar des Klosters von 1522, wonach die alte Bibliothek (*alde liberey*) im Ostflügel gelegen habe.[165]

Abb. 98 Augustinerkloster, spätgotische Bibliothek, von Jodocus Trutvetter gestiftete Wappenscheibe, um 1930

Resümee

Auch wenn der Vergleich aufgrund der dürftigen Quellenlage und der baulichen Verluste unvollständig bleiben muss und Aussagen zur ursprünglichen Nutzung, vom Ostflügel abgesehen, für die anderen Klausurflügel selbst beim Augustinerkloster nicht möglich sind, lässt sich als Resümee des vorliegenden Überblicks festhalten, dass die Gebäude- und Raumdisposition der drei Erfurter Bettelordensklöster zahlreiche Gemeinsamkeiten aufweisen. Ähnlich waren sich die Klöster in der prinzipiellen Anordnung als geschlossenes, von Kirche und zweigeschossigen Gebäuden eingefasstes Geviert, ähnlich war auch die Raumfolge von Sakristei, Armarium, Kapitelsaal und Sommerrefektorium im Erdgeschoss des Ostflügels. Auch die hölzerne Stube als rauchfrei heizbarer Raum findet im späten Mittelalter, wie das Beispiel des Predigerklosters zeigt, Eingang in die Klöster. Sie ersetzt offensichtlich das ältere, nicht so effektive System der Steinofenluftheizung und belegt die Anpassung der klösterlichen Lebenswelt an die zeitgenössischen Wohnstandards. Auch die Einzelzelle scheint spätestens im 14./15. Jahrhundert in Dormitorien allgemein gebräuchlich zu sein.[166]

Die Feststellung gleicher übereinstimmender Merkmale ist auf den ersten Blick nicht sonderlich überraschend, zudem, wenn man bedenkt, dass alle drei Klausuren in etwa demselben Zeitraum von etwa 1270 bis 1340 entstanden sind und daher Lernprozesse, nicht zuletzt durch eine latente Konkurrenz verursacht, und ein Erfahrungsaustausch vor Ort möglich waren und sicherlich auch stattgefunden haben. Doch vergleicht man die Erfurter Klöster mit Konventsbauten anderer Bettelordensklöster in Thüringen und darüber hinaus, so zeigt sich, dass es eine Vielzahl an funktionalen Lösungen gegeben hat.[167] Zwar gibt es Ähnlichkeiten mit Klöstern andernorts – das Augustiner-Eremitenkloster in Gotha erscheint wie eine gespiegelte, wenngleich kleinere Version des Erfurter Ordenshauses –, aber es überwiegen doch die Fälle, wo das Raumprogramm nicht in vollem Umfang (Franziskanerklöster in Arnstadt, [Bad] Langensalza und Weimar) oder in anderer Disposition (Dominikanerkloster Eisenach; Franziskanerkloster Saalfeld/S.) umgesetzt wurde. Selbst bei der Lage der Kapitelsäle, die allgemein im Ostflügel verortet werden, gab es, wie das Beispiel des Dominikanerklosters in Eisenach verdeutlicht, Ausnahmen.[168] Vor diesem ebenso bunten wie auch fragmentarischen Bild der Überlieferung heben sich die Klausuren der Erfurter Bettelordenskonvente durch ihre Gemeinsamkeiten, aber auch ihre Größe umso deutlicher ab.

Anmerkungen

1 Vöckler, Bettelmönche, S. 57–65. Vgl. Vöckler, Stellung. Zur Ansiedlungsgeschichte der Augustiner-Eremiten vgl. auch Wolf, Erfurt, S. 162–165. Pilvousek/Springer, Brüdergemeinde, S. 39 f. ▪ **2** Das Kloster wurde 1647 abgebrochen. Kunstdenkmale 2,1, S. 79 Reg. 40. Vgl. Tettau, Kunstdenkmäler, S. 188. ▪ **3** Untermann/Silberer, Klosterbauten, S. 185. Todenhöfer, Kirchen, S. 299–301. Badstübner, Kirchen, S. 228. Binding/Untermann, Ordensbaukunst, S. 330 f. ▪ **4** Zur Baugeschichte des Klosters vgl. v. Tettau, Kunstdenkmäler, S. 185–197. Kunstdenkmale 2,1, S. 63–141. CVMA 1,1. Richter, Augustinerkloster. Schleiff/Sußmann, Baugeschichte. Ludscheidt, Augustinerkloster. Schmelz/Haerter, Augustinerkloster. Neßmann, Augustinerkloster. ▪ **5** Kunstdenkmale 2,1, S. 78 Reg. 31. ▪ **6** Eine eingehende Untersuchung des Gebäudes steht noch aus. In der älteren Literatur wird die 1277 erfolgte Schenkung einer *curia* auf diesen Bau bezogen. Nach Ausweis der konstruktiven Merkmale gehört er aber dem 14. Jahrhundert an. Dass er sowohl Noviziat wie Gästehaus gewesen sei, wie es die Beschreibung von Johannes Biereye nahe legt, ist wohl kaum zu vermuten; Biereye, Lutherstätten, S. 185. Volker Düsterdick hat wahrscheinlich gemacht, dass das östliche der beiden Waidhäuser als Gästehaus gedient haben könnte; Düsterdick, Begleitung, S. 6. ▪ **7** Düsterdick, Begleitung. Kunstdenkmale 2,1, S. 73, 78 Reg. 31 und S. 103. ▪ **8** Laut Testament von Johannes Ungelter aus Esslingen vom 17. September 1484 war das Priorat zu diesem Zeitpunkt neu errichtet. BA Erfurt, GG, älterer Bestand, III E 3 Nr. 489. Für den Hinweis danke ich Frank-Joachim Stewing (Leipzig). Vgl. außerdem Kunstdenkmale 2,1, S. 78 Reg. 31. Düsterdick, Begleitung, S. 5–7 mit wichtigen Korrekturen zur Bau- und Nutzungsgeschichte. ▪ **9** Kunstdenkmale 2,1, S. 77 Reg. 28. ▪ **10** Zur Geschichte des Predigerklosters siehe Quehl, Prediger-Kirche. v. Tettau, Kunstdenkmäler, S. 142–163. Scheerer, Kirchen, S. 60–76. Overmann, Predigerkirche. Lucke, Kirche. Nitz, Das Stifterbuch des Predigerklosters. Ders., Quelle. Ders., Predigerkloster. Nitz, Predigerkirche. Pelizaeus, Predigerkirche, vgl. hierzu Müller, Rezension. ▪ **11** Nitz vermutet, dass der Westflügel um 1360/65 entstand und im Erdgeschoss als Gewölbehalle zum Kreuzhof geöffnet war. Nitz, Predigerkloster, S. 202. Anschlussspuren für entsprechende Gewölbe lassen sich weder auf Fotos noch im jetzigen Bestand nachweisen. Der entsprechende Wandabschnitt dürfte wie der westliche Abschnitt des südlichen Seitenschiffs insgesamt erst im 15. Jahrhundert entstanden sein. Damit ist auch eine Entstehung des Westflügels wohl eher ins 15. Jahrhundert zu setzen. Siehe dazu weiter unten die Bemerkungen zur Baugeschichte des Langhauses. ▪ **12** Nitz, Dokumentation. ▪ **13** Hinweis auf die Lageverschiebung des Klausurflügels geben zum einen das zugesetzte Fenster, zum anderen abgearbeitete Werksteine unmittelbar östlich des heutigen Sakristeizugangs. ▪ **14** Der Klausurflügel hat die Außenmaße von etwa 51 × 12 m. ▪ **15** Nitz, Predigerkloster, S. 206–211. Ders., Stifterbuch des Predigerklosters, S. 74–95. ▪ **16** Zur Geschichte des Barfüßerklosters vgl. Möller, Beiträge. Tettau, Kunstdenkmäler, S. 163–176. Scheerer, Kirchen, S. 47–58. Kunstdenkmale 2,1, S. 143–243. Horn, Barfüßerkirche. Horn/Unger/Knoblich, Bauwerk. ▪ **17** BA EF, GG, älterer Bestand, VI f 2. Die Pläne entstanden wohl im Zusammenhang mit dem Wiederbesiedlungsversuch der Franziskaner um 1628/29. Siehe dazu Kunstdenkmale 2,1, S. 151 und 156 Reg. 31. Plath, Versuche. ▪ **18** Das Gebäude wurde 1359 erbaut und ragte drei Fuß, also etwa 1 m, über die Gera. Dieser

Überstand war vermutlich für die dort befindlichen Latrinen erforderlich. UBE 2, Nr. 525. Kunstdenkmale 2.1, S. 154 Reg. 18. ▪ **19** Die Klausur bestand aus dem Ostflügel, der 170 × 47 Schuh maß (ca. 57 × 16 m), dem Westflügel mit Maßen von 121 × 34 Schuh (ca. 40 × 11 m) und dem leicht verschwenkten Nordflügel, ein laut Inventar schweres steinernes Gebäude. Die Angaben ohne weiteren Quellenhinweis bei Kunstdenkmale 2,1, S. 154 f. Reg. 22. ▪ **20** Aufgrund der am nördlichen Seitenschiff erhaltenen Öffnungen sind für den Ostflügel ein integrierter, für den Westflügel ein außen vorgelagerter Kreuzgang nachzuweisen. ▪ **21** Kunstdenkmale 2,1, S. 154 f. Reg. 22. Haetge gibt die Länge des Brauhauses mit 88 Schuh an. Zum Infirmarium siehe Eubel, Geschichte, S. 301. Den Hinweis auf das Infirmarium verdanke ich Tim Erthel (Erfurt). ▪ **22** Die Kirche hatte anders als die Klosterkirche der Dominikaner keinen Westeingang. ▪ **23** »Die Kirche des Konvents als Haus der Lebenden, mit ihren Reliquien ein Haus der Heiligen, wurde mit der Grablege auch zu einem Haus der Toten […] Modernität der Seelsorge und konservativer Grundzug in der Mentalität der Frömmigkeit verbanden sich also und prägten die mendikantische Seelsorge in den Städten.« Frank, Bettelorden, S. 138, zitiert nach Pilvousek/Springer, Erfurter Augustiner-Eremiten, S. 43. ▪ **24** Vgl. oben Anm. 10. ▪ **25** Zur Datierung der Einwölbung des Mittelschiffs vgl. Nitz, Das Stifterbuch des Predigerklosters, S. 54 f. ▪ **26** Ebd., S. 56. ▪ **27** Nitz, Predigerkloster, S. 201. ▪ **28** Banse/Schalldach, Blicke, S. 3. ▪ **29** Ebd., S. 4. ▪ **30** Epitaph Heinrich Ilgen, gestorben 1632. Von 1898 bis 1924 zeitweilig entfernt, seit 1925 bis 1952 wieder am alten Standort, dann abgebaut, seit 1961 in der Michaeliskirche als Altarwand genutzt. Banse/Schalldach, Blicke, S. 6. ▪ **31** Schalldach, Familie. ▪ **32** Brück, Neue Erkenntnisse. ▪ **33** Das Orgelwerk selbst ist eine Arbeit der Firma Schuke (Potsdam) von 1977. ▪ **34** Nach teilweiser Zerstörung der südlichen Empore im Jahr 1806 wurden die verbliebenen Teile 1826 vollständig beseitigt. Bei der grundlegenden Instandsetzung 1897/98 wurden auch die Emporen auf der Nordseite und über dem Lettner entfernt. ▪ **35** Objektakte im TLDA Erfurt. ▪ **36** Eißing, Kirchendächer, Taf. 35. Eißing, Kirchendachwerke, S. 28 f. Vgl. Nitz, Das Stifterbuch des Predigerklosters, S. 61. ▪ **37** Vgl. hierzu die Ausführungen von Scheerer, Kirchen, S. 64 f.; Kaiser, Predigerkirche, S. 10 f. Nitz, Stifterbuch, S. 64–69. ▪ **38** Objektakte im TLDA Erfurt. ▪ **39** Hopf, Predigerkloster. ▪ **40** Raecke, Hauptportal. ▪ **41** Nitz, Das Stifterbuch des Predigerklosters, S. 44. ▪ **42** Ebd., S. 46 f. Eine Stiftung der Schneiderknechte für einen Marienaltar im 14. bzw. 15. Joch des südlichen Seitenschiffs wird von Thomas Nitz als Abschluss der Bauarbeiten am südlichen Seitenschiff angesehen. Sie datiert vor 1420. Ähnliche Maßwerkformen wie am Südseitenschiff der Predigerkirche finden sich zum Beispiel bei dem um 1425 errichteten nördlichen Seitenschiff der Michaeliskirche. ▪ **43** Ebd., S. 45 f. Die Wölbung des Mittelschiffs ist durch Stiftungen gut dokumentiert. 1432 erfolgte die Wölbung des sechsten, 1438 die des letzten, des 15. Mittelschiffsjochs. ▪ **44** Vgl. hierzu Krautheimer, Kirchen, S. 48 f. ▪ **45** Baumann/Biber/Füllenbach, Dominikanerorden, S. 102 f. ▪ **46** Vgl. Steudle, Esslingen, S. 177–179. ▪ **47** Vgl. ebd., S. 180–182. ▪ **48** Konow, Baukunst, S. 14 (mit Abb. 18) und 69. ▪ **49** Todenhöfer, Kirchen, S. 81–91. Schenkluhn, Architektur, S. 130. ▪ **50** Ausführlich hierzu ebd., S. 206 f. und 209 f. ▪ **51** Frank, Klosterkirche, Sp. 147. Monika Schmelzer hat die Bettelordenskirchen daher treffend als »geteilte Einheitsräume« bezeichnet. Vgl. Schmelzer, Lettner, S. 95. Vgl. auch Schenkluhn, Architektur, S. 81–83. ▪ **52** Mickisch, Tradition, S. 271. Mickisch, Architecture. Für freundliche Hinweise danke ich Sebastian Mickisch (Dresden). ▪ **53** Die Feststellung einer baueinheitlichen Entstehung schon bei Krautheimer, Kirchen, S. 107. Bezeichnend für das fehlende Verständnis für die liturgische Funktion und Nutzung von Kirchenräumen ist aber Krautheimers Interpretation: »In jedem Fall ist die Verwendung der Chorschranken höchst charakteristisch für das Wollen der Zeit. Ein eigner Raum wird innerhalb des Gesamtraumes abgesperrt, ein bestimmter Teil des Baues verunklärt. Hier ist die spätgotische Tendenz deutlicher, als in jedem anderen Teil des Baues, wo sie nirgends voll zur Auswirkung kommen kann, obgleich sie überall angeschlagen ist.« Ebd. S. 108. ▪ **54** Eißing, Kirchendachwerke, S. 28. ▪ **55** Zum Thema Lettner vgl. Schmelzer, Lettner, S. 81–98. ▪ **56** Der obere Abschluss des Lettners mit einer Maßwerkbrüstung stammt von 1898. Scheerer, Kirchen, S. 68. ▪ **57** Kaiser, Predigerkirche, S. 16. ▪ **58** Die bisherige Datierung auf die Zeit um 1400 bzw. 1410 basiert auf einer falschen Zuordnung des Eintrags im Stifterbuch, wonach die Schmiede dem Kloster 44 Schock Groschen für die Empore übergeben haben. Scheerer, Kirchen, S. 64. Kaiser, Predigerkirche, S. 6, 14. Nitz, Das Stifterbuch des Predigerklosters, S. 45, 72. Siehe dazu auch die nachfolgenden Bemerkungen zur Empore im südlichen Seitenschiff. Monika Schmelzer datiert den Lettner der Predigerkirche in das Ende des 14. Jahrhunderts. Schmelzer, Lettner, S. 95, 175. ▪ **59** Alternativ wäre eine Erschließung vom kirchenseitigen Kreuzgangflügel denkbar, doch fehlen Hinweise auf eine Pforte in dieser Höhe. ▪ **60** Die Spannweite der einzelnen Joche der Empore schwankte zwischen 3,22 und 3,36 m, das größte war mit 3,75 m das östliche, an den Lettner reichende. Setzt man annähernd quadratische Joche voraus, so hatte die Empore nicht die volle Tiefe des Seitenschiffs. Es bot sich demnach ein ähnliches Bild wie einst in der Barfüßerkirche, wo gleichfalls ein Zwischenraum zwischen Empore und Pfeiler verblieb. ▪ **61** Nitz, Das Stifterbuch des Predigerklosters, S. 45, 72. ▪ **62** Kaiser benennt als Funktion dieses Einbaus die Aufstellungsmöglichkeit für Altäre; Kaiser, Predigerkirche, S. 14. ▪ **63** Das einst unter der Empore gelegene Portal in der südlichen Seitenschiffswand ist am Gewände mit überkreuzten Stäben versehen und dürfte, so es um 1420 entstanden ist, eines der ersten Portale dieser Art mit überkreuzten Stäben in Thüringen sein. Wozu die Öffnungen im Ober- und Dachgeschoss gedient haben, ist nicht geklärt, auch nicht, wie das Portal im Dachbereich erreicht werden konnte. Gegebenenfalls gab es eine Wendeltreppe, die mit der Empore in Verbindung stand. ▪ **64** Nitz, Das Stifterbuch des Predigerklosters, S. 4–41. Ders., Stifterbuch. Vgl. Zacke, Todten-Buch. ▪ **65** Nitz, Das Stifterbuch des Predigerklosters, S. 45–48. ▪ **66** Vgl. Wieg, Schlußsteine. Zu den Gewölben des Langhauses siehe weiterhin Scheerer, Kirchen, S. 66. Nitz, Das Stifterbuch des Predigerklosters, S. 45–48, 55. ▪ **67** Vgl. oben Anm. 16. ▪ **68** Vöckler, Bettelmönche, S. 58 f. ▪ **69** Kunstdenkmale 2,1, S. 147, 167 f., 181. ▪ **70** Eine Baunachricht fehlt, so dass lediglich stilistische Argumente für die Datierung geltend gemacht werden können. ▪ **71** Die Entstehungszeit wird einerseits durch den in der Chorwand eingemauerten Grabstein eines Angehörigen der Familie von See auf der einen Seite und das über dem Außenzugang eingemauerte Epitaph für Erhard von der Sachsen anderseits definiert. Ersterer entstand im späten 14. bzw. frühen 15. Jahrhundert, letzteres 1482. ▪ **72** Plath, Versuche, S. 141–158. ▪ **73** Kunstdenkmale 2,1, S. 151, 156. ▪ **74** Horn/Unger/Knoblich, Bauwerk. ▪ **75** Ebd. ▪ **76** Für die Annahme von v. Tettau, Kunstdenkmäler, S. 168 und Kunstdenkmale 2,1, S. 163 f., die unterhalb des großen Westfensters ein großes Eingangsportal vermuten, fehlen jegliche Anhaltspunkte. Vgl. dazu schon die Bemerkung von Scheerer, Kirchen, S. 56. ▪ **77** Vgl. auch den Turm der Augustinerkirche. Zu helmlosen, mit einer Maßwerkgalerie abgeschlossenen Turmaufsätzen an Bettelordenskirchen vgl. auch Konow, Baukunst, S. 30 und 60 Anm. 39. ▪ **78** Das Sterngewölbe war von der Steinmetzinnung gestiftet. Siehe Scheerer, Kirchen, S. 54. ▪ **79** Zahlreiche Beispiele für das Memento-Mori-Motiv Totenkopf bei von Hülsen-Esch/Westermann-Angerhausen, Sterben. ▪ **80** Für wichtige Hinweise und Informationen zur Ausgrabung von 2015 ist Michael Beyer (Erfurt) zu danken. ▪ **81** Schenkluhn, Architektur, S. 110–118. Untermann/Silberer, Kirchenbauten, S. 128. ▪ **82** Schenkluhn, Architektur, S. 114 f. Verhalten kritisch zur These der Vorbildwirkung der Pariser Palastkapelle für die Langchöre der Bettelorden äußert sich Todenhöfer, Kirchen, S. 244–246. ▪ **83** Schenkluhn, Architektur, S. 203–205. ▪ **84** Müller, Bettelorden. Müller, Chorgestühl. Siehe auch Perlich, Höher. ▪ **85** Bornschein, Tumba. ▪ **86** In Verbindung mit dem Backsteinbefund verweist Ernst Badstübner auf eine, hier nicht näher bezeichnete italienische Quelle. Badstübner, Beziehungen, S. 85. Auch Scheerer, Kirchen, S. 53 erwähnt dieses Moment in der Beschreibung des weiten hallenartigen Raums. ▪ **87** Krautheimer, Kirchen, S. 110–112. Vgl. Schenkluhn, Bettelorden, S. 199. Interessant ist, dass Krautheimer in seiner Analyse durchaus die stilistische Differenzen zwischen den »älteren« Pfeilern und den jüngeren Arkaden sieht, aber auch die 1838 geschaffene Gestalt der drei östlichen Arkaden in seine Stilanalyse einbezieht und sie als Abbild der »eigentlich bettelordensmäßigen Einstellung« anspricht. ▪ **88** Scheerer, Kirchen, S. 52 und Kunstdenkmale 2,1, S. 181 schließen aus der Form der Kapitelle, dass diese »weggeschlagen« wurden. Doch gibt es dafür keine Indizien. Vielmehr lehrt der Blick auf den Magdeburger Dom das Gegenteil. ▪ **89** So u. a. Badstüber, Beziehungen, S. 85. ▪ **90** Es handelt sich »um ganz charakteristische Formsteine der Zeit um und kurz nach 1300, wie sie sich an verschiedenen Beispielen der märkischen Ordensbaukunst finden lassen.« Mitteilung von Dirk Schumann (Berlin). Er verweist als Parallele zu Erfurt auf die Bautzener Franziskanerklosterkirche, die kurz nach 1300 »im Stile der repräsentativen Märkischen Backsteinarchitektur« umgebaut wird. Dirk Schumann sei an dieser Stelle für die freundliche Auskunft gedankt. ▪ **91** Kunstdenkmale 2,1, S. 181 hatten angenommen, dass bei einem Umbau zu unbekanntem Zeitpunkt die Pfeiler entfernt worden seien. Obsolet ist damit auch die Spekulation von Achim Todenhöfer, der wegen eines angeblichen »Profils eines Chorrechteckpfeilers« – es handelt sich um ein Mauerstück aus Backstein in Obergadenhöhe – ein Querhaus rekonstruiert hat. Todenhöfer, Kirchen, S. 208 f. ▪ **92** Kunstdenkmale 2,1, S. 167. ▪ **93** Vgl. hierzu auch Krautheimer, Kirchen, S. 112. ▪ **94** Diesen Befund belegen Aufnahmen im Bildarchiv TLDA Erfurt. Erkennbar sind im Trümmerschutt lediglich Formsteine aus Backstein mit Birnstabprofilen. Sie gehörten offensichtlich zu einer Einwölbung, wohl des südlichen Seitenschiffs, und sind in ihrem Profil denen der Rippen der Chorgewölbe ähnlich. Scheerer, Kirchen, S. 53 erwähnt Birnstabprofile für die Rippen der Gewölbe im südlichen Seitenschiff. ▪ **95** Inwiefern ein Import vorliegt oder aber zeitweilig ein in der Herstellung von Backsteinen erfahrener Bautrupp in Erfurt tätig war, ist vermutlich nicht mehr zu klären. Gegebenenfalls handelte es sich bei der Backstein-Charge auch um eine ordensinterne Hilfeleistung für den vom Brand betroffenen Erfurter Konvent. Eine interessante Spur führt hierbei nach Berlin. Die im letzten Viertel des 13. Jahrhunderts errichtete Backsteinkirche des dortigen Franziskanerkonvents, ein früher Bau der märkischen Backsteinarchitektur, folgt wie die Erfurter Barfüßerkirche dem Modell des Magdeburger Doms. Krautheimer, Kirchen, S. 112 f. Schenkluhn, Architektur, S. 197 – 200, 206. Kirchenruine des Grauen Klosters. Andererseits erinnern die hohen und weit gespannten Arkaden an italienische Vorbilder, etwa die Franziskanerkirchen in Bologna. Vgl. Scheerer, Kirchen, S. 53. Da die weite Arkadenstellung, wie gezeigt, dem ursprünglichen Plan angehört, ist eine Überlegung auch in diese Richtung, nämlich italienischer Backsteinimport, nicht völlig abwegig. Dass bei der Diskussion um Grund- und Aufriss der Barfüßerkirche dem Dom von Magdeburg eine wichtige Rolle zufällt – auch die merkwürdigen Abstufungen der Gewölbedienste im Chor und die äußeren Überfangbögen der Chorfenster sind wohl von Magdeburg angeregt –, ist ein Hinweis auf die zentrale Stellung des Magdeburger Minoriten-Konvents in der Ordensprovinz Saxonia, der auch Erfurt angehörte. Vgl. die Bemerkungen von Schenkluhn, Architektur, S. 198 f. ▪ **96** Zum Gebrauch der Glocken bei den Franziskanern vgl. Silberer, Franziskanerkirchen, S. 167. ▪ **97** StadtA EF, Plansammlung 7 – 240 /101. ▪ **98** Zur Franziskanerkirche Todenhöfer, Kirchen, S. 221 f. Bei der Esslinger Franziskanerkirche blieb übrigens der über die gesamte Breite des Langhauses reichende Lettner erhalten, wie er ähnlich auch bei der Erfurter Barfüßerkirche bestanden hat. ▪ **99** Zum Typus des Bettelordenslettners siehe Schmelzer, Lettner, S. 81 – 98. Vgl. auch Pieper, Uneinheit. Scheerer, Kirchen, S. 49. Krautheimer, Kirchen, S. 40 f. ▪ **100** Die Kapelle ist in einen um 1842 vom »Bau-Conducteur« Pabst aufgenommenen und gezeichneten Grundrissplan eingetragen. Planarchiv des TLDA Erfurt. ▪ **101** Vgl. Schleiff/Sußmann, Baugeschichte, S. 17: »Dieser unaufwändige und strenge Kirchenraum besitzt ganz auffällig keine besonders wertvoll erscheinende mittelalterliche Ausstattung und entspricht in seiner Architektur und Formgestaltung in fast vollkommener Weise dem Armutsideal der Augustiner-Eremiten, die sich auf die monastische Regel der absoluten Anspruchslosigkeit verpflichtet haben.« ▪ **102** Zur Baugeschichte vgl. oben Anm. 4. ▪ **103** Ludscheidt, Verhältnis. ▪ **104** Kunstdenkmale 2,1, S. 79 Reg. 18 und 19. ▪ **105** Volker Düsterdick vermutet für das östliche der beiden Waidhäuser eine solche Nutzung; Düsterdick, Begleitung, S. 6. ▪ **106** Escherich, Beispiele. ▪ **107** Meißner, Spendennischen. ▪ **108** Die Pforte ist erneuert, der Durchgang aber ist alt. ▪ **109** Pilvousek/Springer, Erfurter Augustiner-Eremiten, S. 48. Kunstdenkmale 2,1, S. 77 Reg 22. Vgl. auch die Nachricht zu 1461 – 1463 ebd., S. 78 Reg. 30. ▪ **110** Kunstdenkmale 2,1, S. 78 Reg. 30. ▪ **111** Ebd., S. 105 – 107. Richter, Augustinerkloster, S. 10 – 16. Schleiff/Sußmann, Baugeschichte, S. 26. ▪ **112** v. Tettau, Kunstdenkmäler, S. 187. Vgl. Kunstdenkmale 2,1, S. 66. Neßmann, Augustinerkloster, S. 11 f. ▪ **113** Kunstdenkmale 2,1, S. 79, Reg. 18 und 19. ▪ **114** Die Unstimmigkeiten in der Argumentation Haetges bezüglich des Chores – ältester Bauteil, aber Erneuerung ab 1318 bis 1334 – hat bereits Christa Richter korrigiert. Allerdings geht auch sie von einem kontinuierlichen Entstehungsprozess nach einheitlichem Plan aus. Kunstdenkmale 2,1, S. 106. Richter, Augustinerkloster, S. 13 – 16. ▪ **115** Eine andere Erklärung für den Befund an der Westseite des Glockenturmpfeilers wäre, dass anfänglich der Chor um eine Achse länger sein sollte als heute, nämlich fünfachsig. Er hätte dann immerhin die Länge der Chöre der beiden anderen Bettelordenskirchen erreicht (ca. 25 m). Das setzt aber voraus, dass das Langhaus ungewöhnlich kurz gewesen wäre. ▪ **116** Untermann/Silberer, Kirchenbauten, S. 140 f. ▪ **117** Die Konsolsteine am Hochschiff trugen einst das Streichbalkenauflager für das Seitenschiffsdach. ▪ **118** Vergleichbare Stützen finden sich bei der einstigen Franziskanerkirche, der jetzigen Stadtkirche von Weida, wo mit dem Anbau des Seitenschiffs im späten 15. Jahrhundert derartige Pfeiler entstanden sind. Auch bei der Erfurter Michaeliskirche und der Jenaer Michaeliskirche entstanden die kämpferlosen Achteckpfeiler erst im 15. Jahrhundert. Bei der Jenaer Stadtkirche sind zudem die Pfeilerprofile denen der Erfurter Augustinerkirche verwandt. Zu Jena vgl. Möbius, Stadtkirche. ▪ **119** Ob der Saalbau je vollendet wurde oder nicht doch schon während des Bauprozesses eine Erweiterung erfolgte, ist letztlich ohne weitergehende bauarchäologische Untersuchungen nicht zu klären. Gegebenenfalls hängt die Überlassung der beiden Kirchen in Hohenwinden und *Mannestorf* in den Jahren 1318 und 1320 mit dieser Umplanung zusammen. Das hieße aber, dass die Pfeiler bereits in den 1320er Jahren entstanden sind. Eine eingehende Befundaufnahme, u. a. der Steinmetzzeichen, könnte zur Frage der Datierung und Baugeschichte weitere Klärung bringen. ▪ **120** Hopf, Nutzungsgeschichte. In Gotha ist allerdings der kirchseitige Kreuzgangflügel nicht in den Kirchenraum einbezogen, sondern bewahrte seine Eigenständigkeit. Auch in Neustadt an der Orla wurde die Klosterkirche nur nach einer Seite, nämlich nach Norden, erweitert. Müller, Neustadt, S. 135 – 154 ▪ **121** Die erst bei der jüngsten Restaurierung an der Kreuzgangwand im Putz angedeutete Arkadenfolge ist irreführend und bedürfte der Korrektur. Außer dem baulichen Befund sprechen schlichtweg auch die Funktion eines Klosters gegen eine solche Verbindung zwischen Laienhaus und Klausur als Ort der Mönche. Anders die Situation dargestellt bei Schleiff/Sußmann, Baugeschichte, S. 17. ▪ **122** Allgemein siehe Schenkluhn, Architektur, S. 61 – 63. Zu den Franziskanerkirchen siehe Untermann/Silberer, Kirchen bis 1400. Silberer, Franziskanerkirchen. Zu Thüringen vgl. Scheerer, Kirchenbauten, S. 78 – 97. ▪ **123** Höhe des Mittelschiffs: Augustiner 20 m, Barfüßer 19,5 m, Prediger 18 m. Breite des Mittelschiffs: Augustiner 10 m, Barfüßer 9,2 m, Prediger 8,7 m. ▪ **124** Müller, Chorgestühl des Doms, S. 11 – 13. ▪ **125** Eißing, Kirchendächer, S. 209. ▪ **126** Zu den Türme betreffenden Bestimmungen der Bettelorden siehe Silberer, Franziskanerkirchen, S. 175. Zu den Türmen in der Stadt Erfurt vgl. Müller, Erfordia turrita, S. 142 f. ▪ **127** Die Bezeichnung Sakristei ist für das Predigerkloster im Stifterbuch mehrfach nachzuweisen. Siehe Nitz, Predigerkloster, S. 183 mit Anm, 40. Für Augustiner siehe nachfolgende Anm. Die ungewöhnliche Schmalheit der Predigersakristei geht vermutlich auf eine Umplanung zurück. Zu vermuten ist, dass dieser Raum ehemals die Dormitoriumstreppe aufnehmen sollte, analog der Situation beim Augustinerkloster. Mit der Umplanung, die eine veränderte Stellung des Ostflügels zur Folge hatte, war auch eine andere Erschließung des Dormitoriums erforderlich, deren genaue Lage bis heute nicht geklärt ist. ▪ **128** Die 1361 erfolgte Stiftung für die Erweiterung der Sakristei verweist auf eine entsprechende Bautätigkeit. Kunstdenkmale 2,1, S. 77 Reg. 25. Möglicherweise überlieferte der durch den Einbau eines Heizungskellers in den 1920er Jahren zerstörte Sakristeikeller mit Maßen von 3,10 × 4,60 m die Größe des ersten Sakristeianbaus. TLDA Erfurt, Planarchiv. Am Außenbau fehlen Spuren einer solchen nachträglichen Erweiterung. Auch der gewölbte Innenraum verrät hierzu nichts. Wahrscheinlich wurde um 1360 der komplette Sakristeibau erneuert. ▪ **129** Inwiefern die Vermauerung der Fenster tatsächlich bereits mit der Aufstockung erfolgte oder nicht doch eine Sicht- und Hörverbindung zwischen Bibliotheksraum und Kirche verblieb, ist bisher nicht untersucht. ▪ **130** Der Verschluss mit einer eisernen Tür, das Vorhandensein von Wandnischen und die Befensterung nach Süden sprechen für diese auch in späterer Zeit gegebene Nutzung als Bibliothek. Ludscheidt, Augustinerkloster, S. 81. ▪ **131** Grundfläche bei Augustiner 7,55 × 7,61 m, bei Prediger 9,30 × 9,55 m. ▪ **132** Kunstdenkmale 2,1, S. 66, 76 Reg. 19. ▪ **133** Im Inventar von 1522 wird eine Kapelle im Kreuzgang genannt. Thomas Nitz vermutet ihre Lage im Kreuzungspunkt von nördlichem und östlichem Kreuzgang; Nitz, Predigerkloster, S. 200. ▪ **134** BA Erfurt, GG, älterer Bestand, VI f 2. ▪ **135** Die Frage der Ursprünglichkeit des Portals ist im derzeitigen verputzten Zustand nicht zu klären. ▪ **136** Zudem bestand zwischen Kapitelsaal und Durchgang ein Calefactorium. Siehe Kunstdenkmale 2,1, S. 99. Biereye, Lutherstätten, S. 196. ▪ **137** Kunstdenkmale 2,1, S. 99. Grundfläche ca. 12 × 19 m. ▪ **138** Ebd., S. 78 Reg. 31. Vgl. Palmowski, Steinofen-Luftheizung. ▪ **139** Wiegand, Rathaus, S. 83 – 89 (mit Abb. 22). Der Abbruch erfolgte 1830. Vgl. Nitz, Predigerkloster, S. 203. Thomas Nitz geht davon aus, dass die große Ratsstube im Wesentlichen mit der

Holzstube des Predigerklosters identisch sei, doch werden nach Wiegand wohl nur die Wände mit den Bohlen der Predigerstube vertäfelt; Wiegand, Rathaus, S. 88. Eine 1679 anlässlich der Huldigung des Rates entstandene Handzeichnung gibt eine Vorstellung vom Aussehen dieses repräsentativen Raumes. StA Würzburg, Erzstift Mainz Urk., Weltl. Schrank, 71/82, Bl. 31. ▪ **140** StadtA EF, 1 – 1/22 1-25, Kleine Mater 1580, Bl. 121. Vgl. Wiegand, Rathaus, S. 88. Der Autor dankt Dr. Michael Matscha (Erfurt) für seine großzügige Unterstützung bei der Übersetzung und Interpretation der Textpassage. ▪ **141** Nitz, Predigerkloster, S. 203. ▪ **142** Die Warmluftheizung wurde inklusive des zugehörigen Außenzugangs im Jahr 1991 freigelegt und dokumentiert. Das Refektorium wird 1569 als Sommerrefektorium bezeichnet. Nitz, Predigerkloster, S. 191. ▪ **143** Ebd., S. 191 Anm. 50. ▪ **144** Ebd., S. 191. ▪ **145** Die Lage des ursprünglichen Kellerzugangs von der Klausur des Predigerklosters ist bisher unbekannt. Der heute unter der nordöstlichen Ecke des Refektoriums gelegene Kellerzugang entstammt erst einer zweiten gotischen Bauphase. ▪ **146** Die genauen Maße nach Plan im Inventarband betragen 53 × 9,5 m. ▪ **147** Die genaue Größe der Fenster an der südlichen Giebelseite lässt sich durch die im 19. Jahrhundert erfolgten Veränderungen nicht mehr ermitteln. ▪ **148** Thomas Nitz geht davon aus, dass im Schlafsaal der Predigermönche die Zelleneinbauten bereits von Anfang an bestanden haben. Nitz, Predigerkloster, S. 184. Weder für diese noch für die gegenteilige Annahme gibt es gesicherte Befunde. Hinsichtlich der ordenseigenen Normen und Regeln siehe Mickisch, Tradition, S. 265 – 268. ▪ **149** Nitz, Predigerkloster, S. 196 – 198. ▪ **150** Laut Biereye betrug das Maß 3,1 × 2,4 m. Biereye, Lutherstätten, S. 187. ▪ **151** Hopf, Predigerkloster, S. 30 f. ▪ **152** Biereye, Lutherstätten, S. 187 f. ▪ **153** Ebd., S. 188. ▪ **154** Siehe die entsprechenden Aufnahmen im Bildarchiv TLDA Erfurt. Auch Biereye beschreibt diese Fenster. Biereye, Lutherstätten, S. 18. ▪ **155** Unter dieser Treppe lag übrigens eine von der Sakristei aus zu betretende Silberkammer. Die Tür zu dieser kleinen Kammer wird von Haetge in den Anfang des 16. Jahrhunderts datiert. Kunstdenkmale 2,1, S. 95. ▪ **156** Fotografische Reproduktion des Plans im TLDA Erfurt. ▪ **157** Nach einer Beschreibung von 1594 erreichten die Mönche den Schlafsaal über »keinen andern Gang oder Treppen, denn inwendig von der Kirchen hinauf«. Nitz, Predigerkloster, S. 184. Dieser Zugang stellte aber wohl eine Notlösung dar, der nach Aufhebung des Klosters entstanden war. Dafür spricht nicht nur die provisorische Art, sondern auch der Umstand, dass an Gewände und erhaltenem Mittelpfosten des Fensters keine Abnutzungspuren zu erkennen sind, wie sie bei einer etwa zweihundertjährigen Nutzungsdauer zu erwarten wären. Möglicherweise handelt es sich hier auch nur um eine Hörverbindung zwischen Kirche und Schlafsaal, wie es sie ähnlich auch beim Augustinerkloster gab. Zu diesem Phänomen siehe Mickisch, Tradition, S. 265. ▪ **158** Eine eingehende Untersuchung des Bereichs zwischen Lettner und Ostflügel steht noch aus. Auffallend ist, dass die Pfeilerreihe des östlichen Kreuzgangs genau in die Pforte fluchtet, die vom Kreuzgang in den Chor führt. Damit würde das Auflager für das nördliche Kreuzganggewölbe genau in der Öffnung des Portals liegen. Da dies offensichtlich nie der Fall war, muss es im Winkel von Kirche und östlichen Kreuzgang eine andere Raum- und Gewölbeaufteilung gegeben haben. Deren Rekonstruktion könnte auch den Schlüssel zu der Frage, wie der Schlafsaal im Obergeschoss erschlossen wurde, enthalten. ▪ **159** Kunstdenkmale 2,1, S. 154 – 155 Reg. 22. ▪ **160** Ludscheidt, Augustinerkloster, S. 81 Anm. 27. ▪ **161** Zu Trutvetter und Jonas vgl. Kleineidam, Universitas 2, S. 290 f. Nr. 98 und 331. ▪ **162** Zu den Erfurter Universitätsbauten vgl. Kleineidam, Universitas 1, S. 361 – 374. Misch, Universitätsgebäude. Die Augustiner verfügten vermutlich als einziger unter den Erfurter Bettelorden bereits vor der Gründung der Universität über ein Generalstudium. Pilvousek/Springer, Erfurter Augustiner-Eremiten, S. 49. ▪ **163** Fasbender, Erfurt, S. 137. ▪ **164** Beim Dominikanerkloster in Brandenburg war die spätgotische, um 1497 erbaute Bibliothek über eine solche Öffnung mit dem Kirchenraum verbunden. Sie lag westlich der Klosterkirche. Cante, Brandenburg, S. 77 (mit Abb. 13). ▪ **165** Nitz, Predigerkloster, S. 187. ▪ **166** Allgemein zum Klosterbau des späten Mittelalters vgl. Müller, Klosterbauten. ▪ **167** Zu den Klausuren der Dominikaner siehe Mickisch, Tradition. Zu den Klausuren der Franziskaner siehe Untermann/Silberer, Klosterbauten. Silberer, Welt als Kloster ▪ **168** Zu Eisenach vgl. Hopf, Predigerkloster, S. 25. Auch bei dem Dominikanerkloster in Regensburg gab es keinen östlichen Klausurflügel. Mickisch, Tradition, S. 263.

DIE AUSSTATTUNG DER ERFURTER BETTELORDENSKIRCHEN ZUR KLOSTERZEIT

Tim Erthel

Betritt man die Erfurter Augustinerkirche durch den Westeingang, entfaltet sich ihr Inneres als rhythmisch gegliederter Raum mit Tiefenwirkung (Abb. 99). Der Blick des Betrachters geht ungehindert bis zu den Fenstern im Chor und dem Altar. Dieser nahezu leere Anblick unterscheidet sich grundlegend vom mittelalterlichen Erscheinungsbild und ist das Resultat verschiedener »Modernisierungen« zu unterschiedlichen Zeiten, liturgischer Neuerungen und puristischer Restaurierungen. Liegt heute das Hauptaugenmerk des Kirchenbesuchers auf der klaren Architektur des Gotteshauses, war diese ursprünglich der Ausstattung untergeordnet. Die Einrichtung mittelalterlicher Kirchen kann man als »organisch gewachsenes, übervolles und einigermaßen ungeordnetes Gesamtkunstwerk bezeichnen, das völlig aus dem Nutzungszweck heraus entstanden war«.[1] In den meisten Kirchen ist davon heute nur noch ein Bruchteil zu sehen.

Das gilt auch für die Kirchen der Erfurter Bettelorden, der Augustiner-Eremiten, Franziskaner und Dominikaner. Der lokalen Überlieferung folgend werden sie hier als Augustiner-, Barfüßer- und Predigerkirche bezeichnet. Als vierte Kirche kommt die des Servitenklosters hinzu. Ein Teil der Ausstattung dieser Kirchen, vor allem die metallenen Wertgegenstände und Kleinodien, wurde im Zuge der Reformation zwangsweise auf das Rathaus verbracht.[2] Andere Stücke verblieben zunächst noch in den Kirchen und wurden erst im Laufe der Neuzeit entfernt, wobei der genaue Zeitpunkt und das weitere Schicksal der Objekte zumeist unklar bleiben. Im 18. und 19. Jahrhundert gelangten einige Gegenstände in den Sammlungsbestand des Evangelischen Waisenhauses.[3] Ein Teil davon wurde beim Brand 1872 zerstört. Die unversehrten Stücke kamen ins Erfurter Angermuseum.

Die Situation in den Kirchen gestaltet sich im Einzelnen wie folgt: Die Augustinerkirche birgt, wie schon angedeutet, nur noch wenige mittelalterliche Ausstattungselemente. Ein extremes Schicksal erfuhr die Barfüßerkirche. Sie wurde bei einem Bombenangriff 1944 zu großen Teilen zerstört, wobei viele ihrer Ausstattungselemente verloren gingen bzw. stark beschädigt wurden. Die geborgenen Objekte befinden sich heute ebenfalls im Angermuseum; einige Stücke werden im Chor der Kirche präsentiert.[4] Dem gegenüber steht die Predigerkirche. Sie unterscheidet sich mit ihren zahlreichen, im originalen Zusammenhang überlieferten mittelalterlichen Ausstattungselementen von den meisten anderen Erfurter Sakralbauten. Die Objekte konzentrieren sich allerdings auf den Chorbereich, der über eine beinahe vollständige Ausstattung des 13. Jahrhunderts verfügt, wobei die Veränderungen und Zutaten aus jüngeren Zeiten den Gesamteindruck deutlich beeinflussen. Das Langhaus der Predigerkirche wiederum entbehrt mit Ausnahme einiger Grabdenkmäler seiner mittelalterlichen Ausstattung.[5] Ein Totalverlust muss für die Servitenkirche konstatiert werden. Hier sind nicht nur die Baulichkeiten gänzlich verschwunden, sondern auch das komplette Inventar.

Wie hat man sich nun den ursprünglichen Kirchenraum mit seiner Einrichtung vorzustellen? Dazu muss betont werden, dass Kirchen funktionsgebundene Räume waren, in denen sich vor allem liturgische Handlungen abspielten. Im Falle der Bettelordenskirchen gehörten dazu Chorgebete, Messfeiern, Predigten, Beichten, aber auch Prozessionen. Dafür ist verschiedenes Inventar notwendig. An vorderster Stelle stehen der Hochaltar und die zahlreichen Nebenaltäre mit zumeist prächtig gestalteten Retabeln. Diesen zugeordnet waren das sakrale Gerät, liturgische Bücher und Paramente (liturgische Gewänder). Hinzu kamen Reliquien und Reliquiare. Verschiedene Behältnismöbel dienten der sicheren Verwahrung der kostbaren Gegenstände. Zum erweiterten Inventar zählen Kult- und Andachtsbilder in Form von Skulpturen sowie Wand- und Glasmalereien, Gestühl, Glocken, Orgeln und Uhren. Darüber hinaus dienten Kirchen als Bestattungsort und der damit verbundenen Memoria. So bedeckten im Verlauf der Zeit unzählige Grabplatten nahezu die gesamten Fußböden. Zudem waren an den Wänden Epitaphien angebracht. In manchen Fällen wurden Kapellen für die Familiengrablege errichtet. Nicht zu allen aufgeführten Ausstattungsstücken sind Beispiele aus den Erfurter Bettelordenskirchen erhalten. Auskunft über den einst prächtigen Gesamteindruck der Erfurter Kirchen vermitteln mitunter auch Schriftquellen wie Urkunden, Kirchenrechnungen, Nekrologe, Stiftungsbücher, vor allem aber Inventare. Historische Bildquellen sind nicht erhalten; die ältesten Innenansichten datieren nicht vor dem 19. Jahrhundert. Die folgenden Ausführungen sollen einen Überblick über die Ausstattung der Erfurter Bettelordenskirchen zur Klosterzeit geben. Dabei soll nicht nur der bisherige Wissensstand zusammengetragen werden. Ziel ist es vielmehr, neue Überlegungen und Erkenntnisse zu bekannten Objekten einfließen zu lassen. Außerdem werden mehrere bisher nicht publizierte Objekte erstmals vorgestellt. Neben der Aufführung und knappen Beschreibung erhaltener Stücke sollen durch die Auswertung der genannten Schriftquellen auch Aussagen über die historische Einrichtung der Gotteshäuser getroffen werden. Auf diesem Weg können beispielsweise auch Informationen zur gänzlich verschwundenen Ausstattung der Servitenkirche gewonnen werden.

Abb. 99 Augustinerkirche, Blick durchs Langhaus nach Osten

Abb. 100 Predigerkirche, Chor, Hochaltar von 1280

Hochaltar

Das wichtigste Ausstattungsstück und religiöse Zentrum einer Kirche des Mittelalters war der Hochaltar mit Altaraufsatz und dessen reich bebilderten Schauseiten.[6] Die übliche Gestalt war der Blockaltar mit kastenartigem Stipes (Unterbau) und abschließender Mensaplatte. Im Stipes befand sich ein Hohlraum, das *sepulcrum* (»Grab«), zur Aufnahme von Reliquien.

Der spätmittelalterliche Blockaltar der Barfüßerkirche ging bei der Teilzerstörung der Kirche 1944 verloren. Die Blockaltäre der Augustiner- und der Predigerkirche sind hingegen erhalten geblieben und gehören der Erstausstattung des jeweiligen Chores an. Ihr Standort blieb bis heute unverändert.

Der Altar in der Augustinerkirche zeigt keinerlei schmückende Elemente. In der südlichen Stirnseite des Stipes, blickt man durch eine quadratische Öffnung in das *sepulcrum*. Darin befanden sich der Überlieferung nach Reliquien der hl. Philippus und Jakobus, Bartholomäus, Walpurga, Lucia, Papst Gregor, Bernward von Hildesheim, Remigius und vom Holz des Hl. Kreuzes.[7] Bei den zuerst aufgeführten hl. Philippus und Jakobus handelt es sich um die Titelheiligen der Klosterkirche. An diesem Altar feierte Martin Luther 1507 seine erste Messe.

Der aufwendig gearbeitete, 105 cm hohe Blockaltar in der Predigerkirche weist an seiner Front sieben spitzbogige Blendarkaden auf; an den Seiten sind es je vier Blendarkaden mit Kleeblattbögen.[8] (Abb. 100) Auf der Rückseite befindet sich die quadratische Öffnung für das Sepulcrum. Bei dem Altar handelt es sich um eine Stiftung eines Grafen Heinrich von Hohnstein.[9] Das geht aus einer heute nur noch schwach erkennbaren Stiftungsinschrift an der Vorderseite der Mensaplatte hervor. Die Wörter bestehen aus schwarzen gotischen Majuskeln und bilden einen Alexandriner, der übersetzt lautet: »Mich hat Graf Heinrich von Honstein […] erbaut, ein Freund des Ordens, möge ihm immerfort von hier aus Licht kommen.«[10] Sehr wahrscheinlich handelt es sich bei der Person um den vor 1282 gestorbenen Graf Heinrich von Hohnstein.[11]

Den künstlerischen Höhepunkt eines Altars bildete der optisch herausragende Altaraufsatz, das Retabel, in den Schriftquellen als *taffel* oder *tabula* bezeichnet. Über das Retabel des Hauptaltars der Barfüßerkirche ist nichts bekannt. Das heutige Werk stammt aus der Erfurter Bartholomäuskirche und wurde nach deren Aufgabe in der Reformationszeit in die Barfüßerkirche überführt.[12]

Vom gotischen Retabel des Hauptaltars der Augustinerkirche stammen der Überlieferung nach vier Altartafeln, die sich heute im

Abb. 101 Tafel des Augustineraltars, Anbetung der Könige, Mitte 14. Jahrhundert

Abb. 102 Verschollenes Retabel vom Hochaltar der Predigerkirche, um 1320/30

Abb. 103 Färberaltar aus der Barfüßerkirche, um 1420

Erfurter Angermuseum befinden und zu den Glanzstücken der dortigen Mittelaltersammlung zählen.[13] (Abb. 101) Die Tafeln sind Fragmente zweier Flügel eines Retabels, deren Mitteltafel verloren ist. Die Flügel wurden für museale Zwecke gespalten, sodass Vorder- und Rückseite nebeneinander präsentiert werden können.[14] Sie zeigen Szenen aus dem Leben Christi: Verkündigung, Geburt, Anbetung der Könige, Christus am Ölberg und den Schmerzensmann. Vor schwarzem Grund stehen die Figuren in fein modellierten, lasierend gemalten Gewändern innerhalb einer perspektivisch gegebenen Architektur wie auf einer Bühne. Teile der Architektur sowie die Nimben und Kronen sind mit Grundiermasse plastisch modelliert und blattvergoldet. In den Bildecken erblickt man Evangelisten und Propheten, die in tabernakelartigen Gehäusen sitzen und durch Spruchbänder mit Zitaten aus der *Biblia pauperum* das Bildgeschehen kommentieren. Das Werk datiert in die Mitte des 14. Jahrhunderts und lässt französische, böhmische, wohl auch italienische Anregungen erkennen. Auffällig ist das starke Herausstellen der architektonischen Elemente auf den Tafeln. Denkt man sich das Retabel an seinen ursprünglichen Standort, ergab sich eine enge Verbindung mit den Architekturfeldern des mittleren Chorfensters. Die Baldachine über der Verkündigungsszene, Christus am Ölberg und dem Schmerzensmann sind die gleichen wie über den Stifterbildnissen der Glasmalereien. Bisher wurde die Frage noch nicht gestellt, ob die Glasmalereien Auswirkungen auf die Gestalt des Augustineraltars gehabt haben könnten.

Der ursprüngliche Altaraufsatz der Predigerkirche in Form eines aus fünf aneinander gereihten Maßwerkgiebeln gebildeten Holzretabels mit Goldfassung und ehemals zehn Schnitzfiguren ist seit 1953 verschollen und nur fotografisch überliefert.[15] (Abb. 102) Dieser Verlust ist besonders tragisch, handelte es sich doch um ein besonders frühes Retabel und zentrales Ausstattungselement des gotischen Chores. Es wird stilistisch um 1320/30 datiert. Auffällig ist hierbei, dass der Blockaltar bereits um 1280 gestiftet wurde. Da es wenig wahrscheinlich ist, dass dieser ein halbes Jahrhundert ohne Retabel ausgekommen sein soll, stellt sich die Frage, ob das Retabel nicht älter ist, als bisher angenommen.[16] Andererseits könnte es auch ein Vorgängerretabel gegeben haben. Das heutige Retabel des Hauptaltars stammt aus der ehemaligen Paulskirche und wurde in nachklösterlicher Zeit in die Predigerkirche überführt.[17]

Abb. 104 Triptychon aus der Barfüßerkirche, Ende 14. Jahrhundert

Nebenaltäre

Außer dem Hochaltar gab es weitere Altäre in den Kirchen.[18] Es handelte sich um Stiftungen von Erfurter Bürgern, Geistlichen, Bruderschaften und Zünften. Die Altäre konzentrierten sich im Langhaus, standen aber auch in angrenzenden Kapellen, in der Sakristei, auf dem Lettner oder auf den Emporen.[19] In der Augustinerkirche gab es außer dem Hauptaltar acht weitere Altäre, deren Standorte nur teilweise bekannt sind und von denen sich nichts erhalten hat.[20] Der evangelische Geistliche Johann Heinrich Tiemeroth äußert sich zu Anfang des 18. Jahrhunderts in seinen Ausführungen über die Augustinerkirche zu einem Altar in einer Kapelle des Augustinerklosters folgendermaßen: […] *gegen Mittag der Kirch* [südlich der Kirche] l*iegt in einer offenen Capellen ein Augustiner Mönch begraben, welcher in dem Closter Prior gewesen* […]. *Es stehet über den selben ein schöner steinerner Altar, welcher aber, nachdem die Reformation geschehen, eingang und nicht gebrauchet worden.*[21] Das Museum des Evangelischen Waisenhauses beherbergte 1863 noch über ein Dutzend spätmittelalterliche Altartafeln, die aus der Augustinerkirche stammten.[22] Das entsprechende Verzeichnis gibt mit seinen knappen Angaben leider nur eine vage Vorstellung vom Aussehen dieser Objekte. So beschreibt es unter Nummer eins der aufgeführten Gemälde ein geschnitztes Retabel folgendermaßen: »Altar. Holzschnitzerei und Oelmalerei auf Goldgrund. (14. Jahrhundert). Die geschnitzten Figuren stellen die hl. Anna oder Mutter Maria, Maria mit dem Christuskinde, die hl. Barbara und Katharina vor. Beide Seitenflügel, auf Goldgrund gemalt, enthalten die Geburt Christi und den Empfang der Weisen aus dem Morgenlande. Alle übrigen Ornamente sind ebenfalls in Holz gearbeitet und sehr reich vergoldet.«[23] Hierbei dürfte es sich zweifelsohne um ein prächtiges Werk gehandelt haben. Sein Skulpturenprogramm legt die Vermutung nahe, dass es sich um das Retabel des Annenaltars in der Augustinerkirche oder aber des Katharinenaltars in der gleichnamigen Kapelle des Klosters gehandelt hat. Zusammen mit den meisten anderen Exponaten des Museums wurde es ein Opfer des Brandes von 1872.

Besser ist die Überlieferung für die Barfüßerkirche. In der Von-der-Sachsen-Kapelle südlich des Chores befindet sich im Osten noch heute eine mittelalterliche Altarplatte. Weiterhin ist auf der ältesten Darstellung des Kirchenraums, die vor 1838 datiert, der Kreuzaltar an seiner alten Stelle zu sehen, hinter dem sich ursprünglich der Lettner befand.[24] (Abb. 75) Zudem sind die Retabel dreier Nebenaltäre erhalten. Der sogenannte Färberaltar, (Abb. 103) ein gemaltes Triptychon, entstand um 1420 in der Zeit des weichen Stils.[25] Seine Bezeichnung leitet sich ab vom Zeichen der Färberinnung, welches sich auf der Außenseite unter der Darstellung der Verkündigung an Maria befindet.[26] Die Mitteltafel zeigt eine vielfigurige Kreuzigungsszene. Christus am Kreuz steht vor glattem, oben mit Wolken umsäumtem Goldgrund. Links befindet sich Maria zwischen Maria Magdalena und Maria Kleophae, hinter ihnen stehen Johannes, Longinus und ein Kriegsknecht; rechts unter dem Kreuz der gläubige Hauptmann, Söldner, Pharisäer und Stephaton mit dem Essigschwamm. Auf den Flügelinnenseiten sind vier Heilige in Architekturrahmung zu sehen, die zum Teil deutlich die Beziehung zum Franziskanerorden zeigen: Eligius mit Pferdefuß und Hammer, Antonius mit Krückstab, Glocke und Schwein, Klara mit Buch und Christophorus mit Christuskind. Der ursprüngliche Standort des Färberaltars wird im südlichen Seitenschiff unter dem Schlussstein mit dem Zeichen der Färberzunft vermutet.

Aus der Barfüßerkirche stammt höchstwahrscheinlich ein weiteres Retabel, das aus der Sammlung des Evangelischen Waisenhauses ins Angermuseum gelangt ist.[27] (Abb. 104) Das kleine Triptychon, das auch als »Kleiner Barfüßeraltar« bezeichnet wird, zeigt auf der Mitteltafel eine Kreuzigung mit den hl. Blasius und Sophia, auf den Flügelinnenseiten insgesamt vier Heilige (Simon, Judas Thaddäus, Katharina) und einen Bischof.[28] Auf den Flügelaußenseiten sind ein Schmerzensmann sowie die Stigmatisation des hl. Franziskus zu sehen. Die Figuren stehen in einem mit Licht und Schatten perspektivisch angedeuteten architektonischen Rahmenwerk unter dreiteiligen hohen Baldachinen. Für die Herkunft des Retabels aus der Barfüßerkirche sprechen die Darstellung der Stigmatisation des hl. Franziskus, noch mehr aber die Stifterfigur links neben dem Schmerzensmann, bei der es sich um einen Franziskanermönch handelt. Die von ihm ausgehende, nur teilweise erhaltene Inschrift hat die Forschung lange nicht deuten können. Zwar sind nur die ersten vier Wörter erhalten, doch kann der Rest rekonstruiert werden, da es sich um ein Zitat aus dem Hymnus *Te Deum* handelt.[29] In Übersetzung heißt es: »Dich bitten wir denn, komm deinen Dienern zu Hilfe, die du erlöst hast mit kostbarem Blut.«[30] Der Spruch wurde ganz bewusst für das Bildmotiv, den Schmerzensmann, gewählt. Die Diener sind in diesem Fall die Mönche des Erfurter Franziskanerklosters. Die Formulierung in der ersten Person Plural macht wahrscheinlich, dass der Konvent als Auftraggeber des Retabels verantwortlich zeichnet. Mit einer Entstehung Ende des 14. Jahrhunderts zählt es zu den ältesten erhaltenen Retabeln der ehemaligen Ordensprovinz Saxonia.[31]

Abb. 105 Kirche St. Andreas in Ermstedt, Mittelschrein des Retabels mit Beweinungsszene, um 1520

Ein drittes Retabel aus der Barfüßerkirche befindet sich heute in der Dorfkirche St. Andreas zu Ermstedt.[32] (Abb. 105) Das um 1520 geschaffene Werk zeigt im Mittelschrein eine vielfigurige plastische Darstellung der Beweinung Christi, die von einem Rundbogen mit üppigem Rankenwerk gerahmt wird. Auf den Außenseiten der Flügel sind die hl. Barbara und die hl. Katharina dargestellt. Die Flügelinnenseiten wurden in der Mitte des 17. Jahrhundert übermalt und zeigen einen Christus Salvator und den hl. Andreas. Restauratorische Untersuchungen haben den Nachweis erbracht, dass hier ursprünglich die Erfurter Stadtheiligen, die Bischöfe Adolar und Eoban, zu sehen waren.[33] Das qualitätvolle Werk entstand um 1520 und wird stilistisch dem Maler Pancratius Grueber und dem in Großenhain tätigen Schnitzer des Großweitzschener Altars zugeschrieben.[34] Eine Inschrift auf der Rückseite des Mittelschreins belegt den Erwerb des Retabels aus der Barfüßerkirche im Jahr 1656 für die Kirche in Ermstedt.[35] Ob das Retabel originär für die Barfüßerkirche geschaffen wurde oder erst im Verlauf des 16. Jahrhunderts aus einer der aufgelösten Erfurter Pfarrkirchen dorthin gebracht wurde, ist unklar. Wehrsig spricht sich mit Blick auf die Darstellung der Bischöfe Adolar und Eoban und die Konkurrenzsituation der Franziskaner zur Stiftsgeistlichkeit gegen eine Fertigung des Retabels für die Barfüßerkirche aus und favorisiert die Bartholomäuskirche als Herkunftsort.[36] Meines Erachtens kann aber die Motivwahl kein Kriterium für den Ausschluss der Barfüßerkirche sein. Einfluss auf das Motiv übten schließlich der oder die Stifter des Retabels aus. Hier kommt nicht nur der Konvent in Frage. Mit einer Entstehung um 1520 wäre es eines der letzten Ausstattungsstücke aus der Klosterzeit. Mit Ausnahme der hier aufgeführten Retabel wurde über die Altäre der Barfüßerkirche bisher nicht geforscht, was aber eine lohnende Aufgabe sein könnte.

Über die Altäre in der Predigerkirche gibt das Stifterbuch des Klosters viele interessante Auskünfte. Bei dieser spätmittelalterlichen Handschrift, die sich im Besitz der Predigergemeinde befindet, handelt es sich um eine wertvolle Schriftquelle, die zahlreiche Informationen zur Baufinanzierung und Ausstattung der Kirche enthält.[37] Das zwischen etwa 1420 und 1520 niedergeschriebene Werk liefert Angaben zu den Wohltätern des Klosters seit seiner Gründung und zur Art der Stiftungen. Die in ihm enthaltenen Memorialstiftungen von Einzelpersonen sowie die Bruderschaftsverträge nennen insgesamt 14 Altäre.[38] Konkret erfährt man beispielsweise, dass Hartung von Smedestet und seine Frau Mechthild den Thomasaltar hatten bauen lassen, an dem für sie nach ihrem Tod eine ewige Messe gelesen werden sollte und wo sie sich auch bestatten ließen.[39] Albrecht Schwanring der Ältere und seine Frau Margarethe gaben 30 Pfund Pfennige für die Errichtung und Ausschmückung des Altars St. Petrus Martyr und stifteten an ihm eine Ewige Messe für ihr Seelenheil und das aller Angehörigen der Familie Schwanring.[40] Außerdem wurde an diesem Altar auch das Totengedächtnis für die Verstorbenen aus der Bruderschaft der Schneider abgehalten.[41] Die Bruderschaft des Stadthauptmannes, der Waffenträger, Schützen und Söldner nutzte hierfür den Altar der 10 000 Märtyrer[42], die Bruderschaft der Seiler den Agnesaltar[43], die Jakobsbruderschaft den Jakobusaltar[44], die Bruderschaft der Heringer und die der Schmiede den Dionysiusaltar[45], die Bruderschaft der Müller den Altar Corporis Christi.[46]

Mitunter gibt das Stifterbuch auch Hinweise auf den Standort und die Ausschmückung eines Altars. So stand der Altar Unser Lieben Frauen, an dem unter anderem die Anniversarien für die Familien von Nordhausen und von Weißensee abgehalten wurden, vor dem Chor.[47] Schon 1279 wurde ebenfalls vor dem Chor der Jakobusaltar von Hugo Lange und seiner Frau Jutta gestiftet.[48] Hierbei handelt es sich um die früheste nachweisbare Altarstiftung in der Predigerkirche (Abb. 107). Mit dem »Chor« ist hier nur der innere, durch die Chorschranken abgegrenzte Bereich im Ostteil der Kirche gemeint.[49] Es besteht kein Zweifel darin, dass sich der Jakobusaltar vor dem erhaltenen Tafelgemälde mit dem Kalvarienberg befand. So betrachtet, könnte der Altar Unser Lieben Frauen, der dieselbe Lagebezeichnung führt, ebenfalls vor der westlichen Chorschranke gestanden haben. Möglicherweise stand er sogar in direktem Bezug zu der sogenannten Schmedestedtschen Madonna, die noch zu behandeln ist (Abb. 112).

Besonders aufschlussreich ist die Errichtung eines Altars für die Schneidergesellen und -knechte vor 1420.[50] Es handelte sich um einen Marienaltar am »hintersten Pfeiler« der Kirche. Wahrscheinlich stand er im 14. Joch des südlichen Seitenschiffs, dessen Schlussstein eine bekrönte Maria mit Kind und das Wappen des Schneiderhandwerks, eine geöffnete Schere, zeigt. Was seine Ausgestaltung anbelangt, so kümmerten sich die Schneidergesellen um das Retabel, die Leuchter, den Kelch, die Bücher und das Messgewand.[51] Weiter heißt es: [...] *und disen selbigen altar sullen und moegen disze ergenanten medebruedere der schnyder knechte bestredde und beschrencken und thoer daran machen* [...] *nach oerer behegelickeit ynne mogen sy ore licht ores amptes und kerczen behalden und bewaren.* Zum Altar gehörten also auch eine Abschrankung mit Tür und verschließbares Mobiliar für die Verwahrung der Kerzen.

Sicher verorten lässt sich auch der Antoniusaltar, der 1456 von Franz Kuhdorf und seiner Frau Agnes im nördlichen Chorseitenschiff gestiftet wurde.[52] Dies erfolgte offenbar im Rahmen einer ganzen Kapelleneinrichtung mit aufwendiger künstlerischer Ausschmückung, heißt es doch: [...] *Ffrantz Kudorff hat den vorgenanten altar lassen buwen und geczyret myt der taffel und capell myt den gestolen und gatter mit den czwolffbotten und myt dem gehoweten steyn der obbyr gulten srift und fenstern czu troste und czu holfe syner sele.* Das ganze kostete die beachtliche Summe von 172 Schock Groschen. Mit dem *gehoweten steyn der obbyr gulten srift* ist die heute noch vorhandene Inschrift in der Nordwand der Kirche gemeint, die von der Messstiftung des Ehepaares an diesem Altar kündet und deren Inhalt sich fast identisch im Stifterbuch wiederfindet.[53] (Abb. 106) Das Ehepaar ließ sich bei dem Altar bestatten. Der erhaltene Grabstein befindet sich noch heute im nördlichen Chorseitenschiff.[54]

Die Mehrzahl der Altäre lässt sich bisher nicht lokalisieren. Als Standorte kommen unter anderem die zwei geschlossenen Wandfelder auf der Westseite des Lettners rechts und links des Durchgangs in Betracht.[55]

An spätmittelalterlichen Retabeln aus der Predigerkirche blieb nur wenig erhalten. In der südlichen Nische des Lettners befindet sich heute ein Mittelschrein, ein Fragment eines geschnitzten Retabels, mit der Anbetung der Könige.[56] Im Angermuseum haben sich Teile eines Retabels von etwa 1425 erhalten, die als Verkleidung des Orgelgehäuses der Predigerkirche im 17. Jahrhundert zweitverwendet worden waren.[57] Hierdurch erhält man einen Hinweis darauf, wann das Retabel abgebrochen wurde.

Das spätgotische Retabel auf dem Hauptaltar der Erfurter Ursulinenkirche zeigt auf den seitlichen Wangen des Mittelschreins gemalte Darstellungen des hl. Dominikus und des hl. Thomas von Aquin – Anhaltspunkte dafür, dass das Stück aus der Predigerkirche stammen könnte, zumal seine Provenienz nicht geklärt ist.[58] Andererseits spricht das gehäufte Auftreten der hl. Maria Magdalena auf den gemalten Flügeln wiederum für eine Herkunft aus der Weißfrauenkirche. Hier sind weitere Forschungen notwendig.

Das einzige noch am ursprünglichen Standort befindliche Retabel der Predigerkirche ist das in eine spitzbogige Nische in der westlichen Chorschranke eingelassene Tafelgemälde mit dem Kalvarienberg, das den ehemaligen Jakobusaltar schmückte.[59] (Abb. 107) Es zählt zu den bedeutendsten Werken der mittelalterlichen Tafelmalerei in Erfurt. Die figurenreiche Szene mit insgesamt 61 Personen und 28 Pferden ist in drei Zonen gegliedert. Die Mittelachse wird durch den Gekreuzigten und die beiden Assistenzfiguren Maria und Johannes gebildet. In der unteren Szene erblickt man drei abgeschlossene Bildfelder mit zwei Frauen und einem Mann als kniende Stifter in Profilansicht. Der männliche, in den mittleren Jahren stehende Stifter in der Mitte hat halblanges, blondes Lockenhaar und einen kurzgeschorenen Bart. Sein Gesicht ist sehr fein gearbeitet. Er trägt einen blaugrünen Mantel und ein rotes Gewand. Das beigegebene Wappen kennzeichnet ihn als Angehörigen der Erfurter Patrizierfamilie Lange (Longus). Die Forschung erblickt in ihm den letztmalig zum Jahr 1364 genannten Hugo Longus und datierte das Werk um 1350/60.[60] Frank Matthias Kammel deutete die Stiftung

► Abb. 107 Predigerkirche, westliche Chorschranke, Retabel des Jakobusaltars mit Kalvarienberg und Heiltumslade, Mitte 14. Jahrhundert

Abb. 106 Predigerkirche, nördliches Chorseitenschiff, Inschriftentafel zur Messstiftung am Antoniusaltar von 1456 durch Franz Kuhdorf und seine Frau Agnes

des Retabels als Legitimation und Sühneleistung von Hugo Longus infolge seiner Beteiligung am Erfurter Judenpogrom 1349.[61] Diese Interpretation wurde von der jüngeren Forschung übernommen.[62] Sie muss jedoch kritisch hinterfragt werden! Auslösendes Moment für die Schaffung des Retabels war meines Erachtens keine Sühneleistung, sondern die Schenkung der Armreliquie des hl. Jakobus des Älteren an das Predigerkloster 1332 durch die Gräfin Mechthild von Hohnstein-Querfurt.[63] Für die repräsentative Aufbewahrung und würdige Präsentation dieses besonderen Heiltums wurden eine Lade als Reliquiendepositorium und das schmückende Retabel geschaffen. Dabei dient die Lade als Predella. Sie misst 28 cm in der Höhe, 182 cm in der Breite und 30 cm in der Tiefe und ist mittels Scharnieren nach vorne aufklappbar. Ihre Vorderseite zeigt auf rotem Grund sieben blaue Vierpässe mit Brustbildern von Heiligen. Die sechs äußeren Heiligen blicken auf den in der Mitte abgebildeten Jakobus den Älteren mit Pilgertasche, Stab und muschelbesetztem Wallfahrerhut. Es ist naheliegend, dass Retabel und Lade bald nach der Schenkung in Auftrag gegeben worden sind. Dass dies erst 1350, knapp zwanzig Jahre nach der Schenkung, erfolgt sein soll, erscheint ungewöhnlich. Stilistisch ist eine Anfertigung des Retabels in den 1340er Jahren durchaus vertretbar. Als Stifter des Werkes kommt weniger Hugo Longus in Betracht, als viel eher Gottschalk Longus, der letztmals zum Jahr 1345 genannt wird und als großer Gönner des Klosters auftrat.[64] 1338 hat er für sich, seine Frau Aleke sowie für seine Kinder Hugo und Isentrud am Jakobusaltar eine Seelgerätstiftung vorgenommen, die vom Prior Johann von Bienstedt und dem Konvent bestätigt wurde.[65] Auch im Stifterbuch begegnet sein Name im Zusammenhang mit einer Stiftung am Jakobusaltar.[66] Viel entscheidender für die Zuweisung ist aber, dass Gottschalk Longus zwei Mal verheiratet war.[67] Seine beiden Frauen, Katharina und Aleke, dürften in den zwei weiblichen Stiftern auf dem Tafelgemälde zu erblicken sein. Dass sich Gottschalk vor dem Jakobusaltar bestatten ließ, ist ein weiteres Indiz dafür, in ihm den Stifter des Retabels zu erblicken. Seine Grabplatte war 1830 noch vorhanden.[68] Von ihr existiert eine Zeichnung aus der Mitte des 19. Jahrhunderts.[69] (Abb. 108) Es handelt sich um eine Wappengrabplatte, deren Inschrift, bis auf den Namen *[Got]schalcus Longus*, nicht mehr erkennbar ist.

Altargerät

Die Altäre benötigten ein ganzes Ensemble von Ausstattungsstücken, die bei den heiligen Handlungen Verwendung fanden. Die wichtigsten, weil unverzichtbaren liturgischen Altargeräte sind der Kelch, in welchem der mit Wasser gemischte Wein im Vollzug der Messfeier »substantiell« in das Blut Christi verwandelt wird, und die Patene, eine flache kleine Schale, auf welcher die Hostie während der Messfeier liegt.[70] Wegen des direkten Kontaktes der Geräte mit der heiligen Materie setzte sich im Spätmittelalter die Forderung durch, dass beide Gefäße aus Gold oder Silber bestehen sollten. Für ihren Gebrauch mussten sie vom Bischof geweiht werden. Aus der Augustiner-, Barfüßer- und Predigerkirche sind mehrere spätmittelalterliche Kelche erhalten.[71] Stellvertretend sei hier ein Kelch aus der Barfüßerkirche vorgestellt (Abb. 109). Das 28 cm hohe silbervergoldete Exemplar ist heute im Besitz der evangelischen Predigergemeinde.[72] Auf den sechs Pässen seines Fußes sind Maria, der Schmerzensmann, Johannes Evangelist, Jakobus der Ältere,

Benedikt[73] und Sebastian eingraviert. Über den Figuren erblickt man Maßwerk und am Nodus (Knauf am Schaft) ein Distelrankenornament. An den Rauten des Nodus steht in getriebener Arbeit *Ihesus*. Am Schaft über dem Nodus taucht das Wort erneut auf; darunter der Schriftzug *O Maria*. Die sehr hohe glatte Kuppa stammt aus späterer Zeit. Eine heute nicht mehr vorhandene Stifterinschrift unter dem Fuß lautete: *Her Dil von Wie her Claus Kolberger*. Dort befand sich auch die Jahreszahl 1516. Diese spätgotische Kelchform mit Sechspassfuß, kurzem Schaft und gotischem Knauf, der viereckige, meist buchstabentragende Rotuln hat, ist in und um Erfurt um 1500 mehrfach belegt.

Fragt man nach dem ursprünglichen Bestand an Altargeräten, müssen die Schriftquellen zu Rate gezogen werden. Hierbei spielen Kircheninventare eine herausragende Rolle.[74] Sie dienen bis in die Gegenwart der Verwaltung einer Kirche und dokumentieren ihren Besitz, vor allem an Paramenten, Büchern und liturgischen Gegenständen. Darüber hinaus wurden sie schon im Mittelalter als Kontrollinstrument genutzt, wobei die verantwortlichen Küster zu bestimmten Zeiten nachweisen mussten, dass keine Gegenstände abhanden gekommen waren. Für das Predigerkloster sind für das 16. Jahrhundert mehrere Inventare überliefert, so für 1522, 1569 und 1571.[75] Für nachstehende Betrachtungen wird vorrangig auf die Inventarisierung von 1522 Bezug genommen.[76] Für das Servitenkloster sind zwei spätmittelalterliche Inventare erhalten, für die Jahre 1485 und 1521.[77] Sowohl für das Augustiner- als auch das Barfüßerkloster fehlen vergleichbar umfangreiche Verzeichnisse. Welche Informationen liefern nun die Inventare zum Altargerät der jeweiligen Kirchen?

Für die Servitenkirche sind im Jahr 1485 zwölf Kelche belegt. Das Inventar von 1521 listet 14 Exemplare auf und liefert weitere Informationen zu deren Aussehen und den Stiftern.[78] Das Inventar des Predigerklosters nennt die hohe Zahl von 26 Kelchen, ohne sie näher zu beschreiben. Bei einem Großteil wird es sich um Stiftungen von Einzelpersonen gehandelt haben. Das Stifterbuch liefert hierfür mehrere Beispiele.[79] Anfang des 19. Jahrhunderts waren noch mehrere große und kleine Kelche aus der »frühsten Zeit« vorhanden.[80] Die zu den Kelchen der Bettelordenskirchen gehörigen Patenen sind nicht erhalten, auch nicht die Messkannen. Das gilt ebenso für die Altarkreuze und Altarleuchter, die aber in den Inventaren Erwähnung finden.

Zu bestimmten Anlässen wurden weitere Gegenstände aus den kirchlichen Schatzkammern auf den Altar gestellt, so zum Beispiel die Pax- oder Kusstafeln, die in den Inventaren zahlreich vertreten sind.[81] Für die Predigerkirche sind 1522 fünfzehn Stück belegt, für die Servitenkirche sind es 1485 fünf und 1521 noch vier Exemplare. Die Paxtafeln dienten während der Messfeier dazu, den liturgischen Friedenskuss des Priesters vor dem eucharistischen Hochgebet an die Laien weiterzugeben.[82] An die Stelle der ursprünglich leichten Umarmung und des Friedensgrußes *Pax tecum* (»Friede sei mit dir«) trat das Weiterreichen des vom Priester geküssten liturgischen Geräts durch den Diakon oder Ministranten. Die aus Metall, Elfenbein oder Holz gefertigten Paxtafeln konnten mittels Griff weitergereicht oder auf den Altar gestellt werden. Gelegentlich enthielten sie Reliquien oder geweihte Objekte.

Abb. 108 Predigerkirche, nicht mehr vorhandene Grabplatte für Gottschalk Longus nach einer Zeichnung von Rudolf Böckner

Zahlreich waren auch die Paternoster, vor allem in der Predigerkirche, wo es eine Rosenkranzbruderschaft gab. Allein sechs Paternoster gehörten zu einem Marienbild, das offenbar den Rosenkranzaltar schmückte; vier weitere gehörten zu einer Figur Christus Salvator.[83] Es handelte sich um Gebetsschnüre, die als Zählgerät dienten und wegen der Bedeutung des Vaterunsers als Laiengebet meist Paternoster genannt wurden. Mit der Verbreitung des Rosenkranzgebetes folgte ihr Aufbau zunehmend dessen Muster von fünf Mal zehn kleineren Perlen, die von je einer größeren Perle unterbrochen wurden. Die aus kostbaren Materialien wie Koralle oder Bernstein ausgeführten Rosenkränze aus den Bettelordenskirchen blieben nicht erhalten. Darstellungen von Rosenkränzen befinden sich auf zahlreichen Grabdenkmälern der Kirche.

Zu besonderen Festtagen wurden Reliquien und Reliquiare auf dem Altar platziert. In der Predigerkirche waren es Reliquien der Heiligen Cosmas und Damian, das Haupt der hl. Ursula sowie die Hand des hl. Valentin.[84] Zum Kirchenschatz des Servitenklosters zählte ein silbernes Kopfreliquiar mit einer Reliquie des hl. Stephan, außerdem ein Stein vom Martyrium dieses Heiligen[85] sowie Holzpartikel vom Kreuz Jesu.[86] 1521 werden zudem eine in Silber gefasste Reliquie des hl. Blasius an einer langen Kette und eine versilberte Armreliquie des hl. Valentin aufgeführt.[87] 1491 hatte der Erfurter Servitenmönch Johannes Pfennig auf der Insel Patmos gegen Zahlung von 194 Dukaten die rechte Hand des hl. Chrysostomos von schismatischen Georgiern erworben, die dann im Inventar von 1521 genannt wird.[88] Zum Kirchenschatz des Augustinerklosters gehörten Reliquien der hl. Katharina.[89]

Auch Monstranzen konnten zur Aufbewahrung von Reliquien dienen. Das Inventar des Predigerklosters von 1522 verzeichnet vier Stück, darunter eine silberne, in der eine Reliquie des hl. Thomas von Aquin verehrt wurde.[90] Neben dieser gab es eine kleine Monstranz, in der ein Zahn der hl. Ursula verwahrt wurde, eine weitere mit drei Edelsteinen sowie eine mit Kristallen.[91] Ein Splitter der Jakobusreliquie soll in einer Monstranz verehrt worden sein, für die die Gräfin Mechthild von Querfurt 99 Pfund Pfennige vermacht hatte.[92] In Sakramentsmonstranzen, turmartigen Silberschmiedearbeiten, wurde in einem kristallenen oder gläsernen Behälter die Hostie auf einer *lunula*, einer metallenen Mondsichel, gehalten.[93] 1424 stifteten Cord Ysenberg und seine Frau Tela dem Predigerkloster den großen Betrag von 200 Gulden für die Herstellung der *grossen monstrancien des heyligen waren lichnams Ihesu Christi*.[94] Das Inventar des Servitenklosters enthält für 1485 zwei silberne Monstranzen, von denen eine als neu bezeichnet wird.[95] Diese besonders kunstvoll gearbeiteten Objekte zählten zu den materiell wertvollsten Gegenständen eines Kirchenschatzes.

Abb. 109 Kelch aus der Barfüßerkirche von 1516

Bücher

Für ihre liturgischen Aufgaben und Verrichtungen benötigten die Geistlichen der Bettelordenskirchen verschiedene Bücher. Sie sind fester Bestandteil der Kircheninventare, wo sie eine eigenständige Gruppe bilden. Im Spätmittelalter waren alle bei einer Messe verwendeten Texte für das ganze Kirchenjahr in einem umfassenden liturgischen Buch, dem sogenannten Missale oder Messbuch, zusammengefasst. Weitere Bücher sind das Antiphonar, das die Wechselgesänge der Kleriker beinhaltet, das Graduale, das alle zur Messe benötigten Gesänge mit Noten enthält, Epistolar und Evangeliar, die die wechselnden Lesungen aus den Briefen der Apostel und aus den Evangelien umfassen, sowie der Psalter mit den 150 Psalmen. Hinzu kommt die Agende, auch Rituale genannt, die Handlungsanweisungen für den Priester sowie Gebets- und Gesangstexte für die Spendung der Sakramente und Sakramentalien beinhaltet.

Einige Bücher, vor allem die Messbücher, befanden sich bei den einzelnen Altären, zu deren Ausstattung sie gehörten. Andere befanden sich in Bücherschränken am Chorgestühl. Der Großteil der Bücher, nämlich die für das Ordensstudium notwendigen, war jedoch in der Klosterbibliothek aufgestellt. Das Inventar der Predigerkirche verzeichnet zu 1522 zwanzig Messbücher – ein Indikator für die hohe Anzahl von Altären in der Kirche –, des Weiteren ein *silbern Evangelium Buch mit edelen steinen umblegt*.[96]

Paramente

Zu den Paramenten werden einerseits die von den Geistlichen während der Messe getragenen Kleidungsstücke, andererseits die für die Ausschmückung der Kirche, vor allem der Altäre, und die für liturgische Handlungen notwendigen Tücher gezählt.

Zum Textilschmuck der Altäre gehörten Altartücher, Antependien und Vorhänge. Davon ist nichts erhalten. Das Inventar des Predigerklosters verzeichnet mehrere Altarvorhänge, darunter allein drei für den Hochaltar.[97] Um 1410 stiftete das Schmiedehandwerk ein goldenes Tuch, welches zu besonderen Festtagen vor den Hochaltar gehängt werden sollte.[98] Zum Maria-Magdalenen-Altar gehörte ein silberner Vorhang.[99] Die Gewänder der Geistlichen besaßen einen großen Stellenwert innerhalb der Kirchenausstattung. Das verdeutlichen die Inventare, in denen sie inhaltlich oft an erster Stelle genannt werden und auch zahlenmäßig die umfangreichste Gruppe bilden. Der Wert der Gewänder ergab sich einerseits aus den verwendeten Stoffen, andererseits aus den

Abb. 110 Barfüßerkirche, Chor, Schmerzensmann vom Meister des Severi-Sarkophags, 1360/70

Abb. 111 Barfüßerkirche, Von-der-Sachsen-Kapelle, hl. Elisabeth vom Meister des Severi-Sarkophags, 1360/70

vielfältigen Gestaltungselementen. Prinzipiell werden sie in Unter- und Obergewänder unterschieden.[100] Zu den wichtigsten Untergewändern zählen das Humerale, die Albe und das Superpelliceum. Beim Humerale oder Amikt handelt es sich um ein viereckiges Hals- oder Schultertuch, das einen Kragen formt und mit Bändern befestigt wird.[101] Darüber wird die Albe bzw. Tunika getragen, ein weißer, von einem Gürtel, dem Zingulum, zusammengehaltener Rock mit langen Ärmeln aus Leinwand.[102] Das Superpelliceum stellt ein weites, bis etwa zu den Knien reichendes Gewand aus weißem Leinen oder Baumwolle dar.[103] In den Quellen trägt es die Bezeichnung *(kor)rogk*. Zu den Obergewändern zählt die Kasel, ein teilweise geschlossener, meist sehr kostbarer Radmantel, der über der Albe getragen wird. Ein weiteres Obergewand ist der Chormantel bzw. das Pluviale, ein halbkreisförmiger, meist aus Seide bestehender, bis zu den Füßen reichender, mit Schließen oder Laschen vor der Brust befestigter Mantel.[104] Im Inventar heißen sie *kor(e)kappen*.

Liturgische Abzeichen vervollständigen den Ornat. Hierzu gehören der Manipel und die Stola. Der Manipel ist ein zusammengelegtes und vielfach besticktes Band von etwa 1 m Länge und 5 bis 10 cm Breite, das am linken Arm getragen wird und dessen Enden nach unten hängen.[105] Die Stola unterscheidet sich vom Manipel lediglich in der weit größeren Länge von etwa 2,50 m; sie wird über die Schultern gelegt. Aus den Erfurter Bettelordenskirchen sind keine mittelalterlichen Kleidungsstücke erhalten. In den Inventaren füllen sie dagegen mehrere Seiten, wobei Unter- und Obergewänder einzeln aufgeführt oder aber zu einem vollständigen Ornat zusammengefasst sind. Bei der Beschreibung der Gewänder achteten die Verfasser der Inventare sowohl auf die Farben als auch auf die verschiedenen, meist kostbaren Paramentenstoffe.[106] Auch die Gestaltungselemente wie Stickereien, Spitzen, Borten, Fransen, Quasten etc. werden erwähnt. Einige Gewänder zeigten Pflanzen- und Tierdarstellungen, andere waren mit Heiligenfiguren oder biblischen Motiven ausgezeichnet. Als beliebte Stiftungsgegenstände zeigten sie oft das Wappen des Stifters.

Kästen, Truhen, Schränke

Damit die liturgischen Geräte, Paramente und Kleinodien einer Kirche vor Diebstahl sicher waren, mussten sie vor und nach ihrem Gebrauch sicher in Kästen, Truhen und Schränken weggeschlossen werden.[107] Diebstahl an beweglichem Kircheninventar hat es oft gegeben, auch in Erfurt.[108] Die Behältnismöbel waren oft farbig bemalt und mit kunstvoll geschmiedeten Eisenbändern verziert, ähnlich den dekorativen Beschlägen mittelalterlicher Türblätter. Aus dem Inventar des Servitenklosters von 1485 geht hervor, dass die Schränke, in denen die Ornate hingen, beschriftet waren.[109] Ordnungsprinzip waren die verschiedenen Festgrade. In einer Kiste, die mit einem Kreuz gekennzeichnet war, wurde u. a. ein großes silbernes Kreuz verwahrt; des Weiteren wird eine »Kiste des heiligen Stephan« erwähnt, in der sich mehrere Reliquien befanden.[110] Außerdem gab es einen goldfarbenen Schrank, in dem Reliquien aufbewahrt wurden.[111] Im Inventar von 1521 finden sich außerdem die Teilüberschriften »in der eisernen Kiste« und »in der eisernen Kiste bei der Tür«.[112]

In der Sakristei der Predigerkirche stand die Kiste der Bruderschaft des Stadthauptmannes, der Waffenträger, Schützen und Söldner.[113] In ihr wurde das Geld der Bruderschaft verwahrt. Eine Vorstellung von ihrem Aussehen gibt eine heute im südlichen Nebenchor der Predigerkirche befindliche Truhe aus dem 15. Jahrhundert mit Eisenbändern und Malereiresten.

Kult- und Andachtsfiguren

Außer dem Altarschmuck gab es zahlreiche weitere Bildwerke in den Kirchen. In erster Linie handelte es sich um Schnitz- oder Steinskulpturen. Am häufigsten vertreten waren Christus- und Marienfiguren.

Aus der Barfüßerkirche stammt ein 151 cm hoher steinerner Schmerzensmann.[114] (Abb. 110) Bisher ging man davon aus, dass er sich ursprünglich im Inneren der Von-der-Sachsen-Kapelle befand. Eine Zeichnung der Barfüßerkirche von Nikolaus Christian Heinrich Dornheim vom Anfang des 19. Jahrhunderts zeigt ihn jedoch auf einer Konsole an der südlichen Außenseite dieser Kapelle (Abb. 15). Damit diente er als Andachtsbild des sich hier anschließenden Friedhofs.[115] Trotz der starken Schäden, die die Figur an Kopf, Armen und Füßen aufweist, ist die hohe bildhauerische Qualität zu erkennen. Mit großer Wahrscheinlichkeit gehört sie zu den Arbeiten des Meisters des Severi-Sarkophags, der in den 1360er und 1370er Jahren in Erfurt, aber auch in Halberstadt und Magdeburg bedeutende Werke geschaffen hat.[116] Besonders viele seiner Werke sind für die Barfüßerkirche überliefert.

Abb. 112 Predigerkirche, westliche Chorschranke, sogenannte Schmedestedtsche Madonna, um 1350

Zu ihnen zählt auch eine Skulptur der hl. Elisabeth, die heute in der Von-der-Sachsen-Kapelle gezeigt wird.[117] (Abb. 111) Der ursprüngliche Standort und die Funktion der Figur sind unklar. Es handelt sich um ein Fragment aus größerem Zusammenhang. In ihren heute fehlenden Händen hielt die Heilige womöglich ein Brot und/oder einen Mantel, um damit den kleinen Bettler zu ihren Füßen, dessen Kopf verloren ging, zu beschenken.[118]

Vom selben Meister stammt ein steinernes Kreuzigungsrelief aus der Barfüßerkirche, das sich heute im Angermuseum befindet.[119] Das 149 cm hohe und 123 cm breite Werk zeigt im Hochrelief den Gekreuzigten an einem T-förmigen Kreuz mit Titulus. Rechts von ihm sinkt Maria vor Schmerz nieder und wird von Johannes und einer Frau gehalten. Auf der anderen Seite kniet in Profilstellung ein männlicher Stifter mit Kapuzenmantel und blickt mit erhobenen Händen zu Chris-

Abb. 113 Barfüßerkirche, Verkündigungsgruppe, letztes Drittel 14. Jahrhundert

Abb. 114 Predigerkirche, südliches Chorseitenschiff, Figuren eines Ölbergs, Mitte 15. Jahrhundert

tus empor. Die Bemalung auf Schriftband und Wappen fehlt heute, sodass eine Identifizierung nicht mehr möglich ist. Unklar ist des Weiteren, wo sich die Kreuzigungsgruppe in der Barfüßerkirche ursprünglich befand.

Die Frage nach dem Standort stellt sich auch für die Reste einer aus Sandstein gehauenen Kreuzigungsgruppe aus der zweiten Hälfte des 14. Jahrhunderts, die sich heute im Erfurter Angermuseum befindet. Es handelt sich um die trauernde Maria und den Apostel Johannes.[120] Die blockhaft gestalteten Figuren sind 98 cm hoch und waren polychrom gefasst. Ging man bisher davon aus, dass sie das Tympanon des Westportals der Predigerkirche schmückten, wird dies in jüngerer Zeit angezweifelt.[121]

Einen Höhepunkt gotischer Bildhauerkunst Thüringens stellt die um 1350 geschaffene Madonna in der Predigerkirche dar.[122] (Abb. 112) Die 110 cm hohe Figur befindet sich noch an ihrem ursprünglichen Ort, in einer kastenförmigen Nische an der westlichen Chorschranke auf einer von einem Engel gehaltenen Konsole.[123] Auf einen möglichen Bezug zu einem ehemals dort befindlichen Marienaltar wurde schon hingewiesen. Die jugendliche Maria präsentiert sich in anmutsvoller Haltung. Ihr schönes Antlitz zeigt ein Lächeln. Unter einem Reif fällt das goldene wellige Haar herab. Ihre Hüfte ist stark nach links gebogen, der Bauch bei zurückgelehntem Rücken gewölbt. Die weißen Gewänder sind rot und golden gesäumt. Der Oberkörper bis zu den Knien ist in ein langes, faltenreiches, mantelartiges Kopftuch gehüllt. Mit der rechten Hand hält sie das Gewand an der rechten Hüfte zusammen. Mit dem linken Arm trägt sie das gedrungene, sich nach vorn beugende Christuskind. Es hat abstehende Ohren und zeigt zwischen den leicht geöffneten Lippen die Zungenspitze. Sein Oberkörper ist nackt, der Unterleib von einem grünen Tuch umschlungen. In seiner Rechten hält es einen Stieglitz als Symbol für die Passion, in der Linken ein kleines Gefäß. »Die sinnlich empfundene Fülle der kräftigen Körper von Mutter und Kind, der dominierend vorgewölbte Leib Mariens und das mädchenhaft zarte Gesicht mit dem in unbestimmte Fernen gerichteten Blick kennzeichnen eine der glanzvollsten Schöpfungen der Plastik des 14. Jahrhunderts in Erfurt, ja in ganz Mitteldeutschland.«[124] 1352 stifteten Apel Schwanring und seine Erben eine *ewige lampen und eyn ewig licht, das da tag und nacht sal ewiglichen borne* [brennen] *vor Unser Liben Frowen bilde, das da stet czuschen unsen chore unde unser kerchen.*[125] Vor dem Bildwerk stand laut Tiemeroth ein Opferstock: *Gleich wenn man in den Chor gehen will, ist in einem dunkelen Ort ein Marien Bild, unter welchem eine eiserne Büchse, die man verschließen kann, darein man durch den Spalt von oben seine Gabe im Verborgen hatt einlegen können. Das Schloß stehet anitzo ofen.*[126]

Etwas später als die Maria mit dem Kind entstand die ausgesprochen qualitätvolle Verkündigungsgruppe auf der Westseite des Lettners am mittleren Durchgang zum Chor.[127] Sie wird dem »Meister der Cinna von Vargula« zugeschrieben. Möglicherweise handelt es sich um eine Stiftung des 1358 gestorbenen Ritters *Bertoldus de Belman,* dessen Wappen, drei übereinander angeordnete Trensen, an der Konsole der Maria zu sehen ist.[128] Auf der Konsole des Engels findet sich die zugehörige Helmzier.

Aus dem letzten Drittel des 14. Jahrhunderts stammt die heute stark zerstörte Verkündigungsgruppe der Barfüßerkirche, die einst am südlichen und nördlichen Gewände des Triumphbogens der Kirche angebracht war.[129] (Abb. 113) Die lebensgroßen Figuren aus Sandstein halten ein Schriftband in den Händen, dessen Text nicht erhalten ist. Auf den historischen Aufnahmen erkennt man, dass zu Füßen der Maria und des Engels ein Stifter und seine Frau knien. Beide halten ein Schriftband in den Händen, dessen Text ebenfalls nicht erhalten ist. Auffällig ist die Darstellung des bisher unbekannten Stifterwappens. Ganz ähnlich wie bei der Verkündigungsgruppe der Predigerkirche ist einer der Figuren der Wappenschild zugeordnet, der anderen der zugehörige Helm.[130] Dadurch wird ein Bezug zwischen beiden Figuren und den Stiftern erkennbar.

Auch auf Friedhöfen befanden sich Bildwerke. Dazu zählen in erster Linie Ölbergszenen, die einst stark verbreitet waren.[131] Sie waren mahnende, tröstende Andachtsbilder, in denen Christus in seiner Todesangst vergegenwärtigt und seine Fürbitte gegen einen schnellen, unvorbereiteten Tod beschworen werden sollte. Von der Ölberggruppe der Predigerkirche sind Christus und drei schlafende Jünger erhalten, heute im südlichen Chorseitenschiff.[132] (Abb. 114) Sie datiert in die Mitte des 15. Jahrhunderts. Für den Ölberg der Barfüßerkirche gibt es nur schriftliche Belege.[133]

Im Inneren der Augustinerkirche blieben keine mittelalterlichen Skulpturen erhalten. Doch finden sich schriftliche Belege für deren Existenz. So stand auf dem Hochaltar ein Marienbild, das zu 1519 urkundlich belegt ist; ein solches ist für 1444 auch für den Altar vor dem Chor überliefert.[134] Johann Heinrich Tiemeroth berichtet von mehreren Skulpturen: *In der Kirchen stehet an ietzt gedachten Thurme auf einem etwas ein gehauenen Steine das Bild der Sankt Anna, welche auf beyden seiten 2 Kinderchen trägt, ist über auß schön und künstlich formiret. Noch ein anders, noch etwas größer, stehet vor der Sacristey und ist an denselben das schönste Göld.* Sodann heißt es: […] *an der Thure zum Eingange in der Sacristey stehet das Bildnuß Augustini auf einer und Sankt Johannis auf der andern Seite, welche als Pater bey der Kirchen allhier sonst erwehlet worden, in Lebens-Größe mit so schönen lebhaften Farben gemahlet, daß, wer zum ersten mahl hinein gehet, und sie noch nicht gesehen hatt, davon erschrickt, in Meinung, er trefe daselbst wahrhaftige Menschen an.*[135]

Die einzigen erhaltenen mittelalterlichen Skulpturen der Augustinerkirche befinden sich alle am Außenbau der Kirche. So sind am Turm der Kirche drei vollplastische Figuren aus der Mitte des 15. Jahrhunderts angebracht, die in einem engen Bezug zum Kloster stehen (Abb. 115). Bei den äußeren Skulpturen handelt es sich um die Apostel Philippus und Jakobus den Jüngeren – die Patrone der Kirche.[136] Zwischen ihnen

Abb. 115 Augustinerkirchturm, Nordseite, Figuren, Mitte 15. Jahrhundert

befindet sich die hl. Katharina von Alexandrien mit Schwert und Rad, die vom Erfurter Konvent besonders verehrt wurde. Die lebensgroßen Figuren aus Sandstein stehen auf Konsolen und werden von Baldachinen überfangen. Die Konsole der hl. Katharina zeigt ein Stifterwappen mit Sichel, begleitet von zwei sechsstrahligen Sternen, das bisher nicht zugeordnet werden konnte.[137]

Am nördlichen Seitenschiff, links neben dem Portal, erblickt man den hl. Augustinus, den für den Bettelorden namengebenden Kirchenvater, auf einer Konsole unter einem Baldachin.[138] (Abb. 116) Die 180 cm hohe Figur trägt die Mitra, Pontifikalhandschuhe und einen Bischofsring. In der Rechten hält er ein aufgeschlagenes Buch. Die linke Hand ist abgebrochen; sie hielt möglicherweise den Bischofsstab. Die Figur stammt vom gleichen Künstler, der die Turmplastiken geschaffen hat.[139]

An der nordöstlichen Außenwand des Barfüßerkirchenchores stand bis Anfang des 20. Jahrhunderts eine lebensgroße vollplastische Sandsteinplastik des hl. Franziskus von Assisi auf einer mit Weinranken, Trauben und Blattrosette versehenen Konsole.[140] (Abb. 117) Heute wird die an Händen, Füßen und Gesicht stark beschädigte Figur im Chor der Kirche gezeigt. Der Ordensgründer steht barfuß auf einer niedrigen Fußplatte. Er ist in ein mit Knotenstrick gegürtetes Habit mit Kapuze

Abb. 116 Augustinerkirche, Nordseite, Figur des hl. Augustinus, Mitte 15. Jahrhundert

Abb. 117 Barfüßerkirche, Chor, Figur des hl. Franziskus, erstes Viertel 14. Jahrhundert, dahinter vermauerter Zugang zur ehemaligen Sakristei

gekleidet. Sein tonsurierter Kopf ist leicht nach rechts geneigt. Mit der Linken weist er auf das Wundmal an der Brust hin. Die Innenfläche der erhobenen rechten Hand zeigt zum Betrachter, um auch hier auf das Wundmal hinzuweisen. Die Plastik dürfte bereits für den 1316 geweihten Chor gefertigt worden sein. Damit handelt es sich um eine der ältesten Sakralskulpturen Erfurts.

Die Figuren des hl. Augustinus und des hl. Franziskus am Außenbau der jeweiligen Kirchen lassen vermuten, dass es auch eine Figur des hl. Dominikus als Außenbaumotiv der Predigerkirche gegeben hat.[141] Hinweise auf weitere Heiligenfiguren liefern die Inventare, in denen mehrere für die Figuren gefertigte Textilien und Accessoires aufgeführt sind. So gab es in der Predigerkirche für die Skulpturen einer Maria und einer Katharina jeweils eine mit Perlen besetzte Krone. Für einen Jesusknaben werden eine Mütze sowie ein großer Perlenkranz erwähnt, wahrscheinlich ein Paternoster, des Weiteren ein blauer Umhang für einen Christus Salvator.[142]

Verglasung der Fenster und Wandmalerei

Zum herausragenden Kirchenschatz, über den alle drei Erfurter Bettelordenskirchen noch heute teilweise verfügen, zählen die farbigen Glasfenster im Chor.[143] Sie tragen ganz entscheidend zur feierlichen Wirkung des Innenraums bei.

In der Augustinerkirche schmücken sie die gestaffelte Dreifenstergruppe der geraden Ostwand.[144] Die mehrfach ergänzten und neu geordneten Glasmalereien datieren ins späte 13. und ins erste Drittel des 14. Jahrhunderts. Das mittlere Fenster zeigt Szenen aus dem Leben und der Passion Jesu, Reste von Architekturmalerei aus anderen, jüngeren Fenstern und drei Stifterbildnisse, die 1936 – 1938 größtenteils erneuert wurden. Die beiden seitlichen Fenster zeigen Ornamentfelder; das nördliche mit Löwen, Papageien und Blattwerkrosetten ist weitgehend original erhalten, das südliche wurde im 19. Jahrhundert stark ergänzt. Das östlichste Fenster auf der Nordseite des Chores wird als Augustinusfens-

▲ Abb. 118 Predigerkirche, Chor, Sediliennische, Marientod, um 1320

Abb. 119 Predigerkirche, südliche Chorschranke, Malerei mit Schmerzensmann, hl. Katharina und Stifterpaar, um 1360

Die aus der Mitte des 13. Jahrhunderts stammenden Glasfenster der Barfüßerkirche gehören noch zum Vorgängerbau der Kirche und wurden in den 1316 geweihten hochgotischen Chor überführt.[145] Es handelt sich um die ältesten erhaltenen Ausstattungsstücke der Kirche. Es sind Teile von Bildzyklen, die das Leben des hl. Franziskus von Assisi zu Leben und Passion Christi in Beziehung setzen. Innerhalb der Franziskus-Ikonografie hat dieser Zyklus als ältester auf dem Gebiet des römisch-deutschen Reiches erhaltener einen außerordentlich hohen Stellenwert.

Für das Langhaus der Barfüßerkirche wurden auch Glasmalereien profanen Inhalts geschaffen. Anhaltspunkt hierfür ist die sogenannte Färberscheibe, die möglicherweise zusammen mit dem angesprochenen Färberaltar und einem Schlussstein im Kontext einer Kapellenstiftung im ersten Viertel des 14. Jahrhunderts von der Erfurter Färberzunft für ein Fenster im südlichen Seitenschiff in Auftrag gegeben worden sein dürfte.[146]

Die mittelalterlichen Glasmalereien in der Predigerkirche befinden sich in den vier östlichen Fenstern des nördlichen Chorseitenschiffs und gehören noch zur Erstausstattung des Chores.[147] Sie zeigen Flechtband- und Pflanzenornamente. Die Anordnung der teilweise stark ergänzten Scheiben erfolgte nach 1949. Weitere mittelalterliche Glasfenster hat es bis 1945 gegeben. Sie sind fotografisch überliefert. Darunter befanden sich figürliche Darstellungen aus dem späten 13. Jahrhundert, die einst die Maßwerkfelder der Chorfenster zierten. Dazu zählten eine Kreuzigung, eine Verkündigung sowie zwei Propheten. Heute zeigen die drei Ostfenster des Chores und eines im nördlichen Seitenschiff Fragmente kriegszerstörter farbiger Glasfenster des Mittelalters und des 19. Jahrhunderts. Zudem existierten bis 1945 Reste von figürlicher Glasmalerei aus dem 15. Jahrhundert, darunter Scheiben mit Maria, Johannes dem Täufer und Engeln, die Leidenswerkzeuge Christi haltend. Ihr ursprünglicher Standort wurde von der älteren Forschung im großen Fenster des Westgiebels verortet, wobei man sich auf eine im Stifterbuch des Klosters verzeichnete Stiftung durch Gottschalk Legat und seine Frau Else von 1412 bezog.[148] Die jüngere, vornämlich bauhistorische Forschung sieht im Stiftungsgegenstand keine Glasscheiben mit Malereien, sondern die Fensterarchitektur und verweist auf das südliche Giebelfenster, dessen spätgotische Maßwerkformen gut in den Anfang des 15. Jahrhunderts passen.[149]

Zeugnisse von Wandmalerei haben sich nur in der Predigerkirche erhalten. An der Rückwand der Sediliennische befindet sich eine besonders ausdrucksstarke und farbintensive Marientod-Darstellung.[150] (Abb. 118) Die Apostel umstehen die Tote, deren Seele in Gestalt eines Kindes von Christus aufgenommen wird. Der abgeschnitten wirkende Bereich unter der Malerei war ursprünglich mit einem Stoffbehang versehen. Das Werk wird um 1320 datiert. Lange Zeit galt es als älteste Wandmalerei Erfurts. Die in den letzten Jahren freigelegten Wandmalereien in der Peterskirche aus der Mitte des 13. Jahrhunderts sind jedoch deutlich älter.[151] Der Marientod wird flankiert von zwei gemalten Heiligen, die heute nur noch blass zu erkennen sind. Die Forschung erblickt in ihnen Dominikus und Thomas von Aquin. Alternativ zu Thomas von Aquin kommt der hl., 1253 kanonisierte Petrus Martyr in Betracht. Für ihn spricht, dass das Generalkapitel 1254 alle Konvente ver-

Abb. 120 Predigerkirche, Malereifragment an einem Pfeiler im Langhaus, 15. Jahrhundert

ter bezeichnet, da es Szenen aus dem Leben des Kirchenvaters zeigt. Es entstand um 1320/30. Im Nekrolog des Augustinerklosters aus dem 14. Jahrhundert findet sich ein Eintrag für das Jahrgedächtnis des Naumburger Bischofs Heinrich von Grünberg, eines Gönners des Klosters, aus dem hervorgeht, dass er das erste Glasfenster auf der linken Seite der Kirche gestiftet habe. Die Forschung bezieht diese Fensterstiftung auf das Augustinusfenster. In diesem befinden sich neun Scheiben, die nicht zum Augustinuszyklus gehören, sondern Szenen aus dem Leben des hl. Martin von Tours zeigen. Es wird angenommen, dass es sich um Teile eines Martinuszyklus‹ handelt. Sein ursprünglicher Standort wird in einem der Fenster der nördlichen Chorwand vermutet. Hierzu passt, dass es vor der nördlichen Chorwand, gegenüber der Sakristei, einen Martinsaltar gegeben hat. Ob auch die südlichen Chorfenster mit farbigen Glasfenstern ausgestattet waren, lässt sich nicht sagen. Noch im 14. Jahrhundert wurden sie im Zuge der Aufstockung der angrenzenden Sakristei vermauert. Der Raum muss zuvor heller gewirkt haben als heute.

pflichtete, sich gemalte Bilder der beiden ersten Ordensheiligen, Dominikus und Petrus Martyr, zu beschaffen.

An der südlichen Außenwand der Chorschranke sind umfangreiche Reste einer im 14. Jahrhundert wohl im gesamten Chorbereich vorhandenen Wandmalerei erhalten geblieben.[152] (Abb. 119) Die sehr qualitätvolle Arbeit von etwa 1360 zeigt in einer Architekturrahmung einen Schmerzensmann und eine hl. Katharina, beiderseits gerahmt durch kniende Stifter. Der Mann ist durch die Helmzier seines Wappen als Angehöriger der Familie Schwanring ausgewiesen.[153] Auf seinem Schriftband fordert er die hl. Katharina um Fürbitte auf.[154] Das Wappen der Frau konnte bisher nicht identifiziert werden.[155] Auf ihrem Schriftband bittet sie Christus um Erbarmen.

Im Langhaus der Predigerkirche befindet sich auf einem der Nordpfeiler ein Teil einer Malerei aus dem 15. Jahrhundert (Abb. 120). Zu sehen ist eine Heilige mit weißem Schleier und ein bartloser junger Heiliger, bei denen es sich um Maria und Johannes den Evangelisten handeln dürfte. Im Hintergrund sieht man die Nimben weiterer Heiliger sowie ein Stadtmauertor mit Zinnen. Im unteren Bereich ist das Ende eines Kreuzstammes zu erkennen. Offenbar handelt es sich bei der bisher nicht identifizierten Szene um die vierte Station des Leidensweges Christi: Jesus begegnet seiner Mutter. Es ist denkbar, dass an anderen Pfeilern des Langhauses weitere Stationen der Passion Christi dargestellt waren.

Chorgestühl

Zu den prägendsten Einrichtungsgegenständen der Chöre der Bettelordenskirchen zählte das Chorgestühl. Hier versammelte sich der gesamte Konvent zu den Messfeiern und zum Chordienst. Über das Chorgestühl der Augustinerkirche ist nichts bekannt. Das der Predigerkirche ist hingegen nahezu vollständig erhalten und bildet das Kernstück der ursprünglichen Raumausstattung; sein Pendant aus der Barfüßerkirche ging bei der Zerstörung der Kirche verloren – ein besonders schmerzhafter Verlust; sein Aussehen ist aber durch historische Fotos und Beschreibungen dokumentiert. Die Gestühle der Barfüßer- und Predigerkirche zeichnen sich durch besondere Schlichtheit aus, gerade im Vergleich mit dem prächtigen Chorgestühl des Erfurter Doms. Sie kommen ohne figürliche Plastik aus. Die sparsame Ornamentik beschränkt sich auf einfache Maßwerkkonfigurationen, stilisierte palmettenartige Blätter und Rosetten. Das aus Eichenholz gefertigte Gestühl der Barfüßerkirche vom Anfang des 14. Jahrhunderts war in zwei Reihen an den Längsseiten des Chores angebracht.[156] (Abb. 121) Mit 15,30 m Länge, 2 m Breite und 3,35 m Höhe hatte es beeindruckende Dimensionen. Insgesamt umfasste es 34 Vordersitze und 40 Rücksitze.[157] Das Eichenholzgestühl der Predigerkirche ist innerhalb der Chorschranken u-förmig angelegt.[158] (Abb. 122) An den Längsseiten ist es zweireihig. Die westliche Schmalseite ist einreihig. Sie wird nach vorn durch eine Brüstung abgeschlossen und vom Zugang durch die Schranke unterbrochen. Die Dorsalien wurden im 16. Jahrhundert mit Renaissance-Ornamenten bemalt. Die Baldachine gehören nicht zum originalen Bestand. Das Chorgestühl stammt wie jenes in der Barfüßerkirche aus der Erbauungszeit des Chores. Da die ältere Forschung von einer Fertigstellung des Chores um 1320 ausging, datierte sie das Chorgestühl in das zweite Viertel des 14. Jahrhunderts. Die jüngeren bauhistorischen Untersuchungen belegen eine Chorvollendung bereits 1280, sodass das Gestühl noch aus den letzten beiden Jahrzehnten des 13. Jahrhunderts stammen könnte, wodurch es zu einem der ältesten in Deutschland zählen würde.

Abb. 121 Barfüßerkirche, Chor, nördliche Chorgestühlreihe, historische Aufnahme

Auf eine wenig bekannte Besonderheit sei hier hingewiesen. Am Gestühl der Barfüßerkirche waren nach schriftlicher Überlieferung ursprünglich die Namen sämtlicher damaliger Provinzen, Kustodien und Klöster des Franziskanerordens und des Klarissenordens sowie das Gründungsjahr des Erfurter Konvents angebracht.[159] Texte dieser Art bildeten einen eigenen Typ der Konvents- und Ordenschronistik und befanden sich als Inschriften an den Rückwänden der Chorgestühle.[160] Sie bringen knappe Nachrichten über die Geschichte des Konvents, seine Gründung, die Stifter, in erster Linie aber über den Stand des Ordens mit Angabe der Provinz und Kustodie, der das Kloster angehörte.

Abb. 122 Predigerkirche, Chorgestühl, Blick nach Westen

Abb. 123 Predigerkirche, Schriftzug »Hildensem« (Hildesheim) im südwestlichen Eckschränckchen des Chorgestühls, 14. Jahrhundert

Zweck der Texte war es, den Mönchen die wesentlichen Fakten der Klosterhistorie und der Historie des gesamten Ordens sowie dessen momentane Ausbreitung zu vergegenwärtigen. Dieser Inschriftentyp ist nicht nur bei den Franziskanern festzustellen, sondern auch für andere Bettelorden belegt,[161] so auch für die Erfurter Predigerkirche. Dort waren offenbar auf den Dorsalien die Namen der zur Ordensprovinz Sachsen gehörenden Konvente angebracht. Ein solcher, in farbigen gotischen Buchstaben geschriebener Name, *Hildensem* (Hildesheim), ist in dem südwestlichen Eckschränkchen erhalten.[162] (Abb. 123) Ein zweiter, nur noch in Resten zu lesender, wurde erst jetzt über dem nordwestlichen Eckschränkchen entdeckt.[163] Andere zeichnen sich bei guten Lichtverhältnissen unter der Renaissance-Bemalung ab.[164]

Eine Art Erweiterung der Chorgestühle bilden die Sediliennischen aus Stein. Es handelt sich um Dreisitze, die in die südliche Chorwand in der Nähe des Hauptaltars eingelassen sind. Der Dreisitz, auch als Levitensitz bezeichnet, war für die Zelebranten der Messe, den Priester und seine beiden Konzelebranten, Subdiakon, Diakon oder weitere Geistliche, vorgesehen. Die prächtige Sediliennische in der Augustinerkirche zeigt eine Bekrönung aus drei gestaffelten Wimpergen und ist mit feinen Blattwerkkapitellen verziert (Abb. 124).) Besonders qualitätvoll gearbeitet ist ihr spitzbogiges Pendant in der Predigerkirche mit Schleiermaßwerk und Malereien (Abb. 125). Beide Werke dürften aus der Erbauungszeit der Chöre stammen. Ob es eine steinerne Sediliennische in der Barfüßerkirche gegeben hat, muss vorerst offen bleiben. Sie finden sich in den Franziskanerkirchen der Provinz Saxonia nur ausnahmsweise.[165] Allerdings zeigt die Innenwand der Barfüßerkirche an der für einen Dreisitz in Frage kommenden Stelle eine auffällige Ausbauchung. Es ist daher denkbar, dass der noch in situ befindliche Dreisitz lediglich vermauert ist.

Abb. 124 Augustinerkirche, Chor Sediliennische, Anfang 14. Jahrhundert

Kanzel

Kanzeln bildeten damals wie heute den Ort der Predigt. Sie ermöglichen es den Geistlichen, von erhöhter Position zu einer größeren Menschenmenge zu sprechen und von allen Zuhörern gesehen zu werden.[166] Entgegen der geläufigen Meinung, dass Kanzeln erst in der Frühen Neuzeit Einzug in die Kirchen hielten, gehörten sie bereits im Mittelalter zur obligatorischen Ausstattung. Das geht aus den Schriftquellen hervor, in denen sie als »Predigtstuhl« bezeichnet werden. In allen vier Erfurter Bettelordenskirchen gab es eine Kanzel.[167] Erhalten blieb keine von ihnen.[168] Allerdings befindet sich an der Ostecke des nördlichen Seitenschiffes der Augustinerkirche eine Außenkanzel, im Volksmund gern als »Lutherkanzel« bezeichnet.[169] (Abb. 84). Es handelt sich um eine profilierte große Konsole, heute stark verwittert, mit darüber befindlicher Nische. Die Stufen zur Kanzel wurden abgeschlagen.[170] Außenkanzeln an Kirchen sind selten erhalten, obwohl sie weit verbreitet waren, um Predigten vor größeren Volksmengen zu ermöglichen.[171] Für den kirchlichen Gebrauch kommt, häufig miteinander vereinigt, in Betracht, die Segensspendung, die Reliquienweisung und die Predigt, insbesondere an Wallfahrtsorten oder bei Predigten berühmter Wanderprediger sowie bei besonderen Anlässen (Kreuzpredigt, Ablasspredigt).

Abb. 125 Predigerkirche, Chor, Sediliennische, letztes Drittel 13. Jahrhundert

Abb. 126 Sakramentshaus aus der Barfüßerkirche, Mitte 15. Jahrhundert

Abb. 127 Predigerkirche, Chor, Sakramentshaus als rückwärtiger Anbau des Hochaltars, Mitte 15. Jahrhundert

Sakramentshäuser

Sakramentshäuser, auch Tabernakel genannt, dienten der sicheren Aufnahme der geweihten Hostie, die in einer silbernen Büchse, der Pyxis, oder in einer Monstranz verwahrt wurde. Sie entstanden ab dem 14. Jahrhundert und traten in zweierlei Form auf – als reich umrahmte und nach allen Seiten ausgreifende Wandnische und als frei stehendes turm- oder monstranzähnliches Gehäuse.[172] Es gab aber auch die Zwischenform des an die Wand gerückten Turmgehäuses. Sakramentshäuser befanden sich stets in Chornähe, waren mit hölzernen Einbauten versehen und durch schmiedeeiserne, kunstvoll gearbeitete Gittertüren mit Schlössern gesichert.

Aus der Barfüßerkirche stammt ein steinernes, 105 cm hohes und 77 cm breites Sakramentshaus aus der Mitte des 15. Jahrhunderts.[173] (Abb. 126) Die qualitätvolle Arbeit zeigt eine rechteckige, durch eine Gittertür geschlossene Nische, die von zwei auf Konsolen stehenden und von Baldachinen bekrönten, im Hochrelief gearbeiteten Engeln mit Kerzen flankiert wird. Über der Tür ist ein von Wolken umgebenes Grab dargestellt. Die darauf befindliche, heute verschwundene Figur ist demnach ein auferstandener Christus gewesen.

Das erhaltene Sakramentshaus in der Predigerkirche zählt zu den schönsten und interessantesten mittelalterlichen Tabernakeln in Erfurt.[174] (Abb. 127) Gleichzeitig ist es eines der weniger bekannten Stücke der Kirche, da es direkt hinter dem Hauptaltar steht und durch dessen spätgotisches Retabel verdeckt wird. Dies ist eine ungewöhnliche Position, stehen Sakramentshäuser doch normalerweise links des Hauptaltars. Hier handelt es sich aber um einen rückwärtigen Altaranbau, für den es keine Vergleichsbeispiele gibt.[175] Das 3,50 m hohe Werk besteht aus Sandstein und gehört stilistisch in die Mitte des 15. Jahrhunderts. Auf einem fünfeckigen, mit konkaven Flächen versehenen Sockel, dessen Fuß aus zwei gegeneinander versetzten Fünfecken besteht, erhebt sich das laternenförmige Gehäuse in Gestalt eines unregelmäßigen Fünfecks. Seine drei Vorderseiten sind oben durch eine stark vorkragende, reiche Baldachinarchitektur abgeschlossen und zeigen drei große Öffnungen, die mit Gittern versehen waren, von denen heute nur das südliche erhalten ist. Auf der rechten Rückseite befindet sich eine kleine Öffnung, zu der man auf einer siebenstufigen Treppe gelangt. Zusammen mit dem Altar und dem ursprünglichen Retabel, über das das Sakramentshaus herausragte, ergab sich ein eigenwilliges, durchaus reizvolles Ausstattungsensemble.[176]

Glocken

Erst im 15. Jahrhundert wurden die Glockentürme der Erfurter Bettelordenskirchen errichtet. Ihr geringer Durchmesser konnte kein umfangreiches Geläut aufnehmen, sondern beherbergte stets nur eine, relativ kleine Glocke. Über die im Predigerkirchturm ist nichts bekannt. Sie wurde wohl beim Brand des Predigerviertels 1736, der auch den spitzen Turmhelm der Kirche vernichtete, zerstört.[177]

Die Glocke der Barfüßerkirche war ein Guss Hans Sinderams von 1475, der zu den wichtigsten Glockengießern Thüringens im 15. Jahrhundert zählt.[178] Sie war 68 cm hoch und maß 64 cm im Durchmesser.[179] Ihre Inschrift lautete übersetzt: Im Jahre des Herrn 1475 zum Lobe Gottes und der hl. Klara.« Dazu trug sie ein Medaillon mit dem Christusmonogramm *ihs*. Über 400 Jahre hing die Glocke im Barfüßerkirchturm, bis sie 1883 der evangelischen Kirche in Erfurt-Hochheim geschenkt wurde; später erhielt sie einen Sprung und wurde eingeschmolzen. Die Glocke aus dem Augustinerkirchturm ist erhalten (Abb. 128). Sie datiert von 1473 und stammt ebenfalls von Hans Sinderam, dessen Marke an der Umschrift angebracht ist.[180] Sie ist 51 cm hoch und misst 48 cm im Durchmesser. Ihre Flanke schmückt eine Ritzzeichnung, die Johannes den Täufer zeigt.[181] Auf der anderen Seite befindet sich ein kleines Relief der Madonna mit Kind. Die Glocke ist 1953 gesprungen und steht heute in der Dauerausstellung »Bibel-Kloster-Luther« im Erfurter Augustinerkloster. Es fällt auf, dass die Glocken der Augustiner- und Barfüßerkirche erst mehrere Jahrzehnte nach Fertigstellung der Türme gegossen wurden. Es ist davon auszugehen, dass es Vorgängerglocken gegeben hat, die in den Dachreitern der Kirchen hingen, die für die Zeit vor Errichtung der Glockentürme angenommen werden.

Abb. 128 Augustinerkirche, Glocke von 1473

Orgeln

Orgeln waren und sind technisch anspruchsvolle und teure Instrumente.[182] In den Erfurter Stiftskirchen und in der Peterskirche gehörten sie spätestens seit dem 13. Jahrhundert zur Ausstattung.[183] Für die Erfurter Pfarrkirchen sind sie seit dem 15. Jahrhundert belegt.[184] In den Kirchen der Mendikanten dürfte es sie auch gegeben haben, selbst wenn es an Hinweisen mangelt. Ihre Nennung erfolgt erst in nachmittelalterlicher Zeit. So befand sich in der alten Klosterbibliothek der Barfüßerkirche im Jahr 1603 ein kleines Orgelpositiv.[185]

Sonnenuhren

Die kanonische Ordensregel der Klöster verlangte eine feste Tagesordnung der Gebets- und Gottesdienstzeiten. Der mittelalterliche Alltag basierte auf den aus der Antike stammenden, ungleichen Temporalstunden, von denen einige als kanonische Stunden besondere Bedeutung in der kirchlichen Tagesteilung hatten. Dazu zählen Prim, Terz, Sext, None, Vesper und die Komplet.[186] Zur pünktlichen Verrichtung dieser liturgischen Handlungen wurden an den Kirchen einfache Zeitanzeiger angebracht, die als kanoniale Uhr oder Messuhr bezeichnet werden.[187] Die zumeist in den Stein geritzten Sonnenuhren lassen sich seit dem frühen Mittelalter nachweisen und blieben bis ins 15. Jahrhundert gebräuchlich. Es handelt sich um unscheinbare Objekte an der nach Süden gerichteten Kirchenwand. Vom zentralen Sitz des waagerecht in der Wand steckenden Schattenstabes bilden strahlenförmig verlaufende Linien vier, sechs, acht oder zwölf zumeist gleich große Segmente, die von einem Halbkreis umschlossen sind.

An der Predigerkirche befindet sich ein solches, kaum bekanntes Exemplar.[188] (Abb. 129). Es ist auf der Südseite des südlichen Strebepfeilers des Chorscheitels, oberhalb des Wasserschlags angebracht. Die halbkreisförmige, 122 × 60 cm große Uhr ist in vier etwa gleich große Sektoren unterteilt. Die Uhr scheint aus einer Metallauflage bestanden zu haben, die selbst verloren ging und heute nur noch in Form des Negativabdruckes am Stein sichtbar ist, welcher an den ehemals verdeckten Stellen heller ist. Ein kleiner Rest vom Schattenstab steckt noch im Mauerwerk. Interessant ist die Position der Uhr am südlichen Strebepfeiler des Chorscheitels. Da das Kirchenschiff nicht geostet ist, sondern deutlich nach Norden abweicht, war nur an dieser Stelle der Klosterkirche eine direkte Südausrichtung möglich. Der Nachteil des Standorts besteht darin, dass der Funktionsbereich der Uhr nur bis in den frühen Nachmittag reicht. Die Uhr empfängt durch die Kirche frühzeitig Schatten, sodass ihr rechtes Viertel im Bereich der Gebets-

Abb. 129 Predigerkirche, Sonnenuhr am südlichen Strebepfeiler des Chorscheitels, Ende 13./Anfang 14. Jahrhundert

zeiten None und Vesper praktisch nicht angezeigt werden konnte. Durch den Bau des Kirchturmes ab der Mitte des 15. Jahrhunderts ist die Besonnungsdauer zusätzlich beeinträchtigt worden. Die Uhr könnte noch dem 13. Jahrhundert und damit der Erstausstattung des Chores angehören.

Auch an der Augustinerkirche gibt es eine Sonnenuhr. Sie befindet sich am rechten Kämpferstein des Westportals in einer Höhe von zwei Metern über dem Boden. Im Gegensatz zur kanonialen Uhr an der Predigerkirche handelt es sich hier bereits um den Typ einer modernen Sonnenuhr, wie er im 15. Jahrhundert aufkommt und die gleichlangen Stunden anzeigt. Der kleine, in den Stein geritzte Zeitmesser mit einer Fläche von 25 × 30 cm ist als Nachmittagsuhr mit einem Funktionsbereich von kurz nach 12 Uhr bis 20 Uhr konzipiert. Der Fußpunkt und die Stütze des Schattenstabes sind noch sichtbar. Nur noch schwach zu sehen sind die vom Fußpunkt ausgehenden Stundenlinien und der Rahmen der arabischen Ziffern. Eine Datierung ist schwierig. Stilistisch wird man die Uhr frühestens in das 16. Jahrhundert einordnen können. Möglicherweise reicht sie in die späte Klosterzeit der Kirche zurück, sodass sie noch den Mönchen als Zeitanzeiger gedient haben könnte. Eine Entstehung im 17. oder 18. Jahrhundert ist aber wahrscheinlicher.[189]

Grabdenkmäler

Als Ort des Begräbnisses und des damit verbundenen Totengedenkens waren die Bettelordenskirchen für die städtische Gesellschaft ausgesprochen attraktiv. Außer den Mönchen des jeweiligen Konvents und anderen Geistlichen ließen sich Stadtbürger, Angehörige des Adels sowie die Mitglieder der an den Klöstern ansässigen Bruderschaften bei den Mendikanten begraben. Bestattet wurde nicht nur auf dem Friedhof, sondern auch in der Kirche, im Kreuzgang und in Kapellen. Für das Augustinerkloster ist ein Beinhaus nachgewiesen und sogar beschrieben.[190] Ein solches darf auch für die anderen Bettelordenskonvente angenommen werden.

Beinhäuser, auch Karner oder Ossarien genannt, dienten zur Aufnahme der Gebeine, da auf den Friedhöfen nur begrenzt Platz vorhanden war und Wiederbelegungen der Grabstätten zwingend notwendig wurden. Nach christlichem Verständnis mussten die sterblichen Überreste aufbewahrt werden, damit am Tag des Jüngsten Gerichts die Körper nach ihrer Auferstehung zur Seele treten würden. Die Beinhäuser hatten ihren festen Platz in der kirchlichen Memorialpraxis des Mittelalters und wurden beispielsweise im Zuge der gestifteten Jahrtagsmessen aufgesucht. Sie bildeten auch eine feste Station bei Friedhofsumgängen.

Von der intensiven Nutzung der Erfurter Bettelordensklöster als Grabstätte zeugen die Schriftquellen. Aus der zweiten Hälfte des 14. Jahrhunderts hat sich ein Verzeichnis erhalten, das die in der Augustinerkirche bestatteten Personen auflistet.[191] Aus der gleichen Zeit ist der Nekrolog des Klosters überliefert, ein Totenverzeichnis, in dem die Namen der Personen notiert sind, derer die Mönche im Gebet zu gedenken hatten.[192] Die darin mehrfach auftauchende Formulierung *hic sepultus est* verrät, dass die Person bei den Augustiner-Eremiten begraben wurde. Der Nekrolog der Barfüßerkirche ist nur noch in kurzen, im 17. Jahrhundert angelegten Auszügen bekannt.[193] Für die Begräbnisse in der Predigerkirche liefert einmal mehr das Stifterbuch zahlreiche Angaben. Es nennt die Namen von 37 Personen, die in der Kirche bestattet wurden. In manchen Fällen teilt es die Lage des Grabes mit.[194] Zudem enthält es Beschreibungen mehrerer Grabdenkmäler mit Angabe der Toteninschriften.[195] Im Bruderschaftsvertrag der Schützen werden sogar Bestattungsmodalitäten angegeben.[196]

Die Bedeutung der Klöster als Grabstätte für die städtische Bevölkerung belegen neben den Schriftquellen die Grabdenkmäler selbst. Diese sind in den letzten Jahren aus verschiedenen Perspektiven Untersuchungsgegenstand kulturwissenschaftlicher Forschung gewesen. Bei ihnen handelt es sich um Totengedächtnismale, die unmittelbar auf die Verstorbenen verweisen und die Erinnerung an die Toten gewährleisten. Sie nehmen also einen realen ebenso wie einen sozial-memorativen Raum ein. In formaler und textlicher Gestaltung vermitteln sie Selbstbilder von Einzelnen aber auch ganzen sozialen Gruppen. Es gab vielfältige Möglichkeiten, das Grab eines Verstorbenen zu kennzeichnen, den Toten zu identifizieren oder an ihn zu erinnern. Am verbreitetsten waren die Grabplatte und das Epitaph. Bei der Grabplatte handelt es sich um eine große, meist rechteckige Platte, die das Grab im Sakralraum oder im Freien verschließt, es vor äußeren Einwirkungen schützt und gleichzeitig die Begräbnisstelle markiert. Dabei rahmt für gewöhnlich eine auf der Platte umlaufende Grabinschrift die figürliche Darstellung des bzw. der Verstorbenen, die in Ritzzeichnung oder im Bildrelief ausgeführt sein kann. Die Personen sind frontal oder im Relief, oft in Anbetungshaltung und mit Beigabe ihrer Wappen in zeitgenössischer Kleidung abgebildet. Im Verlauf der Zeit bedeckten die Platten allmählich den gesamten Kirchenboden. Im 19. Jahrhundert entfernte man sie vielerorts aus den Kirchen und nutzte sie für sekundäre Zwecke, vor allem als Baumaterial.

Abb. 130 Barfüßerkirche, Langhaus, erstes Grabmal für den 1259 verstorbenen Erzbischof von Mainz Gerhard I. von Dhaun

Abb. 131 zweites Grabmal für den Erzbischof von Mainz Gerhard I. von Dhaun in der Barfüßerkirche, Zeichnung von Constantin Beyer, erstes Viertel 19. Jahrhundert

Das Epitaph kann größer und prächtiger als die Grabplatte sein und einen mehrteiligen Aufbau mit reichem Bildprogramm haben. Anders als die Grabplatte fungierte es nicht zur Abdeckung, Markierung oder zum Schutz eines Grabes. Als personenbezogenes Denkmal diente es zum einen der Memoria, also dem immerwährenden Gedächtnis an eine Person, zum anderen der standesgemäßen Repräsentation und dem Nachruhm. Aufgrund seiner oftmals prachtvollen Ausformung kam ihm auch Schmuckcharakter im Kirchenraum zu.

Mit Ausnahme der Servitenkirche sind aus allen Erfurter Bettelordenskirchen Grabmäler erhalten. Zahlenmäßig bilden sie die stärkste Gruppe aller Ausstattungselemente. Das darf aber nicht über den hohen Verlust hinwegtäuschen, den es auch hier gegeben hat, wie das Inschriftenverzeichnis von Richard Jahr und Wilhelm Lorenz aus dem Jahr 1915 verdeutlicht.[197] Für die Augustinerkirche registriert es 36 Grabmäler, von denen zum Zeitpunkt der Erfassung noch die Hälfte vorhanden war. In der Barfüßerkirche waren von 44 ermittelten Grabmälern nur noch sieben vorhanden, ein Verlust von 84 %. In der Predigerkirche verblieben von 58 Grabmälern 22.[198]

Hier richtet sich der Blick zunächst auf die für Geistliche errichteten Grabmäler; es folgen die für weltliche Personen geschaffenen Objekte.

Der höchste geistliche Würdenträger, der in einer Erfurter Bettelordenskirche bestattet wurde, war der Mainzer Erzbischof Gerhard I.

Abb. 132 Barfüßerkirche, Chor, Grabmal für den 1371 verstorbenen Weihbischof Albert von Beichlingen

von Dhaun. Er hielt sich seit Beginn seiner Herrschaft häufig in Erfurt auf und stand in gutem Einvernehmen mit den Bürgern seiner Stadt.[199] Sehr enge Kontakte pflegte er zu den Minoriten. Der Franziskaner Bi schof Dietrich von Wirland, den er als Freund bezeichnete, war 1253 von ihm als Stellvertreter (Weihbischof) in Thüringen eingesetzt worden und der Lektor der Erfurter Franziskaner, Heinrich, war sein Beichtvater. Gerhard starb am 25. September 1259 und wurde auf eigenen Wunsch im Chor der Barfüßerkirche bestattet, wodurch das Kloster stark an Prestige gewann.[200] Zu Beginn des Jahres 2017 gelang überraschend die Wiederentdeckung seines Grabmals, das an dieser Stelle zum ersten Mal vorgestellt wird und daher etwas mehr Raum einnimmt.[201]

Die Grabplatte ist in die Innenseite der südlichen Kirchenwand im östlichsten Joch des Langhauses eingelassen (Abb. 130). Dort befindet sie sich allem Anschein nach seit dem 14. Jahrhundert. Bei einer Sanierung des Kircheninneren um 1830 war sie verputzt worden und kam erst nach der Zerstörung der Kirche 1944 wieder zum Vorschein. Daher wurde sie von der Forschung im 19. Jahrhundert und in der ersten Hälfte des 20. Jahrhunderts nicht zur Kenntnis genommen.[202] Nach ihrer Freilegung blieb sie bis heute über 70 Jahre unbeachtet.[203]

Die Platte misst 227 cm in der Höhe und 110 cm in der Breite.[204] Sie ist sehr stark beschädigt. Die Oberfläche der figürlichen Darstellung fehlt vollständig. Man erkennt eine im Relief gearbeitete, frontal ausgerichtete Person mit langem Gewand, die in eine 19 cm tiefe rechteckige Nische eingestellt ist. Mitra und Krummstab kennzeichnen sie als Bischof. In der Linken könnte sie ein Buch gehalten haben. Die sehr sauber gearbeitete Inschrift, eine gotische Majuskel, blieb nur im oberen Bereich und auf dem rechten Rand bis zur Mitte erhalten. Durch eine Abzeichnung der Grabplatte aus der ersten Hälfte des 17. Jahrhunderts, allerdings ohne Darstellung der Person, ist die Inschrift vollständig überliefert.[205] Sie besteht aus vier leoninischen Hexametern.[206] In Übersetzung heißt es: »Diesem geweihten Mann möge die Gnade des Herrn Christi gewähren, dass er schnell vom traurigen Tod zur himmlischen Heimat fliegt. Sehnend im Sarg in einem großen Grabmal hat dieser dessentwegen, was Du, Christus, ihm gegeben hast, Reue gezeigt, geweint, geklagt.«[207] Der Name des Bestatteten und ein Sterbedatum werden nicht genannt, was die Identifizierung erschwert. Die Inschrift spricht von einem »geweihten« oder »gesalbten« Mann. Dass es sich um einen Bischof handelt, geht aus den Attributen des Dargestellten, Bischofsstab und Mitra, hervor.[208] Die Schriftart und der stilistische Befund weisen in die Mitte des 13. Jahrhunderts. Das Motiv der in Form eines Hundekopfes auslaufendenden Krümme des Bischofsstabes findet sich auf dem Siegel Erzbischofs Gerhards I. von Dhaun wieder.[209] Auch die Verwendung einer Toteninschrift in Reimform passt gut in diese Zeit und begegnet bei weiteren Bischofsgrabmälern des 13. und frühen 14. Jahrhunderts.[210] In der Zusammenschau all dieser Befunde kommt als bestattete Person nur der Mainzer Erzbischof Gerhard I. von Dhaun in Betracht.[211] Was den Grabmaltyp anbelangt, dürfte es sich um eine Tumba gehandelt haben, wie die Inschrift es nahelegt, die von einem »einem Sarg in einem großen Grabmal« spricht. Von dieser Tumba hat sich hier nur der Tumbendeckel erhalten.[212] Mit dem Neubau der Kirche ab 1291 dürfte Gerhards Grab verlegt worden sein. Es befand sich fortan in der Mitte des 1316 geweihten Chores.

Ende des 14. Jahrhunderts oder zu Beginn des 15. Jahrhunderts wurde ein zweites Grabmal für Gerhard geschaffen Abb. 131). Es ist seit dem 19. Jahrhundert verschollen, sein Aussehen aber durch eine Zeichnung des Erfurter Chronisten Constantin Beyer bekannt.[213] Die Grabplatte zeigt den frontal ausgerichteten Geistlichen im bischöflichen Ornat unter einem Architekturrahmen stehend. In seiner Rechten hält er den Bischofsstab, in seiner Linken ein Buch. Rechts unten befindet sich das Wappen mit Mainzer Rad. Die umlaufende lateinische Inschrift

Abb. 133 Augustinerkirche, Chor, Grabmäler für die 1316 und 1324 verstorbenen Weihbischöfe Johannes von Lepanto links und Ludwig von Marronia rechts sowie für den 1354 verstorbenen Heinrich von Friemar den Jüngeren in der Mitte

nennt ein falsches Sterbejahr: »Im Jahre des Herrn 1251 starb der Herr Gerhard, der 35. Erzbischof zu Mainz, und liegt hier begraben. Seine Seele ruhe in Frieden.« Dass diese zweite Grabplatte erst weit über einhundert Jahre nach dem Tod des Erzbischofs gefertigt wurde, ist an der Schriftart, der gotischen Minuskel, ablesbar, die in Erfurt erst Ende des 14. Jahrhunderts aufkommt.[214] Die Unkenntnis über das korrekte Sterbejahr und das Fehlen eines exakten Sterbetages sind weitere Indizien für ein nachträglich geschaffenes Werk. Der Grund dafür, eine neue Grabplatte für den Erzbischof zu schaffen, könnte darin bestanden haben, dass das ursprüngliche Grabdenkmal bei der Zerstörung der Kirche durch Brand 1291 beschädigt worden war. Ein anderer Grund könnte in der Absicht bestanden haben, das prominente Grab namentlich ausweisen zu wollen. Dies ist vor dem Hintergrund der Konkurrenzsituation zu den anderen Bettelordensklöstern und den Stiftskirchen der Stadt denkbar.

Die ursprüngliche Grabplatte verlor jedenfalls ihre Funktion und wurde an ihren heutigen Standort versetzt, wo sie fortan kaum Beachtung mehr fand und schließlich in Vergessenheit geriet. Zur ursprüng-

Abb. 134 Predigerkirche, südliches Chorseitenschiff, Grabmal für den 1345 verstorbenen Graf Günther von Schwarzburg

lichen bildhauerischen Qualität des Werks und zur Meisterfrage lässt sich aufgrund der starken Zerstörungen wenig sagen. In Anbetracht des hohen Rangs des Bestatteten, wird wohl einer der besten Bildhauer beauftragt worden sein, der zur Verfügung stand. Das war zur damaligen Zeit der Naumburger Meister, den Gerhard I. gekannt haben dürfte. Dass dieser Bildhauer in Erfurt gewirkt hat, belegt ein heute verschollenes, aber im Bild überliefertes monumentales Werk, das für die Peterskirche geschaffen wurde und den fiktiven Klostergründer König Dagobert darstellte.[215] Der schlechte Erhaltungszustand der Grabplatte für Gerhard I. erschwert jedoch eine stilistische Zuweisung in die Werkliste dieses Meisters. Als wiederaufgefundenes Grabmal für den Mainzer Erzbischof, der zu den einflussreichsten Kirchenfürsten im Alten Reich zählte, verdient sie jedoch die größte Aufmerksamkeit. Mit einer Entstehung 1259 handelt es sich um das älteste erhaltene christliche Grabdenkmal Erfurts und zugleich um eine der ältesten Steinplastiken der Stadt. Zudem ist es nach der Grabplatte für Siegfried III. von Eppstein im Mainzer Dom das zweitälteste Grabmal eines Mainzer Erzbischofs überhaupt.

Eine weitere Persönlichkeit von besonderem Rang wurde 1371 in der Barfüßerkirche beigesetzt, der Erfurter Weihbischof Albert von Beichlingen, selbst Franziskaner und Titularbischof von Hippo. Sein heute an der Chornordwand aufgestelltes Grabmal zeigt den Geistlichen mit Bischofsstab und Buch in den Händen in einer rechteckigen Nische. Sein Kopf ist auf ein Kissen gebettet.[216] (Abb. 132) Er trägt den bischöflichen Ornat und darunter die Kutte der Franziskaner mit der Knotenschnur um die Hüften. Zu seinen Füßen befindet sich das Beichlingensche Wappen und ein Topfhelm als Helmzier. Die umlaufende Inschrift besagt in Übersetzung: »Im Jahre des Herrn 1371, an den 5. Iden des April [9. April] starb der ehrwürdige Vater in Christus, Herr Albert von Beichlingen, Bischof der Kirche von Hippo, dessen Seele in Frieden ruhe, Amen.« Die genaue Lage des Grabes war bisher nicht bekannt. Aus dem in Auszügen erhaltenen Nekrolog geht jedoch hervor, dass es sich im Chor vor der Pforte zur Sakristei befand.[217]

In der Augustinerkirche wurden zwei weitere Weihbischöfe beigesetzt, deren figürliche Grabmäler erhalten geblieben sind und heute an der Nordwand des Chores stehen (Abb. 133). Es handelt sich um die Weihbischöfe Johannes von Lepanto und Ludwig von Marronia, die zugleich Augustiner-Eremiten waren.[218] Die Bischofsgrabmäler, die beide vom selben Künstler geschaffen wurden, zeigen die Würdenträger in Pontifikalgewänder gekleidet mit nahezu gleicher Pose und sehr ähnlichen Gesichtern.[219] Ursache der Ähnlichkeit ist möglicherweise eine einheitliche, um 1330 im Kreis der Erfurter Augustiner entstandene Konzeption, den zwei Weihbischöfen, die Ablässe zur Förderung der Bauarbeiten an der Kirche gestiftet hatten, ein ehrendes Gedenken zu erweisen. Die Möglichkeit, dass es sich in beiden Fällen um die Deckplatten von Tumben handeln könnte, wurde in der Forschung bisher nicht angesprochen, doch gibt es dafür deutliche Hinweise. Beide Bischöfe sind als Aufgebahrte dargestellt; ihre Köpfe ruhen auf einem tief eingedrückten Kissen. Der gute Erhaltungszustand der Platten spricht gegen eine ursprünglich ebenerdige Lage. Besonders auffällig sind jedoch die Anordnung und Ausrichtung der Toteninschrift, die vom Normalfall abweichen. Auf beiden Grabmälern beginnt sie oben links, läuft gegen den Uhrzeigersinn und endet am unteren Rand. Die Buchstaben sind zum Plattenrand ausgerichtet. Der rechte Plattenrand ist leer. All das ergibt nur dann Sinn, wenn man sich die Platte als Deckplatte einer vor einer Wand stehenden Tumba vorstellt.[220] Geht man von einer Seitenansicht des Grabmals aus, wird das starke Hervortreten der Figur in Bezug zum Plattenrand verständlich. Zudem ist die Wahrnehmung des zu kurz gebildeten Unterkörpers nicht so stark wie bei einer Frontalansicht. Die heute als Sockel für die Grabmäler dienenden Platten mit gotischen Blendarkaden sind höchstwahrscheinlich die ehemaligen Teile der Seitenwände der Tumben.[221] Der ursprüngliche Standort der zwei Grabmäler war bisher nicht bekannt, konnte aber geklärt werden. Aus dem oben angesprochenen Verzeichnis der in der Augustinerkirche bestatteten Personen vom Ende des 14. Jahrhunderts geht hervor, dass sich die Gräber im Chor befanden, was die Wertschätzung zum Ausdruck bringt, die der Konvent den Weihbischöfen entgegenbrachte.[222] Da Grabmäler gewöhnlich mit dem Blick nach Osten ausgerichtet waren, dürften die zwei Tumben vor der nördlichen Chorwand gestanden haben, östlich des Chorgestühls, also ganz in der Nähe ihres heutigen Standorts. Auffällig ist, dass außer für die genannten Weihbischöfe, die zugleich Geistliche eines Mendikantenordens waren, nur wenige Grabplatten für Erfurter Bettelmönche überliefert sind. Die meisten Mönche scheinen auf dem jeweiligen Klosterfriedhof ohne aufwendiges Grabmal beigesetzt worden zu sein. Ausnahmen wurden für berühmte Ordensangehörige gemacht, die als hochgeschätzte Theologen dem Konvent zu hohem Ansehen verholfen haben.

Das trifft beispielsweise für Heinrich von Friemar den Jüngeren zu, einen in Erfurt und zeitweise auch in Gotha wirkenden Augustiner-Eremiten, der in Paris gelehrt hatte und später im Erfurter Kloster Lesemeister war. Seine Grabplatte, die zwischen den Bischofsgrabmälern steht, führt dem Betrachter auf eindrucksvolle Art und Weise das Erscheinungsbild eines Augustiner-Eremiten in Lebensgröße vor Augen.[223] (Abb. 133) Der Theologe steht auf einer Konsole. Sein Kopf mit jugendlichem Gesicht und abstehenden Ohren ruht auf einem Kissen. Hier sieht man die enge Verwandtschaft zu den Bischofsgrabmälern. Die Hände sind über der Brust zusammengelegt; die Rechte hält ein Buch. Die weite, faltige Kutte ist durch das Cingulum gegürtet. Die Schultern sind von einem Kragen mit Kapuze bedeckt. Über dem Gewand trägt er die vor der Brust gekreuzte Stola.

Sein Namensvetter, Heinrich von Friemar der Ältere, ein philosophisch-theologischer und asketischer Schriftsteller, war einer der wirkungsmächtigsten Augustiner-Eremiten überhaupt. Aus der urkundlichen Überlieferung geht hervor, dass es eine Grabplatte sowie ein Epitaph für ihn gegeben hat, beides im Chor, gegenüber der Sakristeitür.[224]

Das authentische Aussehen eines Dominikanermönchs in Lebensgröße vermittelt die Grabplatte für den Ordensbruder Graf Günther von Schwarzburg im südlichen Chorseitenschiff der Predigerkirche.[225] (Abb. 134) Die kolorierte Steinritzzeichnung zeigt im Profil den leicht knienden Geistlichen mit zum Gebet erhobenen Händen. Er trägt die gegürtete weiße Tunika und die schwarze Cappa der Dominikaner sowie eine Tonsur. Auf einem Spruchband ruft er Gott um Erbarmen an. Markant ist die Gestalt des Kopfes mit fliehender Stirn, spitzer Nase, eingefallenem Mund und ausgeprägtem spitzen Kinn. Hieran ist das Streben nach Individualisierung zu erkennen. Die umlaufende Inschrift in Ma-

Abb. 135 Augustinerkirche, Chor, Grabmal für die 1298 verstorbene Adelheid von Amera

juskeln besagt in Übersetzung: »Im Jahre des Herrn 1345 am Tage nach dem Fest des hl. Ambrosius [5. April] starb der ehrenvolle Günther von Schwarzburg, dessen Seele in Frieden ruhe.« Eine barocke Bekrönung wiederholt die Inschrift und weist den Toten als Günther XVI., Sohn des Grafen Heinrich X. aus der Blankenburger Linie der Schwarzburger, aus. Unter der Platte befindet sich ein Inschriftensockel, der besagt, dass der Grabstein zum Schutz vor weiterer Verwitterung 1757 vom Fürsten Heinrich von Schwarzburg an dieser Stelle aufgestellt worden sei. Der Stein soll sich ursprünglich im Kreuzgang des Klosters befunden haben.

Bei den Bettelorden ließen sich nicht nur Ordensgeistliche, sondern auch mehrere Pfarrer aus Stadt und Umgebung bestatten.[226] Aus der Barfüßerkirche stammt ein Grabstein für Hermann oder Heinrich, Pfar-

Abb. 136 Augustinerkirche, Chor, Grabmal für Heinrich von Meiningen († 1385) und seine Frau Margaretha († 1382)

Abb. 137 Bruchstücke eines Grabmals für Angehörige der Familie Ziegler, Meister des Severi-Sarkophags, um 1360

rer der Erfurter Matthiaskirche.[227] Der Grabstein wurde zu einem unbestimmten Zeitpunkt in der zweiten Hälfte des 20. Jahrhunderts im Langhaus der Kirche geborgen. Er ist quer in zwei ungleich große Teile zerbrochen.[228] An der linken Seite fehlt ein Stück. Für eine Zweitverwendung als Baumaterial wurde der Rand des Steins an drei Seiten zu einer Kehle umgearbeitet, wobei Teile der Inschrift verloren gingen. Ungewöhnlich ist, dass eine bildliche Darstellung des Verstorbenen auf dem Grabstein fehlt. Dieser Fall ist selten innerhalb der Erfurter Grabplastik.[229] Denkbar ist, dass die Darstellung des Verstorbenen lediglich aufgemalt war, mit der Zeit verblasste und heute völlig verschwunden ist. Wahrscheinlicher ist aber, dass der Stein bewusst ohne figürliche Darstellung angefertigt wurde. Die umlaufende, gerahmte Inschrift in gotischen Majuskeln lässt sich in Übersetzung folgendermaßen rekonstruieren: »Im Jahre des Herrn 1276, an den 6. Kalenden des März [24. Februar], starb Herr Heinrich [oder Hermann[230]], Pfarrer der Kirche des hl. Apostels Matthias.« Die Grabplatte zählt zu den wenigen erhaltenen Ausstattungsstücken des Vorgängerbaus der heutigen Barfüßerkirche. Es handelt sich hier um das früheste Sachzeugnis eines Erfurter Pfarrers und das zweitälteste christliche Grabdenkmal der Stadt.

Von den vielen erhaltenen Grabdenkmälern für weltliche Personen in den Erfurter Bettelordenskirchen können hier nur wenige aufgeführt werden. Die älteste Grabplatte in der Augustinerkirche wurde für Adelheid von Amera geschaffen.[231] (Abb. 135) Der Ritzgrabstein, 213 cm hoch und 108 cm breit, steht vor der Chornordwand. Er zeigt die Verstorbene in einem weiten Mantel, der vor der Brust mit einer Tasselschnur zusammengehalten wird, die sie mit der Rechten ¢Linken?-prüfen!¢ fasst. Ihr Haupt ist von einem Schleiertuch umhüllt und ruht auf einem Kissen. Die umlaufende Inschrift besagt in Übersetzung: »Hier liegt Adelheid, die Ehefrau des Ritters Johannes von Amera, die 1298 starb, Amen.«

Diesem Stein gegenüber, an der Chorsüdwand, befindet sich das Reliefepitaph für Heinrich von Meiningen und seine Ehefrau Margaretha.[232] (Abb. 136) Im unteren Drittel erblickt man das kniende Paar mit zum Gebet erhobenen Händen. Der Mann trägt einen Mantel mit

Abb. 138 Barfüßerkirche, Chor, Grabmal für die 1370 verstorbene Cinna von Vargula

Abb. 139 Predigerkirche, Chor, Grabmal für den 1366 verstorbenen Dietrich von Lichtenhain

Kapuze, die Frau ein langes Gewand und einen Kopfschleier. Zwischen ihnen befindet sich das Wappen der Familie von Meiningen mit hochragendem Helm. Auf zwei Spruchbändern bitten sie Christus um Erbarmen. In den oberen zwei Dritteln des Epitaphs ist die Ölbergszene dargestellt, Christus im Garten Gethsemane im Gespräch mit dem Engel, der ein Spruchband hält mit den Worten: »Sei stark«. Vor Christus steht auf einer Erhöhung ein Kelch und hinter ihm schlafen drei Jünger. Die umlaufende, erhabene Inschrift besagt: »Im Jahre des Herrn 1385, am Sonntag vor dem Fest des hl. Jacobus [23. Juli], starb Heinrich von Meiningen. Im Jahre 1382, am Tag der hl. Elisabeth [19. November], starb seine Frau Margaretha.« Ursprünglich befand sich das Epitaph im Kreuzgang des Klosters, wie Johann Heinrich Tiemeroth in seiner Beschreibung der Augustinerkirche vom Anfang des 18. Jahrhunderts mitteilt.[233]

Aus der Barfüßerkirche stammt ein bisher kaum bekanntes, fragmentarisch erhaltenes Epitaph für Angehörige der Erfurter Patrizierfamilie Ziegler aus der zweiten Hälfte des 14. Jahrhunderts.[234] (Abb. 137) Das Werk ist durch einen Bogen mit Schleiermaßwerk in einen oberen und einen unteren Bereich geteilt. Die figürlichen Darstellungen sind im Hochrelief gearbeitet, die umlaufende Inschrift, eine gotische Majuskel, geritzt. Auf dem gesamten oberen Teil des Epitaphs ist eine polychrome Farbfassung erhalten. In der Mitte ist der Gekreuzigte dargestellt. Große Teile seines Rumpfes sowie die Beine fehlen. Er wird flankiert von einem Stifterehepaar. Beide Personen sind im Dreiviertelprofil in kniender Andachtshaltung abgebildet. Vom Mann sind nur der Kopf und die Hälfte seines Oberkörpers erhalten. Er hat schulterlanges, gelocktes blondes Haar und trägt ein rotes Untergewand mit Knopfleiste an den Ärmeln, darüber eine blaue Gugel, ein kapuzenartiges Kleidungsstück, das auch die Schultern bedeckte. Die Frau trägt einen Schleier, ein blaues Untergewand, ebenfalls mit Knopfleiste an den Ärmeln, darüber einen roten Umhang. Im unteren Teil des Epitaphs sind zwei weitere Personen in Andachtshaltung zu sehen. Beiden fehlen der Kopf, der obere Teil des Rumpfes sowie die Arme. Sie tragen lange Gewänder, spitz auslaufende Schuhe und knien auf ihrem Familienwappen, rechts das Wappen der Familie Ziegler (ein Hirschkopf), links ein bisher unbekanntes Wappen, das einen Löwen zeigt. Die Wappen sind als Allianzwappen mit nur einer Helmzier dargestellt. In der vollständigen Umschrift waren insgesamt fünf Personen erwähnt, von denen heute nur noch zwei sicher benannt werden können: der an erster Stelle aufgeführte, 1307 gestorbene Giselher Ziegler und der am Schluss aufgeführte Rudolf Ziegler.[235] Ersterer dürfte im unteren Feld mit seiner Frau zu sehen sein.[236] Letzterer kommt als Stifter des Werks in Betracht, das er noch zu Lebzeiten in Auftrag gegeben haben könnte, da sein Sterbedatum nicht angegeben ist.[237] Er dürfte im oberen Feld mit seiner Frau dargestellt sein. Bemerkenswert ist, dass in diesem Werk mehrerer Personen generationenübergreifend gedacht wird, sodass von einem Familienepitaph gesprochen werden kann. Herausragend ist die künstlerische Qualität. Die porträthafte Gestaltung der Stifter im oberen Teil des Epitaphs zählt zu den Höhepunkten gotischer Bildhauerkunst in Erfurt. Eindrucksvoll sind auch die Gewänder mit ihrem aufwendigen Faltenwurf, hier vor allem die Stauchungen im Bereich der Unterbeine. Stilistisch kann das Werk zweifelsfrei dem Meister des Severi-Sarkophags zugeschrieben werden, der, wie oben ausgeführt, weitere Objekte für die Barfüßerkirche geschaffen hat. Ausgesprochen selten innerhalb der mittelalterlichen Grabmalplastik Erfurts ist die erhaltene Farbfassung aus der Entstehungszeit im oberen Teil des Werkes, von der ein ganz besonderer Reiz ausgeht. Sie vermittelt eine vage Vorstellung von der Farbigkeit gotischer Kirchenausstattung, insbesondere der Grabmäler.[238] Nach der notwendigen Restaurierung sollte das Epitaph künftig unbedingt öffentlich präsentiert werden. Der Chor der Barfüßerkirche würde sich dafür anbieten.

Mit einem Ziegler verheiratet war Cinna von Vargula, deren Grabdenkmal zu den eindrucksvollsten und ausdrucksstärksten Bildhauerarbeiten der Erfurter Kunst im 14. Jahrhundert zählt.[239] (Abb. 138) »Die gleichwohl lebensnah wie idealisiert dargestellte Verstorbene berührt in ihrer jugendlichen Anmut den Betrachter.«[240] Die schlanke Gestalt steht auf einer Konsole. Über ihr befinden sich die Wappen Ziegler (Hirschkopf) und Vargula (mehrfach schräg geteilter Löwe mit Mädchenkopf). Ihre Hände sind betend vor dem Oberkörper zusammengelegt, die Arme fest in das Manteltuch eingebunden; das schmale, ovale, lächelnde Gesicht ist von dem gerüschten Kruseler umrahmt. Die umlaufende Inschrift lautet übersetzt: »Im Jahre des Herrn 1370 am Mittwoch vor Lucia [11. Dezember] starb Cinna, die Tochter Friedrichs von Varila [Vargula] und die Ehefrau Rudolfs, des Sohnes von Geselher Ziegler.« Der Meister der Cinna von Vargula, der zeitgleich mit dem Meister des Severi-Sarkophags arbeitete, war vertraut mit den plastischen Ausdrucksmöglichkeiten der Zeit nach der Jahrhundertmitte. Seine Werke sind durch eine außergewöhnlich stilisierende Formkraft geprägt.

Von ihm stammt auch das Grabmal für Ritter Dietrich von Lichtenhayn an der südlichen Chorschranke der Predigerkirche.[241] (Abb. 139) Es ist in mehrfacher Hinsicht bemerkenswert. Zum Einen handelt es sich um eine frühe Profildarstellung des Verstorbenen, mit Ausnahme des frontal ausgerichteten Kopfes. Des Weiteren erblickt man den knienden Ritter in einem sehr flachen, dafür aber aussagekräftigen Relief. Auch kostümgeschichtlich ist das Werk von Interesse. Der Ritter trägt einen schweren Leibrock, unter dem am Oberschenkel ein Stück des Panzerhemdes sichtbar ist, Gürtel mit Dolch und Tasche, Beinschienen, Schnabelschuhe sowie Schild und Schwert.[242] Sein Wappen auf dem Schild zeigt einen Waidstein, der in der Helmzier wiederkehrt. Die umlaufende Inschrift besagt in Übersetzung: »Im Jahre des Herrn 1366, am sechsten Wochentag nach Christi Himmelfahrt [15. Mai], starb der Ritter Dietrich von Lichtenhayn.«

Ein halbes Jahrhundert später dominierte der nach seinem Zeichen genannte Meister »I« die Erfurter Steinbildhauerkunst.[243] Von ihm stammen mehrere Schlusssteine in der Barfüßerkirche. Bis heute ist die Identifizierung dieses herausragenden Bildhauers nicht gelungen.[244]

Abb. 140 Predigerkirche, Chor, Grabmal für das um 1422 verstorbene Ehepaar Else und Gottschalk Legat

Das berühmteste Grabmal, das er schuf, ist das Epitaph für Gottschalk Legat und seine Frau Elisabeth in der Predigerkirche.[245] (Abb. 140) Seine massive Beschädigung – es ist in der Mittelachse gebrochen – rührt daher, dass es zeitweise als Gehwegplatte zweckentfremdet worden war. Der verdienstvolle Erfurter Kaufmann und Historiker Karl Herrmann erwarb die Teile und schenkte sie der Predigerkirche.[246] Daher ist es nicht erwiesen, dass das Epitaph ursprünglich aus dieser Kirche stammt. Es ist aber gut denkbar, dass sich das Ehepaar dort bestatten ließ, da es das Predigerkloster mit zahlreichen Zuwendungen bedachte, wie aus dem Stifterbuch hervorgeht.[247] Das 190 cm hohe und 133 cm breite Epitaph zeigt das kniende Ehepaar in Anbetungsgestus unter einer Baldachinarchitektur rechts und links eines Schmerzensmannes, der fast vollständig zerstört ist. In der portraithaften Ausgestaltung der beiden Figuren äußert sich ein »kraftvoll auftretender Realismus«.[248] Der alte Mann hat einen hageren Kopf mit Falten und Linien an Stirn, Wangen und Augen. Sogar die Adern an den Schläfen sind wirklichkeitsnah wiedergegeben. Das Gesicht der jugendlichen Frau ist demgegenüber sehr weich gearbeitet. Besonders kontrastreich ist die Ausarbeitung der Hände von Mann und Frau. Overmann nennt die hagere, sehnige und von unzähligen Falten durchzogene Hand des Mannes ein »Meisterstück realistischer Darstellung«.[249] Das Wappen des Mannes zeigt einen Löwenkopf, dem aus Mund und Ohren jeweils eine Lilie herauswächst. Es entspricht dem Wappen der Familie Legat. Das Wappen der Frau zeigt zwei Schrägbalken, die mit je drei Muscheln belegt sind. Es konnte von der Forschung lange Zeit nicht zugewiesen werden. Mittlerweile steht fest, dass es sich um das Wappen der Familie von Apolda handelt.[250] Der untere Rahmen des Epitaphs zeigt eine zweizeilige Inschrift. Sie besagt in Übersetzung: »Im Jahre des Herrn 1422, am Sonntag Quasimodogeniti [19. April], [starb] Gottschalk Legat, Amen. Im selben Jahr, am dritten Wochentag nach dem Sonntag Exaudi [26. Mai], [starb] seine Frau Else, ihre Seelen [mögen in Frieden ruhen].«[251]

Weitere spätmittelalterliche Grabmäler, die es wert wären, näher beleuchtet zu werden, bleiben hier aus Platzgründen ausgespart. Dabei sind die vorgestellten Objekte nicht nur kunsthistorisch von Interesse. Sie bilden darüber hinaus eine wichtige Quelle für die Begräbnis- und Memorialkultur und für die Geschichte der Erfurter Bettelordenskirchen im Allgemeinen, lassen sie doch die hohe Stellung der Gotteshäuser in der städtischen Gesellschaft erkennen. Die Grabmäler stehen stellvertretend für die zahlreichen Stiftungen, die die Bettelordenskirchen von der Geistlichkeit, der städtischen Oberschicht und dem Adel erhalten haben.

Resümee

Die Überblicksdarstellung zur Ausstattung der Erfurter Bettelordenskirchen zur Klosterzeit lässt Verschiedenes deutlich werden. Unter dem erhaltenen Bestand befinden sich zweifellos mehrere Objekte, die zu den Glanzstücken der mittelalterlichen Kunst Erfurts, ja Thüringens, zählen. Stellvertretend hierfür stehen der Augustineraltar aus der Augustinerkirche, der Grabstein der Cinna von Vargula in der Barfüßerkirche und die Darstellung des Kalvarienbergs in der Predigerkirche. Mit den restlichen erhaltenen Objekten sind sie jedoch nur ein kleiner Teil der einst so umfangreichen und vielfältigen Einrichtung der Kirchen. Um eine Vorstellung von der historischen Ausstattung zu gewinnen, richtete sich der Blick deshalb auch auf die Schriftquellen. Hierbei erwiesen sich das Stifterbuch sowie die Inventare des Predigerklosters als sehr ergiebig. Ohne die zwei erhaltenen Inventare der Servitenkirche wären so gut wie keine Aussagen zu deren Einrichtung möglich gewesen. Die Schriftzeugnisse bieten nicht nur eine Auflistung der einzelnen Gegenstände, sondern liefern wertvolle Informationen zu deren Aussehen und Beschaffenheit sowie Angaben zu den Stiftern. Erst der Abgleich zwischen den Erkenntnissen aus den Schriftquellen und dem erhaltenen Bestand macht deutlich, wie hoch die Verlustrate ist. Für manche Objektgruppen beträgt sie 100 Prozent, so zum Beispiel für die Paramente, die einst zahlenmäßig stärkste Gruppe, aber auch für die Reliquien und Teile des Altargeräts. Hier zeigt sich, welchen großen Quellenwert den Schriftzeugnissen beikommt. Die künftige Sichtung von weiterem Material wird das Bild von der Kirchenausstattung zusätzlich abrunden. Am größten ist die Überlieferungsdichte bei den Grabdenkmälern, weshalb sie im Text auch den meisten Raum eingenommen haben und nur auszugsweise vorgestellt werden konnten.

Auch wenn die Ausführungen nur eine kursorische Betrachtung erlaubten, konnten in einigen Fällen neue Erkenntnisse vorgestellt bzw. Anregungen für künftige Untersuchungen gegeben werden; dies gilt vor allem für Fragen nach der Datierung, dem originalen Standort, dem ursprünglichen Aussehen und den Stiftern der Kirchenausstattung. So konnte beispielsweise gezeigt werden, dass es sich bei den Grabdenkmälern für die in der Augustinerkirche bestatteten Weihbischöfe Johannes von Lepanto und Ludwig von Marronia allem Anschein nach ursprünglich um Tumben gehandelt hat, die vor der Chornordwand standen. Zu den bekannten Objekten,zu denen bereits seit langem zahlreiche Kunsthistoriker gearbeitet haben, gesellen sich im Text auch Werke, die kaum oder gar nicht bekannt sind und deren Erforschung noch am Anfang steht. Unter ihnen ragt das farbige Epitaph für Angehörige der Familie Ziegler, eine Arbeit des Meisters des Severi-Sarkophags aus der zweiten Hälfte des 14. Jahrhunderts, heraus. Die größte Neuheit ist die Identifizierung des Grabmals für den Mainzer Erzbischof Gerhard I. von Dhaun im Langhaus der Barfüßerkirche. Seine baldige Restaurierung mit anschließender öffentlicher Präsentation im Chor der Kirche wäre deshalb wünschenswert. Eine vergleichende Untersuchung der in Erfurt noch vorhandenen bzw. durch Quellen fassbaren Ausstattung mit der von Mendikantenkirchen anderer Städte wäre eine lohnende Aufgabe.

Anmerkungen

1 Kroesen, Seitenaltäre, S. 7 f. ▪ **2** Weiß, Bürger, S. 172 f. ▪ **3** Zur Sammlung des Evangelischen Waisenhauses vgl. Bellermann, Entstehung. Verzeichnis. Laube, Reliquie, S. 252–257. ▪ **4** Die Vasa sacra der Barfüßerkirche gelangten mit der Fusion von Barfüßer- und Predigergemeinde 1977 in den Besitz der Predigergemeinde. ▪ **5** Ein großer Teil der Ausstattung ging in der napoleonischen Zeit verloren. Vgl. Overmann, Predigerkirche, S. 11 f.; Quehl, Prediger-Kirche, S. 139 f. ▪ **6** Reinle, Ausstattung, S. 3–23. ▪ **7** Kunstdenkmale 2,1, S. 77 Reg. 22 mit Bezug auf den mittelalterlichen Nekrolog des Klosters. ▪ **8** v. Tettau, Bau- und Kunstdenkmäler, S. 159. Eine vergleichbare Gestaltung mit spitzbogiger Blendarkatur weist der um 1300 geschaffene Blockaltar der Erfurter Reglerkirche auf. Vgl. Meißner, Reglerkirche, S. 47. ▪ **9** Kletschke, Predigerkirche, S. 10. Nitz, Stifterbuch, S. 53. Mandry, Stiftungen, S. 107. Meißner, Stiften, S. 215. ▪ **10** Übersetzung nach Meißner, Stiften, S. 215. Kletschke, Predigerkirche, S. 10 las: *Me comes Heinricus Hoinstein et Elstor* [?], *amicus ordinis exstruxit, hinc perpetuo sibi lux sit.* Möglicherweise ist das Wort *Elstor* auf die Burg Ellrich im Südharz zu beziehen, die in der zweiten Hälfte des 13. Jahrhunderts im Besitz der Grafen von Hohnstein war. Nitz, Stifterbuch des Predigerklosters, S. 53 Anm. 199. ▪ **11** Nitz, Stifterbuch des Predigerklosters, S. 53. ▪ **12** v. Tettau, Bau- und Kunstdenkmäler, S. 172. Overmann, Kunstdenkmäler, Nr. 273. Overmann, Barfüßeraltar. Kunstdenkmale 2,1, S. 155 Reg. 23, S. 182–188. Meißner, Bewahrung, S. 283. Erthel, Pfarrkirchen, S. 68–70. ▪ **13** Overmann, Kunstdenkmäler, Nr. 291. Kloos, Tafelmalerei, S. 11–24. Ausführlich Kammel, Kunst in Erfurt, S. 341–361 mit Angabe weiterer Literatur. ▪ **14** Verzeichnis, S. 5 Nr. 30–33. ▪ **15** v. Tettau, Bau- und Kunstdenkmäler, S. 161. Overmann, Kunstdenkmäler, Nr. 14. Ausführlich Kammel, Kunst in Erfurt, S. 181–191 mit Angabe der älteren Literatur. Vgl. auch den Leihvertrag für das Retabel zwischen der Predigergemeinde und dem Angermuseum von 1953: AEPG Erfurt, Neu 732/73. ▪ **16** Die Klärung dieser Frage ist wegen des Verlusts des Retabels nicht mehr möglich. Stilkritische Beobachtungen allein reichen hierfür nicht aus. ▪ **17** v. Tettau, Bau- und Kunstdenkmäler, S. 159–161. Overmann, Kunstdenkmäler, Nr. 276. Overmann, Barfüßeraltar, S. 70–72. Meißner, Bewahrung, S. 283. ▪ **18** Allgemein zu Seitenaltären in Kirchen vgl. Kroesen, Seitenaltäre. ▪ **19** Zu den Klausurgebäuden Sakristei und Kapelle und den Kircheneinbauten Lettner und Empore siehe den Beitrag von Rainer Müller in diesem Band. ▪ **20** Es waren das der Annenaltar (um 1291), der Katharinenaltar in der Katharinenkapelle (um 1318), der Martinsaltar im hohen Chor gegenüber der Sakristei, der Johannesaltar, der Sebastiansaltar, der Altar der hl. Felix und Adauctus, der Altar der 11 000 Jungfrauen und ein nicht näher bezeichneter Altar auf dem Lettner (1444). Vgl. Kunstdenkmale 2,1, S. 77 Reg. 22. ▪ **21** StadtA Erfurt, 5/101–4: Johann Michael Weinrich, Notizen über Erfurter evangelische Kirchen, Bl. 7r. Der Verfasser dieser Handschrift war jedoch nicht Johann Michael Weinrich. Diese falsche Zuweisung geht auf Alfred Overmann zurück. In Wahrheit handelt es sich um den Geistlichen Johann Heinrich Tiemeroth (1669–1758). Zu Johann Heinrich Tiemeroth selbst siehe Bauer, Theologen, S. 313. ▪ **22** Verzeichnis, S. 3–7. v. Tettau, Bau- und Kunstdenkmäler, S. 196. ▪ **23** Verzeichnis, S. 3 Nr. 1. ▪ **24** Zu der Ansicht vgl. Schätze, S. 49. ▪ **25** Overmann, Kunstdenkmäler, Nr. 294. Kunstdenkmale 2,1, S. 198 f. ▪ **26** Die Stiftungstätigkeit der Färber in der Barfüßerkirche ist durch weitere Darstellungen dieser Berufsgruppe belegt, nämlich auf zwei Schlusssteinen und einer Glasmalerei. ▪ **27** Verzeichnis, S. 6 Nr. 44. Franziskaner in Thüringen, S. 276. ▪ **28** Kunstdenkmale 2,1, S. 196–174. Kloos, Tafelmalerei, S. 24–27. ▪ **29** Dies erkannten zuerst Pieper/Einhorn, Franziskaner, S. 165. ▪ **30** *Te ergo quaesumus, tuis famulis subveni, quos pretioso sanguine redemisti.* ▪ **31** Welzel, Zentrum, S. 376 f. ▪ **32** Wehrsig, Ermstedt. Ritter/Herz, Ermstedt, S. 20 f. ▪ **33** Wehrsig, Ermstedt, S. 147 f. Zu den beiden hl. Bischöfen siehe Bornschein, Adolar. ▪ **34** Zu Bildschnitzer und Maler vgl. Sandner, Tafelmalerei, S. 316–320. Bemerkenswert erscheint, dass hier eine von Erfurt weit entfernt gelegene Werkstatt mit der Schaffung dieses Retabels beauftragt wurde. ▪ **35** Wehrsig, Ermstedt, S. 144 f. Zu dem Kaufvertrag vgl. StadtA Erfurt, 1–3/Ermstedt 141. Die Gemeinde Ermstedt bezahlte 18 Gulden für das Retabel. ▪ **36** Wehrsig, Ermstedt, S. 148 f. ▪ **37** AEPG Erfurt, Hs BP 2. Zacke, Todten-Buch. Nitz, Das Stifterbuch des Predigerklosters; der Wert dieser Untersuchung wird noch gesteigert durch eine vollständige Transkription des Stifterbuchs im Anhang mit Orts- und Namensregister sowie Sachregister. Nitz, Stifterbuch. Mandry, Stiftungen. Mandry, Predigerkloster. ▪ **38** Es sind dies der Agnesaltar, der Antoniusaltar, der Corpus-Christi-Altar, der Dionysiusaltar, der Dominikusaltar, der Gehilfenaltar, der Jakobusaltar, der Altar St. Petrus Martyr, der Salvatoraltar, der Thomasaltar, der Altar Unser Lieben Frauen, der Rosenkranzaltar, der Vinzenzaltar, der Altar der 11.000 Jungfrauen. Vgl. das Sachregister Nitz, Das Stifterbuch des Predigerklosters, S. 172–180. Im Inventar des Klosters von 1522 wird noch ein Maria-Magdalenen-Altar genannt; vgl. Schalldach, Inventarverzeichnisse, S. 286. ▪ **39** Nitz, Das Stifterbuch des Predigerklosters, Anhang, Bl. 8v. Das Ehepaar Alexander von Schmira und Ehefrau Heinrica werden auch als Erbauer genannt. Ebd., Bl. 45v. Mandry, Stiftungen, S. 66, 72 f., 112–114 und 175. ▪ **40** Nitz, Das Stifterbuch des Predigerklosters, Anhang, Bl. 19r. Mandry, Stiftungen, S. 51 f., 110. ▪ **41** Nitz, Das Stifterbuch des Predigerklosters, Anhang, Bl. 31r. ▪ **42** Ebd., Bl. 12r. Mandry, Stiftungen, S. 92 f. ▪ **43** Nitz, Das Stifterbuch des Predigerklosters, Anhang, Bl. 33v. Mandry, Stiftungen, S. 87 f. ▪ **44** Nitz, Das Stifterbuch des Predigerklosters, Anhang, Bl. 35v. Mandry, Stiftungen, S. 94. ▪ **45** Nitz, Das Stifterbuch des Predigerklosters, Anhang, Bl. 37r. 38v. Mandry, Stiftungen, S. 86 f. ▪ **46** Nitz, Das Stifterbuch des Predigerklosters, Anhang, Bl. 61r. Mandry, Stiftungen, S. 90. ▪ **47** Nitz, Das Stifterbuch des Predigerklosters, Anhang, Bl. 8r, 19v. ▪ **48** Ebd., Bl. 25r. Mandry, Stiftungen, S. 42 f. ▪ **49** Nitz, Das Stifterbuch des Predigerklosters, S. 42. ▪ **50** Ebd., S. 46 f. Mandry, Stiftungen, S. 83 f. ▪ **51** Nitz, Das Stifterbuch des Predigerklosters, Anhang, Bl. 28r. ▪ **52** Ebd., Bl. 24r. Meißner, Entstehung, S. 18 f. ▪ **53** Hier handelt es sich um eine seltene Parallelüberlieferung; Nitz, Das Stifterbuch des Predigerklosters, S. 34 und Anhang, Bl. 24r. Die Inschrift im Stifterbuch lautet: *In lobe und ere des almechtigen Gottes der hochgelobten iunckfrowen Marien syner werdigen mutter, Sent Anthony und aller Heyligen haben dy erhafftigen er Ffrantz Kudorff und frowe Agnese syn elyche wertyn mit fumfcigk marken lotiges sylbers, dy sy dyssem kloster und brudern bescheyden und gegeben hant, eyn ewige messe obbyr dyssem altar allte tage mit vyr ewigen begenckenissen czu vyr geczyten yn eyme ixßlichen iare myt vigilien unde selemessen gestifft ewenklichen czu halden und Got unsen Herren flyßlichen vor yr sele und vor alle dy us yrme geslechte vorscheyden synt czu betyn. Sint des iars als man czalte nach Cristi geburt vyrczen hundert und yn dem sechs und fumffczigesten iare, uff den frytag nach unsers Heren lychams tage.* Zum Inschriftenstein siehe auch Quehl, Prediger-Kirche, S. 111 f.; Jahr/Lorenz, Inschriften, Nr. 73. ▪ **54** Mandry, Stiftungen, S. 183 mit weiterer Literaturangabe. ▪ **55** Hierauf hat bereits Overmann, Predigerkirche, S. 16 f. verwiesen. Das zeigt auch der Baubefund. Dort, wo der Altar die Wand verstellt hat, ist diese viel gröber, nicht auf Ansicht gearbeitet. Ein Metallhaken am Schlussstein des südlichen Lettnergewölbes könnte die Befestigung für eine Altarlampe gewesen sein. Zur Position von Altären vor dem Lettner siehe Kroesen, Seitenaltäre, S. 72–85. Ein gutes Beispiel für die Anordnung der Altäre vor dem Lettner einer Bettelordenskirche liefert die Franziskanerkirche in Rothenburg ob der Tauber. Vgl. ebd., S. 79 mit Abb. ▪ **56** v. Tettau, Bau- und Kunstdenkmäler, S. 159. Overmann, Kunstdenkmäler, Nr. 197. ▪ **57** Kloos, Tafelmalerei, S. 45 f. gibt als Herkunft des Retabelfragments irrtümlich die Erfurter Peterskirche an. Kammel, Niedersachsen, S. 154–156 übernimmt diese falsche Angabe. ▪ **58** Diesen Hinweis verdanke ich Dr. Falko Bornschein (Erfurt). Dehio, Thüringen, S. 347. ▪ **59** Overmann, Kunstdenkmäler, Nr. 287. Kloos, Tafelmalerei, S. 3–11. Ausführlich Kammel, Kunst, S. 310–341 mit Angabe weiterer Literatur. ▪ **60** Overmann, Kunstdenkmäler, Nr. 287 äußert sich noch vorsichtig, was die Identifizierung mit Hugo Longus anbelangt. ▪ **61** Kammel, Kunst, S. 338. ▪ **62** Mandry, Stiftungen, S. 47–50, 114 f. Stürzebecher, Judenbild, S. 134 f. ▪ **63** Nitz, Das Stifterbuch des Predigerklosters, Anhang, Bl. 14 v–15 v. Mandry, Stiftungen, S. 69–72. Zacke, Todten-Buch, S. 115 gibt als Jahr der Schenkung fälschlich 1350 an, was von Kammel, Kunst, S. 312, 337 f. übernommen wird. ▪ **64** Overmann, Kunstdenkmäler, Nr. 287, S. 282. ▪ **65** Quehl, Prediger-Kirche, S. 102. Quehl schreibt irrig vom Augustinusaltar, meint aber den Jakobusaltar. ▪ **66** Nitz, Das Stifterbuch des Predigerklosters, Anhang, Bl. 25r. ▪ **67** Nach Keil, Geschlechter, S. 174 war er in erster Ehe mit einer Katharina und in zweiter Ehe mit einer Aleke verheiratet. ▪ **68** Quehl, Prediger-Kirche, S. 101 beschreibt ihn. ▪ **69** Die Zeichnung stammt von Rudolf Böckner. Vgl. StadtA Erfurt, 5/110 B 12–24, S. 119. ▪ **70** Siehe dazu ausführlich Braun, Altargerät, S. 17–246. ▪ **71** Aus der Augustinerkirche stammt ein um 1500 geschaffener Kelch. Vgl. Schätze, S. 72 mit Angabe der älteren Literatur. Aus der Barfüßerkirche sind zwei Kelche aus der Klosterzeit erhalten. Der eine stammt, nach mündlicher Aussage von Johann Michael Fritz, aus dem letzten Drittel des 14. Jahrhunderts. Karl-Heinz Meißner datiert ihn in die zweite Hälfte des 15. Jahrhunderts. Vgl. ebd., S. 68. Der andere Kelch der Barfüßerkirche stammt von 1516; ebd., S. 76. Aus der Predigerkirche sind ebenfalls zwei spätmittelalterliche Kelche überliefert, einer von 1505, der andere aus dem ersten Drittel des 16. Jahrhunderts; vgl. ebd., S. 73 f. ▪ **72** Overmann, Kunstdenkmäler, Nr. 386 mit Abb. Kunze, Kunsthandwerk, S. 85, Nr. 134. Kunstdenkmale 2,1, S. 202 Nr. 26 mit Abb. 188b. Schätze, S. 76. Franziskaner in Thüringen, S. 310. ▪ **73** In der Figur des hl. Benedikt hat die Forschung bisher den hl. Franziskus gesehen. Der Abts- oder Bischofsstab widerspricht aber dieser Interpretation. Die Stigmata, die Einhorn, Kunst, S. 175 erkennen will, sind meines Erachtens die runden Verzierungen der Handschuhe des Geistlichen. ▪ **74** Zur Bedeutung von Kircheninventaren für die Erforschung der historischen Kirchenausstattung am Beispiel der Erfurter Pfarrkirchen siehe Erthel, Pfarrkirchen. ▪ **75** Schalldach, Inventarverzeichnisse. ▪ **76** Die Inventarisierung ließ der Rat der Stadt durchführen. Zu den möglichen Motiven vgl. Schalldach, Inventarverzeichnisse, S. 278. ▪ **77** Zum Inventar von 1485 vgl. Neubauer, Inventar, zum Inventar von 1521 Benl, Inventar. ▪ **78** *Der bader kilch mit yrem czechen. – Meyster Nickelß, unses steynmetzcen, kilch; uns geofferet in die conceptionis ad novam capellam conceptionis; seyn wipp uns offeren mit eynem creucz, und under dem napff eyn kron angelut. – Eyn kilch alt mit einem crucz uff einem runden fuß und rosen am knauff. – Eyn nauer kilch mit bilden auf dem fuß cum ymaginibus beate Virginis, Steffani, Ciriaci, Valentini et Bartholomei* […]. Zitiert nach Benl, Inventar, S. 42 f. ▪ **79** Jeweils einen Kelch für ihr Jahrgedächtnis stifteten *Nicolaus Hochertze* und seine Frau *Ysele* (Nitz, Das Stifterbuch des Predigerklosters, Anhang, Bl. 6 v), *Osanna Horinngen* (ebd., Bl. 45 r), *Allexander von Smyre* und seine Frau *Heynrica* (ebd., Bl. 45 v), *Kethe* (Katherinen) *Lowertorn* (ebd., Bl. 46 v, 47 v), *Heynrich von Bechstete* und seine Frau *Else* (ebd., Bl. 47 v), *Iohans Konnemund* und seine Frau *Gutte* (ebd., Bl. 48 r). ▪ **80** Quehl, Prediger-Kirche, S. 110. Genannt wird u. a. ein größerer Kelch mit einem Kreuz und einem adeligen Wappen sowie ein kleiner Kelch mit dem Schriftzug *Beata Maria Virgo*. ▪ **81** Schalldach, Inventarverzeichnisse, S. 285 f. Neubauer, Inventar, S. 513. Benl, Inventar, S. 41, 48, 50. ▪ **82** Braun, Altargerät, S. 557–572. ▪ **83** Schalldach, Inventarverzeichnisse, S. 286. Jutta von Allenblumen vermachte diesem Marienbild eine Korallenschnur. Nitz, Das Stifterbuch des Predigerklosters, Anhang, Bl. 54 v. ▪ **84** Schalldach, Inventarverzeichnisse, S. 286 f. ▪ **85** Die Servitenkirche war dem hl. Stephan geweiht. ▪ **86** Neubauer, Inventar, S. 513. ▪ **87** Benl, Inventar, S. 42, 48. ▪ **88** Benl, Inventar, S. 37 mit Anm. 11, S. 43: *item manus sancti Johannis Chrisostomi mit eynem silbern gegitter*. ▪ **89** UBESK 3, Nr. 351. ▪ **90** *Item ein silbern monstrantien dar inne behalten das heilthum des heiligen Thomas doctore*. Zitiert nach Schalldach, Inventarverzeichnisse, S. 286. ▪ **91** Ebd. ▪ **92** Nitz, Das Stifterbuch des Predigerklosters, Anhang, Bl. 16 r. S. 112 f. Mandry, Stiftungen, S. 69 f., 72. ▪ **93** Reinle, Ausstattung, S. 81–83. ▪ **94** Nitz, Das Stifterbuch des Predigerklosters, Anhang, Bl. 45r. Mandry, Stiftungen, S. 127 f. ▪ **95** Neubauer, Inventar, S. 513. ▪ **96** Schalldach, Inventarverzeichnisse, S. 286 f. ▪ **97** Ebd., S. 286. ▪ **98** Nitz, Das Stifterbuch des Predigerklosters, Anhang, Bl. 38r. Mandry, Stiftungen, S. 86, 121. ▪ **99** Schalldach, Inventarverzeichnisse, S. 286. ▪ **100** Ausführlich hierzu Braun, Paramente, S. 62–182. Reinle, Ausstattung, S. 153. ▪ **101** Braun, Paramente, S. 67–69. ▪ **102** Ebd., S. 74–76. ▪ **103** Ebd., S. 85–87. ▪ **104** Ebd., S. 119–121. ▪ **105** Ebd., S. 127–129. ▪ **106** Ebd., S. 5–16, 38–47. ▪ **107** Reinle, Ausstattung, S. 294–297. Reitemeier, Pfarrkirchen, S. 296–298. ▪ **108** Schwerhoff, Kriminelle S. 13 f. Beispielsweise hat der Kirchner der Pfarrkirche St. Thomas im Zeitraum von 1497 bis 1500 zahlreiche Wertgegenstände aus Erfurter Kirchen gestohlen und verkauft. Er kam vor Gericht und wurde am 13. Mai 1500 gerädert. Vgl. Benl, Gesellschaftliche Verhältnisse, S. 21. ▪ **109** Neubauer, Inventar, S. 509–512. ▪ **110** Ebd., S. 513. ▪ **111** Ebd. ▪ **112** *In der eyssern kysten bey der thoerr. – In cista ferrea. – in scrinio reliquiarum*. Zitiert nach Benl, Inventar, S. 41, 47, 49. ▪ **113** Nitz, Das Stifterbuch des Predigerklosters, S. 18, Anhang, Bl. 12v. Mandry, Stiftungen, S. 93. ▪ **114** Kunstdenkmale 2,1, S. 193 mit Abb. S. 192. ▪ **115** In Erfurt sind weitere Schmerzensmanndarstellungen als Außenbaumotiv an Kirchen belegt, beispielsweise am Chor der Peterskirche als Ritzzeichnung (zweite Hälfte des 14. Jahrhunderts), auf dem Epitaph für Siegfried Ziegler, gestorben 1464, und seiner Frau Tele, gestorben 1462, neben dem vermauerten Südportal der Hospitalkirche sowie auf dem Epitaph für Georg Thusenbach, gestorben 1514, an der Nordseite derselben Kirche. ▪ **116** Zum Meister des Severi-Sarkophags siehe Jäger, Sarkophag. ▪ **117** Overmann, Kunstdenkmäler, Nr. 42. Kunstdenkmale 2,1, S. 193. Franziskaner in Thüringen, S. 311. ▪ **118** Die Skulptur könnte ganz ähnlich ausgesehen haben wie die Elisabethfigur des Retabels auf dem Elisabethaltar im Magdeburger Dom, das ebenfalls vom Meister des Severi-Sarkophags geschaffen wurde. Dort hält die Heilige in ihrer rechten Hand ein Brot. Mit ihrer Linken reicht sie dem Bettler einen Mantel. Vgl. Brandl/Forster, Dom 2, S. 627–630 mit Farbtaf. 41-1. ▪ **119** Overmann, Kunstdenkmäler, Nr. 35. Kunstdenkmale 2,1, S. 193 mit Abb. S. 191. ▪ **120** Overmann, Kunstdenkmäler, Nr. 67. Kammel, Kunst, S. 237–242. ▪ **121** Kammel, Kunst, S. 237–242 mit Abb. 76. Raecke, Hauptportal, S. 173–177. ▪ **122** Overmann, Kunstdenkmäler, Nr. 17. Kammel, Kunst, S. 210–212 mit weiterer Literaturangabe. Mandry, Stiftungen, S. 72 f., 112–114. Die Bezeichnung »Schmedestetsche Madonna« in der älteren Literatur geht auf v. Tettau, Bau- und Kunstdenkmäler, S. 153 zurück. v. Tettau stütze sich auf eine im Stifterbuch der Predigerkirche zum Jahr 1350 verzeichnete Stiftung eines Hartung von Schmedestedt und seiner Frau Jutta. ▪ **123** Im 19. Jahrhundert war die Figur in den Chorabschluss versetzt worden. Dieser Standort wird bei Overmann, Kunstdenkmäler, Nr. 17 angegeben. Vor 1928 muss sie an den angestammten Platz zurückversetzt worden sein, wie aus der Standortangabe bei Overmann, Predigerkirche, S. 16 hervorgeht. ▪ **124** Kammel, Kunst, S. 212. ▪ **125** Overmann, Kunstdenkmäler, Nr. 17. Zitat nach einem Eintrag im Stifterbuch. Vgl. Nitz, Das Stifterbuch des Predigerklosters, Anhang, Bl. 19r. Mandry, Stiftungen, S. 52, 115. ▪ **126** StadtA Erfurt, 5/101–4, Weinrich/Tiemeroth, Notizen (vgl. Anm. 21), Bl. 11v. ▪ **127** Overmann, Kunstdenkmäler, Nr. 51, Abb. 58. Kaiser, Predigerkirche, S. 16. Mandry, Stiftungen, S. 73 f. ▪ **128** Das Stifterbuch beschreibt sein im Kreuzgang befindliches Grabdenkmal und gibt die Toteninschrift an. Nitz, Das Stifterbuch des Predigerklosters, Anhang, S. 48 v. Mandry, Stiftungen, S. 73. Heinrich, Wappenbuch 2, S. 117. ▪ **129** Overmann, Kunstdenkmäler, Nr. 57. Kunstdenkmale 2,1, S. 193 f. mit Abb. 180a und b. Der Maria und dem Engel fehlen die Köpfe. ▪ **130** Es ist möglich, dass es sich um das Wappen der Familie Gans zu Tennstedt handelt. Vgl. Heinrich, Wappenbuch 3, Taf. 100. ▪ **131** Zu Ölbergszenen an Erfurter Kirchen siehe Erthel, Pfarrkirchen, S. 64; Meißner, Bewahrung, S. 285. ▪ **132** Möglicherweise ist auch der Engel der Ölbergszene noch erhalten. Er befindet sich momentan außerhalb der Kirche, nördlich des Chores, der Witterung ausgesetzt. Es wäre sinnvoll, ihn zu den anderen Figuren zu stellen. ▪ **133** Jakob von der Sachsen ließ sich 1542 auf dem Kirchhof »vor dem Ölberg« bestatten. Vgl. StadtA EE, 5/900-35, Bl. 12 v. Diesen Hinweis verdanke ich Dr. Falko Bornschein (Erfurt). Im Jahr 1596 zahlte die Barfüßergemeinde einen Gulden und 15 Groschen *dem Mahler vom Oelberge zu mahlen*, wobei es sich um eine Restaurierung gehandelt haben dürfte. Vgl. Meißner, Bewahrung, S. 285 Anm. 39. ▪ **134** UBESK 3, Nr. 190, Nr. A 14. ▪ **135** StadtA Erfurt, 5/101–4, Weinrich/Tiemeroth, Notizen (vgl. Anm. 21), Bl. 3 v und 4 r. ▪ **136** Die Forschung war sich bei der Identifizierung der Figuren zunächst nicht sicher: Overmann, Kunstdenkmäler, Nr. 100 deutete sie als Johannes und Petrus. Erst die Autoren der Kunstdenkmale 2,1, S. 92 f. mit Abb. S. 94 erblickten in ihnen richtigerweise die hl. Philippus und Jakobus den Jüngeren. Das entscheidende Attribut für die Bestimmung Jakobus' des Jüngeren ist die Walkerstange, die der rechte Heilige in seinem linken Arm hält. ▪ **137** Heinrich, Wappenbuch 1, S. 177 unter Unbekannt 1.1. ▪ **138** Kunstdenkmale 2.1, S. 86 f. mit Abb. S. 87 und 88. Overmann, Kunstdenkmäler, Nr. 104. ▪ **139** Dafür spricht, dass das Meisterzeichen an der Konsole des hl. Augustinus neben den Konsolen der Turmfiguren wiederkehrt. Außerdem hat der Baldachin des hl. Augustinus die gleichen Verzierungen wie der über der hl. Katharina am Turm. Kunstdenkmale 2,1, S. 86. ▪ **140** Ebd., S. 165 mit Abb. 154. Kammel, Kunst, S. 180 f. mit Abb. 46. Franziskaner in Thüringen, S. 275, Kat. Nr. 06. Die Datierung der Figur um 1460 bis 1470 bei Overmann, Kunstdenkmäler, Nr. 124 ist falsch. ▪ **141** Als Standorte kämen das Nordportal der Kirche sowie die Figurennische am Turm in Betracht. Das Hauptportal hingegen war nach jüngeren bauhistorischen Untersuchungen für die Aufnahme von Plastiken nicht vorgesehen. Vgl. Raecke, Hauptportal, S. 173 – 177. ▪ **142** Schalldach, Inventarverzeichnisse, S. 286. ▪ **143** Hierzu und im Folgenden grundlegend CVMA 1,1; Drachenberg, Glasmalerei. ▪ **144** Zu den Glasmalereien der Augustinerkirche siehe Kunstdenkmale 2.1, S. 108 – 121; CVMA 1,1, S. 153 – 246; Richter, Augustinusfenster. ▪ **145** Zu den Glasmalereien der Barfüßerkirche siehe Kunstdenkmale 2.1, S. 219 – 243. CVMA 1.1, S. 1 – 83. Franziskaner in Thüringen, S. 278 f. Martin/Pieper, Glasmalereien, S. 331 – 337. ▪ **146** CVMA 1,1, S. 79 f., 82 f. ▪ **147** Zu den Glasmalereien der Predigerkirche vgl. ebd., S. 85 – 151. ▪ **148** Overmann, Predigerkirche, S. 19. CVMA 1,1, S. 148 f. ▪ **149** Nitz, Das Stifterbuch des Predigerklosters, S. 44 f., Anhang, Bl. 22r. Mandry, Stiftungen, S. 59, 122 f. ▪ **150** Kammel, Kunst, S. 269 – 276. ▪ **151** Vgl. hierzu Blume/Wolter-von dem Knesebeck, Neuausmalung. ▪ **152** Overmann, Predigerkirche, S. 20. Kaiser, Predigerkirche, S. 14. Mandry, Stiftungen, S. 53 f. ▪ **153** Overmann, Predigerkirche, S. 20 mutmaßt, es könnte sich bei dem dargestellten Stifter um Siegfried von Schwanring handeln, der 1366 als Ratsmeister genannt ist. ▪ **154** *Ora pro me sancta virgo Katerina ut dignus efficiar Christo.* (»Bitte für mich hl. Jungfrau Katharina, auf dass ich Christi würdig werde.«) *Für die Hilfe beim Lesen der Inschrift danke ich Dr. Michael* Matscha (Erfurt) und Frank-Joachim Stewing (Leipzig). ▪ **155** Heinrich, Wappenbuch 1, S. 180 unter Unbekannt 5.11. ▪ **156** v. Tettau, Bau- und Kunstdenkmäler, S. 175. Overmann, Kunstdenkmäler, Nr. 343. Kunstdenkmale 2.1, S. 191 f. mit Abb. 157, 176 a, b und c. Kammel, Kunst, S. 117 – 121 mit Angabe weiterer Literatur. ▪ **157** Zum Vergleich: Das Chorgestühl des Erfurter Doms hat mit insgesamt 83 Sitzen nur neun Sitze mehr als das der Barfüßerkirche. Zum Chorgestühl der Erfurter Domkirche vgl. die Beiträge zu dessen Ikonographie und Architektur sowie zur Konstruktion und dendrochronologischen Datierung von Müller/Nitz, Chorgestühl und von Müller, Chorgestühl. ▪ **158** Overmann, Kunstdenkmäler, Nr. 344. Kammel, Kunst, S. 120 mit Angabe weiterer Literatur. ▪ **159** Möller, Beiträge, S. 6, 8. ▪ **160** Honemann, Geschichtsschreibung, S. 817 – 822 mit den Beispielen Erfurt, Greifswald, Berlin, Görlitz, Oschatz, Wismar, Ribnitz. ▪ **161** Ebd., S. 818: Dominikanerkirchen in Göttingen und Röbel. ▪ **162** Overmann, Predigerkirche, S. 22. ▪ **163** Die Buchstaben bilden das Wortende […]*ensis.* ▪ **164** Overmann, Kunstdenkmäler, Nr. 344. In der achten Stalle von Osten der südlichen Gestühlreihe zeichnet sich der Ortsname *Bremen* ab. Bei der künftigen Erforschung des Chorgestühls wäre es eine lohnende Aufgabe, alle Dorsalien mittels Infrarotfotografie bzw. Ultraviolettfotografie zu untersuchen, um die übermalten Schriftzüge möglichst vollständig zu erfassen. ▪ **165** Pieper, Chorgestühle, S. 415. Zu den schönsten Dreisitzen in einer ehemaligen Franziskanerkirche zählt der in der Arnstädter Oberkirche. ▪ **166** Reinle, Ausstattung, S. 40 – 42. ▪ **167** Im Stifterbuch des Predigerklosters wird die Kanzel mehrere Male genannt. Vgl. Nitz, Das Stifterbuch des Predigerklosters, Anhang, Bl. 11 v, 22 r, 35 v, 61 r. Für die Kanzel in der Servitenkirche findet sich im Inventar von 1521 ein Beleg: Benl, Inventar, S. 48. ▪ **168** Allein von der gotischen Kanzel der Erfurter Thomaskirche existieren noch der steinerne Sockel und der dazugehörige achteckige Kanzelpfeiler mit reliefiertem Pflanzenschmuck und Maßwerkfigurationen; beides befindet sich im Erfurter Angermuseum. Zu den mittelalterlichen Kanzeln der Erfurter Pfarrkirchen siehe Erthel, Pfarrkirchen, S. 86 f. ▪ **169** Kunstdenkmale 2,1, S. 87 f. Eine umfänglichere Beschreibung der Kanzel findet sich bei Weinrich/Tiemeroth, Notizen: StadtA Erfurt, 5/101 – 4 (vgl. Anm. 21), Bl. 2 v. ▪ **170** Auf alten Darstellungen der Kirche sind die Kanzelstufen noch zu erkennen. ▪ **171** In Erfurt gibt es außer dem Exemplar an der Augustinerkirche noch ein weiteres an den Kavaten des Doms. Zur Verbreitung von Außenkanzeln an Franziskanerklöstern mit mehreren Beispielen siehe Bärsch/Pieper, Predigtstühle, S. 424 – 428. ▪ **172** Reinle, Ausstattung, S. 24 – 31. Timmermann, Inszenierung mit weiterführender Literatur. ▪ **173** Overmann, Kunstdenkmäler, Nr. 105. Die Autoren der Kunstdenkmale 2,1, S. 194 gehen von einer Nische für ein Muttergottesbild aus und lokalisieren das Objekt am Eingang des Barfüßerklosters. Franziskaner in Thüringen, S. 271, Katalog Nr. 01. ▪ **174** Overmann, Kunstdenkmäler, Nr. 122. Meißner, Bewahrung, S. 283. ▪ **175** Es ist zwar nicht ausgeschlossen, dass das Sakramentshaus ursprünglich vor der linken Chorwand stand und erst in nachmittelalterlicher Zeit an den Altar versetzt wurde, aber eher unwahrscheinlich. ▪ **176** Vergleich hierzu die drei Zeichnungen bei Gurlitt, Städtebilder 1, S. 14 f. ▪ **177** Kurt, Glockenstuben, S. 72. ▪ **178** Zu diesem lange Zeit als der »Erfurter Unbekannte« bezeichneten Glockengießer, der 1495 in Erfurt gestorben ist, vgl. Schilling, Glocken, S. 20 – 25. Peter, Glocken, S. 35 f. ▪ **179** v. Tettau, Bau- und Kunstdenkmäler, S. 176. Kurt, Glockenstuben, S. 53 – 55. ▪ **180** Kunstdenkmale 2,1, S. 139 Nr. 43. Die Inschrift zwischen zwei Ringlinien lautet: *anno domini M CCCC LXXIII.* ▪ **181** Kurt, Glockenstuben, S. 55 sieht hier irrtümlich den Evangelisten Markus. ▪ **182** Reinle, Ausstattung, S. 251 – 255. ▪ **183** 1225 wird von einer neuen Orgel in der Stiftskirche St. Marien berichtet. Kunstdenkmale 1, S. 21 Reg. 16. 1226 erhielt die Peterskirche ein »wunderbares Orgelwerk«; ebd., S. 553 Reg. 34. ▪ **184** Erthel, Pfarrkirchen, S. 93 – 98. ▪ **185** Möller, Beiträge, S. 20 bezieht sich hier auf ein ihm vorliegendes Inventar vom 13. November 1603. ▪ **186** Bilfinger, Horen. ▪ **187** Zinner, Räderuhren, S. 7 – 14. Zenkert, Sonnenuhr, S. 14 – 18. ▪ **188** Erthel, Sonnenuhren, S. 46 – 48. ▪ **189** Ebd., S. 65 f. ▪ **190** Das auf dem Kirchhof der Augustinerkirche gelegene Beinhaus war ein kleiner steinerner quadratischer Zentralbau mit einer Seitenlänge von zwölf Schuh, also etwa 3,50 m, mit durchbrochenem Maßwerk im oberen Bereich und einer segnenden Hand als Außenbaumotiv. Diese Beschreibung vom Anfang des 18. Jahrhunderts verdanken wir erneut Johann Heinrich Tiemeroth; Stadt A Erfurt, 5/101 – 4 Weinrich/Tiemeroth, Notizen (vgl. Anm. 21), Bl. 2r – v. ▪ **191** LASA Magdeburg, Cop. Nr. 1483b, Bl. 24 r – 26 r. ▪ **192** LASA Magdeburg, Cop., Nr. 1483 a. Für zukünftige Forschungen zur Geschichte des Erfurter Augustiner-Eremitenklosters wäre eine Edition des Nekrologs wünschenswert. ▪ **193** Eubel, Geschichte, S. 22 und Anhang, S. 298 – 301. Diese Nekrologauszüge sind in der Erfurter Lokalforschung bisher nicht zur Kenntnis genommen worden. Der Nekrolog wird in einem bei Möller, Beiträge, S. 28 zitierten Dokument von 1587 erwähnt. ▪ **194** Die Gräfin Mechthild von Hohnstein-Querfurt wurde beispielsweise vor der Sakristei begraben. Vgl. Nitz, Das Stifterbuch des Predigerklosters, Anhang, Bl. 16 r; Mandry, Stiftungen, S. 69, 173. Ritter Heinrich von Ußeler fand seine Grablege beim Altar der 10 000 Märtyrer; Nitz, Anhang, Bl. 17 v. Im Kreuzgang wurde Gutten Schwanring bestattet. Für Letztere wird ein Grabmal mit Wappen und Umschrift erwähnt; ebd., Anhang, Bl. 20 r. ▪ **195** Angabe der Grabinschrift des Rudolph Vitztum, seiner Frau Jutta und deren Tochter Elisabeth (Nitz, Das Stifterbuch des Predigerklosters, Anhang, Bl. 27 v), der Jutta von Allenblumen (ebd., Bl. 54 v) des Hans Moller von Mühlhausen (ebd., Bl. 54v), des Junkers Werner von Natz (ebd., Bl. 55 r) sowie des Dietrich von Witzleben (ebd., Bl. 55r). ▪ **196** Nitz, Das Stifterbuch des Predigerklosters, Anhang, Bl. 11 r – 12 v. ▪ **197** Jahr/Lorenz, Inschriften. Es handelt sich nach wie vor um das Standardwerk zu den mittelalterlichen Erfurter Inschriften. Es umfasst über 800 Grabinschriften und Inschriften profanen Inhalts. Dabei wurden nicht nur die zu Beginn des 20. Jahrhunderts noch vorhandenen Zeugnisse berücksichtigt, sondern auch Angaben aus der Literatur sowie handschriftliche Aufzeichnungen einbezogen. Eine Neubearbeitung der Erfurter Inschriften ist in Anbetracht zahlreicher neuer Funde in den letzten einhundert Jahren eine lohnende Aufgabe. ▪ **198** Der heutige Bestand muss aber deutlich nach oben korrigiert werden, da bei den Bodeneingriffen im Langhaus der Predigerkirche Anfang der 1960er Jahre etliche Grabplatten geborgen wurden, die bei Jahr/Lorenz, Inschriften gar nicht bzw. als verschollen aufgeführt sind. Die Funde wurden fotografisch dokumentiert. Die Aufnahmen befinden sich im Bildarchiv des Thüringischen Landesamtes für Denkmalpflege und Archäologie. Ihre Auswertung steht noch aus. Zu den mittelalterlichen Grablegen der Predigerkirche siehe Mandry, Stiftungen, S. 172 – 188 mit dem Katalog der datierten Grablegen und S. 189 – 192 mit dem Katalog der undatierten Grablegen. Eine aktuelle Übersicht zu den Grabmälern der Predigerkirche, leider ohne Register, liefert Klippstein, Wappendarstellungen 1 – 3. ▪ **199** Wolf, Erfurt, S. 125 – 129. Heinig, Mainzer Kirche, S. 351 – 364.

▪ **200** Böhmer/Will, Regesten 2, S. 348 f. Nr. 261 zu 1259 Sept. 25. ▪ **201** Eine ausführlichere Besprechung des Grabmals für Erzbischof Gerhard I. von Dhaun an anderer Stelle wird durch den Autor vorbereitet. ▪ **202** Einzig Herrmann, Anecdotorum Particula 1, S. 28 f. beschreibt die zu diesem Zeitpunkt (1820) bereits stark beschädigte Platte, nennt ihren Standort und gibt die noch lesbare Inschrift an. Anhand eines ihm vorliegenden, damals 150 Jahre alten Schriftstücks gibt er den vollständigen Text der Inschrift an. Eine Zuweisung der Platte zu Erzbischof Gerhard I. von Dhaun nimmt er nicht vor. Auch datiert er die Inschrift falsch ins 12. Jahrhundert. Herrmanns Ausführungen werden dann bei Böhmer/Will, Regesten 2, S. 349 Nr. 261 zum Tode Gerhards 1259 wiedergegeben. ▪ **203** 2014/15 fand eine Konservierung durch die Fachhochschule Erfurt statt. ▪ **204** Die Tiefe der Platte konnte bisher nicht ermittelt werden, da sie in die Kirchenwand eingemauert ist. ▪ **205** BA Erfurt, GG, älterer Bestand, VI f 2. Der Text ist fast identisch mit dem bei Herrmann, Anecdotorum Particuala 1, S. 28 f. Die wenigen Abweichungen lassen aber erkennen, dass Herrmann eine andere Vorlage benutzt haben muss. Welche, ist bisher unklar. ▪ **206** Die Versenden sind durch drei übereinandergesetzte Punkte gekennzeichnet. Auf dem oberen Inschriftenrahmen befindet sich mittig eine rechteckige, 19 cm breite, 9 cm hohe und knapp 1 cm tiefe Aussparung, die auch schon auf der Zeichnung des 17. Jahrhunderts dargestellt ist. Ihre Bedeutung konnte noch nicht geklärt werden. ▪ **207** *Huic homini christo domini det gratia Christi, ut superam celer ad patriam volet a nece tristi. + Qui loculo grandi tumulo cupiens ob id isti penituit, flevit, gemuit, quod, Christe, dedisti.* + Wertvolle Hilfe bei der Übersetzung der Inschrift erhielt ich von Prof. Dr. Karl Heinemeyer (Erfurt) und Dr. Michael Matscha (Erfurt). ▪ **208** Ein Parallelbeispiel für ein Bischofsgrab, das namentlich nicht ausgewiesen ist, ist das Bischofsgrabmal im Ostchor des Naumburger Doms. Es weist überhaupt keine Inschrift auf und wurde in der Vergangenheit verschiedenen Naumburger Bischöfen zugewiesen. Vgl. Ludwig, Bischofsgrabmal. Auch auf dem Grabdenkmal für den Grafen von Gleichen und seine zwei Frauen im Erfurter Dom fehlt eine Inschrift. Overmann, Kunstdenkmäler, Nr. 6. ▪ **209** Posse, Siegel, S. 47, Tafel 6, Nr. 7, hier irrtümlich als Gerhard I. von Eppstein bezeichnet, sowie Tafel 7, Nr. 1. Eine detaillierte Umzeichnung von Gerhards Siegel findet sich bei Würdtwein, Nova subsidia 4, Tafel XIX. Auch die um 1250 gefertigte Ritzgrabplatte für den 1203 gestorbenen Bischof von Münster, Hermann II. von Katzenelnbogen, in der ehemaligen Zisterzienserkirche Marienfeld (Harsewinkel) und die metallene Grabplatte für Bischof Otto I. von Braunschweig-Lüneburg († 1279) im Dom-Museum in Hildesheim zeigen eine Krümme mit Hundekopf. ▪ **210** Kniffler, Grabdenkmäler. Heinz/Rothbrust/Schmid, Grabdenkmäler. Die Inschrift des verschollenen Grabmals für den Mainzer Erzbischof Siegfried II. von Eppstein, gestorben 1230, der im Erfurter Dom bestattet wurde, ist auch in Reimform verfasst: *Migrans vir fidus, quinto Septembris in Idus, Praesul Sigfridus, fulget coelo quasi sidus.* Vgl. Böhmer/Will 2, S. 206 Nr. 616. ▪ **211** Die Weihbischöfe, die sich bei den Franziskanern bestatten ließen, kommen nicht in Frage, da sie deutlich später lebten und ihre Grabinschriften zudem überliefert sind. ▪ **212** Magirius, Grabmäler. Wäß, Gedächtnisskulptur. ▪ **213** StadtA Erfurt, 6 – 0/O-Originale-011. ▪ **214** Zur Entwicklung der Erfurter Inschriften vgl. Jahr, Grabinschriften. Ein Parallelbeispiel für die Neuanfertigung eines Grabmals erst lange Zeit nach dem Tod der Person liegt für Hugo Longus, Prokurator des Predigerklosters und Stifter des dortigen Jakobusaltars, vor. Er starb am 7. August 1279. Seine Grabplatte datiert jedoch, wie im Fall Gerhards I., frühestens in das ausgehende 14. Jahrhundert, wie der Inschriftentyp, ebenfalls eine gotische Minuskel, verrät. v. Tettau, Bau- und Kunstdenkmäler, S. 154 f.; Mandry, Stiftungen, S. 43, 172. ▪ **215** 1972 machte Kurt Bauch erstmals auf diese Skulptur aufmerksam, die in einer Zeichnung und einem Stich aus dem 18. Jahrhundert überliefert ist. Vgl. Bauch, Bildnisse; Sauer, Fundatio, S. 169 – 176 mit Abb. 36, 37. Kammel, Kunst, S. 25 mit Abb. 3 datiert die Figur in Unkenntnis der Arbeiten von Kurt Bauch und Christine Sauer in die Zeit um 1300 und interpretiert sie als Teil einer verlorengegangenen Bildgruppe des Petersklosters. Hörsch, Rezeption, S. 1433. Zuletzt Erthel, Untersuchungen, S. 29 f. ▪ **216** v. Tettau, Bau- und Kunstdenkmäler, S. 173. Buchner, Grabplastik, S. 136 – 142. Overmann, Kunstdenkmäler, Nr. 33. Kunstdenkmale 2,1, S. 211 f. mit weiterer Literatur. ▪ **217** Eubel, Geschichte, S. 299 f. ▪ **218** Zur Bestattung von Weihbischöfen mit zahlreichen Beispielen vgl. Walanus/Walczak, Grabplatte, S. 482 – 488. ▪ **219** v. Tettau, Bau- und Kunstdenkmäler, S. 194. Buchner, Grabplastik, S. 120 f. Overmann, Kunstdenkmäler, Nr. 10 und 11. Jahr/Lorenz, Inschriften, Nr. 54 und 61. Kunstdenkmale 2,1, S. 131. Kammel, Kunst, S. 247 – 251 mit Angabe weiterer Literatur. ▪ **220** Einen vergleichbaren Befund, was Anordnung und Ausrichtung der Inschrift anbelangt, zeigen die Deckplatten für den Edlen Albrecht VII. den Älteren in der Franziskanerkirche in Barby sowie für Elisabeth von Sachsen aus der Franziskanerkirche Wittenberg, heute in der dortigen Schlosskirche. In beiden Fällen wird auf einen Deckel einer Tumba geschlossen. Vgl. Hörsch/Deiters, Ausstattung, S. 394 f., 398 f. Ein intaktes Vergleichsbeispiel bildet die Tumba für den Mainzer Erzbischof Adolf von Nassau-Wiesbaden-Idstein in St. Martin in Heiligenstadt. Das Werk steht an der Südwand des Kirchenchores. Vgl. Magirius, Grabmäler, S. 305 – 309. Wäß, Gedächtnisskulptur 2, S. 283 Nr. 398. ▪ **221** Sie sind durch den erhöhten Fußboden im Chor zu einem Großteil verdeckt. ▪ **222** Unter der Überschrift *nomina consepultorum* lautet gleich der erste Eintrag *domini Lodewici, domini Johannis episcoporum sepultorum in choro*. Vgl. LASA Magdeburg, Cop. Nr. 1483b, Bl. 24r. ▪ **223** v. Tettau, Bau- und Kunstdenkmäler, S. 194. Buchner, Grabplastik, S. 129 – 132. Overmann, Kunstdenkmäler, Nr. 19. Kunstdenkmale 2,1, S. 131 f. Kammel, Kunst, S. 251 – 253 mit Angabe weiterer Literatur. ▪ **224** Am 9. Mai 1349 machte der Pfarrer Hermann von Hochdorf den Augustiner-Eremiten eine Schenkung, die der Dotierung eines Altars zugutekommen sollte. Dieser Altar ist neuerdings, so heißt es, im Chor der Augustinerkirche gegenüber der Sakristei vor dem *pittavium* [wohl gemeint *epitaphium*] und über dem Grabe des verstorbenen ehrwürdigen Meisters Heinrich von Friemar errichtet worden. UBESK 3, Nr. 72. ▪ **225** Quehl, Prediger-Kirche, S. 113 f. v. Tettau, Bau- und Kunstdenkmäler, S. 155. Buchner, Grabplastik, S. 48 – 54. Overmann, Kunstdenkmäler, Nr. 13. Kammel, Kunst, S. 254 f. mit weiteren Literaturangaben. Mandry, Stiftungen, S. 75 f., 174 f. ▪ **226** Das Verzeichnis der Begrabenen aus der Augustinerkirche verzeichnet zahlreiche Pfarrer aus Stadt und Umgebung. Vgl. LASA Magdeburg, Cop. Nr. 1483b, Bl. 24r. ▪ **227** Erthel, Grabstein, S. 16. Haferburg, Fragmente, S. 98 – 107. ▪ **228** Im rekonstruierten Zustand misst er 180 cm in der Höhe, 87 cm in der Breite und 16 cm in der Tiefe. ▪ **229** Ohne Darstellung ist auch der 2016 im Michaeliskirchhof aufgefundene Grabstein für den 1292 gestorbenen Gottschalk (?) Kerlinger den Älteren. Eine Arbeit zu den Grabmälern der Erfurter Michaeliskirche ist in Vorbereitung. ▪ **230** Durch den Teilverlust der Inschrift lässt sich der Name nicht exakt ermitteln. In Betracht kommen *Henricus* oder *Hermanus*. ▪ **231** v. Tettau, Bau- und Kunstdenkmäler, S. 194. Buchner, Grabplastik, S. 12 – 15. Overmann, Kunstdenkmäler, Nr. 8. Kunstdenkmale 2,1, S. 130. Kammel, Kunst, S. 253 f. mit Angabe weiterer Literatur. ▪ **232** v. Tettau, Bau- und Kunstdenkmäler, S. 194. Buchner, Grabplastik, S. 74 f. Overmann, Kunstdenkmäler, Nr. 48. Kunstdenkmale 2,1, S. 134. ▪ **233** StadtA Erfurt, 5/101 – 4, Weinrich/Tiemeroth, Notizen (vgl. Anm. 21), Bl. 7r. ▪ **234** Bei den Fragmenten handelt es sich um Bodenfunde, die im Langhaus der Kirche in der zweiten Hälfte des 20. Jahrhunderts geborgen wurden. Insgesamt sind es sechs Einzelteile, die zusammengesetzt etwa ¾ des ursprünglichen Werkes ergeben. Ursprünglich maß das stattliche Epitaph 255 cm in der Höhe, 158 cm in der Breite, 20 cm in der Tiefe. Vgl. Haferburg, Fragmente, S. 68 – 84. Die Fragmente wurden nicht gleichzeitig und an verschiedenen Stellen geborgen: die farbig gefassten Fragmente des oberen Teils 1995 im Mittelschiff der Kirche in der Achse des östlichen Pfeilerpaares, die Fragmente des unteren Teils zu einem früheren, nicht näher bekannten Zeitpunkt; auf ihnen ist keine Farbfassung erhalten. ▪ **235** Die Inschrift lautet: *+ Anno domini M CCC VII IX Kalendas Iulii obiit dominus Gyselerus Czigeler post anno* [… … *obiit* … …]*ta uxor eius post anno XX IIII n*[*onas*] *Decembris obiit M*[… …] [*O*]*ctobris obiit* [… …] [*Rud*]*olphi Cigeler* + In Übersetzung: »+ Im Jahre des Herren 1307 an den 9. Kalenden des Juli [23. Juni] starb Herr Giseler Ziegler, danach im Jahr [… … starb … …]ta, seine Ehefrau, danach im Jahr [13]19 an den 4. Nonen des Dezember [2. Dez.] starb M[…, …] des Oktober starb

[... ...] des Rudolf Ziegler +« ▪ **236** Ein Giselher Ziegler ist in den Schriftquellen zwischen 1287 und 1300 nachweisbar. ▪ **237** Welcher Rudolf als Stifter in Frage kommt, lässt sich bei dem häufigen Auftreten dieses Namens und der lückenhaften genealogischen Überlieferung momentan noch nicht sagen und bedarf weiterer Nachforschungen. Es könnte sich um den Sohn oder den Enkel des 1307 verstorbenen Giselher handeln. ▪ **238** In der Augustinerkirche ist mit dem Epitaph für Theoderich Brun, gestorben 1462, ein weiteres farbig gefasstes Grabmal erhalten. In der Predigerkirche trifft dies für die Grabplatte für Graf Günther von Schwarzburg, gestorben 1345, zu. ▪ **239** v. Tettau, Bau- und Kunstdenkmäler, S. 172 f. Buchner, Grabplastik, S. 132–136. Overmann, Kunstdenkmäler, Nr. 33. Kunstdenkmale 2,1, S. 210 f. ▪ **240** Horn, Barfüßerkirche, S. 22. ▪ **241** v. Tettau, Bau- und Kunstdenkmäler, S. 155 f. Buchner, Grabplastik, S. 54–57. Overmann, Kunstdenkmäler, Nr. 28. Mandry, Stiftungen, S. 76 f., 177. ▪ **242** Mit der Profildarstellung und der Kleidung vergleichbar ist die Grabplatte für den Ritter und Erfurter Bürger *Segehardus von Emichen*, gestorben 1371, in der Heilig-Geist-Kapelle in Bad Sooden-Allendorf. Das Werk ist jedoch in Ritzzeichnung ausgeführt. ▪ **243** Zum Meister »l« siehe Buchner, Grabplastik, S. 96–100. Kober, Meister »I«. ▪ **244** Die bisherige Forschung deutete das Monogramm des Künstlers stets als einen Großbuchstaben »I«. Es kommt aber auch ein Kleinbuchstabe »l« in Betracht. Diese Möglichkeit muss bei der Identifizierungsfrage unbedingt berücksichtigt werden. ▪ **245** v. Tettau, Bau- und Kunstdenkmäler, S. 156. Buchner, Grabplastik, S. 96–100. Overmann, Kunstdenkmäler, Nr. 74. Mandry, Stiftungen, S. 60–62, 181. ▪ **246** Zacke, Todten-Buch, S. 42. ▪ **247** Nitz, Das Stifterbuch des Predigerklosters, Anhang, Bl. 22 r–v. Dass das Ehepaar in der Kirche bestattet wurde, geht aus den Einträgen im Stifterbuch nicht hervor. ▪ **248** Overmann, Predigerkirche, S. 19. ▪ **249** Ebd., S. 20. ▪ **250** Heinrich, Wappenbuch 1, S. 30. ▪ **251** Jahr/Lorenz, Inschriften, Nr. 240.

DIE SPÄTROMANISCHEN GLASMALEREIEN DER ERFURTER BARFÜSSERKIRCHE

Falko Bornschein

Aus der Barfüßerkirche stammen die ältesten Glasmalereien, die sich in der Thüringer Metropole Erfurt erhalten haben. Dabei handelt es sich um insgesamt fünfzehn seitlich beschnittene und mehr oder weniger umfangreich ergänzte Rechteckscheiben aus der Zeit um 1235/40. Weitere, in zwei Rechteckscheiben eingefügte Fragmente des Bestandes befinden sich im Erfurter Angermuseum.

Dass die Werke bereits von den Zeitgenossen hoch geschätzt wurden, zeigt ihre Übernahme nach dem Brand von 1291 in die Fenster des neu errichteten, 1316 geweihten Chorpolygons. Dort wurden sie durch gotische Glasmalereien zu einem Fünffensterzyklus erweitert. Ihre 1967 vorgenommene heutige Anordnung in den drei Chorhauptfenstern versucht einen Kompromiss zwischen inhaltlichen Zusammenhängen und ästhetischen Überlegungen. Aus ikonografischer Sicht erscheint sie letztendlich jedoch etwas verwirrend (Taf. 9).

Neun der Felder enthalten Szenen aus dem Leben Jesu bzw. Mariens: die Verkündigung an Maria und die Geburt Jesu, die Anbetung der Hl. Drei Könige, die Darbringung im Tempel und die Taufe Jesu, die Verklärung Christi auf dem Berg Tabor, das Gastmahl im Hause Simon, die Auferweckung des Lazarus, den Einzug in Jerusalem, Christi Höllenfahrt und Auferstehung sowie die Himmelfahrt Christi. Eine weitere Scheibe zeigt den schlafenden Jesse, aus dem der Stammbaum Jesu erwächst. Außerdem haben sich drei Paare sitzender Evangelisten, des Patriarchen Jakob und des Propheten Jesaja erhalten. In vier weiteren Feldern finden sich Szenen aus dem Leben des hl. Franziskus, die Bestätigung der Ordensregel durch Papst Honorius III. im Jahre 1223 (Abb. 141), die Stigmatisation des Franziskus im Jahre 1224 sowie Reste der Exequienzeremonien nach dem Tod des Ordensgründers im Jahre 1226.[1]

Die figürlichen Szenen werden von Kreisringen, Achtpässen bzw. Rahmungen aus stehenden Quadraten und Halbkreisausbuchtungen eingefasst. Eingebunden in vegetabil-ornamentale Teppichmuster strukturieren die mitunter mit Perlbändern und Schmuckbesatz verzierten Rahmen der Medaillons die Komposition der Fenster und bilden den Entfaltungsraum für die figürliche Bilderzählung. Radierte Rankenornamente, Blüten und mit Schwarzlot gemalte Palmettenblätter schmücken ihren Fond. Die vornehmlich in den Grundfarben Rot, Blau, Grün, Gelb und Weiß gehaltene intensive, kontrastreiche und dennoch reich differenzierte Farbigkeit der leuchtenden Gläser entfaltet eine suggestive Wirkung, der sich der Betrachter kaum zu entziehen vermag.

Bereits 1930 rekonstruierte Ernst Haetge aus dem überkommenen Bestand das ursprüngliche Programm einer Dreifenstergruppe für die spätromanische Chorverglasung der Barfüßerkirche. Die Größe der noch vorhandenen Scheiben sowie ihre formale Ausprägung: die Art der Hintergründe, die Rahmenbordüren, die unterschiedlichen Größen und Formen der Bildmedaillons sowie die Inschriften auf den Banderolen der Sitzfiguren in den Zwickeln erlauben eine gute Zu- und Anordnung der einzelnen Scheiben. Es ist zu vermuten, dass diese Dreifenstergruppe in einer geraden Ostwand ihren Platz hatte, ähnlich wie bei den franziskanischen Kirchenbauten in Aschersleben (um 1240/50), Salzwedel (um 1250) oder später in Saalfeld und Arnstadt (Ende 13. Jahrhundert). Möglicherweise war sie gestaffelt, d.h. mit einem erhöhten Mittelfenster ausgestattet. Haetges Erkenntnisse erfuhren 1976 im Zuge der Erfassung und wissenschaftlichen Bearbeitung der Glasmalereien im Rahmen des Corpus Vitrearum Medii Aevi von Karl-Joachim Maercker eine im Wesentlichen noch heute gültige Präzisierung.

Demnach ist von einem spätromanischen Dreifensterzyklus auszugehen, in dessen Zentrum ein Wurzel-Jesse-Fenster mit eingebundenen heilsgeschichtlichen Szenen aus der Jugend- und der Passionsgeschichte Christi stand. Weiter wird angenommen, dass das Achsfenster mit der Genealogie des Erlösers (Chor, I) von zwei Fenstern flankiert wurde, in denen sich jeweils vier Medaillons mit Darstellungen aus dem öffentlichen Wirken, der Lehr- und Wundertätigkeit Jesu (Chor, nord II) und der Vita des hl. Franziskus (Chor, süd II) gegenüberstanden. Im Wurzel-Jesse-Fenster füllten kleine Kreismedaillons mit heilsgeschichtlichen Szenen die seitlichen Zwickel zwischen den axial angeordneten Großmedaillons, im links daneben stehenden Christusfenster (Chor, nord II) waren es die oben genannten Evangelisten und alttestamentlichen Figuren. Ihre Banderolen mit Textstellen aus der Vulgata kommentierten zusammen mit den Rahmenumschriften der Medaillons das entsprechende Geschehen (Taf. 10).

Gegen die naheliegende Theorie einer ursprünglichen Dreifenstergruppe setzte 1993 Frank Martin mit Verweis auf die unterschiedlich starken Verluste in den drei Fenstern die These eines aus drei Fenstern bestehenden Christuszykluss in der Chorapsis (bzw. der Ostwand) der Barfüßerkirche und der Anbringung eines typologischen Zweifensterzykluss aus Wurzel-Jesse-Fenster und Franziskusfenster an einem »möglicherweise [...] weniger prominenten Platz«[2] außerhalb des 1291 zerstörten Chores. Für den Dreifensterzyklus zum Leben Jesu sollen die überkommenen Scheiben das rechte Fenster gefüllt haben, während für das Mittelfenster hypothetisch Szenen aus der Passion Christi und für das linke aus der Jugend Jesu angenommen werden. Seinen Vorschlag eines Dreifensterzykluss zum Leben Jesu untermauerte Martin mit got-

Barfüßerkirche Erfurt, Chorhauptfenster

heutige Anordnung der spätromanischen Glasmalereien (seit 1967)

Chor, nord II

4 Christi Höllenfahrt und Auferstehung
3 Darbringung im Tempel und Taufe Jesu
2 Verkündigung an Maria und Geburt Jesu
1 Schlafender Jesse

Chor, I

11 Einzug in Jerusalem
10 Patriarch Jacob und ein Prophet oder Evangelist
9 Auferweckung des Lazarus
8 Jesaja und Johannes der Evangelist ?
7 Gastmahl im Hause Simon
6 Evangelist Lukas
5 Verklärung Christi

Chor, süd II

15 Christi Himmelfahrt
14 Anbetung Hl. Drei Könige
13 Stigmatisation des Franziskus
12 Bestätigung der Franziskanerregeln durch Papst Honorius III.

Tafel 9 Barfüßerkirche, Chorhauptfenster, aktueller Zustand

ländischen Vergleichsbeispielen von Glasmalereien aus der Mitte bzw. der zweiten Hälfte des 13. Jahrhunderts, deren Glasmaler er im sächsisch-westfälischen Raum verortete. Zwar erscheint die Ikonografie der überkommenen Szenen aus dem Leben Jesu tatsächlich rudimentär, doch bleibt die Erweiterung des Programms auf drei ganze Fenster höchst spekulativ. Auch sind nach den zwischen 1242 und 1260 formulierten Vorschriften in den Generalkonstitutionen des Ordens figürliche Darstellungen in Glasmalereien außerhalb des Chores in der hier in Frage kommenden Zeit nur schwer vorstellbar.

Unbestritten ist die erstmals von Ernst Haetge formulierte Annahme einer Kreuzigungsdarstellung zwischen der Anbetung der Hl. Drei Könige und Christi Himmelfahrt im Wurzel-Jesse-Fenster, zumal sie dort als Pendant zur Stigmatisation des Franziskus stünde (Abb. 142). Ein Christusbild – etwa die Halbfigur des Salvators –, ein Christusmonogramm oder die herabfahrende Heilig-Geist-Taube könnten als oberer Abschluss des Fensters gedient haben. Für die fehlende untere Darstellung des Franziskusfensters werden in der aktuellen Literatur zwei Szenen aus seiner Vita in Erwägung gezogen: die

Abb. 141 Barfüßerkirche, Rechtes Chorhauptfenster (süd II, 1b),
Papst Honorius III. bestätigt die Franziskanerregel

Barfüßerkirche Erfurt, Chorhauptfenster

Rekonstruierte ursprüngliche Anordnung der spätromanischen Glasmalereien

Chor, nord II

7 Einzug in Jerusalem
6 a, b Patriarch Jacob (a) und ein Prophet oder Evangelist (b)
5 Auferweckung des Lazarus
4 a, b Jesaja (a) und Johannes der Evangelist ? (b)
3 Gastmahl im Hause Simon
2 a, b Evangelist Lukas (in a und b)
1 Verklärung Christi

Chor, I

15 Taube des Hl. Geistes, Christus oder Christusmonogramm (?)
14 Christi Himmelfahrt
13 a, b Christi Höllenfahrt (a) und Auferstehung (b)
12 Kreuzigung Christi (?)
11 a, b Darbringung im Tempel (a) und Taufe Jesu (b)
10 Anbetung der Hl. Drei Könige
9 a, b Verkündigung an Maria (a) und Geburt Jesu (b)
8 Schlafender Jesse

Chor, süd II

19 Tod des Franziskus
18 Stigmatisation des Franziskus
17 Bestätigung der Franziskanerregeln durch Papst Honorius III.
16 Vision Innozenz III. vom wachsenden Baum und dem an Größe zunehmenden Franziskus (?)

Tafel 10 Barfüßerkirche, Chorhauptfenster, Rekonstrution der romanischen Dreifenstergruppe

Hinwendung zum himmlischen Vater oder die Vision von Papst Innozenz III. von der einstürzenden Lateranbasilika. Im Fall der Lossagung des Franziskus von seinem irdischen Vater und seiner Hinwendung zum himmlischen wäre der Schritt zum apostelgleichen bzw. christusähnlichen Leben in Armut anschaulich ins Bild gesetzt und fände sich etwas später auch auf Werken der italienischen Kunst wieder. Doch stünde die Darstellung allenfalls in loserem typologischen Bezug zu der auf gleicher Höhe anzunehmenden Szene der Verklärung Christi im seitlichen Christusfenster. Zudem beziehen sich die anderen Darstellungen der Franziskusvita nicht auf jene Verglasung, sondern auf das zentrale Wurzel-Jesse-Fenster. Dadurch erscheint die Vision Innozenz' III. von der einstürzenden Lateranbasilika zunächst schlüssiger. Der Traum des schlafenden Papstes als Pendant zum schlafenden Jesse im unteren Feld des nebenstehenden Mittelfensters wäre aus motivlicher Sicht zwingender. Allerdings ist die Vision erst in der 1246/47 fertiggestellten zweiten Vita des Thomas von Celano textlich zu fassen, was eine Spätdatierung der Scheiben zur Folge hätte, und nicht in der bereits 1229 vorliegenden ersten Vita des Franziskusbiografen. Anstelle des Gesichts der einstürzenden Lateranbasilika findet sich dort die Vision des Papstes von einem aufwachsenden Baum und dem mit ihm an Größe zunehmenden Franziskus. Diese Darstellung würde sich nicht nur inhaltlich hervorragend einfügen, sondern wäre auch ein signifikantes Pendant zur Wurzel Jesse, mehr noch als der Traum von der einstürzenden Lateranbasilika. Es unterstützt zudem die auch vom Autor dieses Beitrages favorisierte Frühdatierung der Glasmalereien.

Mit der Wiedergabe von Szenen aus der Vita des 1226 verstorbenen und 1228 heilig gesprochenen Ordensgründers Franziskus waren die Glasmalereien des Erfurter Barfüßerklosters von höchster Aktualität und von unmittelbarem historischem Zeitbezug. In ihrer Ikonografie und Komposition sind sie entsprechend innovativ. Die typologische Verknüpfung der Franziskusszenen mit dem Christuszyklus stellt den Protagonisten und Gründer des nach ihm benannten Ordens unmittelbar in die Nachfolge Christi, ja weist ihn durch den Empfang der Wundmale als göttlich legitimiert aus. Sie unterstreicht die Bedeutung des neuen Frömmigkeitsideals der Barfüßer und die Gottgefälligkeit ihres Ordensgründers, des hl. Franziskus.

Abb. 142 Barfüßerkirche, Rechtes Chorhauptfenster (süd II, 2b), Stigmatisation des hl. Franziskus

Von der Stilkritik wird die Entstehung der Glasmalereien ins zweite Viertel bis um die Mitte des 13. Jahrhunderts eingeordnet und hinsichtlich ihrer Früh- bzw. Spätdatierung kontrovers diskutiert. Am plausibelsten erscheint eine Entstehung im vierten Jahrzehnt des 13. Jahrhunderts. Damit wäre der Erfurter Franziskuszyklus der älteste auf dem Gebiet der Glasmalerei und einer der frühesten in der Bildenden Kunst überhaupt, etwa zeitgleich mit dem inschriftlich auf 1235 datierten Altarbild des Bonaventura Berlinghieri mit Szenen aus dem Leben des hl. Franziskus in San Francensco di Pescia.

Als maßgeblich beteiligt an der frühen Verbildlichung der Vita des Ordensgründers und seiner außergewöhnlichen typologischen Verbindung mit einem Christuszyklus wird Jordan von Giano angesehen, der am Martinstag 1224 mit weiteren Minderbrüdern von Mainz aus nach Erfurt zog, um hier eine Ordensniederlassung aufzubauen. Er war erster Guardian des Konvents, kannte Franziskus aus Italien und war von 1231 bis ca. 1239 Kustos des Thüringer Teils der Ordensprovinz Saxonia. Im Jahr 1230 begegnete er anlässlich einer Reise nach Rom und Assisi Thomas von Celano, der gerade die Arbeit an seiner ersten Franziskusvita abgeschlossen hatte. Sollte er hier seine Anregungen bezogen haben, liegt schon auf Grund dieses Umstandes eine Datierung der Glasmalerei zwischen 1231, dem Jahr seiner Rückkehr nach Erfurt, und um 1240 nahe. Die spätromanische Klosterkirche befand sich 1231, als die Franziskaner ihr neues Kloster bezogen, wohl noch im Bau. Unabhängig von der Vollendung des gesamten Kirchenbaus wird man von einer frühen Nutzung des Chorbereiches bald nach 1231 ausgehen dürfen, dem frühesten Datum für die Entstehung der Fenster. Spätestens 1259, als der dem Kloster wohlgesonnene Erzbischof Gerhard I. von Mainz hier begraben wurde, wird der Hohe Chor vollendet gewesen sein.

Die von Martin mit Verweis auf fehlende Vergleichsbeispiele zur genaueren Datierung des Erfurter Bestandes, die Genese der zeitgenössischen Christus-Franziskus-Typologie in Italien und die Ikonografie der Franziskusvita auf italienischen Tafeln favorisierte Spätdatierung der Erfurter Franziskusscheiben auf um 1250 hat sich in der jüngeren Forschung nicht durchsetzen können.

In Stil, Komposition und Farbigkeit vereinigen sich in den spätromanischen Erfurter Barfüßerscheiben italo-byzantinische Elemente, französische Anregungen, Einflüsse der thüringisch-sächsischen Malerschule und mittelrheinisches Formengut. Schon von der älteren Kunstgeschichtsschreibung wurde konstatiert, dass eine genauere stilistische Einordnung des Scheibenbestandes in lokale Zusammenhänge auf Grund des Verlustes der meisten zeitgleichen Erfurter Kunstwerke der Wand-, Tafel-, Glas- und Miniaturmalerei kaum noch möglich ist. Dies scheint jedoch nur bedingt der Fall zu sein. Während die zwischen 2012 und 2014 in der Kirche des Erfurter Petersklosters freigelegten Wandmalereien eine ausgeprägtere Form des Zackenstils als die Barfüßerscheiben zeigen, verwies 1996 Beate Braun-Niehr darauf, dass die Erkenntnismöglichkeiten hinsichtlich stilistischer und ikonografischer Parallelen zur Buchmalerei des Erfurter Benediktinerklosters St. Peter und Paul »noch nicht wirklich ausgeschöpft«[3] seien. Auf dem Gebiet der Glasmalerei gilt als am nächsten stilverwandt die nach 1232, wohl um 1240/45, ausgeführte Chorverglasung der Gelnhausener Marienkirche. Darauf aufbauend vermutete 1998 Daniel Hess mit Verweis auf weitere Werke der Wand-, Tafel- und Miniaturmalerei der Zeit um 1240 aus Mainz und den geschichtlichen Hintergründen der von dort aus erfolgten Erfurter Ordensniederlassung die ausführende Werkstatt der Barfüßerscheiben am Mittelrhein, konkret in Mainz. Die Kunstgeschichtsschreibung des ausgehenden 20. Jahrhunderts war zumeist von Kräften ausgegangen, die in Erfurt selbst ansässig waren. Nach dem derzeitigen Stand der Forschung muss die Frage der Verortung der Werkstatt in Mainz, mit Mainzer Kräften in Erfurt oder doch in Mainz geschulten Angehörigen einer Erfurter Einrichtung offen bleiben.

Forschungsstand

Zuletzt plädierte Achim Todenhöfer 2007 wieder für eine Enstehungszeit der Glasmalereien um 1250. Vgl. Todenhöfer, Ideal, S. 60 – 62, S. 72 f. mit Anm. 143 und 160. Siehe auch Blume, Orden, S. 120. Seine bauhistorischen Argumente sowie der Verweis auf die den bildlichen Schmuck betreffenden Vorschriften der Franziskaner und die von Jordan von Giano stammenden Aussagen zur vermeintlichen Schlichtheit der Erfurter Niederlassung vermögen letztendlich nicht zu überzeugen.

Quellen und Literatur

Blume, Orden, S. 120 mit Abb. 8, 9. CVMA 1,1, S. 1 – 58, 65 – 78 mit Farbtaf. I–V und Abb. 1 – 62, 79 – 82. CVMA 20,1, S. 45 f. mit Fig. 5. Drachenberg, Bedeutung, S. 39 f. Drachenberg, Glasmalerei, S. 30 – 34, 208 – 213, 220 – 226 mit Tafel 1 – 18. Franziskaner in Thüringen, S. 278 f. Haetge, Glasfenster, S. 207 – 226 mit Tafeln I–IX. Hess, Spätromanik, S. 64 – 67 mit Abb. 2. Kunstdenkmale 2,1, S. 219 – 243 mit Abb. 199 – 222. Martin, Apsisverglasung, S. 61 – 95, 151 – 156 mit Abb. 99 – 114. Raguin, Medieval Tropes, S. 77 – 83. Todenhöfer, Ideal, S. 61 f. Wentzel, Farbfenster, S. 69 – 71 mit Abb. 55 f. Wentzel, Meisterwerke, S. 27 f., 89 mit Abb. 62 – 66.

Anmerkungen

1 Letztere AngerM EF, Inv. Nr. 174 a und b. ▪ **2** Martin, Apsisverglasung, S. 95. ▪ **3** Braun-Niehr, Codex, S. 177.

ALLTAG UND LEBEN IM KLOSTER

ARCHÄOLOGISCHE ZEUGNISSE DER AUGUSTINER-EREMITEN IN NEUSTADT AN DER ORLA

Ines Spazier

In den letzten Jahren fanden in zahlreichen Thüringer Männer- und Frauenklöstern umfangreiche archäologische Grabungen statt. Sie liefern zur Struktur der Klöster bemerkenswerte Ergebnisse und geben einen Einblick in das klösterliche Alltagsleben.

Die Untersuchungen im ehemaligen Augustiner-Eremitenkloster in Neustadt an der Orla (Saale-Orla-Kr.), die in den Jahren 2007 bis 2015 sukzessive stattfanden, stehen im Vordergrund der Betrachtungen. Das Kloster wurde 1294 von Landgräfin Elisabeth von Lobdeburg-Arnshaugk und Landgraf Albrecht dem Entarteten gegründet und 1532 mit der Profanisierung der Gebäude aufgelöst. Nachdem ein Brand die hinteren Klostergebäude 1640 zerstört hatten, begann Herzog Moritz von Sachsen-Zeitz ab 1674 mit dem Bau seines Schlosses und dem Abtrag fast aller Klostergebäude. In diesem Zusammenhang wurden das Gelände 1650 vermessen und ein Plan erstellt. Er zeigt die noch vorhandenen Klostergebäude: die Kirche, den östlichen Kreuzgang mit den Klausurgebäuden, die innere Stadtmauer, die zugleich Klostermauer war, und die Zwingermauer. Ein geschlossener vierseitiger Kreuzgang, wie bei anderen Augustiner-Eremitenklöstern bekannt, konnte bei den Grabungen nachgewiesen werden. Dieser schloss nach Süden an die Klosterkirche an und hatte einen fast quadratischen Innenhof von ca. 13,70 × 15,60/16,30 m. Während der Kreuzgang im Osten eine Breite von 2,70 m bis 2,80 m aufwies, war er im Norden nur 2,50 m und im Westen dagegen 3,60 m breit. Im Süden konnte nur seine nördliche Außenwand erfasst werden. Die Klöster der Augustiner-Eremiten in Erfurt und Gotha können als Vergleiche herangezogen werden. Während in Erfurt wie in Neustadt südlich der Klosterkirche der Kreuzgang und die Klausur anschließen, kann in Gotha ein umgekehrtes Verhältnis beobachtet werden. Beide Klöster besitzen einen geschlossenen Kreuzgang mit einem Innenhof von ca. 13 × 14,80 m in Gotha und ca. 15,70 × 17,20 m in Erfurt. Vergleicht man den Erfurter Grundriss mit Neustadt an der Orla, so ergeben sich zahlreiche Gemeinsamkeiten: eine rechteckige Kirche mit einem nördlichen Seitenschiff, ein fast quadratischer Innenhof mit vier Kreuzgangflügeln, die westlichen Klausurgebäude sind schmaler als die östlichen, im östlichen Klausurflügel befanden sich der Kapitelsaal, eine Kapelle und das Refektorium, südöstlich der Kirche lag die Sakristei. Auch der Außenbezirk beider Anlagen mit dem spitzwinkligen Abschluss nach Südosten ist vergleichbar. Deshalb ist von einem relativ gleichen Bauschema beider Klosteranlagen auszugehen, wobei das Erfurter Augustiner-Eremitenkloster als Mutterkloster bereits in den siebziger Jahren des 13. Jahrhunderts entstand.

In Neustadt an der Orla konnten im östlichen Klausurflügel zwei Gebäude mit einer Innenfläche von ca. 6 × 6 m vollständig untersucht werden. In einem dieser Räume fanden sich die Bestattung eines erwachsenen Mannes und Knochen von weiteren drei Individuen. Der Raum war sicher die im Jahre 1385 erwähnte Kapelle im Kreuzgang.[1]

Im Westen konnten leider nur wenige Mauern dem westlichen Kreuzgang/Klausur zugewiesen werden. Im Osten und im Nordwesten wurde die Klosterumfassungsmauer als Bruchsteinmauer mit einer Breite von 1,00 m bis 1,10 m erfasst. Sie sicherte teilweise auch als innere Stadtmauer den Rechtsbezirk der Stadt. Westlich der Klosterkirche fand sich eine 2,80 × 3,30 m große Holzbohlenkonstruktion aus Tanne und Fichte. Wahrscheinlich diente der Bohlenweg dem Zugang zum Kloster. Im nördlichen Kreuzgang wurden insgesamt 25 bestattete Individuen geborgen, darunter 36 % Kinder und Jugendliche sowie 64 % Erwachsene. Weitere zehn Bestattungen von fünf Frühgeborenen und fünf Neugeborenen wurden außerhalb des Klosters direkt hinter der Klostermauer im Zwinger niedergelegt. Die Säuglinge wurden als Glaubensgründen außerhalb des Klosters begraben, da sie ungetauft waren. Im Zusammenhang mit diesem Bestattungsbrauch ist ein Henkeltopf mit umgedrehtem Deckel zu werten, der mit Steinen und Dachziegeln verkeilt aufrecht hinter der Mauer stand. Untersuchungen wiesen im Erdmaterial des Topfes einen erhöhten Estradiol-Wert (33,55 pg/ml) nach und erbrachten damit einen Hinweis auf eine Nachgeburtsbestattung. Der Brauch der Nachgeburtsbestattungen war ab dem Spätmittelalter bis in das 20. Jahrhundert verbreitet. Die Plazenta galt als erstes Kleid des Kindes, die man vor bösen Geistern, Hexen, Dämonen u. a. verbergen wollte. Man glaubte, aus ihr könnte ein hässlicher Balg entstehen, den man gegen das Neugeborene austauschen wollte.

Bei der Sanierung der Klosterkirche wurde 2013 in der Ecke der Südwestwand eine spitzbogige Tür aus dem 14. Jahrhundert als Zugang zur westlichen Klausur freigelegt. Im Jahre 2014 kamen nach Abschlagen des Putzes an der südwestlichen Außenwand der Kirche sechs in die Wand eingelassene Keramiktöpfe zutage. Fünf von ihnen befanden sich im Bereich eines im Nordwesten der Klausur liegenden Raumes und ein einzelner Topf im nördlichen Kreuzgang. Alle Töpfe wurden im Mauerwerk belassen, so dass die Form der Gefäße nicht dokumentiert werden konnte. Im Zisterzienserinnenkloster in Frauenprießnitz (Saale-Holzland-Kr.) konnte aus der Klosterkirche ein vollständiges Gefäß geborgen werden. Es ist ein sich nach unten verjüngendes Gefäß mit einem eher uneben gearbeiteten, leicht gerundeten Boden. Der Rand ist lippenförmig nach außen gebogen. Die Gefäßwandung ist sehr stark gegurtet, um die Haftung im Mauerwerk zu gewährleisten.

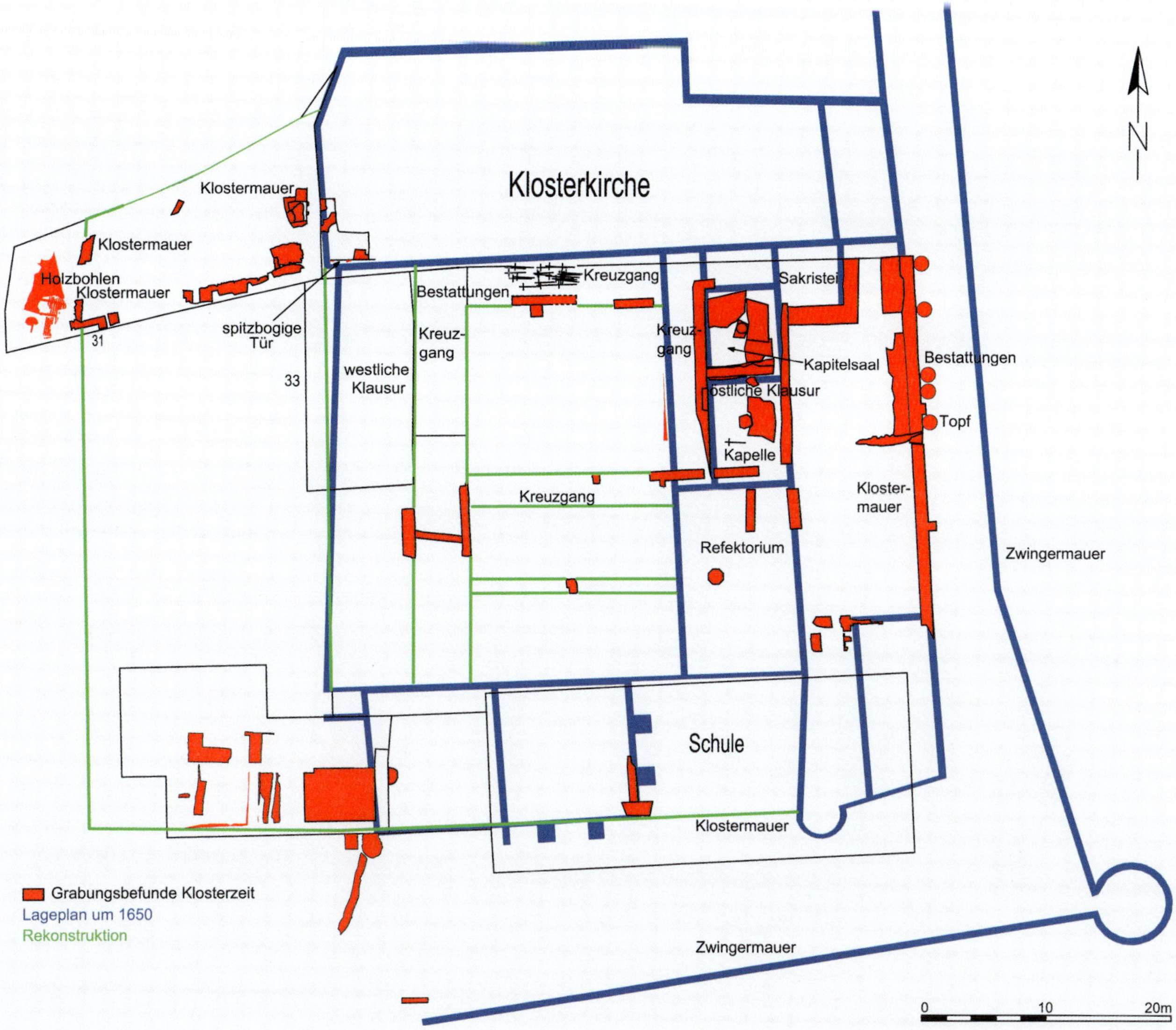

Tafel 11 Augustiner-Eremitenkloster Neustadt an der Orla, Grundriss

Es stellt sich die Frage nach der Funktion dieser Töpfe. Es ist nachgewiesen, dass Hohlkörper auftreffende Schallwellen reflektieren und verstärken. So könnten eingemauerte Töpfe in hoher Stückzahl zur Verbesserung der Raumakustik führen, wenngleich diese These teils zurückgewiesen wird. Diese Technologie geht auf die römische Architektur zurück. Solche Gefäße werden als »Schalltöpfe« bezeichnet. Zwei Schweizer Physiker untersuchten die Schallwirkung von Gefäßen im Labor. Die Ergebnisse ergaben, dass sie sowohl den Schall reflektieren als auch absorbieren können. Die Wirksamkeit war aber sehr gering, und erst bei einer Stückzahl von einigen Hunderten erfüllten sie ihren Zweck. Wahrscheinlich waren die mittelalterlichen Baumeister von deren Wirkung, die Akustik zu verbessern, überzeugt.

Kirchen mit »Schalltöpfen« sind in ganz Mitteleuropa vom 9./10. bis zum 17. Jahrhundert verbreitet, wobei der Schwerpunkt im Spätmittelalter lag. Während im Früh- und Hochmittelalter die Töpfe sowohl im Boden als auch in den Wänden verbaut worden waren, sind sie im Spätmittelalter ausschließlich in den Kirchenwänden und Gewölben im oberen Teil der Mauern zu finden. Im 13. bis 15. Jahrhundert erreichte der Einbau von Gefäßen in Kirchenwänden seinen Höhepunkt. Die Gefäße wurden dort eingesetzt, wo sie den Gesang verstärken sollten. In Neustadt an der Orla ist die Lage der Töpfe in der Klausur bzw. im Kreuzgang etwas Besonderes und somit ihre Funktion unklar. Diese sechs Töpfe werden kaum zur Verbesserung der Akustik beigetragen haben. In der Kirche des Augustiner-Eremitenklosters in Grimma sind etwa über 100 eingemauerte Töpfe im gesamten Kirchenraum bündig mit der Mündung nach vorn unterhalb der Traufe vermauert. Vielleicht steckte hinter dem Einmauern von Töpfen in Kirchen – und hier vor allem von Klosterkirchen – auch ein Brauch, der uns nicht überliefert ist, oder es ist eine Traditionspflege der Baumeister. Vielleicht hatten die Augustiner-Eremitenmönche in Grimma – Bau der Klosterkirche um 1290 – und in Neustadt an der Orla – Bau der Klosterkirche ab 1294 – die gleichen Baumeister?

Abb. 143 Zisterzienserinnenkloster Frauenprießnitz, Schallgefäß, 15. Jahrhundert (Kat.-Nr. VI.8 a)

Abb. 144 Augustiner-Eremitenkloster Neustadt an der Orla, Zierbeschläge, 14./15. Jahrhundert (Kat.-Nr. VI.8 b)

Die weiteren Funde im Neustädter Augustiner-Eremitenkloster umfassen ein großes Spektrum an Irdenware, Steinzeug- und Glasscherben, irdene und knöcherne Kleinfunde, Eisen- und Buntmetallgegenstände, Knochen, Spolien und Baukeramik. Auch Fundmaterialien aus anderen Thüringer Klöstern, so aus den Franziskanerklöstern in Eisenach und in Saalfeld, dem Benediktinerkloster Saalfeld und den Frauenklöstern Frauensee (Wartburgkr.) und Rohr (Landkr. Schmalkalden-Meiningen) ergänzen den Ausstellungsbestand.

Unter dem Alltagegeschirr – dazu gehören vor allem Töpfe, Schüsseln, Schalen, Näpfe, Grapengefäße – ist Steinzeugware relativ selten. Sie stammt vor allem aus dem sächsischen Waldenburg, darunter eine Scherbe, die das Gesicht eines Bartmannes mit einer deutlich herausgearbeiteten Nase und zwei aufmodellierten Augenringen zeigt. Der Mund ist geschlossen und wird von zwei plastischen Lippen gebildet. Unterhalb setzt der Bart mit waagerecht und senkrecht verlaufenden Strängen an. Nach der Ausführung des Bartes ähnelt er den Gesichtskrügen vom Erfurter Domplatz. Er datiert in das ausgehende 15./beginnende 16. Jahrhundert. Auch im Franziskanerkloster am Elisabethplan in Eisenach fand sich das Fragment eines ähnlichen Kruges. Interessant ist im Neustädter Kloster weiterhin der Fund von insgesamt 12 Murmeln, die zu einem Spiel gehörten.

Neben den zahlreichen Gefäßresten kamen zahlreiche Ofenkachelfragmente von Schüssel- und Reliefkacheln zutage, die vor allem zu hochwertigen Öfen des Spätmittelalters gehörten. Zur Zeit der Klostergründung nutzte man vor allem Steinofenluftheizungen, auch Hypokaustenheizung genannt, wie sie beispielsweise aus dem Augustiner-Eremitenkloster in Erfurt und aus den Frauenklöstern in Rohr und Stadtilm (Ilm-Kr.) bekannt sind. Aus dem Benediktinerkloster Saalfeld stammen viele Bruchstücke von Napfkacheln, die zu vollständigen Kacheln rekonstruiert werden konnten. Der Nachweis einer »Türmchenkachel« gelang im Franziskanerkloster Saalfeld. Dort kam sie in einem reich ausgestatteten Gebäude vor, das wahrscheinlich das Wohnhaus von Katharina von Brandenstein war, die 1484 ein Haus im oberen Klosterhof bekam. Sie war die Frau des 1482 verstorbenen Herzogs Wilhelm III. von Sachsen, der eng mit dem Kloster verbunden war. In diesem Gebäude fanden sich weiterhin neben zahlreichen Tonscherben v. a. die Bronzegabel einer Feinwaage, ein eiserner Schlüssel, eine knöcherne Ahle und knapp 13 000 farbige Keramikscherben. Auch im Fundbestand des Benediktinerinnenklosters Rohr ist eine vollständige Feinwaage zu verzeichnen. Sie lag neben anderen Bronzegegenständen und einer fast vollständigen Buntmetallschale im Abfallschutt eines Hauses, das als Gästehaus oder Propstei gedeutet wurde.

Im Neustädter Kloster fand man neben einer knöchernen Nadeldose auch zwei Klanginstrumente: eine Signalpfeife und eine Flöte. Die 4,5 cm lange Pfeife ist vollständig erhalten und hat im unteren Bereich ein rundes Loch für den Signalton. Von der ovalen Kernspaltflöte hat sich das Unterteil mit zwei mittelständigen Grifflöchern erhalten. Zur Herstellung dieser Flöten benutzte man die Röhrenknochen einer Tibia eines kleinen Hauswiederkäuers. In den Klöstern konnten auch immer wieder Madonnenfiguren geborgen werden, die den einzelnen Bewohnern gehörten.

Abb. 145 Zisterzienserinnenkloster Frauensee, Alltagsgeschirr, 14./15. Jahrhundert (Kat.-Nr. VI.8 r – t)

Mit viereckigen, annähernd quadratischen Bronzeblechen mit Durchlochungen an den Rändern und einer Kantenlängen von 2 bis 2,6 cm markierte man wahrscheinlich persönliche Gegenstände. Jede Bronzeplatte war mit einem anderen Motiv verziert: mit sichel- und kreisförmigen Punzen, mit diagonal verlaufenden Kreisen und mit einer Herz- und Punzzier. Bei zwei Blechen waren zusätzlich auf der Rückseite die Buchstaben *N* und *M* eingraviert. Auch aus dem Franziskanerkloster vom Elisabethplan in Eisenach ist ein mit Punzen verziertes Markierungsblech bekannt. In anderen Klöstern der Bettelorden fand man Keramik, die mit Eigentumsmarken markiert waren. Vor allem im Zisterzienserinnenkloster in Frauensee konnten unter den ca. 250 Gefäßen bzw. Gefäßfragmenten Einritzungen als persönliche Kennzeichnung der Gefäße als Zählzeichen bzw. Eigentumsmarken geborgen werden. Sie treten in Form von geometrischen Zeichen auf und wurden nach dem Brand mit einem spitzen Gegenstand eingekratzt. Solche Gefäßmarkierungen kamen vor allem im Geschirrbestand von reichen Benediktinerinnen- und Zisterzieserinnenklöstern vor. In Thüringen sind solche Gefäße auch aus den Frauenklöstern in Arnstadt, Jena, Rohr, Stadtroda (Saale-Holzland-Kr.) und Donndorf (Kyffhäuserkr.) nachweisbar.

Literatur

Ade/Schmid, Nachgeburtsbestattung. Bünz, Neustadt a. d. Orla. Dreißig, Steinofenheizung. Großkopf, Neustadt. Kottmann, Schalltöpfe. Kramer/Bernast/Bock, Neustadt/Orla. Kramer/Bernast/Spazier, Augustiner-Eremitenkloster. Küchenmeister, Grabungen. Lappe, Frauensee. Lappe, Steinzeuggefäße. Lappe, Thüringen. Palmowski, Steinofen-Luftheizung. Reuter, Schallgefäße. Spazier, Barockweg. Spazier, Steinzeug-Importe. Spazier, Topf. Spazier, Verbaute Töpfe. Spazier/Hopf, Mittelalterfunde. Spazier/Schlapke, Untersuchungen. Spazier/Schmitt/Ditzel, Nonnenklöster.

Anmerkungen

1 Großkopf, Neustadt, S. 14. Bünz, Neustadt a. d. Orla, S. 109.

VI.1

Dominikanisches Selbstverständnis

hl. Dominikus und hl. Stephanus
Fragment des Hochaltars der Predigerkirche zu Erfurt
Erfurter Werkstatt, um 1425.

Mischtechnik auf Fichtenholz, partiell mit Leinwand überzogen. 85 × 66 × 1,4 cm. Tafel beschnitten und modern gerahmt, starke Beschädigungen der Malschicht ▪ AngerM Erfurt, Inv.Nr. 9866 b (Leihgabe der Ev. Predigergemeinde Erfurt)

Die Tafel gehört mit sechs weiteren stilistisch zusammengehörigen Fragmenten zum ehemaligen Hochaltar der Predigerkirche, dessen Flügel in der Mitte des 17. Jahrhunderts als Baumaterial zur Verkleidung des Orgelgehäuses zweitverwendet wurden. Anhand dieser Fragmente lässt sich der Hochaltar der Predigerkirche als Doppelflügelaltar rekonstruieren: Die Alltagsansicht zeigte auf dem linken (?) Flügel wohl die Verkündigung an Maria; der andere, verlorene, enthielt vielleicht eine Marienkrönung. In der ersten Wandlung, bei geöffneten Außenflügeln, erschienen in der Mitte die zwölf Szenen der Apostelmartyrien. Die Darstellungen der Seitenflügel sind vollkommen verloren, so dass eine inhaltliche Rekonstruktion nicht möglich ist. Mit knapp 2½ m Höhe (ohne Predella) und reichlich 6 m Breite im aufgeklappten Zustand dürfte es eines der imposantesten Altarretabel in Erfurt gewesen sein. Es erhob sich auf dem heute noch existierenden steinernen Kastenaltar, der gegen 1280 errichtet worden war. Nach der Reformation wurde es durch das heutige, aus der Paulskirche stammende Retabel von 1492 ersetzt. Das Programm des Retabels insgesamt war sicher von dominikanischem Gedankengut geprägt. Unter den Heiligen nimmt der Ordensgründer Dominikus direkt auf den Bestimmungsort Bezug. Das Kirchenmodell, das er hier ausnahmsweise trägt, ist in seiner schlichten turmlosen, nur mit einem Dachreiter und einem Giebelkreuz bekrönten Form ausdrücklich das einer Bettelordenskirche. Es weist so in der Verbindung mit seinem Träger auf den Anspruch und das Selbstverständnis der Predigerbrüder. Auch die Lampe ist ein außergewöhnliches Attribut, vielleicht eine Variante der Fackel, die der dem Heiligen zuweilen beigegebene Hund im Maul trägt. KH

Katalog 1924, Nr. 49. Kloos, Tafelmalerei, S. 45 mit Abb. 17. Overmann, Kunstdenkmäler, Nr. 14. v. Tettau, Kunstdenkmäler, S. 161.

VI.2/3

Steinerne Zeugnisse aus der Barfüßerkirche

a) Formziegel

13./14. Jahrhundert

Backsteine, z. T. glasiert. **1.** 28 × 14 × 10 cm. **2.** 19 × 11,5 × 8,5 cm. **3.** 12 × 9,5 × 6,5 cm. **4.** 14 × 12 × 8,5 cm ▪ AngerM Erfurt, ohne Inv. Nr.

Im Ergebnis einer im Herbst 2015 durchgeführten Grabung im westlichen Teil des Langhauses konnten Reste des Vorgängerbaus festgestellt werden. Dieser war ein langgestreckter Saal, dessen südlicher Abschluss in der Achse der jetzigen Pfeiler lag; der nördliche Abschluss wird an der südlichen Kreuzgangmauer, etwa 50 cm nördlich der heutigen Pfeilerachse, vermutet. Die Ausdehnung nach Osten und Westen konnte nicht ermittelt werden. Hitzeverfärbungen an den aufgefundenen Bauteilen erhärten die chronikalisch überlieferte Nachricht von der Beschädigung bei einem Stadtbrand im Jahr 1291, in dessen Folge der gotische Chor, geweiht nach 1316, und das Langhaus neu errichtet wurden. Die südlichen Pfeiler schneiden Wand und Fundament des Vorgängers, im Norden schneiden die Pfeilerfundamente den Fußboden des alten Baus. Möglicherweise war die Südwand des Kreuzganges weitgehend erhalten geblieben und wurde zum Funktionserhalt der dahinter befindlichen Gebäude lediglich ausgebessert. Bereits infolge der Zerstörung durch eine Luftmine am 27. November 1944 waren im Kern der nordöstlichen Pfeiler glasierte Ziegel zu Tage getreten, auch Teile des aufgehenden Mauerwerks waren aus Ziegeln ausgeführt. Etwa hundert Jahre zuvor, am 6. Januar 1838, waren bereits die beiden südöstlichen Pfeiler eingestürzt, weil sie die Last von Obergaden und Gewölben nicht mehr aufzunehmen in der Lage waren, nachdem in den zwanziger Jahren des 19. Jahrhunderts durchgeführte Baumaßnahmen das statische Gefüge des Langhauses in Mitleidenschaft gezogen hatten. Diese beiden Pfeiler bestanden aus Ziegeln, während die gegenüberliegenden wahrscheinlich schon im späten 16. Jahrhundert im Zusammenhang mit einer Neueindeckung der Kirche mit Sandstein ummantelt worden waren. Im zur Ebnung des Fußbodens beim Wiederaufbau der Kirche bis zur Mitte des 19. Jahrhunderts benutzen Bauschutt sind bei der Grabung 2015 zahlreiche weitere Ziegel entdeckt worden. Die Ziegelfunde beschränken sich auf den östlichen Teil des Langhauses. Die drei westlichen Joche sind in Sandstein ausgeführt. Daraus ergibt

VI.1

VI.2

sich die Annahme einer Erbauung in zwei Phasen: einer im Osten unter Verwendung von mehrfarbig glasierten Ziegeln und der anderen im Westen in der in Mitteldeutschland traditionellen Technik aus Sandstein. Die zeitliche Abfolge dieser beiden Bauabschnitte ist noch unklar. Im späten 13. und beginnenden 14. Jahrhundert ist die Verwendung von Ziegeln in Mitteldeutschland ungewöhnlich. Die aufwendige Glasierung der Pfeilerziegel spricht für die Tätigkeit einer hochspezialisierten Werkstatt, die möglicherweise von den Brüdern aus Italien nach Erfurt gerufen worden war und die für einen verhältnismäßig kurzen Zeitraum hier tätig wurde. KH

Baudenkmale 2,1, S. 153 Reg. 13, 156 f. Reg. 33, 54.

b) Lilie aus einem Fenstermaßwerk der Barfüßerkirche
14. Jahrhundert

Sandstein. 34 × 34 × 12 cm ▪ AngerM Erfurt, ohne Inv. Nr.

Das nach der Zerstörung 1944 geborgene Fragment gehört zum Maßwerk einer Fensterlanzette. Die Spitzbögen der Fenster in der Barfüßerkirche waren mit verschiedenen Maßwerken verziert. Das lilienförmige Fragment bildete einst das nach innen auslaufende Ende (sog. Nase) eines wahrscheinlich dreipassförmigen Fensterabschlusses. KH

Baudenkmale 2,1, Abb. 132, 141. Franziskaner in Thüringen, S. 292.

VI.4

Eine technische Innovation veränderte die Wahrnehmung der Zeit

Zifferblatt einer Ein-Zeiger-Uhr vom Seigerhaus am ehemaligen Franziskanerkloster St. Jakobus in Bad Langensalza
Datiert 1523

Fassadenuhr ▪ Bemaltes Kiefernholz mit flacher Reliefschnitzerei. 155 × 128 × 3,5 cm ▪ StadtM im Augustinerkloster Bad Langensalza, ohne Inv. Nr.

Weithin sichtbar war die Turmuhr am Seigerhaus (Zeigerhaus) auf dem Gelände der Niederlassung der Franziskaner-Observanten in Bad Langensalza. Das Kloster wurde 1457 gestiftet und 1540 aufgehoben. Das originale Zifferblatt der Ein-Zeiger Uhr weist unterhalb der Jahreszahl 1523 ein rundes Zahlenband mit erhabenen römischen Ziffern und Halbstunden-Strichen auf.

◄ VI.4

Vermutlich 1748, bei der Umrüstung zu einer Zwei-Zeiger-Uhr, wurde das Zifferblatt mit gelblich weißer Farbe übermalt. Die kleine rechteckige Öffnung ermöglichte vom Hausinneren die Justierung der Zeigerstellung mit der Hand. Die mechanische Uhr war eine Innovation auf dem Gebiet der Zeitmessung. Im Gegensatz zu traditionellen Sonnenuhren, die mit dem Schatten des Stabes die Tageszeit verkünden, war sie unabhängig von der Natur und vollzog gleichzeitig den Übergang von ungleich langen zu den heute bekannten gleich langen Stunden. Ausgangspunkt der Erfindung waren die Klöster. Bereits Abt Benedikt von Nursia, der Gründer des Benediktinerordens, forderte im Jahre 529 in den Ordensregeln feste Zeiten für Gebete, Lesungen aus der Hl. Schrift, Mahlzeiten, Arbeit und Schlaf. Um diese Vorschriften einzuhalten, setzten die Mönche unterschiedliche Zeitmesser ein und bemühten sich permanent, die Zeit genauer zu erfassen. Vermutlich um 1300 drehten sich erstmals Zeiger an einer Uhr. Seit der zweiten Hälfte des 14. Jahrhunderts tauchen sie als Stadtuhren in den großen Städten Europas auf. Der Stundenzeiger und der Klang der Glocken verkündeten seitdem den Menschen auch außerhalb der Klostermauern die aktuelle Zeit und beeinflussten nachhaltig die Lebens- und Arbeitswelt. GNR.

Franziskaner in Thüringen, S. 324.

VI.5

Doppelte Fürsprache für den Gläubigen

Heilstreppe
Werkstatt des Meisters der Anbetung der Könige in der Predigerkirche, um 1510/20

Hochrelief ▪ Holz. 121 × 100 × 15 cm. Rückseite flach, die Figur Gottvaters gehöhlt, gefasst ▪ AngerM Erfurt, Inv. Nr. 1073.

VI.5

Das Relief war vermutlich zentraler Bestandteil eines Schnitzaltars. Die Dreieckskomposition wird von den Blickbeziehungen der Hauptfiguren unterstrichen: Maria blickt zu Christus auf, dieser zu Gottvater, der über das Geschehen und den Betrachter in die Ferne schaut. In dieser Hierarchie der Heiligen gelangt die Fürbitte der Gläubigen von Maria über den Gottessohn an den allgewaltigen Vater, so wie die Stufen einer Treppe erklommen werden müssen, um das höchste Ziel zu erreichen. Die Figurentypen und der Gewandstil (Parallelfalten, wellige Umschläge und Schlängelfältchen) sind Merkmale des Meisters der Anbetung der Könige in der Predigerkirche, ebenso Einzelheiten wie die Ausführung des Haaransatzes und der Verlauf der Strähnen. Die flachere Faltenausarbeitung und die nur andeutungsweise vorhandenen Schlängelfältchen und das in Form und Ausdruck etwas derbere Gesicht der Maria weisen auf einen anderen Werkstattmitarbeiter, eventuell den Schöpfer des Sippenaltars in der Kaufmannskirche. KH

Kontroverse, S. 375. Overmann, Kunstdenkmäler, Nr. 198. von der Osten, Schmerzensmann, S. 113 mit Abb. 140.

VI.6
Mutterschaft und Jungfräulichkeit nebeneinander
Anna Selbdritt
Thüringischer Meister, um 1520

Tafelbild ▪ Holz. 87,5 × 50 × 19,5 cm. Fassung abgelaugt ▪ AngerM Erfurt, Inv. Nr. 633.

»Heilige Anna, hilf!«, dieser Hilferuf Luthers bezeugt die tiefe Verwurzelung des Annenkultes in der mittelalterlichen Gesellschaft. Eine erhebliche Anzahl von Altarweihen, Bildstiftungen und Andachtsbüchern zu Ehren der hl. Anna sind seit dem 15. Jahrhundert belegt. Zentralfigur der Verehrung war Anna Selbdritt, die Darstellung Annas zusammen mit Maria und Jesus. Sie konzentriert die umfänglichen Überlegungen zur Genealogie Jesu auf die wesentlichen Personen: Anna, deren Tochter Maria und den Gottessohn. Die mittelalterlichen Darstellungen zeigen Anna zumeist mit ihren als Erwachsene, aber in kindlicher Größe gegebenen Nachkommen auf beiden Knien. KH

Katalog 1924, Nr. 78. Doering, Bildhauerkunst, Taf. 68 a.

VI.7
Erinnerung an den Auftraggeber bei jedem Abendmahl
Kelch
Wohl Erfurt, um 1500

Silber, vergoldet, getrieben, gegossen, punziert, graviert. H 18 cm, Dm des Fußes 12,5 cm, der Kuppa 10,3 cm. Mit Inschrift ▪ Ev. Predigergemeinde Erfurt, Inv. Nr. 35.

Der Kelch ist eine Stiftung eines Erfurter Patriziers, dessen Wappen mit zwei Schrägbalken in einem Schild auf den Sechspassfuß gelötet ist. Ein analoges Wappen schmückt einen Schlussstein im südlichen Seitenschiff der Predigerkirche, dessen Einwölbung zwischen 1424 und 1438 erfolgte. Gestützt durch zwei Urkunden aus dem Erfurter Stadtarchiv, deren Siegel das gleiche Wappen aufweisen, gilt als wahrscheinlich, dass Klaus Hildebrandt der Stifter des Gewölbes war und seine Familie auch den Abendmahlskelch in Auftrag gab. Es wird nicht ausgeschlossen, dass die Familie Hildebrandt sogar eine Art Familienkapelle an der Stelle im südlichen Seitenschiff der Predigerkirche hatte, für deren darin befindlichen Altar der Kelch bestimmt gewesen sein könnte. Im Feld neben dem aufgesetzten Stifterwappen ist ein Kruzifix im Dreinageltypus eingeritzt. Um den Kopf ist ein Strahlenkranz, darüber die Tafel mit der Inschrift *INRI* für Jesus aus Nazareth, König der Juden (*Iesus Nazarenus Rex Iudaeorum*). Die Gestaltung des Lendentuches ist aufwendig und entwickelt mit den gebauschten, flatternden Enden eine Eigendynamik. Fein ziseliertes Blüten- und Blattwerk schmückt in spätgotischer Manier den Schaft und Nodus. Die mit Buchstaben versehenen Rotuln des Nodus waren vermutlich ursprünglich emailliert. GNR

Overmann, Kunstdenkmäler, Nr. 384. Schätze, S. 73. Schalldach, Willrode.

VI.7

◄ VI.6

VI.8

Relikte aus Thüringer Klöstern

Die archäologischen Funde aus Thüringer Klöstern sind selten spektakulär. Aber sie dokumentieren das Inventar der klösterlichen Gemeinschaften. Neben Irdenware für Küche und Tafel, die dem Alltagsgeschirr städtischer Haushalte entspricht, sind verschiedene Kleinfunde besonders interessant: Klanginstrumente aus Knochen, Glöckchen, Heiligenfigürchen zur persönlichen Andacht, Nähnadeln oder Spielzeug wie Tierfiguren und Murmeln. Insbesondere bei den Murmeln, die in relativ großen Zahlen vorliegen, verschwimmt die Grenze zwischen Kinder- und Erwachsenenspiel, wie aus Schriftquellen bekannt ist. Sehr häufig treten bei den Ausgrabungen auch Fragmente von Kachelöfen zutage, ein Hinweis, dass die Klöster in der Regel einen warmen, wohltemperierten Aufenthaltsraum hatten. Um einiges aufwendiger war der Einbau einer Steinofen-Luftheizung, die nach dem Prinzip der antiken Hypokausten-Heizung funktionierte und bei Ausgrabungen sowohl für das Erfurter Augustinerkloster als auch das Predigerklosters nachgewiesen werden konnte. Auch sogenannte Schallgefäße, die in mehreren Klosterkirchen verbaut waren, gelten als architektonisches Erbe der Antike. GNR

a) Schallgefäß
Frauenprießnitz, Zisterzienserinnenkloster
▸ Abb. 143

Ton. Vollständig erhaltenes Gefäß. Dm in der Mitte 11 cm, H 17,5 cm, Bdm 5,5 cm. Sich nach unten verjüngend, Gefäßwandung uneben gearbeitet, Boden leicht gerundet. Reduzierend gebrannt, Farbe grau-braun ▪ TLDA Weimar, 16/137-1.

b) Drei Zierbeschläge
Neustadt an der Orla, Augustiner-Eremitenkloster
▸ Abb. 144

Bronze, drei fast quadratische Zierbeschläge: 1. 12/220-308: mit Herzen und stichartigen Punzen verziert, zwei diagonal liegende Nagellöcher. 2,6 × 2,6 cm. 2. 12/220-327: mit sechs kreisartigen Verzierungen auf der Vorderseite und zwei kreisartigen Verzierungen und dem Buchstaben »M« auf der Rückseite, zwei diagonal liegende Nagellöcher. 2,0 × 2,1 cm. 3. 12/220-327: mit sechs halbkreisförmigen Strichverzierungen auf der Vorderseite und zwei kreisförmigen Verzierungen und dem Buchstaben »N« auf der Rückseite, zwei diagonal liegende Nagellöcher. 2,3 × 2,3 cm ▪ TLDA Weimar, 12/220-308, 327.

c) Zierbeschlag
Eisenach, Franziskanerkloster

Bronze, rechteckig. 3 × 3 cm. Auf einer Seite mit punzartigen Blatt- und Linienverzierungen, sieben Nietlöchern, davon eines mit Niet ▪ TLDA Weimar, 06/84-104.

d) Flöte und Signalpfeife
Neustadt an der Orla, Augustiner-Eremitenkloster

Knochen. 1. Signalpfeife. L 4,5 cm. Im unteren Bereich ein rundes Loch für Signalton, leicht gebrochen, runder Querschnitt. 2. Kernspaltflöte. L 4,5 cm. Unterteil mit zwei mittelständigen Löchern, Mundöffnung gebrochen, ovaler Querschnitt ▪ TLDA Weimar, 07/281-356, 546.

e) Nadelbüchse
Neustadt an der Orla, Augustiner-Eremitenkloster

Knochen, röhrenförmig. H 5,6 cm, Dm 1,1 – 1,2 cm. An einem Ende gebrochen und an dem anderen zinnenartig mit spiralförmigen Rillen verziert ▪ TLDA Weimar, 12/220-126.

f) Feinwaage
Rohr, Benediktinerinnenkloster

Bronze, vollständig erhalten. L 22,4 cm, H 9,5 cm. Klappbare Balken mit angebrachter Zunge, Gabel besteht aus vier Teilen ▪ TLDA Weimar, Steinsburgmuseum 11393.

g) Schlüssel
Saalfeld, Franziskanerkloster

Eisen, ovaler Kopf und rechteckiger Bart. L 15,5 cm ▪ TLDA Weimar, 15/139-787.

h) Schreibgriffel
Frauensee, Zisterzienserinnenkloster

Knochen, säulenförmig gearbeitet. H 8 cm, Dm 0,8 – 1,3 cm. Einseitig abgeflacht, Querschnitt oval, am Griff gebrochen, an einem Ende Kapitell in Form eines Jagdhundes ▪ TLDA Weimar, 4604/02.

VI.8 h

VI.8 k

i) Schreibgriffel
Saalfeld, Franziskanerkloster

Buntmetall. Griffel: L 6,9 cm. Mit verdicktem querliegendem ovalem Balken. L 0,9 cm, Dm 0,3 – 0,5 cm. Gravierung eines gespiegelten »Z« unterhalb des Balkens ▪ TLDA Weimar, 15/139-801.

j) Buchschließe
Neustadt an der Orla, Augustiner-Eremitenkloster

Langovales Bronzeteil mit zackenförmiger Verzierung an einem Ende und einem gebogenen Haken am anderen. 4,3 × 1 cm. Auf der Oberseite mit längs und quer verlaufenden Linien und kreisförmiger Erhöhung verziert ▪ TLDA Weimar, 12/120-124.

k) Glocke
Eisenach, Franziskanerkloster

Bronze. H 2,4 cm, Dm 3 cm. Ab der Schallöffnung gebrochen, langrechteckige Aufhängung mit Bohrung. 1,4 × 0,9 × 0,4 cm ▪ TLDA Weimar, 06/84-183.

l) Fragment einer Glocke
Rohr, Benediktinerinnenkloster

Rotbraun bemalte Scherbe einer Keramikglocke. H ca. 5,5 cm, Dm (errechnet) 5 – 6 cm. Oxidierend gebrannt. Mit Aufhängevorrichtung ▪ TLDA Weimar, Steinsburgmuseum 11491.

m) Madonnenfigur
Neustadt an der Orla, Augustiner-Eremitenkloster

Ton. Vollplastisch gearbeitete Figur, Kopf fehlt. H 4,2 cm, Dm 1,4 – 1,6 cm. Kleid mit aufwendigem Faltenwurf, Tuch über den Schultern ▪ TLDA, Weimar, 07/281-154.

n) Murmeln
Neustadt an der Orla, Augustiner-Eremitenkloster

Ton. Oxidierend gebrannt. Dm 1,2 – 1,5 cm ▪ TLDA Weimar, 15/117.

VI.8 m

o) Reiterfigur
Eisenach, Franziskanerkloster

Ton. Weiße Irdenware. L 5,2 cm, H 4,5 cm. Gebrochen, grün glasiert, Rumpf und Vorderbein erhalten, mit Einsteckföffnung an der Unterseite ▪ TLDA Weimar, 06/84-52.

p) Kugeltopf
Frauensee, Zisterzienserinnenkloster

Ton, vollständig erhalten. Dm in der Mitte 8 cm, H 9,3 cm. Reduzierend gebrannt, Farbe außen und innen blaugrau, glatte Wandung, lippenförmig, nach außen gebogener Rand ▪ TLDA Weimar, 4605/02.

q) Kugeltopf
Frauensee, Zisterzienserinnenkloster

Ton. Rekonstruierter Kugeltopf mit Sattelhenkel. Dm in der Mitte 8,3 cm, H 10 cm. Markierungszeichen an einer Seite in Form eines Vielecks. Reduzierend gebrannt, Farbe außen und innen graubraun ▪ Weimar, TLDA 425/92-1.

VI.8 o

r) Schale
Frauensee, Zisterzienserinnenkloster
▶ Abb. 145

Ton. Füßchenschale mit Fingerkniffenrand am Boden. Konische Form. Dm in der Mitte 20 cm, Bdm 15,3 cm, H 10 cm. Halsrand, am Boden Abdrücke von den abgebrochenen Füßchen. Oxidierend gebrannt, Farbe außen und innen ziegelfarben-graubraun ▪ TLDA Weimar, 425/92-2.

s) Napf
Frauensee, Zisterzienserinnenkloster
▶ Abb. 145

Ton. Konische Form. Dm in der Mitte 15 cm, Bdm 8 cm, H 9,5 cm. Gurtung auf der Außenseite, leicht ausbiegender Rand. Oxidierend gebrannt, Farbe außen und innen ziegelfarben-graubraun ▪ TLDA Weimar, 425/92-3.

t) Schale
Frauensee, Zisterzienserinnenkloster
▶ Abb. 145

Ton, Schale mit bauchiger Form. Dm in der Mitte 19 cm, Bdm 9 cm, H 7,5 – 9 cm. Leicht gekniffelter Fußring, Außenseite gegurtet. Oxidierend gebrannt, Farbe beige bis orange ▪ TLDA Weimar, 425/92-4.

u) Standbodengefäß
Neustadt an der Orla, Augustiner-Eremitenkloster

Ton. Henkelgefäß, komplett erhalten. Dm in der Mitte 11,2 cm, Bdm 8,7 cm, H 15,7 cm. Oxidierend gebrannt. Kragenartiger Rand, randständiger Henkel, größter Dm im oberen Drittel, Farbe ziegelfarben ▪ TLDA Weimar, 15/117-150.

v) Standbodengefäß
Neustadt an der Orla, Augustiner-Eremitenkloster

Ton. Henkelgefäß, nur Oberteil erhalten Dm in der Mitte 12,1 cm, H 9 cm. Oxidierend gebrannt, kragenartiger Rand, randständiger Henkel, Farbe ziegelfarben ▪ TLDA Weimar, 15/117-151.

w) Leuchterschale
Eisenach, Franziskanerkloster

Ton. Rechteckiger Grundriss mit erhöhter Rückenwand und zwei eckigen Löchern zur Aufhängung. 9,7 × 7,5 × 8,0 cm. Im Boden zwei Dochthalter, dunkelbraune Glasur, außen ziegelfarben bis braun ▪ TLDA Weimar, 1466/94.

x) Leuchterschale
Eisenach, Franziskanerkloster

Ton. Runder Grundriss. Dm in der Mitte 13,2 cm, Bdm 7,8 cm. Mittiger Dochthalter im Boden, Fuß leicht abgesetzt, ziegelfarbene bis braune Glasur ▪ TLDA Weimar, 1467/94.

y) Türmchenkachel
Saalfeld, Franziskanerkloster

Ton. Türmchen in zylindrischer Form. H 8,7 cm, Dm außen 4,3 cm, Dm innen 2,4 cm. Zwei rechteckigen Fensteröffnungen. 0,7 × 1,3 cm und 1 × 1,5 cm. Satteldach mit quadratischer Öffnung auf einer Seite. 1,8 × 1,6/1,8 cm ▪ TLDA Weimar, 15/139-759

z) Drei Napfkacheln
Saalfeld Benediktinerkloster

Ton. Viereckiger Mündungsrand. Oxidierend gebrannt, ziegelfarben: **1.** Dm in der Mitte 13 – 13,5 cm, Bdm 8,5 cm, H 17,5 cm. **2.** Dm in der Mitte 12 – 13,5 cm, Bdm 8,8 cm, H 18 cm. **3.** Dm in der Mitte 13 cm, Bdm 8,5 cm, H 18,5 cm) ▪ TLDA Weimar 08/137-113/114/115

Kramer/Bernast/Bock, Neustadt/Orla. Kramer/Bernast/Spazier, Ausgrabungen. Lappe, Frauensee. Lappe, Steinzeuggefäße. Lappe, Thüringen. Spazier, Barockweg. Spazier, Steinzeug-Importe. Spazier, Topf. Spazier, Verbaute Töpfe. Spazier/Hopf, Mittelalterfunde. Spazier/Schlapke, Untersuchungen. Spazier/Schmitt/Ditzel, Nonnenklöster.

VI.8 w

VI.8 y

VI.9

Sicherung der beweglichen Habe

Inventar des ehemaligen Dominikanerklosters von 1566

Aktenfaszikel ▪ Papier ▪ BA Erfurt, GG, älterer Bestand, VI f 3.

Inventare wurden angelegt, um den mit einer Institution verbundenen bzw. in Besitz einer Privatperson befindlichen Bestand an beweglichem Gut festzuhalten. Dahinter stand das Anliegen einer Besitzstandssicherung. Die Notwendigkeit ergab sich meist aus der Tatsache, dass die Besitzverhältnisse ungeklärt waren, eine Besitzstandsänderung eingetreten war, verschiedene Parteien Besitzansprüche angemeldet hatten oder Besitz konfisziert und unter Zwangsverwaltung gestellt wurde. Besondere Bedeutung kommt solchen Verzeichnissen zu, haben sie Besitz zum Gegenstand, der im Fall von Erfurt den im Zuge der Reformation von Zwangsmaßnahmen des Rates betroffenen geistlichen Gemeinschaften gehörte. Davon nicht verschont blieben auch die Bettelordensgemeinschaften. Ihre Kirchen wurden ihnen schon sehr frühzeitig entzogen. Doch verblieben im Besitz der aussterbenden Konvente oft große Teile der Klosteranlagen sowie neben den Einkünften auch die bewegliche Habe. Beginnend bei den für Messe und Chorgebet notwendigen liturgischen Gerätschaften bis hin zu den Bettgestellen, Matratzen, Kissen, Bettbezügen in den Schlafräumen oder Zellen sowie zum Geschirr, den Töpfen und Pfannen in den Küchen und Brauhäusern wurde in den Inventaren die gesamte Habe verzeichnet. In Erfurt liegen entsprechende, im 16. Jahrhundert angelegte Verzeichnisse in besonderer Dichte für das Dominikanerkloster vor. Neben Hinweisen auf einst hier vorhandene Kunstschätze vermitteln sie ein eindrucksvolles Bild von den Lebensumständen der Zeit. FJS

Schalldach, Inventarverzeichnisse.

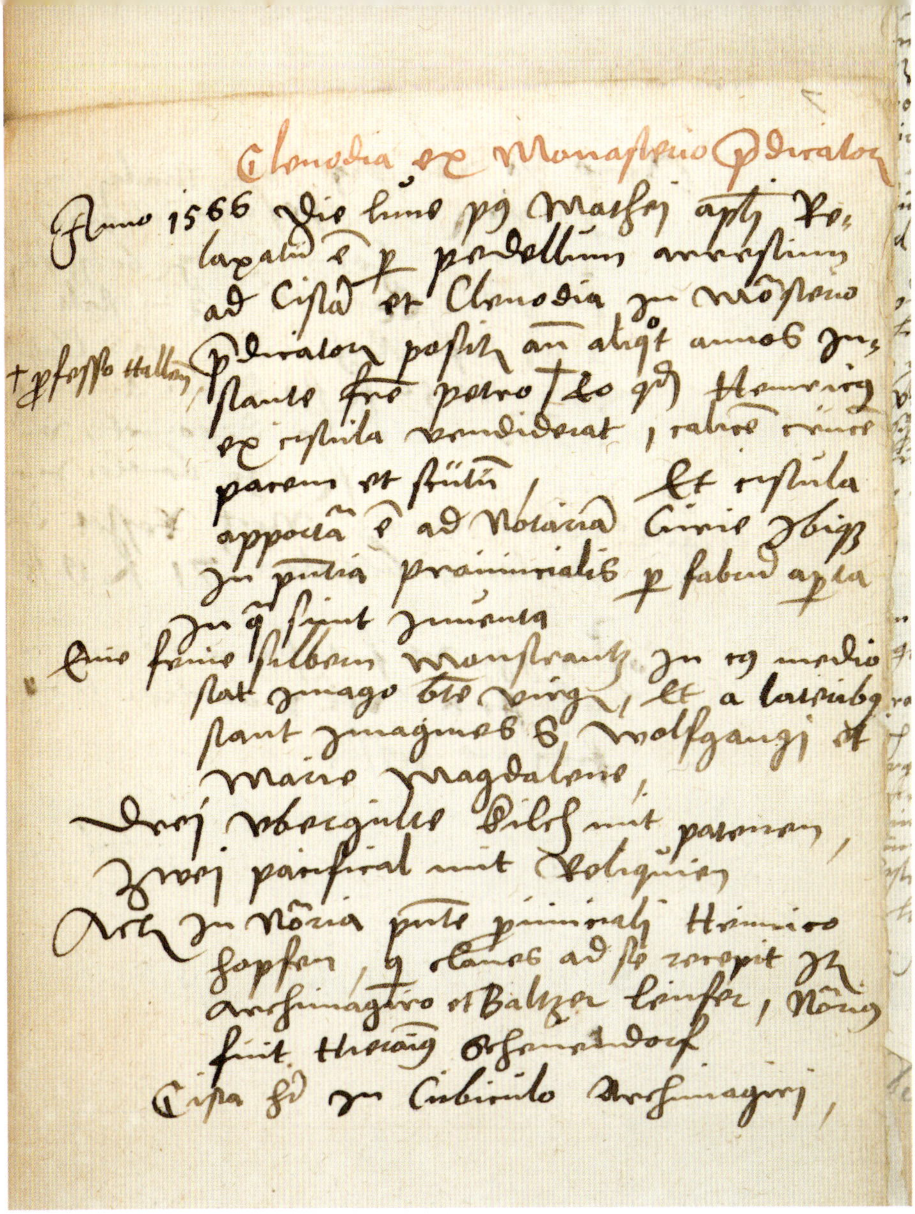

VI.9

VI.10

Grundriss der Klosteranlage des Barfüßerklosters, vor 1630

▸ Abb. 61

Aktenfaszikel ▪ Papier ▪ BA Erfurt, GG, älterer Bestand, VI f 2.

In den zwanziger und dreißiger Jahren des 17. Jahrhunderts wurden Versuche unternommen, die Niederlassung der Franziskaner in Erfurt neu zu beleben. Allerdings waren sie, unbenommen der komplizierten, sich ständig ändernden militärischen Situation, schon deshalb zum Scheitern verurteilt, weil sich der konventuale und der observante Zweig des Ordens nicht einigen konnten, wem das Kloster gehörte. Die Observanten nahmen zwar 1628 das Kloster in Besitz. Doch konnten sie sich angesichts der politischen und konfessionellen Verhältnisse in der Stadt sowie der Besetzung Erfurts durch die Schweden hier nicht behaupten. Parallel versuchten die Observanten und die Konventualen (Minoriten) ihren Anspruch auf die Erfurter Niederlassung auch juristisch durchzusetzen. Teile der in diesem Zusammenhang angefertigten Aufzeichnungen haben sich erhalten. Dazu gehören auch eine Reihe von Skizzen mit Plänen der Klosterkirche sowie der Klosteranlage. Sie zeigen u. a. noch die kurze Zeit später dann abgerissenen und als Baumaterial für neue Befestigungsanlagen der Stadt benutzten Teile der Klosteranlage mit der Klausur und den sich an die Klausur anschließenden und an die Gera angrenzenden Gebäudeteilen. FJS

VI.11

VI.11
Tinte für den Glaubensstreit
Zwei Tintenfässer aus dem Fraterhaus der Brüder zum gemeinsamen Leben
Rostock, um 1500

Ton ▪ a) H 10,2 cm, Mdm 3,2 cm, gr. Dm 8,9 cm, b) H 10,6 cm, MdM, 2,6 cm, gr. Dm 9,8 cm ▪ KHM Rostock, Slg. UFG, 1986/25 a/b

In den Kanzelkriegen und »Pfaffenstürmen« der Reformation wurde neben manchem Blutzoll auch unendlich viel Tinte vergossen. Martin Luthers legendenumwobener Wurf mit dem Tintenfass steht dabei für das Satan und Welt überwindende Vertrauen auf die Macht des Wortes und der theologischen Argumentation, das Gegner wie Anhänger der neuen Lehre zu einer schier unfassbaren Produktivität inspirierte. AH

VI.12
Auf einen Blick
Verzeichnis der Kleinodien und Ausstattung, der Einkünfte aus den Termineien, der jährlichen Zinsen sowie der Bücher der Erfurter Niederlassung der Marienknechte (Serviten)
Erfurt, 1484/85

Handschrift ▪ Papier, 24 Blatt, 22,3 × 16,5 cm ▪ Zeitgenössischer Pergamentumschlag ▪ Inhalt: 1. Bl. 2 r – 6 v Registrum sacristiae, 2. Bl. 7 v – 9 v Registrum procurariae, 3. Bl. 11 v – 12 r Registrum pensionum terminarum, 4. Bl. 13r – 17 r Registrum censuum annualium, 5. Bl. 18 r – 22 v Registrum librorum, 6. Bl. 23 r – 24 r Libri fratris Iohannis Denarii. ▪ LASA Magdeburg, Cop. Nr. 1521.

(a) Verzeichnis der jährlichen Einkünfte aus den Termineien
Einen einzigartigen Einblick in das Alltagsleben der in Erfurt ansässigen Bettelorden gestattet ein sich aus mehreren Teilen zusammensetzendes Register, das 1484 als Prior der Niederlassung der Marienknechte Johannes Pfennig anlegte. Akribisch aufgezeichnet wurden hier die im Kloster vorhandenen liturgischen Ausstattungsstücke einschließlich vorhandener Reliquien und Kostbarkeiten, das Bettgestelle, Tische, Bettdecken, Kissen, Kannen, Schalen, das gesamte Küchengerät sowie Vorräte an Lebensmitteln gleichermaßen einschließende Inventar, die jährlich zu erwartenden Einkünfte sowie der Bestand der Bibliothek. Anlass dazu war der Amtsantritt Pfennigs als Prior und die damit verknüpfte Absicht, Reformen im Kloster durchzusetzen. Doch scheint sich dagegen Widerstand erhoben haben, wofür Pfennig selbst auch mit Anlass gegeben haben wird. Im Anschluss an das klösterliche Mobiliar sowie die im Kloster aufbewahrten Vorräte stellte Pfennig die jährlichen Einkünfte aus den sieben, sich weit in das Erfurter Umland erstreckenden Termineibezirken zusammen. Termineihäuser, Niederlassungen vor Ort, die ständig mit Angehörigen des Erfurter Konventes besetzt waren, bildeten die logistischen bzw. Verwaltungszentren der Termineien. Termineihäuser der Erfurter Marienknechte befanden sich nachweislich in Weimar und in Beichlingen. Insgesamt flossen an geldwerten Einkünften dem Erfurter Konvent Jahr für Jahr aus den Termineibezirken 2 700 Groschen bzw. knapp 120 Rheinische Gulden zu. Dazu kamen an Naturalien knapp 9 000 Eier, wohl mindestens 190 Käselaibe, ferner 24 Malter an Getreide, nach Erfurter Maß also knapp 17 Kubikmeter bzw. 170 Hektoliter, sowie zwei ½ Malter Hopfen als Grundlage für das im Kloster gebraute Bier, nach Erfurter Maß also rund 18 Hektoliter bzw. 1,8 Kubikmeter. Für einen Konvent, der sicher mehr als 20 Insassen gezählt haben wird, war das nicht viel. Werden jedoch diesen Einnahmen die jährlichen Zinseinkünfte gegenübergestellt, die nur einen Bruchteil davon betrugen, wird deutlich, dass der Ertrag aus den Termineien die wichtigste Einnahmequelle bzw. die Existenzgrundlage bildete.
Neubauer, Inventar, S. 516 f.

(b) Verzeichnis der Bücher
Das Bücherverzeichnis entstand 1484. Es stellt eine Momentaufnahme und ist als Standortkatalog anzusprechen, der alle Werke verzeichnet, die sich im ausgehenden 15. Jahrhundert im Besitz der Erfurter Niederlassung der Marienknechte befanden und hier in der Klosterbibliothek Aufstellung gefunden hatten. Die Marienknechte sind unter den in Erfurt ansässigen Bettelorden die einzige Ordensgemeinschaft, für die sich ein Verzeichnis der Klosterbibliothek erhalten. Auch wenn sich das Kloster der Marienknechte in seiner geistes-, bildungs- und bibliotheksgeschichtlichen Bedeutung nicht mit den Niederlassungen der Franziskaner,

Dominikaner sowie Augustiner-Eremiten messen kann, bietet die Bücherliste einzigartige Anhaltspunkte zum Sammlungsprofil, zur Aufstellung und zum Umfang mendikantischen Buchbesitzes in Erfurt. Nach dem Verzeichnis umfasste die Klosterbibliothek der Marienknechte 228 Bände. Aufgestellt waren sie in einem Raum, der sich nicht mehr lokalisieren lässt. Hier lagen die vorhandenen Bände auf insgesamt 44 und mit Großbuchstaben bezeichneten Pulten aus, die rechts und links der Raumachse angeordnet waren. Es handelte sich demzufolge um eine für Klöster charakteristische Pultbibliothek, wo die Bücher auf einfachen Pulten in Gruppen von drei bis neun Bänden Aufstellung gefunden hatten und durch Herausnehmen und Auflegen auf die Lesefläche benutzt werden konnten. Ohne das sich eine den Gesamtbestand übergreifend erschließende Systematik erkennen lässt, waren die Werke auf den einzelnen, meist, aber nicht durchgängig thematisch miteinander verschränkten bzw. unmittelbar aneinander anschließenden Pulten nach inhaltlichen Gesichtspunkten angeordnet. Den Schwerpunkt bildeten theologischen Werke. Besonders stark vertreten waren Predigtsammlungen sowie Werke, die mittelbar und unmittelbar der Predigtvorbereitung dienten. Aufschlussreich erscheint die nicht unerhebliche Zahl von Kommentaren zur heiligen Schrift sowie zum Sentenzenwerk des Petrus Lombardus zu sein. Sie ist ein Indiz, dass im Kloster ordensintern Theologie gelehrt wurde. Dass mit der Niederlassung zudem ein Partikularstudium verbunden gewesen sein muss, ergibt sich an Hand der zahlreich vorhanden artistischen Lehrbücher. Die sehr knappen Angaben zu den Werken sowie ihren Urhebern lassen zudem den Schluss zu, dass es sich bei der Bibliothek um eine über einen längeren Zeitraum organisch gewachsene, sich zudem weitgehend aus Handschriften zusammensetzende Büchersammlung gehandelt hat. Ihre Blütezeit wird sie in der ersten Hälfte des 15. Jahrhunderts erlebt haben, während sich der Bestandzuwachs im ausgehenden 15. Jahrhundert wohl eher in Grenzen gehalten haben wird. Bücher, die sich der Bibliothek der Erfurter Marienknechte gesichert zuweisen lassen, sind bislang nicht aufgetaucht. Das gilt auch für die Bände, die das sich an die Aufstellung der Klosterbibliothek anschließende Verzeichnis aufzählt. Aufgelistet sind hier die Bücher, die Johannes Pfennig persönlich besaß. Einschließlich der Nachträge gehörten ihm 38 Bände, darunter auch zahlreiche Inkunabeldrucke, deren inhaltliche Bandbreite als typisch für einen theologisch gebildeten und zum Magister artium graduierten Ordensangehörigen des ausgehenden Mittelalters zu bezeichnen ist. FJS

MBK 2, S. 594–600. Neubauer, Inventar, S. 517–526.

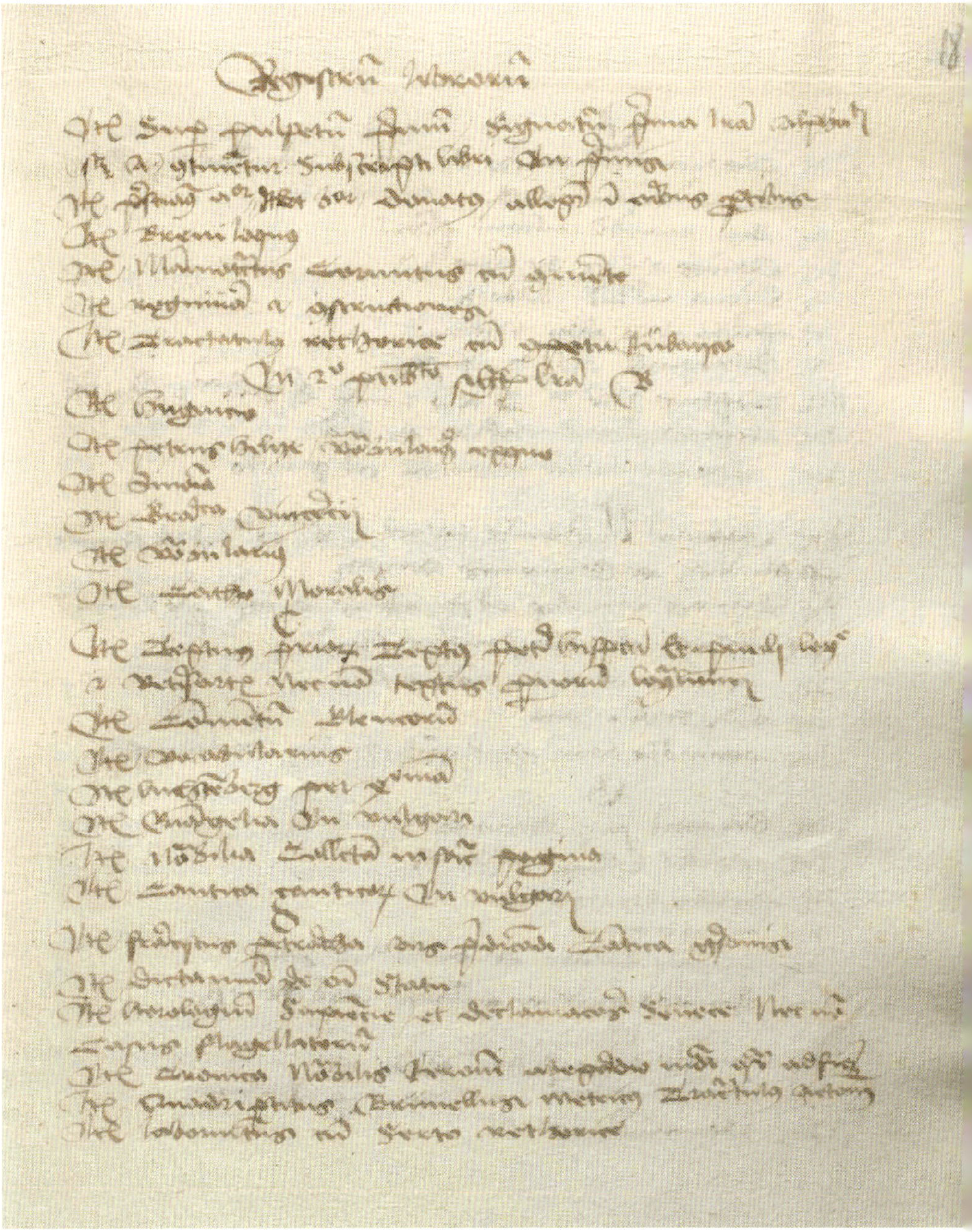

VI.12

ANHANG

LEIHGEBER

Schloßmuseum Arnstadt

Stadtmuseum im Augustinerkloster Bad Langensalza

Staatsbibliothek zu Berlin – Preußischer Kulturbesitz

St. Johannes Baptist Dortmund

Wartburg-Stiftung Eisenach

Bibliothek und Archiv des Evangelischen Ministeriums Erfurt

Bistumsarchiv Erfurt

Evangelische Predigergemeinde Erfurt

Stadtarchiv Erfurt

Angermuseum Erfurt

Thüringisches Landesamt für Denkmalpflege und Archäologie, Erfurt

Erfurt, Universitäts- und Forschungsbibliothek

Institut für Stadtgeschichte Frankfurt am Main

Thüringer Universitäts- und Landesbibliothek Jena

Karlsruhe, Badische Landesbibliothek

Erzbischöfliche Diözesan- und Dombibliothek Köln mit Bibliothek St. Albertus Magnus

Benediktinerstift St. Paul im Lavanttal

Ratsbücherei, Lüneburg

Landesarchiv Sachsen-Anhalt

Stadtarchiv Mühlhausen

Stadtarchiv Nordhausen

Evangelische Kirchengemeinde St. Blasii-Altendorf, Nordhausen

Germanisches Nationalmuseum, Nürnberg

Wissenschaftliche Stadtbibliothek Soest

Kulturhistorisches Museum Rostock

Stuttgart, Württembergische Landesbibliothek

Thüringisches Landesamt für Denkmalpflege und Archäologie, Weimar

Lutherstadt Wittenberg, Bibliothek des Evangelischen Predigerseminars

Ratsschulbibliothek Zwickau

ABKÜRZUNGEN UND SIGLEN

Abb.	Abbildung
AEPG Erfurt	Archiv der Evangelischen Predigergemeinde Erfurt
Anm.	Anmerkung
Art.	Artikel
Aufl.	Auflage
BA Erfurt	Bistumsarchiv Erfurt
Bd., Bde.	Band, Bände
Bdm	Bodendurchmesser
Bearb., bearb.	Bearbeiter, bearbeitet
BEM Erfurt	Bibliothek des Evangelischen Ministeriums zu Erfurt
Bibl.	Bibliothek
Bl.	Blatt, Blätter
cap.	capitulum (Kapitel)
Cod.	Codex
d	dendrochronologisch datiert
Diss.	Dissertation
Dm	Durchmesser
ebd.	ebenda
EBDB	s. Bibliographie
EDDB Köln	Erzbischöfliche Diözesan- und Dombibliothek Köln
ev.	evangelisch
Ez	Das Buch Ezechiel (Hesekiel)
gest.	gestorben
GNM Nürnberg	Germanisches Nationalmuseum Nürnberg
gr. Dm	größter Durchmesser
GW	s. Bibliographie
Hab	Das Buch Habakuk
Hg., hg.	Herausgeber, herausgegeben
hl	heilig
Hs.	Handschrift
ISTC	s. Bibliographie
Jes	Das Buch Jeseja
Jos	Das Buch Josua
Kap.	Kapitel
kath.	katholisch
KHM Rostock	Kulturhistorisches Museum Rostock
LASA Magdeburg	Landesarchiv Sachsen-Anhalt, Abteilung Magdeburg
LASA Wernigerode	Landesarchiv Sachsen-Anhalt, Abteilung Wernigerode
lat.	lateinisch
LATh HStA Weimar	Landesarchiv Thüringen, Hauptstaatsarchiv Weimar
LexMA	s. Bibliographie
Lfg.	Lieferung
Lk	Das Evangelium nach Lukas
LThK	s. Bibliographie
M	Museum
MBK	s. Bibliographie
Mdm	Mündungsdurchmesser
MGH	Monumenta Germaniae Historica
Ms.	Manuskript
Mt	Das Evangelium nach Matthäus
N. F.	Neue Folge
OEA, OSA	Ordo Eremitarum Sancti Augustini (Orden der Augustiner-Eremiten)
OFM	Ordo Fratrum Minoru (Franziskanerorden)
OP	Ordo Fratrum Praedicatorum (Dominikanerorden)
OSM	Ordo Servorum Beatae Mariae Virginis (Servitenorden)
r	recto (Vorderseite)
Reg.	Regest
Röm	Der Brief an die Römer
SB-PK Berlin	Staatsbibliothek zu Berlin – Preußischer Kulturbesitz
SOPMA	s. Bibliographie
Sp.	Spalte
StadtA	Stadtarchiv
StadtM	Stadtmuseum
Taf.	Tafel
ThULB Jena	Thüringer Universitäts- und Landesbibliothek Jena
TLDA	Thüringisches Landesamt für Denkmalpflege und Archäologie
TLDA Erfurt, BuK	Thüringisches Landesamt für Denkmalpflege und Archäologie Erfurt, Bau- und Kunstdenkmalpflege
UB Erfurt	Universitäts- und Forschungsbibliothek Erfurt/Gotha
UBE	s. Bibliographie
UBESK	s. Bibliographie
Urk.	Urkunde
V.	Vers
v	verso (Rückseite)
VD 16	s. Bibliographie
VE 15	s. Bibliographie
VL	s. Bibliographie
WA	s. Bibliographie
WSt Eisenach	Wartburgstiftung Eisenach
Z.	Zeile
z. J.	zum Jahr

Katalog Autoren

AH	Anselm Hartinger
FJS	Frank-Joachim Stewing
GNR	Gudrun Noll-Reinhardt
GS	Gerfried Sitar
KH	Karsten Horn
KHR	Karl Heinemeyer
TE	Tim Erthel
TB	Thomas Bouillon
UW	Ulman Weiß

BIBLIOGRAPHIE

A

Achten, Handschriften 1,1
Gerard Achten, Die theologischen lateinischen Handschriften in Quarto der Staatsbibliothek Preußischer Kulturbesitz Berlin, Teil 1: Ms. theol. lat. qu. 141 – 266 (Staatsbibliothek Preußischer Kulturbesitz. Kataloge der Handschriftenabteilung. Reihe 1, 1/1), Wiesbaden 1979

Acta Cusana 1
Acta Cusana. Quellen zur Lebensgeschichte des Nikolaus von Kues, Bd. 1, Lfg. 3a: 1451 Januar – 1451 September 5, hg. von Erich Meuthen, Hamburg 1996

Adam, Le Livre
Renaud Adam, Le Livre et l'Imprimerie. Étude sur la production des bibles latines au xve siècle, in: Comment le Livre s'est fait livre. La fabrication des manuscrits bibliques (ive–xve siècle). Bilan, résultats, perspectives de recherche, hg. von Chiara Ruzzier / Xavier Hermand (Bibliologia 40), Turnhout 2015, S. 247 – 266

Ade/Schmid, Nachgeburtsbestattung
Dorothee Ade / Beate Schmid, Wo weder Sonne noch Mond hinscheint. Der Brauch der Nachgeburtsbestattung, in: Religiosität in Mittelalter und Neuzeit, hg. von Andreas Diener (Mitteilungen der Deutschen Gesellschaft für Archäologie des Mittelalters und der Neuzeit 23), Paderborn 2011, S. 227 – 236

AEU 1 – 3
Acten der Erfurter Universität, bearb. von Hermann Weissenborn, 3 Bde. (Geschichtsquellen der Provinz Sachsen und angrenzender Gebiete 8, 1 – 3), Halle 1881 – 1899

Alltag und Frömmigkeit
Alltag und Frömmigkeit am Vorabend der Reformation in Mitteldeutschland. Katalog zur Ausstellung »Umsonst ist der Tod«, hg. von Hartmut Kühne / Enno Bünz / Thomas T. Müller, Petersberg 2013

Angenendt, Religiosität
Arnold Angenendt, Geschichte der Religiosität im Mittelalter, Darmstadt [2]2000

Ann. Erph. praed.
Annales Erphordenses fratrum praedicatorum, in: Monumenta Erphesfurtensia saec. XII. XIII. XIV., hg. von Oswald Holder-Egger (MGH Scriptores rerum Germanicarum in usum scholarum separatim editi 42), Hannover/Leipzig 1899, S. 72 – 116

Armgart, Kanskirchen
Martin Armgart, Die Reuerinnen von Kanskirchen. Zur schriftlichen Überlieferung über einen kleinen Frauenkonvent in der Südpfalz, in: Archiv für mittelrheinische Kirchengeschichte 67 (2015), S. 345 – 400

B

Badstüber, Beziehungen
Ernst Badstüber, Beziehungen zwischen den frühen Bettelordenskirchen in Deutschland und Italien, in: Für die Praxis – Aus der Arbeit des Landesamtes (Arbeitshefte des Thüringischen Landesamtes für Denkmalpflege 4), Bad Homburg [u. a.] 1994, S. 77 – 87

Badstübner, Kirchen
Ernst Badstübner, Kirchen der Mönche, Berlin 1984

Bakkalarenregister
Das Bakkalarenregister der Artistenfakultät der Universität Erfurt 1392 – 1521 (Registrum baccalariorum de facultate arcium universitatis studii Erffordensis existencium), hg. von Rainer C. Schwinges / Klaus Wriedt (Veröffentlichungen der Historischen Kommission für Thüringen. Große Reihe 3), Jena/Stuttgart 1995

Baldzuhn, Teichnerreden
Michael Baldzuhn, Teichnerreden und Meisterlieder in einer Handschrift des Erfurter Kanonikers und Universitätsrektors Tilomann Ziegler († 1479), in: Zeitschrift für deutsches Altertum und Literatur 133 (2004), S. 151 – 176

Banse/Schalldach, Blicke
Rüdiger Banse / Ilsabe Schalldach, Blicke in das Innere der Predigerkirche, erarbeitet an Hand von Fotos aus dem Stadtarchiv Erfurt, dem Archiv der Predigergemeinde und weiteren Quellen, 2011 Ms. [AEPG Erfurt]

Bärsch/Pieper, Predigtstühle
Jürgen Bärsch / Roland Pieper, Predigtstühle und Kanzeln im Mittelalter, in: Geschichte der Sächsischen Franziskanerprovinz von der Gründung bis ins 21. Jahrhundert, Bd. 5: Kunst. Von den Anfängen bis zur Gegenwart, hg. von Roland Pieper, Paderborn 2012, S. 417 – 428

Bäseler, Ursulinenkloster
Gregoria Bäseler, Geschichte des Erfurter Ursulinenklosters von 1667 – 1871. Sonderdruck aus den Jahrbüchern des Verbandes Deutscher Ursulinenklöster, Berlin 1937

Bauch, Bildnisse
Kurt Bauch, Bildnisse vom Naumburger Meister, in: Kunsthistorische Forschungen. Otto Pächt zu seinem 70. Geburtstag, hg. von Artur Rosenauer / Gerold Weber, Salzburg 1972, S. 225 – 234

Bauer, Theologen
Martin Bauer, Evangelische Theologen in und um Erfurt im 16. bis 18. Jahrhundert. Beiträge zur Personen- und Familiengeschichte Thüringens (Schriftenreihe der Stiftung Stoye der Arbeitsgemeinschaft für mitteldeutsche Familienforschung 22), Neustadt an der Aisch 1992

Baumann/Biber/Füllenbach, Dominikanerorden
Maria Baumann / Susanne Biber / Elias H. Füllenbach, Mehr als Schwarz und Weiß. 800 Jahre Dominikanerorden, hg. vom Bischöflichen Ordinariat Regensburg/Kunstsammlungen des Bistums Regensburg/Stadt Regensburg, Ausstellungskatalog, Regensburg 2016

Bellermann, Entstehung
Johann Joachim Bellermann, Ueber die Entstehung der vorzüglichsten Bibliotheken, Naturalien- und Kunstsammlungen in Erfurt, besonders über die Kunstkammer in dem evangelischen Waisenhause […], 3 Teile, Erfurt 1797 – 1799

Benediktsregel
[Benedikt von Nursia:] Die Benediktsregel. Eine Anleitung zu christlichem Leben. Der vollständige Text der Regel übersetzt und erklärt von Georg Holzherr, Fribourg [7]2007

Benl, Altera Roma
Altera Roma. Erfurt und das geistliche Zentrum der Christenheit. Eine Ausstellung des Stadtarchivs Erfurt […]. Katalog zur Ausstellung, bearb. von Rudolf Benl, Erfurt 2011

Benl, Erfurt um 1500
Rudolf Benl, Erfurt um 1500, in: Atlas zur Kirche in Geschichte und Gegenwart. Heiliges Römisches Reich – Deutschsprachige Länder, hg. von Erwin Gatz [u. a.], Regensburg 2009, Nr. 85, S. 161 – 163

Benl, Gesellschaftliche Verhältnisse
Rudolf Benl, Die gesellschaftlichen Verhältnisse, in: Erfurt zur Zeit Luthers. Eine Ausstellung des Stadtarchivs Erfurt […]. Katalog zur Ausstellung, bearb. von Rudolf Benl, Erfurt 1996, S. 9 – 22

Benl, Inventar
Rudolf Benl, Ein Inventar des Erfurter Servitenklosters aus dem Jahre 1521 (mit Edition), in: Jahrbuch für Erfurter Geschichte 5 (2010), S. 31 – 55

Benl, Wissenschaftszentrum
Erfurt – ein spätmittelalterliches Wissenschaftszentrum. Eine Ausstellung des Stadtarchivs Erfurt […]. Katalog zur Ausstellung, bearb. von Rudolf Benl, Erfurt 2001

Benl, Zeit Luthers
Erfurt zur Zeit Luthers. Eine Ausstellung des Stadtarchivs Erfurt […]. Katalog zur Ausstellung, bearb. von Rudolf Benl, Erfurt 1996

Berg, Dominikaner
D[ieter] Berg, Art. Dominikaner, Dominikanerinnen B I, in: LexMA 3 (1986), Sp. 1205–1207

Berg, Franziskaner
D[ieter] Berg, Art Franziskaner B III, in: LexMA 4 (1989), Sp. 812–814

Berger, Bettelorden
Thomas Berger, Die Bettelorden, in: Handbuch der Mainzer Kirchengeschichte, 1: Christliche Antike und Mittelalter, Teil 2, hg. von Friedhelm Jürgensmeier (Beiträge zur Mainzer Kirchengeschichte 6,1–2), Würzburg 2000, S. 804–817

Berger, Bettelorden Mainz
Thomas Berger, Die Bettelorden in der Erzdiözese Mainz und in den Diözesen Speyer und Worms im 13. Jahrhundert – Ausbreitung, Förderung und Funktion (Quellen und Abhandlungen zur mittelrheinischen Kirchengeschichte 69), Mainz 1994

Bernhard, Opera omnia
[Bernhard von Clairvaux:] S. Bernardi abbatis primi Clarae-Vallensis Opera omnia, [Teil 2:] S. Bernardi operum tomum III et IV complectens, bearb. von Jean Mabillon (Patrologiae cursus completus. Series Latina, hg. von J[acques]-P[aul] Migne, 183), Paris 1854

Bertram, Kaland
Max Paul Bertram, Der Erfurter Kaland. Ein Beitrag zur Charakteristik der Pfarrgeistlichkeit und des kirchlichen Kultes der Stadt im 14./15. Jahrhundert, in: Mitteilungen des Vereins für die Geschichte und Altertumskunde von Erfurt 27 (1906), S. 51–72

Beyer, Ursulinerinnen
Heinrich Beyer, Geschichte des Klosters der Ursu linerinnen, ehemals der weißen Frauen, in Erfurt, Erfurt 1867

Biereye, Lutherstätten
Johannes Biereye, Die Erfurter Lutherstätten nach ihrer geschichtlichen Beglaubigung, in: Jahrbücher der Königlichen Akademie gemeinnütziger Wissenschaften zu Erfurt, N. F. 43 (1917), S. 147–259

Bilfinger, Horen
Gustav Bilfinger, Die mittelalterlichen Horen und die modernen Stunden, Stuttgart 1892

Binding/Untermann, Ordensbaukunst
Günther Binding / Matthias Untermann, Kleine Kunstgeschichte der mittelalterlichen Ordensbaukunst in Deutschland, Darmstadt ²1993

Blume, Orden
Dieter Blume, Der Orden und die Bilder, in: Franziskus – Licht aus Assisi. Ausstellungskatalog Paderborn, hg. von Christoph Stiegemann / Bernd Schmies / Heinz-Dieter Hermann, München 2011, S. 114–123

Blume/Wolter-von dem Knesebeck, Neuausmalung
Dieter Blume / Harald Wolter-von dem Knesebeck, Die Neuausmalung der Klosterkirche St. Peter und Paul im 13. Jahrhundert, in: Die Klosterkirche St. Peter und Paul in Erfurt. Neue Forschungen zu den Wandmalereien und zur Baugeschichte (Berichte der Stiftung Thüringer Schlösser und Gärten 13), Petersberg 2015, S. 71–81

von Boetticher, Oberweimar
Manfred von Boetticher, Oberweimar, in: Die Mönchs- und Nonnenklöster der Zisterzienser in Hessen und Thüringen, Teil 2, bearb. von Friedhelm Jürgensmeier / Regina Elisabeth Schwerdtfeger (Germania Benedictina 4/2), St. Ottilien 2011, S. 1213–1227

Böhmer/Will, Regesten 2
Johann Friedrich Böhmer, Regesta archiepiscoporum Maguntinensium – Regesten zur Geschichte der Mainzer Erzbischöfe von Bonifatius bis Heinrich II. 742?–1288, bearb. und hg. von Cornelius Will, Bd. 2: Von Konrad I. bis Heinrich II. 1161–1288, Innsbruck 1886

Borgolte, Stiftung
Michael Borgolte, Stiftung und Memoria, hg. von Tillmann Lohse (Stiftungsgeschichten 10), Berlin 2012

Bornschein, Adolar
Falko Bornschein, Die heiligen Adolar und Eoban in der mittelalterlichen und frühneuzeitlichen Kunst am Erfurter Dom, in: Jahrbuch für Erfurter Geschichte 6 (2011), S. 33–130

Bornschein, Tumba
Falko Bornschein, Die Tumba der Heiligen Adolar und Eoban. Die Geschichte des Kunstwerkes und Überlegungen zur ursprünglichen Ordnung des figürlichen Programms, in: Forschungen zum Erfurter Dom (Arbeitshefte des Thüringischen Landesamtes für Denkmalpflege, N. F. 20), Altenburg 2005, S. 71–85

Böse, Bildzeugnis
Kristin Böse, Der Magdelenenteppich aus dem Erfurter Ursulinenkloster. Ein Bildzeugnis der spätmittelalterlichen Klosterreform, in: Erfurt im Mittelalter. Neue Beiträge aus Archäologie, Bauforschung und Kunstgeschichte, hg. von Mark Escherich / Christian Misch / Rainer Müller (Erfurter Studien zur Kunst- und Baugeschichte 1), Berlin 2003, S. 248–269

Böse, Magdalenenteppich
Kristin Böse, Der Magdalenenteppich des Erfurter Weißfrauenklosters im Spiegel des spätmittelalterlichen Reformgedankens. Bildinhalt und Herstellungsprozeß, in: Lesen, Schreiben, Sticken und Erinnern. Beiträge zur Kultur- und Sozialgeschichte mittelalterlicher Frauenklöster, hg. von Gabriela Signori (Religion in der Geschichte. Kirche, Kultur und Gesellschaft 7), Bielefeld 2000, S. 53–90

Bouillon, Reformation
Thomas Bouillon, Reformation und Konfessionalisierung in der Stadt Erfurt. Die Erfurter Universität in der Reformationszeit. Beispiele aus den Buchbeständen der Universitätsbibliothek Erfurt, in: Kontroverse und Kompromiss. Der Pfeilerbilderzyklus des Mariendoms und die Kultur der Bikonfessionalität im Erfurt des 16. Jahrhunderts, hg. von Eckhardt Leuschner / Falko Bornschein / Kai Uwe Schierz, Dresden 2015, S. 303–321

Brambach, Karlsruher Handschriften 1
Wilhelm Brambach, Die Handschriften der Großherzoglich Badischen Hof- und Landesbibliothek in Karlsruhe, Bd. 4: Die Karlsruher Handschriften, [Bd. 1,] Karlsruhe 1896, Neudruck Wiesbaden 1970

Brandl/Forster, Dom 2
Heiko Brandl / Christian Forster, Der Dom zu Magdeburg, Bd. 2: Ausstattung (Beiträge zur Denkmalkunde 6,2, Die Bau- und Kunstdenkmäler von Sachsen-Anhalt), Regensburg 2011

Braun, Altargerät
Joseph Braun, Das christliche Altargerät in seinem Sein und in seiner Entwicklung, München 1932

Braun, Paramente
Joseph Braun, Die liturgischen Paramente in Gegenwart und Vergangenheit, Freiburg 1924

Braun-Niehr, Codex
Beate Braun-Niehr, Der Codex Vaticanus 181. Studien zur Erfurter Buchmalerei um 1200, Berlin 1996

Bray, Reception
Nadia Bray, The Reception of Meister Eckhart in 14th-Century Germany, in: A Companion to Meister Eckhart, hg. von Jeremiah M. Hackett (Brill's Companions to the Christian Tradition 36), Leiden 2013, S. 481–508

Brecht, Luther 1
Martin Brecht, Martin Luther, Bd. 1: Sein Weg zur Reformation 1483–1521, Berlin 1986, Stuttgart ³1990

Bretschneider, Predigt
Jana Bretschneider, Predigt, Professur und Provinzleitung. Funktion und Struktur des franziskanischen Bildungswesens im mittelalterlichen Thüringen, in: Geschichte der Sächsischen Franziskaner-Provinz von der Gründung bis zum Anfang des 21. Jahrhunderts, Bd. 1: Von den Anfängen bis zur Reformation, hg. von Volker Honemann, Paderborn 2015, S. 325–339

Brieskorn/Honemann, Johannes von Erfurt
Norbert Brieskorn / Volker Honemann, Art. Johannes von Erfurt, in: VL 4 (1983), Sp. 583–589

Brodkorb, Engelmann
Clemens Brodkorb, Nicolaus Engelmann († 1534) – erzbischöflicher Küchenmeister im Erfurt der Reformationszeit, in: Archiv für mittelrheinische Kirchengeschichte 47 (1995), S. 149 – 187

Brück, Neue Erkenntnisse
Brück, Helga, Neue Erkenntnisse über den Barock-Prospekt der Compenius-Orgel in der Predigerkirche zu Erfurt, in: Mitteilungen des Vereins für die Geschichte und Altertumskunde von Erfurt 71 (2010), S. 7 – 10

Bubenheim, Biel
Ulrich Bubenheim, Art. Biel, Gabriel, in: VL 1 (1978), Sp. 853 – 858

Buchner, Grabplastik
Otto Buchner, Die mittelalterliche Grabplastik in Nord-Thüringen mit besonderer Berücksichtigung der Erfurter Denkmäler (Studien zur Deutschen Kunstgeschichte 37), Straßburg 1902

Bull. eremit. s. Aug.
Bullarium ordinis eremitarum s. Augustini […], hg. von Laurentius Empoli, Rom 1628

Bull. eremit. s. Aug. Per. form.
Bullarium ordinis eremitarum s. Augustini. Periodus formationis: 1187 – 1256, hg. von Benignus van Luijk (Cassiciacum 18), Würzburg 1964

Bull. Francisc. 2 und 4
Bullarium Franciscanum Romanorum pontificum constitutiones, epistolas ac diplomata continens […], hg. von Joannis Hyacinth Sbaralea, Bd. 2, Rom 1761; Bd. 4, Rom 1768

Bull. fratrum Praed. 2
Bullarium ordinis fratrum Praedicatorum, Bd. 2: 1281 – 1430, hg. von Thomas Ripoli, Rom 1730

Bull. serv. s. Mariae 1
Bullarium ordinis servorum s. Mariae, Bd. 1: 1251/52 – 1304, hg. von Franco Andrea dal Pino (Scrinium Historiale 8), Rom 1974

Bultmann/Leppin/Lindner, Monastisches Erbe
Luther und das monastische Erbe, hg. von Christoph Bultmann / Volker Leppin / Andreas Lindner (Spätmittelalter, Humanismus, Reformation 39), Tübingen 2007

Bünz, Neustadt an der Orla
Enno Bünz, Martin Luthers Orden in Neustadt an der Orla. Das Kloster der Augustiner-Eremiten und seine Mönche (Beiträge zur Geschichte und Stadtkultur 13), Jena 2007

Burger, Spannungsfeld
Christoph Burger, Luther im Spannungsfeld zwischen Heiligungsstreben und dem Alltag eines Ordensmannes, in: Luther und das monastische Erbe, hg. von Christoph Bultmann / Volker Leppin / Andreas Lindner (Spätmittelalter, Humanismus, Reformation 39), Tübingen 2007, S. 171 – 185

Burger, Tradition
Christoph Burger, Tradition und Neubeginn. Marti Luther in seinen frühen Jahren (Spätmittelalter, Humanismus, Reformation 79), Tübingen 2014

Burkhardt, Armut
Stefan Burkhardt, Armut, Arbeit, Bettel? Kommentar zur Sektion Neuordnung der Gesellschaft – Wirkung in die Welt, in: Innovationen durch Deuten und Gestalten. Klöster im Mittelalter zwischen Jenseits und Welt, hg. von Gert Melville / Bernd Schneidmüller / Stefan Weinfurter (Klöster als Innovationslabore 1), Regensburg 2014, S. 301 – 306

C

Cammermeister, Chronik
Die Chronik Hartung Cammermeisters, bearb. von Robert Reiche (Geschichtsquellen der Provinz Sachsen und angrenzender Gebiete 35), Halle 1896

Cante, Brandenburg
Marcus Cante, Klosteranlagen der Bettelorden und ihre Nutzung. Das Beispiel des Dominikanerklosters Brandenburg an der Havel, in: Brandenburgische Franziskanerklöster und norddeutsche Bettelordensbauten. Architektur – Kunst – Denkmalpflege, hg. von Dirk Schumann, Berlin 2010, S. 61 – 82

Capestrano in Bamberg
Der Bußprediger Capestrano auf dem Domplatz in Bamberg. Eine Bamberger Tafel um 1470/85. Eine didaktische Ausstellung des Historischen Museums Bamberg und des Lehrstuhls I für Kunstgeschichte an der Universität Bamberg […] 1989. Begleitschrift zur Ausstellung, hg. von Hubert Ruß (Schriften des Historischen Museums Bamberg 12), Bamberg 1989

Chartae mon. Erf. serv. s. Mariae
Chartae monasterii Erfordensis servorum s. Mariae, hg. von Augustinus Morini / Peregrinus Soulier, in: Monumenta ordinis servorum Sanctae Mariae, Bd. 3, Brüssel 1899

Christ, Erfurt
Günter Christ, Erzstift und Territorium Mainz, § 13: Territoriale Entwicklung in Erfurt und im thüringischen Raum, in: Günter Christ / Georg May, Handbuch der Mainzer Kirchengeschichte, hg. von Friedhelm Jürgensmeier, Bd. 2: Erzstift und Erzbistum Mainz. Territoriale und kirchliche Strukturen (Beiträge zur Mainzer Kirchengeschichte 6,2), Würzburg 1997, S. 395 – 423

CIC 2
Corpus Iuris Canonici, Bd. 2: Decretalium Collectiones, hg. von Emil Friedberg, Leipzig 1881

Colberg, Döring
Katharina Colberg, Art. Döring, Matthias, in: VL 2 (1980), Sp. 207 – 210

Colish, Lombard
Marcia L. Colish, Peter Lombard, Bd. 1 (Brill's studies in intellectual history, 41,1), Leiden 1994

Cron. minor
Cronica minor minoritae Erphordensis, in: Monumenta Erphesfurtensia saec. XII. XIII. XIV., hg. von Oswald Holder-Egger (MGH Scriptores rerum Germanicarum in usum scholarum separatim editi 42), Hannover/Leipzig 1899, S. 486 – 723

Cron. s. Petri moderna
Cronica s. Petri Erfordensis moderna, in: Monumenta Erphesfurtensia saec. XII. XIII. XIV., hg. von Oswald Holder-Egger (MGH Scriptores rerum Germanicarum in usum scholarum separatim editi 42), Hannover/Leipzig 1899, S. 117 – 369

CVMA 1,1
Corpus Vitrearum Medii Aevi. DDR, Bd. 1,1: Erhard Drachenberg / Karl-Joachim Maercker / Christa Schmidt, Die mittelalterliche Glasmalerei in den Ordenskirchen und im Angermuseum zu Erfurt, Berlin 1976

CVMA 20,1
Corpus Vitrearum Medii Aevi. Deutschland, Bd. 20,1: Cornelia Aman / Ute Bednarz / Markus Leo Mock / Martina Voigt / Jenny Wischnewsky, Die mittelalterlichen Glasmalereien in Thüringen – ohne Erfurt und Mühlhausen, Berlin/Boston 2016

D

Davies, Summa
Brian Davies, Thomas Aquinas's Summa Theologiae. A Guide and Commentary, Oxford 2014

Dehio, Thüringen
Georg Dehio, Handbuch der deutschen Kunstdenkmäler. Thüringen, bearb. von Stephanie Eißing / Franz Jäger [u. a.], München 1998

Delcorno, Quomodo
Pietro Delcorno, »Quomodo discet sine docente?« Observant Efforts towards Education and Pastoral Care, in: A Companion to Observant Reform in the Late Middle Ages and Beyond, hg. von James D. Mixson / Bert Roest (Brill's Companions to the Christian Tradition 59), Leiden 2015, S. 147 – 184

Doelle, Martinianische Reformbewegung
Ferdinand Doelle, Die martinianische Reformbewegung in der sächsischen Franziskanerprovinz (Mittel- und Nordostdeutschland) im 15. und 16. Jahrhundert (Franziskanische Studien. Beihefte 7), Münster 1921

Döring, Bildhauerkunst
Oskar Döring, Die Bildhauerkunst seit der Zeit des späten Mittelalters, in: Meisterwerke der Kunst aus Sachsen und Thüringen. Gemälde, Skulpturen, Schnitzaltäre, Medaillen, Buchmalereien, Webereien,

Stickereien, Edelschmiedekunst, hg. von Oskar Döring / Georg Voß, Magdeburg [1906], S. 37 – 52, Taf. 55 – 70

Drachenberg, Bedeutung
Erhard Drachenberg, Die Bedeutung der mittelalterlichen Glasmalerei in Erfurt, in: Erfurt 742 – 1992. Stadtgeschichte, Universitätsgeschichte, hg. von Ulman Weiß, Weimar 1992, S. 39 – 52

Drachenberg, Glasmalerei
Erhard Drachenberg, Mittelalterliche Glasmalerei in Erfurt, Dresden 1990

Dreißig, Steinofenheizung
Herbert Dreißig, Eine Steinofenheizung unter dem Stadtilmer Rathaus, in: Alt-Thüringen 36 (2003), S. 182 – 205

Duntze/Eisermann, Beichtbriefe
Oliver Duntze / Falk Eisermann, Beichtbriefe und Formulardrucke für die Livlandkampagnen und den Vertrieb des Petersablasses durch Arcimboldi, in: Johann Tetzel und der Ablass. Begleitband zur Ausstellung »Tetzel — Ablass — Fegefeuer« in […] Jüterbog […], hg. von Hartmut Kühne / Enno Bünz / Peter Wiegand, Berlin 2017, S. 243 – 248

Düsterdick, Begleitung
Volker Düsterdick, Bauforscherische Begleitung und Dokumentation beim Neubau der Waidhäuser, Erfurt 2006/07 Ms. [TLDA Erfurt]

DWB
Jacob Grimm / Wilhelm Grimm, Deutsches Wörterbuch, Leipzig 1852 ff.

E

EBDB
Einbanddatenbank. Digitalisierung der Durchreibungen von Bucheinbänden des 15. und 16. Jahrhunderts: www.hist-einband.de

Ebeling, Luthers Seelsorge
Gerhard Ebeling, Luthers Seelsorge. Theologie in der Vielfalt der Lebenssituationen an seinen Briefen dargestellt, Tübingen 1997

Eckerle, Bronzeschale
Klaus Eckerle, Eine neuentdeckte gravierte romanische Bronzeschale aus Ladenburg a. N., in: Forschungen und Berichte der Archäologie des Mittelalters in Baden-Württemberg 8 (1983), S. 319 – 324

Eckermann, Augustiner-Eremiten
Willigis Eckermann, Art. Augustiner-Eremiten, in: LThK 1 (1993), Sp. 1233 – 1237

Eckermann/Kipf, Arnoldi
Willigis Eckermann / J. Klaus Kipf, Art. Arnoldi (Textoris), Bartholomaus, von Usingen, in: Deutscher Humanismus 1480 – 1520. Verfasserlexikon, hg. von Franz Josef Worstbrock, Bd. 1: A K, Berlin/New York 2008, Sp. 47 – 57

Eckhart, Lat. Werke 1, 2 und 5
Meister Eckhart, Die deutschen und lateinischen Werke. Die lateinischen Werke, hg. von Albert Zimmermann / Loris Sturlese, Bd. 1, Teil 2, hg. von Loris Sturlese, Stuttgart 2015; Bd. 5, hg. von Bernhard Geyer [u. a.], Stuttgart 2006

Ehlers, Ablasspraxis
Axel Ehlers, Die Ablasspraxis des Deutschen Ordens im Mittelalter (Quellen und Studien zur Geschichte des Deutschen Ordens 64), Marburg 2007

Einhorn, Kunst
Jürgen Werinhard Einhorn, Die Kunst der Franziskaner in Thüringen, in: Für Gott und die Welt. Franziskaner in Thüringen. Text- und Katalogband zur Ausstellung […] 2008, hg. von Thomas T. Müller / Bernd Schmies / Christian Loefke (Mühlhäuser Museen. Forschungen und Studien 1), Paderborn [u. a.] 2008, S. 173 – 189

Einhorn, Spiritalis unicornis
Jürgen Werinhard Einhorn, Spiritalis unicornis. Das Einhorn als Bedeutungsträger in Literatur und Kunst des Mittelalters, München [2]1998

Einicke, Reformationsgeschichte
Gustav Einicke, Zwanzig Jahre Schwarzburgische Reformationsgeschichte 1521 – 1541, Bd. 1: 1521 – 1531, Nordhausen 1904

Eißing, Kirchendächer
Thomas Eißing, Kirchendächer in Thüringen und dem südlichen Sachsen-Anhalt. Dendrochronologie – Flößerei – Konstruktion. Text- und Tafelband (Arbeitshefte des Thüringischen Landesamtes für Denkmalpflege und Archäologie N. F. 32), Altenburg 2009

Eißing, Kirchendachwerke
Thomas Eißing, Kirchendachwerke in Thüringen, in: Dächer in Thüringen, hg. von Johannes Cramer / Thomas Eißing (Arbeitshefte des Thüringischen Landesamtes für Denkmalpflege 9), Bad Homburg 1996, S. 21 – 60

Elm, Augustiner-Eremiten
K[aspar] Elm, Art. Augustiner-Eremiten, in: LexMA, Bd. 1 (1993), Sp. 1220 f.

Elm, Sackbrüder
Kaspar Elm, Ausbreitung, Wirksamkeit und Ende der provençalischen Sackbrüder (Fratres de poenitentia Jesu Christi) in Deutschland und den Niederlanden. Ein Beitrag zur kurialen und konziliaren Ordenspolitik des 13. Jahrhunderts, in: Francia 1 (1973), S. 257 – 324

Erbstößer, Sozialreligiöse Strömungen
Martin Erbstößer, Sozialreligiöse Strömungen im späten Mittelalter. Geißler, Freigeister und Waldenser im 14. Jahrhundert (Forschungen zur mittelalterlichen Geschichte 16), Berlin 1970

Erbstößer/Werner, Ideologische Probleme
Martin Erbstößer / Ernst Werner, Ideologische Probleme des mittelalterlichen Plebejertums. Die freigeistige Häresie und ihre sozialen Wurzeln (Forschungen zur mittelalterlichen Geschichte 7), Berlin 1960

Erfurt 742 – 1992
Erfurt 742 – 1992. Stadtgeschichte, Universalgeschichte, hg. von Ulman Weiß, Weimar 1992

Erthel, Grabstein
Tim Erthel, Heinrich oder Hermann? Der rätselhafte Grabstein eines unbekannten Pfarrers der Erfurter Matthiaskirche aus dem 13. Jahrhundert, in: Stadt und Geschichte. Zeitschrift für Erfurt 46 (2010), S. 16

Erthel, Pfarrkirchen
Tim Erthel, Erfurter Pfarrkirchen im Mittelalter. Untersuchungen zu Baugestalt und Ausstattung, Magisterarbeit Univ. Leipzig 2009 Ms.

Erthel, Sonnenuhren
Tim Erthel, Historische Sonnenuhren in der Erfurter Altstadt. Eine Bestandsaufnahme, in: Mitteilungen des Vereins für die Geschichte und Altertumskunde von Erfurt 72 (2011), S. 41 – 71

Erthel, Untersuchungen
Tim Erthel, Bauhistorische Untersuchungen zu den Westtürmen und der Vorkirche von St. Peter und Paul in Erfurt, in: Die Klosterkirche St. Peter und Paul in Erfurt. Neue Forschungen zu den Wandmalereien und zur Baugeschichte (Berichte der Stiftung Thüringer Schlösser und Gärten 13), Petersberg 2015, S. 25 – 35

Ertl, Pragmatische Visionäre
Thomas Ertl, Pragmatische Visionäre? Die mendikantische Sicht der Welt, in: Innovationen durch Deuten und Gestalten. Klöster im Mittelalter zwischen Jenseits und Welt, hg. von Gert Melville / Bernd Schneidmüller / Stefan Weinfurter (Klöster als Innovationslabore 1), Regensburg 2014, S. 253 – 271

Ertl, Religion
Thomas Ertl, Religion und Disziplin. Selbstdeutung und Weltordnung im frühen deutschen Franziskanertum (Arbeiten zur Kirchengeschichte 96), Berlin/New York 2006

Escher/Hirschmann, Urbane Zentren 1 – 3
Die urbanen Zentren des hohen und späteren Mittelalters. Vergleichende Untersuchungen zu Städten und Städtelandschaften im Westen des Reiches und in Ostfrankreich, hg. von Monika Escher / Frank G. Hirschmann, 3 Bde. (Trierer Historische Forschungen 50,1 – 3), Trier 2005

Escherich, Beispiele
Mark Escherich, Beispiele des Umgangs mit mittelalterlichen Sakralbauten im Erfurt der NS-Zeit, in: Erfurt im Mittelalter. Neue Beiträge aus Archäologie, Bauforschung und Kunstgeschichte, hg. von Mark

Escherich / Christian Misch / Rainer Müller (Erfurter Studien zur Kunst- und Baugeschichte 1), Berlin 2003, S. 291 – 311

Eubel, Geschichte
Konrad Eubel, Geschichte der kölnischen Minoriten-Ordensprovinz (Veröffentlichungen des Historischen Vereins für den Niederrhein 1), Köln 1906

F

Fasbender, Erfurt
Christoph Fasbender, Erfurt, in: Schreiborte des deutschen Mittelalters. Skriptorien – Werke – Mäzene, hg. von Martin Schubert, Berlin/Boston 2013, S. 119 – 149

Fast, Himmel und Erde
Kirsten Fast, Zwischen Himmel und Erde. Klöster und Pflegehöfe in Esslingen, Petersberg 2009

Feld, Franziskus
Hartmut Feld, Franziskus von Assisi und seine Bewegung, Darmstadt 1994

Fischer, Theol. Handschriften
Irmgard Fischer (Bearb.), Handschriften der Ratsbücherei Lüneburg, Bd. 2: Die theologischen Handschriften, 1. Folioreihe, Wiesbaden 1972

Frank, Bettelorden
Isnard Wilhelm Frank, Art. Bettelorden, in: LThK 2 (2009) Sp. 340 – 342

Frank, Die Serviten
Karl Suso Frank, Die Serviten, in: Orden und Klöster im Zeitalter von Reformation und katholischer Reform 1500 – 1700, Bd. 1, hg. von Friedhelm Jürgensmeier / Regina Elisabeth Schwerdtfeger (Katholisches Leben und Kirchenreform im Zeitalter der Glaubensspaltung 65), Münster 2005, S. 161 – 172

Frank, Dominikanerorden
Isnard Wilhelm Frank, Art. Dominikanerorden, in: LThK 3 (1995), Sp. 309 – 318

Frank, Klosterkirche
Karl Suso Frank, Art. Klosterkirche, in: LThK 6 (2009), Sp. 145 – 148

Frank, Mönchtum
Karl Suso Frank, Geschichte des christlichen Mönchtums, Darmstadt [6]2010

Frank, Orden
Karl Suso Frank, Art. Orden I–II, in: LThK 7 (1998), Sp. 1090 – 1094

Frank, Peterskloster
Barbara Frank, Das Erfurter Peterskloster im 15. Jahrhundert. Studien zur Geschichte der Klosterreform und der Bursfelder Union (Veröffentlichungen des Max-Planck-Instituts für Geschichte 34; Studien zur Germania Sacra 11), Göttingen 1973

Frank, Serviten
Karl Suso Frank, Art. Serviten, Servitinnen, in: LThK 9 (2000), Sp. 493 f.

Franziskaner in Thüringen
Für Gott und die Welt. Franziskaner in Thüringen. Text- und Katalogband zur Ausstellung […] 2008, hg. von Thomas T. Müller / Bernd Schmies / Christian Loefke (Mühlhäuser Museen. Forschungen und Studien 1), Paderborn [u. a.] 2008

Fries, Namen
Albert Fries, Die unter dem Namen des Albertus Magnus überlieferten Mariologischen Schriften. Literarkritische Untersuchung (Beiträge zur Geschichte der Philosophie und Theologie des Mittelalters 37,4), Münster 1954

Füser, Mönche im Konflikt
Thomas Füser, Mönche im Konflikt. Zum Spannungsfeld von Norm, Devianz und Sanktion bei den Cisterciensern und Cluniazensern (12. bis frühes 14. Jahrhundert) (Vita regularis 9), Münster 2000

G

Gelenius, Begründung
Aegidius Gelenius, Die Begründung der Kölner Rosenkranzbruderschaft, in: 500 Jahre Rosenkranz. 1475 – 1975. Ausstellungskatalog, [Köln 1975,] S. 102 – 108

German, Hilfsmittel
Martin German, Mittelalterliche Hilfsmittel zum Bibelstudium. Wie benutzte man eine karolingische Glossenhandschrift und den »Mammotrectus«, Beromünster 1470?, in: Librarium. Zeitschrift der Schweizerischen Bibliophilen Gesellschaft 47 (2004), S. 134 – 148

Gerwing, Gilbert v. Hoyland
M[anfred] Gerwing, Art. Gilbert v. Hoyland, in. LexMA 4 (1989), S. 1449

Gess, Akten und Briefe 2
Felician Gess (Hg.), Akten und Briefe zur Kirchenpolitik Herzog Georgs von Sachsen, Bd. 2: 1525 – 1527, Leipzig/Berlin 1917

Gnädiger/Mayer, Tauler
Luise Gnädiger / Johannes G. Mayer, Art. Tauler, Johannes, in: VL 9 (1995), Sp. 631 – 657

Gramsch, Erfurt
Robert Gramsch, Erfurt – Die älteste Hochschule Deutschlands. Vom Generalstudium zur Universität (Schriften des Vereins für die Geschichte und Altertumskunde von Erfurt 9), Erfurt 2012

Grégoire/Vernet/Binding, Bernhard v. Clairvaux
R[éginald] Grégoire / A[ndré] Vernet / G[ünther Binding, Art. Bernhard v. Clairvaux, in: LexMA 1 (1980), Sp. 1992 – 1998

Großkopf, Neustadt
Rudolf Großkopf, Das Augustiner-Eremiten-Kloster in Neustadt (Orla) im Rahmen der Heimatgeschichte, Neustadt (Orla) 1925

Grundmann, Ketzerverhöre
Herbert Grundmann, Ketzerverhöre des Spätmittelalters als quellenkritisches Problem, in: Deutsches Archiv für Erforschung des Mittelalters 21 (1965) S. 519 – 575; Wiederabdruck in: Herbert Grundmann, Ausgewählte Aufsätze, Teil 1: Religiöse Bewegungen (Schriften der MGH 25,1), Stuttgart 1976, S. 364 – 416

Grundmann, Oportet
Herbert Grundmann, Oportet et haeres esse. Das Problem der Ketzerei im Spiegel der mittelalterlichen Bibelexegese, in: Archiv für Kulturgeschichte 45 (1963), S. 129 – 164; Wiederabdruck in: Herbert Grundmann, Ausgewählte Aufsätze, Teil 1: Religiöse Bewegungen (Schriften der MGH 25,1), Stuttgart 1976, S. 328 – 163

Grundmann, Typus
Herbert Grundmann, Der Typus des Ketzers in mittelalterlicher Anschauung, in: Kultur- und Universalgeschichte. Walter Goetz zu seinem 60. Geburtstage, Leipzig 1927, S. 91 – 107; Wiederabdruck in: Herbert Grundmann, Ausgewählte Aufsätze, Teil 1: Religiöse Bewegungen (Schriften der MGH 25,1), Stuttgart 1976, S. 312 – 327

Gurlitt, Städtebilder 1
Cornelius Gurlitt, Historische Städtebilder, Bd. 1, Erfurt/Berlin 1901

Gutsche, Bader
Willibald Gutsche, Geschichte der Bader und Barbiere in Erfurt, Teil 1: Das Mittelalter (Beiträge zur Geschichte der Stadt Erfurt 4), Erfurt 1957

GW
Datenbank Gesamtkatalog der Wiegendrucke: http://gesamtkatalogderwiegendrucke.de

H

Hackett, Companion
Jeremiah M. Hackett (Hg.), A Companion to Meister Eckhart (Brill's Companions to the Christian Tradition 36), Leiden/Boston 2013

Hackett, Reception
Jeremiah M. Hackett, The Reception of Meister Eckhart. Mysticism, Philosophy and Theology in Henry of Friemar (the Elder) and Jordanus of Quedlinburg in: Meister Eckhart in Erfurt, hg. von Andreas Speer / Lydia Wegener (Miscellanea Mediaevalia 32), Berlin/New York 2005, S. 554 – 586

Haetge, Glasfenster
Ernst Haetge, Die ältesten Glasfenster der Provinz Sachsen in der Barfüßerkirche zu Erfurt, in: Sachsen und Anhalt 6 (1930) S. 207 – 226, Taf. I – IX

Haferburg, Fragmente
Rico Haferburg, Fragmente von Grabplatten und Epitaphien der Gotik und Renaissance aus der Barfüßerkirche in Erfurt. Ein Beitrag zu deren Restaurierung und künftigen Präsentation, Masterarbeit Fachhochschule Erfurt 2013 Ms.

Hamm, Frömmigkeitstheologie
Berndt Hamm, Frömmigkeitstheologie am Anfang des 16. Jahrhunderts. Studien zu Johannes von Paltz und seinem Umkreis (Beiträge zur historischen Theologie 65), Tübingen 1982

Hamm, Johannes von Paltz
Berndt Hamm, Art. Johannes von Paltz, in: VL 4 (1988), Sp. 698 – 706

Hamm, Staupitz
Berndt Hamm, Johann von Staupitz (ca. 1468 – 1524). Ein spätmittelalterlicher Reformer und »Vater« der Reformation, in: Archiv für Reformationsgeschichte 92 (2001), S. 6 – 42

Hamm, Zorn
Berndt Hamm, Naher Zorn und nahe Gnade. Luthers frühe Klosterjahre als Beginn seiner reformatorischen Neuorientierung, in: Reformation und Mönchtum. Aspekte eines Verhältnisses über Luther hinaus, hg. von Athina Lexutt / Volker Mantey / Volkmar Ortmann (Spätmittelalter, Humanismus, Reformation 43), Tübingen 2008, S. 103 – 143

Hannappel, B.M.V. Erfurt
Martin Hannappel, Das Gebiet des Archidiakonates Beatae Mariae Virginis Erfurt am Ausgang des Mittelalters. Ein Beitrag zur kirchlichen Topographie Thüringens (Arbeiten zur Landes- und Volksforschung 10), Jena 1941

von Hase, Bibliographie
Martin von Hase, Bibliographie der Erfurter Drucke von 1501 – 1550, Nieuwkoop [3]1968

Hecker, Bettelorden
Norbert Hecker, Bettelorden und Bürgertum. Konflikt und Kooperation in deutschen Städten des Spätmittelalters (Europäische Hochschulschriften. Theologie 146), Frankfurt [u. a.] 1981

Heilig Kreuz Regensburg
Christine Andrä [u. a.], 750 Jahre Dominikanerinnenkloster Heilig Kreuz Regensburg. Ausstellung [...] 1983 (Kunstsammlungen des Bistums Regensburg. Kataloge und Schriften 1), Regensburg/Zürich 1983

Heinig, Mainzer Kirche
Paul-Joachim Heinig, Die Mainzer Kirche am Ende des Hochmittelalters (1249 – 1305), § 14, 2: Die Erzbischöfe Gerhard I. Wildgraf von Dhaun (1251 – 1259) und Werner von Eppstein (1259 – 1284), in: Handbuch der Mainzer Kirchengeschichte, hg. von Friedhelm Jürgensmeier, Bd. 1: Christliche Antike und Mittelalter, Teil 1 (Beiträge zur Mainzer Kirchengeschichte 6,1/1), Würzburg 2000, S. 351 – 377

Heinrich, Wappenbuch 1 – 3
Rolf Torsten Heinrich, Erfurter Wappenbuch, 3 Teile, Norderstedt 2013 – 2015

Heinrich von Friemar, Traktat
Der Traktat Heinrichs von Friemar über die Unterscheidung der Geister. Lateinisch-mittelhochdeutsche Textausgabe mit Untersuchungen, bearb. von Robert G. Warnock / Adolar Zumkeller (Cassiciacum 32), Würzburg 1977

Heinz/Rothbrust/Schmid, Grabdenkmäler
Stefan Heinz / Barbara Rothbrust / Wolfgang Schmid, Die Grabdenkmäler der Erzbischöfe von Trier, Köln und Mainz, Trier 2004

Heinzmann, Philosophie
Richard Heinzmann, Philosophie des Mittelalters, Stuttgart [2]1998

Herrmann, Anecdotorum Particula 1
Christian Gotthilf Herrmann, Anecdotorum ad Historiam Erfurtensem pertinentium Particula, Bd. 1, Erfurt 1820

Hess, Spätromanik
Daniel Hess, Barocke Spätromanik oder byzantinische Gotik? Der Zackenstil in den Bildkünsten von 1250 bis 1290, in: Himmelslicht. Europäische Glasmalerei im Jahrhundert des Kölner Dombaus (1248 – 1349). Ausstellungskatalog, hg. von Hiltrud Westermann-Angerhausen, Köln 1998, S. 63 – 72

von Heusinger, Ketzerverfolgung
Sabine von Heusinger, Ketzerverfolgung, Predigt und Seelsorge – Die Dominikaner in der Stadt, in: Die deutschen Dominikaner und Dominikanerinnen im Mittelalter, hg. von Sabine von Heusinger / Elias H. Füllenbach / Walter Senner /Klaus-Bernward Springer (Quellen und Forschungen zur Geschichte des Dominikanerordens N. F. 21) Berlin/Boston 2016, S. 3 – 20

Holsing, Gottesmann
Henrike Holsing, Luther – Gottesmann und Nationalheld. Sein Image in der deutschen Historienmalerei des 19. Jahrhunderts, Diss. Köln 2004, elektronisch: http://kups.ub.uni-koeln.de/id/eprint/2132

Holtz, Erfurt
Eberhard Holtz, Zur politischen und rechtlichen Situation Erfurts im 15. Jahrhundert im Vergleich mit anderen mitteldeutschen Städten, in: Erfurt 742 – 1992. Stadtgeschichte, Universitätsgeschichte, hg. von Ulman Weiß, Weimar 1992, S. 95 – 105

Honemann, Geschichtsschreibung
Volker Honemann, Franziskanische Geschichtsschreibung, in: Geschichte der Sächsischen Franziskaner-Provinz von der Gründung bis zum Anfang des 21. Jahrhunderts, Bd. 1: Von den Anfängen bis zur Reformation, hg. von Volker Honemann, Paderborn 2015, S. 731 844

Honemann, Mitteldeutschland
Volker Honemann, Mitteldeutschland. Eine Bildungs-, Literatur- und Bibliothekslandschaft im späten Mittelalter, in: Bücher, Drucker, Bibliotheken in Mitteldeutschland. Neue Forschungen zur Kommunikations- und Mediengeschichte um 1500, hg. von Enno Bünz (Schriften zur Sächsischen Geschichte und Volkskunde 15), Leipzig 2006, S. 49 – 67; Wiederabdruck in: Volker Honemann, Literaturlandschaften. Schriften zur deutschsprachigen Literatur im Osten des Reiches, hg.von Rudolf Suntrup /Maryvonne Hagby [u. a.] (Medieval to Early Modern Culture. Kultureller Wandel vom Mittelalter zur Frühen Neuzeit 11), Frankfurt a. M. 2008, S. 1 – 20

Honemann, Reformbewegungen
Volker Honemann, Die Reformbewegungen des 15. und frühen 16. Jahrhunderts in der Saxonia, in: Geschichte der Sächsischen Franziskaner-Provinz von der Gründung bis zum Anfang des 21. Jahrhunderts, Bd. 1: Von den Anfängen bis zur Reformation, hg. von Volker Honemann, Paderborn 2015, S. 45 – 163

Honemann, Schrifttum
Volker Honemann, Das mittelalterliche Schrifttum der Franziskaner der Sächsischen Ordensprovinz unter besonderer Berücksichtigung deutschsprachiger Zeugnisse, in: Geschichte der Sächsischen Franziskaner-Provinz von der Gründung bis zum Anfang des 21. Jahrhunderts, Bd. 1: Von den Anfängen bis zur Reformation, hg. von Volker Honemann, Paderborn 2015, S. 603 – 730

Honemann, Stetzing
Volker Honemann, Art. Stetzing, Kilian, in: VL 9 (1995), Sp. 331 f.

Hopf, Nutzungsgeschichte
Udo Hopf, Zur Nutzungsgeschichte des Klosters, in: Klaus-Peter Wittwar / Beate Tomaschek, Gotha Augustinerkloster. Bauhistorische Untersuchung 2007/08, Weimar 2008 Ms., S. 16 – 23 [TLDA Erfurt]

Hopf, Predigerkloster
Udo Hopf, Vom Predigerkloster zum Gymnasium Illustre. Baugeschichtliche Untersuchungen an den Klausurgebäuden des ehemaligen Dominikanerklosters zu Eisenach, in: Wartburg-Jahrbuch 15, 2006 (2008), S. 8 – 37

Horn, Barfüßerkirche
Karsten Horn, Barfüßerkirche in Erfurt, Lindenberg 1999

Horn/Unger/Knoblich, Bauwerk
Karsten Horn / Ute Unger / Tobias J. Knoblich, Ein Bauwerk — zwei Schicksale. Zwischen Verzweiflung und Hoffnung. Die Barfüßerkirche zu Erfurt im 19. und 20. Jahrhundert, anläßlich des 70. Jahrestages der Zerstörung am 27. November 1944, Erfurt 2014

Hörsch, Rezeption
Markus Hörsch, Zur Rezeption der Skulpturen des Naumburger Meisters, in: Der Naumburger Meister. Bildhauer und Architekt im Europa der Kathedralen, Bd. 2: Ausstellungskatalog, hg. von Hartmut Krohm / Holger Kunde, Petersberg 2011, S. 1428–1443

Hörsch/Deiters, Ausstattung
Markus Hörsch / Maria Deiters, Was von der Ausstattung mittelalterlicher Franziskanerkirchen der Ordensprovinz Saxonia blieb. Überlegungen anhand von Skulptur und Malerei, in: Geschichte der Sächsischen Franziskanerprovinz von der Gründung bis zum Anfang des 21. Jahrhunderts, Bd. 5: Kunst. Von den Anfängen bis zur Gegenwart, hg. von Roland Pieper, Paderborn 2012, S. 385–406

von Hülsen-Esch/Westermann-Angerhausen, Sterben
Andrea von Hülsen-Esch / Hiltrud Westermann-Angerhausen (Hg.), Zum Sterben schön. Alter, Totentanz und Sterbekunst von 1500 bis heute. Aufsätze und Ausstellungskatalog [zur Ausstellung in Köln, Düsseldorf, Recklinghausen 2006/07], Regensburg 2006

I

Isenmann, Stadt
Eberhard Isenmann, Die deutsche Stadt im Mittelalter 1150–1550. Stadtgestalt, Recht, Verfassung, Stadtregiment, Kirche, Gesellschaft, Wirtschaft, Köln [u. a.] 2012/²2014

ISTC
Incunabula Short Title Catalogue. The international database of 15th-century European printing, hg. von The British Library: http://data.cerl.org/istc

J

Jäger, Sarkophag
Christine Jäger, Der Sarkophag des Heiligen Severus in Erfurt. Ikonographie – Funktion – Werkstattfragen, Diplomarbeit Univ. Jena 1990 Ms.

Jahr, Grabinschriften
Richard Jahr, Beiträge zur Kenntnis der Erfurter Grabinschriften, in: Festschrift zum 350jährigen Jubiläum des Gymnasiums zu Erfurt, Teil 2, Erfurt 1911, S. 45–56

Jahr/Lorenz, Inschriften
Richard Jahr / Wilhelm Lorenz, Die Erfurter Inschriften (bis zum Jahre 1550), in: Mitteilungen des Vereins für die Geschichte und Altertumskunde von Erfurt 36 (1915), S. 1–180

Jauernig, Maße
Reinhold Jauernig, Die alten in Thüringen gebräuchlichen Maße und ihre Umwandlung. Ein Handbuch für Heimatforscher und Behörden, Gotha 1929

Jeck, Aristoteles
Udo Reinhold Jeck, Aristoteles contra Augustinum. Zur Frage nach dem Verhältnis von Zeit und Seele bei den antiken Aristoteleskommentatoren, im arabischen Aristotelismus und im 13. Jahrhundert (Bochumer Studien zur Philosophie 24), Amsterdam [u. a.] 1994

Johannes von Paltz, Opuscula,
Johannes von Paltz, Werke, Bd. 3: Opuscula, hg. und bearb. von Christoph Burger / Albert Czogalla [u. a.] (Spätmittelalter und Reformation 4), Berlin/New York 1989

Jordan, Chronik
Jordan von Giano O. Min., Chronik vom Anfang der Minderbrüder besonders in Deutschland (Chronica Fratris Jordani), bearb. und hg. von Johannes Schlageter (Quellen zur franziskanischen Geschichte 1), Münster/Norderstedt 2012

Jordan, Liber Vitasfratrum
Jordani de Saxonia Ordinis Eramitarum S. Augustini Liber Vitasfratrum, hg. von Rudolph Arbesmann / Winfrid Hümpfner (Cassiciacum 1 [American Series]), New York 1943

Jordan von Quedlinburg
Catechesis in the Later Middle Ages, 1: The Exposition of the Lord's Prayer of Jordan of Quedlinburg OESA (d. 1380), hg. von Eric Leland Saak (Studies in Medieval and Reformation Traditions 188; Texts and Sources 6), Leiden/Boston 2015

K

Kahl, Klöster in Arnstadt
Wolfgang Kahl, Klöster in Arnstadt. Eine Quellenstudie, Bad Langensalza 2014

Kaiser, Predigerkirche
Gerhard Kaiser, Predigerkirche zu Erfurt (Kleine Kunstführer 1855; Das Christliche Denkmal 110), Regensburg ⁵2007

Kammel, Kunst
Frank Matthias Kammel, Kunst in Erfurt 1300–1360. Studien zu Skulptur und Tafelmalerei, Berlin 2000

Kammel, Niedersachsen
Frank Matthias Kammel, Niedersachsen in Thüringen. Das Erfurter Einhornretabel und die thüringische Tafelmalerei der ersten Hälfte des 15. Jahrhunderts, in: Malerei und Skulptur des späten Mittelalters und der frühen Neuzeit in Norddeutschland. Künstlerischer Austausch im Kulturraum zwischen Nordsee und Baltikum, hg. von Hartmut Krohm / Uwe Albrecht, Wiesbaden 2004, S. 143–158

Katalog 1924
Katalog des Städtischen Museums zu Erfurt. Mittelalterliche Sammlung, Gemäldegalerie, [bearb. von Werner Noack / Anna von Przychowski, Erfurt 1924]

Kaufmann, Anfang
Thomas Kaufmann, Der Anfang der Reformation. Studien zur Kontextualität der Theologie, Publizistik und Inszenierung Luthers und der reformatorischen Bewegung (Spätmittelalter, Humanismus, Reformation 67), Tübingen 2012

Kaufmann, Reformation
Thomas Kaufmann, Geschichte der Reformation, Leipzig 2009

Keil, Geschlechter
Heinz-Rudolf Keil, Etliche Erfurter Geschlechter im Mittelalter, Kleve 2009

Kirchenruine des Grauen Klosters
Kirchenruine des Grauen Klosters in Berlin. Geschichte, Forschung, Restaurierung, hg. vom Landesdenkmalamt Berlin (Beiträge zur Denkmalpflege in Berlin 23), Petersberg 2007

Kistenich, Bettelmönche
Johannes Kistenich, Bettelmönche im öffentlichen Schulwesen. Ein Handbuch für die Erzdiözese Köln 1600 bis 1850, 2 Bde. (Stadt und Gesellschaft 1,1–2), Köln [u. a.] 2001

Kitanov, Concept
Severin V. Kitanov, The Concept of Beatific Enjoyment (Fruitio Beatifica) in the Sentences Commentaries of Some Pre-Reformation Erfurt Theologians, in: Mediaeval Commentaries on the Sentences of Peter Lombard, Bd. 3, hg. von Philipp W. Rosemann, Leiden 2015, S. 315–368

Klapper, Heiliger Brunnen
Josef Klapper, Die Kirche zum Heiligen Brunnen (Ecclesia Sacri Fontis) in Erfurt, Leipzig 1957

Klein, Johannes Cassianus
Klaus Klein, Art. Johannes Cassianus, in: VL 4 (1983), Sp. 567–570

Kleineidam, Universitas 1–3
Erich Kleineidam, Universitas Studii Erffordensis. Überblick über die Geschichte der Universität Erfurt, Teil 1: Spätmittelalter 1392–1460 (Erfurter Theologische Studien 14), Leipzig ²1985; Teil 2: Spätscholastik, Humanismus und Reformation 1461–1521 (ebd. 22), Leipzig ²1992; Teil 3: Die Zeit der Reformation und Gegenreformation 1521–1632 (ebd. 42), Leipzig ²1983

Klepper, Insight
Deeana Copeland Klepper, The Insight of Unbelievers. Nicholas of Lyra and Christian Reading of Jewish Text in the Later Middle Ages, Philadelphia 2007

Kletschke, Predigerkirche
Gustav Kletschke, Die Predigerkirche in Erfurt (Deutsche evangelische Kirchen 1), Berlin 1939

Klinkhammer, Alanus de Rupe
Karl J. Klinkhammer, Art. Alanus de Rupe, in: VL 1 (1978), Sp. 102–106

Klippstein, Wappendarstellungen 1–3
Peter-Jürgen Klippstein, Erfurter Wappendarstellungen und Inschriften auf Epitaphien und Grabplatten des Mittelalters und der frühen Neuzeit. Steinerne Zeugnisse in der Predigerkirche als Quellen der Genealogie und der Wappenkunde, 1. Teil, in: Jahrbuch für Erfurter Geschichte 9 (2014), S. 339–382; 2. Teil, ebd. 10 (2015), S. 329–398; 3. Teil, ebd. 11 (2016), S. 209–272

Kloos, Tafelmalerei
Werner Kloos, Die Erfurter Tafelmalerei von 1350–1470. Ein Beitrag zur Kunstgeschichte Mitteldeutschlands (Forschungen zur deutschen Kunstgeschichte 13), Berlin 1935

Kniffler, Grabdenkmäler
Gisela Kniffler, Die Grabdenkmäler der Mainzer Erzbischöfe vom 13. bis zum frühen 16. Jahrhundert. Untersuchungen zur Geschichte, zur Plastik und zur Ornamentik (Dissertationen zur Kunstgeschichte 7), Köln [u. a.] 1978

Kober, Meister »I«
Rudolf Kober, Der Meister »I«, in: Stadt und Geschichte. Zeitschrift für Erfurt 41 (2009), S. 16–18

von Kolde, Religiöses Leben
Theodor von Kolde, Das religiöse Leben in Erfurt beim Ausgange des Mittelalters. Ein Beitrag zur Vorgeschichte der Reformation (Schriften des Vereins für Reformationsgeschichte 63), Halle 1898

Kolping, Frage
Adolf Kolping, Zur Frage der Textgeschichte, Herkunft und Entstehungszeit der anonymen »Laus Virginis« (bisher »Mariale« Alberts des Grossen), in: Recherches de théologie ancienne et médiévale 25 (1958), S. 285–328

Konow, Baukunst
Helma Konow, Die Baukunst der Bettelorden am Oberrhein, Berlin 1954

Kontroverse.
Kontroverse und Kompromiss. Der Pfeilerbilderzyklus des Mariendoms und die Kultur der Bikonfessionalität im Erfurt des 16. Jahrhunderts, hg. von Eckhard Leuschner / Falko Bornschein / Kai Uwe Schierz, Dresden 2015

Köpfe der Lutherzeit
Köpfe der Lutherzeit. [Ausstellung Hamburg 1983.] Katalog, hg. von Werner Hofmann / Peter-Klaus Schuster, München 1983

Köstlin, Luther 1
Julius Köstlin, Martin Luther. Sein Leben und seine Schriften, Bd. 1, Elberfeld [2]1883

Kottmann, Schalltöpfe
Aline Kottmann, Die Schalltöpfe von Meschede. Ein Keramikensemble aus der spätkarolingischen Stiftskirche St. Walburga, in: Archäologisches Nachrichtenblatt 12 (2007), S. 58–63

Kramer/Bernast/Bock, Neustadt/Orla
Yvonne Kramer / Michael Bernast / Sandra Bock, Das Augustiner-Eremitenkloster in Neustadt/Orla, Saale-Orla-Kreis, in: Neue Ausgrabungen und Funde in Thüringen 8 (2014/15), S. 131–166

Kramer/Bernast/Spazier, Ausgrabungen
Yvonne Kramer / Michael Bernast / Ines Spazier, Das Augustiner-Eremitenkloster von Neustadt an der Orla. Zusammenfassender Überblick der Ausgrabungen von 2007 bis 2015, in: Archäologische Impressionen – Neustadt an der Orla und Umgebung, hg. von Ines Spazier, Jena 2016, S. 55–95

Krautheimer, Kirchen
Richard Krautheimer, Die Kirchen der Bettelorden in Deutschland, Köln 1925

Kroesen, Seitenaltäre
Justin E. A. Kroesen, Seitenaltäre in mittelalterlichen Kirchen. Standort – Raum – Liturgie, Regensburg 2010

Küchenmeister, Grabungen
Ralf Küchenmeister, Zwischen Kloster und Schloss. Grabungen auf dem Schlosshof von Neustadt an der Orla, Saale-Orla-Kreis, in: Neue Ausgrabungen und Funde in Thüringen 5 (2009), S. 115–126

Küffner, Rosenkranzbruderschaft
Hatto Küffner, Zur Kölner Rosenkranzbruderschaft, in: 500 Jahre Rosenkranz 1475 Köln1975. Ausstellungskatalog, [Köln 1975,] S. 109–117

Kunstdenkmale 1–2
Die Kunstdenkmale der Provinz Sachsen: Die Stadt Erfurt, Bd. 1: Dom, Severikirche, Peterskloster, Zitadelle, bearb. von Karl Becker, Burg 1929; Bd. 2, Teil 1: Allerheiligenkirche, […] Barfüßerkirche, bearb. von Ernst Haetge, Burg 1931; Bd. 2, Teil 2: Bartholomäusturm, […] Neuwerkskirche, bearb. von Ernst Haetge / Hermann Goern, Burg 1932

Kunze, Kunsthandwerk
Herbert Kunze, Das Erfurter Kunsthandwerk, Erfurt 1929

Kunzelmann, Augustiner-Eremiten 1 und 5
Adalbero Kunzelmann, Geschichte der deutschen Augustiner-Eremiten, Teil 1: Das dreizehnte Jahrhundert (Cassiciacum 26,1), Würzburg 1969; Teil 5: Die sächsisch-thüringische Provinz und die sächsische Reformkongregation bis zum Untergang der beiden (Cassiciacum 26,5), Würzburg 1974

Kurt, Glockenstuben
Joachim Kurt, Aus Erfurts Glockenstuben, Erfurt 1979

Kurt, Kartause
Joachim Kurt, Die Geschichte der Kartause Erfurt Montis Sancti Salvatoris. 1372–1803, Bd. 1 (Analecta Cartusiana 32), Salzburg 1989

L

Lalla, Via moderna
Sebastian Lalla, Secundum Viam Modernam. Ontologischer Nominalismus bei Bartholomäus Arnoldi von Usingen (Epistemata. Philosophie 343), Würzburg 2003

Lang, Von gehorsam
Johannes Lang, Von gehorsam der Weltlichen oberkait, vnd den außgangen Klosterleuten, ein schutzred an Doctor Andreas Frowin […] 1523 [Augsburg, Sigmund Grimm], VD 16 L 318

Lappe, Frauensee
Ulrich Lappe, Mittelalterliche Keramik mit Eigentumsmarken von Frauensee, Lkr. Bad Salzungen, in: Ausgrabungen und Funde 39 (1994), S. 259–264

Lappe, Steinzeuggefäße
Ulrich Lappe, Ein Fund früher Steinzeuggefäße von Erfurt, in: Ausgrabungen und Funde 30, Heft 5 (1985), S. 247–250

Lappe, Thüringen
Ulrich Lappe, Mittelalterliche Keramik mit Eigentumsmarken aus Thüringen, in: Zur Regionalität der Keramik des Mittelalters und der Neuzeit. Beiträge des 26. Internationalen Hafnerei-Symposiums, Soest […] (Denkmalpflege und Forschung in Westfalen 32), Bonn 1995, S. 75–79

Laube, Reliquie
Stefan Laube, Von der Reliquie zum Ding. Heiliger Ort – Wunderkammer – Museum, Berlin 2011

Legendarium
Legendarium des Dominikanerklosters zu Eisenach, hg. von A[ndreas] L[udwig] J[acob] Michelsen, in: Zeitschrift des Vereins für thüringische Geschichte und Altertumskunde 4 (1861), S. 361–394

Le Goff, Fegefeuer
Jaques Le Goff, Die Geburt des Fegefeuers. Vom Wandel des Weltbildes im Mittelalter, München [2]1991

Le Goff, Mehrdeutige Geschichte
Jaques le Goff, Eine mehrdeutige Geschichte, in: Mentalitäten-Geschichte. Zur historischen Rekonstruktion geistiger Prozesse, hg. von Ulrich Raulff (Wagenbachs Taschenbücherei 152), Berlin 1987, S. 18–32

Leppin, Erinnern
Volker Leppin, Identitätsstiftendes Erinnern. Annäherungen an Luthers Berichte über seine Erfurter Zeit, in: Kirchliches Leben im Wandel der Zeiten. Perspektiven und Beiträge der (mittel-)deutschen Kirchengeschichtsschreibung. Festschrift für Josef Pilvousek, hg. von Sebastian Holzbrecher / Torsten W. Müller (Erfurter Theologische Studien 104), Würzburg 2013, S. 229–243

Leppin, Folgen
Volker Leppin, Die Folgen der Pariser Lehrverurteilung von 1277 für das Selbstverständnis der Theologie, in: Geistesleben im 13. Jahrhundert, hg. von Jan A. Aertsen / Andreas Speer (Miscellanea mediaevalia 27), Berlin/New York 2000, S. 283 – 294; Wiederabdruck in: Volker Leppin, Transformationen. Studien zu den Wandlungsprozessen in Theologie und Frömmigkeit zwischen Spätmittelalter und Reformation (Spätmittelalter, Humanismus, Reformation 86),Tübingen 2015, S. 69 – 80

Leppin, Fremde Reformation
Volker Leppin, Die fremde Reformation. Luthers mystische Wurzeln, München 2016

Leppin, Luther
Volker Leppin, Martin Luther, Darmstadt 2006

Leppin, Reformation
Volker Leppin, Reformation (Kirchen- und Theologiegeschichte in Quellen 3), Neukirchen-Vluyn ²2012

Leppin, Staupitz
Volker Leppin, »Ich hab all mein ding von Doctor Staupitz«. Johannes von Staupitz als Geistlicher Begleiter in Luthers reformatorischer Entwicklung, in: Wenn die Seele zu atmen beginnt … Geistliche Begleitung in evangelischer Perspektive, hg. von Dorothea Greiner / Erich Noventa [u. a.], Leipzig 2007, S. 60 – 80

Lerner, Heresy
Robert E. Lerner, The Heresy of the Free Spirit in the Later Middle Ages, Berkeley [u. a.] 1972

LexMA 1 – 9
Lexikon des Mittelalters, hg. von Robert Auty / Robert-Henri Bautier / Norbert Angermann, Bd. 1 – 9, München [u. a.] (1977) 1980 – 1998

Liber cron. Erf.
Liber cronicorum sive annalis Erfordensis, in: Monumenta Erphesfurtensia saec. XII. XIII. XIV., hg. von Oswald Holder-Egger (MGH Scriptores rerum Germanicarum in usum scholarum separatim editi 42), Hannover/Leipzig 1899, S. 724 – 781

van Liere, Tools
Frans A. van Liere, Tools for Fools. Marchesinus of Reggio and his Mammotrectus, in: Medieval perspectives 18 (2003), S. 192 – 206

Lindner, Anmerkungen
Andreas Lindner, Anmerkungen zur Erfurter Reformationsgeschichte. Forschungsstand und Forschungsperspektiven, in: Kontroverse & Kompromiss. Der Pfeilerbilderzyklus des Mariendoms und die Kultur der Bikonfessionalität im Erfurt des 16. Jahrhunderts, hg. von Eckhard Leuschner / Falko Bornschein / Kai Uwe Schierz, Dresden 2015, S. 283 – 291

Lindner, Erfurter Predigten
Andreas Lindner, Luthers Erfurter Predigten, in: Andreas Lindner / Steffen Raßloff, Reformation konkret – Luther auf Erfurter Kanzeln, Erfurt 2011, S. 41 – 108

Lindner, Johannes Lang
Andreas Lindner, Johannes Lang im Netzwerk des Humanismus, in: Musik – Geschichte – Erfurt. Gedenkschrift für Helga Brück, hg. von Michael Ludscheidt (Schriften der Bibliothek des Evangelischen Ministeriums 3), Erfurt 2014, S. 117 – 142

Lindner, Luther
Andreas Lindner, Martin Luther im Erfurter Augustinerkloster 1505 – 1511, in: Luthers Erfurter Kloster. Das Augustinerkloster im Spannungsfeld von monastischer Tradition und protestantischem Geist, hg. von Lothar Schmelz / Michael Ludscheidt, Erfurt 2005, S. 59 – 74

Lindner, Stotternheim
Andreas Lindner, Was geschah in Stotternheim? Eine problematische Geschichte und ihre problematische Rezeption, in: Luther und das monastische Erbe, hg. von Christoph Bultmann / Volker Leppin / Andreas Lindner (Spätmittelalter, Humanismus, Reformation 39), Tübingen 2007, S. 93 – 110

Löhr, Kapitel
Gabriel Maria Löhr, Die Kapitel der Provinz Saxonia im Zeitalter der Kirchenspaltung 1513 – 1540 (Quellen und Forschungen zur Geschichte des Dominikanerordens in Deutschland 26), Köln 1930

Lohse, Luther
Bernhard Lohse, Martin Luther. Eine Einführung in sein Leben und sein Werk, München ²1983

Lohse, Mönchtum
Bernhard Lohse, Mönchtum und Reformation. Luthers Auseinandersetzung mit dem Mönchsideal des Mittelalters (Forschungen zur Kirchen- und Dogmengeschichte 12), Göttingen 1963

Lorenz, Libri
Sönke Lorenz, Libri ordinarie legendi. Eine Skizze zum Lehrplan der mitteleuropäischen Artistenfakultät um die Wende vom 14. zum 15. Jahrhundert, in: Argumente und Zeugnisse, hg. von Wolfram Hogrebe (Studia Philosophica et Historica 5), Frankfurt [u. a.] 1985, S. 204 – 258

Lorenz, Studium generale
Sönke Lorenz, Studium generale Erfordense. Zum Erfurter Schulleben im 13. und 14. Jahrhundert (Monographien zur Geschichte des Mittelalters 34), Stuttgart 1989

Löser, Meister Eckhart
Freimut Löser, Meister Eckhart in Bewegung. Das mittelalterliche Erfurt als Wirkungszentrum der Dominikaner im Licht neuer Funde, in: Meister Eckhart in Erfurt, hg. von Andreas Speer / Lydia Wegner (Miscellanea Mediaevalia 43), Berlin/New York 2005, S. 56 – 74

LThK 1 – 11
Lexikon für Theologie und Kirche, 3. Aufl., hg. von Walter Kasper, Bd. 1 – 11, Freiburg i. B. 1993 – 2001 / Sonderausgabe ebd. 2009

Lucke, Kirche
Rolf-Günter Lucke, Die Kirche und das Kloster der Dominikaner zu Erfurt, verbunden mit einer kurzen Darstellung der Geschichte des Dominikanerordens, Diplomarbeit Univ. Jena 1957 Ms.

Ludscheidt, Augustinerkloster
Michael Ludscheidt, »die wichtigsten Anstalten der evangelischen Kirche […] vereinigt«. Das Erfurter Augustinerkloster zwischen Säkularisation und Zweitem Weltkrieg, in: Luthers Erfurter Kloster. Das Augustinerkloster im Spannungsfeld von monastischer Tradition und protestantischem Geist, hg. von Lothar Schmelz / Michael Ludscheidt, Erfurt 2005, S. 75 – 95

Ludscheidt, Verhältnis
Michael Ludscheidt, Zum Verhältnis von Pfarre St. Nikolai, Deutschordenshaus und Augustiner-Eremiten-Kloster in Erfurt bis zum Ausgang des Mittelalters, in: Die heilige Elisabeth in Erfurt. Eine historische und sakralkünstlerische Spurensuche, hg. von Lothar Schmelz / Thomas A. Seidel (Beiträge zur Thüringischen Kirchengeschichte N. F. 3), Erfurt 2007, S. 53 – 63

Ludwig, Bischofsgrabmal
Matthias Ludwig, Das Bischofsgrabmal im Ostchor des Naumburger Doms – Eine kritische Zwischenbilanz, in: Der Naumburger Meister. Bildhauer und Architekt im Europa der Kathedralen, Ausstellungskatalog, hg. von Hartmut Krohm / Holger Kunde, Bd. 2 (Schriftenreihe der Vereinigten Domstifter zu Merseburg und Naumburg und des Kollegiatstifts Zeitz 4), Petersberg 2011, S. 1169 – 1179

Luther, WA
D. Martin Luthers Werke, siehe: WA, WA Br, WA Tr

M

Mägdefrau/Langer, Entfaltung
Werner Mägdefrau / Erika Langer, Die Entfaltung der Stadt von der Mitte des 11. bis zum Ende des 15. Jahrhunderts, in: Geschichte der Stadt Erfurt, hg. von Willibald Gutsche, Weimar ²1989, S. 53 – 102

Mager, Familienkloster
Inge Mager, Vom Mönchs- und Nonnenkloster zum Wittenberger Familienkloster, in: Rezeption und Reform. Festschrift für Hans Schneider, hg. von Wolfgang Breul-Kunkel / Lothar Vogel, Darmstadt 2001, S. 35 – 48

Magirius, Grabmäler
Magdalene Magirius, Figürliche Grabmäler in Sachsen und Thüringen von 1080 bis um 1400, Esens 2002

Mandrella, Dekalog
Isabelle Mandrella, Der Dekalog als Systematisierungsschlüssel angewandter Ethik im 13. und 14. Jahrhundert, in: Gliederungssysteme angewand-

ter Ethik. Ein Handbuch. Nach einem Projekt von Wilhelm Korff hg. von Wilhelm Korff / Markus Vogt, Freiburg [u. a.] 2016, S. 228 – 255

Mandry, Predigerkloster
Julia Mandry, Die Stiftungen für das Erfurter Predigerkloster von den Anfängen des Klosterbaus bis zur Reformation, Magisterarbeit Univ. Jena 2011 Ms.

Mandry, Stiftungen
Julia Mandry, Die Stiftungen für das Erfurter Predigerkloster von den Anfängen des Klosterbaus bis zur Reformation. Statistische Analyse und Beispielbetrachtung, in: Vor- und Frühreformation in thüringischen Städten (1470 – 1525/30), hg. von Joachim Emig / Volker Leppin / Uwe Schirmer (Quellen und Forschungen zu Thüringen im Zeitalter der Reformation 1), Köln [u. a.] 2011, S. 99 – 142

Markowski, Heinrich von Runen
Mieczyslaw Markowski, Die philosophischen Schriften und Ansichten des Heinrich von Runen, in: Studie mediewistyczne 31 (1994), S. 95 – 104

Markowski, Strömungen
Mieczyslaw Markowski, Die ersten philosophischen Strömungen an der Erfurter Universität im Lichte der Aristoteles-Handschriften, in: Die Bibliotheca Amploniana. Ihre Bedeutung im Spannungsfeld von Aristotelismus, Nominalismus und Humanismus, hg. von Andreas Speer (Miscellanea mediaevalia 23), Berlin [u. a.] 1995, S. 32 – 53

Martin, Apsisverglasung
Frank Martin, Die Apsisverglasung der Oberkirche von S. Francesco in Assisi. Ihre Entstehung und Stellung innerhalb der Oberkirchenausstattung (Manuskripte zur Kunstwissenschaft in der Wernerschen Verlagsgesellschaft 37), Worms 1993

Martin, Verzeichnis
Johann Ernst August Martin, Verzeichnis der Termineien der Erfurter Einsiedler Augustiner Ordens in Thüringen, in: Zeitschrift des Vereins für Thüringische Geschichte und Altertumskunde 13 (1886), S. 132 – 137

Martin/Pieper, Glasmalereien
Frank Martin / Roland Pieper, Glasmalereien in der Ordensprovinz Saxonia, in: Geschichte der Sächsischen Franziskanerprovinz von der Gründung bis zum Anfang des 21. Jahrhunderts, Bd. 5: Kunst. Von den Anfängen bis zur Gegenwart, hg. von Roland Pieper, Paderborn 2012, S. 331 – 345

Mathesius, Historien
Johannes Mathesius, Historien von des Ehrwirdigen […] Doctoris Martini Luthers anfang, lehr, leben vnd sterben, Nürnberg 1567

Matsuura, Luther
Juri Matsuura (Hg.), Martin Luther. Erfurter Annotationen 1509 – 1510/11 (Archiv zur Weimarer Ausgabe der Werke Martin Luthers. Texte und Untersuchungen 9), Köln [u. a.] 2009

Mauss, Soziologie
Marcel Mauss, Soziologie und Anthropologie, Bd. 1: Theorie der Magie. Soziale Morphologie, Frankfurt/Main 1989

May, Geistliche Gerichtsbarkeit
Georg May, Die geistliche Gerichtsbarkeit des Erzbischofs von Mainz im Thüringen des späten Mittelalters. Das Generalgericht zu Erfurt (Erfurter theologische Studien 2), Leipzig 1956

MBK 2
Mittelalterliche Bibliothekskataloge Deutschlands und der Schweiz, Bd. 2: Bistum Mainz, Erfurt, bearb. von Paul Lehmann, München 1928

Meier, Firmungslehre
Ludger Meier, Die Firmungslehre des Kilian Stetzing, in: Zeitschrift für katholische Theologie 79 (1957), S. 190 – 200

Meier, Lebensgang
Ludger Meier, Lebensgang und Lebenswerk des Erfurter Franziskanertheologen Kilianus Stetzing, in: Franziskanische Studien 23 (1936), S. 176 – 200, 265 – 295

Meier, Schrifttum
Ludger Meier, Zum Schrifttum des Minoriten Kilianus Stetzing, in: Recherches de théologie ancienne et médiévale 10 (1938), S. 173 – 190

Meißner, Bewahrung
Karl-Heinz Meißner, Bewahrung und Veränderung. Konsequenzen der Reformation für die evangelischen Kirchenbauten in Erfurt, in: Erfurt im Mittelalter. Neue Beiträge aus Archäologie, Bauforschung und Kunstgeschichte, hg. von Mark Escherich / Christian Misch / Rainer Müller (Erfurter Studien zur Kunst- und Baugeschichte 1), Berlin 2003, S. 270 – 290

Meißner, Entstehung
Karl-Heinz Meißner, Zur Entstehung des Erfurter Regleraltars, in: Mitteilungen des Vereins für die Geschichte und Altertumskunde von Erfurt 59 (1998), S. 9 – 23

Meißner, Reglerkirche
Karl-Heinz Meißner, Zur älteren Geschichte der Erfurter Reglerkirche, in: Mitteilungen des Vereins fur die Geschichte und Altertumskunde von Erfurt 63 (2002) S. 35 – 66

Meißner, Spendennischen
Karl-Heinz Meißner, Über Spendennischen an einigen Erfurter Kirchen, in Mitteilungen des Vereins für die Geschichte und Altertumskunde von Erfurt 68 (2007), S. 16 – 30

Meißner, Stiften
Karl-Heinz Meißner, Stiften zwischen Selbstlosigkeit und Selbstbewusstsein, in: Amplonius. Die Zeit, der Mensch, die Stiftung. 600 Jahre Bibliotheca Amploniana in Erfurt, hg. von Marina Moritz / Kai Brodersen (Schriften des Museums für Thüringer Volkskunde Erfurt 34), Erfurt 2012, S. 215 – 217

Meister, Religiöses Engagement
Bert Meister, Sie sollen bruderschafft halden. Religiöses Engagement in den genossenschaftlichen Vereinigungen (Bruderschaften, Zünfte, Gesellenvereinigungen) der Stadt Altenburg im Spätmittelalter, Beucha 2001

Mertens, Jakob von Paradies
Dieter Mertens, Art. Jakob von Paradies, in: VL 4 (1983), Sp. 478 – 487

Metz, Biel
Detlef Metz, Gabriel Biel und die Mystik (Contubernium 55), Stuttgart 2001

Meuthen, Cusanus
Erich Meuthen, Cusanus und die Orden. Aus der geistlichen Welt des späten Mittelalters, Basel [u. a.] 1996

Michael, Handschriften
Bernd Michael, Die mittelalterlichen Handschriften der Wissenschaftlichen Stadtbibliothek Soest, Wiesbaden 1990

Mickisch, Architecture
Sebastian Mickisch, Architecture and Space in the Dominican Order. On the Impact of Norms and Concepts in Early Normative and Narrative Sources, in: Making and Breaking the Rules. Discussion, Implementation, and Consequences of Dominican Legislation, hg. von Cornelia Linde [u. a.], Oxford 2017 [im Druck]

Mickisch, Tradition
Sebastian Mickisch, Tradition und Innovation. Architektur, Raum und Ritual bei den Dominikanern, in: Geist und Gestalt. Monastische Raumkonzepte als Ausdrucksformen religiöser Leitideen im Mittelalter, hg. von Jörg Sonntag [u. a.] (Vita regularis. Abhandlungen 69), Berlin 2016, S. 251 – 303

Militzer, Laienbruderschaften
Klaus Militzer, Laienbruderschaften in Köln im 16. Jahrhundert, in: Köln als Kommunikationszentrum. Studien zur frühneuzeitlichen Stadtgeschichte, hg. von Georg Mölich / Gerd Schwerhoff, Köln 2000, S. 254 – 270

Mindermann, Termineisystem
Arend Mindermann, Das franziskanische Termineisystem, in: Geschichte der Sächsischen Franziskaner-Provinz von der Gründung bis zum Anfang des 21. Jahrhunderts, Bd. 1: Von den Anfängen bis zur Reformation, hg. von Volker Honemann, Paderborn 2015, S. 195 – 263

Misch, Martinskloster
Christian Misch, Das Martinskloster im Brühl – Geschichte und Baubestand, in: Die Kirche im Brühl. Festschrift anläßlich 250 Jahre der Kirchenweihe nach barockem Neu- und Wiederaufbau der katholischen Kirche St. Martini zu Erfurt, unter Leitung von Monika Waldheim hg. von der Katholischen Filialgemeinde St. Martini, Erfurt 2008, S. 42 – 52

Misch, Universitätsgebäude
Christian Misch, Die Erfurter Universitätsgebäude bis zum Ende des 15. Jahrhunderts, in: Amplonius. Die Zeit, der Mensch, die Stiftung. 600 Jahre Bibliotheca Amploniana in Erfurt, hg. von Marina Moritz / Kai Brodersen (Schriften des Museums für Thüringer Volkskunde Erfurt 34),. Erfurt 2012, S. 135 – 145

Möbius, Stadtkirche
Friedrich Möbius, Die Stadtkirche St. Michael zu Jena. Symbolik und Baugeschichte einer spätgotischen Stadtpfarrkirche, Jena 1996

Moeller, Sonderfall
Bernd Moeller, Der biographische Sonderfall Martin Luther, in: Martin Luther. Biographie und Theologie, hg. von Dietrich Korsch / Volker Leppin (Spätmittelalter, Humanismus, Reformation 53), Tübingen 2010, S. 305 – 311

Möller, Beiträge
J[ohann] F[riedrich] Möller, Beiträge zur Geschichte der Barfüßer-Kirche zu Erfurt, Erfurt 1832

Mon. dipl. s. Dominici
Monumenta diplomatica s. Dominici, hg. von Vladimir J. Koudelka (Monumenta Ordinis Fratrum Praedicatorum 25), Rom 1966

Mon. Erph.
Monumenta Erphesfurtensia saec. XII. XIII. XIV., hg. von Oswald Holder-Egger (MGH Scriptores rerum Germanicarum in usum scholarum separatim editi 42), Hannover/Leipzig 1899

Motschmann, Erfordia literata
Just Christoph Motschmann, Erfordia Literata oder Gelehrtes Erffurth […], Erfurt 1729 – 1753

Müller, Bettelorden
Rainer Müller, Die Bettelorden und die Erfurter Kirchenbaukunst des späten Mittelalters, in: Mitteilungen des Vereins für die Geschichte und Altertumskunde von Erfurt 65 (2004), S. 25 – 43

Müller, Chorgestühl
Rainer Müller, Das Chorgestühl im Dom zu Erfurt. Eine Studie zum Bildprogramm der Gestühlsplastik, in: Erfurt im Mittelalter. Neue Beiträge aus Archäologie, Bauforschung und Kunstgeschichte, hg. von Mark Escherich / Christian Misch / Rainer Müller (Erfurter Studien zur Kunst- und Baugeschichte 1), Berlin 2003, S. 215 – 247

Müller, Chorgestühl des Doms
Rainer Müller, Das Chorgestühl des Erfurter Doms. Überlegungen zu seiner Ikonographie und zur Architektur des Hohen Chores, in: Rainer Müller / Thomas Nitz, Aus der Arbeit des Thüringischen Landesamtes für Denkmalpflege. Das Chorgestühl des Erfurter Domes (Arbeitshefte des Thüringischen Landesamtes für Denkmalpflege N. F. 13,2), Altenburg 2003, S. 7 – 31

Müller, Erfordia turrita
Rainer Müller, Erfordia turrita – das turmreiche Erfurt. Gestalt, Funktion und Bedeutung mittelalterlicher Kirchtürme, in: Entstehung und Wandel mittelalterlicher Städte in Thüringen, hg. von Mark Escherich / Christian Misch / Rainer Müller (Erfurter Studien zur Kunst- und Baugeschichte 3), Berlin 2007, S. 127 – 153

Müller, Frauenklöster
Chlothilde Müller, Erfurter Frauenklöster im 14. und 15. Jahrhundert unter besonderer Berücksichtigung des Magdalenenklosters, in: Amplonius. Die Zeit, der Mensch, die Stiftung. 600 Jahre Bibliotheca Amploniana in Erfurt, hg. von Marina Moritz / Kai Brodersen (Schriften des Museums für Thüringer Volkskunde Erfurt 34), Erfurt 2012, S. 191 – 199

Müller, Klosterbauten
Rainer Müller, Klosterbauten des späten Mittelalters in Thüringen – Ein Überblick zur baulichen Überlieferung aus der Zeit von 1460 bis 1520, in: Thüringische Klöster und Stifte in vor- und frühreformatorischer Zeit (Quellen und Forschungen zu Thüringen im Zeitalter der Reformation) [in Vorbereitung]

Müller, Neustadt
Rainer Müller, Die Kirchen in Neustadt an der Orla und Umgebung. Eine Geschichte des Sakralbaus in der Orlasenke (Beiträge zur Geschichte und Stadtkultur 18), Jena 2011

Müller, Rezension
Rainer Müller, Rezension von Pelizaeus, Predigerkirche, in: Zeitschrift des Vereins für Thüringische Geschichte 58 (2004), S. 270 – 274

Müller, Tugend- und Lasterschalen
Ulrich Müller, Tugend- und Lasterschalen. Bemerkungen zur Ikonographie, Chronologie und Funktion einer Objektgruppe des hohen Mittelalters, in: Realienforschung und historische Quellen, [bearb. von] Frank Both (Archäologische Mitteilungen aus Nordwestdeutschland Beiheft 15), Oldenburg 1996, S. 145 – 170

Müller, Ursulinenkloster
Chlothilde Müller (Hg.), Ursulinenkloster Erfurt. 325-jähriges Jubiläum der Erfurter Ursulinen, Erfurt 1992

Müller/Nitz, Chorgestühl
Rainer Müller / Thomas Nitz, Aus der Arbeit des Thüringischen Landesamtes für Denkmalpflege. Das Chorgestühl des Erfurter Domes (Arbeitshefte des Thüringischen Landesamtes für Denkmalpflege N. F. 13,2), Erfurt 2003

N

Neidiger, Mendikanten
Bernd Neidiger, Mendikanten zwischen Ordensideal und städtischer Realität. Untersuchungen zum wirtschaftlichen Verhalten der Bettelorden in Basel (Ordensstudien 3), Berlin 1981

Nemes, Schrift
Balázs J. Nemes, Von der Schrift zum Buch – vom Ich zum Autor. Zur Text- und Autorkonstitution in Überlieferung und Rezeption des ›Fließenden Lichts der Gottheit‹ Mechthilds von Magdeburg (Bibliotheca Germanica 55), Tübingen 2010

Neßmann, Augustinerkloster
Janet Neßmann: Das Augustinerkloster zu Erfurt. Gesamtdarstellung seiner baulichen Entwicklung und Nutzungsgeschichte vom 17. Jahrhundert bis zur Gegenwart, Saarbrücken 2008

Neubauer, Inventar
Theodor Neubauer, Das Inventar des Erfurter Marienknechtsklosters vom Jahre 1485, in: Zeitschrift des Vereins für Thüringische Geschichte und Altertumskunde 31 (1918), S. 505 – 526

Neubauer, Tolles Jahr
Theodor Neubauer, Das tolle Jahr von Erfurt, hg. von Martin Wähler, Weimar 1948

Neubauer, Verhältnisse
Theodor Neubauer, Die sozialen und wirtschaftlichen Verhältnisse der Stadt Erfurt vor Beginn der Reformation, in: Mitteilungen des Vereins für die Geschichte und Altertumskunde von Erfurt 34,2 (1913), S. 1 – 78

Neubauer, Wirtschaftsleben
Theodor Neubauer, Wirtschaftsleben im mittelalterlichen Erfurt, in: Vierteljahrschrift für Sozial- und Wirtschaftsgeschichte 12 (1914), S. 521 – 548

Nickel, Heiltumbuch
Heinrich L. Nickel, Nachwort zu: Das Hallesche Heiltumbuch von 1520. Nachdruck [der Ausgabe von 1520] zum 450. Gründungsjubiläum der Marienbibliothek zu Halle, hg. von Heinrich L. Nickel, Halle 2001, S. 249 – 304

Nicolaus von Bibra, Occultus Erf.
Der ›Occultus Erfordensis‹ des Nicolaus von Bibra. Kritische Edition mit Einführung, Kommentar und deutscher Übersetzung, hg. von Christine Mundhenk (Schriften des Vereins für die Geschichte und Altertumskunde von Erfurt 3), Weimar 1997

Nitz, Das Stifterbuch des Predigerklosters
Thomas Nitz, Das Stifterbuch des Erfurter Predigerklosters. Eine spätmittelalterliche Quelle für Stadtgeschichte und Bauforschung, Magisterarbeit Univ. Bamberg 1998 Ms.

Nitz, Dokumentation
Nitz, Thomas, Bauhistorische Dokumentation Erfurt – Predigerkloster, Dachwerk über Ostflügel, Erfurt 2005 Ms. [TLDA Erfurt]

Nitz, Predigerkirche
Thomas Nitz, Die Predigerkirche Erfurt (Kleine Kunstführer 1855; Das christliche Denkmal 110), Regensburg [6]2009

Nitz, Predigerkloster
Thomas Nitz, Das Erfurter Predigerkloster vom 13. bis zum 20. Jahrhundert. Zur Baugeschichte und Denkmalpflege, in: Erfurt im Mittelalter. Neue Beiträge aus Archäologie, Bauforschung und Kunstgeschichte, hg. von Marc Escherich / Christian Misch / Rainer Müller (Erfurter Studien zur Kunst- und Baugeschichte 1), Berlin 2003, S. 178–214

Nitz, Stifterbuch
Thomas Nitz, Das Stifterbuch des Erfurter Predigerklosters als Quelle für die Baugeschichte der Predigerkirche, in: Mitteilungen des Vereins für die Geschichte und Altertumskunde von Erfurt 62 (2001), S. 71–101

Nitz, Termineiverzeichnis
Thomas Nitz, Dominikaner auf dem Lande. Das Termineiverzeichnis des Erfurter Predigerklosters, in: Zeitschrift des Vereins für Thüringische Geschichte 57 (2003), S. 251–276

Nothaft, Dating
C. Philipp E. Nothaft, Dating the Passion. The Life of Jesus and the Emergence of Scientificic Chronology (200–1600) (Time, Astronomy and Calendars. Texts and Studies 1), Leiden 2012

Nuding, Matthäus von Krakau
Matthias Nuding, Matthäus von Krakau. Theologe, Kirchenreformer, Politiker in Krakau, Prag und Heidelberg zur Zeit des Großen Abendländischen Schismas (Spätmittelalter und Reformation 38), Tübingen 2007

O

Oberste, Heiligkeit 1
Jörg Oberste, Zwischen Heiligkeit und Häresie. Religiosität und sozialer Aufstieg in der Stadt des hohen Mittelalters, Bd. 1: Städtische Eliten in der Kirche des hohen Mittelalters (Norm und Struktur 17,1), Köln [u. a.] 2003

Objektkatalog GNM
Objektkatalog der Sammlungen des Germanischen Nationalmuseums Nürnberg: http://objektkatalog.gnm.de

Odenthal, Stundengebet
Andreas Odenthal, »… totum psalterium in usu maneat«. Martin Luther und das Stundengebet, in: Martin Luther. Biographie und Theologie, hg. von Dietrich Korsch / Volker Leppin (Spätmittelalter, Humanismus, Reformation 53), Tübingen 2010, S. 69–117

Oexle, Gegenwart
Otto Gerhard Oexle, Die Gegenwart der Toten, in: Death in the Middle Ages, hg. von Herman Braet / Werner Verbeke (Mediaevalia Lovaniensia. Series 1: Studia 9) Leuven 1983, S. 19–77

Ohst, Pflichtbeichte
Martin Ohst, Pflichtbeichte. Untersuchungen zum Bußwesen im hohen und späten Mittelalter (Beiträge zur historischen Theologie 89), Tübingen 1995

von Ompteda, Die von Kronberg
Ludwig von Ompteda, Die von Kronberg und ihr Herrensitz. […] Eine kulturgeschichtliche Erzählung aus elf Jahrhunderten. 770 bis 1898, Frankfurt a. M. 1899

Ortmann, Luther
Volkmar Ortmann, Luther und das Mönchtum als Thema der Lutherforschung im 20. Jahrhundert, in: Reformation und Mönchtum. Aspekte eines Verhältnisses über Luther hinaus, hg. von Athina Lexutt / Volker Mantey / Volkmar Ortmann (Spätmittelalter, Humanismus, Reformation 43), Tübingen 2008, S. 227–239

von der Osten, Schmerzensmann
Gert von der Osten, Der Schmerzensmann. Typengeschichte des deutschen Andachtsbildwerkes von 1300 bis 1600 (Jahresgabe des Deutschen Vereins für Kunstwissenschaft 1935), Berlin 1935

Overmann, Barfüßeraltar
Alfred Overmann, Der Erfurter Barfüßeraltar und seine Meister, in: Ders., Aus Erfurts alter Zeit. Gesammelte Aufsätze zur Erfurter Kulturgeschichte, Erfurt 1948, S. 67–70

Overmann, Kunstdenkmäler
Alfred Overmann, Die älteren Kunstdenkmäler der Plastik, der Malerei und des Kunstgewerbes der Stadt Erfurt, Erfurt 1911

Overmann, Pfarreien
Alfred Overmann, Die Entstehung der Erfurter Pfarreien, in: Sachsen und Anhalt 3 (1927), S. 135–148

Overmann, Predigerkirche
Alfred Overmann, Die Predigerkirche, Erfurt 1928

P

Palmowski, Steinofen-Luftheizung
Frank Palmowski, Eine Steinofen-Luftheizung im Augustinerkloster von Erfurt, in: Alt-Thüringen 21 (1986), S. 268–276

Patze, Erfurt
Hans Patze, Art. Erfurt, in: Handbuch der Historischen Stätten Deutschlands, Bd. 9: Thüringen, hg. von Hans Patze mit Peter Aufgebauer, Stuttgart [2]1989, S. 100–121

Pelizaeus, Predigerkirche
Annette Pelizaeus, Die Predigerkirche in Erfurt. Studien zur gotischen Bettelordens- und Pfarrkirchenarchitektur in Thüringen (Veröffentlichungen der Historischen Kommission für Thüringen. Kleine Reihe 12), Köln [u. a.] 2004

Pellegrini, L'ordine francescano
Luigi Pellegrini, L'ordine francescano e la società cittadina in epoca bonaventuriana, in: Laurentianum 15 (1974), S. 154–200

Pellegrini/Pásztor, Franziskaner
L[uigi] Pellegrini / E[dith] Pásztor, Art. Franziskaner A, in: LexMA 4 (1989), Sp. 800–807

Perlich, Höher
Barbara Perlich, Höher, Schöner, Prächtiger – Kirchenbauwettstreit auf dem Erfurter Domberg, in: Mittelalterliche Architektur. Bau und Umbau, Reparatur und Transformation. Festschrift Johannes Cramer, hg. von Barbara Perlich / Gabri van Tussenbroek, Petersberg 2010, S. 13–30

Peter, Glocken
Claus Peter, Die Glocken der Stadt Mühlhausen/Thüringen (Arbeitshefte des Thüringischen Landesamtes für Denkmalpflege N. F. 10), Erfurt 2002

Pieper, Chorgestühle
Roland Pieper (mit Anhang von David Gropp), Mittelalterliche Chorgestühle und Dreisitze. Eine Übersicht zur Franziskanerprovinz Saxonia, in: Geschichte der Sächsischen Franziskanerprovinz von der Gründung bis ins 21. Jahrhundert, Bd. 5: Kunst. Von den Anfängen bis zur Gegenwart, hg. von Roland Pieper, Paderborn 2012, S. 407–416

Pieper, Uneinheit
Roland Pieper, Von der Uneinheit des Kirchenraums: Lettner, in: Geschichte der Sächsischen Franziskanerprovinz von der Gründung bis ins 21. Jahrhundert, Bd. 5: Kunst. Von den Anfängen bis zur Gegenwart, hg. von Roland Pieper, Paderborn 2012, S. 351–366

Pieper/Einhorn, Franziskaner
Roland Pieper / Jürgen Werinhard Einhorn, Franziskaner zwischen Ostsee, Thüringer Wald und Erzgebirge. Bauten – Bilder – Botschaften, Paderborn 2005

Pilvousek, Askese
Josef Pilvousek, Askese, Brüderlichkeit und Wissenschaft. Die Ideale der Erfurter Augustiner-Eremiten und ihre Bemühungen um eine innovative Umsetzung, in: Luther und das monastische Erbe, hg. von Christoph Bultmann / Volker Leppin / Andreas Lindner (Spätmittelalter, Humanismus, Reformation 39), Tübingen 2007, S. 39–55

Pilvousek, Erfurt
Josef Pilvousek, Erfurt im Spätmittelalter (1305–1484), in: Handbuch der Mainzer Kirchengeschichte, hg. von Friedhelm Jürgensmeier, Bd. 1: Christliche

Antike und Mittelalter, Teil 1 (Beiträge zur Mainzer Kirchengeschichte 6,1/1), Würzburg 2000, S. 555–568

Pilvousek, Kontroverspredigt
Josef Pilvousek, ZwischenKontroverspredigt und Vermittlungstheologie. Der Erfurter Domprediger Konrad Klinge (1483–1556), in: Kontroverse und Kompromiss. Der Pfeilerbilderzyklus des Mariendoms und die Kultur der Bikonfessionalität im Erfurt des 16. Jahrhunderts, hg. von Eckhard Leuschner / Falko Bornschein / Kai Uwe Schierz, Dresden 2015, S. 293–301

Pilvousek, Luther und Erfurt
Josef Pilvousek, Martin Luther und Erfurt, in: Luther in Erfurt und die katholische Theologie, hg. von Josef Freitag (Erfurter Theologische Schriften 29), Leipzig 2001, S. 13–27

Pilvousek, Prälaten
Josef Pilvousek, Die Prälaten des Kollegiatstiftes St. Marien in Erfurt von 1400–1555 (Erfurter Theologische Studien 55), Leipzig 1988

Pilvousek/Springer, Erfurter Augustiner-Eremiten
Josef Pilvousek / Klaus-Bernward Springer, Die Erfurter Augustiner-Eremiten. Eine evangelische »Brüdergemeinde« vor und mit Luther (1266–1560), in: Luthers Erfurter Kloster. Das Augustinerkloster im Spannungsfeld von monastischer Tradition und protestantischem Geist, hg. von Lothar Schmelz / Michael Ludscheidt, Erfurt 2005, S. 37–57

Plath, Versuche
Christian Plath, Versuche zur Wiederbesetzung des Erfurter Barfüßerklosters im Dreißigjährigen Krieg, in: Jahrbuch für mitteldeutsche Kirchen- und Ordensgeschichte 2 (2006), S. 141–158

Posse, Siegel
Otto Posse, Die Siegel der Erzbischöfe und Kurfürsten von Mainz, Erzkanzler des Deutschen Reiches bis zum Jahre 1803, Dresden 1914

Pötscher, Servitenorden
Augustin M. Pötscher, Geschichte des Servitenordens, Salzburg 2001

Powell, Mendicants
James Matthew Powell, Mendicants, the Communes and the Law, in: Church History. Studies in Christianity and Culture 77 (2008), S. 557–573

Q

Quehl, Prediger-Kirche
Georg Quehl, Die Religion der Thüringer, Bd. 1: Die Prediger-Kirche zu Erfurt, Erfurt 1830

Quellen und Texte
Quellen und Texte zur Benediktusregel, hg. von Michaela Puzicha, St. Ottilien 2007

R

Raecke, Hauptportal
Sven Raecke, Das Hauptportal der Erfurter Predigerkirche. Neue baugeschichtliche Untersuchungsergebnisse, in: Erfurt im Mittelalter. Neue Beiträge aus Archäologie, Bauforschung und Kunstgeschichte, hg. von Mark Escherich / Christian Misch / Rainer Müller (Erfurter Studien zur Kunst- und Baugeschichte 1), Berlin 2003, S. 173–177

Raguin, Medieval Tropes
Virginia C. Raguin, Medieval Tropes for Spiritual Experience: Verification of St Francis' Seraphic Vision through Erfurt's Stained Glass, in: Glas. Malerei. Forschung. Internationale Studien zu Ehren von Rüdiger Becksmann, hg. von Hartmut Scholz [u. a.], Berlin 2004, S. 77–83

Regesta pont. Rom. 2
Regesta pontificum Romanorum, Bd. 2: 1198–1304, hg. von August Potthast, Berlin 1875

Reinle, Ausstattung
Adolf Reinle, Die Ausstattung deutscher Kirchen im Mittelalter. Eine Einführung, Darmstadt 1988

Reitemeier, Pfarrkirchen
Arnd Reitemeier, Pfarrkirchen in der Stadt des späten Mittelalters. Politik, Wirtschaft und Verwaltung (Vierteljahrschrift für Sozial- und Wirtschaftsgeschichte. Beihefte 177), Stuttgart 2005

Reske, Buchdrucker
Christoph Reske, Die Buchdrucker des 16. und 17. Jahrhunderts im deutschen Sprachgebiet. Auf der Grundlage des gleichnamigen Werkes von Joseph Benzing, Wiesbaden ²2015

Reuter, Schallgefäße
Jürgen Reuter, Schallgefäße für eine verbesserte Akustik in mittelalterlichen Kirchen. Befunde im Dom zu Halle, in: Denkmalpflege in Sachsen-Anhalt 13 (2005), S. 159–165

Richental, Konzil
Ulrich Richental, Das Konzil zu Konstanz 1414–1418. Faksimileausgabe, Starnberg/Konstanz 1964

Richter, Augustinerkloster
Christa Richter, Augustinerkloster zu Erfurt (Das Christliche Denkmal 91), Regensburg ²1996

Richter, Augustinusfenster
Christa Richter, Das Augustinusfenster in Erfurt. Der älteste Glasmalereizyklus zum Leben des heiligen Kirchenvaters, Regensburg 1997

Ritter/Herz, Ermstedt
Joachim Ritter / Gerhard Herz, Zur Andreaskirche in Ermstedt und ihrem Altar, in: Stadt und Geschichte. Zeitschrift für Erfurt 56 (2014), S. 20 f.

Roest, Franciscian Education
Bert Roest, A history of Franciscian Education (c. 1210–1517) (Education and Society in the Middle Ages and Renaissance 11), Leiden 2000

Rosemann, Peter Lombard
Philipp W. Rosemann, Peter Lombard (Great Medieval Thinkers), Oxford 2004

Rosemann, Story
Philipp W. Rosemann, The Story of a Great Medieval Book. Peter Lombard's Sentences (Rethinking the Middle Ages 2), Peterborough 2007

Rückspiegel
Rückspiegel. Archäologie des Alltags in Mittelalter und früher Neuzeit. Begleitheft zur Ausstellung [...] Bamberg 2006, hg. von Hauke Kenzler / Ingolf Ericsson, Bamberg 2006

Ruh/Schmidtke, Thomas
K[urt] Ruh / Dietrich Schmidtke, Art. Thomas von Aquin, in: VL 9 (1998), Sp. 813–838

Rüttgardt, Klosteraustritte
Antje Rüttgardt, Klosteraustritte in der frühen Reformation. Studien zu Flugschriften der Jahre 1522 bis 1524 (Quellen und Forschungen zur Reformationsgeschichte 79), Gütersloh 2007

S

Saak, High Way
Eric L. Saak, High Way to Heaven. The Augustinian Platform between Reform and Reformation. 1292–1524 (Studies in Medieval and Reformation Thought 89), Leiden [u. a.] 2002

Sächs. Franziskanerprovinz 1 und 5
Geschichte der Sächsischen Franziskanerprovinz von der Gründung bis zum Anfang des 21. Jahrhunderts, Bd. 1: Von den Anfängen bis zur Reformation, hg. von Volker Honemann, Paderborn 2015; Bd. 5: Kunst. Von den Anfängen bis zur Gegenwart, hg. von Roland Pieper, Paderborn 2012

Sandner, Tafelmalerei
Ingo Sandner, Spätgotische Tafelmalerei in Sachsen, Dresden 1993

Sauer, Fundatio
Christine Sauer, Fundatio und Memoria. Stifter und Klostergründer im Bild. 1100 bis 1350 (Veröffentlichungen des Max-Planck-Instituts für Geschichte 109), Göttingen 1993

Schalldach, Familie
Ilsabe Schalldach, Die Familie des Goldschmiedes Erasmus Wagner. Neue Erkenntnisse nach der Auffindung seines Testamentes von 1648, in: Mitteilungen des Vereins für die Geschichte und Altertumskunde von Erfurt 69 (2008) S. 63–89

Schalldach, Inventarverzeichnisse
Ilsabe Schalldach, Der Erfurter Dominikaner-Konvent des 16. Jahrhunderts im Spiegel dreier Inventarverzeichnisse, in: Jahrbuch für mitteldeutsche Kirchen- und Ordensgeschichte 10 (2014), S. 273–308

Schalldach, Willrode
Ilsabe Schalldach, Familie Hildebrand von Willrode. Eine Stifterfamilie für die Predigerkirche?, in: Mitteilungen des Vereins für die Geschichte und Altertumskunde von Erfurt 75 (2014), S. 63 – 76

Schalldach/Marwinski, Büchersammlung
Die historische Büchersammlung der Erfurter Predigergemeinde. Geschichte und Bestandsverzeichnis, erarbeitet von Ilsabe Schalldach / Felicitas Marwinski, Erfurt 2005

Schätze
Schätze aus Erfurter Kirchen. Galerie am Fischmarkt, Katalog zur Ausstellung […] 1992, hg. von Jörg-Heiko Bruns / Rolf-Günther Lucke / Karl-Heinz Otto Meißner, Erfurt 1992

Schäufele, Abschied
Wolf-Friedrich-Schäufele, »… iam sum monachus et non monachus«. Martin Luthers doppelter Abschied vom Mönchtum, in: Martin Luther – Biographie und Theologie, hg. von Dietrich Korsch / Volker Leppin (Spätmittelalter, Humanismus, Reformation 53), Tübingen 2010, S. 119 – 139

Scheel, Dokumente
Otto Scheel (Hg.), Dokumente zu Luthers Entwicklung (bis 1519), Tübingen [2]1929

Scheerer, Kirchen
Felix Scheerer, Kirchen und Klöster der Franziskaner und Dominikaner in Thüringen. Ein Beitrag zur Kenntnis der Ordensbauweise (Beiträge zur Kunstgeschichte Thüringens 2), Jena 1910

Schenkluhn, Architektur
Wolfgang Schenkluhn, Architektur der Bettelorden. Die Baukunst der Dominikaner und Franziskaner in Europa, Darmstadt 2000

Schilling, Glocken
Franz Peter Schilling, Erfurter Glocken. Die Glocken des Domes, der Severikirche und des Petersklosters zu Erfurt (Das Christliche Denkmal 72/73), Berlin 1964

Schilling, Luther
Heinz Schilling, Martin Luther. Rebell in einer Zeit des Umbruchs, München [3]2014

Schiphower, Chronicon
Johannes Schiphower, Chronicon Archicomitum Oldenburgensium, hg. von H[einrich] Meibom d. J., in: Rerum Germanicarum tomus II.: Scriptores rerum Germanicarum, Helmstedt 1688, S. 121 – 192

Schleiff/Sußmann, Baugeschichte
Heinrich Schleiff / Michael Sußmann, Baugeschichte des Erfurter Augustinerklosters. Aus der Vergangenheit in die Zukunft, in: Luthers Erfurter Kloster. Das Augustinerkloster im Spannungsfeld von monastischer Tradition und protestantischem Geist, hg. von Lothar Schmelz / Michael Ludscheidt, Erfurt 2005, S. 13 – 36

Schmelz/Haerter, Augustinerkloster
Lothar Schmelz / Andreas Haerter, Das Augustinerkloster zu Erfurt von 1990 bis 2005, in: Luthers Erfurter Kloster. Das Augustinerkloster im Spannungsfeld von monastischer Tradition und protestantischem Geist, hg. von Lothar Schmelz / Michael Ludscheidt, Erfurt 2005, S. 121 – 144

Schmelzer, Lettner
Monika Schmelzer, Der mittelalterliche Lettner im deutschsprachigen Raum. Typologie und Funktion, Petersberg 2004

Schmidt, Wirtschaft
Hans-Joachim Schmidt, Wirtschaft der Konvente und Beziehung zur Bevölkerung, in: Geschichte der Sächsischen Franziskaner-Provinz von der Gründung bis zum Anfang des 21. Jahrhunderts, Bd. 1: Von den Anfängen bis zur Reformation, hg. von Volker Honemann, Paderborn 2015, S. 165 – 193

Schmies, Bruderschaften
Kirsten Schmies, Bruderschaften an Franziskanerklöstern und -kirchen in Thüringen, in: Für Gott und die Welt. Franziskaner in Thüringen. Text- und Katalogband zur Ausstellung […] 2008, hg. von Thomas T. Müller / Bernd Schmies / Christian Loefke (Mühlhäuser Museen. Forschungen und Studien 1), Paderborn [u. a.] 2008, S. 84 – 91

Schmies, Erfurt
Bernd Schmies, Erfurt, in: Für Gott und die Welt. Franziskaner in Thüringen. Text- und Katalogband zur Ausstellung […] 2008, hg. von Thomas T. Müller / Bernd Schmies / Christian Loefke (Mühlhäuser Museen. Forschungen und Studien 1), Paderborn [u. a.] 2008, S. 228 f.

Schmies/Honemann, Franziskanerprovinz
Bernd Schmies / Volker Honemann, Die Franziskanerprovinz Saxonia von den Anfängen bis 1517: Grundzüge und Entwicklungslinien, in: Geschichte der Sächsischen Franziskaner-Provinz von der Gründung bis zum Anfang des 21. Jahrhunderts, Bd. 1: Von den Anfängen bis zur Reformation, hg. von Volker Honemann, Paderborn 2015, S. 21 – 44

Schmigalla, Ergänzungen
Hans Schmigalla, Ergänzungen zur Identifikation von Orten im Termineiverzeichnis des Erfurter Predigerklosters, in: Zeitschrift des Vereins für Thüringische Geschichte 64 (2010), S. 411 – 414

Schmitz, Verbreitung
Max Schmitz, Zur Verbreitung der Werke Engelberts von Admont (ca. 1250 – 1331), in: Codices manuscripti 71/72 (2009), S. 1 – 26

Schneider, Luthers Reise
Hans Schneider, Martin Luthers Reise nach Rom – neu datiert und neu gedeutet, in: Studien zur Wissenschafts- und zur Religionsgeschichte, hg. von Werner Lehfeldt (Abhandlungen der Akademie der Wissenschaften zu Göttingen N. F. 10), Berlin/Boston 2011, S. 1 – 157

Schneider, Petrus
Karin Schneider, Art. Petrus Lombardus, in: VL 7 (1989), Sp. 511 – 516

Schnell, Frauendiskurs
Rüdiger Schnell, Frauendiskurs, Männerdiskurs, Ehediskurs. Textsorten und Geschlechterkonzepte in Mittelalter und Früher Neuzeit (Geschichte und Geschlechter 23), Frankfurt a. M. 1998

Schwerhoff, Kriminelle
Gerd Schwerhoff, Kriminelle als Randgruppe?, in: Mitteilungen des Vereins für die Geschichte und Altertumskunde von Erfurt 55 (1994), S. 7 – 33

Segl, Inquisitio
Peter Segl, Einrichtung und Wirkungsweise der inquisitio haereticae pravitatis im mittelalterlichen Europa. Zur Einführung, in: Die Anfänge der Inquisition im Mittelalter. Mit einem Ausblick auf das 20. Jahrhundert und einem Beitrag über religiöse Intoleranz im nichtchristlichen Bereich, hg. von Peter Segl (Bayreuther historische Kolloquien 7), Köln [u. a.] 1993, S. 1 – 38

Sehi, Bettelorden
Meinrad Sehi, Die Bettelorden in der Seelsorgsgeschichte der Stadt und des Bistums Würzburg bis zum Konzil von Trient. Eine Untersuchung über die Mendikantenseelsorge unter besonderer Berücksichtigung der Verhältnisse in Würzburg (Forschungen zur fränkischen Kirchen- und Theologiegeschichte 8), Würzburg 1981

Seibrich, Serviten
Wolfgang Seibrich, Neugründungen: Wilhelmiten und Serviten, in: Handbuch der Mainzer Kirchengeschichte, hg. von Friedhelm Jürgensmeier, 1: Christliche Antike und Mittelalter, Teil 2 (Beiträge zur Mainzer Kirchengeschichte 6,1/2), Würzburg 2000, S. 682 – 684

Senner, Die ›Rede der underscheidunge‹
Walter Senner, Die ›Rede der underscheidunge‹ als Dokument dominikanischer Spiritualität, in: Meister Eckhart in Erfurt, hg. von Andreas Speer / Lydia Wegener (Miscellanea Medaevalia 32), Berlin/New York 2005, S. 109 – 121

Senner, Meister Eckhart's Life
Walter Senner, Meister Eckhart's Life, Training, Career, and Trial, in: A Companion to Meister Eckhart, hg. von Jeremiah M. Hackett (Brill's Companions to the Christian Tradition 36), Leiden 2013, S. 7 – 84

Sickert, Klosterbrüder
Ramona Sickert, Wenn Klosterbrüder zu Jahrmarktsbrüdern werden. Studien zur Wahrnehmung der Franziskaner und Dominikaner im 13. Jahrhundert (Vita regularis. Abhandlungen 28), Berlin [u. a.] 2006

Silberer, Franziskanerkirchen
Leonie Silberer, Einschiffige Franziskanerkirchen der mittelalterlichen Ordensprovinz Saxonia. Untersuchungen zu Funktion und Bauform bis 1300, in: Wissenschaft und Weisheit 74 (2011), S. 163–233

Silberer, Welt als Kloster
Leonie Silberer, Von der »Welt als Kloster« zu Klosterbauten. Die Konvente der Franziskaner, in: Geist und Gestalt. Monastische Raumkonzepte als Ausdrucksformen religiöser Leitideen im Mittelalter, hg. von Jörg Sonntag (Vita regularis. Abhandlungen 69), Berlin [u.a.] 2016, S. 221–250

Simon, Ordre des Pénitentes
André Simon, L'Ordre des Pénitentes de Ste Marie-Madeleine en Allemagne au XIIIme siècle, Fribourg 1918

Skobel, Lauban
Paul Skobel, Das Jungfräuliche Klosterstift zur Heiligen Maria Magdalena von der Buße zu Lauban in Schlesien von 1320–1821, hg. und ergänzt bis zur Gegenwart von Edmund Piekorz, Stuttgart/Aalen 1970

Šmahel, Jan Hus
František Šmahel, Instead of conclusion: Jan Hus as Writer and Author, in: A Companion to Jan Hus, hg. von František Šmahel mit Ota Pavlįček (Brill's Companions to the Christian Tradition 54), Leiden 2015, S. 370–409

Smith, Nicholas of Lyra
Lesley Smith, Nicholas of Lyra and Old Testament Interpretation, in: Hebrew Bible / Old Testament: The History of Its Interpretation, hg. von Magne Sæbø, 2: From the Renaissance to the Enlightenment, Göttingen 2008, S. 49–63

de Solan, Réforme
Olivier de Solan, La réforme du calendrier dans une question quodlibétique de Henri de Runen (1444), in: Bibliothèques de l'école des chartes 157 (1999), S. 17–220

SOPMA 2
Thomas M. Kaeppeli / Emilio Panella, Scriptores Ordinis Praedicatorum Medii Aevi, Bd. 2: G–I, Rom 1975

Sottili, Lauree pavesi
Agostino Sottili, Lauree pavesi nella seconda metà del Quattrocento, in: Respublica Guelferbytana. Wolfenbütteler Beiträge zur Renaissance- und Barockforschung. Festschrift für Paul Raabe, hg. von August Buck / Martin Bircher (Chloe. Beihefte zum Daphnis 6), Amsterdam 1987, S. 127–166

Sottili/Iaria, Lauree pavesi
Lauree pavesi nella seconda metà del, 400, Bd. 3: 1491–1499. Con un'appendice delle lauree (1425–1482), hg. von Agostino Scottili / Simona Iaria (Fonti e studi per la storia dell'Università di Pavia 52). Mailand 2008

Spazier, Barockweg
Ines Spazier, Auf dem Barockweg in die Klosterzeit – Archäologische Untersuchungen im Schlosspark von Saalfeld im Jahre 2008, in: Neue Ausgrabungen und Funde in Thüringen 5 (2009), S. 81–106

Spazier, Steinzeug-Importe
Ines Spazier, Zwei Steinzeug-Importe vom Elisabethplan, Stadt Eisenach, in: Neue Ausgrabungen und Funde in Thüringen 4 (2008), S. 99–104

Spazier, Topf
Ines Spazier, Ein besonderer Topf beim Augustiner-Eremitenkloster – ein Gefäß der Nachgeburtsbestattung?, in: Archäologische Impressionen – Neustadt an der Orla und Umgebung, hg. von Ines Spazier, Jena 2016, S. 96–102

Spazier, Verbaute Töpfe
Ines Spazier, Verbaute Töpfe an der Klosterkirche der Augustiner-Eremiten, in: Archäologische Impressionen – Neustadt an der Orla und Umgebung, hg. von Ines Spazier, Jena 2016, S. 103–110

Spazier/Hopf, Mittelalterfunde
Ines Spazier / Udo Hopf, Die archäologischen Mittelalterfunde vom Elisabethplan unterhalb der Wartburg (Text und Katalog), in: Wartburg-Jahrbuch 16, 2007 (2008), S. 89–167

Spazier/Schlapke, Untersuchungen
Ines Spazier / Mario Schlapke, Archäologische Untersuchungen im Franziskanerkloster Saalfeld mit dem Fund eines Goldguldens, in: Saalfelder Weihnachtsbüchlein. Beiträge zur Saalfelder Geschichte 113 (2016), S. 83–107

Spazier/Schmitt/Ditzel, Nonnenklöster
Ines Spazier / Reinhard Schmitt / Olaf Ditzel, Die Nonnenklöster von Rohr, Lkr. Schmalkalden-Meiningen, Frauensee, Wartburgkreis, und Kapellendorf, Lkr. Weimarer Land, in: Alt-Thüringen 42, 2010/11 (2013), S. 201–282

Speer, Sapientia nostra
Andreas Speer, »Sapientia nostra«. Zum Verhältnis von philosophischer und theologischer Weisheit in den Pariser Debatten am Ende des 13. Jahrhunderts, in: Nach der Verurteilung von 1277. Philosophie und Theologie an der Universität von Paris im letzten Viertel des 13. Jahrhunderts. Studien und Texte, hg. von Jan A. Aertsen [u.a.], Berlin [u.a.] 2001

Springer, Die deutschen Dominikaner
Klaus-Bernward Springer, Die deutschen Dominikaner in Widerstand und Anpassung während der Reformationszeit (Quellen und Forschungen zur Geschichte des Dominikanerordens N. F. 8), Berlin 1999

Springer, Dominikaner
Klaus-Bernward Springer, Die Dominikaner (OP), in: Orden und Klöster im Zeitalter von Reformation und katholischer Reform. 1500–1700, Bd. 2, hg. von Friedhelm Jürgensmeier / Regina Elisabeth Schwerdtfeger (Katholisches Leben und Kirchenreform im Zeitalter der Glaubensspaltung 66), Münster 2006, S. 9–47

Springer, Luther als Student
Klaus-Bernward Springer, Luther als Student der Artes und studentisches Leben in Erfurt im Spätmittelalter und zu Beginn der Frühen Neuzeit, in: Mitteilungen des Vereins für die Geschichte und Altertumskunde von Erfurt 72 (2011), S. 72–97

Stähli, Theol. Handschriften
Die theologischen Handschriften. Quartreihe. Die juristischen Handschriften, beschrieben von Marlis Stähli (Handschriften der Ratsbücherei Lüneburg 3), Wiesbaden 1981

Stanberger, Dialogus
Balthasar Stanberger, Dialogus zwischen Petro und einem Bauern (1523), hg. von Otto Clemen (Flugschriften aus den ersten Jahren der Reformation 3/5), Leipzig 1908

Standaert, Leben
Maur Standaert, Das Leben und die Regel des hl. Benedikt, in: Benedictus. Symbol abendländischer Kultur, [hg. von] Pieter Batselier, Antwerpen 1980, Neudruck Stuttgart/Zürich 1998, S. 11–52

von Staupitz, Schriften 5
Johann von Staupitz, Sämtliche Schriften. Abhandlungen, Predigten, Zeugnisse, hg. von Lothar Graf zu Dohna, Bd. 5: Gutachten und Satzungen, bearb. von Lothar Graf zu Dohna / Wolfgang Günter (Spätmittelalter und Reformation 17), Berlin 2001

Stegmann, Auffassung
Andreas Stegmann, Luthers Auffassung vom christlichen Leben (Beiträge zur historischen Theologie 175), Tübingen 2014

Stegmüller, Repertorium 1
Friedrich Stegmüller, Repertorium commentariorum in sententias Petri Lombardi, Bd. 1: Textus, Würzburg 1947

Steudle, Esslingen
Andrea Steudle [u.a.], Stadt Esslingen am Neckar (Kulturdenkmale in Baden-Württemberg 1,2,1), Tübingen 2009

Stewing, Belegzettel
Frank-Joachim Stewing, Vier studentische Belegzettel aus der Frühzeit der Leipziger Artistenfakultät, in: Neues Archiv für Sächsische Geschichte 80 (2009), S. 67–103

Stewing, Buchbesitz
Frank-Joachim Stewing, Zum Buchbesitz Erfurter Stiftsgeistlicher im 15. und frühen 16. Jahrhundert, in: Bücher und Bibliotheken in Erfurt, hg. von Michael Ludscheidt / Kathrin Paasch, Erfurt 2000, S. 71–112

Stewing, Scheinejagd
Frank-Joachim Stewing, Scheinejagd um 1500. Zu »cedulae actuum pro gradu baccalaureatus« Erfurter Studenten, Teil 1: Edition und Prosopographie, in: Mitteilungen des Vereins für die Geschichte und Altertumskunde von Erfurt 67 (2006), S. 39–105

Stievermann, Erfurt
Dieter Stievermann, Erfurt und die spätmittelalterliche Jakobusverehrung, in: Kulturgeschichte im Dialog. Eine Freundesgabe für Josef Nolte, hg. von Rudolf W. Keck (Hildesheimer Beiträge zur Kulturgeschichte 2), Hildesheim 2010, S. 107–113

Stievermann, Heilsverlangen
Dieter Stievermann, Heilsverlangen und Freiheitsstreben. Bürgerschaft und Klerus in Erfurt zwischen 1450 und 1530, in: Vor- und Frühreformation in thüringischen Städten (1470–1525/30), hg. von Joachim Emig / Volker Leppin / Uwe Schirmer (Quellen und Forschungen zu Thüringen im Zeitalter der Reformation 1), Köln [u.a.] 2013, S. 71–98

Stolle, Memoriale
Konrad Stolle, Memoriale – thüringisch-erfurtische Chronik, bearb. von Richard Thiele (Geschichtsquellen der Provinz Sachsen und angrenzender Gebiete 39), Halle1900

Straube, Leipziger Messen
Manfred Straube, Zur Stellung der Leipziger Messen im überregionalen Warenverkehr zu Beginn des 16. Jahrhunderts, in: Jahrbuch für Wirtschaftsgeschichte 20,3 (1979), S. 185–206

Stupperich, Johannes Lang
Robert Stupperich, Art. Lang, Johannes, in: Neue Deutsche Biographie, Bd. 13: Krell–Laven, Berlin 1982, S. 540f.

Sturlese, Meister Eckhart
Loris Sturlese, Meister Eckhart in der Bibliotheca Amploniana. Neues zur Datierung des »Opus tripartitum«, in: Die Bibliotheca Amploniana. Ihre Bedeutung im Spannungsfeld von Aristotelismus, Nominalismus und Humanismus, hg. von Andreas Speer (Miscellanea Mediaevalia 23), Berlin/New York 1995, S. 434–446, 439ff.

Stürzebecher, Judenbild
Maria Stürzebecher, Das Judenbild in der christlichen Kunst in Erfurt, in: Die jüdische Gemeinde von Erfurt und die SchUM-Gemeinden. Kulturelles Erbe und Vernetzung (Erfurter Schriften zur jüdischen Geschichte 1), Jena 2012, S. 130–135.

T

Tabula exemplorum
La tabula exemplorum secundum ordinem alphabeti. Recueil d'exempla compilé en France à la fin du XIIIe siècle, hg. von J[ean]-Th[ébaut] Welter, Paris 1926

v. Tettau, Bau- und Kunstdenkmäler
Beschreibende Darstellung der älteren Bau- und Kunstdenkmäler der Stadt Erfurt und des Erfurter Landkreises, bearb. von Wilh[elm] Freih. v. Tettau (Beschreibende Darstellung der älteren Bau- und Kunstdenkmäler der Provinz Sachsen und angrenzender Gebiete 13), Halle a. d.S., 1890

Timmermann, Inszenierung
Achim Timmermann, »Ein mercklich köstlich und wercklich sacrament gehews«. Zur architektonischen Inszenierung des Corpus Christi um die Mitte des 15. Jahrhunderts, in: Kunst und Liturgie. Choranlagen des Spätmittelalters – ihre Architektur, Ausstattung und Nutzung, hg. von Anna Moraht-Fromm, Ostfildern 2003, S. 207–230

Todenhöfer, Ideal
Achim Todenhöfer, Apostolisches Ideal im sozialen Kontext. Zur Genese der Bettelordensarchitektur im 13. Jahrhundert, in: Marburger Jahrbuch für Kunstwissenschaft 34 (2007), S. 43–75

Todenhöfer, Kirchen
Achim Todenhöfer, Kirchen der Bettelorden. Die Baukunst der Dominikaner und Franziskaner in Sachsen-Anhalt, Berlin 2010

Tromm, Wellendorf
Friedhelm Tromm, Die Erfurter Chronik des Johannes Wellendorf (um 1590). Edition, Kommentar, Untersuchung (Veröffentlichungen der Historischen Kommission für Thüringen. Große Reihe 16), Köln [u.a.] 2013

U

UB Arnstadt
Urkundenbuch der Stadt Arnstadt 704–1495, hg. von Carl August Hugo Burkhardt (Thüringische Geschichtsquellen 4), Jena 1883

UB DO-Ballei Hessen 1
Hessisches Urkundenbuch, 1. Abt.: Urkundenbuch der Deutschordens-Ballei Hessen, Bd. 1: Von 1207 bis 1299, [bearb. von] Arthur Wyss (Publicationen aus den K. Preußischen Staatsarchiven 3), Leipzig 1879

UBE 1–2
Urkundenbuch der Stadt Erfurt, 1.–2. Teil, bearb. von Carl Beyer (Geschichtsquellen der Provinz Sachsen und angrenzender Gebiete 23–24), Halle 1889/1897

UBESK 1–3
Urkundenbuch der Erfurter Stifter und Klöster, bearb. von Alfred Overmann, Teil 1: 706–1330; Teil 2: Die Urkunden der Stifter St. Marien und St. Severi (1331–1400); Teil 3: Die Urkunden der Augustiner-Eremiten (1331–1565) (Geschichtsquellen der Provinz Sachsen und des Freistaates Anhalt. Neue Reihe 5/7/16), Magdeburg 1926/1929/1934

UB Paulinzelle
Urkundenbuch des Klosters Paulinzelle, 1068–1534, hg. von Ernst Anemüller (Thüringische Geschichtsquellen 7 N. F. 4), Jena 1905

Ulpts, Stadt
Ingo Ulpts, Stadt und Bettelorden im Mittelalter, in: Wissenschaft und Weisheit. Franziskanische Studien zu Theologie, Philosophie und Geschichte 58 (1995), S. 223–260

Ulpts-Stöckmann, Konkurrenz
Ingo Ulpts-Stöckmann, Die Mendikanten als Konkurrenz zum Weltklerus zwischen Gehorsamsgebot und päpstlicher Exemtion, in: Wissenschaft und Weisheit. Franziskanische Studien zu Theologie, Philosophie und Geschichte 66 (2003), S. 190–227

Unbehaun, Zeugen
Lutz Unbehaun, Zeugen und Zeugnisse, in: Thüringen im Mittelalter. Die Schwarzburger, bearb. von Lutz Unbehaun (Beiträge zur schwarzburgischen Kunst- und Kulturgeschichte 3), Rudolstadt, S. 273–317

Unterburger, Gegensatz
Klaus Unterburger, Unter dem Gegensatz verborgen. Tradition und Innovation in der Auseinandersetzung des jungen Martin Luther mit seinen theologischen Gegnern (Katholisches Leben und Kirchenreform im Zeitalter der Glaubensspaltung 74), Münster 2014

Untermann/Silberer, Kirchen bis 1400
Matthias Untermann / Leonie Silberer, Die Kirchen bis 1400, in: Geschichte der Sächsischen Franziskanerprovinz von der Gründung bis ins 21. Jahrhundert, Bd. 5: Kunst. Von den Anfängen bis zur Gegenwart, hg. von Roland Pieper, Paderborn 2012, S. 93–143

Untermann/Silberer, Klosterbauten
Matthias Untermann / Leonie Silberer, Die Klosterbauten, in: Geschichte der Sächsischen Franziskanerprovinz von der Gründung bis ins 21. Jahrhundert, Bd. 5: Kunst. Von den Anfängen bis zur Gegenwart, hg. von Roland Pieper, Paderborn 2012, S. 183–219

V

VD 16
Verzeichnis der im deutschen Sprachbereich erschienen Drucke des XVI. Jahrhunderts (VD 16), Stuttgart 1983–2000: Fortsetzung als Online-Ausgabe, München 2002ff.: www.vd16.de

VE 15
Falk Eisermann, Verzeichnis der typographischen Einblattdrucke des 15. Jahrhunderts im Heiligen Römischen Reich Deutscher Nation (VE 15), Bd. 2 und 3: Katalog, Wiesbaden 2004

Verzeichnis Waisenhaus
Verzeichnis der Kunst- und Naturaliensammlungen im Museum des evangelischen Waisenhauses zu Erfurt, Erfurt 1863

Vicaire, Dominikaner
M[arie]-H[umbert] Vicaire, Art. Dominikaner, Dominikanerinnen A I–III, in: LexMA 3 (1986), Sp. 1192–1197

VL 1–14
Die deutsche Literatur des Mittelalters. Verfasserlexikon, 2. Aufl. hg. von Kurt Ruh [u.a.], Bd. 1–14, Berlin [u.a.] 1978–2008

VL Hum 1 – 3
Deutscher Humanismus 1480 – 1520. Verfasserlexikon, hg. von Franz Josef Worstbrock, Berlin/New York 2008 – 2015

Vöckler, Anmerkungen
Matthias Vöckler, Einige Anmerkungen zur Entstehung und Bedeutung der Termineien der Bettelmönche im mittelalterlichen Thüringen, in: Mitteilungen des Oberhessischen Geschichtsvereins Gießen 76 (1991), S. 1 – 11

Vöckler, Bettelmönche
Matthias Vöckler, Die Bettelmönche im mittelalterlichen Erfurt. Einige Probleme ihrer Ansiedlung und Wirksamkeit im 13. und 14. Jahrhundert, in: Aus der Vergangenheit der Stadt Erfurt N. F. 7 (1989), S. 57 – 71

Vöckler, Grundlagen
Matthias Vöckler, Wirtschaftliche und soziale Grundlagen sowie Probleme der Ansiedlung und Wirksamkeit der Mendikanten im mittelalterlichen Thüringen, in: Bettelorden und Stadt. Bettelorden und städtisches Leben im Mittelalter und in der Neuzeit, hg. von Dieter Berg (Saxonia Franciscana. Beiträge zur Geschichte der Sächsischen Franziskanerprovinz 1), Werl 1992, S. 89 – 106

Vöckler, Stellung
Matthias Vöckler, Die Stellung und Wirksamkeit der Bettelorden in Thüringen von 1224 bis zum Beginn des 14. Jahrhunderts, Diss. Jena 1987 Ms.

Vogt, Regesten 1,1
Regesten der Erzbischöfe von Mainz von 1289 – 1396, Abt. 1: 1289 – 1353, Bd. 1: 1289 – 1328, bearb. von Ernst Vogt, Leipzig 1913

Voigt, Beginen
Jörg Voigt, Beginen im Spätmittelalter. Frauenfrömmigkeit in Thüringen und im Reich (Veröffentlichungen der Historischen Kommission für Thüringen. Kleine Reihe 32), Köln [u. a.] 2012

Voigt, Bischof Konrad II.
Jörg Voigt, Der Hildesheimer Bischof Konrad II. (1221 – 1246/47) und die Anfänge des Ordens der hl. Maria Magdalena in Deutschland, in: Niedersächsisches Jahrbuch für Landesgeschichte 87 (2015), S. 33 – 60

Voigt, Mühlhausen
Jörg Voigt, Zur Gründung des Magdalenerinnenklosters in Mühlhausen, in: Mühlhäuser Beiträge 38 (2015), S. 81 – 95

Voigt, Terminierwesen
Jörg Voigt, Das Terminierwesen der Bettelorden am Beispiel der Dominikaner und Franziskaner in Sachsen und Thüringen, in: Alltag und Frömmigkeit am Vorabend der Reformation in Mitteldeutschland. Wissenschaftlicher Begleitband zur Ausstellung »Umsonst ist der Tod«, hg. von Enno Bünz / Hartmut Kühne (Schriften zur sächsischen Geschichte und Volkskunde 50), Leipzig 2015, S. 345 – 362

Voigt/Schmidt/Sorace, Beginenwesen
Jörg Voigt / Bernward Schmidt / Marco A. Sorace (Hg.), Das Beginenwesen in Spätmittelalter und Früher Neuzeit (Studien zur christlichen Religions- und Kulturgeschichte 20), Fribourg/Suttgart 2015

Vones-Liebenstein, Serviten
U[rsula] Vones-Liebenstein, Art. Serviten, Servitinnen-Orden, in: LexMA 7 (1995), Sp. 1793 – 1795

W

WA 1 – 73
D. Martin Luthers Werke, Kritische Gesamtausgabe (Weimarer Ausgabe), [Abt. 1: Schriften,] 73 Bde., Weimar 1883 – 2009

WA Br 1 – 18
D. Martin Luthers Werke, Kritische Gesamtausgabe (Weimarer Ausgabe), [Abt. 4:] Briefwechsel, 18 Bde., Weimar 1930 – 1985

WA Tr 1 – 6
D. Martin Luthers Werke, Kritische Gesamtausgabe (Weimarer Ausgabe), [Abt. 2:] Tischreden, 6 Bde., Weimar 1912 – 1921

Walanus/Walczak, Grabplatte
Wojciech Walanus / Marek Walczak, Die Grabplatte des Plocker Suffragans Piotr Lubart in der Marienkirche zu Krakau und die Frage der Bestattungen von Weihbischöfen, in: Jiří Roháček (Hg.), Sborník příspěvků ze zasedáni k problematice sepulkrálních památek. Pořádaných Ústavem dějin umění AV ČR, v. v. i., v letech 2008 – 2010 (Epigraphica & sepulcralia 3), Prag 2011, S. 477 – 500

Walther, Bettelordenskloster
Helmut G. Walther, Bettelordenskloster und Stadtgründung im Zeichen des Landesausbaus: Das Beispiel Kiel, in: Bettelorden und Stadt. Bettelorden und städtisches Leben im Mittelalter und in der Neuzeit, hg. von Dieter Berg (Saxonia Franciscana 1), Werl 1992, S. 19 – 32

Warnock, Heinrich von Friemar d. Ä.
Robert G. Warnock, Art. Heinrich von Friemar der Ältere, in: VL 3 (1981), Sp. 730 – 737; Nachträge in: VL 11 (2004), Sp. 623 f.

Wäß, Gedächtnisskulptur 1 – 2
Helga Wäß, Form und Wahrnehmung mitteldeutscher Gedächtnisskulptur im 14. Jahrhundert. Ein Beitrag zu mittelalterlichen Grabmonumenten, Epitaphen und Kuriosa in Sachsen, Sachsen-Anhalt, Thüringen, Nord-Hessen, Ost-Westfalen und Südniedersachsen, 2 Bde., Berlin 2006

Wattenbach, Brüder vom freien Geiste
W[ilhelm] Wattenbach, Über die Secte der Brüder vom freien Geiste. Mit Nachträgen über die Waldenser in der Mark und in Pommern, in: Sitzungsberichte der königlich Preußischen Akademie der Wissenschaften zu Berlin Jg. 1887, 2. Halbbd. (1887), S. 517 – 544

Wehrsig, Ermstedt
Alois C. Wehrsig, Ein Werk des Pancratius Grueber aus Großenhain (Sachsen) in der Kirche zu Ermstedt – zur wechselvollen Geschichte dieses Retabels, in: Arbeitshefte des Thüringischen Landesamtes für Denkmalpflege und Archäologie N. F. 41 (2012), S. 143 – 150

Weigel, Observanzbewegung
Petra Weigel, Die franziskanische Observanzbewegung in Thüringen, in: Für Gott und die Welt. Franziskaner in Thüringen. Text- und Katalogband zur Ausstellung […] 2008, hg. von Thomas T. Müller / Bernd Schmies / Christian Loefke (Mühlhäuser Museen. Forschungen und Studien 1), Paderborn [u. a.] 2008, S. 126 – 133

Weigel, Ordensreform
Petra Weigel, Ordensreform und Konziliarismus. Der Franziskanerprovinzial Matthias Döring (1427 – 1461) (Jenaer Beiträge zur Geschichte 7), Frankfurt a. M. 2005

Weigel, Urkunden
Petra Weigel, Zu Urkunden des Erfurter Franziskanerklosters in den Beständen des Landeshauptarchivs Sachsen-Anhalt in Magdeburg, in: Wissenschaft und Weisheit 64 (2001), S. 290 – 320

Weiß, Bethlehem
Ulman Weiß, Ein fruchtbar Bethlehem. Luther und Erfurt, Berlin 1982

Weiß, Bürger
Ulman Weiß, Die frommen Bürger von Erfurt. Die Stadt und ihre Kirche im Spätmittelalter und in der Reformation, Weimar 1988

Welzel, Zentrum
Barbara Welzel, Im Zentrum des Geschehens. Mittelalterliche Altarretabel aus Franziskanerkirchen der Provinz Saxonia und benachbarter Provinzen, in: Geschichte der Sächsischen Franziskanerprovinz von der Gründung bis zum Anfang des 21. Jahrhunderts, Bd. 5: Kunst. Von den Anfängen bis zur Gegenwart, hg. von Roland Pieper, Paderborn 2012, S. 367 – 384

Wentzel, Farbfenster
Hans Wentzel, Die ältesten Farbfenster in der Oberkirche von S. Francesco zu Assisi und die deutsche Glasmalerei des XIII. Jahrhunderts, in: Wallraf-Richartz-Jahrbuch 14 (1952), S. 69 – 71, Abb. 44 f.

Wentzel, Meisterwerke
Hans Wentzel, Meisterwerke der Glasmalerei, Berlin ^{2}1954

Werner, Dietrich von Apolda
Matthias Werner, Dietrich von Apolda – Biograph der heiligen Elisabeth (Apoldaer Heimat. Sonderheft), Apolda 2008

Wesjohann, Gründungserzählungen
Achim Wesjohann, Mendikantische Gründungserzählungen im 13.und 14. Jahrhundert. Mythen als Element institutioneller Eigengeschichtsschreibung

der mittelalterlichen Franziskaner, Dominikaner und Augustiner-Eremiten (Vita regularis. Abhandlungen 49), Berlin 2012

Wieg, Schlußsteine
Cornelia Wieg, Die Schlußsteine der Erfurter Predigerkirche. Ein Beitrag zur Ikonologie der Bettelordensbauten, in: Kunstwissenschaftliche Beiträge. Beilage zur Zeitschrift Bildende Kunst 28 (1980), S. 9–12

Wiegand, Rathaus
Fritz Wiegand, Das Rathaus und der Fischmarkt in Erfurt (Beiträge zur Geschichte der Stadt Erfurt 6), Erfurt 1961

Wildenhayn, Zölle
Kurt Wildenhayn, Kurmainzische Zölle und zollähnliche Abgaben in der Stadt Erfurt (Beiträge zur Geschichte der Stadt Erfurt 2), Erfurt 1955

Wilke, Ebstorfer Weltkarte
Jürgen Wilke, Die Ebstorfer Weltkarte, 1. Textbd. und 2. Tafelbd. (Veröffentlichungen des Instituts für Historische Landesforschung der Universität Göttingen 39), Bielefeld 2001

Witthöft, Umrisse 1
Harald Witthöft, Umrisse einer historischen Metrologie zum Nutzen der wirtschafts- und sozialgeschichtlichen Forschung. Maß und Gewicht in Stadt und Land Lüneburg, im Hanseraum und im Kurfürstentum/Königreich Hannover vom 13. bis zum 19. Jahrhundert, Bd. 1 (Veröffentlichungen des Max-Planck-Instituts für Geschichte 60,1), Göttingen 1979

Wolf, Erfurt
Stephanie Wolf, Erfurt im 13. Jahrhundert. Städtische Gesellschaft zwischen Mainzer Erzbischof, Adel und Reich (Städteforschung. Reihe A 67), Köln [u. a.] 2005

Wriedt, Gnade
Markus Wriedt, Gnade und Erwählung. Eine Untersuchung zu Johann von Staupitz und Martin Luther (Veröffentlichungen des Instituts für Europäische Geschichte Mainz 141), Wiesbaden 1991

Wriedt, Via Augustini
Markus Wriedt, Via Augustini. Ausprägungen des spätmittelalterlichen Augustinismus in der observanten Kongregation der Augustinereremiten, in: Luther und das monastische Erbe, hg. von Christoph Bultmann / Volker Leppin / Andreas Lindner (Spätmittelalter, Humanismus, Reformation 39), Tübingen 2007, S. 9–38

Würdtwein, Nova subsidia 4
Stephan Alexander Würdtwein, Nova subsidia diplomatica ad selecta juris ecclesiastici Germaniae et historiarum capita elucidanda, Bd. 4, Heidelberg 1784

Würth, Geißler
Ingrid Würth, Geißler in Thüringen. Die Entstehung einer spätmittelalterlichen Häresie (Hallische Beiträge zur Geschichte des Mittelalters und der Frühen Neuzeit 10), Berlin 2012

Z

Zacke, Todten-Buch
A[ugust] Zacke, Ueber das Todtenbuch des Dominikaner-Klosters und der Prediger-Kirche zu Erfurt, Erfurt 1861

Zahnd, Verteidigung
Ueli Zahnd, Zwischen Verteidigung, Vermittlung und Adaptation. Sentenzenkommentare des späten Mittelalters und die Frage nach der Wirksamkeit der Sakramente, in: Vermitteln – Übersetzen – Begegnen. Transferphänomene im europäischen Mittelalter und in der Frühen Neuzeit. Interdisziplinäre Annäherungen, hg. von Balázs J. Nemes (Nova medievalia 8), Göttingen 2011, S. 33–86

Zenkert, Sonnenuhr
Arnold Zenkert, Faszination Sonnenuhr, Frankfurt am Main [5]2005

Zinner, Räderuhren
Ernst Zinner, Die ältesten Räderuhren und modernen Sonnenuhren. Forschungen über den Ursprung der modernen Wissenschaft, Bamberg 1939

Zu Gast
Zu Gast. 4000 Jahre Gastgewerbe. [Ausstellungskatalog,] hg. von Hardy Eidam / Barbara Grotkamp-Schepers / Ulla Heise / Wolfgang Schepers, Erfurt [u. a.] 2008

Zumkeller, Erbsünde
Adolar Zumkeller, Erbsünde, Gnade, Rechtfertigung und Verdienst nach der Lehre der Erfurter Augustinertheologen des Spätmittelalters (Cassiciacum 35), Würzburg 1984

Zumkeller, Geistliches Leben
Adolar Zumkeller, Vom geistlichen Leben im Erfurter Weißfrauenkloster am Vorabend der Reformation. Nach einer neu aufgefundenen handschriftlichen Quelle, in: Reformatio Ecclesiae. Beiträge zu kirchlichen Reformbemühungen von der Alten Kirche bis zur Neuzeit. Festgabe für Erwin Iserloh, hg. von Remigius Bäumer, Paderborn [u. a.] 1980, S. 231–258

Zumkeller, Heinrich v. Friemar d. Ä.
Adolar Zumkeller, Art. Heinrich von Friemar d. Ä., in: LexMA 4 (1989), Sp. 2091

Zumkeller, Hermann v. Schildesche (LexMA)
Adolar Zumkeller, Art. Hermann v. Schildesche, in: LexMA 4 (1989), Sp. 2169

Zumkeller, Hermann v. Schildesche (VL)
Adolar Zumkeller, Art. Hermann v. Schildesche, in: VL 3 (1981), Sp. 1107–1112

Zumkeller, Jordan v. Quedlinburg (LexMA)
Adolar Zumkeller, Art. Jordan v. Quedlinburg, in: LexMA 5 (1991), Sp. 629

Zumkeller, Jordan von Quedlinburg (VL)
Adolar Zumkeller, Art. Jordan von Quedlinburg, in: VL 4 (1983), Sp. 853–861; Nachträge VL 11 (2004), Sp. 811

Zumkeller, Johannes Nathin
Adolar Zumkeller, Neuentdeckte Schriften des Erfurter Theologieprofessors Johannes Nathin OSA, in: Augustiniana 54 (2004), S. 653–658

Zumkeller, Studium generale
Adolar Zumkeller, Das »Studium generale« der Erfurter Augustiner. Eine Keimzelle der theologischen Fakultät der Erfurter Universität, in: Denkender Glaube in Geschichte und Gegenwart. Festschrift aus Anlaß der Gründung der Universität Erfurt vor 600 Jahren und aus Anlaß des 40jährigen Bestehens des Philosophisch Theologischen Studiums Erfurt, hg. von Wilhelm Ernst / Konrad Feiereis (Erfurter Theologische Studien 63), Leipzig 1992, S. 35–45

Zumkeller, Zachariae
Adolar Zumkeller, Leben, Schrifttum und Lehrrichtung des Erfurter Universitätsprofessors Johannes Zachariae O.S.A († 1428) (Cassiciacum 34), Würzburg 1984

ABBILDUNGSNACHWEIS

Ausstellungsgestaltung szenographie valentine koppenhöfer, Clemens Radloff
Abb. 6, Abb. 7, Abb. 8, Abb. 9

Badische Landesbibliothek Karlsruhe
Abb. 27

Beneditktinerstift St. Paul, Grafisches Kabinett
Abb. 13, Kat.-Nr. III.1

Bibliothek des Evangelischen Prediger-seminars Wittenberg
Abb. 5, Kat.-Nr. V.23

Bibliothek und Archiv des Evangelischen Ministeriums Erfurt, Dirk Urban
Abb. 48

Bibliothek und Archiv des Evangelischen Ministeriums Erfurt, Thüringisches Landesamt für Denkmalpflege und Archäologie, Bau- und Kunstdenkmal-pflege, Bildarchiv
Abb. 60

Bibliothek und Archiv des Evangelischen Ministeriums Erfurt, Thüringisches Landesamt für Denkmalpflege und Archäologie, Bau- und Kunstdenkmal-pflege, Bildarchiv
Abb. 94

Bistumsarchiv Erfurt, Dirk Urban
Abb. 18, Abb. 19, Abb. 54,
Kat.-Nr. III.17, Kat.-Nr. III.23, Kat.-Nr. III.26, Kat.-Nr. III.27, Kat.-Nr. III.28, Kat.-Nr. III.29, Kat.-Nr. IV.8, Kat.-Nr. IV.21, Kat.-Nr. IV.23, Kat.-Nr. IV.25, Kat.-Nr. IV.26, Kat.-Nr. IV.27, Kat.-Nr. V.11, Kat.-Nr. VI.9

Bistumsarchiv Erfurt, Thüringisches Landesamt für Denkmalpflege und Archäologie, Bau- und Kunstdenkmal-pflege, Werner Streitberger
Abb. 61

CVMA Deutschland Potsdam/Berlin-Bran-denburgische Akademie der Wissenschaf-ten, Holger Kupfer
Abb. 141, Abb. 142

Dom St. Marien zu Erfurt, Dirk Urban
Abb. 22

Erzbischöfliche Diözesan- und Dombiblio-thek Köln mit Bibliothek St. Albertus Mag-nus
Abb. 47

Evangelische Kirchengemeinde St. Bla-sii-Altendorf, Depositum Stadtarchiv Nordhausen, Dirk Urban
Kat.-Nr. IV.19

Evangelische Predigergemeinde Erfurt, Dirk Urban
Abb. 38, Abb. 109, Kat.-Nr. VI.7

Germanisches Nationalmuseum, Nürnberg
Abb. 25

Germanisches Nationalmuseum, Nürnberg, Monika Runge
Abb. 46, Kat.-Nr. IV.3

Humboldt-Universität zu Berlin, Dirk Urban
Kat.-Nr. II.1

Institut für Stadtgeschichte Frankfurt am Main
Abb. 1

Karl Heinemeyer, Erfurt
Abb. 55

Katholische Propsteigemeinde, St. Johan-nes Baptist, Dortmund, Ansgar Hoffmann
Abb. 36

Kulturhistorisches Museum Rostock
Kat.-Nr. VI.11

Landesamt für Denkmalpflege im Regierungspräsidium Stuttgart, Iris Geiger-Messner
Abb. 67

Landesamt für Denkmalpflege und Archäologie Sachsen-Anhalt, Reinhard Ulbrich
Abb. 69, Abb. 80

Landesarchiv Sachsen-Anhalt
Abb. 43, Kat.-Nr. IV.15, Kat.-Nr. VI.12

Münzsammlung Gerd Behr, Falko Behr
Abb. 10, Abb. 11

Ratsbücherei Lüneburg, Richard Kunze
Abb. 24, Kat.-Nr. III.25

Ratsschulbibliothek Zwickau
Abb. 52, Kat.-Nr. IV.4

Schlossmuseum Arnstadt
Abb. 4

Staatsbibliothek zu Berlin – Preußischer Kulturbesitz, Abteilung Historische Drucke
Kat.-Nr. V.17, Kat.-Nr. V.18

Staatsbibliothek zu Berlin – Preußischer Kulturbesitz, Handschriftabteilung
Kat.-Nr. II.10, Kat.-Nr. IV.2, Kat.-Nr. IV.18

Stadtarchiv Mühlhausen
Abb. 30

Stadtarchiv Nordhausen, Dirk Urban
Kat.-Nr. III.13

Franziskanische Forschung e. V., Münster, Dr. Roland Pieper
Kat.-Nr. VI.4

Stadtverwaltung Erfurt, Angermuseum Erfurt, Dirk Urban
Abb. 32, Abb. 40, Abb. 44, Abb. 49, Abb. 101, Abb. 103, Abb. 104
Kat.-Nr. V.1, Kat.-Nr. V.5, Kat.-Nr. V.6, Kat.-Nr. V.12, Kat.-Nr. VI.1, Kat.-Nr. VI.2, Kat.-Nr. VI.5, Kat.-Nr. VI.6

Stadtverwaltung Erfurt, Stadtarchiv Erfurt
Abb. 14, Abb. 73, Abb. 108, Abb. 113, Kat.-Nr. II.4

Stadtverwaltung Erfurt, Stadtarchiv Erfurt, Dirk Urban
Abb. 17, Abb. 28, Abb. 29, Abb. 31, Abb. 34, Abb. 39, Abb. 41, Abb. 42, Abb. 45, Abb. 57
Kat.-Nr. IV.11, Kat.-Nr. IV.14

Stadtverwaltung Erfurt, Stadtarchiv Erfurt, TLDA, Bau- und Kunstdenkmalpflege, Werner Streitberger
Abb. 131

Stadtverwaltung Erfurt, Stadtmuseum Erfurt, Dirk Urban
Abb. 12, Abb. 20, Abb. 26

Thüringer Universitäts- und Landesbibliothek Jena
Abb. 56, Kat.-Nr. III.3

Thüringisches Landesamt für Denkmalpflege und Archäologie, B. Stefan
Kat.-Nr. IV.5, Kat.-Nr. VI.8h, Kat.-Nr. VI.8k, Kat.-Nr. VI.8o, Kat.-Nr. VI.8w

Thüringisches Landesamt für Denkmalpflege und Archäologie, H. Arnold
Abb. 143, Abb. 144, Abb. 145, Kat.-Nr. IV.7, Kat.-Nr. VI.8m, Kat.-Nr. VI.8y

Thüringisches Landesamt für Denkmalpflege und Archäologie, Bau- und Kunstdenkmalpflege, Werner Streitberger
Abb. 61

Thüringisches Landesamt für Denkmalpflege und Archäologie, Bau- und Kunstdenkmalpflege Planarchiv
Abb. 106

Thüringisches Landesamt für Denkmalpflege und Archäologie, Bau- und Kunstdenkmalpflege, Bildarchiv
Abb. 63, Abb. 74, Abb. 75, Abb. 93, Abb. 96, Abb. 97, Abb. 98

Thüringisches Landesamt für Denkmalpflege und Archäologie, Bau- und Kunstdenkmalpflege, Bildarchiv, Alexander Kühn (Jena), Umzeichnung: Marylin Voss
Abb. 95

Thüringisches Landesamt für Denkmalpflege und Archäologie, TI
Abb. 121, Abb. 126

Universitäts- und Forschungsbibliothek Erfurt, Dirk Urban
Abb. 21, Abb. 23, Abb. 35, Abb. 37, Abb. 50, Abb. 51, Abb. 53, Abb. 58
Kat.-Nr. II.6, Kat.-Nr. II.7, Kat.-Nr. III.4, Kat.-Nr. III.10, Kat.-Nr. III.11, Kat.-Nr. IV.9, Kat.-Nr. IV.10, Kat.-Nr. V.4, Kat.-Nr. V.7, Kat.-Nr. V.8, Kat.-Nr. V.13, Kat.-Nr. V.26, Kat.-Nr. V.27, Kat.-Nr. V.28, Kat.-Nr. V.29, Kat.-Nr. V.31

Wartburg-Stiftung Eisenach, Dirk Urban
Abb. 2

Wartburg-Stiftung Eisenach, Bibliothek
Abb. 3, Abb. 59, Kat.-Nr. V.14, Kat.-Nr. V.20, Kat.-Nr. V.21, Kat.-Nr. V.22, Kat.-Nr. V.24, Kat.-Nr. V.25

Wissenschaftliche Stadtbibliothek Soest, Dirk Urban
Kat.-Nr. III.18, Kat.-Nr. III.24

Württembergische Landesbibliothek Stuttgart
Abb. 33

TAFELN

Taf. 1
Entwurf und Kartographie: Ausstellungsgestaltung scenographie valentine koppenhöfer

Taf. 2
Entwurf: Karl Heinemeyer. Grundlage: Beilage zu Erfurt 742-1992 (Ulman Weiß). Kartographie: Marilyn Voss

Taf. 3
Entwurf: Martin Sladeczek. Kartographie: Marilyn Voss

Taf. 4
Entwurf: Rainer Müller. Grundlage: Bauaufnahme von 1926. Kartographie: Marilyn Voss

Taf. 5, 6, 7, 8
Entwurf: Rainer Müller. Kartographie: Marilyn Voss

Taf. 9, 10
Entwurf: Falko Bornschein. Grundlage: CVMA 1,1, S. 1. Drachenberg, Glasmalerei, S. 221 und 224. Umzeichnung: Marilyn Voss

Taf. 11
TLDA Weimar, Referat Wissenschaftliche Informationssammlung und Vermessung: Silvana Schmidt, Thomas Queck. Bearbeitung: Michael Bernast, Ralf Küchenmeister, Yvonne Kramer, Ulrike Meister, Thomas und Ines Spazier

IMPRESSUM

Diese Publikation erscheint anlässlich der Ausstellung

BARFUSS INS HIMMELREICH?
Martin Luther und die Bettelorden in Erfurt
18. Mai – 12. November 2017

Stadtmuseum »Haus zum Stockfisch«
Johannesstraße 169
99084 Erfurt
Tel.: 0361-655 56 40
www.stadtmuseum-erfurt.de

Direktor der Geschichtsmuseen der Stadt Erfurt
Anselm Hartinger

Haus zum Stockfisch
STADTMUSEUM

Erfurt
LANDESHAUPTSTADT
THÜRINGEN
Stadtverwaltung

Reformationsstadt Europas
Cité européenne de la Réforme
European City of the Reformation

AUSSTELLUNG

Kuratoren und Texte
Anselm Hartinger, Gudrun Noll-Reinhardt, Hardy Eidam, Karsten Horn

Ausstellungsgestaltung
szenographie valentine koppenhöfer, Weimar

Konservatorische Betreuung
Zentrale Restaurierungswerkstätten der Museen der Stadt Erfurt, Chefrestauratorin: Karin Kosicki

Öffentlichkeitsarbeit
Viktoria Güldner

Registrar
Corina Worm

Dank an die Hauptförderer:

Gefördert von der Beauftragten der Bundesregierung für Kultur und Medien aufgrund eines Beschlusses des Deutschen Bundestages

Die Beauftragte der Bundesregierung für Kultur und Medien

Freistaat Thüringen Staatskanzlei

Sparkasse Mittelthüringen

Ein Projekt im Rahmen von:

AM ANFANG WAR DAS WORT
LUTHER 2017
500 JAHRE REFORMATION

TEXTBAND UND KATALOG

Herausgeber
Karl Heinemeyer und Anselm Hartinger
im Auftrag der Landeshauptstadt Erfurt, Stadtverwaltung

Redaktion
Gudrun Noll-Reinhardt, Frank-Joachim Stewing, Corina Worm; unter Mitarbeit von Elisabeth Fabry, Michelle Funck, Luise Hartung, Maria Lämmerhirt und Julia Rinker

Bildredaktion
Corina Worm

Gestaltung
Simone Antonia Deutsch, Sandstein Verlag

Satz und Reprografie
Annett Stoy, Katharina Stark, Jana Neumann, Sandstein Verlag

Druck und Verarbeitung
FINIDR s. r. o., Český Těšín

Die Deutsche Nationalbibliothek verzeichnet diese Publikation in der Deutschen Nationalbibliografie; detaillierte bibliografische Daten sind im Internet über http://dnb.ddb.de abrufbar.

www.sandstein-verlag.de
ISBN 978-3-95498-316-2